JN492965

이십이사차기 2

Ershier shi zhaji (Critical Notes on the 22Histories)

지은이 조익(趙翼, Zhao Yi, 1727~1812)은 清 양호(陽湖 : 江蘇省 武進縣) 사람으로 자는 운송(耘松), 호는 견북(甌北)이다. 관은 광서(廣西) 진안(鎭安) 지부(知府)에 까지 올랐으나 그의 관력보다 시인으로서 역사가로서 이름을 날렸다. 시로서는 원목(袁牧), 장사전(蔣士銓)과 함께 건륭(乾隆) 3대가라 칭해졌다. 사학 방면에는 건가(乾嘉)시대 고증사학의 3대 명저의 하나인 본『이십이사차기』 외에『해여총고(陔餘叢考)』,『황조무공기성(皇朝武功紀盛)』 등이 있다.『청사고(淸史稿)』 권485와『청사열전(淸史列傳)』 권72에 그의 열전이 있다.

옮긴이 박한제(朴漢濟, Park, Han Je)는 1946년 경남 진주에서 태어나 서울대학교 동양사학과 학사, 석사, 박사 과정을 수료하였다. 1985년 이후 같은 과의 교수로 중국 중세사(위진남북조 수당사)를 가르치고 있다. 주요저서로는『중국중세호한체제연구』가 있고,『아틀라스 중국사』를 주편하였으며, 역서로는『진인각 최후 20년』이 있다. 한국 중국학회 회장과 동양사학회 회장을 역임하였으며 일본 오짜노미즈 여자대학, 대만한학연구중심, 중국사회과학원 역사연구소, 미국 하버드 대학 옌칭연구소에서 연구한 바 있다.

이십이사차기 2

1판 1쇄 인쇄 2009년 6월 25일
1판 1쇄 발행 2009년 6월 30일

지은이 / 조익
옮긴이 / 박한제
펴낸이 / 박성모
펴낸곳 / 소명출판
등록 / 제13-522호
주소 / 137-878 서울시 서초구 서초동 1621-18 (란빌딩 1층)
대표전화 / (02) 585-7840
팩시밀리 / (02) 585-7848
somyong@korea.com / www.somyong.co.kr

ⓒ 2009, 한국학술진흥재단

값 30,000원

ISBN 978-89-5626-400-4 93920
ISBN 978-89-5626-398-4 (전5권)

이십이사차기 2

二十二史箚記 二

조익 지음 | 박한제 역주

일러두기

1. 趙注 : 撰者 趙翼이 스스로 붙인 注.
2. 王注 : 『廿二史箚記校證』(北京 : 中華書局, 1984)의 王樹民의 校注.
3. ‘(사마)천’ : 원문에 천(遷)으로 되어 있는 것은 알기 쉽게 하기 위해서 괄호를 쓴 것임.
4. 한자표기는 각조를 한 단위로 하여 붙였음. (예) 사마천(司馬遷)
5. 번역은 가능한 한 원문에 충실하려 했기에 문맥상의 이해를 돕기 위해 필요한 문장은 ( )에 넣어 보충했음.
6. [ ]은 원문의 해당 단어 표현을 뜻함.

역자 서문

오늘날 역사라는 학문은 전공하는 학자만이 아니라 다양한 직업이나 계층의 사람들도 폭넓은 관심의 대상이 되고 있다. 우리와 이웃하고 있고, 5,000년 역사를 중단 없이 이어왔을 뿐만 아니라 줄곧 동아시아 문명권의 중심에 위치했으며, 그리고 최근 비약적인 경제 성장으로 '세계의 공장'으로 불리는 중국의 역사에 대한 관심은 더욱 더 높아지고 있다. 이런 높은 관심에도 불구하고 제대로 된 중국통사 하나 내놓지 못한 것이 우리학계의 현실이다. 그것은 단적으로 우리 중국사학계가 아직 그만한 역량을 가지지 못한 데서 비롯된 것이다. 조선시대까지만 해도 학문의 주된 영역을 차지했던 중국학이 이렇게 쇠락해 버린 것은, 우리 과거의 이해뿐만 아니라 우리 민족의 장래를 위해서도 바람직한 일은 아니다. 이런 쇠락의 원인은 한두 가지가 아니겠지만, 무엇보다 근래 서양 학문에 밀려 일반 대중의 중국학에 대한 관심과 지원이 멀어진 것을 중요한 원인으로 꼽을 수 있을 것이다. 여하튼 현재 우리 중국사학계가 일반 대중의 수요에 적절하게 대응하지 못하고 있는 것은 분명한 사실이다. 이런 문제가 여전히 해결되지 않고 있는 것은 무엇보다 전문 학자와 대중간의 유리 현상이 지속되기 때문이다. 학자는 전문적인 연구논문도 써야 하지만, 대중들에게 읽을거리를 제공하는 것도 그 못지않게 소망스런 일일 것이다. 대중의 관심으로부터 멀어지면 그 지원도 기대하기 어렵기 때문이다.

여기에 전문성과 대중성을 함께 갖춘 하나의 명저가 있으니, 바로 청(淸)나라의 초기 대학자 조익(趙翼)이 저술한 『이십이사차기(二十二史箚記)』가 그것이다. 이 책은 높은 학문적 수준과 함께 중국사(先秦時代에서 明代까지)의 흐름을 일목요연하게 제시하고 있다는 점에서 대중성도 아울러 갖춘 보기 드문 저작이라 할 것이다. 이 책은 그 이름대로 '이십이사'라는 각 정사(正史)의 잘·잘못을 검토함과 동시에 재미있고 유익한 역사적 사실을 다양하게 소개하고 있다. 역사학에 접근할 때 가장 기본적인 것은 사료의 정확한 해독이다. 역사 특히 중국사를 연구하는 데 있어서 역대 학자들이 가장 관심과 정력을 쏟았던 것은, 어떻게 하면 그 많은 사료를 섭렵하고 그것을 정확히 해석해내느냐 하는 일이었다. 이를 위해서는 한 글자 한 글자의 뜻풀이에서부터 글자의 탈루, 오자의 발견과 판본에 따라 나타나는 표현의 차이 등을 정확히 고증하는 것이 가장 중요한 작업이다. 이 작업은 전통적인 훈고학(訓詁學)이나 고증학(考證學) 등의 학문을 생성시켰다. 고증사학자인 조익이 지은 『이십이사차기』는 우선 이런 역사학 연구의 가장 기본적인 문제에서부터 시작하고 있다.

중국사의 연구 자료로서 가장 기본적인 것은 두말할 필요도 없이 각 왕조의 정사(正史)일 것이다. 중국 왕조의 정사에는 1920년대 가소민(柯劭忞)이 새롭게 수찬(修撰)한 『신원사(新元史)』를 포함하여 모두 '25사'가 있다. 그러나 대개 중국 역대 정사를 일컬을 때 흔히 '24사'라 한다. 『사기(史記)』를 비롯하여 『한서(漢書)』 『후한서(後漢書)』 『삼국지(三國志)』 『진서(晉書)』 『송서(宋書)』 『남제서(南齊書)』 『양서(梁書)』 『진서(陳書)』 『남사(南史)』

『위서(魏書)』『북제서(北齊書)』『주서(周書)』『수서(隋書)』『북사(北史)』『구당서(舊唐書)』『신당서(新唐書)』『구오대사(舊五代史)』『신오대사(新五代史)』『송사(宋史)』『요사(遼史)』『금사(金史)』『원사(元史)』, 그리고 『명사(明史)』가 바로 그것이다.

조익의 『이십이사차기』는 '22사'라 하였지만, 사실은 『신당서』와 『구당서』, 그리고 『신오대사』와 『구오대사』를 비교 고찰함으로써 실제 다룬 정사는 24개사이다. 그러니 그 서명을 오히려 『이십사사차기』라고 해도 잘못이 없다. 『이십이사차기』는 조익의 생존 당시까지 전해진 모든 정사를 바탕으로 쓴 중국통사이다. '24사'는 청을 제외한 중국 역대 왕조의 가장 기본적인 사서로 총 3,243권으로 되어 있다. 중국사를 연구하면서 반드시 갖추어야 할 책이지만, 그 방대한 양의 책을 모두 통독하기란 중국사 전공자들에게 쉽지 않은 일이다. 따라서 '24사'에 기록된 역사적 흐름의 대강을 파악하는 데는 이만큼 유익한 책도 없다. 청말의 장지동(張之洞)도 "『이십이사차기』를 읽는 것으로 정사 통독을 대신할 수 있다"고 하였다. 즉 이 책을 읽는다면 실제 '24사'를 거의 섭렵하는 효과를 거둘 수 있는 것이다. 뿐만 아니라 '24사'의 찬자가 저지른 실수나 의도적인 왜곡까지도 교감하고 바로잡았으니, 24사를 읽을 적에 반드시 옆에 두고 참조해야 할 책이 바로 이 『이십이사차기』인 것이다.

앞서 말한 것처럼 정사에 대한 정확한 해석은 중국사 연구의 기본 바탕이 되는 것이기 때문에 정사에 대한 철저한 고증작업이 역대 끊임없이 이루어져 왔다. 특히 청대에 들어 이러한 작업은 전성기를 맞는다. 그 가운데 왕명성(王鳴盛), 전대흔(錢大昕), 조익 등이 이 작업을 수행한 대표적인 인물들이다. 즉 왕명성의 『십칠사상각(十七史商榷)』, 전대흔의 『이십이사고이(二十二史考異)』, 조익의 『이십이사차기』 등은 청 건륭(乾隆) · 가경(嘉慶)시대 고증사학의 3대 명저라고 칭해지고 있다.

조익은 강소성 상주부(常州府) 양호(陽湖 : 江蘇省 武進縣) 출신으로 자는 운송(耘松), 호는 견북(甌北)이다. 옹정(雍正) 5년(1727)에 태어나서 가경(嘉

慶) 19년(1812) 향년 88세로 죽었다. 조익은 나면서부터 재주가 있어 세 살 때 글자를 알기 시작했고, 12세 때 하루에 7편의 글을 지었다고 한다. 19세에 현학(縣學)에 들어가고 경사(京師)에 유학(遊學)해서 재명(才名)을 떨쳤다. 1750년(乾隆 15)에 거인(擧人)이 된 후, 관학교습(官學敎習)에 보임되었다. 1754년(乾隆 19) 내각중서(內閣中書)라는 직책으로 군기처(軍機處)에 들어가 근무했고, 1761년(乾隆 26) 진사(進士)에 급제하였다. 그 후 한림원(翰林院) 편수(編修)가 되고 『통감집람(通鑑輯覽)』 등 역사서 편찬을 담당하였다. 31세(1766, 乾隆 31) 겨울 광서(廣西) 진안부(鎭安府)의 지부(知府)에 취임했다. 당시 부의 창곡(倉穀)의 출입을 담당하는 관리 중 부정을 저지르는 자가 많았기 때문에 조익은 그 폐단을 엄격하게 바로잡고 청렴의 정치를 펴니 백성들이 감복했다고 한다. 그가 관내를 순행할 때마다 주민이 다투어 영접하며 "우리 공(公)께서 이르렀다"고 칭송하고 후하게 그를 대접했다고 한다. 그 후 조익을 위하여 생사(生祠)가 세워지기에 이르렀다. 얼마 후 어떤 사건에 연루되어 탄핵을 당했지만 청조의 군대가 면전(緬甸 : 미얀마)에 파견되는 일이 발생하자 조익은 운남(雲南)에 파견되어 그 군사작전에 참여했다. 1770년(건륭 35) 광동(廣東) 광주부(廣州府)의 지부로 다시 임명되었다. 그곳에서도 결옥(決獄)을 공평하게 하고, 또 해도(海盜) 108명을 생포하여 법에 따라 참형에 처하는 등 공적이 많았다. 조익은 이렇게 변경지방의 지방관으로 주로 활약하는데, 그가 귀주(貴州) 귀서병비도(貴西兵備道)직을 맡고 있을 때인 1772년(건륭 37) 조정에서 광주 지부 당시의 재판처리 문제로 징계를 내리자, 어머니가 늙어 시양(侍養)해야 한다는 이유를 내세워 벼슬살이를 사양하고는 고향으로 돌아갔다. 그때 그의 나이가 46세였다.

어머니를 시양하기를 5년이던 해인 1787년(건륭 52) 대만사람 임상문(林爽文)이 난을 일으키자 이시요(李侍堯)가 상주를 지나면서 조익을 만나 군사에 참여시켰다. 이시요는 난을 평정하는데 극히 엄정하고 세심하였지만, 조익은 관서(寬恕)로서 대하여 그것을 평정하는 데 이르기까지 많은 힘을 기울였다. 대만이 평정되자 이시요는 그를 기용하려 하였지만 고사하고 향리로 은퇴하여 주로 저작 작업에 몰두하였다. 주로 안정서원(安定書院)에서 강론하고 평강(平江) 일대를 왕래하면서 시를 지었다. 당시 그의 시명(詩名)이 이미 높았고 특히 절동(浙東)의 산수(山水)를 유람하면서 주옥같은 시를 지어 원매(袁枚), 상사선(蔣士銓) 등과 병칭되는 유명한 시인이 되기도 하였다.

그러나 그의 해박한 지식은 역사 방면에서 특히 빛을 발했다. 가거(家居) 수십 년 만에 세상에 나온 『이십이사차기』 36권과 보유(補遺) 1권은 그 학식의 표현이었다. 『이십이사차기』의 자서[小引]를 쓴 시기가 건륭 60년(1795) 3월이니 이때가 바로 『이십이사차기』 초고의 완성 시기이다. 그의 조수 이보태(李普泰)가 서문을 쓴 것이 가경 5년(1800) 5월이고, 전대흔이 쓴 서문도 역시 가경 5년의 것인데, 이때의 판본은 그의 『전집』에 수록된 것으로 소위 증보본이다. 『명사』 부분 가운데 권36 「명조본기(明祖本紀)」 이하 「명조미가귀천(明朝米價貴賤)」까지의 22항목은 초간본에는 없던 것이니 이것들은 당연히 이 수년 내에 다시 작성된 것이었다.

그는 『이십이사차기』와 쌍벽을 이루는 『해여총고(陔餘叢考)』 43권을 발간함으로써 고증사학자로서 세상에 크게 알려졌다. 『해여총고』는 경(經)·사(史)·시(詩)·연호(年號)·관제(官制)·과거(科擧)·도량(度量)·길흉례(吉凶禮)·기구(器具)·오행(五行)·귀신(鬼神)·인사(人事)·병(兵)·고인(古人)·남녀(男女)에 관한 고증과 의견을 모은 것으로 고염무의 『일지록』, 전대흔의 『양신록(養新錄)』에 미치지는 못하지만, 문자와 사물에 관한 기원, 진위에 대한 고증 등에 특히 해박한 지식을 제공하고 있다. 그 밖에 그의 저작으로는 『황조무공기성(皇朝武功紀盛)』 4권, 『첨폭잡기(簷曝雜記)』 6권, 續 1권, 『견북시화(甌北詩話)』 12권 『견북집(甌北集)』 53권 등이 있다. 손성연(孫星衍)이 그의 전기(傳記)를 찬하였다. 그의 생애는 『청사고(淸史稿)』 권485에 있는 그의 열전에 잘 소개되어 있다.

『이십이사차기』의 저술 내용 및 동기는 그의 자서에 잘 나타나 있다.

『이십이사차기』에서 조익은 청대 고증학파의 기풍을 이어받아 정사의 교감·교정을 가장 우선으로 했다. 명말·청초는 이민족에 의한 왕조변혁으로 생긴 정치적 혼란기였다. 이런 혼란기를 맞아 일시 학술사상계는 실사구시적(實事求是的) 학문태도와 함께 통경(通經)과 치사(治史)하는 기풍이 흥기했다. 이 시기 고염무의 주장은 당시 학술계의 흐름을 대변하고 있다. 즉 고염무는 '망국(亡國)'과 '망천하(亡天下)'를 구별해야 한다는 유명한 논설을 발표하였다. 역성개호(易姓改號)의 망국은 인의(仁義)가 충색(充塞)하여 짐승이 사람을 잡아먹고, 사람이 서로 잡아먹는 소위 망천하와는 엄격히 구별되며, (망천하를 막고) 천하를 보전하는 데는 필부지천(匹夫之賤)도 그 책임이 있다(『日知錄』「正始」)고 역설하였다. 당시 청 정부도 입관(入關) 이후 민감한 정치적 토론을 문자옥(文字獄) 등으로 금지하고 처벌하였지만, 대신 회유수단으로 학자들의 순수한 학문 활동은 적극 권장하였다. 이에 고증·훈고학이 학술의 주류를 이루게 되었다. 사학 부문에서도 경학의 영향을 받아 탁월한 성취를 이룩하였으니, 전대흔의 『이십이사고이』와 왕명성의 『십칠사상각』, 조익의 『이십이사차기』 등이 그 산물이었다. 전대흔과 왕명성의 두 저작은 원래 경학자로서 경학연구과정에서 남은 힘으로 사학에 종사한 결과물이라고 한다면, 조익의 저작은 경학보다 사학에 치중한 측면이 강하였다.

이 세 저작들은 그 제목에서 나타나 있듯이 모두 정사에 대해서 고증한 책이지만 각각 다른 특징을 지니고 있다. 우선 각각 저작의 권수와 그 고증대상으로 삼은 정사를 비교하면 다음과 같다.

구 분	卷數	고증 대상 正史	비 고
『十七史商榷』	100卷	『史記』『漢書』『後漢書』『三國志』『晉書』『魏書』『北齊書』『周書』『北史』『宋書』『南齊書』『梁書』『陳書』『南史』『隋書』『新唐書』『新五代史』	실제 『舊唐書』와 『舊五代史』를 『新唐書』·『新五代史』와 비교하여 19史를 대상으로 하고 있다.
『二十二史考異』	100卷	24史에서 『舊五代史』『明史』 제외한 正史	·
『二十二史箚記』	36卷	24史에서 『舊唐書』『舊五代史』를 제외한 正史	실제 『舊唐書』·『舊五代史』도 비교하여 24史를 대상으로 하고 있다.

전・왕・조 세 명의 저작은 모두 역대 정사를 위주로 하여 역대의 사서들을 전면적으로 연토(硏討)한 공통적 특징이 있다. 전씨의 저작은 『명사』와 『구오대사』가 빠져 이름 그대로 「이십이사」이고, 왕씨의 저작은 『사기』에서 시작하여 『신오대사』・『구오대사』에 와서 그친 나머지 통사로서 누락된 부분이 더욱 많다. 그리고 두 책 모두 개별사건이나 자구(字句)의 정정에 치중하였던 반면, 조익의 책은 24사 전부를 논했을 뿐만 아니라 사법(史法), 사실(史實)을 다 같이 중요하게 취급하여 그 스스로 독특한 특징을 가지고 있다. 물론 전・왕 두 학자의 학문 태도가 비교적 근엄하여 책 속에 착오가 비교적 적었고, 특히 전씨의 책이 정밀하여 경학의 여풍을 받은 것이라는 평가를 받고 있다. 반면 조익의 책은 그 점에선 전・왕씨에 비교해 결점이 있다는 평을 듣기도 했다.

그러나 조익의 책은 두 책에 비해 장점도 많다. 『이십이사차기』는 여러 정사에 보이는 기록들을 비교하여 사실의 진위(眞僞)를 고증하는 방법을 취하였다. 먼저 정사의 작자, 편찬 경과, 책의 성립 연대를 소개하고 사료의 내원과 그 진위, 사료가치 등을 충실하게 설명하였다. 이 점은 『십칠사상각』이나 『이십이사고이』와 크게 다르지 않다. 다만 『십칠사상각』은 정사에 있어서 잘못된 글을 개정하고 빠뜨린 글을 보충하며 더 들어간 글을 없앴고 때로는 역사서의 우열 및 그 작자에 대한 평론을 가하고 있지만 전체적으로 교감・고증이 강한 반면, 역사적 사실에 대한 보다 많은 논의나 깊은 고찰을 담고 있지는 않다. 『이십이사고이』도 사실에 대한 논의는 별로 없고 문자의 교감과 훈고, 전장제도에 대한 상세한 해설 등에 중점을 두고 있다. 그런데 『이십이사차기』는 이상의 두 책에 보이는 여러 특징을 고루 갖추면서도 그 이외에 역사적 사실에 대한 깊은 논의와 고찰을 가하고, 여기다 역사를 관통하는 시각을 제시하고 있다. 자서에도 나타나 있듯이 "고금의 풍상이 점차 변하고 정사가 자주 바뀜 등에 대해서는 잘 다스려짐과 어지러움, 흥기함과 쇠퇴함의 원인"에 대한 자신의 의사를 개진하고 있는 것이 조익의 책의 특징이다.

『이십이사차기』는 출판된 후 역사 연구자들에게 크게 중시되었다. 『한서』의 주를 단 당나라 초 안사고(顔師古) 이후 정사 문장의 잘못을 지적한 것으로는 이만한 책이 없다는 평가를 받았다. 이자명(李慈銘)은 함풍(咸豐) 6년(1856)부터 11년(1861)까지 6년 간 이 책을 세 번이나 읽고 제기(題記)를 써서 "이 책은 전 역사를 관통하여 서로 교정함으로써, 빠진 문장과 잘못된 해석들을 밝혀낸 것이 많을 뿐만 아니라, 각 왕조의 역사에서 그 요점을 종합하고 이문(異聞)을 뽑아 수미일관하게 되었으므로, 전 정사를 읽지 않더라도 이 책만으로 역대의 제도의 대략과 시정의 득실, 풍속의 성쇠, 역사가가 중시한 부분과 그 포폄의 소재를 명확하게 알 수 있으니, 진실로 흉년의 조[粱]와 귀리[稷]와 같은 것이다"라고 평하였다.

『이십이사차기』의 출판은 조익의 문집 『견북전집』에 수록되어 가경 초년 담이당(湛貽堂) 명의로 원각본(原刻本)이 간행되었다. 그 후 『이십이사차기』 한 책만으로 번각된 것이 매우 많아, 광서(光緖) 26년(1900) 광주 광아서국(廣雅書局)에서, 26년에는 호남(湖南) 신화서여산관(新化西畲山館)에서 간행되었는데, 이 2종이 가장 가본(佳本)이다. 담이당본은 비록 원각본이지만 교각과정에서 정밀함이 부족한 반면, 서여 2본은 문자 교정을 많이 했을 뿐만 아니라 내용이 소략한 곳을 간혹 교보(校補)하였다. 특히 서여본이 보정한 부분이 많다. 본 번역에 있어 대본으로 사용한 것은 왕수민(王樹民)이 교증하여 북경 중화서국(中華書局)에서 1984년에 출판한 『이십이사차기고증(廿二史箚記校證)』(上·下)이다. 왕수민의 교증본은 상기한 3가지 판본을 서로 비교하여 '가장 좋은 것을 따랐다(擇善而從)'고 한다. 원각본에 잘못이 있어 2본이 다 개정한 것은 모두 따랐으며, 원각본에 잘못이 없으나 2본이 모두 개정한 것은 원각본을 따랐다고 한다. 역주자는 본 역주본 주(注 : 별도로 [王注]라 표기함) 부분에서 이것을 밝혔다.

『이십이사차기』에 수록된 578편의 글은 모두 다채로우면서도 수미일관한 하나의 논문이라 해도 과언이 아니다. 이것들은 사료의 정확한 읽기를 바탕으로 하면서 역사를 바라보는 방법까지도 제시하고 있는 것이다. 『이십이사차기』를 통해서 그 자체만으로도 '22사'를 거의 섭렵하고 중국사학사를 통람하는 지식을 얻게 될 뿐만 아니라 중국사를 분석하는 시각까지도 배우게 된다.

예를 들어 권3의 「여후와 무후는 나란히 칭할 수 없다(呂武不當並稱)」라는 글은 잔인하기로 유명한 한 고조의 비 여후와 당의 무측천이라는 두 여성 권력자를 예리하게 비교하고 있다. 단순히 한 시대의 역사적 사실에만 매몰되지 않고 중국 전시대를 통괄하는 박학함을 여실히 드러내고 있다. 그 뿐만 아니라 본서에서는 현재 학계에서도 유력한 시대구분론의 하나로 거론되고 있는 중국 중세사의 특징인 귀족제사회론(貴族制社會論)이 이미 제시되었다는 점도 눈에 띈다. 즉, 권12의 「강좌의 권세 있는 가문에는 공신이 없었다(江左世族無功臣)」는 그의 또 다른 저서 『해여총고』의 「육조시대는 씨족을 중시했다(六朝重氏族)」는 항목과 함께 20세기 초 일본의 나이토 고난(內藤湖南)이 제시하여 현재까지 일본 학계의 하나의 축이 되고 있는 「중세귀족제론」의 논거 대부분을 제시하고 있어 그의 혜안을 엿보게 한다.

여기서 『이십이사차기』의 역주에서 교정과 출판과정에 얽힌 개인사를 약간 부기해 두고 싶다. 역주자가 『이십이사차기』를 처음 대한 것은 학부 2학년 때 해방 후 한국의 동양사학 특히 중국사학계를 이끌던 은사 고(故) 동빈(東濱) 김상기(金庠基) 박사의 「동양사강독(東洋史講讀)」 강의를 들으면서부터이다. 그때에는 대만 세계서국(世界書局)에서 출판한 것을 복사하여 사용하였다. 당시 강독교재로 조익의 『해여총고』도 함께 읽게 되었는데, 김 박사의 유려한 한문해석과 해박한 역사적 지식은 40년이 지난 지금 회상해도 경외로 다가오고 있다. 역주자는 1985년 이후 모교에서 설경(舌耕)하면서 학과의 필수과목인 「동양사사료강독」 과목 강의를 줄곧 맡았고 그 교재는 항상 『이십이사차기』였다. 이 책을 그렇게 자주 사용한 것은 이 책에 담겨져 있는 다양한 역사적 지식뿐만 아니라 역주자의 전공(위진남북조·수당)과 깊은 관련이 있다는 생각에서였다. 『이십이사차기』는 모두 36권으로 되어 있다. 그 가운데 후한 이전의 역사가 6권(1~6), 위진남북조와 수의 역사가 10권(6~15), 당의 역사가 5권(16~20), 오대의 역사가 2권(21~22), 송요금원사가 8권(23~30) 명대사가 6권(31~36)으로 되어 있다. 눈에 띄는 것은 위진남북조(수는 15권의 일부인 4항에 불과)와 명대의 분량이 가장 많다는 것이다. 명대는 조익이 살았던 청대의 바로 앞선 시대라는 점에서 이해가 되지만, 위진남북조가 가장 많다는 것은 쉽게 이해가 되지 않는다. 물론 위진남북조를 다룬 정사는 『삼국지』 이하 『남·북사』까지 24사 가운데 12사(隋書 포함)를 차지하고 있다는 점도 작용했을 것이다. 그러나 역주자는 조익을 감히 위진남북조 전공자였다고 생각하고 있다. 그의 『해여총고』에도 상당 부분을 할애해서 위진남북조를 다루고 있기 때문이다.

역주자는 1997년 2월부터 위진남북조시대에서 당·오대까지를 전공하는 석·박사과정 지도학생들(최재영·홍정아·이준희·최진열·김성희)과 함께 매주(혹은 격주로) 강독 겸 번역 주석작업을 시작하여, 만 6년이 걸려 2003년 2월에 그 작업을 완료하였다. 마침 한국학술진흥재단에서 이를 동서양고전번역과제로 선정하여 연구비를 제공함으로써 우리들에게 용기를 북돋아 주었다. 주석작업 초기에는 역주자가 관심을 가진 시대의 역사사실에 대한 이해에 중점을 두었다. 그래서 위진남북조시대 부분부터 읽기 시작하였다. 이어서 수당시대 부분을 읽었다. 역주자뿐만 아니라 학생들도 이 책에 점차 매료되기 시작했다. 그러나 더욱 치밀한 교정이 필요하다는 생각을 가졌다. 조익이 대단히 해박한 지식을 가진 학자이고, 훌륭한 고증학자이지만, 군데군데 오류도 적지 않게 발견하게 되었다. 그래서 그가 인용한 문장 하나하나를 정사 등의 해당 부분과 대조해 보기로 했다. 그리고 이제까지 출판된 각종 교정본을 참조하였다.

『이십이사차기』는 세계 어디에도 아직 제대로 된 번역이 없는 상태이다. 1945년 이전 일본에서 『국역한문대성(國譯漢文大成)』 제7권 「속경자사부(續經子史部)」 제3집에 『이십이사차기』에 대한 세천종랑(笹川種郎)과 공전연태랑(公田連太郎)의 역병주(譯幷注)본이 출판되었다. 일본의 것은 번역이라 하나 토와 약간의 주를 단 것에 불과하다. 그 외에는 중국 대륙에서조차 번역본 내지 역주본이 나와 있지 않다.

이후 당대와 오대까지의 강독을 마쳤을 때는 강독에 그칠 것이 아니라 본격적인 역주작업을 진행하여 출판하는 것이 우리학계에 어느 정도 공헌할 수 있다는 생각을 가지게 되었다. 앞서 소개했듯이 『이십이사차기』는 모두 36권 578편으로 구성된 방대한 저작이다. 이 방대한 책을 단순히 그 해석에만 그치지 않고 조익이 인용한 정사 및 기타자료에 대해서 원문 대조 등의 주석작업까지를 목표로 한다는 것은 실로 지난한 일이었다. 특히 송대 이후 부분은 강독에 참여한 우리들에게는 매우 생소한 부분이었다. 따라서 본 번역은 일단 그 분량을 권1부터 권22 오대(五代)까지로 한정하기로 하였다. 권1~권22까지 모두 309편의 글이 실려 있고 22사 가운데 17사에 해당한다. 앞으로 송대부터 명대까지의 나머지 부분은 누군가 그 전공자가 우리 작업을 이어서 역주작업을 해 주었으면 한다.

『이십이사차기』의 역주로 중국사 연구자들에게 청대 고증학자의 중국 정사에 대한 독해와 이해를 우리글로써 전달함으로써 연구 진작에 조금이나마 도움이 될 수 있을 것으로 기대한다. 『이십이사차기』는 단지 중국사의 전문 연구자만이 아니라 일반인에게도 유용한 책임에 틀림없다. 『이십이사차기』는 중국사학사(中國史學史)와 중국통사(中國通史)의 두 가지 특징을 아우르는 성격을 지니고 있다. 뿐만 아니라 오늘날에 간행된 저명한 중국사학사나 중국통사 관련 교양서를 뛰어넘는 수준을 확보하고 있다. 『이십이사차기』를 통해서 중국사의 흐름과 중국인의 역사인식을 생생하게 느낄 수 있기를 역주자로서 기대한다.

역주원고는 2003년 이미 학술진흥재단으로부터 심사를 받아 출판을 허가 받았다. 그러나 도저히 바로 출판할 수가 없었다. 군데군데 보완점이 발견되었기 때문이다. 연구년을 맞아 미국에 1년간 동안 체류하면서 역자는 틈틈이 교정을 계속하였고 이후 귀국한 후에도 교정작업을 계속하여 2006년 1월 그 결과를 넘길 수 있었다. 3개월 후 소명출판사로부터 편집본 파일을 다시 돌려받았다. 편집본을 돌려받은 역주자는 또 다시 대대적인 보완과 수정이 필요함을 절감하게 되었다. 다른 연구자가 교정을 맡는 것이 오류를 하나라도 더 많이 발견할 수 있겠다고 생각했다. 이리 하여 다시 전반적인 교정작업을 맡기게 되었다. 13,000매가 넘는 이 역주본에 대한 지루하고 따분한 교정작업에 당초부터 강독에 참여했던 제자 홍정아 선생이 2년 가까운 기간 동안 귀중한 시간을 소비하며 실로 헌신적인 도움을 주었다. 홍 선생에게 이 자리를 빌려 참으로 고마움과 미안함을 전하고자 한다. 이 교정작업이 없었더라면 그녀는 몇 편의 논문을 더 써내었을 것으로 여겨지기 때문이다. 2008년 말 다시 출판사로부터 최종 교정본을 받았다. 다시 보니 고칠 곳이 많았다. 이때 석·박과정 학생들과 같이 매주 해오던 원서(周一良, 『魏晋南北朝史札記』) 강독을 중단하고 2개월여에 걸쳐 다시 한 글자 한 글자 읽고 바로잡았다. 그리고 이들은 무미건조한 색인 작업도 맡아 주었다. 이 교정과 색인 작업에 다시 헌신적으로 참여한 나의 제자들(최재영·홍정아·이준희·이기천·문미정·민혜란·한수정)에게 사랑과 감사의 말을 전한다.

이렇게 기본적인 역주작업 6년, 교정작업 6년, 총 12년이란 세월이 걸린 것이다. 강산이 변하고 남을 이 짧지 않은 세월 동안 역주자의 노력에도 불구하고 적지 않은 오역과 오류를 범하지 않았을까 심히 걱정된다. 그 모든 책임은 모두 역주자로 명기된 박한제에게 있음을 밝혀둔다. 추후 수정할 기회가 허여될 것인지, 아니면 이 역주본으로 끝날 것인지는 하느님만이 가진 권한일 것이다. 이제 10여 년 동안 지고 온 무거운 짐을 내려놓은 기쁨을 잠시나마 만끽하고 싶다. 좀 더 나은 역주본의 출판을 위한다는 역주자의 거듭된 변명을 의심하지 않고 수년간 인내심을 가져주신 학술진흥재단 관계자 여러분과 소명출판사 편집부 관계자 여러 선생들에게 이 자리를 빌려 심심한 사의를 표하고자 한다.

2009년 4월 박한세

권8

권9

권10

권11

권12

二十二史箚記 전체 차례

권6

85. 『후한서』와 『삼국지』의 서술방법이 같지 않은 부분後漢書三國志書法不同處

『후한서(後漢書)』와 『삼국지(三國志)』는 다루고 있는 시대로 따지자면 『후한서』가 앞 시대를 다루었지만, 편찬 시기를 보면 『삼국지』가 백여 년 앞서 만들어졌다. 『삼국지』「위기(魏紀)」에서 처음으로 말을 돌려 비호하는 방법[迴護之法]을 만들자 역대 사서의 본기(本紀)가 모두 본보기로 삼았으며, 『구당서(舊唐書)』나 『구오대사(舊五代史)』까지도 모두 그 방식을 따랐다. 그 사이에 비록 습착치(習鑿齒)[1]가 위(魏)나라를 정통에서 배격하려고 하기도 했고,[2] 소영사(蕭穎士)[3]는 사마소(司馬昭)[4]가 임금을 시해했다

1) 習鑿齒(?~384) : 東晉의 역사가. 字는 彦威. 襄陽 사람으로 종족이 번성하여 대대로 鄕豪였다. 荊州刺史 桓溫의 從事로 벽소되었고, 淸談으로 유명하였다. 桓溫의 정치적 야심을 제지하려는 뜻을 담아 『漢晉春秋』를 썼다. 『晉書』 卷82에 그의 列傳이 있다.

고 고쳐 쓰려고 하기도 했으나, 끝내 바로잡지 못했다. 다만 구양공(歐陽公, 곧 歐陽修)이 『신오대사(新五代史)』를 쓰고 『신당서(新唐書)』를 편찬할 때에야 비로소 다시 고쳐 춘추필법(春秋筆法)에 따라 포폄(褒貶)에 의지하게 되었다. 그러나 범엽[5]만큼은 『삼국지』가 막 읽히고 있을 때에도 유독 그 예를 따르지 않았으니, 「헌제기(獻帝紀)」를 보면 여전히 『춘추』의 서술법이 남아 있다. 비록 진수(陳壽)[6]는 진대(晉代)에 책을 엮느라 피하여 숨기는 바가 없을 수 없었지만, 범엽은 송대(宋代)에 책을 엮어 이미 두 왕조를 사이에 두고 있었으므로 사실에 의거하여 바로 쓸 수 있었으니, 실로 그들이 처한 때가 같지 않았으나 역사를 쓰는 법이 마땅함을 궁구하는 것

---

2) 『三國志』 「四庫全書總目提要」, 1473면, "其書(『三國志』)以魏爲正統, 至習鑿齒作漢晉春秋始立異議. 自朱子以來, 無不是鑿齒而非壽. 然以理而論, 壽之謬萬萬無辭; 以勢而論, 則鑿齒帝漢順而易, 壽欲帝漢逆而難. 蓋鑿齒時晉已南渡, 其事有類乎蜀, 爲偏安者爭正統, 此孚於當代之論者也."

3) 蕭穎士 : 唐 玄宗, 肅宗 때의 文學者. 生沒年代는 분명치 않다. 字는 茂挺. 南朝 梁나라의 鄱陽王 蕭恢의 七世孫. 文章으로 유명하였고, 韋述의 談客이었으며 제자도 많았다. 『舊唐書』 卷190下 및 『新唐書』 卷202에 그의 列傳이 있으며, 『舊唐書』 卷102 「韋述傳」에도 그에 관한 기재가 있다.

4) 司馬昭(211~265) : 河內郡 溫縣 사람으로 字는 子上이며, 司馬懿의 둘째 아들이다. 형 司馬師가 죽은 후 大將軍 侍中 都督中外諸軍事 錄尙書事가 되어 국정을 전단하며 찬탈을 도모하였다. 甘露 2년(257) 高貴鄕公과 太后를 받들고 淮南으로 가서 諸葛誕의 난을 평정하였다. 이 공으로 晉公에 봉해지고 九錫이 가해졌으며, 相國으로 승진하였다. 景元 元年(260) 高貴鄕公을 살해하고 常道鄕公 曹璜을 옹립하였다. 景元 4년(263) 鍾會 등에게 蜀을 정벌하게 하여 劉禪의 항복을 받았다. 咸熙 元年(264) 晉王으로 봉해졌다. 西晉 武帝가 즉위한 후 文帝라는 시호가 정해졌다.

5) 范曄(398~445) : 蔚宗은 그의 字. 宋의 文人. 당시 전해지던 『東觀漢記』 등 여러 가지 기존의 後漢 역사서들을 모아 현존하는 『後漢書』를 편찬하였다. 그의 列傳은 『宋書』 卷69 「范曄傳」, 1819면 및 『南史』 卷33 「范泰傳」, 848면에 수록되었다. 『後漢書』 120卷 중 本紀 10卷과 列傳 80卷은 范曄 撰이고, 志 30卷은 西晉의 司馬彪가 편집한 것이다. 淸 康熙帝의 이름이 玄曄이었기 때문에 趙翼은 避諱하여 '范曄'대신 '范蔚宗'이라 썼으나, 이하에서는 범엽으로 통일하여 표기한다.

6) 陳壽(233~297, 혹은 236~300) : 西晉 巴西郡 安漢縣 사람으로 字는 承祚. 蜀에서 벼슬했으나 宦人 黃皓에 아부하지 않아 누차 쫓겨났다. 蜀이 망한 후 西晉의 司空 張華가 그의 재주를 인정하여 孝廉으로 천거하여 佐著作郎이 되었으며 벼슬은 御史治書에 이르렀다. 저서에는 『三國志』 『古國志』 『益部耆舊傳』 등이 있다. 당시 사람들이 良史才라 평가하였다.

이 이와 같았다. 진수의 「위기」에는 천자가 공(公)을 기주목(冀州牧)으로 삼았다고 썼는데[7] 범엽은 「헌제기」에서 조조(曹操[8])가 스스로 기주목이 되었다고 적었다.[9] 「위기」는 한(漢)나라에서 삼공(三公)의 관제를 폐지하고 승상(丞相[10])을 두어 공을 승상으로 삼았다고 하였으나,[11] 「헌제기」는 조조가 스스로 승상이 되었다고 했다.[12] 「위기」는 천자가 치려(郗慮)를 시켜 공을 위공(魏公)으로 책봉하게 하고 구석(九錫[13])을 더하였다고 하나,[14] 「헌제기」는 조조가 스스로 위공이 되었고 구석을 더하였다고 했다.[15] 「위기」는 한나라 황후 복(伏)씨가 지난 일 때문에 아버지 복완(伏完)에게 편지를 보내어 가며 황제가 동승(董承[16])이 주살당한 일로 공을 원망하고

---

7) 『三國志』「魏書」 卷1「武帝紀」, 26면, “天子以公領冀州牧, 公讓還兗州.”

8) 曹操(155~220): 沛國 譙縣 사람. 字는 孟德이며, 太尉 曹嵩의 아들. 孝廉에 천거되어 洛陽北部尉가 되었다. 황건적의 난을 토벌하였으며, 後漢末 군웅할거를 평정하여 華北을 통일하였다. 丞相을 거쳐 魏公, 魏王이 되었으나 찬탈하지 않았다. 저서에는 『孫子略解』『兵法接要』가 있고, 그의 詩歌를 모아 편찬한 『魏武帝集』이 있었으나 散佚되고 후세 사람이 『曹操集』을 輯補하였다.

9) 『後漢書』 卷9「孝獻帝紀」, 383면, “九年秋八月戊寅, 曹操大破袁尙, 平冀州, 自領冀州牧.”

10) 丞相: 漢代 宰相으로 前漢末 司徒로 바뀌었다가 後漢 建安 13년(208) 다시 부활되어 曹操가 丞相으로 임명되었다. 魏晉南北朝時代에는 錄尙書事·尙書令·尙書僕射·中書令·侍中 등이 재상직이었기 때문에 丞相을 늘 설치하지 않았고, 丞相과 相國은 贈官으로 사용되거나, 찬탈자가 皇帝가 되기 전에 王爵과 함께 받았다.

11) 『三國志』「魏書」 卷1「武帝紀」, 30면, “漢罷三公官, 置丞相御史大夫. 夏六月, 以公爲丞相.”

12) 『後漢書』 卷9「孝獻帝紀」, 385면, “夏六月, 罷三公官, 置丞相、御史大夫. 癸巳, 曹操自爲丞相.”

13) 九錫: 천자가 특히 공로가 있는 사람에게 하사하는 아홉 가지 물품. 곧, 車馬, 衣服, 樂則, 朱戶, 納陛, 虎賁, 弓矢, 鈇鉞, 秬鬯을 이른다.

14) 『三國志』「魏書」 卷1「武帝紀」, 37~39면, “五月丙申, 天子使御史大夫郗慮持節策命公爲魏公曰: ‘…… 又加君九錫, 其敬聽朕命. …….’”

15) 『後漢書』 卷9「孝獻帝紀」, 387면, “夏五月丙申, 曹操自立爲魏公, 加九錫.”

16) 董承(?~200): 河間郡 사람으로 後漢 靈帝의 어머니 董太后의 조카이다. 딸이 獻帝의 貴人이 되었다. 興平 2년(195) 李傕과 郭汜가 서로 공격하자 楊奉과 함께 獻帝를 모시고 長安에서 洛陽으로 돌아왔다. 衛將軍을 거쳐 車騎將軍이 되었으며, 獻帝의 密詔를 받고 劉備 등과 함께 曹操를 제거하려 하였으나 興平 5년(198) 음모가 누설되어 三族이 주멸되었으며, 그의 딸 董貴人도 살해되었다.

있다고 말하여, 복후(伏后)는 폐출되어 죽고 형제는 모두 법에 따라 처형되었다고 하였는데,[17] 「헌제기」에서는 조조가 황후 복씨를 죽이고 그 일족과 두 아들을 주멸하였다고 했다.[18] 「위기」는 천자가 공의 작위를 높여 위왕(魏王)으로 삼았다고 했으나,[19] 「헌제기」는 조조가 스스로 호칭을 높여 위왕이라 하였다고 했다.[20] 「위기」에는 위황(韋晃) 등이 반란을 일으켜 허(許)를 공격해서 승상장사(丞相長史)[21] 왕필(王必)의 군영을 불태웠지만 (왕)필이 엄광(嚴匡)과 더불어 그들을 토벌하여 목 베었다고 하였으나,[22] 「헌제기」는 경기(耿紀)와 위황이 기병하여 조조를 주살하려 했으나 이기지 못하여 삼족이 멸족당했다고 했다.[23] 선양할 무렵에 대해서 「위기」는 한나라 황제가 여러 사람들의 바람이 위(魏)나라에 있음에 따라 이에 여러 공경, 사대부들을 불러 장음(張音)에게 옥새와 인수를 받들게 하여 선양하였다고 적고 있으나,[24] 「헌제기」는 위왕 (조)비(曹丕)가 천자를 칭하고 한나라 황제를 산양공(山陽公)으로 모셨다고 적고 있다.[25] 그밖에 동승, 공융(孔融)[26] 등의 주살도 모두 조조가 살해한 것으로 적고 있으니 이는 역사

---

17) 『三國志』「魏書」 卷1 「武帝紀」, 44면, "十一月, 漢皇后伏氏坐昔與父故屯騎校尉完書, 云帝以董承被誅怨恨公, 辭甚醜惡, 發聞, 后廢黜死, 兄弟皆伏法."

18) 『後漢書』 卷9 「孝獻帝紀」, 388면, "十一月丁卯, 曹操殺皇后伏氏, 滅其族及二皇子."

19) 『三國志』「魏書」 卷1 「武帝紀」, 47면, "夏五月, 天子進公爵爲魏王."

20) 『後漢書』 卷9 「孝獻帝紀」, 388면, "二十一年夏四月甲午, 曹操自進號魏王."

21) 丞相長史 : 丞相의 속관으로 丞相을 보좌하여 최고 국무기관의 사무를 처리하였다.

22) 『三國志』「魏書」 卷1 「武帝紀」, 50면, "二十三年春正月, 漢太醫令吉本與少府耿紀、司直韋晃等反, 攻許, 燒丞相長史王必營, 必與潁川典農中郎將嚴匡討斬之."

23) 『後漢書』 卷9 「孝獻帝紀」, 389면, "二十三年春正月甲子, 少府耿紀、丞相司直韋晃起兵誅曹操, 不克, 夷三族."

24) 『三國志』「魏書」 卷2 「文帝紀」, 62면, "漢帝以衆望在魏, 乃召羣公卿士, 告祠高廟. 使兼御史大夫張音持節奉璽綬禪位, ……."

25) 『後漢書』 卷9 「孝獻帝紀」, 390면, "冬十月乙卯, 皇帝遜位, 魏王丕稱天子. 奉帝爲山陽公, 邑一萬戶, 位在諸侯王上, 奏事不稱臣, 受詔不拜, 以天子車服郊祀天地, 宗廟、祖、臘皆如漢制, 都山陽之濁鹿城."

26) 孔融(153~208) : 後漢末의 학자이자, 孔子의 20대 후손이다. 魯國 魯縣 사람으로 字는 文擧이다. 司徒 楊賜에게 벽소되었으며 侍御史 · 北軍中候 · 虎賁中郎將 · 北海相 · 將作大匠 · 少府 · 太中大夫 등을 역임하였다. 자신의 才望을 믿고 曹操를 자주 풍자하여 曹操의 시기를 받아 살해되었다. 詩와 문장에 능했으며 建安七子(곧, 後漢

가의 올바른 법식이다.

동타(董卓),[27] 원소(袁紹),[28] 유표(劉表),[29] 여포(呂布),[30] 원술(袁術),[31] 공

末 建安 年間(196~220) 나타난 7人의 文士. 孔融, 陳琳, 王粲, 徐幹, 阮瑀, 應瑒, 劉楨을 가리키며 '鄴下七子'라고도 한다)의 하나로 꼽힌다. 원래의 문집은 散佚되었으나, 명대 사람들이 『孔北海集』을 輯補하였다.

27) 董卓(?~192) : 隴西郡 臨洮縣 사람으로 字는 仲穎이다. 본래 涼州豪族으로 桓帝末 張奐과 함께 羌을 공격하여 郎中이 되었다. 中平 元年(184) 中郎將이 되어 黃巾賊을 토벌하였으나 張角에게 패하였고, 이어 羌의 반란을 진압하러 출전하였다. 河東에 주둔하며 정세를 살피다가 昭寧 元年(189) 何進과 袁紹의 부름에 응해 洛陽으로 들어가 宦官을 주멸하였다. 少帝를 폐하고 獻帝를 세웠고 太尉・相國을 역임하며 朝政을 멋대로 하였다. 初平 元年(190) 袁紹의 연합군이 기병하자 董卓은 獻帝를 위협하여 長安으로 천도하였다. 다음에 스스로 太師가 되었고, 郿에 郿塢를 건축했다. 후에 司徒 王允과 部將 呂布에게 살해되었다.

28) 袁紹(?~202) : 汝南郡 汝陽縣 사람으로 字는 本初이다. 司空 袁逢의 서자이다. 大將軍 何進의 벽소로 벼슬을 시작한 후 中軍校尉・司隸校尉를 역임하였다. 中平 6년(189) 何進과 함께 환관들을 제거하려고 모의하였으나, 누설되어 何進이 피살되자 아우 袁術과 함께 군대를 이끌고 환관 2천여 명을 살해하였다. 董卓이 정권을 장악하자 冀州로 도망갔다가 初平 元年(190) 關東州郡에서 董卓을 토벌하기 위해 起兵하자 맹주로 추대되었다. 初平 2년(191) 韓馥을 몰아내고 冀州牧이 되었으며 公孫瓚을 제거하고 河北 전역을 지배하였다. 曹操가 獻帝를 맞아들여 許로 옮긴 후 太尉・大將軍으로 삼았다. 初平 5년(188) 曹操와 官渡에서 싸웠으나 패배하였고, 2년 후 병사하였다.

29) 劉表(142~208) : 山陽郡 高平縣(지금의 山東省 鄒城縣 서남) 사람으로 字는 景升이다. 後漢의 宗室로, 八俊의 한 사람이었다. 張儉과 함께 黨錮의 禍에 연루되었으나, 禁錮가 해제된 후 大將軍掾・北軍中候가 되었다. 初平 元年(190) 荊州刺史가 되어 蒯良・蒯越・蔡瑁 등 荊州의 名士와 大族의 지지를 얻었다. 治所를 襄陽으로 옮겼으며, 袁術派인 孫堅을 격파하고 長沙・零陵・桂陽 등 郡을 영유하였고 군대 10만을 보유할 정도로 강성하였다. 學校를 세우고 儒士를 불러 모았으며, 江漢지역을 보존하며 天下의 變을 관찰하였다. 建安 6년(201) 劉備가 荊州로 투항하자 그에게 新野에 주둔하도록 하였다. 建安 13년(208) 曹操가 대군을 이끌고 荊州로 남하할 때 병사하였다.

30) 呂布(?~198) : 五原郡 九原縣(지금의 내몽고 包頭 서쪽) 사람으로 字는 奉先이다. 幷州刺史 丁原이 主簿로 임용하였다. 후에 董卓과 공모하여 丁原을 살해하고 그 군대를 차지하였으며, 董卓과 父子 관계가 될 것을 맹세하였다. 후에 司徒 王允과 내응하여 董卓을 살해하였다. 董卓의 장수들에게 패한 후 袁術・張揚・袁紹 등에게 도망갔다. 興平 元年(194) 曹操가 陶謙을 정벌하여 兗州를 비우자 陳宮이 呂布를 맞아들여 兗州牧이 되었다. 曹操에게 패하여 劉備에게 투항하였고, 建安 元年(196) 劉備의 땅을 빼어 徐州牧이 되었다. 建安 3년(198) 조조가 下邳城을 함락할 때 항복하였으나 살해되었다.

31) 袁術(?~199) : 汝南郡 汝陽縣 사람으로 字는 公路이다. 袁紹의 從弟이다. 孝廉으로 등용된 뒤 郎中・折衝校尉・河南尹・虎賁中郎將을 역임하였다. 中平 6년(189) 袁紹

손찬(公孫瓚),[32] 도겸(陶謙),[33] 유언(劉焉)[34] 등 한나라 말엽의 여러 신하들에 대해서는 두 책에 각각 열전이 있다. 이제 두 가지를 서로 비교해 보면, 번잡하고 간결함이 서로 같지 않으나 대개 동일한 하나의 열전을 만드는 데에 뒷사람이 보아 앞사람에게 있는 부분은 반드시 추려내고 앞사람에게 없는 부분은 늘림으로써 무턱대고 따라 베끼지 않았음을 보게 된다. 가령 「원소전(袁紹傳)」의 경우 범엽의 『후한서』는 진림(陳琳)[35]이 지은

를 도와 환관을 주살하였다. 董卓이 少帝를 폐할 때 後將軍으로 삼았으나 화를 두려워하여 도망갔다. 初平 元年(190) 南陽에 웅거하며 董卓토벌군에 가담하였으나 袁紹와 사이가 틀어져 公孫瓚과 연합하여 袁紹에 대항하였다. 初平 4년(193) 陳留에서 袁紹에게 패하여 九江으로 달아나 揚州에 할거하게 되었다. 建安 2년(197) 壽春에서 稱帝하며 국호를 仲家(혹은 仲氏, 冲家)라 하였다. 후에 呂布와 曹操의 공격으로 잇달아 패하여 建安 4년(199) 靑州刺史 袁譚에게 투신하려 했으나 劉備의 공격을 받고 다시 壽春으로 돌아가서 죽었다.

32) 公孫瓚(?~199) : 遼西郡 令支縣 사람으로 字는 伯珪이다. 처음에 郡吏가 되었다가 후에 涿令·騎都尉를 역임하였다. 袁紹가 冀州를 점거한 후 袁紹와 서로 싸웠다. 初平 4년(193) 幽州牧 劉虞를 내쫓고 幽州를 차지했으나, 계속 袁紹에 패하여 建安 4년(199) 스스로 불을 지르고 죽었다.

33) 陶謙(132~194) : 丹陽郡(지금의 安徽省 當塗縣 동북) 사람으로 字는 恭祖이다. 孝廉과 茂才로 천거되어 舒令·盧令·幽州刺史·議郎을 역임하였다. 徐州刺史로 재임하며 徐州의 黃巾賊을 격파하였다. 董卓의 난 때 獻帝에게 貢獻을 바쳐 安東將軍 徐州牧 溧陽侯에 봉해졌다. 初平 4년(193) 曹嵩이 部將에게 살해되자 아들인 曹操가 이를 구실로 대거 공격하여 彭城에서 싸웠으나 대패하였다. 興平 元年(194) 靑州刺史 田解와 平原相 劉備의 도움으로 曹操에 대항하였다. 陶謙이 표를 올려 劉備를 豫州刺史로 삼았으며, 병이 위독해지자 劉備에게 徐州를 넘겼다.

34) 劉焉(?~194) : 江夏郡 竟陵縣 사람으로 字는 君郎이다. 젊어서 州郡의 屬吏를 역임했으며 宗室의 자격으로 中郎이 되었다. 후에 벼슬을 버리고 陽城山에서 거하며 학문과 교육에 힘썼다. 賢良方正으로 추천되어 南陽太守·宗正·太常을 역임하였다. 황건적의 난 이후 지방이 소란하니 刺史의 직권을 높여 州牧을 설치하고 重臣을 임용할 것을 주청하자, 靈帝가 이를 따랐다. 益州에 천자의 기운이 있다는 소식을 듣고 益州牧이 되어 益州人 馬相 등의 반란을 물리치고 漢中과 長安사이의 길을 끊어 자립하려고 하였다. 후에 수도에 남아 있던 아들과 함께 長安을 습격하려고 모의하였으나 누설되어 두 아들은 피살되었고, 綿竹城에 대화재가 나자 憤死하였다. 아들 劉璋이 益州牧이 되었다.

35) 陳琳(?~217) : 廣陵郡(治所는 지금의 江蘇省 揚州 서북) 사람으로 字는 孔璋이다. 何進에게 등용되어 主簿가 되었다. 何進에게 외부의 군대를 동원하여 宦官을 주살하는 방법을 사용해서는 안 된다고 하였으나 何進이 이를 받아들이지 않았고, 후에 董卓이 발호하게 되었다. 冀州로 피난갔다가 袁紹의 명령으로 曹操를 토벌하는 격문을

조조를 토벌하는 격문 하나[36]와, 유표가 원담(袁譚)[37]에게 조조에게 항복하지 말라고 권한 편지 하나, 신배(審配)가 (원)담에게 형제가 서로 화목하도록 권하는 편지 하나를 더하고 있다.[38] 「유표전(劉表傳)」은 (유)표가 한숭(韓嵩)을 허로 보냈으나 (한)숭이 가려하지 않았던 일,[39] 유기(劉琦)[40]가 제갈량(諸葛亮)[41]에게 스스로 안전을 도모하는 계책을 물었던 일을 더하

지었다. 袁紹가 패한 후 曹操에게 귀부하였는데, 曹操가 그의 재능을 아껴 등용하였다. 司空軍謀祭酒가 되어 記室을 관장하고 軍國에 관한 書檄을 다수 기초하였다. 그가 지은 章表 등이 曹조의 칭찬을 받았으며, 詩賦로도 유명하여 建安七子의 한사람이 되었다. 원래의 文集은 散佚되었으나, 명대 사람들이 『陳記室集』으로 輯補하였다.

36) 『後漢書』 卷74下 「袁紹傳」, 2393~2399면.

37) 袁譚(?~205) : 汝南郡 汝陽縣(지금의 河南城 商水縣 서남) 사람으로 字는 顯思이다. 袁紹의 맏아들로 劉備가 茂才로 천거하였으며, 袁紹는 靑州刺史로 임명하였다. 建安 7년(202) 袁紹가 죽고 아우 袁尙이 冀州牧을 계승하자 이에 불만을 품고 袁尙과 자리를 다투었다. 曹操가 이를 틈타 공격하였으나 袁尙과 힘을 합쳐 이를 격파하였다. 다음 해 다시 袁尙과 불화하여 平原으로 도망갔고 曹操와 연합하였다. 建安 10년(205) 曹操와 南皮(지금의 河北省 南皮縣)에서 싸웠으나 패하여 피살되었다.

38) 『後漢書』 卷74下 「袁紹傳」 附 「袁譚傳」에 수록되어 있다. 『後漢書』 卷74下 「袁譚傳」, 2410~2413면, "劉表以書諫譚曰 : ……." 및 같은 책, 2414~2415면, "九年三月, 尙使審配守鄴, 復攻譚於平原. 配獻書於譚曰 : ……."

39) 『後漢書』 卷74下 「劉表傳」, 2422면, "表狐疑不斷, 乃遣嵩詣操, 觀望虛實. 謂嵩曰 : '今天下未知所定, 而曹操擁天子都許, 君爲我觀其釁.' 嵩對曰 : '嵩觀曹公之明, 必得志於天下. 將軍若欲歸之, 使嵩可也; 如其猶豫, 嵩至京師, 天子假嵩一職, 不獲辭命, 則成天子之臣, 將軍之故吏耳. 在君爲君, 不復爲將軍死也. 惟加重思.' 表以爲憚使, 强之."

40) 劉琦(?~209) : 山陽郡 高平郡 사람으로 劉表의 맏아들이다. 처음에는 劉表의 총애를 얻었으나 後母 蔡氏와 蔡瑁, 張允 등의 모함을 받았다. 자신의 위치가 불안함을 느끼고 諸葛亮에게 계책을 묻자 諸葛亮이 江夏太守가 되어 밖에 있으라고 충고하였다. 후에 劉表의 병이 중하여 병간호를 위해 襄陽으로 갔으나 張允 등이 入城을 거절하여 돌아갔다. 建安 13년(208) 만여 명을 거느리고 劉備와 함께 夏口(지금의 湖北省 武漢)로 도망하였다. 赤壁之戰이 끝난 후 劉備가 표를 올려 荊州刺史로 삼았으나, 얼마 후 죽었다.

41) 諸葛亮(181~234) : 琅邪郡 陽都縣 사람으로 字는 孔明이다. 어려서 고아가 되어서 숙부 諸葛玄을 따라 荊州牧 劉表에게 갔으며 隆中에 은거하였다. 劉備가 친히 찾아오자 荊州와 益州를 기반으로 吳와 연합하여 曹操에 대항해야 하는 계책을 내놓았다. 建安 13년(208) 曹操가 남침하자 孫權을 설득하고 연합하여 曹操의 군대를 적벽에서 물리쳤다. 劉備는 그를 軍師中郎將으로 임명하였다. 建安 16년(211) 益州牧 劉璋이 劉備를 맞아들여 張魯를 공격하려 할 때 關羽와 함께 荊州를 지켰다. 후에 張飛·趙

고 있다.[42] 「동탁전(董卓傳)」에는 (동)탁이 먼저 장온(張溫)을 따라 변장(邊章), 한수(韓遂)를 토벌하였다가 조정의 소환에 응하지 않았던 일[43]과 (동)탁이 진번(陳蕃), 두무(竇武)[44]를 다시 판결할 것을 청했던 상소 하나,[45] 장안(長安)으로 천도하면서 낙양(洛陽) 사람 수백만 명을 몰고 갔으며 여러 능묘를 파헤쳤던 일[46] 등을 더하였다. 또 (동)탁이 주살된 후 또 그 동생과 어머니, 처자가 미오(郿塢)에서 살해당한 일을 추가하였으며,[47] 헌제(獻帝)가 동쪽으로 돌아가자 단외(段煨)가 천자의복, 거마와 공경들이 쓸 비축 물자를 가지고 맞이하러 나왔고 양정(楊定)의 모함을 받았음에도 불구하고 여전히 헌제 일행에 대한 공양에 부족함이 없었던 일을 더하고 있다.[48] 「원술전(袁術傳)」에는 (원)술이 손견(孫堅)[49]의 아내에게서 한나라의

雲과 함께 蜀으로 들어가 劉備와 함께 成都를 점령하였다. 劉備가 帝位에 오른 후 丞相 錄尙書事가 되었다. 章武 3년(223) 劉備가 永安(지금의 重慶市 奉節縣)에서 죽기 전 劉禪을 보좌할 것을 명했다. 劉禪이 즉위한 후 武鄕侯에 봉해졌으며 국정을 혼자 처리하였다. 建興 3년(225) 南征하여 반란군을 평정했으며, 建興 6년과 9년, 12년 등 여러 차례 北伐하였지만 성공하지 못하였고, 五丈原에 주둔하며 屯田하면서 장기전에 대비했으나 병이 나서 죽었다. 시호는 忠武侯이다. 지략에 능하였으며, 連弩·木牛·流馬 등을 만들고 八陣圖를 편찬하였다. 晉의 陳壽가 『諸葛亮集』 24篇을 편찬하였으나, 현재 다수 전하지 않는다.

42) 『後漢書』 卷74下 「劉表傳」, 2423면, "而琦不自寧, 嘗與琅邪人諸葛亮謀自安之術. 亮初不對. 後乃共升高樓, 因令去梯, 謂亮曰 : '今日上不至天, 下不至地, 言出子口而入吾耳, 可以言未?' 亮曰 : '君不見申生在內而危, 重耳居外而安乎?' 琦意感悟, 陰規出計. 會表將江夏太守黃祖爲孫權所殺, 琦遂求代其任."

43) 中平 6年(189) 朝廷에서 董卓을 洛陽으로 불러 少府로 임명하려 했으나, 董卓이 그 명령에 응하지 않았던 일을 말한다(『後漢書』 卷72 「董卓傳」, 2321~2322면).

44) 陳蕃과 竇武 두 사람은 外戚과 宦官으로부터 後漢의 朝廷을 쇄신하려고 노력하였으나 효과가 없자 마지막 수단으로 宦官 殺害를 기도하였다. 그러나 그 계획은 실패하여 宦官 측의 선제공격을 받아 建寧 元年(168)에 살해당하였다. 『後漢書』 卷66에 陳蕃의 傳이, 『後漢書』 卷69에 竇武의 傳이 수록되어 있다.

45) 董卓은 이들 두 사람을 비롯하여 여러 黨人들을 복권시켜 줄 것을 청하는 上疏를 하였다(『後漢書』 卷72 「董卓傳」, 2325면).

46) 董卓은 呂布를 시켜 여러 帝 및 公卿들의 묘를 파 부장품을 거두어들이게 하였다(『後漢書』 卷72 「董卓傳」, 2327~2328면).

47) 『後漢書』 卷72 「董卓傳」, 2331~2332면, "布應聲持矛刺卓, 趣兵斬之. …… 使皇甫嵩攻卓弟旻於郿塢, 殺其母妻男女, 盡滅其族."

48) 『後漢書』 卷72 「董卓傳」, 2338~2339면. 段煨는 楊定과 사이가 좋지 않았기 때문에

전국새(傳國璽)를 핍박해 빼앗은 일,[50] 손책(孫策)이 (원)술의 제호 참칭을 말리는 편지[51]와 (원)술이 황제의 칭호를 원소에게 돌리는 편지[52]를 추가하였다. 「공손찬전(公孫瓚傳)」에는 (공손)찬이 원소의 죄상을 적은 표문[53]과, (공손)찬이 역경(易京)을 지키면서 일곱 살 이상 남자는 문 안으로 들어오지 못하게 하고, 부인들에게 크게 소리치는 것을 익혀 명령을 선하도록 했던 일을 더하고 있다.[54] 「도겸전(陶謙傳)」에는 착융(笮融)이 부처를 받들어 상을 만들고 목욕시켰던 일[浴佛][55] 등을 더하고 있다.[56] 이는 피차 참고하여 볼 수 있는 것들이다.

오직 「순욱전(荀彧傳)」의 경우 진수는 그가 (조)조의 책사였기 때문에

모함을 받았고, 실제로 楊定은 段煨의 軍營을 공격하기도 하였으나, 段煨는 시종일관 洛陽으로 돌아온 獻帝 일행의 식사를 책임지고 있었다.

49) 孫堅(155~191) : 吳郡 富春縣(지금의 浙江省 富陽縣) 사람으로 자는 文臺이다. 熹平 元年(172) 郡司馬가 되어 句章(지금의 浙江省 餘姚縣 동남) 許昌의 반란을 진압하고 鹽瀆丞이 되었다. 中平 元年(184) 兵 천여 명을 거느리고 中郎將 朱儁 휘하에서 종군하여 黃巾賊을 격파하고 別部司馬가 되었다. 다음해 司空 張溫을 따라 邊章을 토벌하여 議郎에 제수되었고, 후에 長沙太守가 되었다. 董卓의 발호에 반기를 들고 군대를 이끌고 북상하여 荊州刺史와 南陽太守를 살해하였다. 陽人에서 董卓의 군대를 대파하고 洛陽에 입성하여 傳國璽를 얻은 후 魯陽(지금의 河南城 魯山縣)으로 퇴군하였다. 初平 2년(191) 군대를 이끌고 劉表를 공격하였으나 劉表의 장수 黃祖의 부하에게 사살되었다.

50) 『後漢書』 卷75 「袁術傳」, 2439면, "又聞孫堅得傳國璽, 遂拘堅妻奪之."

51) 『後漢書』 卷75 「袁術傳」, 2440~2441면, "自孫堅死, 子策復領其部曲, 術遣擊楊州刺史劉繇, 破之, 策因據江東. 策聞術將欲僭號, 與書諫曰 : ……."

52) 『後漢書』 卷75 「袁術傳」, 2443면, "憂懣不知所爲, 遂歸帝號於紹, 曰 : '祿去漢室久矣, 天下提挈, 政在家門. 豪雄角逐, 分割疆宇. 此與周末七國無異, 唯彊者兼之耳. 袁氏受命當王, 符瑞炳然. 今君擁有四州, 人戶百萬, 以彊則莫與爭大, 以位則無所比高. 曹操雖欲扶衰奬微, 安能續絕運, 起已滅乎! 謹歸大命, 君其興之.' 紹陰然其計."

53) 『後漢書』 卷73 「公孫瓚傳」, 2359~2361면.

54) 『後漢書』 卷73 「公孫瓚傳」, 2363면, "瓚遂保易京, ……. 斥去左右, 男人七歲以上不得入易門. 專侍姬妾, 其文簿書記皆汲而上之. 令婦人習爲大言聲, 使聞數百步, 以傳宣教令."

55) 浴佛 : 음력 4월 8일 석가탄신일에 佛像을 香湯으로 씻는 일. 灌佛.

56) 『後漢書』 卷73 「陶謙傳」, 2368면, "初, 同郡人笮融, …… 遂斷三郡委輸, 大起浮屠寺. 上累金盤, 下爲重樓, 又堂閣周回, 可容三千許人, 作黃金塗像, 衣以錦綵. 每浴佛, 輒多設飲飯, 布席於路, 其有就食及觀者且萬餘人."

위나라 신하 열전 안에 포함시켰으나, 범엽은 그가 오히려 한나라 황실에 마음을 두고 있었다고 하여 특별히 한나라 신하로 편입시켰으니,[57] 이는 공정한 도리를 존중하여 지킨 부분이다. 진수의 『삼국지』에서는 비록 그를 위나라 신하로 구분하였으나, 열전 끝에서는 (순)욱(荀彧)[58]이 죽은 다음 해에 조공(曹公)이 마침내 구석을 더하였다고 하였으니,[59] (순)욱이 죽지 않았으면 (조)조가 오히려 분에 넘치는 지위를 차지하지 못했을 것임을 볼 수 있은 즉, 범엽이 한나라 신하로 편입시켰던 것이 자연히 공정한 논의가 된다.

두 책이 기록한 사적에서 피차 같지 않은 데가 있다. 「원소전」의 경우, 진수의 『삼국지』는 하진(何進)이 동탁을 불렀다고 하였으나, 범엽의 『후한서』에서는 원소가 하진에게 동탁을 부르도록 권하였다고 했다.[60] 「여포전(呂布傳)」의 경우, 진수의 『삼국지』에서는 (여)포가 양주(涼州) 사람을 두려워하고 싫어하여 이각(李傕),[61] 곽사(郭汜)의 난을 불러왔다고 말하지만,

---

57) 荀彧의 傳은 『三國志』「魏書」 卷10, 307～317면과 『後漢書』 卷70, 2280～2290면에 각각 수록되어 있다.

58) 荀彧(163～212) : 潁川郡 潁陰縣(지금의 河南城 許昌市) 사람으로 字는 文若이다. 永漢 元年(189) 孝廉으로 찰거되었다. 전란으로 宗族을 이끌고 冀州로 피난했으나 袁紹가 성공하지 못할 것을 알고 初平 2년(191) 曹操에게 귀순하여 司馬가 되었다. 建安 元年(196) 曹操에게 獻帝를 許로 모실 것을 건의하였다. 官渡의 전쟁 등 曹操가 河北을 평정하고 荊州를 공격하는데 큰 공을 세웠다. 벼슬은 侍中·守尙書令에 이르렀으며 萬歲亭侯에 봉해졌다. 建安 17년(212) 曹操가 魏公이 되고 九錫을 받으려 하자 이를 반대하여 曹操에게 의심을 샀으며 후에 壽春(지금의 安徽省 壽縣)에서 자살하였다.

59) 『後漢書』 卷70 「荀彧傳」, 2290면, "十七年, 董昭等欲共進操爵國公, 九錫備物, 密以訪彧. 彧曰 : '曹公本興義兵, 以匡振漢朝, 雖勳庸崇著, 猶秉忠貞之節. 君子愛人以德, 不宜如此.' 事遂寢. …… 至濡須, 彧病留壽春, 操饋之食, 發視, 乃空器也, 於是飮藥而卒. 時年五十. 帝哀惜之, 祖日爲之廢讌樂. 謚曰敬侯. 明年, 操遂稱魏公云."

60) 『三國志』「魏書」 卷6 「袁紹傳」, 189면, "靈帝崩, 太后兄大將軍何進與紹謀誅諸閹官, 太后不從. 乃召董卓, 欲以脅太后"; 『後漢書』 卷74上 「袁紹傳」, 2374면, "靈帝崩, 紹勸何進徵董卓等衆軍, 脅太后誅諸宦官, 轉紹司隸校尉."

61) 李傕(?～198) : 北地郡(지금의 寧夏 吳忠縣 서남) 사람으로 字는 稚然이다. 董卓에게 임용되어 校尉가 되었다. 初平 3년(192) 王允과 呂布가 董卓을 살해하자 郭汜와 함께 반란을 일으켜 長安을 공격해 王允을 살해하였다. 車騎將軍 領司隸校尉가 되어 郭汜와 정치를 좌우하였다. 興平 2년(195) 郭汜와 불화하여 獻帝를 협박하여 군영에 두

범엽의 『후한서』에서는 왕윤(王允)이 양주 사람을 용서하지 않아 격변을 불러왔다고 말하였다.[62] 또 「여포전」의 경우, 진수의 『삼국지』에서는 (여)포가 원술에게 투항하였으나 (원)술이 거절하고 받아주지 않자 이에 원소에게 투항하였다고 말했지만, 범엽의 『후한서』는 (여)포가 (원)술에게 투항한 후 멋대로 병사를 끌고 노략질을 하여 (원)술이 이를 걱정하자 (여)포는 불안해져 그를 떠나 장양(張揚[63])을 따랐다고 적었다.[64] 「동탁전」에서 이각이 황제를 위협하여 자신의 군영으로 데려온 사실에 대해서, 진수의 『삼국지』는 (이)각이 공경들을 (곽)사에게 보내 화친을 청했으나 (곽)사가 이들을 모두 억류하였다고 하는데,[65] 범엽의 『후한서』는 황제가 양표(楊彪), 장희(張喜)를 (이)각과 (곽)사에게 보내 화친하고자 하였는데 (곽)사

고 궁실과 관청을 불살랐다. 부장 楊奉이 董承과 함께 獻帝를 모시고 長安을 빠져나가자 다시 郭汜와 연합하여 추격하였으나 曹陽(지금의 河南省 陝縣)에서 패하였다. 후에 曹操가 보낸 關中諸將에 의해 살해되었다.

62) 『三國志』 「魏書」 卷7 「呂布傳」, 220면, "布自殺卓後, 畏惡涼州人, 涼州人皆怨. 由是李傕等遂相結還攻長安城. 布不能拒, 傕等遂入長安"; 『後漢書』 卷66 「王允傳」, 2176면, "董卓將校及在位者多涼州人, 允議罷其軍. …… 時百姓訛言, 當悉誅涼州人, 遂轉相恐動. 其在關中者, 皆擁兵自守. …… 卓部曲將李傕、郭汜等先將兵在關東, 因不自安, 遂合謀爲亂, 攻圍長安."

63) 張揚(?~198) : 雲中郡(지금의 내몽고 托克托 동북) 사람으로 字는 稚叔이다. 并州武猛從事가 되어 何進을 위해 모병하여 수천 명을 얻었다. 初平 2년(191) 袁紹에 귀부하여 匈奴南單于의 군대와 함께 董卓을 토벌하였으나, 南單于의 협박으로 董卓에 항복하여 建義將軍 河內太守가 되었다. 興平 2년(195) 董卓의 舊將 李傕과 郭汜가 서로 싸우고 獻帝가 長安을 탈출하려 할 때 獻帝를 맞이하여 洛陽으로 돌아가려 했으나 諸將들이 듣지 않았다. 獻帝에게 양식을 제공한 공으로 大司馬에 제수되어 野王(지금의 河南省 沁陽縣)에 주둔하였다. 建安 3년(197) 曹操가 呂布를 下邳에서 포위하였을 때 呂布를 위해 내응하였으나 部將 楊丑에게 살해되었다.

64) 『三國志』 「魏書」 卷7 「呂布傳」, 220면, "卓死後六旬, 布亦敗. 將數百騎出武關, 欲詣袁術. 布自以殺卓爲術報讎, 欲以德之. 術惡其反覆, 拒而不受. 北詣袁紹, 紹與布擊張燕于常山"; 『後漢書』 卷75 「呂布傳」, 2445면, "袁術待之甚厚. 布自恃殺卓, 有德袁氏, 遂恣兵鈔掠. 術患之. 布不安, 復去從張楊於河內"; '張揚'이 아니라 '張楊'으로 되어 있다.

65) 이 내용은 「董卓傳」에 부기된 「李傕・郭汜傳」에 있다(『三國志』 「魏書」 卷6 「李傕・郭汜傳」, 183면, "傕質天子於營, 燒宮殿城門, 略官寺, 盡收乘輿服御物置其家. 傕使公卿詣汜請和, 汜皆執之").

가 공경들을 인질로 남겼다고 썼다.[66] 「순욱전」의 경우, 진수의 『삼국지』는 구석을 막았던 일로 인하여 수춘(壽春)[67]에 머무르다 근심으로 죽었다고 하는데, 범엽의 『후한서』에서는 순욱이 병으로 수춘에 머무르자 조조가 사람을 시켜 음식을 보냈는데, 뚜껑을 열어보자 빈 그릇이어서 결국 약을 마시고 죽었다고 하고 있다.[68] 두 책이 같지 않은 것은 대개 각기 근거한 바가 있을 것이기 때문에 실로 그 설을 둘 다 남겨둘 수 있다. 또 「원소전」에서 한복(韓馥)이 기주(冀州)를 (원)소에게 양보했던 사실에 대해 진수의 『삼국지』에서는 저수(沮授)가 (원)소를 설득하여 "장군이 약관의 나이로 조정에 나아간 즉 이름을 세상에 알렸고, 황제가 폐위되는 무렵에는 즉 충성스런 의로움으로 분발했습니다. 홀로 말 달려 내달린 즉 동탁이 두려움을 품었습니다. 황하를 건너 북으로 간 즉 발해(渤海)가 복속하였습니다. 지금 전군을 동쪽으로 향하게 하면 즉 청주(青州)를 평정할 수 있습니다. 돌아와 흑산(黑山)을 토벌하면 즉 장연(張燕)[69]은 멸할 수 있습니다. 군대를 돌려 북으로 향한 즉 공손(찬)은 반드시 망할 것입니다. 융적(戎狄)을 위협한 즉 흉노(匈奴)가 반드시 따를 것입니다"라고 말한 것

---

66) 『後漢書』 卷72 「董卓傳」, 2337면, "帝使楊彪與司空張喜等十餘人和傕、汜, 汜不從, 遂質留公卿."

67) 壽春 : 秦이 설치했으며, 治所는 지금의 安徽省 壽縣이다. 東晉 孝武帝 시기 壽陽으로 이름을 바꾸었고, 南朝 宋 大明 6년(462) 다시 壽春으로 바꾸었으며, 大明 8년(464) 다시 睢陽으로 바꾸었다. 北魏는 다시 壽春으로 바꾸었다. 秦漢時代에는 九江郡의 治所였으며, 魏晉南北朝時代에는 揚州·豫州·南豫州, 淮南郡·梁郡의 治所였다. 芍陂의 灌漑에 이익이 있고, 남북교통의 요충지였으며 남북 분열 시기에는 淮南의 중요한 군사 重鎭이었다.

68) 『三國志』 「魏書」 卷10 「荀彧傳」, 317면, "太祖軍至濡須, 彧疾留壽春, 以憂薨, 時年五十"; 『後漢書』 卷70 「荀彧傳」, 2290면, "至濡須, 彧病留壽春, 操饋之食, 發視, 乃空器也, 於是飮藥而卒. 時年五十."

69) 張燕 : 常山 眞定 사람이며, 원래 姓은 褚이다. 黃巾賊이 일어나자, 그도 무리를 모아 도적떼를 이루었다. 張牛角의 무리와 연합하고 張牛角 사후 그 무리를 이끌게 되면서 張氏로 성을 바꾸었다. 무리가 百萬에 이르러, 黑山이라고 칭했으며, 河北 여러 郡이 그 피해를 입었다. 조정에서 그를 平難中郎將에 봉하기에 이르렀다. 그 후 袁紹와 公孫瓚이 冀州를 다툴 때 公孫瓚을 돕다가 袁紹에게 패하였으며, 曹操를 도와 平北將軍이 되었다. 『三國志』 「魏書」 卷8, 261면에 그의 열전이 있다.

을 실었다.[70] 무릇 여덟 개의 '즉(則)'자를 썼는데, 범엽의 『후한서』에서는 앞의 네 '즉'자를 빼 버림으로써 간단하게 하였으나, 『사기(史記)』 중에 본래 이렇게 글자 겹쳐 쓰는 법이 있는 것을 알지 못하였다[趙注 : 『사기』 「하후영전」을 보면, (하후)영이 처음 고조(高祖)를 쫓아 곧 태복(太僕) 상봉거(常奉車)가 되었다고 하고, 그 아래에 그가 상봉거였음을 쓴 것이 다섯 번이고, 또 태복으로 따라다닌 것을 쓴 것이 10번이었으니,[71] 친히 가까이에서 행한 일은 번거롭게 반복함을 꺼리지 않았음을 바로 볼 수 있다].

86. 『삼국지』의 서술 방법三國志書法

좌씨(左氏), 사마천(司馬遷) 이래 사서를 짓는 사람은 모두 스스로 일가의 문장을 이루었으니 후세의 관찬 사서와 같지 않았다. 진수(陳壽)의 『삼국지(三國志)』 역시 개인이 지은 사서에 속한다. 『진서(晉書)』의 그의 열전에 의하면, (진)수가 죽은 뒤 상서랑(尙書郎) 범군(范頵) 등이 표를 올려 (진)수가 『삼국지』를 지었는데 글에 권장하고 경계하는 바가 많으며 비록 문장의 아름다움은 사마상여(司馬相如)[72]만 못하지만 질박하고 솔직함은 그를 능가한다고 말했다. 이에 낙양령(洛陽令)에게 조칙을 내려 그의 집에 가서 책을 베끼도록 했다고 한다.[73] 이로써 (진)수가 책을 다 지은 후에야 비로소 (그의 책이) 관부에 들어갔음을 볼 수 있다. 그렇지만 그 체례는

---

70) 『三國志』 「魏書」 卷6 「袁紹傳」, 192면; 『後漢書』 卷74上 「袁紹傳」, 2379면.

71) 「夏侯嬰傳」을 살펴보면, 그의 행적을 서술하면서 '常奉車', '太僕'이란 어구를 계속 반복해서 쓰고 있다(『史記』 卷95 「夏侯嬰傳」, 2664~2667면).

72) 司馬相如 : 前漢 武帝 시대 사람으로 『史記』 卷117과 『漢書』 卷57上에 그의 열전이 있다. 漢魏六朝文人의 모범으로 생각되었던 인물이다.

73) 『晉書』 卷82 「陳壽傳」, 2138면, "元康七年, 病卒, 時年六十五. 梁州大中正、尙書郎范頵等上表曰 : '…… 臣等案. 故治書侍御史陳壽作三國志, 辭多勸誡, 明乎得失, 有益風化, 雖文艶不若相如, 而質直過之, 願垂採錄.' 於是詔下河南尹、洛陽令, 就家寫其書. 壽又撰古國志五十篇、益都耆舊傳十篇, 餘文章傳於世."

곧 이미 후세 국사 기술의 법식을 열었다. 무릇 (진)수가 책을 찬수한 것은 진(晉)나라 때이므로 위진(魏晉) 교체 부분에는 비호하는 바가 많지 않을 수 없었다. 그리고 위(魏)나라가 한(漢)나라를 이은 것은 진나라가 위나라를 이은 것과 마찬가지라, 진나라를 비호하려 하면 먼저 위나라를 비호하지 않을 수 없었다. 예컨대 「위기(魏紀)」에서 천자가 공(公)을 기주목(冀州牧)으로 삼고, 승상(丞相)으로, 위공(魏公)으로, 위왕(魏王)으로 삼았다고 쓴 것들은 하나같이 모두 한나라 황제가 노고에 보답하고 덕 있는 사람에게 양보하려는 마음에서 나온 것이지, 조(曹)씨가 그것을 훔친 것이 아닌 듯하다. 이런 예가 한번 정해지자 곧 제왕(齊王) (조)방(曹芳)이 사마의(司馬懿)[74]를 승상으로 임명하고, 고귀향공(高貴鄉公)[75]이 사마사(司馬師)[76]에게 황월(黃鉞)을 더해 주고, 사마소(司馬昭)에게 곤룡포, 면류관, 붉은 신[袞冕赤舃][77]과 팔명(八命),[78] 구석(九錫)을 더하여 진공(晉公)에 봉하고 상국(相國)

---

74) 司馬懿(179~251) : 河內郡 溫縣 사람으로 字는 仲達이다. 後漢 建安 13년(208) 丞相 曹操의 벽소로 관직에 올랐으며, 明帝 즉위 후 蜀 諸葛亮의 북벌을 방어하였다. 景初 2년(238) 遼東의 公孫淵을 격파하여 죽였다. 明帝 사후 大將軍 曹爽과 함께 齊王 芳을 보필하도록 遺詔를 받았으나 曹爽에게 권력을 빼앗기자 병을 칭하고 정사에 관여하지 않았다. 嘉平 元年(249) 曹爽이 齊王 芳과 高平陵에서 사냥하는 틈을 타서 기병하여 曹爽일당을 제거하였다. 이어 丞相이 되어 국정을 전단하였으며, 九錫을 받았다. 西晉 武帝가 선양으로 즉위한 후 宣皇帝로 추존되었다.

75) 高貴鄉公(241 혹은 242~260) : 이름은 曹髦, 字는 彦士이다. 文帝의 손자이며 東海定王 曹霖의 아들이다. 正始 元年(244) 高貴鄉公으로 봉해졌고, 嘉平 6년(254) 司馬師가 齊王 芳을 폐하면서 皇帝로 옹립되었다. 司馬氏의 전횡을 참지 못하여 殿中宿衛, 僮僕 수백 명을 이끌고 司馬昭를 공격했으나, 司馬昭의 부하 賈充의 장수 成濟에게 살해되었다. 사후 시호는 없고, 사서에서는 高貴鄉公으로 지칭된다.

76) 司馬師(209~255) : 河內郡 溫縣 사람으로 字는 子元이며, 司馬懿의 맏아들이다. 司馬懿가 曹爽을 주살할 때 함께 모의하였다. 司馬懿가 죽은 후 撫軍大將軍이 되어 輔政하였다. 嘉平 4년(252) 大將軍으로 승진하였고 侍中 持節 都督中外諸軍事 錄尙書事를 겸하였다. 嘉平 6년(254) 齊王 芳을 폐위하고 高貴鄉公 曹髦를 옹립하였다. 正元 2년(255) 毌丘儉과 文欽의 난을 평정하였고, 돌아오던 중 許昌에서 사망하였다. 西晉 武帝가 즉위한 후 그에게 景帝라는 시호를 추증하였다.

77) 袞冕赤舃 : 선왕의 제사에 천자가 입는 곤룡포와 면류관. 그리고 바닥이 두 겹인 붉은 신; 『三國志』 卷4 「三少帝紀」, 135면, "(甘露元年)夏四月庚戌, 賜大將軍司馬文王袞冕之服, 赤舃副焉."

78) 八命 : ㉮ 八種의 龜卜의 敎示. 正, 象, 與, 謀, 果, 至, 雨, 瘳. ㉯ 位階 九等의 제2위.

으로 삼고, 진류왕(陳留王)[79]이 (사마)소를 봉하여 진왕(晉王)으로 삼고 면류관을 열두 줄[冕十二旒[80]]로 하고 천자의 깃발을 세우고, 사마염(司馬炎)에게 제위를 선양하는 등의 일까지 한 가지 체례로 기술하여 번거롭게 따로 고치지 않을 수 있었으니 이것이 진수가 예를 만든 본뜻이었다.[81]

그 밖에 체례에도 역시 두드러지게 구별되는 것이 있다. 조위(曹魏)에는 본기(本紀)를 만들고 촉(蜀)과 오(吳) 두 임금에게는 단지 열전을 만들어[82] 위나라를 정통으로 삼았으니, 나머지 두 나라는 모두 제위를 훔친 것이었다. 「위지(魏志)」에서는 (조)조(曹操)를 태조(太祖)라 하고, 무평후(武平侯)에 봉해진 뒤에는 공이라 칭했다가, 위왕에 봉해진 뒤에는 왕이라 칭했으며, 조비(曹丕)가 선양을 받은 뒤에는 황제라고 칭했는데, 그러나 촉, 오 두 임금은 유비(劉備),[83] 혹은 손권(孫權[84])이라고 (존칭없이 이름을) 직접 불러

『周禮』「春官」「大宗伯」, "七命賜國, 八命作牧; (注)謂侯伯有功德者加命, 專征伐於諸侯, 鄭司農云, 一州之牧, 王之三公, 亦八命."

79) 陳留王(245 혹은 246~302) : 이름은 曹奐, 원래 이름은 璜, 字는 景明이다. 曹操의 손자이며 燕王 曹宇의 아들이다. 甘露 3년(258) 常道鄕公으로 봉해졌다. 甘露 5년(260) 司馬昭가 高貴鄕公을 살해한 후 황제로 옹립하였으며, 景元으로 改元하였다. 咸熙 2년(265) 司馬昭의 아들 司馬炎에게 讓位하고 폐위되어 陳留王에 봉해졌다. 죽은 후 시호는 元帝이다.

80) 冕十二旒 : 旒는 면류관 앞뒤에 내리는 주옥을 꿴 실을 가리킨다. 『禮記』「玉藻」에 "天子玉藻, 十有二旒"라 하였고, 『後漢書』 卷26 「蔡茂傳」의 注에 "旒謂冕前後所垂玉也. 天子十二旒, 上公九旒"라 되어 있다.

81) 『三國志』에는 司馬懿를 司馬宣王, 司馬師를 司馬景王, 司馬昭를 司馬文王, 司馬炎 즉 西晉의 武帝를 晉嗣王으로 쓰고 있다.

82) 『三國志』의 「魏書」는 「武帝本紀」로부터 시작한다. 그러나 『三國志』 「蜀書」는 「先主傳」으로, 『三國志』 「吳書」는 「吳主傳」으로 되어 있다.

83) 劉備(161~223) : 涿郡 涿縣(지금의 河北省 涿州) 사람으로 字는 玄德이며, 漢 中山靖王의 후손이다. 어려서 고아가 되었고 가난하여 어머니와 신발을 팔고 돗자리를 짜서 생계를 유지하였다. 당시 名儒인 盧植에게 사사하였다. 黃巾賊의 난이 발생했을 때 公孫瓚의 휘하에 있었으며, 平原相이 되었다. 興平 元年(194) 徐州牧 陶謙에게 귀부하여 小沛에 주둔하였고, 陶謙이 죽은 후 徐州牧이 되었다. 建安 元年(196) 袁術과 싸우다가 呂布에게 徐州를 빼앗기고 小沛에 주둔하였다. 결국 曹操에게 항복하였고 左將軍이 되었다. 車騎將軍 董承과 曹操를 주살하려 했으나 계획이 누설되자, 冀州牧 袁紹에게 도망갔다. 후에 劉表에게 귀부하여 新野에 주둔하였으나 建安 13년(208) 曹操가 荊州를 공격할 때 夏口로 도망가서 孫權과 연합하여 曹操軍을 赤壁에서 물

동등한 이웃 나라로 대하지 않았다. 「촉지(蜀志)」와 「오지(吳志)」에서는 무릇 조위와 관계되는 것은 반드시 조공(曹公), 위 문제(文帝), 위 명제(明帝)라 부름으로써 위나라가 그 대등한 나라가 아님을 보였다. 「위서(魏書)」는 촉, 오 두 임금의 죽음과 계승에 대해서 모두 서술하지 않았다. 예를 들어 황초(黃初) 2년(221)에 유비가 황제를 칭했음을 쓰지 않았고, 4년(223)에 유비가 죽고 아들인 (유)선(劉禪[85])이 즉위했음을 서술하지 않았다. 태화(太和) 3년(229)에 손권이 황제를 칭했음을 쓰지 않았다. 촉, 오 두 지(志)에서는 피차에 대해 서로 쓰고 있다. 예를 들어 「오지」 황무(黃武)[86] 2년(223)에는 유비가 백제성(白帝城)에서 죽었다고 썼다.[87] 「촉지」 연희(延熙)[88] 15년에는 오왕(吳王) 손권이 죽었다고 썼다.[89] 위나라 황제의 죽음과 계승에

리쳤다. 그리고 武陵·長沙·桂陽·零陵 4郡을 취하고 스스로 荊州牧이 되었다. 建安 16년(211) 益州牧 劉璋이 도움을 청하자 蜀으로 들어가 建安 19년(214) 成都를 점령하고 益州牧이 되었다. 建安 24년(219) 漢中을 점령하고 漢中王을 자칭하였다. 221년 皇帝로 즉위하고 章武로 改元하였다. 군대를 이끌고 吳를 공격했으나 猇亭에서 대패하고 白帝城으로 돌아왔다. 章武 3년 丞相 諸葛亮에게 아들 劉禪을 맡기고 죽었다. 시호는 昭烈帝이며, 先主라고도 한다.

84) 孫權(182~252): 吳郡 富春縣 사람으로 字는 仲謀이며 孫策의 아우이다. 後漢末 孝廉과 秀才로 천거되었으며 行奉義校尉가 되었다. 建安 5년(200) 孫策이 죽은 뒤 형의 뒤를 이어 江東 5郡을 지배하였다. 建安 13년(208) 曹操가 남하하자 劉備와 연합하여 赤壁에서 曹操軍을 격파하였다. 荊州문제로 劉備와 불화하다가 建安 24년(219) 呂蒙을 보내 荊州를 취하고 關羽를 살해하였다. 黃武 8년(229) 武昌에서 즉위하여 國號를 吳, 年號를 黃龍이라 하였으며 建業으로 遷都하였다. 赤烏 4년(241) 太子 孫登이 죽자 다음 해 孫和를 태자로 삼았으나 孫霸가 太子位를 노려 내부 분쟁이 끊이지 않았다. 赤烏 13년(250) 孫和를 유폐하고 孫霸를 살해하고 孫亮을 太子로 삼았다. 太元 元年(251) 大將軍 諸葛恪에게 孫亮을 보필할 것을 명하고 다음해에 죽었다. 시호는 大皇帝이며, 廟號는 太祖이다.

85) 劉禪(207~271): 字는 公嗣, 小字는 阿斗이며, 劉備의 아들이다. 17세로 帝位에 올랐으며, 丞相 諸葛亮의 보필을 받다가 諸葛亮 사후 환관 黃皓를 총애하여 정사가 문란해졌다. 炎興 元年(263) 魏將 鄧艾가 成都를 공격하자 譙周의 건의대로 항복하여 洛陽으로 옮겨졌다. 魏는 그를 安樂公으로 봉하였다.

86) 黃武: 吳 大帝 孫權의 연호, 곧 222~228년.

87) 『三國志』 「吳書」 卷47 「吳主權傳」, 1130면, "劉備薨于白帝."

88) 延熙: 蜀 後主의 연호, 즉, 238~257년을 이름.

89) 『三國志』 「蜀書」 卷33 「後主禪傳」, 898면, "十五年, 吳王孫權薨."

대해서는 비록 역시 쓰지 않았지만, 본국 군주의 즉위에는 반드시 위나라 연호를 명확히 기록하였다. 예를 들면 촉 후주(後主)의 즉위에 이 해가 위나라 황초 4년이라고 썼다.[90] 오나라 손량(孫亮)[91]의 즉위에는 이 해가 위나라 가평(嘉平)[92] 4년(252)이라고 썼다.[93] 이것이 또한 위나라와 무슨 관계가 있겠는가만, 그러나 반드시 위나라 연호와 연결시켰으니, 더욱 정통이 위나라에 있음을 나타내려 한 것이다. 정통이 위나라에 있으면 곧 진나라가 위나라를 이었기 때문에 정통임은 말할 필요가 없다. 이는 진수가 진나라에서 벼슬살이하여 진나라를 높이지 않을 수 없었던 것이다. 그렇지만 「오지」에는 손권이 칭제한 뒤에도 여전히 그 이름을 쓰는데, 「촉지」에는 이름을 쓰지 않고 선주(先主), 후주라 칭하였다. 진수가 일찍이 촉에서 벼슬살이하였으므로 옛 군주의 이름을 차마 쓸 수 없어서 「오지」에서 (손)권, (손)량, (손)휴(孫休),[94] (손)호(孫皓)[95]라 쓴 것[96]과는 구별한 것이다.

---

90) 『三國志』「蜀書」卷33「後主禪傳」, 893면, "三年夏四月, 先主殂于永安宮. 五月, 後主襲位於成都, 時年十七. 尊皇后曰皇太后. 大赦, 改元. 是歲魏黃初四年也."

91) 孫亮(243~260): 孫權의 아들로 字는 子明이다. 赤烏 13년(250) 太子가 되었으며 太元 2년(252) 孫權이 죽은 후 즉위하였다. 諸葛恪이 輔政하였으나 建興 2년(253) 孫峻이 殿前에서 諸葛恪을 살해하자 孫峻을 丞相으로 삼았다. 太平 元年(256) 孫峻이 죽은 뒤 從弟 孫綝을 大將軍 領中外諸軍事로 삼았다. 다음 해 비로소 親政하였고, 太元 3년(258) 孫綝의 전횡을 싫어하여 그를 죽이려 하였으나, 일이 누설되어 폐위당해 會稽王이 되었다. 永安 3년(260) 會稽郡에서 孫亮이 다시 天子가 된다는 유언비어가 돌자, 侯官侯로 강등되어 封國으로 가던 도중에 자살하였다. 일설에는 독살되었다고도 한다. 사서에서는 廢帝, 혹은 幼帝라 칭한다.

92) 魏 齊王 芳의 연호이며, 곧 249~253년.

93) 『三國志』「吳書」卷48「孫亮傳」, 1151면, "明年四月, 權薨, 太子卽尊號, 大赦, 改. 是歲, 於魏嘉平四年也."

94) 孫休(235~264): 孫權의 여섯 번째 아들로 字는 子烈이다. 太元 2년(252) 琅邪王에 봉해져 虎林(지금의 浙江省 杭州)에 거주하였다. 孫權이 죽은 후 丹楊으로 옮겼다가 郡守 李衡의 모욕을 받고 다시 會稽로 옮겼다. 太平 3년(258) 孫綝이 孫亮을 폐위하자 황제로 옹립되었다. 輔義將軍 張布와 함께 모의하여 孫綝을 殿堂에서 살해하였다. 시호는 景皇帝이다.

95) 孫皓(242~283): 孫權의 손자, 南陽王 孫和의 아들로 字는 元宋이며, 일명 彭祖, 字는 皓宗이다. 永安 元年(258) 烏程侯에 봉해졌다. 永安 7년(264) 景帝가 죽자 左典軍 萬彧이 孫皓와 친분이 있어 丞相 濮陽興, 左將軍 張布에게 추천하여 즉위할 수 있었다. 甘露 元年(265) 武昌(지금의 湖北省 鄂州)으로 遷都했다가 寶鼎 元年(266) 12월

이것은 또한 진수가 옛 나라를 잊지 않은 미묘한 뜻이다[趙注 : 고녕인(顧寧人)[97] 이 말하기를 "유현덕(劉玄德)이 촉에서 황제가 되어 시호가 소열(昭烈)이니 본래 곧 그 시호를 칭해야 하지만, 진수가 이미 한나라를 고쳐서 촉이라 했고 또 시호를 칭하지 않고 선주라 칭한 것은 아마도 진나라가 위나라를 이었고 도리상 두 임금이 있을 수 없기 때문이다. 그렇지만 선주, 후주라 칭하여 오와 구별한 것은 결국 (촉에) 마음을 쓴 바이다"라고 했다].

87. 『삼국지』에는 말을 돌려 비호하는 것이 많다三國志多迴護

『춘추(春秋)』에서는 "천왕(天王)이 하양(河陽)에서 사냥하였다"[98]고 써서 진후(晉侯)가 부른 것이라고 말하지 않고 천자가 순행한 것으로 기록하여 이미 비호하는 법식을 열었는데, 이것은 다만 존귀한 이를 위해 사실을 은폐한 것이다. 군주와 아버지를 시해하는 일에 있어서라면 크게 써서 그것을 바로 잡았으니, 예컨대 허지(許止)[99]와 조돈(趙盾)[100] 등

다시 建業으로 환도하였다. 성격이 포학하고 酒色을 좋아했으며, 자기 뜻에 맞지 않은 자는 죽였고 토목공사를 자주 벌여 民力을 고갈시켰다. 天紀 4년(280) 西晉에게 항복하여 歸命侯에 봉해졌다. 후에 洛陽에서 죽었다. 사서에서는 末帝라고 한다.

96) 본문의 순서대로 大帝, 會稽王(侯官侯), 景帝, 烏程侯(歸命侯)를 이른다.

97) 顧寧人 : 청대 고증학자인 顧炎武를 가리킨다. 寧人은 그의 字이다. 著書로는 『日知錄』이 있다.

98) 『春秋左氏傳』 「僖公 28年」條, "天王狩于河陽(晉地今河內有河陽縣 晉實召王爲其辭逆而意順 故經以王狩爲辭)"; '狩'에는 사냥의 뜻 외에도 '순행하다'라는 뜻이 있다.

99) 許止 : 許 世子 止를 이른다. 許의 悼公이 학질에 걸려 앓다가, 그 아들 止가 바친 藥을 마시고 죽었는데, 이에 대해서도 '弑其君'이라고 평가되었다. 許止는 후계자이고, 나라에 의원이 없던 것도 아닌데 자신이 가벼이 약을 드렸으니, 본래 그럴 뜻이 없었다하더라도 이것은 弑君과 마찬가지라고 본 것이다.

100) 趙盾 : 春秋時代 晉人, 謚號는 宣子. 본래 靈公을 옹립하였으나 趙穿 등으로부터 위협을 받아 국경으로 도망가다가 靈公이 趙穿에게 시해당했다는 것을 듣고 돌아와 趙穿에게 成公을 옹립하게 했다. 이 사건에 대해 太史 董狐가 '趙盾弑其君'이라고 썼다. 『左傳』 「宣公 2年」條. 李宗侗, 朴漢濟 역, 「中國 古代의 史官制度」, 『中國의 歷史意識』(上), 창작과비평사, 1985, 137면.

의 무리는 모두 한 글자도 기꺼이 봐 주지 않았던 것은 그로써 훈계를 내린 것이며 의리가 지극히 준엄하였기 때문이다. 진수(陳壽)가 「위본기(魏本紀)」를 지은 것으로부터 말을 돌려 비호하는 바가 많았는데, 무릇 두 왕조의 교체시기에 작위를 높이고 나라를 봉하며, 칼을 차고 신을 신은 채 궁전에 오를 수 있는 특권을 하사하고 구석(九錫)을 더하여, 자리를 선양하고 조서와 책명을 쓰는 것까지 마침내 일정한 서법을 이루었다. 이후 송(宋), 제(齊), 양(梁), 진(陳)의 여러 사서에서 모두 이를 받들어 일정한 규범으로 삼으니 바로 사서를 짓는 법이 진실로 이와 같아야 한다고 생각하게 되었다. 그러나 진수가 말을 돌려 비호한 것이 지나치게 심한 곳에는 끝내 안정되지 못한 부분이 있다. 후한(後漢) 헌제(獻帝)가 제위를 양위하자 위(魏)나라에서는 그를 봉하여 산양공(山陽公)이라 하였고, 그가 죽게 되자 한(漢) 효헌황제(孝獻皇帝)라고 시호를 추증했는데,[101] 「위기(魏紀)」에서는 곧 그를 헌제라고 칭하였지 산양공이라고 칭하지 않았다. 위나라 상도향공(常道鄕公)이 제위를 양위하자 진(晉)나라에서는 그를 봉하여 진류왕(陳留王)이라고 하였고 죽은 후 또한 원황제(元皇帝)라고 시호를 추증하였으니,[102] 곧 「위기」에서도 또한 마땅히 원제(元帝)라고 칭해야 했으나, 단지 진류왕으로 사건을 기록하고 원제라는 칭호는 결코 없었은 즉[103] 이미 산양공에게 쓴 방식과는 달랐던 것이다. 사마사(司馬師)가 제왕(齊王) (조)방(曹芳)을 폐위한 경우, 『위략(魏略)』[104]에 의하면 (사마)사가 곽지(郭芝)를 보내어 궁중에 들게 했는데 황

101) 『三國志』 「魏書」 卷3 「明帝紀」, 101~102면, "追謚山陽公爲漢孝獻皇帝, 葬以漢禮."

102) 『三國志』 「魏書」 卷4 「少帝」 「陳留王奐」, 154면, "魏世譜曰 : '魏帝封陳留王. 年五十八, 大安元年崩, 謚曰元皇帝'."

103) **[王注]** 陳垣이 말하길, 陳留王의 죽음은 太安 元年이었고 나이가 58세였다 했는데, 『魏紀』 卷4의 注에서 『魏世譜』를 인용한 것에 보이며, 때는 서력 302년이다. 『晉書』 「陳壽傳」에 陳壽는 元康 7년에 죽었으며 나이 65세였다 하는데, 때는 서력 297년이 된다. 陳壽가 陳留王보다 5년 앞서 죽었으니 『魏紀』에서 어찌하여 元帝라 쓰겠는가?

104) 『魏略』 : 三國 魏 郎中, 京兆人 魚豢이 지었다. 唐 劉知幾의 『史通』은, 이를 魚豢의 私撰으로 보지만 그것은 明帝까지의 서술이고, 최후의 陳留王까지 서술된 부분은

태후가 마침 황제와 바둑을 두고 있었으며, (곽)지가 "대장군이 폐하를 폐위시키고자 합니다"라고 아뢰니 황제는 이내 일어나 가버렸고 황태후는 불쾌해 했다. (곽)지가 "대장군의 뜻은 이미 정해졌으니, 태후께서는 단지 그 뜻에 따라야 합니다"라고 말했다. 태후가 "내가 대장군을 보고자 하노라"라고 말하자, (곽)지가 "대장군을 어찌 뵐 수 있겠습니까?"라고 대꾸하니, 태후는 마침내 황제의 인수를 건네주었다고 한다.[105] 이것은 제왕의 폐위는 전적으로 (사마)사에게서 나온 것이며 태후는 알지 못했던 것이다. 그런데 「위기」는 도리어 태후의 명령만을 게재하며 제왕이 무도하고 불효함을 극언함으로써 그가 마땅히 폐위되어야 함을 보였으니,[106] 제왕을 무고하고 사마(司馬)씨에게 붙은 것이 또한 매우 심한 것이다. 고귀향공(高貴鄕公, 곧 曹髦)이 시해된 것에 대해서는, 황제가 자신의 권위가 나날이 줄어 심기가 좋을 수가 없었으므로 능운대(凌雲臺)[107]에서 병사를 일으켜 친히 사마소(司馬昭)를 토벌하고자 했다. (사마)소는 가충(賈充)[108]을 시켜 이를 막으려고 했는데, 이때 승상부(丞相府)

晉 太康 연간에 이루어진 것으로 추정한다. 『舊唐書』「經籍志」에는 38卷으로, 『新唐書』「藝文志」에는 50卷으로 되어 있다. 曹魏의 역사를 紀傳體로 기록하였는데, 紀 외에 「五行志」를 비롯한 志類가 있고, 儒宗, 純固, 苛吏, 知足, 淸介, 勇俠, 西戎 등 列傳이 있었다. 散失되었으나 佚文을 淸의 張鵬一이 모아 『魏略集本』 25권을 지었으며, 淸 王仁俊의 輯本 1卷이 『玉函山房輯佚書補編』에 수록되었다.

105) 『三國志』「魏書」 卷4 「三少帝紀」「齊王芳」, 130~131면, 注 "魏略曰 : '景王將廢帝, 遣郭芝入白太后, 太后與帝對坐. 芝謂帝曰 : '大將軍欲廢陛下, 立彭城王據.' 帝乃起去. 太后不悅. 芝曰 : '太后有子不能教, 今大將軍意已成, 又勒兵于外以備非常, 但當順旨, 將復何言!' 太后曰 : '我欲見大將軍, 口有所說.' 芝曰 : '何可見邪? 但當速取璽綬.' 太后意折, 乃遣傍侍御取璽綬著坐側. …… 以皇太后令示之, 乃定迎高貴鄕公. 是時太常已發二日, 待璽綬於溫. 事定, 又請璽綬. 太后令曰 : '我見高貴鄕公, 小時識之, 明日我自欲以璽綬手授之.'"

106) 『三國志』「魏書」 卷4 「三少帝紀」「齊王芳」, 128면, "秋九月, 大將軍司馬景王將謀廢帝, 以聞皇太后. 甲戌, 太后令曰 : '皇帝芳春秋已長, 不親萬機, 耽淫內寵, 沈漫女德, 日延倡優, 縱其醜謔; 迎六宮家人留止內房, 毁人倫之敍, 亂男女之節; 恭孝日虧, 悖慠滋甚, 不可以承天緖, 奉宗廟. 使兼太尉高柔奉策, 用一元大武告于宗廟, 遣芳歸藩于齊, 以避皇位.' 是日遷居別宮, 年二十三."

107) 凌雲臺 : 지금의 河南省 洛陽市 漢魏洛陽故城에 있다. 曹魏 黃初 2년(221)에 세웠다. 『三國志』「魏書」에는 '陵雲臺'로 기록하였다.

의 병사가 감히 움직이려 하지 않자 (가)충은 곧 성졸(成倅)과 성제(成濟)에게 "공(公)께서 너희를 키워주신 것은 바로 오늘을 위해서이다"라고 타일러 말했다. (성)제가 창을 뽑아 황제를 찌르자 창날이 등 뒤로 나와 황제가 붕어했다.[109] 이러한 사실은 『한진춘추(漢晉春秋)』[110] 『위씨춘추(魏氏春秋)』 『세어(世語)』 『위말전(魏末傳)』 등에 보이는데, 이것은 사마소가 실제 군주를 시해한 우두머리였다는 것이다. 그런데도 「위지(魏志)」는 단지 "고귀향공이 죽었는데 나이 스물이었다"[111]라고만 씀으로써 시해의 흔적을 전혀 내보이지 않았다. 오히려 태후의 명령을 기재하여 고귀향공은 마땅히 주살되어야 했으니 서인의 예로써 장례지내고자 한다고 표현했다.[112] 아울러 (사마)소의 상주를 게재하여 이르기를 "공께서 병사를 이끌고 신에게로 향하니, 신은 즉각 장병들에게 명하여 해칠 수 없게 했으나 기독(騎督)인 성졸의 아우 성제가 멋대로 군진에 진입하

---

108) 賈充(217~282): 平陽郡 襄陵縣(지금의 山西省 臨汾 동남) 사람으로 字는 公閭이다. 魏 豫州刺史 賈逵의 아들이다. 어려서 고아가 되어 아버지의 爵位를 이어받았으며, 尙書郎에 제수되었다. 후에 大將軍 司馬師의 參軍이 되었으며, 毌丘儉과 文欽의 토벌에 종군하였다. 大將軍 司馬昭의 司馬와 右長史를 역임하였다. 諸葛誕이 반란을 일으킬 것을 예상하고 諸葛誕을 토벌할 것을 獻策하였다. 景元 元年(260) 魏帝 高貴鄕公이 司馬昭를 공격하자 부하인 成濟를 시켜 高貴鄕公을 죽였다. 司馬昭의 신임을 받아 朝廷의 기밀과 후계자 계승 등의 일에 관여하였다. 西晉 건국 후 車騎將軍・散騎常侍・尙書僕射를 역임하였고 魯郡公에 봉해졌다. 후에 司空・侍中・尙書令이 되었다. 武帝의 신임을 얻어 딸을 太子妃로 삼았다. 일찍이 晉律의 제정을 주도하였다.

109) 『三國志』「魏書」卷4「三少帝紀」「齊王芳」, 144~145면, 割注.

110) 『漢晉春秋』: 東晉 習鑿齒가 지었으며 모두 54卷(일설에 47卷)注이다. 編年體 사서이며 後漢부터 西晉까지의 역사를 기록하였고, 蜀漢을 정통으로 보아 蜀漢이 망할 때의 연호인 炎興 元年(263)에 漢이 망하고 晉이 漢을 계승한 것으로 기록하였다. 원저는 망일되었고, 현재 淸代 湯球의 輯本 3卷本이 가장 우수하며 『廣雅書局叢書』에 수록되었다.

111) 『三國志』「魏書」卷4「三少帝紀」「高貴鄕公髦」, 143면, "五月己丑, 高貴鄕公卒, 年二十."

112) 『三國志』「魏書」卷4「三少帝紀」「高貴鄕公髦」, 143~144면, "皇太后令曰: '吾以不德, 遭家不造, 昔援立東海王子髦, 以爲明帝嗣, 見其好書疏文章, 冀可成濟, 而情性暴戾, 日月滋甚. …… 此兒旣行悖逆不道, 而又自陷大禍, 重令吾悼心不可言. 昔漢昌邑王以罪廢爲庶人, 此兒亦宜以民禮葬之, 當令內外咸知此兒所行. 又尙書王經, 凶逆無狀, 其收經及家屬皆詣廷尉.'"

여 공을 해쳐서 결국 절명하기에 이르렀습니다. 신은 곧 (성)제를 사로잡아 정위(廷尉)에게 회부하고 그 죄를 바르게 매듭짓게 했습니다"는 등의 말을 하였다.[113] 이는 도리어 마치 군주 시해의 사실은 알지 못 한 채 오히려 적을 토벌한 공로가 있는 것 같다. 본기가 이와 같고 또한 열전에서 그러한 사실을 간간이 보이는 것도 없으니 이는 더욱 곡필이 심한 것이다. 그러나 이것은 오히려 자신이 진나라에 벼슬하고 있어 감히 진나라를 위해 꺼리지 않을 수 없었던 것이라고 말할 수 있다.

조위(曹魏)의 경우는 곧 떨어져 있는 이전 왕조의 일인데 어찌 반드시 또한 그를 위해 꺼렸는가. 즉 조조(曹操)가 도겸(陶謙)을 정벌한 것에 관해, 『세어』에 따르면 조조의 아버지 (조)숭(曹嵩)이 태산(泰山)의 화현(華縣)에 있었을 때에 (조)조가 태산태수(泰山太守) 응소(應劭)를 시켜 연주(兗州)로 호송하게 하자, (도)겸이 몰래 수십 명의 기병을 파견하여 숨어 있다가 (조)조의 동생 (조)덕(曹德)을 문 앞에서 살해하니, (조)숭은 뒷담을 뚫고서 달아나고자 하여 먼저 그 첩을 내보냈으나 첩이 살쪄서 나갈 수가 없어 (조)숭과 첩이 마침내 함께 해를 입게 되었다고 했다.[114] 이것은 (조)숭이 해를 당한 것이 실은 (도)겸이 사람을 시켜 그를 죽였다는 것이다[趙注 : 「조등전(曹騰傳)」에서는 "(조)숭의 아들 (조)조가 기병하였으나 (조)숭은 따라가는 것을 꺼려 작은 아들과 함께 낭야(琅邪)로 피난했으나 도겸에게 살해당했다"고 했다.[115] 「응소전(應劭傳)」에도 또한 "(조)숭이 작은 아들 (조)덕과 함께 낭야로 피난했는데, 응소가 병사를 보내 그를 맞도록 했으나, 아직 이르지 않

---

113) 『三國志』「魏書」卷4「三少帝紀」「高貴鄕公髦」, 146~147면, "戊申, 大將軍文王上言 : '高貴鄕公率將從駕人兵, 拔刃鳴金鼓向臣所止; 懼兵刃相接, 卽勑將士不得有所傷害, 違令以軍法從事. 騎督成倅弟太子舍人濟, 橫入兵陳傷公, 遂至隕命; 輒收濟行軍法. …… 濟凶戾悖逆, 干國亂紀, 罪不容誅. 輒勑侍御史收濟家屬, 付廷尉, 結正其罪.'"

114) 『三國志』「魏書」卷1「武帝紀」, 11면, 注 "世語曰 : '嵩在泰山華縣. 太祖令泰山太守應劭送家詣兗州, 劭兵未至, 陶謙密遣數千騎掩捕. 嵩家以爲劭迎, 不設備. 謙兵至, 殺太祖弟德于門中. 嵩懼, 穿後垣, 先出其妾, 妾肥, 不時得出; 嵩逃于廁, 與妾俱被害, 闔門皆死.'"

115) 『後漢書』卷78「曹騰傳」, 2519면, "及子操起兵, 不肯相隨, 乃與少子疾避亂琅邪, 爲徐州刺史陶謙所殺."

았을 때 도겸이 본래 (조)조에게 원한을 품고 있어 날랜 기병을 파견하여 (조)숭, (조)덕을 추격해 살해하게 하였다"라고 언급했다.[116] 위요(韋曜)[117]의 『오서(吳書)』[118]에서는 "(도)겸이 본래 장개(張闓)를 시켜 호송하도록 하였는데, (장)개가 (조)숭의 화물이 많은 것을 보고 이내 (조)숭을 살해하고 그 물자를 취하고서는 회남(淮南)으로 도망쳤다"고 했다.[119] 이는 (조)숭의 피살은 (장)개가 그 재물을 탐한 것에서 나온 것이지, (도)겸의 본래 의도는 아니었다는 것이다. 생각건대, (도)겸은 평생토록 이익을 탐하고 피해를 잊는 사람이 아니었으며, 또한 (조)숭이 아직 해를 입기 전에 (조)조가 일찍이 서주(徐州)에 병사를 보낸 적이 없었은 즉, 「응소전」에서 (도)겸이 (조)조가 자주 그를 공격한 것을 원한으로 삼았다는 언급은 특히 사실이 아니며, 『오서』가 기록한 것은 반드시 (장)개가 남쪽으로 도망친 뒤 스스로 그 일을 언급한 것에 관계될 것이니 당연히 믿을 만한 것에 속한다. 『후한서(後漢書)』「도겸전(陶謙傳)」에는 또한 별장(別將)으로 음평(陰平)을 지키고 있던 자가 그 재화를 탐내어 마침내 (조)숭을 습격하여 죽었다고 했다.[120] 그러나 진수는 「도겸전」을 짓는데 오로지 『세어』에만 근거하여 (조)숭이 (도)겸에게 살해

116) 『後漢書』 卷48 「應劭傳」, 1610면, "興平元年, 前太尉曹嵩及子德從琅邪入太山, 劭遣兵迎之, 未到, 而徐州牧陶謙素怨嵩子操數擊之, 乃使輕騎追嵩、德, 並殺之於郡界."

117) 韋曜 : 吳郡 雲陽 사람으로 字는 弘嗣이다. 학문을 좋아하여 글을 잘 지었고, 尙書郎, 太子中庶子 등을 지냈다. 『三國志』「吳書」 卷65, 1460면에 그의 열전이 있다.

118) 『吳書』 : 三國 吳나라의 韋曜가 지었으며 모두 55卷이다. 三國時代 吳의 역사를 紀傳體로 기록하였다. 원래 孫權末年 太史令 丁孚와 郎中 項峻에게 『吳書』를 편찬하게 하였고, 少帝 孫亮 시기에 韋曜와 華覈, 薛瑩, 周昭 등에게 공동으로 國史를 찬술하게 하였다. 孫休 재위 시 周昭와 梁廣은 죽고 韋曜와 薛瑩은 쫓겨나서 역사편찬이 중단되었다가 후에 韋曜가 혼자 『吳書』를 편찬하였다. 그러나 韋曜가 하옥되어 피살되었기 때문에 완성하지 못하였다. 현재 淸代 王仁俊이 輯補한 『吳書鈔』가 있으며 『玉函山房輯佚書補編』에 수록되었다.

119) 『三國志』「魏書」 卷1 「武帝紀」, 11면, 注 "韋曜吳書曰 : '太祖迎嵩, 輜重百餘兩. 陶謙遣都尉張闓將騎二百. 送, 闓於泰山華、費間殺嵩, 取財物, 因奔淮南. 太祖歸咎於陶謙, 故伐之.'"

120) 『後漢書』 卷73 「陶謙傳」, 2367면, "初, 曹操父嵩避難琅邪, 時謙別將守陰平, 士卒利嵩財寶, 遂襲殺之. 初平四年, 曹操擊謙, 破彭城傅陽."

되었으므로 (조)조가 복수에 뜻을 두었다고 했다. 이것은 즉 (조)조가 (도)겸을 정벌하면서 지나는 곳마다 도륙하지 않는 바가 없어 무릇 남녀 수십만 명을 살해하고 닭과 개마저 남아 있는 것이 없었기 때문에 (도)겸에게 (조)숭을 살해하여 토벌에 이르게 된 죄를 씌운 것이니, 그 주모자의 이름을 판별할 겨를이 없었다. 위나라 문제(文帝) 견부인(甄夫人)[121]의 죽음은, 『한진춘추』에 문제의 곽후(郭后)에 대한 총애 때문에 죽음에 이르게 되어 빈(殯)[122]할 때 머리를 풀어 얼굴을 덮고서 겨로 입을 막았다고 하는데, 이로써 견부인이 정상적인 죽음을 맞을 수 없었음을 알 수 있다. 그러나 위 「문제기(文帝紀)」에서는 단지 부인(夫人) 견씨(甄氏)가 죽었다고만 써서[123] 결코 갑작스러운 죽음의 흔적을 보이지 않았다. 또한 위 명제(明帝) 태화(太和)[124] 2년(228)에 촉(蜀)의 제갈량(諸葛亮)이 천수(天水), 남안(南安), 안정(安定) 세 군(郡)을 공격하자 위나라는 조진(曹眞),[125] 장합(張郃)[126]을 파견하여 가정(街亭)에서 그를 대파하였는데, 「위

121) 甄皇后(182~221) : 中山郡 無極縣 사람으로 漢 太保 甄邯의 후손이다. 後漢 建安 연간 袁紹의 아들 袁熙에게 시집갔으나, 建安 9년(204) 曹操가 冀州를 평정하고 鄴을 점령할 때 그를 얻어 아들 曹丕에게 주어 妻로 삼게 하였다. 총애를 얻어 明帝와 東鄕公主를 낳았으며, 曹丕가 魏王이 된 후 夫人이 되었다. 鄴에 머물러 魏文帝를 보지 못하자 실의에 빠지고 文帝를 원망하였고, 郭貴嬪의 참소로 사사되었다. 明帝가 즉위한 후 文昭라는 시호를 내리고 朝陽陵에 改葬하였다.

122) 殯 : 시체를 입관하여 장사를 지낼 때까지 안치하는 것을 뜻한다.

123) 『三國志』「魏書」 卷2 「文帝紀」, 78면, "丁卯, 夫人甄氏卒."

124) 太和 年間은 227~233년이다.

125) 曹眞(?~231) : 沛國 譙縣(지금의 安徽省 亳州) 사람으로 字는 子丹이다. 본래의 姓은 秦씨였으나 曹操의 양자가 되었다. 後漢 建安 23년(218) 偏將軍이 되어 曹洪 휘하에 종군하여 劉備의 군대를 격파하였다. 魏 黃初 3년(222) 上軍大將軍 都督中外諸軍事가 되었고, 文帝의 병이 중해지자 陳羣·司馬懿와 함께 輔政하도록 遺詔를 받았다. 明帝가 즉위한 후 大將軍이 되었고, 太和 2년(228) 關右의 군대를 지휘하여 蜀軍을 격파하고 張郃을 보내 街亭(지금의 甘肅省 張家川 서남)에서 馬謖을 격파하고 南安·天水·安定 3郡을 회복하였다. 太和 4년(230) 蜀을 정벌할 것을 청하였으나, 큰 비를 만나 공 없이 돌아왔다.

126) 張郃(?~231) : 河間郡 鄚縣(지금의 河北省 任丘縣 북쪽) 사람으로 字는 儁乂이다. 後漢末 招募에 응하여 軍司馬가 되었고 韓馥·袁紹를 거쳐 曹操의 휘하에 속하였다. 袁譚과 袁尙을 격파하고 張遼와 함께 陳蘭·梅成의 반란을 평정하였으며, 馬超와 韓

기」에서는 진실로 대서특필하였던 것이다.[127] 같은 해 겨울 (제갈)량이 또한 진창(陳倉)을 포위하여 위나라 장수 왕쌍(王雙)을 목 베었으나 이는 쓰지 않았다.[128] (태화) 3년(229)에 (제갈)량은 진식(陳式)을 파견하여 무도(武都), 음평(陰平) 두 군을 공략하여 점령하였는데[129] 또한 쓰지 않았다. (태화) 4년(230)에 촉의 상군 위연(魏延)이 위 옹주자사(雍州刺史) 곽회(郭淮)[130]를 양계(陽谿)에서 크게 격파하고,[131] (태화) 5년(231)에 (제갈)량이 기산(祁山)으로 군대를 진출시키자 사마의(司馬懿)가 장합을 파견하여 구원하게 하였으나 (장)합이 피살된 것[132]도 또한 모두 쓰지 않았다. 아울러 「곽회전(郭淮傳)」에도 역시 위연과 교전한 기사가 없다. 이것으로 그 서술 방법이 오로지 패배를 꺼리고 승리를 과장하는 체례를 이루었음을 볼 수 있다. 그런데, 촉의 「후주전(後主傳)」에서는 가정(街亭)의 패배를 또한 적지 않은 채 다만 (제갈)량이 기산을 공략하였으나 점령하지 못했

遂를 격파하였다. 漢中의 張魯를 격파하였으며, 黃初 4년(223) 夏侯尙과 함께 江陵을 공격하여 中洲를 탈취하였고, 太和 2년(228) 諸葛亮의 장수 馬謖을 街亭에서 격파하여 南安 등 3郡을 평정하였다. 太和 5년(231) 諸葛亮이 북벌도중 식량부족으로 후퇴할 때 蜀軍을 추격하다가 木門(지금의 甘肅省 天水 동쪽)에서 화살에 맞아 죽었다.

127) 『三國志』「魏書」卷3「明帝紀」, 94면, "蜀大將諸葛亮寇邊, 天水、南安、安定三郡吏民叛應亮. 遣大將軍曹眞都督關右, 並進兵. 右將軍張郃擊亮於街亭, 大破之. 亮敗走, 三郡平."

128) 단지 방어했다는 기사가 있을 따름이다. 『三國志』「魏書」卷3「明帝紀」, 94면, "十二月, 諸葛亮圍陳倉, 曹眞遣將軍費曜等拒之."

129) 『三國志』「蜀書」卷33「後主禪傳」, 896면, "七年春, 亮遣陳式攻武都、陰平, 遂克定二郡."

130) 郭淮(?~255) : 太原郡 陽曲縣(지금의 山西省 陽曲 서쪽) 사람으로 字는 伯濟이다. 後漢 建安 연간 孝廉에 찰거되었고 平原丞·丞相兵曹議令史·軍司馬 등을 역임하였다. 曹丕가 魏王이 된 후 鎭西長史가 되었으며, 黃初 5년(224) 雍州刺史로 발탁되어 安定羌을 격파하였다. 靑龍 2년(234) 諸葛亮이 斜谷을 나올 때 北原에서 매복하여 蜀軍을 크게 격파하였다. 征西將軍 都督雍涼諸軍事가 되었으며, 陽曲侯에 봉해졌다. 關內에 30여 년 있으면서 蜀과 羌을 정벌하고 각종 소수민족을 안무하여 魏에 공을 세웠다. 大將軍으로 추증되었다.

131) 『三國志』「蜀書」卷33「後主禪傳」, 896면, "是歲, 魏延破魏雍州刺史郭淮于陽谿."

132) 『三國志』「蜀書」卷33「後主禪傳」, 896면, "九年春二月, 亮復出軍圍祁山, 始以木牛運. 魏司馬懿張郃救祁山. 夏六月, 亮糧盡過軍, 郃追至靑封, 與亮交戰, 被箭死."

다고 언급하고 있을 뿐이다.[133] 어쩌면 (진)수가 사서를 짓는 방법으로 반드시 이처럼 말을 돌려 비호해야만 했던 것인가? 아니면 (진)수가 근거한 각국의 원래 역사서가 본래 이미 은폐하여 기술하고 있지 않아 마침내 그 옛 것을 따른 채 다시 정정하지 않은 것인가?

또한 위 「무제(武帝)기」 및 「원소전(袁紹傳)」을 보면, 관도(官渡)의 전투에서 (원)소가 순우경(淳于瓊)에게 만 명을 이끌고 군량을 맞이하게 하였으나, (조)조가 스스로 군사를 이끌고 와서 (순우)경을 격파하고 참수하였으며 아직 군영으로 돌아가지 않았을 때, (원)소의 휘하 장군 고람(高覽), 장합이 와서 항복하였고 (원)소의 군대가 마침내 크게 괴멸하였다 했다.[134] 이것은 (장)합, (고)람 등이 투항했기 때문에 (원)소의 군대가 궤멸하였다는 것이다. 「장합전(張郃傳)」에서는 곧 이르기를 (장)합이 (원)소에게 장수를 보내어 급히 (순우)경을 구원해야 한다고 말했으나, 곽도(郭圖)가 "먼저 그 본영을 공격하는 것만 못하니, (그렇게 하면) (조)조는 반드시 돌아와 구원할 것입니다"라고 말했다. (원)소는 과연 가볍게 무장한 기병을 보내 (순우)경을 구원하도록 하고 스스로는 대규모 병사로 (조)조의 군영을 공격하였으나 함락시킬 수가 없었고 (조)조는 이미 (순우)경을 격파하여 (원)소의 군대는 궤멸하고 말았다. 곽도가 (장)합을 모함하여 "(장)합은 군대의 패배를 기뻐하며 말을 하는 것도 공손하지 못합니다"라고 말하니, (장)합은 두려워 결국 (조)조에게 귀순하였다고 기록했다.[135] 이것은 (장)합이 (원)소의 군대가 궤멸된 뒤에 곽도의 모함을 두려

---

133) 『三國志』 「蜀書」 卷33 「後主禪傳」, 896면, "六年春, 亮出攻祁山, 不克."

134) 『三國志』 「魏書」 卷1 「武帝紀」, 21면, "冬十月, 紹遣車運穀, 使淳于瓊等五人將兵萬餘人送之, 宿紹營北四十里. …… 公乃留曹洪守, 自將步騎五千人夜往, 會明至. 瓊等望見公兵少, 出陳門外. 公急擊之, 瓊退保營, 遂攻之. 紹遣騎救瓊. …… 士卒皆殊死戰, 大破瓊等, 皆斬之. 紹初聞公之擊瓊, 謂長子譚曰 : '就彼攻瓊等, 吾攻拔其營, 彼固無所歸矣!' 乃使張郃·高覽攻曹洪. 郃等聞瓊破, 遂來降. 紹衆大潰, 紹及譚棄軍走, 渡河"; 『三國志』 「魏書」 卷6 「袁紹傳」, 199면, "會紹遣淳于瓊等將兵萬餘人北迎運車, 沮授說紹 : '可遣將蔣奇別爲支軍於表, 以斷曹公之鈔.' 紹復不從. 瓊宿烏巢, 去紹軍四十里. 太祖乃留曹洪守, 自將步騎五千候夜潛往攻瓊. 紹遣騎救之, 敗走. 破瓊等, 悉斬之. 太祖還, 未至營, 紹將高覽、張郃等率其衆降. 紹衆大潰, 紹與譚單騎退渡河."

위해서 (조)조에게 투항했다는 것이다. 본기와 열전은 모두 진수 한 사람의 손으로 지은 바인데도 서로 어긋남이 이와 같다. 아마도 (진)수는 (장)합을 위의 명장이라 여겼으므로 그가 원(소)를 배반하고 (조)조에게 투항한 사건에 대해서 반드시 먼저 그 부득이한 까닭을 드러내어 그를 위해 해명했을 것이나.

또 화흠(華歆)이 조조의 명령을 받들어 궁에 들어와 복후(伏后)를 체포하려는데, 복후가 벽 가운데 숨었으나 (화)흠은 나아가 복후을 끌어냈고 마침내 복후를 이끌고 폭실(暴室)[136]로 내려갔는데, 갑작스럽게 (복후가) 죽었다.[137] 그러나, 「화흠전(華歆傳)」에서는 이를 전혀 기재하지 않았다.

유방(劉放)[138]과 손자(孫資)[139]가 중서(성)(中書省)에서 오랫동안 기밀을 장악하고 있었는데, 하후헌(夏侯獻), 조조(曹肇) 등이 그들을 미워하여 궁정 내에 있는 계서수(雞棲樹)[140]를 가리키며 "이 또한 오래되었구나. 그런 것이

---

135) 『三國志』「魏書」 卷17 「張郃傳」, 525면, "太祖與袁紹相拒於官渡, 紹遣將淳于瓊等督運屯烏巢, 太祖自將急擊之. 郃說紹曰 : '曹公兵精, 往必破瓊等; 瓊等破, 則將軍事去矣, 宜急引兵救之.' 郭圖曰 : '郃計非也. 不如攻其本營, 勢必還, 此爲不救而自解也.' 郃曰 : '曹公營固, 攻之必不拔, 若瓊等見禽, 吾屬盡爲虜矣.' 紹但遣輕騎救瓊, 而以重兵攻太祖營, 不能下. 太祖果破瓊等, 紹軍潰. 圖慚, 又更譖郃曰 : '郃快軍敗, 出言不遜.' 郃懼, 乃歸太祖."

136) 暴室 : 궁중에 있는 布帛을 짜거나 염색 등을 하는 것을 맡은 관아.

137) 『後漢書』 卷10下 「皇后紀」「獻帝伏皇后」, 454면, "又以尙書令華歆爲郗慮副, 勒兵入宮收后. 閉戶藏壁中, 歆就牽后出. 時帝在外殿, 引慮於坐. 后被髮徒跣行泣過訣曰 : '不能復相活邪?' 帝曰 : '我亦不知命在何時!' 顧謂慮曰 : '郗公, 天下寧有是邪?' 遂將后下暴室, 以幽崩."

138) 劉放(?~250) : 涿郡 사람으로 字는 子棄이다. 建安 10년(205) 벽소되어 參司空軍事가 되었으며 후에 秘書郎이 되었다. 魏文帝 시기 中書監 給事中이 되어 機密을 장악하였다. 明帝 때 散騎常侍에 加官되고 西鄕侯에 봉해졌다. 書檄에 능하여 당시 詔令을 대부분 만들었다. 景初 2년(238) 明帝의 병이 위중하자 孫資와 함께 明帝에게 司馬懿와 曹爽 등에게 輔政하게 하도록 모의하였다. 正始 연간 左光祿大夫 驃騎將軍이 되었다.

139) 孫資(?~251) : 太原郡 中都縣(지금의 山西省 平遙縣 서남) 사람으로 字는 彦龍이다. 後漢 建安初 曹操의 벽소로 參丞相軍事가 되었고 후에 秘書郎이 되었으며 魏文帝시 中書令 給事中이 되어 機密을 관장하였다. 明帝 때 散騎常侍에 加官되었다. 景初 2년(238) 明帝가 병이 나서 燕王 曹宇에게 輔政을 맡기려 하였으나 劉放과 함께 참소하여 司馬懿와 曹爽이 輔政을 담당하도록 하였다. 正始 연간 右光祿大夫 衛將軍이 되었다. 曹爽이 주살된 후 侍中 領中書令이 되었다.

다시는 얼마나 가겠는가"라고 말했다.[141] 이것은 그래도 시기하는 사람의 입에서 나온 것이지만, 장제(蔣濟)[142] 같은 경우는 위나라의 명신인데, 상소하여 "좌우에 있는 사람들이 반드시 대신보다 현명하지는 않은데, 지금 밖에서 언급하는 바는 곧 중서(中書)를 말하니, 비록 공손하고 삼가면서 감히 밖으로 교제를 하지 않을지라도, 실제 일의 요체를 장악하며 날마다 눈앞에 있습니다. 혹시 (황제가) 피곤하고 싫증이 난 틈에 (그들이) 나누어 정하는 바가 있다면, 여러 신하들은 그가 어떤 일을 추진할 수 있음을 보게 되어 또한 그에 따라 그들에게로 향하는 것입니다"라고 말했다.[143] 이것으로 (유)방과 (손)자 두 사람이 군주의 권위와 은혜를 몰래 농단한 것을 볼 수 있다. 그 뒤에 (두 사람이) 명제가 병석에 누워 죽게 된 틈을 타 사마의에게 보정(輔政)하게 할 것을 청하니, 마침내 권력이 이양되고 왕조가 바뀌기에 이르렀으므로 당시 두 사람의 간사함이 나라를 그릇되게 한 것을 비방하지 않음이 없었다. 『진서(晉書)』「순욱전(荀勖傳)」에서 논평하는 이는 (순)욱(荀勖)[144]이 나라를 위태롭게 하고 시대를 해친 것을 손자와 유방의 아류라 하였다.[145] 두 사람의 이름이 진대(晉代)에 이르러서도 여전히 세상의 비난을 받았음을

---

140) 雞棲: 닭이 자는 홰를 뜻한다.

141) 『三國志』「魏書」 卷14「劉放·孫資傳」, 460면, 注 "世語曰: '放、資久典機任, 獻、肇心內不平. 殿中有雞棲樹, 二人相謂: '此亦久矣. 其能復幾?'""

142) 蔣濟(?~249): 楚國 平阿縣(지금의 安徽省 懷遠縣 서남) 사람으로 字는 子通이다. 揚州別駕·丞相主簿·西曹屬·東中郎將·尙書 등을 역임하였다. 魏明帝 때 토목공사와 요역 징발이 심하자 이를 간언하였다. 齊王 曹芳 시기에는 벼슬이 太尉에 이르렀다. 正始 10년(249) 司馬懿의 정변에 참여하여 都鄕侯로 進封되었다. 저서에는 『萬機論』이 있는데, 이미 亡佚되었고 嚴可均·黃以周·馬國翰 등의 輯本이 있다.

143) 『三國志』「魏書」 卷14「蔣濟傳」, 452면, "左右忠正遠慮, 未必賢於大臣, 至於便辟取合, 或能工之. 今外所言, 輒云中書, 雖使恭愼不敢外交, 但有此名, 猶惑世俗. 況實握事要, 日在目前, 儻因疲倦之間有所割制, 臣見其能推移於事, 卽亦因時而向之."

144) 荀勖(?~289): 潁川郡 潁陰縣(지금의 河南 許昌市) 사람으로 字는 公曾이다. 大將軍掾, 大將軍參軍을 역임하였고, 裴秀와 함께 機密을 공동으로 관장하였다. 西晉시대 中書監 侍中이 되고 賈充과 함께 律令을 제정하였다. 賈充이 좌천되려고 할 때 西晉 武帝에게 賈充의 딸을 太子妃로 삼으라고 조언하였다. 光祿大夫 領祕書監이 되었다. 明代 사람들이 『荀公曾集』을 輯補하였다.

145) 『晉書』 卷39「荀勖傳」, 1157면, "時議以勖傾國害時, 孫資、劉放之匹."

알 수 있다. 그러나 (진)수는 두 사람을 하나의 열전으로 합해서, 그 몸이 임금의 측근(近密)[146]에 있으면서도 매번 여러 신하들의 간쟁(諫諍)에 따라 그 올바름을 돕고 찬동하는 일이 많았으며 아울러 때때로 손익을 말하여 오로지 아첨만을 이끌지는 않았다고 지극히 말하였다.[147] 이것은 바로 (유)방, (손)자를 올바른 사람이라 본 것이니, 당시 사람들의 논의와는 크게 상반되는 것이다. 아마도 두 사람이 비록 위나라에 충성하지는 않았지만 진(晉)나라에는 공이 있어 진나라 사람들이 그들을 고맙게 여겼으므로 (진)수가 그들을 위해 좋은 열전을 지었던 것이다. 이것은 단지 본기에만 은폐한 바가 많은 것이 아니라, 아울러 열전 가운데서도 또한 은폐한 바가 많다는 것이다.

88. 『삼국지』에서 실상을 얻어 일을 기록한 내용 三國志書事得實處

『삼국지(三國志)』에는 비록 말을 돌려 비호한 것이 많지만, 그 재단하고 헤아린 부분에는 또한 스스로 글을 지음에 구차하지 않으려는 바가 있었으니, 다른 책을 헤아려 교정해 보고 나면 그 삼가고 신중함을 알게 된다. 원굉(袁宏)[148]의 『한기(漢紀)』에는 조조(曹操)가 죽고 아들 (조)비(曹丕)가 지위를 이을 때 한(漢)나라의 황제가 승상(丞相)과 위왕(魏王) 자리를 이어 받도록 명한 조서가 있는데,[149] 진수(陳壽)의 『삼국지』에는 이것이

146) 近密 : 임금의 측근을 뜻함.

147) 『三國志』「魏書」卷14「劉放・孫資傳」, 461~462면, "放才計優資, 而自脩不如也. 放、資既善承順主上, 又未嘗顯言得失, 抑辛毗而助王思, 以是獲譏於世. 然時因羣臣諫諍, 扶贊其義, 並時密陳損益, 不專導諛言云."

148) 袁宏(328~376) : 東晉 梁國 陽夏縣(지금의 河南省 太康縣) 사람으로 字는 彦伯이다. 大司馬 桓溫의 記室參軍, 南海太守, 吏部郎, 東陽太守 등을 역임하였다. 著書에는 『東征賦』『三國名臣頌』『北征賦』『後漢紀』『竹林名士傳』등이 있다.

149) 『三國志』「魏書」卷2「文帝紀」, 57~58면, 注, "袁宏漢紀載漢帝詔曰 : '魏太子丕 …… 今使使持節御史大夫華歆奉策詔授丕丞相印綬·魏王璽紱, 領冀州牧. …… 其敬

없다. 『헌제전(獻帝傳)』에는 선양할 때에 이복(李伏), 유이(劉廙), 허지(許芝) 등이 나아가길 권한 표 열한 편이 있고, (조)비가 명을 내려 고사(固辭)한 것 역시 십 여 편 있는데,150) 진수의 『삼국지』에서는 그것을 전부 삭제하고 오직 「구석문(九錫文)」 한 편과 「선위책(禪位策)」 한 통만을 남겨 두었을 뿐이다.151) 그러므로 진수의 책은 송(宋), 제(齊), 양(梁), 진(陳)의 여러 사서와 비교하면 비교적 간단하다. 동탁(董卓)의 난은, 조조가 아직 보정이 아니었으므로 「위기(魏紀)」 안에서는 상세하게 서술할 수 없었지만, 그 일을 기록하지 않을 수는 없었으므로 「동탁전(董卓傳)」 안에서 그것을 상세히 서술했는데,152) 이는 서술의 위치가 뛰어난 것이다. (위 문제의) 견후(甄后)의 죽음에 관해 본기는 비록 그 갑작스런 죽음을 말하지는 않았으나, 견후의 열전 중에서는 문제(文帝)가 제위에 오른 뒤 곽후(郭后), 이귀인(李貴人), 음귀인(陰貴人)이 함께 총애를 받게 되자 견후가 실의에 빠져 원망하는 말을 하니 문제가 노하여 드디어 죽음을 내렸다고 오히려 분명히 말했다.153) 이것은 비록 본기에서는 피했으나, 오히려 열전에서는 그것을 기재한 것이다. 곽후의 죽음에 관해, 『한진춘추(漢晉春秋)』에 따르면 문제가 곽후를 총애하여 견후에게 죽음을 내린 뒤 곧 곽후에게 그 아들 명제(明帝)를 어미로서 기르도록 명했다. 명제는 이것을 알고는 즉위한 뒤 여러 차례 곽후에게 어머니가 죽은 실상을 물었는데, 곽후가 "선제께서 스스로 죽이신 것을 어찌 나에게 따져 묻는가"라고 말했다. 명

服朕命, 抑弭憂懷, 旁祗厥緖, 時亮庶功, 以稱朕意. 於戲, 可不勉與!'."

150) 『三國志』「魏書」卷2「文帝紀」, 62~75면, 注.

151) 『三國志』「魏書」卷2「文帝紀」, 62면, "漢帝以衆望在魏, 乃召羣公卿士, 告祠高廟. 使兼御史大夫張音持節奉璽綬禪位, 冊曰 : '咨爾魏王 : 昔者帝堯禪位於虞舜, 舜亦以命禹, 天命不于常, 惟歸有德. …… 天之曆數在爾躬, 允執其中, 天祿永終; 君其祗順大禮, 饗茲萬國, 以肅承天命.' 乃爲壇於繁陽. 庚午, 王升壇卽阼, 百官陪位. 事訖, 降壇, 視燎成禮而反. 改延康爲黃初, 大赦."

152) 『三國志』「魏書」卷6「董卓傳」, 171~180면.

153) 『三國志』「魏書」卷5「甄后傳」, 160면, "黃初元年十月, 帝踐阼. 踐阼之後, 山陽公奉二女以嬪于魏, 郭后、李、陰貴人並愛幸, 后愈失意, 有怨言. 帝大怒, 二年六月, 遣使賜死, 葬于鄴."

제가 노하여 드디어 그녀를 핍박하여 죽이고 견후의 경우와 같이 염하게 하였다 했다. 『위략(魏略)』에 의하면 견후가 죽음에 임해서 명제를 이부인(李夫人)에게 부탁하였는데, 곽태후가 죽자 이부인은 비로소 견후가 참소를 당해서 참혹하게 죽어 대렴(大斂)[154]도 할 수 없었던 상황을 말했다. 명제는 슬퍼하며 눈물을 흘리면서 곽태후도 견후의 경우와 같이 염하도록 명을 내렸다고 했다.[155] 앞에 든 설에 따르자면 곽후는 명제에게 핍박을 받아 죽은 것이고, 뒤에 든 설에 따르자면 곽후가 죽은 뒤 명제가 비로소 옛 일을 알고는 증오하여 염한 것이다. 생각건대, 명제가 즉위하자 곽후는 황태후가 되었고, 무릇 9년 만에 비로소 죽었으니,[156] 만약 명제가 원한을 갚고자 했다면 어째서 그처럼 오래 걸렸겠는가, 그러니 핍박하여 죽였다는 설은 당연히 와전된 것이다. 어쩌면 (곽후가) 죽은 뒤 이부인의 말로 인하여 염을 예로써 하지 않았을 수도 있고, 혹은 생전에 명제가 비록 그 일을 한스러워 했으나 (곽후가) 선제인 문제에게 책립되었기 때문에 여전히 허명으로만 높이면서 곽후를 허창(許昌)으로 옮겼던 것일 수 있으나, 일찍이 핍박하여 죽인 것은 아니다. 위(魏)나라는 문제로부터 이미 낙양(洛陽)에 도읍을 정했고, 명제는 다시 낙양에 궁실을 크게 지었는데, 어째서 황제가 낙양에 거처하는데 태후는 허(許)에 거처했겠는가, 이로써 당시의 정황를 볼 수 있는 것이다. 진수의 『삼국지』는 「명제기(明帝紀)」에서 황태후가 죽었다고 기록하고,[157] 「곽후전(郭后傳)」에서도 역시 다만 태후가 허창

154) 大斂 : 小斂(시체를 옷과 이불로 싸는 일)을 치룬 다음 날 다시 시체에 옷을 입히고 베로 묶는 일을 말한다.

155) 『三國志』「魏書」 卷5 「郭后傳」, 166~167면, 注 "魏略曰 : '明帝旣嗣立, 追痛甄后之薨, 故太后以憂暴崩. 甄后臨沒, 以帝屬李夫人. 及太后崩, 夫人乃說甄后見譖之禍, 不獲大斂, 被髮覆面, 帝哀恨流涕, 命殯葬太后, 皆如甄后故事.' 漢晉春秋曰 : '初, 甄后之誅, 由郭后之寵, 及殯, 令被髮覆面, 以糠塞口, 遂立郭后, 使養明帝. 帝知之, 心常懷忿, 數泣問甄后死狀. 郭后曰 : '先帝自殺, 何以責問我? 且汝爲人子, 可追讎死父, 爲前母枉殺後母邪?' 明帝怒, 遂逼殺之, 勑殯者使如甄后故事.'"

156) 郭后가 황태후가 된 것은 黃初 6년(225)의 일이고, 그녀가 죽은 것은 靑龍 3년(235) 3월의 일이다.

157) 『三國志』「魏書」 卷3 「明帝紀」, 104면, "丁巳, 皇太后崩."

에서 죽었고 수양릉(首陽陵) 서쪽에 장사지냈다는 것만을 전하여[158] 결코 그 피해의 흔적을 보이지 않았다. 대저 견후의 사사(賜死)는 사실에 속하는 것으므로 열전에서 그것을 기록했으나, 곽후를 핍박해 죽인 것은 와전에 속하므로 열전에서 기록하지 않은 것으로, 역시 일을 기록하는 데에 신중함을 보기에 충분하다. 그리고 '허창에서 죽었다[崩於許昌]'는 네 글자는 그(곽후)가 궁궐에 있지 않았음을 간략하게 보여주는 것이니, 이 또한 사서를 지은 이의 미묘한 의도이다. 정원(正元) 2년(255)에 관구검(毌邱儉)[159]이 반란을 일으킨 것에 대해, 『세어(世語)』에서는 사마사(司馬師)가 천자를 모시고 (관구)검을 정벌하여 (관구)검이 패한 뒤 천자가 먼저 돌아갔다고 했다. 배송지(裴松之)는 여러 책을 두루 고찰하고는 다만 제갈탄(諸葛誕)[160]이 반란을 일으켰을 때 사마소(司馬昭)가 태후 및 상도향공(常道鄕公)을 옆에 두고 그를 정벌했으며, 그러므로 조서에 "지금 마땅히 태후와 짐이 잠시 정벌에 임한다"고 말한 것이 있다 했다.[161] 관구검을 정벌했을 때에는 상도향공이 함께 직접 나서지 않았는데, 진수의 『삼국지』에서는 단지 사마경왕(司馬景王)[162]이 (관구)검을 정벌하여 참수했다고만 전하고[163] 황

158) 『三國志』「魏書」 卷5 「郭后傳」, 166면, "青龍三年春, 后崩于許昌, 以終制營陵, 三月庚寅, 葬首陽陵西."

159) 毌丘儉(?~255): 河東郡 聞喜縣(지금의 山西省 남부) 사람으로 字는 仲恭이다. 尙書郎·羽林監·洛陽典農中郎將·荊州刺史·幽州刺史 등을 역임하였다. 景初 2년(238) 司馬懿를 따라 公孫淵을 평정하였고, 正始 연간 高句麗와 싸웠다. 左將軍 假節 監豫州諸軍事 領豫州刺史가 되었으며, 후에 鎭東將軍 都督揚州諸軍事가 되었다. 正元 2년(255) 揚州刺史 文欽과 함께 '反司馬師'를 기치로 거병하였으나 패하여 죽었다.

160) 諸葛誕(?~258): 琅邪郡 陽都縣(지금의 山東省 沂南縣 남쪽) 사람으로 字는 公休이다. 尙書郎·滎陽令·御史中丞·尙書를 역임하였다. 夏侯玄과 친했으며, 魏明帝가 그의 浮華함을 싫어하여 免官되었다. 齊王 芳 시기에 복직하여 揚州刺史·鎭東將軍이 되었다. 正元初 毌丘儉·文欽이 淮南에서 반란을 일으키자 司馬師를 따라 토벌에 종군하였다. 征東大將軍이 되어 揚州를 관할하게 되자, 司馬氏의 전횡에 불환을 느껴 自保하려 하였다. 司馬昭가 甘露 2년(257) 그를 司空으로 임명하여 병권을 빼앗으려 하자, 揚州刺史 樂綝을 죽이고 반란을 일으켰다. 다음 해 司馬昭가 壽春을 포위하여 양식이 부족하게 되자 城을 돌파하려다가 실패하여 피살되었다.

161) 『三國志』「魏書」 卷4 「三少帝紀」, 139~140면, "丁丑, 詔曰: '諸葛誕造爲凶亂, 盪覆揚州. …… 今宜皇太后與朕暫共臨戎, 速定醜虜, 時寧東夏'."

제가 친정했다고 말하지 않았으니, 역시 그 고증의 견실함을 볼 수 있다. 어환(魚豢)의 『위략』을 보면, 유비(劉備)가 소패(小沛)에서 아들 (유)선(劉禪)을 낳았는데, 나중에 조공(曹公)이 와서 정벌하자 달아났으며, (유)선은 당시 나이가 겨우 몇 살이었는데 다른 사람을 따라 한중(漢中)에 들어갔으며, 유괄(劉括)이라는 자가 있어 (유선을) 아들로 삼아 길렀고, 나중에 결혼해서 자식도 낳았다 했다. (유)선은 자기 아버지의 자(字)가 현덕(玄德)이고 주변에는 또한 간(簡)씨 성을 가진 자가 있었다는 것을 기억하고 있었는데, 마침 (유)비가 익주(益州)를 점령한 후 간옹(簡雍)[164]에게 한중으로 가게 하니, (유)선이 간(옹)을 보자 간(옹)은 이를 조사하여 들어맞았으므로 장로(張魯)[165]에게 알렸고, (장)로는 이내 (유)비에게 (유)선을 보냈다고 했다.[166] 생각건대 후주(後主)는 형주(荊州)에서 태어났으니, 장판(長坂)에서 패배를 당했을 때에는 한창 강보에 쌓여 있어 조운(趙雲)이 안고 도

---

162) 司馬景王 : 司馬師를 지칭한다.

163) 『三國志』「魏書」 卷4 「三少帝紀」, 132~133면, "二年春正月乙丑, 鎭東將軍毌丘儉、揚州刺史文欽反. 戊寅, 大將軍司馬景王征之. …… 甲辰, 安風津都尉斬儉, 傳首京都."

164) 簡雍 : 涿郡 사람으로 字는 憲和이다. 젊어서 劉備와 면식이 있어서 그의 심복이 되었다. 劉備가 荊州에 간 후 從事中郎에 임명하여 늘 사신의 역할을 맡겼다. 建安 19년(214) 劉備가 成都를 포위한 후 簡雍을 보내 益州牧 劉璋을 설득케 하니 함께 城을 나와 항복하였다. 昭德將軍에 제수되었다. 예의에 서투르고 거만하며 해학을 좋아하였다.

165) 張魯(?~216) : 沛國 豐縣 사람으로 字는 公祺이다. 祖父 張陵이 처음으로 蜀에 살면서 대대로 五斗米道의 敎主가 되었다. 初平 2년(191) 益州牧 劉焉이 그를 督義司馬로 삼아 別部司馬 張修와 함께 漢中을 공격하게 하였다. 후에 劉璋과 사이가 좋지 않아 드디어 자립하였다. 建安 5년(200) 張修를 습격하여 죽이고 그 무리를 합하여 漢中에 웅거하였으며 師君을 자칭하였다. 長吏를 두지 않고 祭酒가 통치하여 民夷가 이를 편하게 여겼고, 난을 피해 왔던 關西民이 數萬家에 이르렀다. 이에 조정에서는 鎭民中郎將 領漢寧太守로 삼았다. 建安 20년(215) 曹操가 漢中을 공격할 때 巴中으로 피했다가 항복하였다. 鎭南將軍에 제수되고 閬中侯에 봉해졌다.

166) 『三國志』「蜀書」 卷3 「後主禪傳」, 893면, 注 "魏略曰 : '初備在小沛, 不意曹公卒至, 遑遽棄家屬, 後奔荊州. 禪時年數歲, 竄匿, 隨人西入漢中, 爲人所賣. 及建安十六年, 關中破亂, 扶風人劉括避亂入漢中, 買得禪, 問知其良家子, 遂養爲子, 與娶婦, 生一子. 初禪與備相失時, 識其父字玄德. 比舍人有姓簡者, 及備得益州而簡爲將軍, 備遣簡到漢中, 舍都邸. 禪乃詣簡, 簡相檢訊, 事皆符驗. 簡喜, 以語張魯, 魯爲洗沐送詣益州, 備乃立以爲太子.'"

망쳐 위험을 면할 수 있었다.167) 나중에 즉위했을 때(223) 나이가 열일곱 살이었다. 즉위한 다음 해에 제갈량(諸葛亮)이 익주목(益州牧)을 맡아 주부(主簿) 두미(杜微)에게 보내는 편지에서 "황제[朝廷, 후주 유선]의 올해 나이가 열여덟이다"168)라고 했으니, 이것으로 증명할 수 있다. 만약 소패에 있을 때 태어났다면, 그때는 이미 30여 세였을 것이다.169) 진수는 『제갈집(諸葛集)』170)에 근거해서 즉위 당시의 나이는 열일곱이라고 적었으며,171) 아울러 한중으로 도망쳐 들어가 남의 양자가 된 일은 없앴다. 『위략(魏略)』을 보면, 제갈량이 유비를 먼저 보았지만 (유)비는 제갈량의 나이가 어리다고 그를 가볍게 여겼는데, (제갈)량이 형주는 인구가 적으므로 마땅히 객호(客戶)를 모두 호적에 등록시킴으로써 사람을 늘여야 한다고 말하자, (유)비가 이로써 (제갈)량을 알아보게 되었다고 했다. 그러나 제갈량은 「출사표(出師表)」에서 "선제께서는 저를 비천하다고 여기지 않으시고, 세 번이나 초가집으로 저를 찾아 오셨습니다"라고 말했으니, 이것은 (유)비가 (제갈)량을 먼저 찾아간 것이지, (제갈)량이 (유)비를 먼저 만나러 간 것은 아니다.172) 진수의 『삼국지』 제갈량의 열전을 보면, 서서

---

167) 『三國志』의 기록에 의하면, 劉禪은 建安 12년(207)에 태어났으며, 長坂에서의 패배는 建安 13년(208)의 일이다.

168) 『三國志』 「蜀書」 卷42 「杜微傳」, 1019면, "朝廷今年始十八, 天姿仁敏, 愛德下士."

169) 劉備가 소패에서 패한 것은 建安 5년(200)의 일이다. 유선이 소패에서 몇 살이었다면, 즉위한 해는 위 黃初 4년(223)이므로 24년을 더해야 하므로, 당시의 그의 나이는 30세 전후였을 것이다.

170) 『諸葛集』: 陳壽가 著作郎 때 荀勖·和嶠의 상주에 의해 諸葛亮의 故事를 정리한 책으로 24篇 104,112字로 구성되어 있다. 『三國志』에서는 『諸葛氏集』이라고 적었다(『三國志』 「蜀書」 卷35 「諸葛亮傳」, 929면).

171) 『三國志』 「蜀書」 卷3 「後主傳」, 893면, "三年夏四月, 先主殂于永安宮. 五月, 後主襲位於成都, 時年十七."

172) 『三國志』 「蜀書」 卷35 「諸葛亮傳」, 913~914면, 注 "魏略曰: '劉備屯於樊城. 是時曹公方定河北, 亮知荊州次當受敵, 而劉表性緩, 不曉軍事. 亮乃北行見備, 備與亮非舊, 又以其年少, 以諸生意待之. …… 亮曰: '今荊州非少人也, 而著籍者寡, 平居發調, 則人心不悅; 可語鎭南, 令國中凡有游戶, 皆使自實, 因錄以益衆可也.' 備從其計, 故衆遂强. 備由此知亮有英略, 乃以上客禮之.' 九州春秋所言亦如之. 臣松之以爲亮表云'先帝不以臣卑鄙, 猥自枉屈, 三顧臣於草廬之中, 諮臣以當世之事', 則非亮先詣

(徐庶)가 선주(先主)에게 "제갈공명(諸葛孔明)은 누워 있는 용[臥龍]이니, 이 사람은 가서 볼 수는 있어도 강제로 불러오는 것은 불가합니다"라고 말했다. 이로 인해 선주는 드디어 제갈량을 방문했는데, 무릇 세 번을 가서야 겨우 보았다.[173] 이 같은 예에서 진수가 『삼국지』를 지을 때 이설(異說)에 현혹되지 않았음을 볼 수 있다. 또 손책(孫策)은 외출했을 때 허공(許貢)의 빈객에게 화살을 맞고 상처를 입어 죽었는데,[174] 『강표전(江表傳)』[175] 『지림(志林)』[176] 『수신기(搜神記)』[177]에서는 모두 (손)책이 도사 우길(于吉[178])을 죽인 데 대한 보복으로 죽었다고 하였지만,[179] 진수는 손책의 열전을 쓰면서 유독 요망한 내용이라 여겨 삭제하고 기록하지 않았으니, 역시 그 식견이 있음을 볼 수 있다.

備, 明矣. 雖聞見異辭, 各生彼此, 然乖背至是, 亦良爲可怪."

173) 『三國志』「蜀書」 卷35 「諸葛亮傳」, 912면, "時先主屯新野. 徐庶見先主, 先主器之, 謂先主曰: '諸葛孔明者, 臥龍也, 將軍豈願見之乎?' 先主曰: '君與俱來.' 庶曰: '此人可就見, 不可屈致也. 將軍宜枉駕顧之.' 由是先主遂詣亮, 凡三往, 乃見."

174) 『三國志』「吳書」 卷46 「孫策傳」, 1109면, "未發, 會爲故吳郡太守許貢客所殺. 先是, 策殺貢, 貢小子與客亡匿江邊. 策單騎出, 卒與客遇, 客擊傷策. 創甚, …… 至夜卒, 時年二十六."

175) 『江表傳』: 西晉의 虞溥가 지은 것으로 지금은 전하지 않으며, 『三國志』의 注 중에서만 인용되고 있다.

176) 『志林』: 虞喜가 찬술한 책. 『晉書』 卷91 「虞喜傳」, 2349면, "釋毛詩略, 注孝經, 爲志林三十篇."이라 하였고, 『隋書』 卷34 「經籍志」, 999면, "志林新書三十卷 虞喜撰"이라 했다.

177) 『搜神記』: 총 20권이었으나, 지금은 소실되어 8권만 전한다. 鬼神 妖鬼의 說과 불교의 因果應報說을 포함하여 중국 소설 중 불교의 영향을 받은 최고의 책이다.

178) 于吉(?~200?): 琅邪郡 사람으로 干吉, 干室이라고 쓰기도 한다. 道術에 능했고 曲陽泉(지금의 江蘇省 睢寧縣 서북)에서 『太平淸領書』 170卷을 얻었다. 江東의 吳郡과 會稽에 가서 符水를 만들어 병을 치료하여 吳郡과 會稽 사람들이 다수 그를 섬겼다. 대략 建安 5년(200) 孫策이 郡城에 諸將과 賓客을 모았는데, 于吉이 이르자 諸將과 賓客들이 그를 맞이하여 절하였다. 이를 금지해도 그치지 않자 孫策이 살해하였다.

179) 『三國志』 卷46 「孫策傳」, 1109~1111면, 注. 『江表傳』에서는 孫策이 許貢의 원수를 갚기 위한 자객에 의해 죽었다고 했고, 『搜神記』에서는 孫策이 도사 于吉이 요망하여 민중을 미혹되게 하자 죽였다고 하며, 『吳歷』에서는 孫策이 자객에게 상처를 입은 자신의 얼굴을 보고 탄식하다가 탁자를 치자 상처가 찢어져 죽었다고 하였다.

89. 『삼국지』에서 열전을 만드는 데에 번잡하고 간략함이 같지 않은 내용三國志立傳繁簡不同處

진수(陳壽)가 삼국(三國) 여러 신하들의 열전을 만든 것은 옛 사서와 비교하면 더한 것과 뺀 것이 있다. 가령 『위략(魏略)』 「가규전(賈逵傳)」[180)]에는 이부(李孚), 양패(楊沛) 두 사람이 같은 권에 있는데,[181)] 진수의 『삼국지(三國志)』에는 이 두 사람이 없다. 『위무고사(魏武故事)』에는 둔전의 방책이 조지(棗祗)로부터 시작되어 임준(任峻)에 의해 완성되었다고 기록되어 있지만,[182)] 진수의 『삼국지』에는 (임)준(의 열전)은 있지만 (조)지(의 열전)은 없다.[183)] 또 오(吳) 황무(黃武) 4년(225)에 승상(丞相) 손소(孫邵)[184)]가 죽자, 고옹(顧雍)[185)]을 승상으로 삼았다.[186)] 이는 (손)소가 승상이 된 것이 (고)옹

---

180) 『後漢書』 卷36에도 「賈逵傳」이 있다.

181) 『三國志』 「魏書」 卷15 「賈逵傳」, 484~487면, 注, "…… 魏略列傳以逵及李孚、楊沛三人爲一卷, 今列孚、沛二人繼逵後耳. 孚字子憲, 鉅鹿人也. ……."

182) 『三國志』 「魏書」 卷16 「任峻傳」, 490면, 注, "魏武故事載令曰 : '故陳留太守棗祗, 天性忠能. …… 當興立屯田, 時議者皆言當計牛輸穀, 佃科以定. 施行後, 祗白以爲僦牛輸穀, 大收不增穀, 有水旱災除, 大不便. ……'."

183) 『三國志』 「魏書」 卷16 「任峻傳」, 489면, "任峻字伯達, 河南中牟人也. …… 是時歲飢旱, 軍食不足, 羽林監潁川棗祗建置屯田, 太祖以峻爲典農中郎將, 募百姓屯田於許下, 得穀百萬斛, 郡國列置田官, 數年中所在積粟, 倉廩皆滿. 官渡之戰, 太祖使峻典軍器糧運. 賊數寇鈔絶糧道, 乃使千乘爲一部, 十道方行, 爲複陳以營之, 賊不敢近. 軍國之饒, 起於棗祗而成於峻. 太祖以峻功高, 乃表封爲都亭侯, 邑三百戶, 遷長水校尉."

184) 孫邵(163~225) : 北海郡(지금의 山東省 昌樂縣 서쪽) 사람으로 字는 長緒이다. 後漢末 北海相 孔融의 功曹가 되었으며 후에 揚州刺史 劉繇를 따라 江東에 갔다. 孫權 휘하에서 廬江太守, 車騎長史를 역임하였다. 吳 黃武初 丞相 威遠將軍이 되었으며 陽羨侯에 봉해졌다. 張昭와 함께 周·漢 典章을 정리하여 朝儀를 만들었다. 選曹尙書 張溫과 暨艶이 탄핵하자 벼슬을 그만두고 죄를 받을 것을 청했으나 孫權은 다시 복직시켰다.

185) 顧雍(168~243) : 吳郡 吳縣(지금의 江蘇省 蘇州) 사람으로 字는 元嘆이다. 젊어서 蔡邕에게서 琴·書를 배웠다. 孫權이 領會稽太守가 되었을 때 丞이 되어 太守의 사무를 대행하였다. 孫權이 吳王이 되었을 때 大理·奉常·尙書令을 역임하였다. 黃武 4년(225) 孫邵를 대신해 丞相 平尙書事가 되었다. 승상이 된 지 19년 만에 죽었다.

186) 『三國志』 「吳書」 卷47 「吳主權傳」, 1131면, "四年夏五月, 丞相孫邵卒. 六月, 以太常顧雍爲丞相."

의 앞이라는 것인데, (고)옹은 열전이 있으나 (손)소는 열전이 없다. 『지림(志林)』에 의하면 (손)소와 장혜서(張惠恕)가 화목하지 못했는데, 사서를 지은 위요(韋曜)가 곧 (장)혜서의 일당이었으므로 열전을 만들지 않았고[187] 또 진수의 『삼국지』 역시 결국 그것을 빠뜨리게 되었다. 그런즉 진수 『삼국지』에서 열전을 만든 것은 전부 옛 사서를 저본으로 하였으니, 옛 사서에 없는 것은 대개 서술하지 않았던 것이다. 그러나 곧 이부, 양패, 조지 등 옛 사서에 있는 자는 어째서 또 열전을 뺐는가, 혹시 그들에게 기록할 만한 사적이 없다고 여겨서인가? 촉(蜀) 후주(後主) (유)선(劉禪)이 나와 항복하려고 하자, 그 아들 북지왕(北地王) (유)심(劉諶)이 노하여 "만약 방법이 다하고 힘이 다했다면, 곧 부자와 군신이 성을 등지고 일전을 벌이다가 사직과 더불어 죽는 것이 마땅합니다!"라고 말했다. (유)선이 듣지 않자 (유)심은 소열제(昭烈帝)[188]의 사당에서 곡하고 먼저 처자를 죽인 뒤에 자살했는데, 이 일은 『한진춘추(漢晉春秋)』에 보인다.[189] 이 어찌 열전이 없을 수 있을까만, 곧 진수의 『삼국지(三國志)』는 겨우 「후주전(後主傳)」 안에 그 죽음으로 지킨 절개를 덧붙여 보이고 있을 뿐이고, 「왕자전(王子傳)」 안에는 따로 열전을 만들지 않았으니 너무 간략함을 면할 수 없는 것이다. 또 열전에 덧붙여 그 상세함을 보이는 것도 있으니, 가령 「창자전(倉慈傳)」 뒤에 오관(吳瓘), 임욱(任燠), 안비(顔斐), 영호소(令狐邵), 공예(孔乂) 등을 연이어 서술하였는데, 그들이 모두 좋은 관리이므로 같은 부류로 서술했다.[190] 촉 양희(楊戲)에게는 『계한보신찬(季漢輔臣贊)』이 있어, 「양희전(楊戲

187) 『三國志』「吳書」卷47「吳主權傳」, 1131~1132면, 注 "…… 志林曰 : ' 吳之創基, 邵爲首相, 史無其傳, 竊常怪之. 嘗問劉聲叔. 聲叔, 博物君子也, 云 : '推其名位, 自應立傳. 項竣、丁孚時已有注記, 此云與張惠恕不能. 後韋氏作史, 蓋惠恕之黨, 故不見書'.'"

188) 『三國志』「蜀書」卷32「先主備傳」, 891면. 昭烈은 蜀漢 先主 劉備의 諡號.

189) 『三國志』「蜀書」卷33「後主禪傳」, 900~901면, "是日, 北地王諶傷國之亡, 先殺妻子, 次以自殺. (注 : 漢晉春秋曰 : '後主將從譙周之策, 北地王諶怒曰 : '若理窮力屈, 禍敗必及, 便當父子君臣背城一戰, 同死社稷, 以見先帝可也.' 後主不納, 遂送璽綬. 是日, 諶哭於昭烈之廟, 先殺妻子, 而後自殺, 左右無不爲涕泣者.')"

190) 『三國志』「魏書」卷16「倉慈傳」, 513면, "自太祖迄于咸熙, 魏郡太守陳國吳瓘, 淸河

傳)」 뒤에 아울러 실었는데,[191] 그 중 (진)수가 열전을 만들지 않은 경우는 곧 각 사람 아래 그 관직 경력과 행한 사적을 붙임으로써 사람들마다 열전을 만드는 번거로움을 줄였다. 또 『익부기구전(益部耆舊傳)』[192]을 취하여 그 안에 왕사(王嗣), 상파(常播), 위계(衛繼) 세 사람을 더했는데,[193] 이로 말미암아 촉의 신하는 거의 빠뜨린 바가 없게 되었다. 「오지(吳志)」 「육개전(陸凱傳)」에는 손호(孫皓)에게 스무 가지 일을 간한 상소 하나를 더했는데, 본래 이는 전해 들었던 것이므로 "내가 형주(荊州)와 양주(揚州)로부터 온 이에게 이 상소를 얻었는데, 오나라 사람에게 그것을 물으면 대부분 육개(陸凱)[194]에게 이것이 있음을 듣지 못했다고 하며, 게다가 그 글은 나쁜 것을 바로잡는 것이니, 아마도 (손)호가 기꺼이 받아들인 바가 아닐 것이다. 혹은 (육)개가 그것을 상자에 감추어 감히 올리지 못하다가 병이 위독해져서 (손)호가 동조(董朝)를 보내어 문병하자 그것을 주었다고 생각되기도 한다. 허실을 밝히기는 어렵지만, (손)호의 일을 지적함으로써 후세에 경계로 삼을 만하므로 그래서 「육개전」 뒤에 열거한다"라고 말했다.[195] 이것은 그 편찬이 역시 대단히 상세하고 신중한 것이다. 「방기전

太守樂安任燠, 京兆太守濟北顔斐, 弘農太守太原令狐邵, 濟南相魯國孔乂, 或哀矜折獄, 或推誠惠愛, 或治身淸白, 或擿姦發伏, 咸爲良二千石"; 咸熙 年間은 264~265년.

191) 『三國志』「蜀書」 卷45 「楊戲傳」, 1079면, "戲以延熙四年著季漢輔臣贊, 其所頌述, 今多載于蜀書, 是以記之於左"; 延熙 年間은 238~257년.

192) 『益部耆舊傳』: ㉮『三國志』「蜀書」 卷42 「李譔傳」, 1027면, "時又有漢中陳術, 字申伯, 亦博學多聞, 著釋問七篇, 益部耆舊傳及志, 位歷三郡太守." ㉯『華陽國志』「陳壽傳」, 1475면, "益部自建武後, 蜀郡鄭伯邑, 太尉趙彦信及漢中陳申伯, 祝元靈, 廣漢王文表皆以博學洽聞, 作巴蜀耆舊傳. 壽以爲不足經遠, 乃幷巴, 漢撰爲益部耆舊傳十篇."(北京中華書局 標點校勘本 『三國志』의 뒤에 붙여 있다.)

193) 『三國志』「蜀書」 卷45 「楊戲傳」, 1090면, "益部耆舊雜記載王嗣, 常播, 衛繼三人, 皆劉氏王蜀時人, 故錄于篇."

194) 陸凱(198~269): 吳郡 吳縣 華亭(지금의 上海市 松江區 서쪽) 사람으로 字는 敬風이며, 陸遜의 族子이다. 珠崖·儋耳를 평정하였으며, 零陵 山民들의 반란을 진압했다. 巴丘督 偏將軍이 되었으며, 孫休 즉위 후 征北將軍 假節 豫州牧이 되었다. 孫皓가 즉위한 후 征北將軍 假節 領荊州牧이 되었고, 寶鼎 元年(266) 左丞相이 되었다. 孫皓의 사치에 대해 간언하였다.

195) 『三國志』「吳書」 卷61 「陸凱傳」, 1403면, "建衡元年, 疾病, 遣中書令董朝問所欲

(方伎傳)」[196] 안을 보면, 예를 들어 화타(華陀)[197]는 곧 한 가지 증상을 치료하면 한 가지 효험을 얻은 것을 서술하고, 관로(管輅)[198]는 또 한 가지 일을 점치면 한 가지 일이 이루어진 것을 서술하였는데, 오로지 「주건평전(朱建平傳)」에서만은 관상을 본 몇 명을 모아 서술한 뒤, 또 각자의 징험을 뒤에 모아 서술하였으니,[199] 이는 또한 열전을 짓는 변체(變體)이며 역시 또 다른 한 방법을 시작한 것이었다.

90. 『삼국지』에서 틀린 내용三國志誤處

위(魏) 「무제(武帝)본기」에 의하면, 건안(建安)[200] 2년에 여남(汝南)의 황건적(黃巾賊) 하의(何儀), 유벽(劉辟), 황소(黃邵), 하만(何曼) 등은 무리가 각기 수만이었는데, 조조(曹操)가 진군하여 그들을 토벌, 격파하고 (유)벽, (황)소 등을 목 베었다고 되어 있다.[201] 이는 (유)벽이 이미 죽음을 당했다

言, 凱陳 '……' 遂卒, 時年七十二"; 『三國志』「吳書」 卷61「陸凱傳」, 1404면, "予連從荊, 揚來者得凱所諫皓二十事, 博問吳人, 多云不聞凱有此表. 又按其文殊甚切直, 恐非皓之所能容忍也. 或以爲凱藏之篋笥, 未敢宣行, 病困, 皓遣董朝省問欲言, 因以付之. 虛實難明, 故不著于篇, 然愛其指摘皓事, 足爲後戒, 故鈔列于凱傳左云"; 建衡年間은 269~271년.

196) 『三國志』「魏書」 卷29「方技傳」.

197) 華陀(141?~208) : 沛國 譙縣 사람으로 字는 元化이며, 華佗라고도 쓴다. 의술에 능하였으며, 특히 내과, 외과, 산부인과, 소아과와 침술에 능했다. 曹操가 그의 명성을 듣고 불러 侍醫로 삼았다. 후에 曹操에게 살해되었다.

198) 管輅(209~256) : 平原郡(지금의 山東省 德州) 사람으로 字는 公明이다. 天文을 좋아하였고 『周易』에 밝았으며, 卜筮에 능하였다. 何晏이 『易』의 九事를 논할 것을 청하였는데, 이를 모두 잘 설명하자 何晏이 탄복하였다. 또 何晏을 위해 老莊사상과 『易』에 대해서 강설하였다. 正元 2년(255) 少府丞이 되었다.

199) 『三國志』「魏書」 卷29「朱建平」, 808면.

200) 後漢 獻帝의 연호. 196~220년.

201) 『三國志』「魏書」 卷1「武帝紀」, 13면, "汝南 · 潁川黃巾何儀 · 劉辟 · 黃邵 · 何曼等,

는 것이다. 그런데 건안 5년에 (조)조와 원소(袁紹)가 관도(官渡)에서 서로 대치하고 있을 때, 여남에서 투항한 황건적 유벽 등이 반란을 일으켜 (원)소에 호응하여 허(許) 주변을 약탈하였고, (원)소가 유비(劉備)를 시켜 (유)벽을 돕도록 하였다고 한다.[202] 이는 (유)벽이 처음에는 아직 죽지 않고 단지 (조)조에게 항복했던 것이고, 이때에 이르러서 다시 반란을 일으켜 (원)소에게 호응한 것이다. 하나의 본기 안에서도 서로 내용이 갈라짐이 이와 같다. 그리고 「우금전(于禁傳)」에는 (우)금(于禁[203])이 황건적을 정벌하는 데 종사하였는데, 유벽, 황소 등이 밤에 (조)조의 군영을 습격하자 (우)금이 이들을 격파하고 (유)벽, (황)소 등을 목 베었다고 되어 있다.[204] 이 일은 관도의 전투에 나아가기 전에 쓰여 있으니 곧 건안 2년의 일이므로 (유)벽이 실은 이미 죽었던 것이다. 촉(蜀) 「선주(先主)전」에서는 (조)조와 (원)소가 관도에서 서로 대치하고 있을 때 여남의 황건적 유벽 등이 조조에게 반란을 일으켜 원소에 호응하자 원소가 선주를 보내 (유)벽과 함께 허 주변을 탈취토록 했다고 했는데,[205] 또한 이는 건안 5년의 일이니 (유)벽이 아직 살아 있었다는 것이다. 어떻게 하면 본기와 열전이 또 서로

衆各數萬, 初應袁術, 又附孫堅. 二月, 太祖進軍討破之, 斬辟・邵等, 儀及其衆皆降."

202) 『三國志』「魏書」卷1「武帝紀」, 20면, "汝南降賊劉辟等叛應紹, 略許下. 紹使劉備助辟, 公使曹仁擊破之. 備走, 遂破辟屯."

203) 于禁(?~221) : 泰山郡 鉅平縣(지금의 山東省 泰安 서남) 사람으로 字는 文則이다. 初平 元年(196) 濟北相 鮑信을 따라 기병하였으며, 후에 曹操에게 귀부하였다. 建安 元年(196) 汝南・潁川의 黃巾賊을 토벌하여 그 무리를 거의 항복시켰다. 다음에 張繡가 항복했다가 다시 반란을 일으켜 曹操의 군대가 혼란에 빠졌는데 于禁만이 대오를 가지런히 하고 돌아와서 그 공으로 益壽亭侯에 봉해졌다. 官渡의 전투에서 袁紹의 군대를 누차 격파하였다. 建安 24년(219) 曹仁과 함께 樊城에서 關羽를 공격했으나 큰 비로 城이 물에 잠겨 부하가 모두 익사해 죽자 항복하였다. 후에 孫權이 關羽를 사로잡은 뒤 魏로 돌아가 安遠將軍이 되었으나, 文帝가 자신이 關羽에게 항복하는 그림을 그려 자신을 욕보이자 부끄러움을 느껴 죽었다.

204) 『三國志』「魏書」卷17「于禁傳」, 522면, "于禁字文則, 泰山鉅平人也. …… 從征黃巾劉辟、黃邵等, 屯版梁, 邵等夜襲太祖營, 禁帥麾下擊破之, 斬邵等, 盡降其衆."

205) 『三國志』「蜀書」卷32「先主備傳」, 876면, "曹公與袁紹相拒於官渡, 汝南黃巾劉辟等叛曹公應紹. 紹遣先主將兵與辟等略許下."

꼭 들어맞을 것인가, 어쩌면 그 당시에 두 사람의 유벽이 있었던 것인가? 「고당륭전(高堂隆傳)」에는 위 명제(明帝)가 크게 궁실을 짓는데, (고당)륭(高堂隆)[206]이 상소하여 "지금 오(吳), 촉의 두 적이 황제를 칭하고 있는데, 만약 어떤 자가 와서 (손)권(孫權), (유)비가 모두 덕이 있는 정치를 하고 있다고 아뢰면 폐하께서는 그 말을 듣고 어찌 근심하시 않으시겠습니까?"라고 간언하였다.[207] 생각건대, 촉 선주는 위 문제(文帝) 황초(黃初) 4년에 죽었는데 어떻게 명제 때 아직도 (손)권, (유)비라고 말할 수 있겠는가, 여기에는 반드시 틀린 글자가 있다. 오서(吳書)의 「손보전(孫輔傳)」[208]을 보면 그 아들 (손)송(孫松)이 사성교위(射聲校尉) 도향후(都鄕侯)가 되었고 황룡(黃龍) 3년(231)에 죽었다. 촉 승상 제갈량(諸葛亮)이 형 (제갈)근(諸葛瑾)[209]에게 보내는 편지에서 "제가 이미 동쪽 조정의 후대를 받았고, 자제(손송)에게 (좋은 감정을 품어) 몹시 그리워하고 있습니다. 또 자교(子喬)[210]는

---

206) 高堂隆(?~237?) : 泰山郡 平陽縣(지금의 山東省 新泰縣 서쪽) 사람으로 字는 升平이다. 젊어서 郡督郵가 되었으며, 建安 연간 曹操의 벽소로 丞相軍議掾이 되었다. 魏明帝가 즉위한 후 給事中·博士·駙馬都尉·陳留太守·散騎常侍를 역임하였다. 明帝의 토목공사에 대해 자주 간언하였다. 4經과 三禮, 天文, 曆象에 능하였으며 尙書 楊偉와 함께 『太和曆』을 교정하였고, 明帝에게 正朔과 服色을 바꿀 것을 청하였다. 景初 元年(237) 光祿勳이 되었으나 곧 죽었다. 저서에는 『魏臺訪議』 『相牛經』 등이 있으나 지금은 亡佚되었고, 淸代 嚴可均의 輯本이 전한다.

207) 『三國志』 「魏書」 卷25 「高堂隆傳」, 714면, "今吳、蜀二賊, 非徒白地小虜、聚邑之寇, 乃據險乘流, 跨有士衆, 僭號稱帝, 欲與中國爭衡. 今若有人來告, 權、禪並脩德政, 復履淸儉, 輕省租賦, 不治玩好, 動咨耆賢, 事遵禮度. 陛下聞之, 豈不惕然惡其如此, 以爲難卒討滅, 而爲國憂乎?"

208) [王注] 「孫輔傳」이 아니라 마땅히 「孫翊傳」이라 해야 한다. 두 사람의 열전이 모두 『三國志』 「吳書」 卷6에 있는데, 「孫輔傳」이 「孫翊傳」 앞에 있어서 혼동이 일어난 것이다; 아울러 본문의 내용은 孫翊의 아들 松과 관련된 것이다.

209) 諸葛瑾(174~241) : 琅邪郡 陽都縣 사람으로 字는 子瑜이며, 諸葛亮의 형이다. 後漢末 江東으로 피난하여 孫權의 우대를 받아 長史로 임명되었다. 建安 20년(215) 蜀에 사신으로 파견되어 諸葛亮과 함께 외교문제를 능숙하게 처리하여 孫權의 신임을 얻었다. 후에 呂蒙을 대신해 南郡太守가 되었다. 黃武 元年(222) 左將軍 督公安 假節이 되어 平北將軍 潘璋과 함께 南郡의 魏軍을 격파하였다. 黃龍 元年(229) 孫權이 칭제한 후 大將軍 左都護 領豫州牧이 되었다. 누차 魏와 전쟁하였으나 패하였다.

210) 표점을 살펴보면, 본문에서는 '子喬'를 하나의 이름으로 보았으나, 『三國志』 「吳書」 卷51 「孫松傳」, 1212면에서는 '아들인 喬'로 뜻을 새겼다.

좋은 그릇(뛰어난 인재)인데, 그를 위하여 슬퍼하고 있으며, 그가 저에게 준 기물을 보면 감정이 솟아올라 눈물을 흘리게 됩니다"라고 하였다.[211] 그가 (손)송을 애도함이 이와 같은 것은 (제갈)량의 양자 (제갈)교(諸葛喬)가 묻고 이야기하였던 때문이었다고 한다. 이 한 단락의 문자들은 가장 이해할 수가 없으니, 자교는 (제갈)근의 아들로 (제갈)량에게로 가서 그 뒤를 이은 자인데, 아마 자교가 일찍이 (제갈)량에게 (손)송의 사람됨을 이야기했을 것이다. 그러나 소위 '자제를 몹시 그리워하고 있습니다', '저에게 준 기물'이란 말은 과연 무엇을 말하는 것인가, 어쩌면 (제갈)량이 전에 오나라에 사신으로 갔을 때 (손)송과 서로 알게 되었고, 그 뒤 (손)송이 또 (제갈)교에게 맡겨 (제갈)량에게 기물을 보낸 것인가? 그래도 문장의 뜻이 끝내 명확하지는 않다. 「육항전(陸抗傳)」에는 (육)항(陸抗)[212]이 서릉(西陵)을 도독하여 관우(關羽)로부터 백제(白帝)까지 관할하였다고 기록하였다.[213] 백제는 기주성(夔州城)이다. 관우도 혹 또한 지명인 듯한데, 아마 관우가 형주(荊州)를 지키고 있었으므로 후인들이 결국 그 이름으로 그 지역을 명칭하게 된 것일 뿐이니, 여기엔 오히려 오류가 있는 것이 아니다. 「하후돈전(夏侯惇傳)」에 의하면 건안 21년에 손권을 정벌하는데 종군하였다 했다. 건안 24년에는 조조가 여포(呂布)의 군사를 마피(摩陂)에서 격파하고, (하후)돈(夏侯惇)[214]을 불러 함께 수레에 태웠으며 그를 총애하고 달

211) 『三國志』「吳書」 卷51 「孫松傳」, 1212면, "子松爲射聲校尉、都鄕侯. 黃龍三年卒. 蜀丞相諸葛亮與兄瑾書曰 : '旣受東朝厚遇, 依依於子弟. 又子喬良器, 爲之惻愴. 見其所與亮器物, 感用流涕.' 其悼松如此, 由亮養子喬咨述故云."

212) 陸抗(226~274) : 吳郡 吳縣 華亭 사람으로 字는 幼節이며, 吳 丞相 陸遜의 아들이다. 建衡 2년(270) 鎭軍大將軍 都督信陵・西陵・夷道・樂鄕・公安諸軍事가 되었다. 누차 孫皓의 실정을 간언하였으며, 晉 荊州都督 羊祜와 함께 사절을 주고 받으며 서로의 경계를 지켰다. 鳳凰 2년(272) 大司馬 荊州牧이 되었다가 다음해 병으로 죽었다.

213) 『三國志』「吳書」 卷58 「陸抗傳」, 1355면, "永安二年, 拜鎭軍將軍, 都督西陵, 自關羽至白帝."

214) 夏侯惇(?~220) : 譙國 譙縣 사람으로 字는 元讓이다. 後漢末 曹操의 裨將이 되어 수차례 정벌에 참여하였다. 濟陰太守로 있을 때 가뭄과 메뚜기 떼의 피해가 있자 陂를 만들고 將士를 이끌고 勸農하였다. 특히 曹操의 총애를 받았고 建安 22년(217) 居巢에

리 대우하였다고 한다.[215] 생각건대 (조)조가 (여)포를 사로잡은 것은 건안 2년이니, 건안 24년으로부터 20여 년이나 떨어져 있는데 어떻게 (여)포를 격파하는 일이 있을 수 있겠는가. 살펴보면, 이때 관우가 조인(曹仁)[216]을 포위하자 (조)조가 서황(徐晃)[217]을 보내 그를 구하게 하고 (조)조 스스로도 낙양(洛陽)으로부터 직접 가서 합류하기로 하였는데, 조조가 도착하기 전에 (서)황이 (관)우를 격파하여 (관)우가 이미 도주하자 (조)조는 마피에 주둔하였다. 즉, 「하후돈전」에서 여포라고 한 것은 분명 관우의 와전일 것이다. 또 「오지(吳志)」 「손일전(孫壹傳)」[218]을 보면 손침(孫綝)이 주이(朱異)를 보내 병사를 숨겼다가 (손)일을 습격하자 (손)일은 위나라로 도망갔고, 위는 그를 거기장군(車騎將軍)으로 삼고 오후(吳侯)로 봉하였으며 이전 군주인 제왕(齊王) (조)방(曹芳)의 귀인(貴人) 형(邢)씨를 아내로 주었는데, 위 황초 3년에 죽었다고 되어 있다.[219] 생각건대 황초는 위 문제의 연호

주둔하며 吳를 방어하였다. 魏 黃初 元年(220) 大將軍이 되었으나 오래지 않아 죽었다.

215) 『三國志』 「魏書」 卷9 「夏侯惇傳」, 268면, "太祖自徐州還, 惇從征呂布, 爲流矢所中, 傷左. …… 二十一年, 從征孫權還, 使惇都督二十六軍, 留居巢. …… 二十四年, 太祖軍于摩陂, 召惇常與同載, 特見親重, 出入臥內, 諸將莫得比也."

216) 曹仁(168~223) : 沛國 譙縣 사람으로 字는 子孝이며, 曹操의 從弟이다. 後漢末 少年 천여 명을 모아 曹操를 따라 기병하였으며, 袁術 · 陶謙 · 呂布 · 張綉 · 劉備 등과의 전쟁에 참가하여 공을 세웠다. 建安 13년(208) 曹操가 赤壁大戰에서 크게 패한 후 江陵에 남아 수비하게 되었으나 朱瑜에게 夷陵에서 패하고 다음해 성을 버리고 도망갔다. 建安 20년(215) 征南將軍이 되어 樊城에 주둔했는데, 關羽에게 공격을 받았으나, 關羽가 후퇴하여 성을 빼앗기지 않았다. 曹丕가 魏王이 된 후 車騎將軍 都督荊揚益州諸軍事가 되었다가 후에 大將軍 · 大司馬를 역임하였다.

217) 徐晃(?~227) : 河東郡 楊縣(지금의 山西省 洪洞 서남) 사람으로 字는 公明이다. 後漢末 郡吏가 되어 車騎將軍 楊奉을 따랐으며, 楊奉을 설득하여 獻帝를 洛陽으로 모셨다. 또 楊奉에게 曹操에게 귀부할 것을 권했으나 듣지 않자, 曹操에게 투항하였다. 官渡의 전쟁에서 顔良과 文醜를 격파하고 袁紹의 군량을 불사르는 등 공이 가장 많았다. 그 이후에도 전공을 계속 세웠으며 平寇將軍이 되었다. 建安 24년(219) 蜀將 關羽가 樊城에서 曹仁을 포위했을 때 關羽와 대치하여 포위를 풀게 하였다. 曹丕가 魏王이 된 후 右將軍이 되었으며 열후에 봉해졌다. 성격이 엄하며 검약하였다.

218) [王注] 『三國志』 卷59 「孫奐傳」에 附記된 「孫壹傳」이다.

219) 『三國志』 「吳書」 卷51 「孫奐傳」, 1208~1209면, "綝遣朱異潛襲壹. 異至武昌, 壹知其攻己, 率部曲千餘口過將胤妻奔魏. 魏以壹爲車騎將軍、儀同三司, 封吳侯, 以故主芳貴人邢氏妻之. 邢美色妒忌, 下不堪命, 遂共殺壹及邢氏. 壹入魏三年死."

이고 문제에서 제왕 (조)방이 폐위되기까지는 거의 20여 년인데, 어떻게 (조)방의 비를 아내로 삼고 나중에 다시 황초 연간에 죽을 수 있겠는가. 「위지(魏志)」에 의하면 (손)일이 와서 항복한 것은 고귀향공(高貴鄕公) 감로(甘露)[220] 2년이니, 곧 그의 죽음은 마땅히 경원(景元),[221] 함희(咸熙)[222] 사이가 되며, 이제 황초 3년에 죽었다고 하는 것은 역시 분명 오류이다.

91. 순욱전荀彧傳

「순욱(荀彧)전」은 『후한서(後漢書)』에서는 공융(孔融) 등과 같은 권이므로[223] 곧 (그를) 본디 한(漢)나라 신하라 여긴 것이고, 진수(陳壽)의 「위지(魏志)」에서는 하후돈(夏侯惇), 조인(曹仁) 등의 뒤에 나열하여 순유(荀攸), 가후(賈詡)와 같은 권이므로[224] 곧 위(魏)나라 신하라 여긴 것이다. 살펴보면 동소(董昭)[225] 등이 조조(曹操)가 공이 높다 하여 위공(魏公)에 봉하고 구석(九錫)을 더하자고 의논을 하자, (순)욱은 (조)조가 본래 의병을 일으켜 한나라 황실을 바로잡았으며 충성스럽고 곧은 절개를 가졌다고 여겨 군자가 사람을 사랑함은 덕으로 해야지[226] 마땅히 그와 같아선 안 된다고 함

---

220) 高貴鄕公의 연호로, 256~259년.

221) 魏 元帝의 연호로, 260~263년.

222) 魏 元帝의 연호로 264년을 가리킨다.

223) 『後漢書』 卷70은 「鄭孔荀列傳」으로 鄭太, 孔融, 荀彧이 같이 수록되어 있다.

224) 『三國志』 「魏書」 卷9는 「諸夏侯曹傳」이고, 卷10은 荀彧, 荀攸, 賈詡의 合傳이다. 荀攸의 字는 公達이고 荀彧의 從子이며, 賈詡의 字는 文和이고, 武威 姑臧人이다. 이들은 曹操의 謀臣들이었다.

225) 董昭(156~236) : 濟陰郡 定陶縣 사람으로 字는 公仁이다. 曹操에게 獻帝를 받들어 洛陽에서 許로 도읍을 옮기라는 계책을 내놓았다. 建安 3년(198) 河南尹이 되었고, 이어 司空從事中郎을 역임하였다. 建安 24년(209) 孫權이 曹操에게 關羽를 토벌하겠다고 자청하자, 이 편지를 아군과 적군에 보내 아군의 사기를 높여야 한다고 주장하여 채택되었다. 魏文帝 시기 大鴻臚가 되었고, 太和 6년(232) 司徒에 제수되었다. 시호는 定侯이다.

으로써 조조의 뜻을 어겼다. 마침 손권(孫權)을 정벌하고 있었는데 곧 표문을 올려 (순)욱이 군사를 위로하도록 청했으나, (순)욱은 병으로 수춘(壽春)에 머무르고 있었으며, (조)조가 사람을 시켜 음식을 보냈고, 그것을 열었더니 빈 그릇이었으므로, 결국 (순욱은) 약을 마시고 죽었다. 다음 해 조조는 곧 위공이 되었다.[227] 이로써 (순)욱의 마음이 한나라를 위함에 있었음을 알 수 있다. 논하는 이들은 혹 "말로엔 비록 조조의 뜻을 잃어 죽었지만, 그가 처음에 원소(袁紹)를 떠나 조조에게 갔을 때 마침 여포(呂布)가 연주(兗州)를 공격하자, (순)욱은 (조)조를 위해 견고히 견성(鄄城)과 범(范), 동아(東阿)를 지키며 (조)조를 기다리면서 '옛날 한 고조(高祖)가 먼저 관중(關中)을 평정하고 광무제(光武帝)가 먼저 하내(河內)를 취하여 기반으로 삼았는데, 이 세 성은 곧 (조)조의 관중, 하내이다'라고 말했다. 나중에 (순욱은) (조)조에게 천자를 맞을 것을 권하면서 '진(晉) 문공(文公)은 양왕(襄王)을 맞아들여 패업을 정했고, 한 고조는 의제(義帝)를 장사지내어 제후를 얻었습니다'라고 말했다. 이는 일찍이 제왕 창업의 일을 (조)조에게 권하였던 것이니, 어찌 그가 한나라에 충성을 다했다고 할 수 있을 것인가?"라고 비판한다. 그러나 헌제(獻帝)가 동탁(董卓)의 대란을 만난 뒤에 세상이 들끓고 강하고 사나운 번진이 사분오열되자, (순)욱이 여러 신하들 가운데 (조)조가 아니면 군웅을 없애고 한 황실을 바로잡을 수 없다고 생

226) 『禮記』「檀弓」篇, "君子之愛人也以德, 細人之愛人也以姑息."

227) 『三國志』「魏書」卷10「荀彧傳」, 317면, "十七年, 董昭等謂太祖宜進爵國公, 九錫備物, 以彰殊勳, 密以諮彧. 彧以爲太祖本興義兵以匡朝寧國, 秉忠貞之誠, 守退讓之實, 君子愛人以德, 不宜如此. 太祖由是心不能平. 會征孫權, 表請彧勞軍于譙, 因輒留彧, 以侍中光祿大夫持節, 參丞相軍事. 太祖軍至濡須, 彧疾留壽春, 以憂薨, 時年五十. 諡曰敬侯. 明年, 太祖遂爲魏公矣(注, "魏氏春秋曰 '太祖饋彧食, 發之乃空器也, 於是飮藥而卒.'")"; 『後漢書』卷70「荀彧傳」, 2290면, "十七年, 董昭等欲共進操爵國公, 九錫備物, 密以訪彧. 彧曰 : '曹公本興義兵以匡振漢朝, 雖勳庸崇著, 猶秉忠貞之節. 君子愛人以德, 不宜如此.' 事遂寢. 操心不能平. 會南征孫權, 表請彧勞軍于譙, 因表留彧曰, …… 書奏, 帝從之, 遂以彧爲侍中, 光祿大夫, 持節, 參丞相軍事. 至濡須, 彧疾留壽春, 操饋之食, 發視, 乃空器也, 於是飮藥而卒. 時年五十. 帝哀惜之, 祖日爲之廢讌樂. 諡曰敬侯. 明年, 操遂稱魏公云."

각하여, 곧 (조)조에게 마음을 돌려 그를 위해 힘을 다하지 않을 수 없었고, (조)조를 위하는 것이 곧 한나라를 위하는 바였음을 알지 못한 것이다. 그가 처음 조조에게 천자를 맞도록 권하면서 말하기를 "장군이 비록 어려움을 밖에서 제압하였지만 곧 마음은 왕실에 있지 않음이 없으니, 이것은 장군이 천하를 바로잡으려는 본래의 뜻입니다. 진실로 이때에 주상을 받들어 백성들의 바램을 따르는 것은 큰 순리이고, 지극히 공평함을 잡아 웅걸을 복종시키는 것은 큰 책략이며, 큰 뜻을 가지고 뛰어난 인재를 이르게 하는 것은 큰 덕입니다"228)라고 했다. 이것으로 (순)욱이 (조)조에게 의존하여 한나라를 바로잡으려 했던 본마음을 알 수 있는 것이다. 또 이때 조조 역시 아직 분에 넘치게 제왕의 자리를 넘보는 마음을 바로 가지고 있지는 않았다. 그러나 공적이 날로 높아지고 권세가 이미 극에 달하여 동소(董昭) 등이 공(公)의 자리에 오르게 하고 구석을 더하고자 하였으니, 다시 신하의 자리로 돌아갈 수 있는 일이 아니었다. (순)욱도 역시 (조)조의 마음이 이미 분수에 맞지 않는 일을 품고 있음을 확실히 알았고, 그래서 결국 부화하려 하지 않고 짐짓 명분과 의리로 그를 꺾어 마침내 (조)조에게 미움을 샀으며 약을 마시고 순절하였으니, 유씨(劉氏)를 위한 그(순욱)의 마음은 역시 모두 천하에 밝힐 수 있는 것이다. 진수는 이미 위나라 신하 안에 넣었지만, 범엽은 유독 (그를) 들어내어 『후한서』에 열거하고 열전의 논(論)에서 "그 올바름으로 돌아감을 취하였을 뿐이니 또한 살신성인한 의로움이었다"229)라고 분명히 말했으니, 이는 실로 공평한 마음으로 한 논평이다. (진)수도 열전 말미에서 역시 "(순)욱이 죽은 다음 해

228) 『三國志』「魏書」卷10「荀彧傳」, 310면, "漢獻帝自河東還洛陽. 太祖議奉迎都許, …… 彧勸太祖曰 : '昔晉文納周襄王而諸侯景從, 高祖東伐爲義帝縞素而天下歸心. 自天子播越, 將軍首唱義兵, 徒以山東擾亂, 未能遠赴關右, 然猶分遣將帥, 蒙險通使, 雖禦難于外, 乃心無不在王室, 是將軍匡天下之素志也. 今車駕旋軫, 東京榛蕪, 義士有存本之思, 百姓感舊而增哀. 誠因此時, 奉主上以從民望, 大順也; 秉至公以服雄傑, 大略也; 扶弘義以致英俊, 大德也. ……'."

229) 『後漢書』卷70「荀彧傳」, 2292면, "蓋取其歸正而已, 亦殺身以成仁之義也."

(조)조는 드디어 위공이 되었다"[230]라고 적었으니, 역시 (순)욱이 죽지 않아서 (조)조가 오히려 감히 그렇게 하지 못했음을 보였으므로, 곧 또한 공정한 도리가 절로 사람 마음에 있어 거짓으로 더럽히는 것을 용납하지 않은 것이다.

또 살펴보면, 장홍(臧洪)은 진실로 한나라 말엽의 의로운 선비인데, 그가 장초(張超)와 사귐을 맺고 나중에 원소와 싸우는 내용[231]은 모두 조조와 무관한 것이어서 「위기」 안에 본래 반드시 그 열전을 만들 필요는 없지만, (진)수는 그를 장막(張邈)[232] 다음에 두었으니, 아마도 그 기개와 절개를 차마 없앨 수 없었기 때문이었을 뿐이다. 범엽은 따로 『후한서』 안에 열전을 두어[233] (진)수의 『삼국지(三國志)』에 이미 「장홍전(臧洪傳)」이 있다고 해서 마침내 그것을 버리지는 않았으니, 역시 그 바로잡아 편찬하는 올바름을 볼 수 있다.

230) 『三國志』 卷10 「魏書」 「荀彧傳」, 317면, "太祖軍至濡須, 彧疾留壽春, 以憂薨, 時年五十. 謚曰敬侯. 明年 太祖遂爲魏公矣."

231) 『三國志』 「魏書」 卷7 「臧洪傳」, 231면, "臧洪字子源, 廣陵射陽人也. …… 靈帝末, 棄官還家, 太守張超請洪爲功曹"; 같은 책, 233~236면, "超遂族滅. 洪由是怨紹, 絶不與通. 紹興兵圍之, 歷年不下. 紹令洪邑人陳琳書與洪, 喩以禍福, 責以恩義. …… 紹見洪書, 知無降意, 增兵急攻."

232) 張邈(?~195) : 後漢末 東平郡 壽張縣(지금의 山東省 東平縣 서남) 사람으로 字는 孟卓이다. 젊어서 명성을 얻었다. 騎都尉를 거쳐 陳留太守가 되었다. 初平 元年(190) 陳留에서 기병하여 董卓 토벌군에 참가하였다. 盟主인 袁紹가 교만하자 이를 꾸짖었다. 후에 曹操가 名士 邊讓을 살해하자 兗州의 사대부들이 몹시 원망했는데, 張邈은 陳宮과 함께 거병하여 曹操에 반기를 들었다. 그리고 呂布를 영입하여 兗州牧으로 삼고 濮陽을 거점으로 삼으니 郡縣이 모두 호응하였다. 初平 2년(195) 呂布가 패하여 袁術을 방문해 구원을 요청하였으나 그 무리에게 살해되었다.

233) 『後漢書』 卷58 「臧洪傳」, 1884~1892면.

92. 순욱과 곽가의 두 열전에 억지로 갖다 붙인 부분荀彧郭嘉二傳附會處

『좌전(左傳)』에는 점괘가 기이하게 적중한 내용이 실려 있으니, 예컨대 진경중(陳敬仲)이 제(齊)나라로 도망가면서 점괘에 나온 말에 "다섯 세대 후손에서 번창할 것이다", "규(嬀)씨의 후손이 장차 강(姜)씨에게 길러질 것이다"라는 등의 언급이 있었는데,[234] 그 뒤에 한 글자라도 증명되지 않은 것이 없었으니, 마치 점괘에 나온 말이 오로지 이 한 사건을 위해 준비해 둔 것과 같았던 것은 본디 문인이 기이함을 좋아하여 (이를) 지어냄으로써 사람들이 귀 기울이도록 움직였던 것이다. 진수(陳壽)의 『삼국지(三國志)』에도 또한 이와 비슷한 것이 있다. 「순욱전(荀彧傳)」에는 (순)욱(荀彧)이 원소(袁紹)의 여러 신하를 평하면서 "전풍(田豐)은 억세어 윗사람을 해치며, 허유(許攸)[235]는 탐욕스러워 다스리지 못하고 심배(審配)는 제멋대로 굴어 계략이란 없으며, 봉기(逢紀)는 과감하여 자기 생각대로 합니다. 이 두 사람이 남아 뒷일을 돌볼 것인데, 만약 (허)유의 집안이 법을 위반하면 (심)배는 놓아주지 않을 것이며, 놓아주지 않으면 (허)유가 반드시 변란을 일으킬 것입니다"라고 하였다.[236] 나중에 심배가 과연 (허)유의 집안이 법을 어겼다고 해서

---

234) 『春秋左氏傳』「莊公 22年」條, "有嬀之後, 將育于姜, 五世其昌, 並于正卿, 八世之後, 莫之與京." 嬀는 陳나라의 國姓으로 陳나라를 가리키며, 姜은 齊나라의 國姓으로 齊나라를 가리킨다. 이는 陳敬仲이 齊나라로 도망가서 우대받은 것을 이른다. 또한, 陳敬仲의 五世孫인 陳桓子가 齊나라에서 큰 권력을 가지게 되었다.

235) 許攸 : 南陽郡 사람으로 字는 子遠이다. 젊어서 袁紹・曹操와 친했다. 中平 5년(188) 冀州刺史 王芬이 환관을 주살하고 靈帝를 폐하고 合肥侯를 세우려 했을 때, 이에 참여하였으나 성공하지 못하였다. 나중에 袁紹의 휘하에 들어갔으나, 官渡의 전투에서 袁紹에게 간언한 것이 무시되었다. 家人이 죄를 지어 審配에게 체포되어 이에 曹操에게 달아났다. 曹操에게 輕兵으로 적을 공격할 것을 제의하여 曹操가 성공을 거두었다. 자신의 공을 믿고 曹操에게 불경하게 굴었다가 살해되었다.

236) 『三國志』「魏書」 卷10 「荀彧傳」, 314면, "彧曰 : '紹兵雖多而法不整. 田豐剛而犯上, 許攸貪而不治. 審配專而無謀, 逢紀果而自用, 此二人留知後事, 若攸家犯其法, 必不能縱也, 不縱, 攸必爲變. ……'" 이때는 建業 3年(198) 曹操가 呂布를 사로잡고 徐州를 안정시킨 뒤 袁紹와 대치하던 상황이었다.

그 처자를 조사하니 (허)유는 화가 나서 드디어 (원)소를 배반하고 조조(曹操)에게 투항하였다.[237] 또한 「곽가전(郭嘉傳)」을 보면, 조조가 관도(官渡)에서 원소와 대치하고 있을 때 어떤 사람이 손책(孫策)이 허(許)를 공격할 것이라고 전하자 (곽)가(郭嘉)가 "(손)책은 용감하나 준비성이 없으니, 만약 자객이 숨어 있다가 일을 일으키면 한 사람의 적수가 될 뿐입니다"라고 했다. (손)책은 과연 허공(許貢)의 빈객에 의해 살해되었다.[238] 이 두 사건은 (순)욱, (곽)가가 미리 헤아린 것으로 신기하다고 할 만하지만, 그러나 어찌 (허)유가 반드시 법을 위반한다는 것, (심)배가 반드시 변고를 격발한다는 것, (손)책이 반드시 필부의 손에 죽는다는 것을 알아, 가진 것이 마치 왼쪽 증표[左券][239]처럼 딱 맞을 수 있었는가, 이 또한 『좌전』의 견강부회(牽强附會)와 같은 것이 아니겠는가.

93. 제갈량에 대한 진수의 평론陳壽論諸葛亮

「진수전(陳壽傳)」에서는 "(진)수(陳壽)의 아버지는 마속(馬謖)의 참군(參軍)이었는데, (마)속이 제갈량(諸葛亮)에게 주살되자 (진)수 아버지 역시 머리를 깎이는 형벌을 받았으므로 (진)수는 「제갈량전(諸葛亮傳)」을 짓고서 '장수로서의 지략은 뛰어난 것이 아니었다'고 말했다"고 되어 있다.[240] 이것

---

237) 『三國志』 卷10 「荀彧傳」, 314면, "審配以許攸家不法, 收其妻子, 攸怒叛紹, …… 皆如彧所策." 이때는 建業 5年(200) 官渡之戰에서 袁紹가 패주한 시기이다.

238) 『三國志』 卷14 「郭嘉傳」, 433면, "嘉料之曰 : '策新幷江東, 所誅皆英豪雄傑, 能得人死力者也. 然策輕而無備, 雖有百萬之衆, 無異於獨行中原也. 若刺客伏起, 一人之敵耳. 以吾觀之, 必死於匹夫之手.' 策臨江未濟, 果爲許貢客所殺"; 『三國志』 「吳書」 卷46 「孫策傳」, 1109면, "未發, 會爲故吳郡太守許貢客所殺. 先是, 策殺貢, 貢小子與客亡匿江邊. 策單騎出, 卒與客遇, 客擊傷策. 創甚, …… 至夜卒, 時年二十六."

239) 左券 : 右券에 대한 왼쪽 편이라는 뜻으로 약속한 사람이 같은 證信. 따라서 약속의 증거를 뜻하기도 한다.

240) 『晉書』 卷82 「陳壽傳」, 2137~2138면, "壽父爲馬謖參軍, 謖爲諸葛亮所誅, 壽父亦

은 진실로 무식한 의견이다. (제갈)량의 미칠 수 없는 바는 원래 반드시 용병으로 뛰어남을 보이는 것은 아니다. (진)수가 『제갈집(諸葛集)』을 교정하면서 올린 표문을 보면 "(제갈)량은 법과 가르침이 엄격하고 분명하여 상벌이 반드시 믿을 만했으며, 징벌하지 않는 악행이 없었고 드러내지 않는 선행이 없었으며, 관리에 대해서는 간악한 행위를 용납하지 않아 사람들이 스스로 힘쓸 것을 마음먹기에 이르렀습니다",241) "지금까지도 양주(梁州), 익주(益州) 사람들의 마음은, 비록 「감당(甘棠)」 시에서 (주(周)나라의) 소공(召公)에 대해 읊조린 것242)이나 정(鄭)나라 사람들이 자산(子産)243)을 노래한 것이라도 그보다 더함이 없습니다"244)라고 말했다. 또한 「제갈량전」의 뒷부분에서 평하여 말하기를 "(제갈)량이 정치를 하게 되자 진실된 마음을 열어 공정한 도리를 펼치니, 선행은 작다 하여 상 주지 않는 일이 없었고, 악행은 작다 하여 벌을 주지 않는 일이 없었다. 마침내 나라 안에서 모두 그를 두려워하면서도 애모하였고, 형벌과 행정이 비록 준엄하더라도 원망이 없었으니, 그 마음 씀이 공평하고 권함과 경계함이

坐被髡, ……, 壽爲亮立傳諸葛亮傳, 謂亮將略非長"; '亮將略非長'과 관련한 陳壽의 논평을 『三國志』 찾아보면 다음과 같다. 『三國志』「蜀書」 卷35 「諸葛亮傳」, 934면, "評曰 : 然連年動衆, 未能成功, 蓋應變將略, 非其所長歟!"

241) 『三國志』「蜀書」 卷35 「諸葛亮傳」, 930면, "於是外連東吳, 內平南越, 立法施度, 整理戎旅, 工械技巧, 物究其極, 科敎嚴明, 賞罰必信, 無惡不懲, 無善不顯, 至於吏不容奸, 人懷自厲, 道不拾遺, 彊不侵弱, 風化肅然也."

242) 甘棠之愛 : 周 召公의 선정에 감격하여 백성들이 그가 일찍이 쉬었던 팥배나무를 소중히 여겼다는 것으로 백성이 施政者의 德을 앙모하는 것을 가리킨다. 「甘棠」은 『詩經』「國風」「召南」의 편명이기도 하다. 그 내용은, "蔽芾甘棠, 勿翦勿伐. 召伯所茇[우거진 팥배나무를 자르지도 베지도 말라. 소백님이 멈추신 곳이니]. 蔽芾甘棠, 勿翦勿敗. 召伯所憩[우거진 팥배나무를 자르지도 꺾지도 말라. 소백님이 쉬신 곳이니]. 蔽芾甘棠, 勿翦勿拜. 召伯所說[우거진 팥배나무를 자르지도 휘지도 말라. 소백님이 머무신 곳이니]." 등이다.

243) 子産 : 春秋時代 鄭나라의 大夫 公孫僑이다. 子産은 字이고, 東里에 살아 '東里子産'으로도 불렸다. 簡公·定公·獻公의 三朝에 걸쳐 40여 년 동안 국정에 참여하여 晉·楚 두 나라가 침략하지 못하게 했다. 政事를 봄에 恩威를 병행하여 正道를 밟아 孔子도 惠人이라고 칭했다.

244) 『三國志』「蜀書」 卷35 「諸葛亮傳」, 931면, "至今梁、益之民, 咨述亮者, 言猶在耳, 雖甘棠之詠召公, 鄭人之歌子産, 無以遠譬也."

분명했기 때문이다"[245]라고 했다. 그가 공명(孔明)을 칭송한 것은 유독 그 위대함을 일았던 것이리고 할 수 있는 것이다. 또한 「양홍전(楊洪傳)」에서 이르기를, "서쪽 땅에서는 모두 (제갈)량이 당시 사람들의 재주와 능력을 다 활용할 수 있다는 것에 감복하였다"[246]라고 했다. 「요립전(廖立傳)」에서는 "(제갈)량이 (요)립을 폐하여 서민으로 삼았는데, (제갈)량이 죽게 되자 (요)립이 울며 '내 끝내 오랑캐의 처지가 되는 구나[吾終爲左衽矣]!'[247]라고 말했다"고 기록하였다.[248] 「이평전(李平傳)」에서도 또한 "(이)평(李平)이 (제갈)량에 의해 폐해졌으나, (제갈)량이 죽게 되자 (이)평은 결국 병이 나서 죽었다. (이)평은 항상 (제갈)량이 있으면 응당 자신을 보임(補任)하여 복직시킬 것이라 기대하면서, 제갈량의 후임자는 그렇게 할 수 없을 것이라 생각했기 때문이다"라고 했다.[249] (진)수는 맹자(孟子)의 말을 인용하여 "편하게 하는 방법으로 백성을 부리면 비록 수고스럽더라도 원망하지 않고, 살리는 방법으로 백성을 죽이면 비록 죽더라도 죽인 사람을 원망하지 않는다"[250]라고 했는데,[251] 이것은 진실로 제왕을 보좌하는 사람[王佐][252]의 마음가짐을 잘 서술한 것이다. 용병에서 적을 이기지 못한 것도 또한

---

245) 『三國志』「蜀書」卷35「諸葛亮傳」, 934면, "評曰 : 諸葛亮之爲相國也, 撫百姓, 示儀軌, 約官職, 從權制, 開誠心, 布公道; 盡忠益時者雖讎必賞, 犯法怠慢者雖親必罰, 服罪輸情者雖重必釋, 游辭巧飾者雖輕必戮; 善無微而不賞, 惡無纖而不貶; 庶事精練, 物理其本, 循名責實, 虛僞不齒; 終於邦域之內, 咸畏而愛之, 刑政雖峻而無怨者, 以其用心平而勸戒明也."

246) 『三國志』「蜀書」卷41「楊洪傳」, 1014면, "是以西土咸服諸葛亮能盡時人之器用也."

247) 左衽 : 옷을 입을 때 왼쪽 섶을 오른쪽 섶 안으로 여민다는 것으로, 오랑캐의 옷 입는 방식이라는 뜻에서 '야만의 풍속' 또는 '야만의 나라'를 이른다. 따라서 미개하다는 뜻을 가지고 있다.

248) 『三國志』「蜀書」卷40「廖立傳」, 998면, "於是廢立爲民, 徙汶山郡. 立躬率妻子耕殖自守, 聞諸葛亮卒, 垂泣歎曰 : '吾終爲左衽矣!'"

249) 『三國志』「蜀書」卷40「李嚴傳」, 1000면, "乃廢平爲民, 徙梓潼郡. 十二年, 平聞亮卒, 發病死. 平常冀亮當自補復, 策後人不能, 故以激憤也." 建興 4年(226)에 李嚴에서 李平으로 이름을 바꾸었다.

250) 『孟子』「盡心上」, "孟子曰 : 以佚道使民, 雖勞不怨, 以生道殺民, 雖死不怨殺者."

251) 『三國志』卷35「諸葛亮傳」, 931면.

252) 王佐 : 宰相을 뜻한다.

명확히 "더불어 대적한 바가 혹 인걸을 만나기도 했고, 군사가 많고 적음이 같지 않고 공격과 방어 요체가 다르기도 했으며, 또한 이때 명장이 없었으므로 공업을 쇠퇴시켰고[使功業陵遲],[253] 게다가 천명이 돌아가는 바가 있으니 지력으로 다툴 수 없었다"고 하였다.[254] (진)수는 사마씨(司馬氏)에 대해 가장 많이 말을 돌려 비호하였으므로 (제갈)량이 (사마)의(司馬懿)에게 아녀자의 머리꾸미개를 보낸 것[255]과 '죽은 제갈량이 산 사마의를 달아나게 했다'는 일[256] 등은 열전 가운데 모두 감히 쓰지 않았으나, 주장하는 의견은 유독 이와 같았으니, 진실로 그가 제갈량에게 숙이며 인정한 것이 깊었음을 알 수 있다. 그러니 그가 아버지가 머리 깎이는 형벌을 받은 까닭에 이것으로 (제갈량을) 폄하하는 구실로 삼았다고 말하는 것은 진실로 경중을 알지 못하는 것이다.

94. 배송지의 『삼국지』 주석裵松之三國志註

송(宋) 문제(文帝)는 배송지(裵松之)[257]에게 명하여 삼국(三國)의 같고 다

253) 陵遲 : '陵夷'와 같은 뜻이다. 언덕이 점차 평평해진다는 뜻으로 사물이 차차 쇠퇴해 가는 것을 일컫는다.

254) 『三國志』 卷35 「諸葛亮傳」, 930~931면, "而所與對敵, 或値人傑, 加衆寡不侔, 攻守異體, 故雖連年動衆, 未能有克. 昔蕭何薦韓信, 管仲擧王子城父, 皆忖己之長, 未能兼有故也. 亮之器能政理, 抑亦管·蕭之亞匹也, 而時之名將無城父·韓信, 故使功業陵遲, 大義不及邪? 蓋天命有歸, 不可以智力爭也."

255) 『三國志』 「魏書」 卷3 「明帝紀」, 103면, 注, "魏氏春秋曰 '亮旣屢遣使交書, 又置巾幗婦人之飾, 以怒宣王. 宣王將出戰, 辛毗杖節奉詔, 勒宣王及軍吏已下, 乃止. …….'" 青龍 2年(234) 諸葛亮이 斜谷을 나와 渭南에서 주둔하면서 司馬懿(司馬宣王)와 대치하면서 있었던 일이다.

256) 『三國志』 「蜀書」 卷35 「諸葛亮傳」, 927면, 注, "漢晉春秋曰 : '楊儀等整軍而出, 百姓奔告宣王, 宣王追焉. 姜維令儀反旗鳴鼓, 若將向宣王者, 宣王乃退, 不敢偪. 於是儀結陳而去, 入谷然後發喪. 宣王之退也, 百姓爲之諺曰 : '死諸葛走生仲達.' 或以告宣王, 宣王曰 : '吾能料生, 不便料死也.''"

른 바를 모아서 진수(陳壽)의 『삼국지(三國志)』에 주석을 달도록 했다. (배)송지는 기록들을 한데 모으고, 달리 전하는 내용을 널리 더하였고, 책이 완성된 뒤 상주해 올리니 문제가 보고 좋다고 하며 "이것은 영원히 사라지지 않을 것이라 할 만하다"라고 말했다. 그 표문에서 "(진)수의 책은 채록하여 서술한 것이 볼 만하나, 간략한 데에 결함이 있고 때로는 누락된 것도 있습니다. 제가 어명을 받들어 누락된 것은 찾고 간략한 것은 상세히 하여 두루 갖추는 데에 힘써, (진)수가 기재하지 않았으나 일을 마땅히 기록해야 하는 경우, 모두 취하지 않은 것이 없습니다. 혹은 한 가지 사건에 대해 같이 말하면서도 문장에 서로 어긋나고 뒤섞인 것이 있거나, 혹은 일이 나온 근거가 본래 달라서 의심스럽게 판별할 수 없는 것은 아울러 모두 적어 넣어 달리 전하는 내용들을 갖추었습니다"라고 말했다.[258] 이는 (배)송지가 주석을 지은 큰 뜻이 폭넓게 수집하여 (진)수가 빠뜨린 것을 보충하는 데에 있었다는 것이다. 오류나 어그러져 틀린 것이 있는 경우에는 자기의 뜻을 내어 올바르게 판별하여 주석 안에 붙였다. 이제 (배)송지가 인용한 책을 살펴보면, 모두 50여 종이다.[259] 사승

---

257) 裴松之(372~451) : 南朝 宋 河東郡 聞喜縣 사람으로 字는 世期이다. 東晉에 벼슬하여 殿中將軍・尙書祠部郎・司州主簿 등이 되었다. 劉宋시대 國子博士・中書侍郎 등을 역임하였다. 元嘉 6년(429) 어명을 받아 陳壽의 『三國志』를 주석하였다. 永嘉太守・太中大夫를 거쳤다. 저서에는 『晉紀』와 文集 등이 있으나 모두 散佚되었다. 淸代 黃奭과 湯球 등의 『晉紀』 輯本이 있다.

258) 『三國志』 裴松之의 「上三國志注表」, 1471면, "臣前被詔, 使采三國異同以注陳壽國志. 壽書銓敍可觀, 事多審正. 誠遊覽之苑囿, 近世之嘉史. 然失在于略, 時有所脫漏. 臣奉旨尋詳, 務在周悉. 上搜舊聞, 傍摭遺逸. 按三國雖歷年不遠, 而事關漢晉. 首尾所涉, 出入百載. 注記紛錯, 每多舛互. 其壽所不載, 事宜存錄者, 則罔不畢取以補其闕. 或同說一事而辭有乖雜, 或出事本異, 疑不能判, 並皆抄內以備異聞. 若乃紕繆顯然, 言不附理, 則隨違矯正以懲其妄. 其時事當否及壽之小失, 頗以愚意有所論辯. 自就撰集, 已垂期月. 寫校始訖, 謹封上呈."

259) **[王注]** 살펴보면, 열거한 書名이 이미 151종에 달하니, '凡(모두)'字는 응당 '百'字의 잘못이거나, 혹은 그 아래에 '百'字가 빠진 것이다. 기록에서 누락된 책도 많으니, 가령 顧愷之의 『啓蒙注』, 應劭의 『風俗通』, 王範의 『交廣二州春秋』 『晉中經簿』 『杜氏新書』 『吳質別傳』 『盧諶別傳』 『郭林宗傳』, 應璩의 『書林』, 山濤의 『啓事』 『潘岳集』 등으로 상세히 열거할 수 없다.

(謝承)의 『후한서(後漢書)』, 사마표(司馬彪)[260]의 『속한서(續漢書)』[261] 『구주춘추(九州春秋)』[262] 『전략(戰略)』 『서전(序傳)』, 장번(張璠)의 『한기(漢紀)』, 원위(袁暐)의 『헌제춘추(獻帝春秋)』, 손사광(孫思光)의 『헌제춘추』,[263] 원굉(袁宏)의 『한기』, 습착치(習鑿齒)의 『한진춘추(漢晉春秋)』, 공연(孔衍)[264]의 『한위춘추(漢魏春秋)』, 화교(華嶠)[265]의 『한서(漢書)』 『영제기(靈帝紀)』 『헌제기(獻帝紀)』 『헌제기거주(獻帝起居注)』 『산양공재기(山陽公載記)』 『삼보결록(三輔決錄)』[266] 『헌제전(獻帝傳)』 『한서(漢書)』 「지리지(地理志)」 『속한

---

260) 司馬彪(?~306?) : 晉의 宗室로 字는 紹統이며 司馬懿의 아우 司馬進의 손자이다. 女色을 좋아하고 행동이 방정맞아 아버지 司馬睦에게 질책당했다. 司馬懿의 아우 司馬敏의 양자가 된 후 사람들과 교유하지 않고 공부에만 힘쓰고 여러 책들을 널리 읽어보았으며 서적의 편집에 노력을 기울였다. 騎都尉・秘書郎・祕書丞・散騎侍郎을 역임하였다. 『莊子注』 『九州春秋』 『續漢書』를 지었다. 譙周의 『古史考』에 122事가 부당하다고 여겨 『汲冢紀年』을 참조하여 바로잡았다.

261) 『晉書』 卷82 「司馬彪傳」, 2141~2142면, "司馬彪字紹統, 高陽王睦之長子也. 出後宣帝弟敏. 少篤學不倦, 然好色薄行, 爲睦所責, …… 注莊子, 作九州春秋. …… 起于世祖, 終于孝獻, 編年二百, 錄世十二, 通綜上下, 旁貫庶事, 本紀、志、傳凡八十篇, 號曰續漢書."

262) 『九州春秋』 : 司馬彪가 지은 책으로 9卷이다. 後漢末 司州・冀州・徐州・兗州・荊州・揚州・梁州・益州・幽州 豪族들의 전쟁 등의 일을 기록하였다. 亡佚되었으나 清代 黃奭의 輯本 1冊이 『漢學堂叢書』로 간행되었다.

263) 【王注】 沈家本 『三國志注所引書目』 序에 이르길, "열거한 孫思光의 『獻帝春秋』의 경우, 「吳志」 「陸瑁傳」을 보면 廣陵 袁迪이 있고, 裴松之의 注에 이르길 '迪의 손자 曄은 자가 思光이었으며, 『獻帝春秋』를 지었다' 했다. 裴松之는 다른 권에서는 또 袁曄라 칭하고, 孫思光이라고 한 바는 없으니, 이는 필경 '爲迪之孫字思光'으로부터 어긋나 잘못에 이른 것이다. 게다가 『廿二史箚記』에서는 이미 袁曄의 『獻帝春秋』를 열거하였으니, 그 뜻은 마치 나누어 두 책이 있었던 듯하나, 孫思光이란 사람이 없는 것이다"라고 했다.

264) 孔衍(268~320) : 晉 魯國 사람으로 字는 舒元이며, 孔演이라고도 한다. 어려서 학문을 좋아하여 12살에 『詩經』과 『書經』에 통달하였다. 江東으로 피난하여 安東將軍 司馬睿의 參軍이 되었다. 元帝가 즉위한 후 庾亮과 함께 中書郎에 보임되었으며 太子中庶子를 겸하였다. 朝儀와 제도를 바로잡아 元帝와 明帝의 총애를 얻었다. 王敦이 정권을 잡은 후 廣陵太守로 좌천되었다.

265) 華嶠(?~293) : 西晉 平原郡 高唐縣 사람으로 字는 叔駿이다. 大將軍 司馬昭의 벽소로 掾屬이 되었으며, 尙書郎에 보임되었고, 晉 泰始初 散騎常侍・侍中을 역임하였다. 楊駿이 주살된 후 尙書・秘書監을 역임하였다. 『漢紀』를 改作하여 『漢後書』라 명명하였다. 文集이 있었으나 후에 대개 散佚되었다.

서(續漢書)』「군국지(郡國志)」, 채옹(蔡邕)[267]의 『명당론(明堂論)』『한말명사록(漢末名士錄)』『선현행장(先賢行狀)』『여남선현전(汝南先賢傳)』『진류기구전(陳留耆舊傳)』『영릉선현전(零陵先賢傳)』『초국선현전(楚國先賢傳)』, 순작(荀綽)[268]의 『기주기(冀州記)』[269] 『양양기(襄陽記)』『영웅기(英雄記)』, 왕침(王沈)[270]의 『위서(魏書)』,[271] 하후담(夏侯湛)[272]의 『위서』,[273] 음담(陰澹)의

266) [王注] 응당 『三輔決錄』 및 注라고 해야 한다.

267) 蔡邕(133~192): 後漢末 陳留郡 圉縣(지금의 河南省 杞縣) 사람으로 字는 伯喈이다. 詞章·術數·天文을 좋아하였으며, 音律에 능했다. 靈帝 때 司徒 橋玄에게 벽소되었고, 閬中·議郎 등을 역임하였다. 熹平 4년(175) 명을 받들어 五官中郎將 堂溪典, 光祿大夫 楊賜 등과 함께 六經을 교감하여 비석에 적어 太學門 밖에 세웠는데, 이를 熹平石經이라 한다. 후에 中常侍 程璜의 참소로 朔方에 유배되었다. 東觀에서 근무할 때 盧植·韓說 등과 함께 『後漢紀』를 보충하여 편찬하였는데 완성하지 못했다. 이를 上書하여 사면되어 本郡으로 돌아왔다. 다시 宦官들의 박해를 받아 江海로 십여 년간 망명하였다. 董卓이 정권을 잡은 후 祭酒·尙書·左中郎將을 역임하였다. 董卓이 주살된 후 司徒 王允에게 체포되어 옥중에서 사망하였다. 저서에는 『蔡中郎集』이 있는데, 散佚되었고, 후세 사람들의 輯本이 있다.

268) 荀綽: 十六國時代 潁川郡 潁陰縣 사람으로 字는 彦舒이다. 博學하고 재능이 있었다. 西晉 永嘉末 司空從事中郎이 되어 王浚을 섬겼다. 建興 2년(314) 石勒이 王浚을 살해하고 王浚의 부하들의 재산을 조사하였는데, 荀綽과 裴憲의 집에 소금과 米가 겨우 수십 斛밖에 없고 책 백여 帙만이 있었다. 參軍이 되어 後趙에서 현달하였으나 이를 치욕으로 생각하였다. 저서에는 『晉後略』『晉百官表注』가 있으며, 현재 輯本이 존재한다.

269) [王注] 沈家本 『三國志注所引書目』 序에 이르길, "荀綽의 『冀州紀』란 荀綽이 지은 『九州紀』의 하나인데, 裴松之가 또 인용한 『兗州記』 역시 그 하나이니, 이것은 마땅히 그 총서명을 열거하여야한다" 고 했다.

270) 王沈(?~266): 西晉 太原郡 晉陽縣(지금의 山西省 太原市 서남) 사람으로 字는 處道이다. 大將軍 曹爽의 벽소로 掾이 되었으며 中書門下侍郎이 되었으나 司馬懿가 曹爽을 죽인 후 免官되었다. 후에 복직하여 治書侍御史·侍中을 역임하였다. 荀顗·阮籍과 『魏書』를 함께 편찬하였다. 魏 高貴鄕公에게 글짓는 것을 강연하여 文籍先生이라 불렸다. 高貴鄕公이 司馬昭를 공격하려는 계획을 司馬昭에게 알려주어 安平侯에 봉해졌고 御史大夫·守尙書令을 역임하였다. 西晉 건국 후 驃騎將軍 錄尙書事가 되고 散騎常侍에 加官되었다.

271) 『晉書』 卷39 「王沈傳」, 1143면, "王沈字處道, 太原晉陽人也. …… 與荀顗、阮籍共撰魏書, 多爲時諱, 未若陳壽之實錄也."

272) 夏侯湛(243~291): 西晉 譙國 譙縣 사람으로 이름은 光姬, 小字는 銅环이다. 太尉掾·郎中·野王令·散騎常侍 등을 역임하였다. 論 30여 편을 저술하였다. 明代 張溥의 輯本 『夏侯常侍集』이 있다.

273) [王注] 沈家本 『三國志注所引書目』 序에 이르길, "또 夏侯湛의 『魏書』를 열거했

『위기(魏紀)』, 위(魏) 문제(文帝)의 『전론(典論)』, 손성(孫盛)[274]의 『위세적(魏世籍)』, 손성의 『위씨춘추(魏氏春秋)』 『위략(魏略)』 『위세보(魏世譜)』 『위무고사(魏武故事)』 『위명신주(魏名臣奏)』 『위말전(魏末傳)』, 오(吳)나라 사람의 『조만전(曹瞞傳)』, 어(魚)씨의 『전략(典略)』,[275] 왕은(王隱)의 『촉기(蜀記)』 『익부기구전(益部耆舊傳)』 『익부기구잡기(益部耆舊雜記)』 『화양국지(華陽國志)』[276] 『촉본기(蜀本紀)』 왕은(汪隱)의 『촉기』,[277] 제갈량(諸葛亮)의 다섯 가지 일에 대한 곽충(郭冲)의 기록, 곽반(郭頒)의 『위진세어(魏晉世語)』, 손성의 『촉세보(蜀世譜)』, 위요(韋曜)의 『오서(吳書)』, 호충(胡冲)의 『오력(吳曆)』, 장발(張勃)의 『오록(吳錄)』,[278] 우부(虞溥)[279]의 『강표전(江表傳)』 『오

는데, 裴松之의 注를 두루 살펴보면 이런 書名이 없다. 『晉書』「陳壽傳」을 살펴보면, 이르길 '魏·蜀·吳의 『三國志』를 찬술하자, 夏侯湛이 이때 『魏書』를 저술하고 있었는데, 陳壽의 저술한 바를 보고 곧 자기의 책을 없애고 그만두었다' 했다. 이는 夏侯湛의 책이 실은 이루어지지 않았다는 것인데, 趙氏(趙翼)는 어째서 이 목록을 헛되이 과장한 것인가"라고 했다.

274) 孫盛 : 晉 太原郡 中都縣(지금의 山西省 平遙 서남) 사람으로 字는 安國이다. 10살에 난을 피해 渡江하였다. 博學하고 조리 있게 말을 잘하였으며 醫卜과 『易象妙于見形論』을 지었다. 佐著作郎·瀏陽令·征西主簿·安西參軍 등을 역임하였다. 永和 3년(347) 桓溫의 成漢 정벌과 洛陽 수복에 종군하였으며 長沙太守로 전임되었다. 秘書監·給事中을 역임하였고, 72세에 죽었다. 저서에는 『晉陽秋』 『魏氏春秋』와 詩賦論難 수십 편이 있는데, 현재 다수 亡佚되었다.

275) 【王注】 살펴보건대, 杭世駿의 『諸史然疑』에 "『唐書』의 「藝文志」에는 魚豢에게 『魏略』 50卷이 있다고 하고, 아울러 『典略』이 있다고는 하지 않았는데, 『隋書』 「經籍志」에는 곧 『魏略』도 없다. 이 注에는 『魏略』을 인용하고, 다시 『典略』을 인용하였으나, 곧 한 책이니, 『太平御覽』에는 직접 『魏典略』이라고 칭하였다."고 했다. 杭世駿의 說이 심히 옳다. 그러나, 『隋書』 「經籍志」에는 『魏略』은 없지만, 『典略』 89卷은 있으며, 또한 『新唐書』 「藝文志」에는 魚豢의 『魏略』 50卷이라 했고, 『舊唐書』 「經籍志」에는 곧 魚豢의 『典略』 50卷이라고 했으니, 더욱 확증이 될 수 있다.

276) 『華陽國志』 : 晉의 常璩 撰. 본문 12卷과 부록 1권으로 晉 이전의 巴蜀 등 중국 서남의 역사, 지리를 체계적으로 서술하였다. 東漢 永和 3년까지의 기사를 포함하는 현존하는 最古의 地方志이다.

277) 【王注】 汪隱의 『蜀記』는 곧 王隱의 『蜀記』인데 중복하여 나오며, 아울러 '王'字를 '汪'으로 잘못하였다.

278) 『史記』 卷66 「伍子胥傳」, 2173~2174면, "張勃, 晉人, 吳鴻臚嚴之子也, 作吳錄, 裴氏注引之是也."

279) 虞溥(249?~310?) : 西晉 高平郡 昌邑縣(지금의 山東省 巨野縣) 사람으로 字는 允源

지(吳志)』, 환(環)씨[280]의 『오기(吳紀)』, 우예(虞預)[281]의 『회계전록(會稽典錄)』, 왕은(王隱)의 『교광기(交廣記)』, 왕은의 『진서(晉書)』,[282] 우예의 『진서』, 간보(干寶)[283]의 『진기(晉紀)』『진양추(晉陽秋)』, 부창(傅暢)[284]의 『진제공찬(晉諸公贊)』, 육기(陸機)[285]의 『진혜제기거주(晉惠帝起居注)』『진태시기거수(晉泰始起居注)』『진백관표(晉百官表)』『진백관명(晉百官名)』, 태강(太康) 3년의 『지리기(地理記)』『제왕세기(帝王世紀)』『하도괄지상(河圖括地象)』, 황보밀(皇甫謐)[286]의 『일사전(逸士傳)』과 『열녀전(列女傳)』, 장은(張隱)

이다. 孝廉으로 찰거되었으며, 郎中·尙書都令史·鄱陽內史를 역임하였다. 62세에 洛陽에서 죽었다. 저서에는 『江表傳』이 있다.

280) 여기서 環氏가 누군지 불분명하다. 단 『隋書』 經籍志와 『舊唐書』 經籍志에는 『吳紀』의 찬자로서 環濟가 기록되어 있다. 그러나 『吳紀』 권수에는 차이가 있다. (『隋書』 卷33 「經籍志」, 955면, "吳紀九卷. 晉太學博士環濟撰"; 『舊唐書』 卷46 「經籍志」, 1991면, "吳紀十卷. 環濟撰."

281) 虞預: 晉 會稽郡 餘姚縣 사람으로 字는 叔寧, 本名은 茂이다. 會稽太守 庾琛이 主簿로 삼았다. 후에 丞相行參軍 겸 記室이 되었고, 祕書丞·著作郎·散騎常侍 등을 역임하였다. 저서에는 『晉書』 40여 卷과 『會稽典錄』 20篇 등이 있는데, 현재 대개 散佚되었다.

282) 『晉書』: 晉朝의 本紀로, 宣帝에서 愍帝까지의 일을 기록하고 있다.

283) 干寶: 晉 新蔡郡(지금의 河南郡 新蔡縣) 사람으로 字는 令升이다. 어려서 학문에 정진했으며 여러 책들을 널리 읽었다. 佐著作郎이 되었으며, 東晉初 王導가 國史를 세우고 史官을 갖출 것을 건의하며 그를 추천하였다. 후에 집이 가난하여 山陰令이 되기를 청했으며 始安太守를 역임하였다. 王導의 청으로 司徒右長史가 되었고 散騎常侍를 역임하였다. 저서에는 『晉紀』 20卷과 『搜神記』 『春秋左氏義外傳』 『干寶集』이 있으며 『周易』과 『周官』 수십 편을 주석하였다.

284) 傅暢(?~330): 西晉 北地郡 泥陽縣 사람으로 字는 世道이다. 永嘉 5년 閻鼎에게 秦王 司馬業을 받들어 長安을 근거로 四方에 호령할 것을 권하였다. 후에 石勒 휘하에서 大將軍右司馬가 되었다. 朝儀에 밝아 石勒이 중히 여겼다. 저서에는 『晉諸公敍讚』 『公卿故事』 등이 있다.

285) 陸機(261~303): 西晉 吳郡 吳縣 華亭 사람으로 字는 士衡이며, 吳 丞相 陸遜의 손자, 大司馬 陸抗의 아들이다. 陸抗이 죽은 후 아버지의 兵을 거느리고 牙門將이 되었고, 吳가 망한 후 鄕里로 돌아가 10년 동안 학문에 힘썼다. 太康末 아우 陸雲과 함께 洛陽에 가서 文才를 뽐내 二陸으로 칭해졌다. 太子洗馬·著作郎·相國參軍·中書郎·平原內史 등을 역임하였다. 후에 成都王 司馬穎의 총신 孟玖 등의 참소로 살해되었다. 저서에는 『辯亡論』 『豪士賦』 『五等論』 등이 있으며, 후인들이 『陸士衡集』을 輯補하였다.

286) 皇甫謐: 晉 安定 朝那 사람으로, 字는 士安이고, 幼名은 靜이다. 漢 太尉 皇甫嵩의 曾孫이다. 『晉書』 卷51에 「皇甫謐傳」이 있다.

의 『문사전(文士傳)』, 우희(虞喜)[287]의 『지림(志林)』, 육(陸)씨의 『이림(異林)』, 순욱(荀勖)의 『문장서록(文章敍錄)』 『문장지(文章志)』 『이물지(異物志)』 『박물기(博物記)』,[288] 『열이전(列異傳)』 『고사전(高士傳)』 『문사전(文士傳)』,[289] 손성의 『잡어(雜語)』, 손성의 『잡기(雜記)』, 손성의 『이동평(異同評)』,[290] 서중(徐衆)의 『삼국평(三國評)』 『원자(袁子)』 『부자(傅子)』, 간보의 『수신기(搜神記)』, 갈홍(葛洪)[291]의 『포박자(抱朴子)』,[292] 갈홍의 『신선전(神仙傳)』, 위항(衛恒)의 『서세서(書勢序)』,[293] 장엄(張儼)의 『묵기(默記)』, 은기(殷基)의 『통어(通語)』, 고례(顧禮)의 『통어』,[294] 지우(摯虞)[295]의 『결의(決

287) 虞喜(249?~310) : 西晉 會稽郡 餘姚縣 사람으로 字는 仲寧이다. 惠帝·懷帝부터 成帝 때까지 누차 벽소되었으나 벼슬하지 않았다. 穆帝 때 朝廷에 大儀가 있어 사신을 파견해 자문을 구하였다. 經傳에 몰두하였고 讖緯에도 밝았다. 『安天論』을 지어 渾天說과 蓋天說을 비난하였다. 또 『志林』 30篇을 저술하였다.

288) **[王注]** 張華의 『博物志』는 『博物記』라 하면 마땅치 않다. 「진의 張華(232~300) 撰. 10권으로 과학기술서적이다.

289) **[王注]** 이미 張隱(배송지의 注에는 또 '騭'로 썼다)이 지은 바라고 표명하였으므로, 다시 『文士傳』을 쓴 것은 마땅하지 않다.

290) **[王注]** 沈家本 『三國志注所引書目』 序에 이르길, "孫盛의 『雜記』는 마땅히 곧 孫盛의 『異同雜語』인데 또 『異同評』이라고 칭한다" 했다.

291) 葛洪(283~343 혹은 363) : 東晉 丹陽郡 句容縣 사람으로 字는 稚川, 號는 抱朴子이다. 神仙術을 좋아하였으며 鄭隱에게 煉丹術을 배웠다. 司馬睿가 丞相이 된 후 掾으로 벽소하였고, 石冰을 토벌한 공으로 關內侯가 되었다. 저서에는 『抱朴子』 『神仙傳』 『肘後備急方』 등이 있다.

292) 『抱朴子』 : 「內篇」 20卷, 「外篇」 50卷으로 구성되어 있다. 「內篇」에는 고래의 道敎思想이 체계적으로 논술되어 있고, 「外篇」에는 儒家의 言論을 수집하였다. 吳부터 晉初까지의 강남의 상황을 반영하고 있다.

293) **[王注]** 마땅히 『四體書勢序』라고 해야 한다.

294) **[王注]** 沈家本 『三國志注所引書目』 序에 이르길, "또 顧禮의 『通語』를 들었는데, 「吳志」 「顧邵傳」을 살펴보면 雲陽 殷禮가 있으며, 벼슬이 零陵太守였는데, 裴松之의 注에 '禮의 아들 基가 『通語』를 지었다' 했다. 그런데, 인용한 『通語』는 곧 그 아버지 禮의 일로 기록한 것이다. 『隋書』 「經籍志」의 『通語』는 殷興이 찬술한 것으로 되어 있고, 『舊唐書』 志는 文禮가 찬술하고 殷興이 뒤를 이었다고 했는데, 비록 모두 裴松之의 注에서 말한 바와 괴리가 있지만, 따로 顧禮라는 사람은 없으니, 이는 아마도 殷禮가 「顧邵傳」에 부가되어 보임으로 잘못에 이른 것일진저"라고 했다.

295) 摯虞 : 晉 京兆 長安人으로 字는 仲治이다. 그 아버지인 摯模은 魏 太僕卿이었다. 摯虞는 어려서 皇甫謐을 섬겼으며, 학문에 재주가 있어 두루 통하였고, 著述에 힘썼다. 『晉書』 卷51에 「摯虞傳」이 있다.

疑)』[296] 『조공집(曹公集)』 『공융집(孔融集)』 『부함집(傅咸集)』 『혜강집(嵇康集)』 『고귀향공집(高貴鄕公集)』 『제갈량집(諸葛亮集)』 『왕랑집(王朗集)』, 유천(庾闡)[297]의 『양도부(揚都賦)』 『공씨보(孔氏譜)』 『유씨보(庾氏譜)』 『손씨보(孫氏譜)』 『혜씨보(嵇氏譜)』 『유씨보(劉氏譜)』 『왕씨보(王氏譜)』 『곽씨보(郭氏譜)』 『진씨보(陳氏譜)』 『제갈씨보(諸葛氏譜)』 『최씨보(崔氏譜)』, 화교의 『보서(譜敍)』 『원씨세기(袁氏世紀)』 『정현별전(鄭玄別傳)』 『순욱별전(荀彧別傳)』 『녜형전(禰衡傳)』 『순씨가전(荀氏家傳)』 『병원별전(邴原別傳)』 『정효별전(程曉別傳)』 『왕필전(王弼傳)』[298] 『손자별전(孫資別傳)』 『조지별전(曹志別傳)』 『진사왕전(陳思王傳)』[299] 『왕랑가전(王朗家傳)』 『하씨가전(何氏家傳)』 『배씨가기(裴氏家記)』 『유이별전(劉廙別傳)』 『임소별전(任昭別傳)』[300] 『종회모전(鍾會母傳)』 『우번별전(虞翻別傳)』 『조운별전(趙雲別傳)』 『비위별전(費禕別傳)』 『화타별전(華佗別傳)』 『관로별전(管輅別傳)』 『제갈각별전(諸葛恪別傳)』, 하소(何劭)가 지은 『왕필전』, 무습(繆襲)이 지은 『중장통창언표(仲長統昌言表)』, 부현(傅玄)[301]이 지은 『마선생서(馬先生序)』, 회계(會稽)의 『소씨가전(邵氏家傳)』, 육기가 지은 『고담전(顧譚傳)』 『육씨세송(陸氏世頌)』 『육씨사당상찬(陸氏祠堂像贊)』, 육기가 지은 바인 『육손명(陸遜銘)』 『기운별전(機雲別傳)』, 장

296) [王注] 응당 『決疑要注』라 해야 한다.

297) 庾闡 : 晉 潁川郡 鄢陵縣 사람으로 字는 仲初이다. 외삼촌 孫氏를 따라 江南으로 갔으나 項城에 있던 어머니는 石勒에게 있게 되니, 드디어 결혼과 벼슬을 단념하고 술과 고기를 끊었다. 후에 太宰掾・尙書郎・司空參軍・彭城內史・散騎常侍・零陵太守・給事中 등을 역임하였다. 『揚都賦』를 지었다.

298) [王注] 『王弼傳』은 이미 何劭가 지은 바라고 언급하였으니, 다시 중복하여 나오는 것은 마땅하지 않다.

299) [王注] 『陳思王傳』은 「魏志」 「王粲傳」의 注에 보이며, 곧 「魏志」의 傳을 가리키는 것이니 이 책이 따로 있는 것은 아니다.

300) [王注] 任嘏의 字는 昭先이며, 「魏志」 「王昶傳」 注에 그 別傳을 인용하였으니, 『任昭別傳』이라고 쓰는 것은 마땅하지 않다.

301) 傅玄(217~278) : 西晉 北地郡 泥陽縣(지금의 陝西省 耀縣) 사람으로 字는 休奕이다. 어려서 고아가 되어 가난했으나 박학다식하였고 글짓기에 능했다. 著作郎이 되어 『魏書』를 撰集하였다. 弘農太守 領典農校尉, 散騎常侍・侍中・御史中丞・太僕・司隷校尉 등을 역임하였다. 저서에는 『傅子』와 文集 백여 권이 있었다.

제(蔣濟)의 『만기론(萬機論)』, 육기의 『변망론(辨亡論)』[302] 등이다. 무릇 이 인용된 책들은 모두 주석에 책 이름이 나와 있어 그 채집의 광범위함을 볼 수 있다. 범엽이 『후한서』를 지을 때에도 (배)송지가 인용한 각 책들은 여전히 세상에 남아 있었을 것이므로 진수의 『삼국지』가 기재하지 않은 바를 보충하는 바가 있었다고 생각한다. 지금 각 책들 사이에 흘러 전하고 있는 것은 이미 10분의 1에도 미치지 못하니, 진수 및 배송지, 범엽 등이 당시에 이미 모두 그 책들을 읽어보고, 그 취하지 않은 것에는 반드시 나름대로 의견이 있었기 때문이며, 이제 도리어 우연히 흘러 전한 한두 가지 판본에 근거해서 진수 등의 책을 반박하는 것은 대부분 그 분수를 알지 못함을 보이는 것이다.

302) 『辯亡論』: 上·下 2篇으로 구성되어 있으며, 吳의 패망 원인을 서술하고 있다. 『文選』 卷53에 기재되어 있다.

권7

95. 한나라에서 옛 아홉 주를 다시 두다漢復古九州

『후한서(後漢書)』에는 건안(建安) 18년(213)에 「우공(禹貢)」에 나오는 아홉 주(州)를 다시 두었다고 되어 있다.[1] 「위지(魏志)」에서도 또한 이 해에 열네 개 주를 합쳐 아홉 개 주로 하라는 조서가 내렸다고 기록했다.[2] 『헌제춘추(獻帝春秋)』에는 유주(幽州), 병주(幷州)를 없애 기주(冀州)에 편입시키고, 사예교위(司隷校尉)와 양주(涼州)를 없애 옹주(雍州)에 편입시켜, 이에 연(兗), 예(豫), 청(靑), 서(徐), 형(荊), 양(揚), 기(冀), 익(益), 옹(雍)의 아홉 개 주가 있게 되었다고 했다.[3] 「순욱전(荀彧傳)」을 살펴보면, 건안 9년(213)에

1) 『後漢書』 卷9 「孝獻帝紀」, 387면, "十八年春正月庚寅, 復禹貢九州."

2) 『三國志』 「魏書」 卷1 「武帝紀」, 37면, "十八年春正月, 進軍濡須口, 攻破權江西營, 獲權都督公孫陽, 乃引軍還. 詔書幷十四州, 復爲九州."

어떤 이가 조조(曹操)에게 옛 아홉 주를 마땅히 되살려야 하며, 그러면 곧 기주가 통제하는 영역이 넓어지게 된다고 설득하였다. (순)욱(荀彧)은 "만약 이와 같이 하면 기주로서는 마땅히 하동(河東), 풍익(馮翊), 부풍(扶風), 서하(西河), 유주, 병주의 땅을 얻게 되어 탈취하는 바가 많아지지만 관우(關右)[4]의 여러 장수들은 반드시 차례로 (그 땅을) 빼앗길 것이라 말하며 사람마다 스스로 보존하려고 할 것이므로, 아마 천하를 도모하기가 쉽지 않을 것입니다"라고 말했으며, (조)조는 이에 구주에 관한 논의를 그만두었다.[5] 이때에 이르러 다시 그것을 복원했는데, 아마도 이때 유주, 병주 및 관중(關中)의 여러 군국(郡國)이 이미 평정되어 (조)조가 스스로 본거지를 확장시켜 그로써 모두 장래 왕기(王畿)의 땅으로 삼고자 했기 때문일 것이다. 이 해 전에 이미 탕음(蕩陰), 조가(朝歌), 임려(林慮), 위국(衛國), 돈구(頓邱), 동무양(東武陽), 발간(發干), 영도(廮陶), 곡주(曲周), 남화(南和), 임성(任城), 양국(襄國), 한단(邯鄲), 역양(易陽)을 떼어 위군(魏郡)에다 더했으며,[6] 이 해에 또 기주의 하동, 하내(河內), 위군, 조국(趙國), 중산(中山), 상산(常山), 거록(鉅鹿), 안평(安平), 감릉(甘陵), 평원(平原) 10개의 군으로 (조)조를 위공

3) 『後漢書』 卷9 「孝獻帝紀」, 387면, "獻帝春秋曰 : '時省幽、幷州, 以其郡國幷於冀州; 省司隷校尉及涼州, 以其郡國幷爲雍州; 省交州, 幷荊州、益州. 於是有兗、豫、靑、徐、荊、楊、冀、益、雍也'. 九數雖同, 而禹貢無益州有梁州, 然梁、益亦一地也."

4) 關右 : 關中이라고 하며 지금의 陝西省 關中平原 일대를 지칭한다.

5) 『三國志』 「魏書」 卷10 「荀彧傳」, 315면, "九年, 太祖拔鄴, 領冀州牧. 或說太祖 '宜復古置九州, 則冀州所制者廣大, 天下服矣.' 太祖將從之, 彧言曰 : '若是, 則冀州當得河東、馮翊、扶風、西河、幽、幷之地, 所奪者衆. 前日公破袁尙, 禽審配, 海內震駭, 必人人自恐不得保其土地, 守其兵衆也; 今使分屬冀州, 將皆動心. 且人多說關右諸將以閉關之計; 今聞此, 以爲必以次見奪. 一旦生變, 雖有守善者, 轉相脅爲非, 則袁尙得寬其死, 而袁譚懷貳, 劉表遂保江、漢之間, 天下未易圖也. 願公急引兵先定河北, 然後修復舊京, 南臨荊州, 責貢之不入, 則天下咸知公意, 人人自安. 天下大定, 乃議古制, 此社稷長久之利也.' 太祖遂寢九州議."

6) 『三國志』 「魏書」 卷1 「武帝紀」, 36면, "十七年春正月, 公還鄴. 天子命公贊拜不名, 入朝不趨, 劍履上殿, 如蕭何故事. 馬超餘衆梁興等屯藍田, 使夏侯淵擊平之. 割河內之蕩陰、朝歌、林慮, 東郡之衛國、頓丘、東武陽、發干, 鉅鹿之廮陶、曲周、南和, 廣平之任城, 趙之襄國、邯鄲、易陽以益魏郡."

(魏公)으로 봉한 것을 보면,[7] 아홉 주의 복원은 바로 선대지(禪代地[8])를 만든 것임을 알 수 있다.

96. 관우와 장비의 용맹關張之勇

한(漢)나라 이후로 용맹하다고 칭하는 자는 반드시 관우(關羽[9])와 장비(張飛)[10]를 든다. 그런 (용맹이) 두 사람의 열전에 보이는 게 있다. 원소(袁紹)가 안량(顏良)을 보내 백마(白馬)에서 유연(劉延)을 공격하게 하자, 조조(曹操)는 장요(張遼)[11]와 관우에게 (유)연을 구하게 했고, (관)우는 (안)량의

---

7) 『三國志』「魏書」 卷1 「武帝紀」, 38~39면, "今以冀州之河東·河內·魏郡·趙國·中山·常山·鉅鹿·安平·甘陵·平原凡十郡, 封君爲魏公."

8) 禪代地 : 禪代는 선양과 거의 같은 뜻이다. 禪代地는 權臣들이 찬탈하기 전에 公이나 王으로 봉해질 때의 封國을 뜻한다. 여기서는 魏郡등 11郡으로 만든 魏王國을 뜻한다.

9) 關羽(?~220) : 河東郡 解縣(지금의 山西省 臨猗縣) 사람으로 字는 雲長이며, 本字는 長生이다. 後漢末 涿郡으로 亡命했으며, 張飛와 함께 劉備를 따라 기병하였다. 建安 5년(200) 曹操가 劉備를 격파한 뒤 조조의 포로가 되었으며, 曹操를 따라 袁紹軍을 격파하고 大將 顏良을 죽여 漢壽亭侯가 되었다. 후에 劉備에게 돌아갔으며, 赤壁大戰에서 승리한 劉備가 江南 여러 郡을 점령한 후 襄陽太守, 蕩寇將軍이 되었다. 劉備가 益州를 공략하면서 그에게 荊州를 鎭守하게 하였다. 建安 24년(219) 前將軍이 되고 曹操의 장수 曹仁을 樊城(지금의 湖北省 襄樊市)에서 포위하였고, 于禁을 사로잡고 龐德을 참하였다. 吳가 이 기회를 이용해 江陵을 습격하여 점령한 뒤, 麥城(지금의 湖北省 當陽縣 동남)으로 패주하여 아들 關平과 함께 사로잡혀 죽었다. 시호는 壯繆侯이다.

10) 張飛(?~221) : 涿郡 사람으로 字는 益德이다. 젊어서 關羽와 함께 劉備를 좇아 起兵하였으며 關羽와 함께 만인을 상대할 수 있다는 평을 얻었다. 曹操가 荊州로 쳐들어와서 劉備가 남쪽으로 달아날 때 長阪에서 20騎를 이끌고 막으니 감히 접근하는 자가 없었다. 후에 宜都太守, 征虜將軍이 되었고, 劉備가 益州를 공격할 때 諸葛亮과 長江상류를 거슬러 올라가 江州(지금의 重慶市)를 점령하고 巴郡太守 嚴顔을 사로잡았다. 益州가 평정된 후 領巴西太守가 되었다. 曹操의 장수 張郃이 三巴를 공격하자 精兵 1만여 명을 이끌고 대파하였다. 章武 元年(221) 劉備가 稱帝하자 車騎將軍 西鄕侯가 되었다. 劉備가 吳를 공격할 때 閬中에서 군대를 모아 합류하려 하였으나 部將에게 살해되었다. 시호는 桓侯이다.

11) 張遼(169~222) : 雁門郡 馬邑縣(지금의 山西省 朔州) 사람으로 本姓은 聶, 字는 文

깃발과 수레를 바라보고는 바로 말을 채찍질하여 만인 가운데에서 (안)량을 찌르고 그 머리를 베어 돌아왔는데, (원)소의 장수 가운데에는 (관우를) 당할 수 있는 사람이 없었다.[12] 당양(當陽)의 싸움에서 선주(先主, 곧 유비)는 처자를 버리고 도망가면서 장비에게 기병 20명을 통솔하여 뒤를 막도록 하였는데, (장)비가 물에 의지해 다리를 끊고는 눈을 부릅뜬 채 창을 비껴들고 "이 몸은 장익덕(張益德)이다. 와서 함께 생사를 결판짓자구나!"라고 외치니 적들이 모두 감히 가까이 오는 자가 없었다.[13] 두 사람의 용맹함이 전기에 드러난 것은 이에 그치지만, 당시 그 위명(威名)에 떨지 않는 자가 없었다. 위(魏)나라의 정욱(程昱)[14]은 "유비는 영웅의 명성이 있고, 관우와 장비는 모두 만인을 대적할 수 있습니다"라고 말했다[趙注 : 「위지(魏志)」「정욱전(程昱傳)」].[15] 유엽(劉曄)[16]은 조조에게 한중(漢中)을 취한 기세를 타

遠이다. 何進·董卓·呂布 등을 거쳐 曹操를 섬겼다. 각종 전쟁에서 공을 세웠으며 특히 吳로부터 淮南을 방어하였다. 魏文帝가 즉위한 후 前將軍이 되었으며, 黃初 3년(222) 大將軍 曹休와 함께 吳의 呂範軍을 격파하였다. 후에 江都에서 병사하였다.

12) 『三國志』「蜀書」卷36「關羽傳」, 939면, "建安五年, 曹公東征, 先主奔袁紹. 曹公禽羽以歸, 拜爲偏將軍, 禮之甚厚. 紹遣大將顔良攻東郡太守劉延於白馬, 曹公使張遼及羽爲先鋒擊之. 羽望見良麾蓋, 策馬刺良於萬衆之中, 斬其首還, 紹諸將莫能當者, 遂解白馬圍. 曹公卽表封羽爲漢壽亭侯."

13) 『三國志』「蜀書」卷36「張飛傳」, 943면, "張飛字益德, 郡人也, 少與關羽俱事先主. ……(劉)表卒, 曹公入荊州, 先主奔江南. 曹公追之, 一日一夜, 及於當陽之長阪. 先主聞曹公卒至, 棄妻子走, 使飛將二十騎拒後. 飛據水斷橋, 瞋目橫矛曰 : '身是張益德也, 可來共決死!' 敵皆無敢近者, 故遂得免."

14) 程昱 : 東郡 東阿縣(지금의 山東省 陽谷縣 동북) 사람으로 字는 仲德이다. 曹操의 벽소로 壽張令이 되었다. 興平 元年(194) 張邈과 陳宮이 呂布를 兗州로 맞이할 때 荀彧과 함께 甄·東亞·范 3城을 잘 지켜 東平相이 되었다. 建安 元年(196) 荀彧과 함께 曹操에게 獻帝를 맞이할 것을 권했다. 尙書를 거쳐 東中郎將 領濟陰太守가 되었고, 袁譚·袁尙을 토벌하였으며, 建安 16년(211) 曹操가 馬超를 정벌하러 갔을 때 曹丕의 留守를 도우며 河間民 田銀 등의 반란을 평정했다. 魏文帝가 즉위한 후 衛尉安鄕侯가 되었다.

15) 『三國志』「魏書」卷14「程昱傳」, 428~429면, "論者以爲孫權必殺備, 昱料之曰 : '孫權新在位, 未爲海內所憚. 曹公無敵於天下, 初擧荊州, 威震江表, 權雖有謀, 不能獨當也. 劉備有英名, 關羽、張飛皆萬人敵也, 權必資之以禦我. 難解勢分, 備資以成, 又不可得而殺也.' 權果多與備兵, 以禦太祖."

16) 劉曄(?~234) : 淮南郡 成悳縣(지금의 安徽省 壽縣 동남) 사람으로 字는 子揚이며, 漢

고 나아가 촉(蜀)을 취하도록 권하며 "만약 조금이라도 늦추면, 제갈량(諸葛亮)은 치국에 밝아 재상이 되고, 관우와 장비는 용맹하게 삼군(三軍)을 거느려 장수가 될 터이니, 곧 범할 수 없게 될 것입니다"라고 말했다[趙注 : 「위지」 「유엽전(劉曄傳)」].[17] 이는 위나라 사람이 그 용맹에 감복한 것이다. 주유(周瑜)[18]는 은밀히 손권(孫權)에게 상소를 올려 "유비는 효웅(梟雄)의 풍채이며 관우와 장비라는 곰, 호랑이 같은 장수가 있으니, 반드시 오래도록 굽혀 남에게 쓰일 사람이 아닙니다"라고 말했다[趙注 : 「오지(吳志)」 「주유전(周瑜傳)」].[19] 이는 오(吳)나라 사람들이 그 용맹에 감복한 것이다.

그 뿐만이 아니라, 진(晉)의 유하(劉遐)[20]가 매번 적을 공격할 때마다 견

宗室의 후예이다. 後漢末 피난하여 부곡을 이끌고 廬江太守 劉勛을 좇았다. 劉勛이 패한 후 曹操에게 귀의하여 司空倉曹掾이 되었다. 建安 20년(215) 張魯토벌에 종군하여 行軍長史兼領軍이 되었다. 魏 黃初 元年(220) 侍中이 되었고, 明帝 때 太中大夫가 되었다. 明帝의 의심을 사서 신임을 잃어 大鴻臚로 좌천되었고, 근심으로 죽었다.

17) 『三國志』 「魏書」 卷14 「劉曄傳」, 445면, "魯奔走, 漢中遂平. 曄進曰 : '明公以步卒五千, 將誅董卓, 北破袁紹, 南征劉表, 九州百郡, 十幷其八, 威震天下, 勢慴海外. 今擧漢中, 蜀人望風, 破膽失守, 推此而前, 蜀可傳檄而定. 劉備, 人傑也, 有度而遲, 得蜀日淺, 蜀人未恃也. 今破漢中, 蜀人震恐, 其勢自傾. 以公之神明, 因其傾而壓之, 無不克也. 若小緩之, 諸葛亮明於治而爲相, 關羽、張飛勇冠三軍而爲將, 蜀民旣定, 據險守要, 則不可犯矣. 今不取, 必爲後憂.' 太祖不從, 大軍遂還."

18) 周瑜(175~210) : 廬江郡 舒縣(지금의 安徽省 廬江 서남) 사람으로 字는 公瑾이다. 젊어서 孫策과 친했으며 병사들을 이끌고 孫策을 도와 江東을 평정하여 建威中郎將이 되었다. 孫策이 荊州를 취하려 하여 中護軍 領江夏太守로 삼았으며 皖을 공격하여 점령하였다. 孫策이 죽은 후 張昭와 함께 孫權을 보필하였다. 建安 13년(208) 前部大督이 되어 曹操의 군대를 적벽에서 대파하고 南郡으로 진군하여 曹操의 장수 曹仁을 夷陵에서 격파하였다. 偏將軍 領南郡太守가 되어 江陵에 주둔하였다. 蜀을 취하려고 계획하였으나 巴丘에서 죽었다.

19) 『三國志』 「吳書」 卷54 「周瑜傳」, 1264면, "備詣京見權, 瑜上疏曰 : '劉備以梟雄之姿, 而有關羽、張飛熊虎之將, 必非久屈爲人用者. 愚謂大計宜徙備置吳, 盛爲築宮室, 多其美女玩好, 以娛其耳目, 分此二人, 各置一方, 使如瑜者得挾與攻戰, 大事可定也. 今猥割土地以資業之, 聚此三人, 俱在疆場, 恐蛟龍得雲雨, 終非池中物也'."

20) 劉遐(?~326) : 廣平郡 易陽縣(지금의 河北省 永年 동남) 사람으로 字는 正長이다. 永嘉의 난 때 塢主가 되어 전투 때마다 壯士들을 이끌고 무용을 과시하였다. 사신을 보내 丞相 司馬睿의 지휘를 받았으며 龍驤將軍 平原內史가 되었다. 太興 元年(314) 周撫가 彭城에서 반란을 일으키자, 詔書를 받아 領彭城內史로 泰山太守 徐龕과 함께 반란을 토벌한 후 臨淮太守가 되었다. 徐龕이 상이 충분하지 못함에 불만을 품고

고한 성을 함락시키고 날카로운 공격을 꺾으니 기주(冀州) 지방에서는 그를 관우, 장비와 비교하였다[趙注 : 『진서(晉書)』「유하전(劉遐傳)」].[21] 부진(苻秦, 곧 부씨(苻氏)의 전진(前秦))에서 염부(閻負), 양수(梁殊)를 장현정(張玄靚)에게 사신으로 보내 본국 장수를 자랑하면서 왕비(王飛),[22] 등강(鄧羌[23])이라는 자들이 있는데 관우, 장비와 같은 사람들로서 만 명을 대적할 수 있다고 했다.[24] 독발녹단(禿髮傉檀)이 송창(宋敞[25])에게 인재를 구하자, (송)창이 "양숭(梁崧), 조창(趙昌)은 무예가 (관)우, (장)비와 같습니다"라고 말했다.[26] 이상(李庠)은 근력이 다른 사람보다 뛰어났는데, 조흠(趙廞)이 그를 중히 여

반란을 일으키자 그를 토벌하여 兗州刺史가 되었다. 王敦의 반란 때는 조서를 받들어 建康을 지켰으며, 王敦의 장수 沈充과 王敦의 형 王含을 잇달아 격파하였다. 泉陵公에 봉해졌으며, 徐州刺史가 되어 淮陰에 주둔하였다.

21) 『晉書』 卷81 「劉遐傳」, 2130면, "劉遐字正長, 廣平易陽人也. 性果毅, 便弓馬, 開豁勇壯. 値天下大亂, 遐爲塢主, 每擊賊, 率壯士陷堅摧鋒, 冀方比之張飛、關羽."

22) 본문에는 '王飛'를 인명인 것처럼 서술하였으나, 이는 『晉書』 卷112 「苻生載記」, 2875면의 '前將軍、新興王飛'를 잘못 읽은 것이다. 같은 책 2876면에 "(苻)生遣其前將軍苻飛距晉. 建節鄧羌距燕"라 했으니, 마땅히 '苻飛'라고 해야 옳을 것이다.

23) 鄧羌 : 十六國 시기 安定郡(지금의 甘肅省 涇川) 사람이다. 前秦 苻生 때 建節將軍이 되었으며 후에 咸陽太守가 되었다. 苻堅 때 張平을 토벌하여 前鋒都督이 되었다. 성격이 강직하여 御史中丞 때 王猛과 힘을 합쳐 貴戚豪强들을 억제하였다. 建元 6년(370) 王猛의 前燕 정벌에 종군하여 慕容評軍을 대파하여 결국 前燕을 멸망시켰다. 이 공으로 使持節 征虜將軍 安定太守 眞定郡侯가 되었다. 建元 12년(376) 苻洛 휘하에서 종군하여 代를 멸하여 幷州刺史가 되었다.

24) 『晉書』 卷112 「苻生載記」, 2873~2875면, "生聞張祚見殺, 玄靚幼沖, 命其征東苻柳參軍閻負、梁殊使涼州, 以書喩之. 負、殊至姑臧, 玄靚年幼, 不見殊等. ……(涼州牧張瓘)曰 : '秦據漢舊都, 地兼將相, 文武輔臣, 領袖一時者誰也?' 負、殊曰 : '皇室懿藩, 忠若公旦者, 則大司馬、武都王安, 征東大將軍、晉王柳'; …… 驍勇多權略, 攻必取, 戰必勝, 關張之流, 萬人之敵者, 則前將軍、新興王飛, 建節將軍鄧羌, 立忠將軍彭越, 安遠將軍范俱難, 建武將軍徐盛 …….'"

25) 【王注】 살펴보면, 『晉書』 卷126 「禿髮傉檀載記」에 '宗敞'이라 쓰고 있으니, '宋'자는 잘못이다. 또 『魏書』 卷52와 『北史』 卷34에 「索敞傳」이 있는데, 곧 이 사람인 듯하니, 그런 즉, '宗'은 응당 '索'자의 잘못이라 하겠다.

26) 梁崧、趙昌 두 사람 외에 張穆、邊憲、文齊、楊班도 같이 열거하고 있다. 곧, 『晉書』 卷126 「禿髮傉檀載記」, 3149면, "敞曰 : '涼土雖弊, 形勝之地, 道由人弘, 實在殿下. 段懿、孟禕, 武威之宿望; 辛晁、彭敏, 秦隴之冠冕; 裴敏、馬輔, 中州之令族; 張昶, 涼國之舊胤; 張穆、邊憲、文齊、楊班、梁崧、趙昌, 武同飛羽. 以大王之神略, 撫之以威信, 農戰並修, 文教兼設, 可以從橫於天下, 河右豈足定乎!'"

겨 "이현서(李玄序)는 오늘날의 관(우), 장(비)이다"라고 말했다[趙注 : 모두 『진서』 재기(載記)에 있다].[27] 송(宋)의 설동(薛彤)과 고진지(高進之)는 모두 용맹과 힘을 가지고 있어 당시 사람들이 그를 관우, 장비에 견주었다[趙注 : 『송서(宋書)』 「단도제전(檀道濟傳)」].[28] 노상(魯爽)이 반란을 일으키자, 심경지(沈慶之)는 설안도(薛安都)[29]에게 그를 공격하게 하였는데, (설)안도가 (노)상을 바라보다 곧장 말을 달려 크게 소리 지르며 바로 그를 찌르니, (노상이) 응수하였으나 거꾸러졌으며, 당시 사람들은 관우가 안량을 벤 것이 이보다 더하지 않았을 것이라고 하였다[趙注 : 『남사(南史)』 「설안도전(薛安都傳)」].[30] 제(齊)의 원력생(垣歷生)은 주먹과 용기가 유달리 뛰어났는데, 당시 사람들이 그를 관우, 장비에 견주었다[趙注 : 『남사(南史)』 「문혜태자전(文惠太子傳)」].[31] (북)위(北魏)의 양대안(楊大眼)[32]은 용맹하고 과감하여, 세상에서 관(우), 장(비)가 그보다 낫지 않을

---

27) 玄序는 李庠의 字이다. 『晉書』 卷120 「李庠載記」, 3031면, "李庠字玄序, 特第三弟也. 少以烈氣聞. …… 至蜀, 趙廞深器之, 與論兵法, 無不稱善, 每謂所親曰 : '李玄序蓋亦一時之關張也'."

28) 『宋書』 卷43 「檀道濟傳」, 1344면, "薛彤、進之並道濟腹心, 有勇力, 時以比張飛、關羽."

29) 薛安都(410~469) : 北朝 河東郡 汾陰縣(지금의 山西省 萬榮縣 서남) 사람으로 字는 休達이다. 北魏에 벼슬하여 雍州와 秦州의 都統이 되었다. 太平眞君 5년(444) 北魏에 모반할 것을 모의하다 일이 누설되어 劉宋으로 달아났다. 元嘉 27년(450) 文帝의 北伐 때 柳元景의 명령으로 陝을 공격하여 점령하였다. 孝建 元年(454) 南郡王 劉義宣의 반란 때 魯爽을 죽이고 반군을 격파한 공으로 侯가 되었으며 太子左衛率이 되었다. 前廢帝 때 벼슬이 平北將軍, 徐州刺史에 이르렀다. 太始 2년(466) 晉安王 劉子勛이 稱帝할 때 冀州刺史 崔道固 등과 함께 이에 호응하였으나, 劉子勛이 패하자 다시 北魏에 항복하였으며, 徐州刺史 河東公이 되었다.

30) 『南史』 卷40 「薛安都傳」, 1022면, "孝建元年, 除左軍將軍. 及魯爽反叛, 遣安都及沈慶之濟江. 安都望見爽, 便躍馬大呼, 直往刺之, 應手倒. 左右范雙斬爽首. 爽世梟猛, 咸云萬人敵, 安都單騎直入斬之而反, 時人皆云關羽斬顔良不是過也. 進爵爲侯."

31) 『南史』 卷44 「文惠皇太子傳」, 1099면, "而武人略陽垣歷生、襄陽蔡道貴, 拳勇秀出, 當時以比關羽、張飛."

32) 楊大眼(?~517) : 北魏 武都郡 사람으로 氐人이다. 祖 楊難當은 武都王이었다. 孝文帝 때 奉朝請으로 起家하였고 무술에 능해 軍主로 선발되었으며, 統軍을 역임하였다. 南齊를 정벌할 때 무용이 三軍에서 으뜸이었다. 宣武帝 때 直閤將軍을 거쳐 征虜將軍, 東荊州刺史가 되어 蠻酋 樊秀安을 격파하고 梁將 王茂先을 물리쳐 平東將軍이 되었다. 正始 4년(507) 梁의 鍾離를 포위하였으나 梁 豫州刺史 韋叡에게 패하여 營州로 유배되어 兵이 되었다. 후에 太尉長史가 되었으며 孝明帝 때 荊州刺史에 제수되었다.

것이라 여겼다[趙注 : 『위서(魏書)』 「양대안전(楊大眼傳)」].[33] 최연백(崔延伯)[34]이 막절념생(莫折念生)을 토벌하여[35] 이기고 나자, 소보인(蕭寶寅)이 "최공(崔公)은 옛날의 관(우), 장(비)이로구나"라고 말하였다[趙注 : 『위서』 「최연백전(崔延伯傳)」].[36] 진(陳)의 오명철(吳明徹)[37]이 북으로 고제(高齊, 곧 고씨(高氏)의 북제(北齊))를 정벌하자 위파호(尉破胡) 등 십만의 무리가 와서 맞섰는데, 어떤 서역(西域) 사람이 있어 화살을 헛되이 쏘는 법이 없었다. (오)명철이 소마가(蕭摩訶)에게 이르기를 "만약 저 호인(胡人)을 죽이면 적군은 기가 꺾일 것이다. 자네는 관(우), 장(비)의 명성이 있으니 안량을 벨 수 있을 것이다!"라고 말했다. (소)마가는 바로 진영을 나가서 작은 창을 던져 그를 죽였다[趙注 : 『진서(陳書)』 「소마가전(蕭摩訶傳)」].[38] 이상은 모두 각 사서에 보이는 것이다. (관우와 장비) 두 사람의 이름은 단지 같은 시대 사람들만 보고 두려워했던 것이

33) 『魏書』 卷73 「楊大眼傳」, 1635면, "當世推其驍果, 皆以爲關張弗之過也."

34) 崔延伯(?~525) : 北魏 博陵郡(지금의 河北省 安平) 사람으로 젊어서 壯勇하여 南齊의 濠口戍主가 되었다. 太和 연간 北魏에 귀순하였다. 누차 전공을 세워 荊州·幽州·幷州 등의 刺史를 지냈다. 孝昌 元年(525) 1월 使持節征西將軍이 되어 關隴의 莫折念生의 반란을 진압하여 10여 만을 참하였다. 이 공으로 右軍將軍이 되었다. 같은 해 4월 다시 12만을 이끌고 涇州(지금의 甘肅省 涇川 서북)로 갔으나 万俟醜奴에게 敗死하였다.

35) [王注] 마땅히 '莫折念生의 형 莫折天生을 토벌하고'라 해야 한다.

36) 본문에서는 '蕭寶寅'이라고 했으나, 『魏書』에는 '蕭寶夤'으로 표시하였다 : 『魏書』 卷73 「崔延伯傳」, 1637~1638면, "時莫折念生兄天生下隴東寇 …… 延伯爲使持節、征西將軍、西道都督, 與行臺蕭寶夤討之. …… 寶夤大悅, 謂官屬曰 : '崔公, 古之關張也. 今年何患不制賊'."

37) 吳明徹(512~578) : 南朝 陳 秦郡(지금의 江蘇省 六合 북쪽) 사람으로 字는 通昭이다. 梁 東宮直後로 起家하였으며, 陳 太建 4년(572) 侍中이 되었다. 다음해 10만을 이끌고 秦郡과 壽春을 점령하고 淮南을 수복하여 車騎大將軍 豫州刺史에 제수되었다. 太建 7년(575) 다시 北齊軍을 呂梁(지금의 江蘇省 徐州市 동남)에서 격파하여 司空으로 승진하였다. 太建 9년(577) 北周가 北齊를 멸할 때 徐州와 兗州를 점령했으나 다음해 北周의 장수 王軌에게 사로잡혀 長安에서 죽었다.

38) 『陳書』 卷31 「蕭摩訶傳」, 409~410면, "時齊遣大將尉破胡等率衆十萬來援, 其前隊有'蒼頭'、'犀角'、'大力'之號, 皆身長八尺, 膂力絶倫, 其鋒甚銳. 又有西域胡, 妙於弓矢, 弦無虛發, 衆軍尤憚之. 及將戰, 明徹謂摩訶曰 : '若殪此胡, 則彼軍奪氣, 君有關、張之名, 可斬顔良矣.' 摩訶曰 : '願示其形狀, 當爲公取之.' 摩訶遙擲銑鋧, 正中其額, 應手而仆."

아니라, (그들의) 사후 수백 년 동안에도 역시 두려워하고 놀라지 않는 이가 없었음을 볼 수 있다. 위세와 명성이 드리워진 바가 지금에 이르러도 변하지 않으니, 하늘이 낳은 신묘한 용맹이 진실로 헛되지 않다.

97. 형주를 빌려주었다는 주장의 잘못借荊州之非

형주(荊州)를 빌려주었다는 이야기는 오(吳)나라 사람들이 일이 있은 뒤에 논한 데에서 나온 것으로 당시의 실정이 아니다. 『강표전(江表傳)』에는, 조조(曹操)를 격파한 뒤 주유(周瑜)가 남군태수(南郡太守)가 되어 강 남쪽의 땅을 나누어 유비(劉備)에게 주었는데, 유표(劉表)의 옛 관리와 군사로 북군(北軍)에서 도망쳐 귀순한 자들이 모두 (유)비에게 투항하니, (유)비는 받은 땅이 공급에 충분하지 않자 손권(孫權)으로부터 형주의 몇 개 군(郡)을 빌렸다고 했다.[39] 「노숙전(魯肅傳)」에서도 역시 (유)비가 서울(곧, 건업)을 방문하여 (손)권을 만나보고 형주를 도독(都督)하게 해 달라고 요청했는데, (노)숙[40]이 (손)권에게 땅을 빌려주어 함께 (조)조를 막자

---

39) 『三國志』「蜀書」, 卷32「先主備傳」, 879면, "江表傳曰 : 周瑜爲南郡太守, 分南岸地以給備. 備別立營於油江口, 改名爲公安. 劉表吏士見從北軍, 多叛來投備. 備以瑜所給地少, 不足以安民, 復從權借荊州數郡."

40) 魯肅(172~217) : 臨淮郡 東城縣(지금의 安徽省 安遠縣 동남) 사람으로 字는 子敬이다. 집이 부유하여 倉米의 반인 3천 斛을 周瑜에게 資糧으로 쓰도록 주었고, 이를 계기로 친해져서 孫權에게 추천되었다. 孫權에게 江東을 保守하고 天下之變을 살필 것을 권하여 孫權이 그를 중히 여겼다. 建安 13년(208) 曹操가 荊州로 남하하자 劉備가 孫權에게 연합을 청하였다. 이때 諸將은 曹操를 맞아들일 것을 주장했으나 魯肅은 周瑜와 함께 전쟁을 주장하여 贊軍校尉로서 周瑜를 도와 曹操의 군대를 赤壁에서 대파하였다. 建安 15년(210) 周瑜가 병에 걸리자 魯肅에게 자신의 지위를 대신하도록 청하여 奮武校尉 漢昌太守 偏將軍이 되었다. 군대를 엄격하게 다루었고 禁令은 반드시 행했으며, 항상 손에서 책을 떼지 않았다. 그가 죽었을 때 孫權이 무척 슬퍼하며 장례에 임하였다.

고 권하였다. (조)조는 (손)권이 (유)비에게 땅을 빌려준 것을 들었을 때 마침 글을 쓰고 있다가 땅에 붓을 떨어뜨렸다.[41] 나중에 (노)숙이 관우(關羽)를 만나 형주를 요구하면서 (관)우에게 "우리나라에서 땅을 그대의 집안에 빌려준 것은 그대 집안이 군사가 패하고는 멀리에서 와 의지할 바가 없었기 때문이오"라고 말했다.[42] (손)권 역시 "(노)숙은 두 가지 잘한 바가 있으나, 오직 내게 권하여 현덕(玄德)에게 땅을 빌려주게 한 것은 그의 한 가지 잘못이다"라고 논했다.[43] 이것이 형주를 빌려주었다는 이야기의 유래한 바인데, 모두 오나라 사람의 말에서 나왔다.

무릇 빌려준다는 것은 본래 내가 소유한 물건을 다른 사람에게 임시로 주는 것인데, 형주는 본래 유표의 땅으로 손(孫)씨가 예전부터 소유한 것이 아니었다. (조)조가 남하할 때에 손씨의 강동(江東) 여섯 군은 바야흐로 스스로 보존하지 못할까 두려워하여 여러 장수들이 모두 (손)권에게 (조)조를 맞이할 것을 권하였는데, (손)권은 홀로 이를 원하지 않았으며, 마침 (유)비가 제갈량(諸葛亮)을 보내와서 우호를 맺으니 (손)권은 드디어 (유)비의 힘을 빌려 함께 (조)조와 대항하고자 했는데, 그때는 단지 (조)조에 대적할 것만을 구하였지, 아직 감히 형주를 얻고자 바라지 않았다. (제갈)량이 (손)권을 설득하자, (손)권은 곧 "유예주(劉豫州)[44]가 아니

---

41)『三國志』「吳書」卷54「魯肅傳」, 1270~1271면, "後備詣京見權, 求都督荊州, 惟肅勸權借之, 共拒曹公. 曹公聞權以土地業備, 方作書, 落筆於地."

42)『三國志』「吳書」卷54「魯肅傳」, 1272면, "肅邀羽相見, 各駐兵馬百步上, 但請將軍單刀俱會. 肅因責數羽曰 : '國家區區本以土地借卿家者, 卿家軍敗遠來, 無以爲資故也. 今已得益州, 旣無奉還之意, 但求三郡, 又不從命.' 語未究竟, 坐有一人曰 : '夫土地者, 惟德所在耳, 何常之有!' 肅厲聲呵之, 辭色甚切. 羽操刀起謂曰 : '此自國家事, 是人何知!'"

43)『三國志』「吳書」卷54「呂蒙傳」, 1280~1281면, "孫權與陸遜論周瑜、魯肅及蒙曰 : '…… 公瑾昔要子敬來東, 致達於孤, 孤與宴語, 便及大略帝王之業, 此一快也. 後孟德因獲劉琮之勢, 張言方率數十萬衆水步俱下. 孤普請諸將, 咨問所宜, 無適先對, 至子布、文表, 俱言宜遣使脩檄迎之, 子敬卽駮言不可, 勸孤急呼公瑾, 付任以衆, 逆而擊之, 此二快也. 且其決計策, 意出張蘇遠矣; 後雖勸吾借玄德地, 是其一短, 不足以損其二長也. ……'."

44) 劉豫州 : 劉備를 가리킨다(『三國志』「蜀書」卷32「先主傳」, 873면, "(陶)謙表先主爲豫州刺史, 屯小沛";『三國志』「蜀書」卷32「先主傳」, 874면, "曹公厚遇之, 以爲豫州牧").

면 (조)조와 대적할 수 있는 자가 없다"라고 말했다. 이에 주유, 정보(程普)[45] 등을 보내어 (제갈)량을 따라 (유)비를 찾아가 힘을 합하여 (조)조를 막았다[趙注 : 「제갈량전(諸葛亮傳)」].[46] 이는 또한 (유)비를 (조)조를 막는 주장으로 삼고, 자신은 따르는 입장이 되고자 했던 것이다. (제갈)량이 또 "장군이 (유)예주(豫州)와 한 마음으로 (조)조를 격파할 수 있으면 곧 형(荊), 오(吳)의 세력이 강해져 세발 솥 다리의 형세[鼎足之形]가 이루어질 것입니다"라고 말했다.[47] 이는 그때 이미 (천하) 삼분에 관한 이야기가 있었던 것으로, (손)권에게 형주를 취하라고 청하여 그것을 빌린 것이 아니다. 적벽(赤壁)의 전투[48]에서 (주)유는 (유)비와 함께 (조)조를 격파했다[趙注 : 「오지(吳志)」].[49] 화용(華容)의 싸움에서는 (유)비가 홀로 (조)조를 추격했다[趙注 : 「산양공재기(山陽公載記)」]. 그 뒤 남군(南郡)에서 조인(曹仁)을 포위했을 때, (유)비는 역시 몸이 군중에 있었으니[趙注 : 「촉지(蜀志)」], 다만 오나라의

---

45) 程普 : 右北平郡 土垠縣(지금의 河北省 豐潤縣 동남) 사람으로 字는 德謀이다. 孫堅을 따라 黃巾賊과 董卓을 토벌하였다. 후에 孫策의 江南 경영을 도와 吳郡都尉, 丹楊都尉, 盪寇中郎將, 零陵太守가 되었다. 孫策이 죽자 張昭와 함께 孫權을 보필하였다. 建安 13년(208) 周瑜와 함께 각각 1만 명을 거느리고 赤壁에서 曹操를 격파하고 曹仁을 南郡에서 포위하였다. 裨將軍, 江夏太守가 되었고, 周瑜가 죽은 후 南郡太守가 되었다.

46) 『三國志』 「蜀書」 卷35 「諸葛亮傳」, 915면, "權勃然曰 : '吾不能擧全吳之地, 十萬之衆, 受制於人. 吾計決矣! 非劉豫州莫可以當曹操者, 然豫州新敗之後, 安能抗此難乎?' …… 權大悅, 卽遣周瑜、程普、魯肅等水軍三萬, 隨亮詣先主, 并力拒曹公. 曹公敗於赤壁, 引軍歸鄴."

47) 『三國志』 「蜀書」 卷35 「諸葛亮傳」, 915면, "亮曰 : '…… 今將軍誠能命猛將統兵數萬, 與豫州協規同力, 破操軍必矣. 操軍破, 必北還, 如此則荊、吳之勢彊, 鼎足之形成矣. 成敗之機, 在於今日.'"

48) 赤壁之戰 : 曹操의 군대와 孫權－劉備 연합군이 양자강 중류 적벽(湖北省 赤壁市)에서 행한 싸움. 조조는 하북을 평정하고 208년 荊州를 공격하였으며 마침 荊州牧 劉表는 병사하고 그 아들 劉琮이 조조에게 투항하였다. 조조의 남하에 당시 吳에서는 항복을 주장하는 이도 많았으나, 손권과 유비가 동맹을 맺고 조조에 대항하였다. 전쟁의 결과 魏는 대패하였으며, 손권의 강남지배는 확정되었고, 유비도 형주를 얻어 益州 공략의 기초를 닦아 天下三分의 형세가 거의 정해졌다(참고로 蘇軾의 賦로 이름 높은 적벽은 湖北省 黃岡縣 동쪽으로 다른 지점이다).

49) 『三國志』 「吳書」 卷47 「吳主權傳」, 1118면, "瑜・普爲左右督, 各領萬人, 與備俱進, 遇於赤壁, 大破曹公軍."

힘만 내고 (유)비는 앉아서 그 성과를 누린 것은 아니었다. 조(조)를 격파한 뒤 (유)비는 오나라 서울을 방문해 (손)권을 만났고 (손)권은 누이동생을 (유)비의 아내로 삼았다. (주)유는 몰래 상소를 올려 (유)비를 오나라 서울에 머무르게 하도록 청하였지만, (손)권은 가납하지 않고 정당하게 영웅을 끌어들여야 한다고 여겼으니,[50] 이는 (손)권이 바야흐로 (유)비가 형주에서 바람막이가 되지 못할까 걱정했던 것이다. (조)조가 화용의 위험을 벗어나 기뻐하며 여러 장수에게 "유비는 나의 상대가 되나, 다만 계책을 이루는 것이 약간 늦을 뿐이다"라고 말했으니[趙注 : 「산양공재기」],[51] (조)조가 손꼽는 바는 오직 (유)비였으며 일찍이 (손)권을 언급하지 않았던 것이다.[52] 정욱(程昱)은 위(魏)나라에서 (유)비가 오나라로 들어갔다는 소식을 들었는데, 논자들은 대부분 (손)권이 반드시 (유)비를 죽일 것으로 여겼지만, (정)욱은 "조공(曹公)은 천하에 적이 없으니 (손)권이 당해낼 수 없으나, (유)비는 영웅의 명성이 있으니 (손)권은 반드시 그를 빌어 우리를 막을 것입니다"라고 말했다[趙注 : 「정욱전(程昱傳)」].[53] 이는 위나라 사람 역시 단지 (유)비를 꼽았을 뿐 (손)권은 언급하지 않았던 것이다.

---

50) 『三國志』「吳書」卷54「周瑜傳」, 1264면, "備詣京見權, 瑜上疏曰 : '劉備以梟雄之姿, 而有關羽張飛熊虎之將, 必非久屈爲人用者. 愚謂大計宜徙備置吳, 盛爲築宮室, 多其美女玩好, 以娛其耳目, 分此二人, 各置一方, 使如瑜者得挾與攻戰, 大事可定也. 今猥割土地以資業之, 聚此三人, 俱在疆場, 恐蛟龍得雲雨, 終非池中物也.' 權以曹公在北方, 當廣擥英雄, 又恐備難卒制, 故不納"; 이 당시에 이런 의견을 가진 것은 周瑜만은 아니었던 듯하다. 가령, 『三國志』「吳書」卷56「呂範傳」, 1310면, "劉備詣京見權, 範密請留備."의 예를 볼 수 있다.

51) 『三國志』「魏書」卷1「武帝紀」, 31면, 注2 "山陽公載記曰 : 公船艦爲備所燒, 引軍從華容道步歸, 遇泥濘, 道不通, 天又大風, 悉使羸兵負草塡之, 騎乃得過. 羸兵爲人馬所蹈藉, 陷泥中, 死者甚衆. 軍既得出, 公大喜, 諸將問之, 公曰 : '劉備, 吾儔也. 但得計少晩; 向使早放火, 吾徒無類矣.' 備尋亦放火而無所及."

52) 『三國志』「蜀書」卷32「先主傳」, 875면, "是時曹公從容謂先主曰, '今天下英雄, 唯使君與操耳. 本初之徒, 不足數也.' 先主方食, 失匕箸."

53) 『三國志』「魏書」卷14「程昱傳」, 428~429면, "太祖征荊州, 劉備奔吳. 論者以爲孫權必殺備, 昱料之曰 : '孫權新在位, 未爲海內所憚. 曹公無敵於天下, 初擧荊州, 威震江表, 權雖有謀, 不能獨當也. 劉備有英名, 關羽、張飛皆萬人敵也, 權必資之以禦我. 難解勢分, 備資以成, 又不可得而殺也.' 權果多與備兵, 以禦太祖."

병력으로 논하자면 (제갈)량이 처음에 (손)권을 만나 "지금 전사 가운데 돌아온 자 및 관우의 정예병이 모두 만 명이고, 유기(劉琦)의 전사가 역시 만 명 이하가 아닙니다"라고 말했다.[54] 그런데 (손)권이 보낸 주유 등의 수군 역시 삼만 명에 불과했으니[趙注 : 「제갈량전」][55] 역시 (유)비의 열 배가 아니었다. 게다가 이때 유표의 큰아들 (유)기가 아직 강하(江夏)에 있었고, 조(조)를 격파한 뒤에 (유)비는 곧 표를 올려 (유)기를 형주자사(荊州刺史)로 삼았으나, (손)권은 일찍이 다른 말이 없었으니 형주가 본래 (유)기의 땅이었기 때문이다. (유비가) 당시에 또 남으로 네 개 군을 정복하였는데, 무릉(武陵), 장사(長沙), 계양(桂陽), 영릉(零陵)이 모두 항복했다. (유)기가 죽자 여러 신하들은 (유)비를 추대하여 형주목(荊州牧)으로 삼았다[趙注 : 「촉선주전(蜀先主傳)」].[56] (유)비는 곧 (제갈)량을 보내어 영릉, 계양, 장사 세 군을 다스리게 하고 그 조세를 거두어 군비를 공급하였다[趙注 : 「제갈량전」].[57] 또 관우를 양양태수(襄陽太守), 탕구장군(盪寇將軍)으로 삼아 (장)강 이북에 주둔시켰다[趙注 : 「관우전(關羽傳)」].[58] 장비(張飛)는 의도태수(宜都太守), 정로장군(征虜將軍)으로 삼아 남군에 있게 했다[趙注 : 「장비전(張飛傳)」].[59] 조운(趙雲)[60]은 편장군(偏

---

54) 『三國志』 「蜀書」 卷35 「諸葛亮傳」, 915면, "亮曰 : '豫州軍雖敗於長阪, 今戰士還者及關羽水軍精甲萬人, 劉琦合江夏戰士亦不下萬人 ……'."

55) [王注]에 따르면, 諸葛亮이 孫權을 설득한 일은 「諸葛亮傳」에 있으나, 周瑜를 파견한 일은 「周瑜傳」에 보이므로, 이를 합쳐서 「제갈량전」이라고 注를 다는 것은 마땅치 않다고 했다. 그러나, 「제갈량전」에도 주유를 파견한 일이 보인다. 즉, 『三國志』 「蜀書」 卷35 「諸葛亮傳」, 915면, "權大悅, 卽遣周瑜、程普、魯肅等水軍三萬, 隨亮詣先主, 幷力拒曹公."

56) 『三國志』 「蜀書」 卷32 「先主傳」, 879면, "(劉)琦病死, 羣下推先主爲荊州牧, 治公安."

57) 『三國志』 「蜀書」 卷35 「諸葛亮傳」, 915~916면, "先主遂收江南, 以亮爲軍師中郎將, 使督零陵、桂陽、長沙三郡, 調其賦稅, 以充軍實."

58) 『三國志』 「蜀書」 卷36 「關羽傳」, 940면, "先主收江南諸郡, 乃封拜元勳, 以羽爲襄陽太守、盪寇將軍, 駐江北."

59) 『三國志』 「蜀書」 卷36 「張飛傳」, 943면, "先主旣定江南, 以飛爲宜都太守、征虜將軍, 封新亭侯, 後轉在南郡."

60) 趙雲(?~229) : 常山郡 眞定縣(지금의 河北省 正定縣) 사람으로 字는 子龍이다. 본래 公孫瓚 휘하에 있었는데 劉備가 公孫瓚에 의탁하게 되었을 때 서로 결탁하여 후에 劉備의 主騎가 되었다. 曹操가 荊州를 공격하여 劉備를 當陽 長阪까지 쫓아올 때, 고군분투하여 甘夫人과 劉備의 아들 劉禪을 구하였다. 益州를 평정한 후 翊軍將軍이

將軍)이 되어 계양태수(桂陽太守)를 맡았다[趙注 : 「조운전(趙雲傳)」].[61] 장수들을 보내어 나누어 주둔시킨 것은 오직 (유)비가 지휘한 바로 처음부터 손씨에게 알리는 것과는 관계가 없었으니, 본래 (손)권의 땅이 아니었기 때문이었다. 그러므로 (유)비는 반드시 (손)권에게 말할 필요가 없었고 (손)권 역시 와서 (유)비를 막지 않았다.

그 뒤 (천하) 삼분의 형세가 이미 정해지자 오나라 사람들은 적벽 싸움이 사실 오의 병력에 의지했던 것으로 미루어 생각하여 드디어 형주는 응당 오의 소유인데 (유)비가 그것을 차지했다고 말하게 되었고, 비로소 형주를 빌려주었다는 이야기가 생겨났다. 그런데 힘을 합쳐 (조)조를 막았던 때를 생각해 보면, (유)비가 과연 (손)권에게 빌린 것이 있었지만, (손)권 또한 (유)비에게 빌린 것이 있지 않았던가. (손)권은 이때 단지 스스로 위태로움을 해결했을 뿐이니 어찌 일찍이 형주를 차지할 뜻이 있었겠는가. (관)우가 노숙에게 대답해 말하기를 "오림(烏林)의 싸움에서 좌장군(左將軍, 곧 劉備)은 잠자리에서도 갑옷을 벗지 않고 힘을 다하여 조(조)를 격파하였는데 어찌 다만 수고롭기만 하고 한 조각의 토지도 없을 수 있겠소"라고 했다[趙注 : 「노숙전」].[62] 이는 바뀔 수 없는 바른 말이다. 그 뒤 오, 촉이 세 군을 다투다가 돌이켜 화의를 맺고 상수(湘水)를 경계로 삼아[63] 장사, 강하, 계양은 나누어 오에 속하게 하고, 남군, 영릉, 무릉은 촉에 속하게 했으니 가장 공평한 것이었다. 그러나 오나라 군신은 (관)우의 북벌을 틈타

되었으며 征南將軍을 거쳐 鎭東將軍이 되었다. 建安 24년(219) 孤軍으로 曹操의 대군에 맞서 싸워 유비가 찬탄하였다. 建興 6년(228) 諸葛亮이 祁山으로 나설 때 적이 강하여 패하였으나 군대를 지켜 大敗에 이르지 않았다.

61) 『三國志』「蜀書」卷36「趙雲傳」, 949면, 注2 "雲別傳曰 : 初, 先主之敗, 有人言雲已北去者, 先主以手戟擿之曰 : '子龍不棄我走也.' 頃之, 雲至. 從平江南, 以爲偏將軍, 領桂陽太守, 代趙範."

62) 『三國志』「吳書」卷54「魯肅傳」, 1272면, 注1 "吳書曰 : 肅欲與羽會語, 諸將疑恐有變, 議不可往. 肅曰 : '今日之事, 宜相開譬. 劉備負國, 是非未決, 羽亦何敢重欲干命!' 乃趨就羽. 羽曰 : '烏林之役, 左將軍身在行間, 寢不脫介, 勠力破魏, 豈得徒勞, 無一塊壤, 而足下來欲收地邪?'"

63) 『三國志』「吳書」卷54「魯肅傳」, 1272면, "備遂割湘水爲界, 於是罷軍."

형주를 습격하여 차지하고는 오히려 형주를 빌려주었다는 이야기를 꾸밈으로써 그 응당 얻어야 할 바를 차지한 것처럼 보였다. 이는 곧 오나라 군신의 교활한 거짓말이지만, 형주를 빌려주었다는 명분은 마침내 지금까지 유전되었으며, 아울러 하나의 이야기가 되어 굳어져 깨질 수 없게 되었고, 오히려 마치 촉에 그 잘못이 있는 것처럼 되었으니, 이는 남에게서 들은 것으로 직접 맛을 본 것처럼 주장하는 것[耳食之論][64]이다.

98. 삼국의 군주들은 용인술이 각각 같지 않았다 三國之主用人各不同

인재는 삼국(三國)보다 많은 적이 없었고, 또한 생각건대 삼국의 군주는 각각 사람을 쓰는 데 능했으므로 여러 사람의 힘이 도와 세발 솥 다리와 같은 형세를 이룰 수 있었다. 그런데 그 사람 쓰는 것에는 또한 같지 않은 점이 있으니, 대개 조조(曹操)는 권술(權術)로써 부렸고, 유비(劉備)는 성정(性情)으로써 관계를 맺었으며, 손(孫)씨 형제는 의기(意氣)로써 서로 투합하였으니, 후세에도 오히려 그 마음 쓴 자취를 미루어 알 수 있다.

순욱(荀彧), 정욱(程昱)은 (조)조를 위하여 책략을 마련하였는데, 다른 사람들이 알지 못하는 바는 (조)조가 하나하나 그것을 표명하여 주고 결코 훔쳐서 자기 것으로 하지 않았음이니, 이것은 진실로 이미 사람들을 마음으로 죽게[心死] 하기에 충분했다. 유비가 여포(呂布)의 습격을 받아 (조)조에게 도망쳐 오니 정욱은 (유)비가 영웅의 자질을 가지고 있다고 생각하여 (조)조에게 그를 도모할(죽일) 것을 권하였다. (조)조가 말하기를 "지금은 영웅을 거두어 모을 때이니, 한 사람을 죽여 천하의 마음을 잃는 것은 옳지 못하다"라고 하였다.[65] 그렇지만 이는 오히려 (조)조와 원한을 맺은

64) 耳食之論 : 듣기만 하고 그 맛을 판단한다는 말로, 남이 하는 말만 듣고 그대로 받아들인다는 뜻이다.

자는 아니었다.

장패(臧覇)[66]는 먼저 도겸(陶謙)을 따르다가 나중에는 여포를 도왔는데, (여)포가 (조)조에게 잡히자 (장)패는 숨었지만, (조)조는 그를 불러 얻은 뒤 곧 (장)패를 낭야상(琅邪相)으로 삼아 청주(青州)와 서주(徐州) 두 곳을 모두 그에게 맡겼다.[67] 이에 앞서 (조)조가 연주(兗州)에 있을 때 서흡(徐翕), 모휘(毛暉)를 장수로 삼았는데, 연주가 어지럽게 되자 (서)흡과 (모)휘가 모두 반란을 일으켰다가, 나중에 (조)조가 연주를 평정하자 (서)흡과 (모)휘는 (장)패에게 투신하였다. 이렇게 되자 (조)조는 (장)패를 시켜 두 사람을 내보내도록 했지만, (장)패는 "제가 스스로 설 수 있었던 까닭은 이러한 일을 하지 않았기 때문입니다"라고 했다. (조)조는 그의 현명함에 탄식하고 아울러 (서)흡과 (모)휘를 군수로 삼았다[趙注 : 「장패전(臧覇傳)」].[68] (또한) (조)조는 필심(畢諶)을 연주별가(兗州別駕)로 삼았는데, 장막(張邈)이 반란을 일으켜 (필)심의 어머니와 아내를 잡아갔다. (조)조가 (필)심을 보내어 가게 하니 (필)심은 머리를 조아리며 두 마음이 없다고 맹세하였으나, 나선 뒤 다시

---

65) 『三國志』「魏書」 卷1「武帝紀」, 14면, "呂布襲劉備, 取下邳. 備來奔. 程昱說公曰 : '觀劉備有雄才而甚得衆心, 終不爲人下, 不如早圖之.' 公曰 : '方今收英雄時也, 殺一人而失天下之心, 不可'."

66) 臧覇 : 泰山郡 華縣(지금의 山東省 費縣 동북) 사람으로 字는 宣高이며 일명 奴寇이다. 後漢末 陶謙을 좇아 黃巾賊을 격파하여 騎都尉가 되었고, 무리를 모아 자립하였다. 군대를 이끌고 呂布를 도와 曹操에 항거하였으나 呂布가 패한 후 曹操에 투항하였다. 曹操는 臧覇를 琅邪相으로 삼고 青州와 徐州를 그에게 위임하였다. 曹丕가 魏王이 된 후 鎭東將軍 都督青州諸軍事 武安鄕侯가 되었다. 黃初 3년(222) 曹休와 함께 吳를 공격하여 呂範을 洞浦에서 격파하였다. 執金吾·特進이 되었으며, 明帝 때 죽었다.

67) 『三國志』「魏書」 卷18「臧覇傳」, 536면, "臧覇字宣高, 泰山華人也. …… 黃巾起, 覇從陶謙擊破之, 拜騎都尉. …… 太祖之討呂布也, 覇等將兵助布. 旣禽布, 覇自匿. 太祖募索得覇, 見而悅之 …… 太祖以覇爲琅邪相, 敦利城、禮東莞、觀北海、康城陽太守, 割青、徐二州, 委之於覇."

68) 『三國志』「魏書」 卷18「臧覇傳」, 537면, "太祖之在兗州, 以徐翕、毛暉爲將. 兗州亂, 翕、暉皆叛. 後兗州定, 翕、暉亡命投覇. 太祖語劉備, 令語覇送二人首. 覇謂備曰 : '覇所以能自立者, 以不爲此也. 覇受公生全之恩, 不敢違命. 然王覇之君可以義告, 願將軍爲之辭.' 備以覇言白太祖, 太祖歎息, 謂覇曰 : '此古人之事而君能行之, 孤之願也.' 乃皆以翕、暉爲郡守."

도망가서 여포에게 귀순했다. (여)포가 격파되자 (조)조는 (필)심을 산 채로 잡았는데, 사람들은 그 때문에 두려워하였지만 (조)조는 "사람이 부모에게 효도할 수 있다면 어찌 임금에게 충성하지 않겠는가, 내가 구하는 바이다"라고 말하고는 (그를) 노(魯)의 상(相)으로 삼았다.[69] (조)조는 처음에 위충(魏种)을 효렴(孝廉)으로 천거했는데, 연주에서 반란이 일어나자 (조)조가 "(위)충은 반드시 나를 버리지 않을 것이다"라고 말했으나, (위)충이 도망갔다는 말을 듣게 되자 노하여 "(위)충이 남으로 월(越)로 도망가고 북으로 호(胡)로 도망가지 않는다면 그냥 두지 않을 것이다"[70]라고 말하였다. (하지만) (위)충이 잡히자 (조)조는 "다만 그 재주로다"라고 말하고는 그를 석방하여 등용했다[趙注 : 본기].[71] 이들은 먼저 신하가 되었다가 나중에 배반한 자들이니, 이미 생포했는데 누구인들 기꺼이 다시 그 목숨을 빌려(살려)주겠는가마는 그러나 하나하나 미워하는 마음을 버리고 그들을 채용했다.

대개 (조)조가 처음 일어날 때에 바야흐로 여러 사람의 힘을 빌려서 일을 이루고자 하였으므로 이로써 천하를 분주히 다녔으니, 양부(楊阜)가 이른 바 "조공(曹公)은 생각 밖의 인물을 쓸 수 있습니다"라고 말한 것이다.[72] 군웅을 제거해 평정하고 세력과 지위가 안정되고 나서는 곧 공융(孔融), 허유(許攸), 누규(婁圭) 등을 모두 꺼림칙하게 여겨 살해했으며,[73]

---

69) 『三國志』「魏書」卷1「武帝紀」, 16면, "初, 公爲兗州, 以東平畢諶爲別駕. 張邈之叛也, 邈劫諶母弟妻子; 公謝遣之, 曰 : '卿老母在彼, 可去.' 諶頓首無二心, 公嘉之, 爲之流涕. 旣出, 遂亡歸. 及布破, 諶生得, 衆爲諶懼, 公曰 : '夫人孝於其親者, 豈不亦忠於君乎! 吾所求也.' 以爲魯相."

70) 본문에는 '不汝置也'라고 되어있으나, 『三國志』의 원문에는 '不置汝也'이다. 원문의 해석을 따르자면 '너를 용서하지 않겠다' 가 된다.

71) 『三國志』「魏書」卷1「武帝紀」, 17면, "初, 公擧种孝廉. 兗州叛, 公曰 : '唯魏种且不棄孤也.' 及聞种走, 公怒曰 : '种不南走越、北走胡, 不置汝也!' 旣下射犬, 生禽种, 公曰 : '唯其才也!' 釋其縛而用之."

72) 『三國志』「魏書」卷25「楊阜傳」, 700면, "楊阜字義山, 天水冀人也. …… 阜還, 關右諸將問袁、曹勝敗孰在, 阜曰 : '袁公寬而不斷, 好謀而少決; 不斷則無威, 少決則失後事, 今雖彊, 終不能成大業. 曹公有雄才遠略, 決機無疑, 法一而兵精, 能用度外之人, 所任各盡其力, 必能濟大事者也'."

73) 『三國志』「魏書」卷12「崔琰傳」, 370면, "初, 太祖性忌, 有所不堪者, 魯國孔融、

순욱은 평소 (조)조의 모주(謀主)였으나 또한 그가 구석(九錫)을 막았다 하여 그를 협박해서 죽게 했다.[74] 심지어 양수(楊修)는 본래 (조)조에게 칭찬을 받아 발탁된 자인데 진사왕(陳思王)[75]에게 후한 대우를 받았다 하여 그를 살해했고,[76] 최염(崔琰)[77]은 평소 (조)조가 의지하고 믿는 사람이었지만, 역시 의심스러운 말 때문에 그를 살해했다.[78] 그러고 보면 그 뛰어나면서도 시기심 많은 성격[雄猜之性]이 시간이 지나면서 스스로 드러나는 것을 알게 되니, 종전에 생각 밖으로 사람을 등용한 것은 다만 거짓에서 비롯하여 한 때의 인재 등용을 이루었던 것이므로, 이른바 권술로써 부렸다는 것이다.

유비는 일단 일을 일으키면 곧 사람들 마음이 향하는 바가 되었다. 젊었을 때 호걸과 사귐을 맺어 이미 많은 사람들이 그의 편에 붙었다. 중산(中山)의 큰 상인인 장세평(張世平)과 소쌍(蘇雙) 등은 일찍이 재물을 대어

南陽許攸、婁圭, 皆以恃舊不虔見誅."

74)『三國志』「魏書」卷10「荀彧傳」, 317면, "十七年, 董昭等謂太祖宜進爵國公, 九錫備物, 以彰殊勳, 密以諮彧. 彧以爲太祖本興義兵以匡朝寧國, 秉忠貞之誠, 守退讓之實; 君子愛人以德, 不宜如此. 太祖由是心不能平. 會征孫權, 表請彧勞軍于譙, 因輒留彧, 以侍中光祿大夫持節, 參丞相軍事. 太祖軍至濡須, 彧疾留壽春, 以憂薨, 時年五十. 謚曰敬侯. 明年, 太祖遂爲魏公矣."

75) 陳思王 : 曹操의 아들 曹植을 이른다. 兄인 文帝 曹丕로부터 일곱 걸음을 걷는 사이에 시를 짓지 못하면 사형에 처하겠다는 命을 받고 七步詩를 쓴 것으로 유명하다.

76)『三國志』「魏書」卷19「陳思王植傳」, 557~558면, "植旣以才見異, 而丁儀丁廙楊脩等爲之羽翼. …… 太祖旣慮終始之變, 以楊脩頗有才策, 而又袁氏之甥也, 於是以罪誅脩."

77) 崔琰(167?~216) : 淸河郡 東武城縣 사람으로 字는 季珪이다. 29세 때 鄭玄에게서 학문을 배웠다. 袁紹의 벽소로 騎都尉가 되었고, 曹操가 河北을 평정한 뒤 別駕從事가 되었다. 東西曹掾이 되어 毛玠와 함께 인사문제를 관장하였는데, 당시 여론의 칭찬을 받았다. 建安 18년(213) 尙書가 되었으며 曹植이 자기의 인척인데도 太子로 천거하지 않아 中尉로 승진하였다. 무고로 벌을 받아 徒隸가 되었다가 죽었다.

78)『三國志』「魏書」卷12「崔琰傳」, 369면, "琰從訓取表草視之, 與訓書曰, '省表, 事佳耳! 時乎時乎, 會當有變時.' 琰本意譏論者好譴呵而不尋情理也. 有白琰此書傲世怨謗者, 太祖怒曰 : '諺言 '生女耳', '耳'非佳語. '會當有變時', 意指不遜.' 於是罰琰爲徒隸, 使人視之, 辭色不撓. 太祖令曰 : '琰雖見刑, 而通賓客, 門若市人, 對賓客虯鬚直視, 若有所瞋.' 遂賜琰死."

무리를 규합하는 용도로 쓰도록 했다.[79] 평원(平原)의 상(相)을 맡아보고 있을 때에는 유평(劉平)이 자객을 보내 그(유비)를 찌르게 했으나, 자객이 도리어 사실대로 아뢰었다.[80] (유비가) 도겸을 구원하자 (도)겸은 곧 표를 올려 (유비를) 예주자사(豫州刺史)로 삼도록 했다. (도)겸은 병이 위독하자 서주(徐州)를 (유)비에게 주라고 명하였는데, (유)비가 감히 하지 못하자 진등(陳登), 공융 등이 함께 그것을 받을 것을 돈독히 권하였다.[81] (유비는) 나중에 여포의 공격을 받아 (조)조에게 도망가 투항했는데, (조)조 역시 표문을 올려 (유비를) 좌장군(左將軍)으로 삼도록 했으며 그를 예로 대우하는 것이 매우 두터웠다.[82] 이어 (유비가) 서주에서 패배하여 원담(袁譚)에게 도망가자 (원)담은 보병과 기병을 이끌고 그를 맞이했다. 원소(袁紹)는 (유)비가 이르렀다는 말을 듣고 업(鄴)에서 200리를 나와 맞았다.[83] (원)소가 패하게 되자 (유)비는 유표(劉表)에게로 달아났는데, (유)표 역시 교외까지 마중을 나왔고 귀한 손님에 대한 예[上賓之禮]로써 대접했으며, 형주(荊州)의 호걸 대부분이 (유)비에게 귀부하였다.[84] 조(조)의 군사가 토벌하러 오

79) 『三國志』「蜀書」卷32「先主傳」, 872면, "好交結豪俠, 年少爭附之. 中山大商張世平、蘇雙等貲累千金, 販馬周旋於涿郡, 見而異之, 乃多與之金財."

80) 『三國志』「蜀書」卷32「先主傳」, 872면, "數有戰功, 試守平原令, 後領平原相. 郡民劉平素輕先主, 恥爲之下, 使客刺之. 客不忍刺, 語之而去. 其得人心如此."

81) 『三國志』「蜀書」卷32「先主傳」, 873면, "曹公征徐州, 徐州牧陶謙遣使告急於田楷, 楷與先主俱救之. …… 謙表先主爲豫州刺史, 屯小沛. 謙病篤, 謂別駕麋竺曰 : '非劉備不能安此州也.' 謙死, 竺率州人迎先主, 先主未敢當. 下邳陳登謂先主曰 : '今漢室陵遲, 海內傾覆, 立功立事, 在於今日. 彼州殷富, 戶口百萬, 欲屈使君撫臨州事.' …… 北海相孔融謂先主曰 : '袁公路豈憂國忘家者邪? 冢中枯骨, 何足介意. 今日之事, 百姓與能, 天與不取, 悔不可追.' 先主遂領徐州."

82) 『三國志』「蜀書」卷32「先主傳」, 874면, "呂布惡之, 自出兵攻先主, 先主敗走歸曹公. 曹公厚遇之, 以爲豫州牧. …… 先主復得妻子, 從曹公還許. 表先主爲左將軍, 禮之愈重, 出則同輿, 坐則同席."

83) 『三國志』「蜀書」卷32「先主傳」, 876면, "先主走青州. 青州刺史袁譚, 先主故茂才也, 將步騎迎先主. 先主隨譚到平原, 譚馳使白紹. 紹遣將道路奉迎, 身去鄴二百里, 與先主相見."

84) 『三國志』「蜀書」卷32「先主傳」, 876면, "曹公既破紹, 自南擊先主. 先主遣麋竺·孫乾與劉表相聞, 表自郊迎, 以上賓禮待之, 益其兵, 使屯新野. 荊州豪傑歸先主者日益多, 表疑其心, 陰禦之."

자 (유)비는 강릉(江陵)으로 도망쳤는데, 형주의 인사들 가운데 그를 따른 자가 십여 만이었다. 이때 (유비) 자신에게는 자그마한 권력[尺寸之柄]조차 없었는데도 이르는 곳마다 사람들을 자기에게 쏠리게 하는 것이 이와 같았다. 정욱은 "(유)비는 사람들의 마음을 매우 얻었습니다"라고 말했고,[85) 제갈량(諸葛亮)은 손권에게 대답하면서 역시 "유예주(劉豫州)가 뭇 선비들의 흠모와 숭앙을 받는 것은 물이 바다로 흘러가는 것과 같습니다"라고 말하였으니,[86) 이것이 당시의 실제 사정이었다.

그런데 그가 사람들의 마음을 얻은 까닭에 대해서는 사책(史策)에 보이지 않는다. 다만 그가 제갈(량)을 세 차례 방문해서 큰 계책을 물은 것을 보면 유독 부암(傅巖)에서 끌어다 세우는 것[87)]과 같은 풍모가 있다. 관(우), 장(비), 조운(趙雲)은 젊어서 인연을 맺은 이후 평생토록 (유비를) 모시고 돌아다녔는데, 그러므로 떠돌아다니고 도망쳐 다니며 다른 사람의 울타리 아래에 빌붙고, 제업을 세울 수 있는 좁은 땅조차 없었지만, 이 몇몇 사람들은 어려움에도 서로 따르며 따로 두 마음이 없었다. 이는 본디 그 몇몇 사람들의 충의이기는 하나, (유)비에게도 또한 반드시 은근하고 미묘한 관계를 깊이 맺어 그것을 풀 수 없는 바가 있었던 것이다. 그가 오(吳)나라를 정벌하자 황권(黃權[88)])은 먼저 몸소 적과 부딪혀 보겠다고 청하였

---

85) 『三國志』「魏書」 卷1 「武帝紀」, 14면, "呂布襲劉備, 取下邳. 備來奔. 程昱說公曰 : '觀劉備有雄才而甚得衆心, 終不爲人下, 不如早圖之.'"

86) 『三國志』「蜀書」 卷35 「諸葛亮傳」, 915면, "權曰 : '苟如君言, 劉豫州何不遂事之乎?' 亮曰 : '田橫, 齊之壯士耳, 猶守義不辱, 況劉豫州王室之胄, 英才蓋世, 衆士慕仰, 若水之歸海, 若事之不濟, 此乃天也, 安能復爲之下乎!'"

87) 『書經』「商書」「說命上」, "乃審厥象俾以形, 旁求于天下, 說築傅巖之野, 惟肖, 爰立作相, 王置諸左右." 殷의 고종(무정)이 꿈에 上帝가 내려준 훌륭한 보필자를 보고는 그 像을 그려서 천하에 널리 구하였다. 傅巖 땅의 說이라는 사람(그래서 傅說이라고도 한다)이 꿈에 본 것과 흡사하여 그를 재상으로 모셨다고 한다.

88) 黃權(?~240) : 巴西郡 閬中縣 사람으로 字는 公衡이다. 본래 益州牧 劉璋의 主簿였으나 劉備의 入蜀을 반대하여 廣漢長으로 좌천되었다. 劉備의 군대를 맞아 싸웠으며, 劉璋이 항복한 후에야 항복하였다. 護軍·治中從事를 역임하였으며, 劉備가 稱帝한 후 鎭北將軍이 되어 江北의 군대를 통솔하여 魏를 방어하였다. 劉備가 吳에 패한 후 歸路가 吳에 차단되자 魏에 항복하였다. 曹丕는 그를 鎭南將軍 育陽侯로 삼았다. 이

는데, (유)비는 허락하지 않고 강북(江北)에 주둔하여 위(魏)나라 군사를 방어하게 했다. 효정(猇亭)에서 패배해 후퇴하게 되자 길이 끊겨 (황)권은 돌아갈 방법이 없게 되어 곧 위나라에 항복했다. 담당 관리들이 (황)권의 처와 아들을 잡아들이자고 청했으나, (유)비는 "나는 (황)권을 저버렸지만 (황)권은 나를 저버리지 않았다"라고 말했다.[89] (황)권이 위나라에 있을 때 어떤 사람이 촉(蜀)에서 이미 그 처자를 잡아들였다고 말했지만 (황)권도 역시 믿지 않았다.[90] 군주와 신하가 서로 따르는 것이 이와 같았다. (유비가) 아들을 (제갈)량에게 부탁함에 이르러, "뒤를 이을 아들이 보좌할 만하면 그를 보좌하고 보좌할 만하지 않으면 그대가 스스로 나라를 취하시오"라고 말한 것[91]은 천년 뒤에도 여전히 마음속의 본뜻을 볼 수 있으니 어찌 참된 성정이 흘러나와 드러난 것이 아니겠는가. 설령 (조)조가 (제갈)량을 얻었다면 기꺼이 이와 같이 마음을 의탁하여 일을 맡겼겠으며, (제갈)량도 역시 어찌 기꺼이 (조)조를 위해 쓰였겠는가! 애석하게도 이때 인재들이 이미 위, 오 두 나라에 다 거두어졌기 때문에 얻은 사람은 비교적 적었지만, 그러나 (제갈)량은 일류의 인물로서 두 나라 모두 얻을 수 없었는데, (유)비 혼자 그를 얻을 수 있었으니 역시 성심으로 사람을 대하는 것의 효력을 볼 수 있는 것이다.

손씨 형제가 사람을 쓰는 것에 있어서도 역시 자연히 미칠 수 없는 바가 있다. 손책(孫策)은 태사자(太史慈[92])를 생포하자 곧 그 포박을 풀어 주

후 車騎將軍 儀同三司로 승진하였다. 아들 黃崇은 蜀에 남았으며, 衛將軍 諸葛瞻을 따라 魏軍에 맞서 싸우다가 綿竹에서 전사하였다.

89) 『三國志』「蜀書」卷43「黃權傳」, 1043~1044면, "及稱尊號, 將東伐吳, 權諫曰 : '吳人悍戰, 又水軍順流, 進易退難, 臣請爲先驅以嘗寇, 陛下宜爲後鎭.' 先主不從, 以權爲鎭北將軍, 督江北軍以防魏師; 先主自在江南. 及吳將軍陸議乘流斷圍, 南軍敗績, 先主引退. 而道隔絶, 權不得還, 故率將所領降于魏. 有司執法, 白收權妻子. 先主曰 : '孤負黃權, 權不負孤也'. 待之如初."

90) 『三國志』「蜀書」卷43「黃權傳」, 1044면, "蜀降人或云誅權妻子, 權知其虛言, 未便發喪, 後得審問, 果如所言."

91) 『三國志』「蜀書」卷35「諸葛亮傳」, 918면, "若嗣子可輔, 輔之, 如其不才, 君可自取."

92) 太史慈 : 吳의 東萊 黃人. 字는 子義. 郡 奏曹史의 벼슬을 하였으나, 당시 郡과 州

며 "자의(子義[93])는 청주의 명사인데 단지 의탁하는 자가 올바른 사람이 아니었을 뿐이오. 나는 그대의 지기(知己)이니 마음이 같지 않을 것이라 염려하지 말라"라고 말했다.[94] 장소(張昭[95])를 장사(長史)로 삼았는데, 북방의 사대부들의 편지가 오면 칭찬이 (장)소에 돌아가는 경우가 많았다. (손)책은 그것을 듣고서 "관중(管仲)이 제(齊)나라의 재상이 되자 하나도 중부(仲父)요 둘도 중부였지만, 환공(桓公)이 패자(覇者)의 우두머리가 되었다. 이제 자포(子布[96])가 현명하고 내가 그를 등용할 수 있었으니, 그 공적과 명성이 나에게 있지 않겠는가"라고 말했다.[97] 이것이 (손)책이 재사를 얻은 것(이유)이다. 주유(周瑜)가 노숙(魯肅)을 추천하자 (손)권은 곧 (노)숙을 등용해 (주)유의 뒤를 잇게 했다.[98] (손)권은 감녕(甘寧[99])의 거칠고

의 다툼에 연루되어 遼東으로 피하였다가 돌아왔다. 孫策이 東渡함에 이르러 建昌都尉가 되었다. 『三國志』「吳書」 卷49 「太史慈傳」, 1186~1190면.

93) 子義 : 太史慈의 字.

94) 『三國志』「吳書」 卷49 「太史慈傳」, 1189면, 注1 "吳歷云 : 慈於神亭戰敗, 爲策所執. 策素聞其名, 卽解縛請見, …… 諸將皆疑, 策曰 : '太史子義, 青州名士, 以信義爲先, 終不欺策.' …… 江表傳曰 : 策問慈曰 : '…… 孤是卿知己, 勿憂不如意也'." 본문에서는 孫策의 말을 한 문장으로 처리했으나, 사실은 吳歷과 江表傳의 두 기록을 합친 것이다.

95) 張昭(156~236) : 彭城郡(지금의 江蘇省 徐州市) 사람으로 字는 子布이다. 孝廉과 茂才로 천거되었으나 벼슬길에 나가지 않았다. 後漢末 난을 피해 江東으로 갔다. 孫策이 창업하면서 그를 長史 撫軍中郎將으로 삼아 文武에 관한 일을 모두 맡겼다. 孫策이 죽은 후 遺命에 따라 孫權을 보필하였다. 曹操가 荊州를 공격할 때 孫權에게 항복할 것을 주장하여 孫權을 실망시켰다.

96) 子布 : 張昭의 字.

97) 『三國志』「吳書」 卷52 「張昭傳」, 1219면, "孫策創業, 命昭爲長史撫軍中郎將, 升堂拜母, 如比肩之舊, 文武之事, 一以委昭. 昭每得北方士大夫書疏, 專歸美於昭, 昭欲嘿而不宣則懼有私, 宣之則恐非宜, 進退不安. 策聞之, 歡笑曰 : '昔管仲相齊, 一則仲父, 二則仲父, 而桓公爲霸者宗. 今子布賢, 我能用之, 其功名獨不在我乎!'"

98) 『三國志』「吳書」 卷54 「魯肅傳」, 1271면, "周瑜病困, 上疏曰 : '當今天下, 方有事役, 是瑜乃心夙夜所憂, 願至尊先慮未然, 然後康樂. 今既與曹操爲敵, 劉備近在公安, 邊境密邇, 百姓未附, 宜得良將以鎭撫之. 魯肅智略足任, 乞以代瑜. 瑜隕踣之日, 所懷盡矣.' 卽拜肅奮武校尉, 代瑜領兵."

99) 甘寧 : 巴郡 臨江縣(지금의 重慶市 忠縣) 사람으로 字는 興覇이다. 젊어서 游俠을 좋아하였다. 처음에는 劉璋 휘하에 있다가 劉表에게 의탁하였으며, 후에 孫權에게 귀부하였다. 建安 13년(208) 周瑜를 따라 曹操를 격파하고 夷陵에서 曹仁을 공격하였다. 建安 19년(214) 孫權을 따라 魏의 皖을 공격하여 廬江太守 朱光을 사로잡고 折衝將

사나움에 화가 났지만, 여몽(呂蒙)[100]이 싸움 잘 하는 장수는 얻기 어렵다고 말하자, (손)권은 곧 (감)녕을 후히게 대접하였다.[101] 유비가 오나라를 정벌하자 어떤 사람이 제갈근(諸葛瑾)이 이미 사람을 보내어서 촉으로 가려고 했다고 모함했지만, (손)권은 "나와 자유(子瑜)[102]는 생사를 바꾸지 못할 지조가 있으니, 자유가 나를 배신하지 않는 것은 내가 자유를 배신하지 않는 것과 같다"라고 변호했다.[103] 오나라와 촉나라가 화의를 통하자 육손(陸遜)[104]이 서릉(西陵)에 주둔했는데, (손)권은 도장을 새겨서 (육)손의 주둔지에 두고 매번 유선(劉禪)이나 제갈량에게 서한을 보낼 때마다 항상 (육)손에게 거쳐서 보이고는 불인한 내용이 있으면 고쳐서 도장으로 봉해 보내도록 했다.[105] 위임하는 것이 이와 같았으니, 신하가 알아주

軍에 임명되었다. 曹操가 濡須를 공격하자 前部督이 되어 曹操의 군영을 야습하여 타격을 주었다. 다음 해 孫權을 좇아 合肥를 공격했다가 張遼에게 패하여 달아났다.

100) 呂蒙(179~220) : 汝南郡 富波縣(지금의 安徽省 阜南縣 동남) 사람으로 字는 子明이다. 처음에 孫策의 部曲將 鄧當에 의탁했다가 鄧當 사후 部曲을 물려받아 別部司馬에 임명되었다. 孫權을 따라 丹楊을 토벌한 공으로 平北都尉 廣德長이 되었다. 黃祖를 파하고 橫野中郎將이 되었다. 赤壁大戰에 참여하여 偏將軍 尋陽令이 되었다. 曹操와의 싸움에서 누차 공을 세워 廬江太守 · 左護軍 · 虎威將軍이 되었다. 魯肅이 죽은 후 그의 군대를 통솔했으며, 建安 24년(219) 關羽를 대파하고 荊州를 점령하여 南郡太守 孱陵侯가 되었다가 오래지 않아 죽었다.

101) 『三國志』「吳書」卷54「呂蒙傳」, 1280면, "甘寧麤暴好殺, 旣常失蒙意, 又時違權令, 權怒之, 蒙輒陳請.'天下未定, 鬪將如寧難得, 宜容忍之.' 權遂厚寧, 卒得其用."

102) 子瑜 : 諸葛瑾의 字.

103) 『三國志』「吳書」卷52「諸葛瑾傳」, 1233면, "時或言瑾別遣親人與備相聞, 權曰 : '孤與子瑜有死生不易之誓, 子瑜之不負孤, 猶孤之不負子瑜也'."

104) 陸遜(183~245) : 吳郡 吳縣 華亭 사람으로 본명은 議, 字는 伯言이다. 孫策의 사위로 海昌屯田都尉, 定威都尉 등을 역임하였다. 建安 24년(219) 關羽를 공격할 때 關羽를 안심시키기 위해 呂蒙 대신 군대를 지휘하였고, 呂蒙과 함께 南郡을 점령하였다. 黃武 元年(222) 劉備가 吳를 공격할 때 大都督이 되어 猇亭에서 火攻으로 蜀軍 40여 營을 대파하였다. 이 공으로 輔國將軍 領荊州牧 江陵侯가 되었다. 黃龍 元年(229) 上大將軍 右都護가 되었다. 嘉禾 3년(234) 孫權이 合肥를 공격할 때 諸葛瑾과 함께 襄陽을 공격하였으나 성과 없이 돌아왔다. 赤烏 7년(244) 顧雍을 대신하여 丞相이 되었다. 太子문제로 孫權에게 수차례 질책을 듣고 憤死하였다.

105) 『三國志』「吳書」卷58「陸遜傳」, 1348면, "備尋病亡, 子禪襲位, 諸葛亮秉政, 與權連和. 時事所宜, 權輒令遜語亮, 幷刻權印, 以置遜所. 權每與禪亮書, 常過示遜, 輕重可否, 有所不安, 便令改定, 以印封行之."

고 대접해 주는 데에 감동해서 마음과 힘을 다하지 않음이 있겠는가.

(손)권은 또 그 잘못을 스스로 비호하지 않았으니, (손)권이 장미(張彌)와 허안(許晏)을 보내어서 바닷길로 요동(遼東)에 이르러 공손연(公孫淵)을 봉하려고 했는데, 장소가 힘써 간언하였지만 듣지 않다가 (장)미와 (허)안이 결국 (공손)연에게 살해되었다. (손)권은 부끄러워하여 (장)소에게 사죄했으나 (장)소는 자리에서 일어나지 않았다. (손)권은 이어 직접 나가서 그 집 대문을 지나면서 (장)소를 불렀는데, (장)소는 여전히 아프다고 만나기를 사양하였다. (손)권은 그 대문에 불을 질러 그를 놀라게 했지만, (장)소는 다시 방문을 닫아버렸으며, (손)권은 이에 불을 끄고 문 앞에 머물러 한참을 지나서야 (장)소를 싣고 궁으로 돌아왔으며 깊이 스스로를 호되게 꾸짖었다.[106] 아마 원소였다면, 저수(沮授)[107]의 말을 쓰지 않아 패배하게 되면 곧 비웃음을 사게 될까 두려워하여 그를 죽여 버렸을 것이다. (손)권은 여일(呂壹)을 등용했다가 일이 어그러지자 또 잘못을 끌어다 스스로를 책망하면서 사람을 시켜 여러 대장에게 사과하며 "여러분과 더불어 일을 한 것이 젊어서부터 나이 먹기에 이르러 머리카락에 두 가지 색깔이 있게 되었으니, 안과 밖이 분명히 드러나기에 충분하다고 할 수 있소. 말을 다해서 올바르게 간언하는 것은 여러분들에게 바라는 바이니, 여러분들이 어찌 가만히 있을 수 있을 따름이겠는가. 온갖 일에는 요소마다 손해와 이익이 있기 마련이니, 부족한 바를 바로잡게 되면 다행이겠소"라고 말했다.[108] 육손은 만년에 양축(楊竺) 등에게 참소를 당

106)『三國志』「吳書」卷52「張昭傳」, 1223면, "權以公孫淵稱藩, 遣張彌、許晏至遼東拜淵爲燕王, 昭諫曰 : '淵背魏懼討, 遠來求援, 非本志也. 若淵改圖, 欲自明於魏, 兩使不反, 不亦取笑於天下乎?' 權與相反覆, 昭意彌切. …… 然卒遣彌、晏往. 昭忿言之不用, 稱疾不朝. 權恨之, 土塞其門, 昭又於內以土封之. 淵果殺彌、晏. 權數慰謝昭, 昭固不起, 權因出過其門呼昭, 昭辭疾篤. 權燒其門, 欲以恐之, 昭更閉戶. 權使人滅火, 住門良久, 昭諸子共扶昭起, 權載以還宮, 深自克責. 昭不得已, 然後朝會."

107) 沮授 : 後漢 廣平人. 大志가 있고 權略이 많아 袁紹를 따르면서 계략을 많이 내었다. 曹操와 싸워 포로가 되었다가 살해당했다.

108)『三國志』「吳書」卷47「吳主權傳」, 1142~1143면, "初, 權信任校事呂壹, 壹性苛慘,

하여 울분으로 죽었는데, (손)권이 나중에 그 아들 (육)항(陸抗)을 보고 울면서 "내 예전에 참언을 들어 너희 아버지와 대의가 돈독하지 않았으니, 이것으로 너에게 빚을 졌다"라고 말했다.[109] 군주이면서도 스스로 그 잘못을 후회하고 진실한 마음을 열어서 말하는 것이 이와 같았으니, 그 누가 감읍하지 않겠는가. 만일 (조)조가 이런 일을 당하면, 젊어서는 "차라리 내가 남을 배반할지언정 남이 나를 배반하는 일은 없다"[110]라는 견해를 가졌을 것이고, 늙어서는 부끄러워하며 화를 냈을 것이다. 이는 손씨 형제가 사람을 쓴 것이 이른바 의기(意氣)로 서로 마음을 움직였음이다.

99. 선대(선양을 통한 왕조교체)禪代

예로부터 다만 선양(禪讓)과 정벌해 죽이는 것[征誅] 두 가지 경우가 있었으니, 그 권신이 나라를 빼앗으면 곧 찬시(簒弑)라고 부르며 항상 다같이 경계하며 감히 저지르지 않았다. 왕망(王莽)은 어쩔 수 없어 주공(周公)이 성왕(成王)을 보좌한 예에 의탁하여 섭정을 하고 제위에 올랐지만,[111]

用法深刻. 太子登數諫, 權不納, 大臣由是莫敢言. 後壹姦罪發露伏誅, 權引咎責躬, 乃使中書郎袁禮告謝諸大將, 因問時事所當損益. 禮還, 復有詔責數諸葛瑾、步隲、朱然、呂岱等曰 : '…… 與諸君從事, 自少至長, 髮有二色, 以謂表裏足以明露, 公私分計, 足用相保. 盡言直諫, 所望諸君; 拾遺補闕, 孤亦望之. …… 今日諸君與孤從事, 雖君臣義存, 猶謂骨肉不復是過. 榮福喜戚, 相與共之. 忠不匿情, 智無遺計, 事統是非, 諸君豈得從容而已哉! …… 凡百事要所當損益, 樂聞異計, 匡所不逮.'."

109) 『三國志』「吳書」卷58「陸抗傳」, 1354면, "抗字幼節, 孫策外孫也. …… 孫權以楊竺所白遜二十事問抗, 禁絶賓客, 中使臨詰, 抗無所顧問, 事事條答, 權意漸解. …… 太元元年, 就都治病. 病差當還, 權涕泣與別, 謂曰 : '吾前聽用讒言, 與汝父大義不篤, 以此負汝. 前後所問, 一焚滅之, 莫令人見也'."

110) 『三國志』「魏書」卷1「武帝紀」, 5면, "旣而悽愴曰 : '寧我負人, 毋人負我!'"

111) 『漢書』卷99上「王莽傳」, 4080~4081면, "於是羣臣奏言 : '太后聖德昭然, 深見天意, 詔令安漢公居攝. 臣聞周成王幼少, 周道未成, 成王不能共事天地, 修文武之烈. 周公權而居攝, 則周道成, 王室安; 不居攝, 則恐周隊失天命. …… 臣請安漢公居攝踐

그러나 주공은 일찍이 천하를 차지하지 않았다.[112] 조위(曹魏)에 이른 즉, 이미 한(漢)나라의 천하를 옮기려 하였지만 또한 찬시(簒弑)라 불리는 상황에 처하려 하지도 않았으므로, 이에 선양(의 형식)을 빌어 (나라를) 탈취하였다. 이 예가 한 번 시작되자, 진(晉), 송(宋), 제(齊), 양(梁), 북제(北齊), 후주(後周) 및 진(陳), 수(隋) 모두 이를 모방하였다. 이밖에 또 사마륜(司馬倫),[113] 환현(桓玄)[114]의 무리가 있어 역시 이를 끌어다 전례로 삼았다. 심지어 당(唐) 고조(高祖)도 본래 정벌하려고 일어났으나 역시 대왕(代王)의 선양(의 형식)을 빌렸으며, 주온(朱溫)도 또한 도적으로서 일어났으나, 역시 애제(哀帝)의 선양(의 형식)을 빌렸다. 조위가 이러한 경우를 처음 만들고 나서 다들 이를 받들어 법식으로 삼은 것이 또한 십 수 왕조에 걸쳐 7백~8백 년이 되기에 이르렀으니, 참으로 이른바 간특한 영웅이 평범하지 않은 예의 근원을 세울 수 있었던 것이다.

그러나 그 사이에도 또한 같지 않은 경우가 있었다. 조조(曹操)는 한나

祚, 服天子韍冕, 背斧依于戶牖之間, 南面朝羣臣, 聽政事. …… 臣昧死請.' 太后詔曰 : '可.' 明年, 改元曰居攝."

112) 殷을 멸한 武王이 사망한 후 周의 혼란을 수습한 周公 旦은 조카 成王을 보좌하여 섭정하였다. 그러나 무왕의 다른 동생 管叔과 蔡叔은 주공이 왕위를 찬탈하려는 음모를 꾀한다고 하면서 三臨의 亂을 일으켰다. 주공은 이 반란을 평정한 후, 성왕이 성년이 되자 섭정권을 넘겨주고 노나라의 지방 제후로 내려갔다.

113) 司馬倫(?~301) : 字는 子彝이며, 晉 宗室로 司馬懿의 9子이다. 西晉 건국 후 琅邪王에 봉해지고 咸寧 연간 趙王으로 改封되었다. 賈皇后가 太子를 폐하고 살해하자 齊王 司馬冏과 함께 군대를 이끌고 入宮하여 賈皇后와 張華 등을 죽이고 스스로 相國 侍中 都督中外諸軍事가 되었다. 永寧 元年(301) 1월 惠帝를 폐하고 稱帝하였으며 建始로 改元하였다. 3월 齊王 司馬冏, 成都王 司馬穎, 河間王 司馬顒 등이 起兵하여 惠帝를 복위한 후 賜死되었다.

114) 桓玄(369~404) : 東晉 譙國 龍亢縣(지금의 安徽省 懷遠縣 서북) 사람으로 一名 靈寶, 字는 敬道이며, 桓溫의 아들이다. 太子洗馬 · 義興太守가 되었으나 벼슬을 버리고 봉지로 돌아갔다. 隆安 2년(398) 王恭이 기병하여 王愉를 토벌할 때 擧兵하여 호응하였다. 王恭이 죽자 殷仲堪 · 楊佺期와 함께 조정에 항거하였다. 그 후 殷仲堪 · 楊佺期를 습격하여 荊州와 雍州를 평정하고 元興 元年(402) 建康을 공격하여 司馬元顯을 주살하고 太尉, 揚州牧, 楚王이 되어 국정을 장악하였다. 다음 해 찬탈하여 국호를 楚라 하고 永始라 改元하였다. 404년 劉裕의 거병으로 尋陽을 거쳐 荊州 · 益州로 차례로 달아나다가 益州都護 馮遷에게 살해되었다.

라에 공을 세워 이미 구석(九錫)을 더하고, 스무개 군에 봉해지고, 위왕(魏王)의 작위를 받고,[115] 천자의 깃발을 세웠으며, 출입할 때 길가를 경계하여 사람들의 통행을 금지했지만, 그러나 그 자신은 여전히 감히 황제를 칭하지 못했고, 아들 조비(曹丕)[116]에 이르러 비로소 선대(禪代)를 행했다[趙注 : (조)조가 일찍이 "만약 천명이 나에게 있다면, 나는 주(周) 문왕(文王)이 될 것이다"[117]라고 말했다. 이는 그 본래의 뜻을 볼 수 있는 것으로 꾸며 낸 말이 아니다. 또, 「위서(魏書)」를 보면, 위나라가 이미 서고 여러 장수들이 모두 위나라 신하가 되었지만 유독 하후돈(夏侯惇)만은 여전히 한나라 신하였는데, (하후)돈이 상소를 올려 신하답지 못한 예를 감당할 수 없다고 하자, (조)조는 "변변치 못한 위나라이니 감히 그대를 굴복시켜 신하로 삼겠는가"라고 말했다.[118] 이는 (조)조가 위왕이 되었을 때에도 여전히 한나라 신하와 같은 반열이었던 것이다].

사마(司馬)씨는 삼대에 걸쳐 위나라에서 재상이 되었는데, 사마의(司馬懿)는 승상(丞相) 벼슬을 내리고 구석을 더했지만 감히 받지 않았다.[119] 사마사(司馬師)에게는 천자가 정벌할 때 쓰는 도끼[黃鉞]가 더 보태지고, 칼을 차고 신을 신은 채 궁전에 오를 수 있는 특권이 더해졌으나 역시 감히 받지 않았다.[120] 사마소(司馬昭)는 관직을 더하여 상국(相國)이 되었고, 구석

---

115) 『後漢書』 卷9 「孝獻帝紀」, 387면, "夏五月丙申, 曹操自立爲魏公, 加九錫."

116) 曹丕(187~226) : 魏 文帝의 이름으로 字는 子桓이며, 曹操의 둘째 아들이다. 建安 16년(211) 五官中郎將이 되어 副丞相의 역할을 맡았다. 曹植과 후계자 자리를 다투다 승리하여 建安 22년(217) 王太子가 되었다. 曹操가 죽은 후 魏王과 丞相의 지위를 계승하였고 陳羣을 尙書로 삼아 九品官人法을 제정하였다. 延康 元年(220) 10월 帝位에 올라 국호를 魏라 하고 黃初로 改元하였다. 세 차례 吳를 정벌하였으나 실패하였다. 廟號는 世祖이다. 曹操·曹植과 함께 '三曹'라 칭해진다. 『典論』을 저술하였고, 詩賦 백여 편을 지었으며, 『魏文帝集』이 있다.

117) 『三國志』 「魏書」 卷1 「武帝紀」, 53면, "若天命在吾, 吾爲周文王矣."

118) 『三國志』 「魏書」 卷9 「夏侯惇傳」, 268면, "魏書曰 : 時諸將皆受魏官號, 惇獨漢官, 乃上疏自陳不當不臣之禮. 太祖曰 : '吾聞太上師臣, 其次友臣. 夫臣者, 貴德之人也, 區區之魏, 而臣足以屈君乎?' 惇固請, 乃拜爲前將軍."

119) 『晉書』 卷1 「宣帝紀」, 18~19면, "二月, 天子以帝爲丞相, 增封潁川之繁昌、鄢陵、新汲、父城, 幷前八縣, 邑二萬戶, 奏事不名. 固讓丞相. 冬十二月, 加九錫之禮, 朝會不拜. 固讓九錫."

120) 『晉書』 卷2 「景帝紀」, 28~29면, "癸巳, 天子詔曰 : '朕聞創業之君, 必須股肱之臣; 守文之主, 亦賴匡佐之輔. …… 其登位相國, 增邑九千, 幷前四萬戶; 進號大都督、假黃鉞, 入朝不趨, 奏事不名, 劍履上殿; 賜錢五百萬, 帛五千匹, 以彰元勳.' 帝固辭相國."

을 더했으며, 열 개 군에 봉해져, 진공(晉公) 작위를 받았으나 역시 사양한 것이 십여 차례에 이르렀으며,[121] 말년에야 비로소 진왕(晉王)의 책명을 받고 천자의 깃발을 세웠으니,[122] (조)조의 고사와 같았고, 그러나 자신은 역시 황제를 칭하지는 않았고, 그 아들 (사마)염(司馬炎)[123]에 이르러서야 비로소 선대를 행했다.[124] 유유(劉裕)에 이르면 (그는) 곧 스스로 진나라를 보정(輔政)하는 재상이 되어 바로 진나라의 운명을 옮겼다. 그 뒤로부터 제, 양 이하의 여러 군주들이 모두 그러하지 않음이 없었으니, 이는 또 하나의 변국(變局)이다.

(조)비는 한나라를 대신하고 헌제(獻帝)를 봉해 산양공(山陽公)으로 삼았는데 일찍이 해를 가하지는 않았으므로, (헌제는 천수를 다하고) 명제(明帝) 청룡(青龍) 2년에 죽었다.[125] (사마)염이 위나라를 대신하고서 (위나라의) 황제 (조)환(曹奐)을 봉해서 진류왕(陳留王)으로 삼았는데 역시 일찍이 해를 가하지 않았으므로, (조환은 천수를 다하고) 혜제(惠帝) 태안(太安) 원년에 비로소 죽었다.[126] 다만 이것만이 아니라, 사마사는 제왕(齊

---

121) 『晉書』 卷2 「文帝紀」, 33면, "甘露元年春正月, 加大都督, 奏事不名. 夏六月, 進封高都公, 地方七百里, 加之九錫, 假斧鉞, 進號大都督, 劍履上殿. 又固辭不受"; 같은 책, 35면, "五月, 天子以并州之太原上黨西河樂平新興雁門、司州之河東平陽八郡, 地方七百里, 封帝爲晉公, 加九錫, 進位相國, 晉國置官司焉. 九讓, 乃止."

122) 『三國志』「魏書」 卷4 「陳留王奐紀」, 150면, "己卯, 進晉公爵爲王, 封十郡, 并前二十"; 같은 책, 153면, "又命晉王冕十有二旒, 建天子旌旗, 出警入蹕, 乘金根車·六馬, 備五時副車, 置旄頭雲罕, 樂舞八佾, 設鐘虡宮縣. 進王妃爲王后, 世子爲太子, 王子·王女·王孫, 爵命之號如舊儀. 癸未, 大赦. 秋八月辛卯, 相國晉王薨."

123) 司馬炎(236~290) : 晉의 창업자인 晉武帝(재위 265~290)의 이름이다. 河內郡 溫縣 사람으로 字는 安世이며, 司馬昭의 아들이다. 含意 2년(265) 8월 相國 晉王이 되었고, 12월에 帝位에 올라 泰始로 건원하였다. 建國初 宗室을 대거 분봉하여 군대를 거느리고 지방의 刺史로 出鎭하게 했다. 太康 元年(280) 吳를 멸하고 전국을 통일하였다. 屯田을 폐하고 占·課田制를 실시하였다. 말년에 정사를 태만히 하고 주색에 빠졌다. 廟號는 世祖이다.

124) 『三國志』「魏書」 卷4 「陳留王紀」, 153~154면; 『晉書』 卷2 「文帝紀」, 45면; 『晉書』 卷3 「武帝紀」, 49면.

125) 『三國志』「魏書」 卷3 「明帝紀」, 101면, "(二年)三月庚寅, 山陽公薨, 帝素服發哀, 遣使持節典護喪事."

126) 『三國志』 卷4 「陳留王紀」, 154면, 注1, "魏世譜曰 : 封帝爲陳留王. 年五十八, 大安

王) (조)방(曹芳)을 폐위하여 소릉공(邵陵公)으로 삼았는데, 역시 진(晉) 태시(泰始) 연간에 이르러 비로소 죽었다.[127] 사마륜은 혜제를 폐위했으나 여전히 태상황(太上皇)으로 불렀고, 그를 금용성(金墉城)에 거처하게 했다.[128] 환현은 안제(安帝)를 폐하여 평고왕(平固王)으로 삼아서 심양(尋陽)으로 옮겼다가 또 위협하여 강릉(江陵)으로 가게 했으나,[129] 역시 모두 일찍이 해를 가하지는 않았기 때문에 오래지 않아 모두 예전의 (올바른) 상태로 돌이킬 수 있었다.

유유가 제위를 찬탈하고 곧 옛 임금을 죽인 이후로 제, 양, 진(陳), 수, 북제, 후주 역시 모두 그러하지 않음이 없었으니, 이것이 또한 하나의 변국이다. 옛날로부터 세월이 흐른 것이 멀어 명분과 의리가 서로 유지되기에 충분치 않았으므로, 조위에서 선양을 거짓으로 칭하여 나라의 명맥을 옮기면서 오히려 당우(唐虞)시대의 훌륭한 일을 모방하여 그 간사함을 꾸몄던 것이다. 이 예가 한번 시작되자 뒷사람들은 이 예를 또 예로 삼으면서 이 예가 따라 모방한 바는 모두 잊은 채 다만 이것이 곧 권신이 왕조를 바꾸는 방법이라 여겼으니, 더욱 근본을 변화시키고 사나움을 더한 것이다. 이것은 실로 세상이 돌아가는 운과 사람들의 마음이 갈수록 더 험악해진 것이다[趙注 : 유유 이후를 살펴보면, 역시 여전히 위나라와 진나라의 고사를 따른 경우가 있다. 고환(高歡)은 동위(東魏)에서 발해왕(渤海王)에 봉해졌고, (벼슬이) 도독중외제군사(都督中外諸軍事)였으며, 상국 · 녹상서사(錄尙書事) 지위에 올랐으나, 오히려 애써 사양하고 받지 않았다.[130] 옥벽(玉壁)에서 패배하자

元年崩, 謚曰元皇帝."

127) 『三國志』 「魏書」 卷4 「齊王芳傳」, 131면, 注1, "魏世譜曰 : 晉受禪, 封齊王爲邵陵縣公. 年四十三, 泰始十年薨, 謚曰厲公."

128) 『晉書』 卷4 「惠帝紀」, 97면, "永寧元年春正月乙丑, 趙王倫篡帝位. 丙寅, 遷帝于金墉城, 號曰太上皇, 改金墉曰永昌宮."

129) 『晉書』 卷10 「安帝紀」, 256면, "十二月壬辰, 玄篡位, 以帝爲平固王. 辛亥, 帝蒙塵于尋陽. …… 辛未, 桓玄逼帝西上. …… 庚寅, 帝至江陵."

130) 『北史』 卷6 「神武帝紀」, 227면, "興和元年七月丁丑, 魏帝進神武爲相國、錄尙書事, 固讓乃止"; 『北齊書』 卷1 「神武帝紀上」, 6면, "三月, 乃白節閔帝, 封神武爲渤海王, 徵使入覲. 神武辭"; 『北齊書』 卷2 「神武帝紀下」, 21면, "魏帝與神武讌射, 神武降階稱賀, 又辭渤海王及都督中外諸軍事, 詔不許."

또한 도독을 해임해 달라고 표를 올렸으니,[131] 그 구석을 받는 특별대우는 곧 죽은 뒤에 추증된 것이다.[132] 우문태(宇文泰)는 서위(西魏)에서 벼슬을 거듭 더하여 좌승상(左丞相)·도독중외제군사·태사(太師)·대총재(大冢宰)에 이르렀고[133] 안정왕(安定王)에 봉해졌으나 받지 않고, 안정공(安定公)으로 삶을 마쳤다.[134] 이는 여전히 신하로서의 절개를 지킬 수 있었던 이들이다. 또 조조는 헌제를 받들어 허(許)에 도읍을 정했으나, 스스로는 항상 업(鄴)에 머물렀다. 고환 또한 효정제(孝靜帝)를 받들어 업에 도읍을 정했으나, 스스로는 항상 진양(晉陽)에 머물렀으니, 조조와 서로 비슷하다. 사마의 부자는 항상 위나라의 황제들을 따라 낙양(洛陽)에 머물렀다. 우문태 역시 서위의 여러 황제들을 따라 장안(長安)에 머물렀으니,[135] 사마씨와 서로 비슷하다]. 이제 각 왕조의 선대에 관한 고사를 뒤에서 요점을 추려 서술하겠다.

배송지(裴松之)의 『삼국지(三國志)』 주석에서 『위략(魏略)』을 인용한 것을 보면,[136] 조비가 선양을 받을 때 한나라 황제가 선양하는 조서 및 책서(冊書)를 모두 세 차례 내렸는데, (조)비는 모두 표를 올려 사양하고 옥새와 인수를 돌려보냈다. 이복(李伏) 등이 제위에 오를 것을 권한 것이 한 번, 허지(許芝) 등이 권한 것이 한 번, 사마의(司馬懿) 등이 권한 것이 한 번, 환계(桓階) 등이 권한 것이 한 번, 상서령(尚書令) 등이 글을 모아 권한 것이 한 번, 유이(劉廙) 등이 권한 것이 한 번, 유약(劉若) 등이 권한 것이

131) 『北齊書』 卷2 「神武帝紀下」, 21~23면, "九月, 神武西征. 十月己亥, 圍西魏儀同三司王思政於玉壁城, 欲以致敵, 西師不敢出. 十一月癸未, 神武以大雪, 士卒多死, 乃班師. …… 己卯, 神武以無功, 表解都督中外諸軍事, 魏帝優詔許焉."

132) 『北史』 卷6 「神武帝紀」, 231면, "六月壬午, 魏帝於東堂擧哀三日, 制緦衰, 詔凶禮依漢大將軍霍光、東平王蒼故事, 贈假黃鉞、使持節、相國、都督中外諸軍事、齊王璽、轀輬車、黃屋左纛、前後羽葆鼓吹、輕車介士、兼備九錫殊禮, 諡獻武王."

133) 『北史』 卷9 「周本紀」 「文帝紀」, 328면, "二年正月, 魏帝詔帝爲左丞相、大行臺、都督中外諸軍事"; 『周書』 卷2 「文帝紀下」, 36면, "三年春正月丁丑, 初行周禮, 建六官. 以太祖爲太師、大冢宰, 柱國李弼爲太傅, 大司徒趙貴爲太保, 大宗伯獨孤信爲大司馬, 于謹爲大司寇, 侯莫陳崇爲大司空."

134) 『周書』 卷2 「文帝紀下」, 21면, "魏大統元年春正月己酉, 進太祖督中外諸軍事、一錄尚書事、大行臺, 改封安定郡王. 太祖固讓王及錄尚書事, 魏帝許之, 乃改封安定郡公"; 『北史』 卷5 「西魏恭帝紀」, 183면, "冬十月乙亥, 安定公宇文泰薨."

135) 宇文泰는 東魏의 공격을 방어하기 위해 長安 동쪽의 華州에 자주 머물렀다. 따라서 西魏도 長安과 華州의 兩都體制였다고 주장하는 학자들도 있다.

136) [王注] 『魏略』은 마땅히 『獻帝傳』이라고 해야 한다.

한 번, 보국장군(輔國將軍) 등 120명이 권한 것이 한 번,[137] 박사(博士) 소림(蘇林) 등이 권한 것이 한 번, 유이 등이 다시 권한 것이 한 번이었으나,[138] (조)비는 모두 명령을 내려 그것을 사양하였다. 최후에 화흠(華歆) 및 공경들이 날을 택하여 단을 설치할 것을 아뢰니, 비로소 즉위하였다.[139] 이는 비록 모두 거짓에서 나온 것이지만, 오히려 명분을 돌아보고 의리를 생각하여 감히 급하게 받지 않아 예를 갖추어 사양하는 유풍이 있었던 것이다. 사마염이 선양을 받고 나서 진류왕은 업으로 옮겨서 거처했는데 일이 있을 때마다 표를 올리니, (사마)염이 오히려 조서를 내려 "진류왕은 뜻이 항상 겸손하니 매사에 표를 올리는 것은 그를 우대하여 높이는 바가 아니다"라고 말하고, 이후로는 큰 일이 아니면 모두 소속 관리를 시켜 표를 지어 아뢰게 했다.[140] 원제(元帝)가 남쪽으로 건너와 궁실을 새로 지을 때, 상서(尙書)에서 문서가 내려와 진류왕에게 인부를 내도록 했는데, 순혁(荀奕)이 상소하여 "진류왕은 지위가 삼공(三公)의 위에 있고 자리가 태자의 오른쪽에 있으며, 표에 답하는 것을 '서(書)'라 하고, 물건을 사여하는 것을 '여(與)'라고 말하니, 어찌 사역에 인부를 내라고 명할 수 있겠습니까"라고 말했다.[141] 이전 왕조의 후예인데도 신하들이 오히려 감히 그를 위해 상주를 하였으니, 이때에 아직 우빈(虞賓)[142]의 의

137) [王注] 輔國將軍이 곧 劉若이니, 劉若 등 120人이 함께 권한 것이 두 차례인데, 여기서는 서로 다른 두 사람의 일로 오인하였다.

138) 이 내용은 『三國志』「魏書」卷2「文帝紀」, 62~75면, 注2에 보인다.

139) 『三國志』「魏書」卷2「文帝紀」, 62면, "使兼御史大夫張音持節奉璽綬禪位, 冊曰 : '…….' 乃爲壇於繁陽. 庚午, 王升壇卽阼, 百官陪位. 事訖, 降壇, 視燎成禮而反. 改延康爲黃初, 大赦."

140) 『晉書』卷3「武帝紀」, 54면, "夏五月戊辰, 詔曰 : '陳留王操尙謙沖, 每事輒表, 非所以優崇之也. 主者喩意, 非大事皆使王官表上之.'"

141) 『晉書』卷39「荀奕傳」, 1161면, "時將繕宮城, 尙書符下陳留王, 使出城夫. 奕駁曰 : '昔虞賓在位, 書稱其美; 詩詠有客, 載在雅頌. 今陳留王位在三公之上, 坐在太子之右, 故答表曰書, 賜物曰與. 此古今之所崇, 體國之高義也. 謂宜除夫役.'"

142) 虞賓 : 舜임금이 堯의 아들 丹朱를 賓으로 여긴 것에서 유래하여 亡朝의 主를 의미한다. 『後漢書』卷9「獻帝紀」, 392면, 注2, "虞賓謂舜以堯子丹朱爲賓, 虞書曰 '虞賓在位'是也."

미가 있었음을 볼 수 있다. 살펴보건대, 산양공은 하내(河內)에 거처했는데, 진나라 때에 이르러 비로소 독군(督軍)을 없애고 그에 대한 규제를 없앴으며,[143] 또 한나라 종실의 금고(禁錮)를 없앴으니,[144] 이는 양위한 뒤에도 위나라에서 여전히 사람을 두어 그를 감시했던 것이다[趙注 : 『후한서(後漢書)』를 보면, 동해왕(東海王) (유)강(劉彊), 패왕(沛王) (유)보(劉輔), 동평왕(東平王) (유)창(劉蒼)이 후에 위나라가 선양을 받게 되자, 오히려 모두 분봉을 받아 숭덕후(崇德侯)가 되었다].[145] 진류왕이 양위한 뒤에 진나라는 산도(山濤)에게 명하여 (그를) 업까지 호송하게 하였고,[146] 낭야왕(琅邪王) (사마)주(司馬伷)가 일찍이 업성을 감시하고 지켰으니, 이는 진나라가 진류왕에 대해서 역시 감독하고 통제하는 법이 있었던 것이나, 모두 아직 해를 끼치지는 않았다.

유유는 급히 선대를 하려 하여 참문(讖文 : 예언문)에 "창명(昌明)[147]의 뒤에 또한 두 왕이 있다"는 말을 근거로 드디어 안제를 독살하고 공제(恭帝)를 세웠다가,[148] 얼마 지나지 않아 바로 양위하도록 했다. 담당 관리가 조서의 초안을 공제에게 올리니 (공)제가 "환현 때에 천명이 이미 바뀌었는데 다시 유공(劉公)에 의하여 연장된 것이 20년이 되려고 한다. 오늘의 일은 진실로 기꺼운 바이다"라고 말했다.[149] 이에 나와서 말릉궁(秣陵宮)에 거처했고, (유)유는 (공)제를 봉하여 영릉왕(零陵王)으로 삼았다. (공)제는

---

143) 『晉書』 卷3 「武帝紀」, 55면, "罷山陽公國督軍, 除其禁制."

144) 『晉書』 卷3 「武帝紀」, 53면, "二月, 除漢宗室禁錮."

145) 『後漢書』 卷42 「東海恭王彊傳」, 1427면, "二十年, 魏受禪, 以爲崇德侯"; 『後漢書』 卷42 「沛獻王輔傳」, 1428면, "魏受禪, 以爲崇德侯"; 『後漢書』 卷42 「東平憲王蒼傳」, 1442면, "立四十一年, 魏受禪, 以爲崇德侯."

146) 『晉書』 卷2 「文帝紀」, 43면, "是時魏諸王侯悉在鄴城, 命從事中郎山濤行軍司事, 鎭於鄴, 遣護軍賈充持節、督諸軍, 據漢中."

147) 昌明은 東晉 孝武帝 司馬曜의 字이다. 따라서 孝武帝 다음 安帝, 그리고 恭帝 등 두 명의 왕이 있게 된 것이다.

148) 『晉書』 卷10 「安帝紀」, 267면, "初讖云'昌明之後有二帝', 劉裕將爲禪代, 故密使王韶之縊帝而立恭帝, 以應二帝云."

149) 『宋書』 卷2 「武帝紀中」, 46면, "詔草旣成, 送呈天子使書之, 天子卽便操筆, 謂左右曰 : '桓玄之時, 天命已改, 重爲劉公所延, 將二十載. 今日之事, 本所甘心'."

언제나 화를 두려워하여 저비(褚妃)와 더불어 스스로 침상 앞에서 음식을 끓였다. (유) 유가 (저)비의 오빠인 저담지(褚淡之)를 시켜 가서 (저)비를 보게 하자 (저)비는 나와서 그를 만나 보았는데, 병사들이 바로 담을 넘어 들어와 (공)제에게 약을 올렸다. (공)제가 기꺼이 마시려 하지 않으며 "불교에서 자살한 자는 다시 인간의 몸이 될 수 없다"라고 말하니, 이에 그를 이불로 가리고 살해하였다.[150)]

소도성(蕭道成)은 송(宋) 폐제(廢帝)가 무도하다 하여 왕경칙(王敬則)을 시켜 양옥부(楊玉夫) 등과 결탁하여 그를 시해하게 하고는[151)] 순제(順帝)를 맞이하여 즉위하게 하였다. 즉위한 지 겨우 3년 만에 바로 선대했는데, 순제를 봉하여 여음왕(汝陰王)으로 삼고 단도궁(丹徒宮)[152)]에 거처하게 했으며[153)] 사람을 시켜서 그를 감시하였다. 순제는 밖에서 말 달리는 소리가 있는 것만 들어도 매우 두려워했다. 감시하는 사람이 그를 죽이고는 병으로 죽었다고 알리자, 제나라 사람들(조정)이 식읍으로 그에게 상을 내렸다.

소연(蕭衍)은 (남)제 동혼후(東昏侯)가 무도하다 하여 군사를 일으켜 들어가 토벌하고는 화제(和帝)를 받들어 호령하였다. 서울을 에워싼 뒤 동혼후가 황태평(黃泰平) 등에게 시해되었다.[154)] (소)연은 서울로 들어가서 화

---

150) 『宋書』 卷52 「褚淡之傳」, 1503면, "秀之弟淡之, 字仲源, 亦歷顯官 …… 及恭帝遜位, 居秣陵宮, 常懼見禍, 與褚后共止一室, 慮有酖毒, 自煮食於牀前. 高祖將殺之, 不欲遣人入內, 令淡之兄弟視褚后, 褚后出別室相見, 兵人乃踰垣而入, 進藥於恭帝. 帝不肯飮, 曰 : '佛教自殺者不得復人身.' 乃以被掩殺之."

151) 『南齊書』 卷26 「王敬則傳」, 480면, "太祖命敬則於殿內伺機, 未有定日. 旣而楊玉夫等危急殞帝, 敬則時在家, 玉夫將首投敬則, 敬則馳詣太祖."

152) **[王注]** 丹徒宮은 『南史』 「宋本紀」, 『宋書』 및 『南齊書』에는 모두 '丹陽宮'이라 하였고, 『通鑑』도 『宋書』와 『南齊書』를 따랐다. 이 책 卷9 「『송서』에서 송·제 혁명 무렵에 대해 쓴 것(宋書書宋齊革易之際)」篇에도 역시 '丹陽宮'이라 했다.

153) 『南齊書』 卷2 「高帝紀下」, 32면, "封宋帝爲汝陰王, 築宮丹陽縣故治, 行宋正朔, 車旗服色, 一如故事, 上書不爲表, 答表不稱詔."

154) 『南齊書』 卷7 「東昏侯紀」, 106면, "是夜, 帝在含德殿吹笙歌作女兒子, 臥未熟. 聞兵入, 趨出北戶, 欲還後宮. 淸曜閤已閉, 閹人禁防黃泰平以刀傷其膝, 仆地. 顧曰 : '奴反邪?' 直後張齊斬首送梁王."

제를 맞이하여 고숙(姑熟)에 이르게 하고는 사람을 시켜 황제의 명을 가장해 선양하는 조서를 가져오게 하여 드디어 즉위하고는,[155] 화제를 봉하여 파릉왕(巴陵王)으로 삼았다.[156] 처음에는 남해군(南海郡)을 파릉국(巴陵國)으로 삼아 (화)제에게 그곳에 거처하게 하려 했으나, 심약(沈約)이 헛된 이름을 따르다가 실제 화를 당해서는 안 된다고 말한 것에 따라, 결국 정백금(鄭伯禽)을 보내어 (화제에게) 생금(生金)을 바치게 했다. 화제가 "내가 죽는 데에 생금은 필요 없고 진한 술이면 충분하다"라고 말하며 곧 술을 끌어 한 되를 마시니, (정)백금이 다가가 그를 끌어당겨 죽였다.[157]

진패선(陳霸先)은 선대를 마친 뒤 심각(沈恪)에게 군대를 이끌고 궁궐에 들어가 양 경제(敬帝)를 해치게 했다. (심)각은 사양하며 "저는 지난 날 소(蕭)씨 집안을 섬겨 왔으니, 오늘 이와 같은 일은 차마 볼 수가 없습니다"라고 말했다.[158] (진)패선은 이에 유사지(劉師知)에게 들어가서 황제를 속여 궁궐을 나오게 하라고 명하였다. (경)제가 그것을 알고는 침상 주위를 돌며 도망가면서 "(유)사지가 나를 팔았다. 진패선이 모반하였기 때문이지 나는 본래 천자가 되는 것을 바라지 않았는데, 무슨 까닭에 죽음을 당해야 하는가"라고 했다. (유)사지가 (경)제의 옷을 잡자 일을 행하는 자가 칼로 공격하였다. 그러고 나서 (진)패선에게 보고하여 말하기를 "일이 다 완료되었습니다"라고 말했다.[159]

---

155) 『南齊書』 卷8 「和帝紀」, 114면, "車駕東歸至姑熟. 丙辰, 禪位梁王."

156) 『南齊書』 卷8 「和帝紀」, 114면, "丁卯, 梁王奉帝爲巴陵王, 宮于姑熟, 行齊正朔, 一如故事. 戊辰, 薨, 年十五. 追尊爲齊和帝, 葬恭安陵."

157) 『南史』 卷5 「和帝紀」, 160면, "初, 梁武帝欲以南海郡爲巴陵國邑而遷帝焉, 以問范雲, 雲俛首未對. 沈約曰 : '今古殊事, 魏武所云, '不可慕虛名而受實禍'.' 梁武頷之. 於是遣鄭伯禽進以生金, 帝曰 : '我死不須金, 醇酒足矣.' 乃引飮一升, 伯禽就加摺焉."

158) 『陳書』 卷12 「沈恪傳」, 193~194면, "高祖受禪, 使中書舍人劉師知引恪, 令勒兵入辭, 因衛敬帝如別宮. 恪乃排闥入見高祖, 叩頭謝曰 : '恪身經事蕭家來, 今日不忍見許事, 分受死耳, 決不奉命.' 高祖嘉其意, 乃不復逼, 更以盪主王僧志代之."

159) 『南史』 卷68 「劉師知傳」, 1667면, "梁敬帝在內殿, 師知常侍左右. 及將加害, 師知詐帝令出, 帝覺, 遶牀走曰 : '師知賣我, 陳霸先反. 我本不須作天子, 何意見殺.' 師知執帝衣, 行事者加刃焉. 既而報陳武帝曰 : '事已了.' 武帝曰 : '卿乃忠於我, 後莫復爾.'

고양(高洋)은 장차 선대를 하려고 하면서 양성왕(襄城王) (원)창(元昶)[160] 등에게 (동)위 효정제(孝靜帝)에게 상주하게 하여 "오행(五行)의 운행에는 성쇠가 번갈아 있습니다. 청컨대 폐하께서는 요(堯)가 순(舜)에게 선양한 것을 본받으십시오"라고 말하게 했다. (효정)제가 "이 일은 거절한 지 이미 오래되었으나, 삼가 마땅히 자리를 물릴 것이다"라 말하고, 또 "이와 같다면 모름지기 조서를 지어야만 한다"라고 말하였다. 최할(崔劼) 등이 "조서는 이미 다 지어놓았습니다"라고 말하고, 곧바로 (효정)제에게 올려 그것을 썼다. (효정)제가 결국 어좌에서 내려와 후궁으로 들어가서 눈물을 흘리며 이별하니 황후 이하가 모두 통곡했다. (효정)제가 "오늘 일은 한나라 헌제나 상도향공(常道鄕公)보다 덜하지 않다"라고 말하고는 드디어 사마자여(司馬子如)의 집으로 옮겼다. (고)양은 거동할 때 항상 (효정)제에게 자기를 따르게 했는데, (효정제는) 끝내 독살되어 죽었다.[161]

우문태는 서위에서 효무제의 후궁[宮闈]이 무례하다 하여 사람들에게 그를 독살하게 하고 문제(文帝)를 세웠다. 문제가 죽자 폐제(廢帝)를 세웠다. (폐)제가 (우문)태가 원렬(元烈)을 살해한 사실[162]로 인해 원망하는

師知不對. 武帝受命, 仍兼舍人. 性疏簡, 與物多忤, 雖位宦不遷, 而任遇甚重, 其所獻替, 皆有弘益."

160) [王注] '襄城王 昶'이라고 했으나, 이는 『北史』 卷5 「魏本紀」와 『魏書』 卷12 「孝靜帝紀」에 의거하면, '昶'字는 '旭'으로 되어 있다. 『北史』 卷5 「魏本紀」 「東魏孝靜帝紀」, 197면, "及將禪位於文宣, 襄城王旭及司徒潘相樂、侍中張亮、黃門郎趙彦深等求入奏事." 『魏書』 卷12 「孝靜帝紀」, 314면, "及將禪位於文宣, 襄城王旭及司徒潘相樂、侍中張亮、黃門郎趙彦琛等求入奏事."

161) 『魏書』 卷12 「孝靜帝紀」, 314면, "及將禪位於文宣, 襄城王旭及司徒潘相樂、侍中張亮、黃門郎趙彦琛等求入奏事. 帝在昭陽殿見之, 旭曰 : '五行遞運, 有始有終. 齊王聖德欽明, 萬姓歸仰. 臣等昧死聞奏, 願陛下則堯禪舜.' 帝便斂容答曰 : '此事推挹已久, 謹當遜避.' 又云 : '若爾, 須作詔書.' 侍郎崔劼、裴讓之奏云 : '詔已作訖.' 卽付楊愔, 進於帝, 凡十條. 書訖, …… 帝乃下御座, …… 所司奏請發, 帝曰 : '古人念遺簪弊履, 欲與六宮別, 可乎?' 高隆之曰 : '今天下猶陛下之天下, 況在後宮.' 乃與夫人妃嬪已下訣, 莫不歔欷掩涕. …… 皇后已下皆哭. …… 及出雲龍門, 王公百僚衣冠拜辭, 帝曰 : '今日不減常道鄕公、漢獻帝.' 衆皆悲愴, 高隆之泣灑. 遂入北城下司馬子如南宅. 及文宣行幸, 常以帝自隨. 帝后封太原公主, 常爲帝嘗食以護視焉. 竟遇酖而崩."

162) 『周書』 卷2 「文帝紀」, 34면, "(魏廢帝二年) 冬十月, 尙書元烈謀作亂, 事發, 伏誅."

말을 하자, (우문)태는 드디어 그를 폐위하여[163] 옹주(雍州) 해사(廨舍)에 나아가 거처하게 했는데, (폐제) 역시 독을 마시고 죽었다[趙注 : 『북사(北史)』에는 기록되지 않았으나, 이 일이 『통감(通鑑)』에는 보인다].[164] (우문)태는 다시 공제를 세웠는데, 즉위한 지 3년 만에 (우문)태가 죽자 그 조카 (우문)호(宇文護)가 나라를 맡고는 (공)제에게 (우문)태의 아들 (우문)각(宇文覺)에게 선양하게 하였다. (우문)각은 (공)제를 송공(宋公)으로 봉하고 대사마부(大司馬府)에 나가 살게 했는데,[165] 곧 죽었다[趙注 : 여러 책에서는 모두 그가 죽을 때의 상황을 싣지 않았으나, 정월에 봉해져서 2월에 곧 죽었으니 아마도 역시 제대로 죽은 것은 아닐 것이다].

양견(楊堅)은 주(周) 선제(宣帝)가 붕어하고 정역(鄭譯) 등이 조서를 위조하여 양견에게 유언을 받들어 보정하도록 하자,[166] 정제(靜帝)를 세웠는데 나이가 여덟 살이었다. 양견은 곧 우문(宇文)씨들을 죽였다. 오래지 않아 역시 정제의 선양 조서를 사칭해 그 자리를 빼앗았다. (정)제를 봉하여 개국공(介國公)으로 삼고, 식읍 만 호에, 올리는 글을 표라 칭하지 않고 표에 답하는 것을 조(詔)라고 칭하지 않았는데, 『북사』에서는 '그 글이 있어도 일은 결국 행해지지는 않았다'고 했다.[167] 그 해 2월 양위하고 5월에 바로 죽었는데, 『주서(周書)』에서는 '수나라의 뜻이었다'고 했으니[168] 역시 (정상적인) 죽음을 맞을 수 없었던 것이다.

---

163) 『周書』 卷2 「文帝紀」, 35면, "(魏廢帝三年) 自元烈誅 魏帝有怨言. 魏淮安王育・廣平王贊等垂泣諫之, 帝不聽. 於是太祖與公卿定議, 廢帝, 尊立齊王廓, 是爲恭帝."

164) 『資治通鑑』 卷165 「梁紀21」, 「元帝承聖三年(554) 正月」條, 5111면, "(宇文)泰廢魏主, 置之雍州, 立其弟齊王廓, 去年號, 稱元年, 復姓拓跋氏, 九十九姓改爲單者, 皆復其舊." 및 같은 책, 「元帝承聖三年(554) 夏四月」條, 5113면, "庚戌, 魏太師泰鴆殺廢帝."

165) 『北史』 卷9 「孝閔帝紀」, 331면, "是日, 魏帝遜位于大司馬府. 元年春正月, 天王卽位…… 封魏帝爲宋公."

166) 『北史』 卷10 「周本紀」 「宣帝紀」, 379면, "御正下大夫劉昉與內史上大夫鄭譯矯制以隋公楊堅受遺輔政. 是日, 帝崩於天德殿, 時年二十二. 諡宣皇帝."

167) 『北史』 卷10 「周本紀」 「靜帝紀」, 384면, "二月甲子, 帝遜位于隋, 居于別宮. 隋氏奉帝爲介國公, 邑萬戶, 車服禮樂, 一如周制, 上書不稱表, 答表不稱詔. 有其文, 事竟不行. 隋開皇元年五月壬申, 帝崩, 時年九歲. 隋志也. 諡曰靜皇帝, 葬恭陵."

168) 『周書』 卷8 「靜帝紀」, 136면, "隋氏奉帝爲介國公, 邑萬戶, 車服禮樂一如周制, 上書不爲表, 答表不稱詔, 有其文, 事竟不行. 開皇元年五月壬申, 崩, 時年九歲, 隋志也.

당 고조의 군사들은 장안에 들어가 공제를 세웠다. 이듬해에 역시 공제가 조서를 내려 선양하니, 공제를 봉하여 휴국공(酅國公)으로 삼았다. 이듬해 5월에 이르러 비로소 죽었는데,[169) 『수서(隋書)』 『북사』 『통감』에서는 모두 그 죽음의 상황을 말하지 않았다.

주온(朱溫)은 당 소종(昭宗)을 협박하여 낙양으로 옮기고 장현휘(蔣玄暉)를 시켜 그를 죽인 뒤[170) 애제(哀帝)를 세웠다. (애)제는 (주)온을 위왕(魏王)으로 봉하고, 21군(軍)[171)으로 위나라를 만들고, 구석을 갖추게 했다.[172) (주)온은 노하여 받지 않고, 사람들을 시켜 장현휘가 하태후(何太后)와 사통하였음을 고하게 하고, 드디어 (장)현휘를 죽이고 태후를 시해했다.[173) 애제가 재상 장문울(張文蔚) 등에게 전국새(傳國璽), 옥책(玉冊), 금보(金寶), 의장(儀仗), 법물(法物)을 챙겨[174) 변(汴)으로 가서 즉위를 권하게 하니 (주)온은 드디어 즉위하였으며, 애제를 봉하여 제음왕(濟陰王)으

諡曰靜皇帝, 葬恭陵"; 본문에는 『周書』에 '隋志也'라고 한 것만을 기록했지만, 『北史』 卷10 「周本紀」 「靜帝紀」, 384면에도 같은 문장이 있다.

169) 『舊唐書』 卷1 「高祖本紀」, 7면, "(武德元年 六月)癸未, 封隋帝爲酅國公"; 『舊唐書』 卷1 「高祖本紀」, 9면, "(二年)五月己卯, 酅國公薨, 追崇爲隋帝, 諡曰恭."

170) 『舊唐書』 卷20上 「昭宗本紀」, 782~783면, "壬寅夜, 朱全忠令左龍武統軍朱友恭、右龍武統軍氏叔琮、樞密使蔣玄暉弒昭宗於椒殿. …… 是夜二鼓, 蔣玄暉選龍武衙官史太等百人叩內門, 言軍前有急奏面見上. 內門開, 玄暉每門留卒十人, 至椒殿院, …… 帝方醉, 聞之遽起. 史太持劍入椒殿, 帝單衣旋柱而走, 太追而弒之. 漸榮以身護帝, 亦爲太所殺. 復執何皇后, 將害之. 后求哀於玄暉, 玄暉以全忠止令害帝, 釋后而去."

171) 본문에서는 '21軍'이라 했으나, 『舊五代史』 「梁書」 卷2 「太祖本紀」, 38면에는 '21道'라고 하였다.

172) 『舊五代史』 「梁書」 卷2 「太祖本紀」, 38면, "辛巳, 天子命帝爲相國, 總百揆. 以宣武、宣義、天平、護國、天雄、武順、佑國、河陽、義武、昭義、保義、武昭、武定、泰寧、平盧、匡國、武寧、忠義、荊南等二十一道爲魏國, 進封帝爲魏王, 入朝不趨, 劍履上殿, 讚拜不名, 兼備九錫之命."

173) 『舊唐書』 卷52 「昭宗積善皇后何氏傳」, 2204면, "宣徽副使趙殷衡素與張、蔣不協, 且欲代知樞密事, 因使于梁誣告云: '玄暉私於何太后, 相與盟詛, 誓復唐室, 不欲王受九錫.' 全忠大怒, 卽日遣使至洛陽, 誅玄暉、廷範、柳璨等, 太后亦被害於積善宮, 又殺宮人阿秋、阿虔, 仍廢太后爲庶人."

174) 『舊五代史』 「梁書」 卷3 「太祖本紀」, 46면, "又, 宰臣張文蔚正押傳國寶、玉冊、金寶及文武羣官、諸司儀仗法物及金吾左右二軍離鄭州."

로 삼았으나 이듬해 정월에 그를 시해하였다.[175]

100. 위나라와 진나라의 선대는 같지 않았다魏晉禪代不同

조(曹)씨가 한(漢)나라를 대신하고 사마(司馬)씨가 위(魏)나라를 대신한 것은 그 자취가 비록 같지만 그러나 형세와 힘은 오히려 같지 않은 것이 있다. 조조(曹操)는 원상(袁尙)[176]을 이긴 뒤부터 곧 업(鄴)에 거처하였으며, 천자가 도읍한 허창(許昌)에는 다만 장사(長史) 국연(國淵),[177] 왕필(王必) 등만을 남겨서 앞뒤로 승상부(丞相府)의 일을 관장하게 했다. 그때 헌제(獻帝)는 이미 30~40여 세였으므로 어린 군주처럼 그에 대한 고려를 안 해도 되는 것은 아니었지만, 모든 인사와 행정에 관한 일이나 군대를 일으켜 토벌하는 일 등을 모두 업에서 명령을 냈으나 감히 다른 뜻을 가지는 이가 없었다.

사마씨가 위나라를 보필할 때에는 스스로 늘 승상부에 있으면서 위나라 황제와 함께 낙양(洛陽)에 있었다. (사마)의(司馬懿)는 정권을 휘두른 지 오래 되지 않았으므로 논할 것이 없겠으나, 곧 (사마)사(司馬師), (사마)소(司馬昭) 형제는 대권이 이미 손안에 있었고, 또 제왕(齊王) (조)방(曹芳), 고귀향공(高貴鄕公) (조)모(曹髦), 상도향공(常道鄕公) (조)환(曹奐)이 모두 어린 나이에 제위를 계승하였기 때문에 꼭 경계하는 마음을 가지지 않아도 될

175) 『舊五代史』「唐書」 卷26 「武皇本紀下」, 360면, "四月, 天子禪位於汴帥, 奉天子爲濟陰王, 改元爲開平, 國號大梁"; 『新五代史』 卷2 「太祖本紀下」, 15면, "(開平二年) 二年春正月丁酉, 渤海遣使者來. 己亥, 卜郊于西都. 弑濟陰王."

176) 袁尙 : 袁紹의 아들이자, 袁譚, 袁熙의 동생이다. 字는 顯甫이다.

177) 國淵 : 樂安 益縣(지금의 山東省 壽光縣 남쪽) 사람으로 字는 子尼이다. 鄭玄에게 사사하였다. 後漢末 遼東으로 피난했으며, 후에 曹操의 벽소로 司空掾屬이 되었다. 屯田 업무를 맡아 倉廩을 충실히 했다. 長史·魏軍太守·太僕 등을 역임하였다.

것 같았으나, (사마)사는 관구검(毌邱儉)을 토벌하면서 (사마)소를 남겨 낙양을 지키게 했고,[178] (사마사의) 병이 위독하게 되어서야 (사마)소가 비로소 군대로 나아갔다. (사마)사가 죽고 나자 위나라의 황제는 (사마)소에게 군사를 거느리고 허창을 지키도록 명령하였는데, (사마)소는 그대로 군사를 이끌고 낙양으로 돌아가[179] 감히 멀리 허창 주변에 있으려 하지 않았다. 제갈탄(諸葛誕)이 군사를 일으키자,[180] (사마)소는 장수를 보내자니 그가 믿지 못할 놈일 같아 두렵고, 직접 가자니 또한 도읍 주변에서 변고가 있을까 두려웠으므로, 마침내는 황태후와 고귀향공을 모시고 함께 가서 군사를 감독했으니,[181] 이는 그가 하루도 감히 사직이 있는 도성을 떠나지 못했음을 볼 수 있는 것이다.

일찍이 그 까닭을 헤아려 보니, (조)조는 한나라 황실이 크게 무너진 뒤에 의병을 일으켜 난폭한 자들을 토벌하였고, 한나라의 신하로 원소(袁紹), 여포(呂布), 유표(劉表), 도겸(陶謙) 등과 같이 (조)조와 대적할 수 있는 자들은 대부분 직접 평정하여 죽거나 주살되었으며, 조정에 남아 있는 사람은 양표(楊彪),[182] 공융(孔融) 등과 같은 몇몇 문신(文臣)에 지나지

178) 『三國志』「魏書」卷28「鍾會傳」, 785면, "毌丘儉作亂, 大將軍司馬景王東征, 會從, 典知密事, 衛將軍司馬文王爲大軍後繼."

179) 『晉書』卷2「文帝紀」, 33면, "毌丘儉・文欽之亂, 大軍東征, 帝兼中領軍, 留鎭洛陽. 及景帝疾篤, 帝自京都省疾, 拜衛將軍. 景帝崩, 天子命帝鎭許昌, 尙書傅嘏帥六軍還京師. 帝用嘏及鍾會策, 自帥軍而還. 至洛陽, 進位大將軍, 加侍中, 都督中外諸軍・錄尙書事, 輔政, 劍履上殿. 帝固辭不受."

180) 『三國志』「魏書」卷4「三少帝紀」「高貴鄕公髦」, 139면, "乙亥, 諸葛誕不就徵, 發兵反, 殺揚州刺史樂綝"; 『三國志』「魏書」卷4「三少帝紀」「高貴鄕公髦」, 141면, "三年春二月, 大將軍司馬文王陷壽春城, 斬諸葛誕."

181) 『三國志』「魏書」卷4「三少帝紀」「高貴鄕公髦」, 133면, 注1 "世語曰 : 大將軍奉天子征儉, 至項; 儉旣破, 天子先還. 臣松之檢諸書都無此事, 至諸葛誕反, 司馬文王始挾太后及帝與俱行耳."

182) 楊彪(142~225) : 弘農郡 華陰縣(지금의 陝西省 華陰 동남) 사람으로 字는 文先이며, 漢 太尉 楊震의 증손이다. 젊어서 家學을 전수받고 孝廉과 茂才로 천거되고, 公府의 벽소를 받았으나 모두 응하지 않았다. 熹平 연간 議郎・侍中・太僕・衛尉 등을 역임하였다. 中平末 司空・司徒가 되었다. 初平 元年(190) 董卓의 長安遷都를 반대하여 면직되었다. 獻帝가 다시 낙양으로 돌아오자 獻帝를 호위하였으며, 尙書令이 되었다. 建

않았으나 이 또한 쫓겨나거나 죽임을 당했고, 그 나머지 열후와 장수들은 모두 (조)조가 뽑아 쓴 사람들이라, 비록 전에 동승(董承), 왕자복(王子服), 오자란(吳子蘭), 충집(种輯), 오석(吳碩) 등이 있고[183] 나중에 위황(韋晃), 경기(耿紀), 금위(金禕)[184]가 있어 한나라 조정을 바로잡고 (조)조를 해치려 하였지만,[185] 모두 병권이 없어 행동하는 대로 번번이 박멸되었다. 그러므로 (조조는) 업성에 편히 앉아 있어도 조정의 정사가 모두 자기로부터 나왔다.

사마씨는 문제(文帝), 명제(明帝) 당시 국세가 바야흐로 융성하던 때에 갑자기 어린 군주가 제위를 계승하는 경우를 만나 위엄과 권세를 훔칠 수 있었으나, 그때 내외의 신료들은 오히려 모두 위나라 황제가 등용한 사람이어서, 안으로는 장집(張緝), 소삭(蘇鑠), 악돈(樂敦), 유현(劉賢) 등이 있어 틈을 엿보아 서로 도모하고,[186] 밖으로는 왕릉(王淩), 관구검, 제갈탄 등이 있어 서로 잇달아 군사를 일으켜 소리 높여 토벌하고자 나섰던 것이다. 사마씨는 오로지 천자를 끼고 있음을 믿고 간사함을 멋대로 하였으니, 일

安 元年(196) 曹操가 獻帝를 許로 모신 이후 曹操와 사이가 벌어졌다. 당시 袁術이 稱帝했는데, 曹操는 楊彪의 妻가 袁術의 여동생임을 이유로 모함하였으나 孔融이 적극 변호하였다. 漢室이 장차 망하여 魏의 신하가 되는 것을 치욕으로 생각하여 足疾을 이유로 10여 년간 두문불출하였다. 魏文帝가 太尉로 삼으려 하였으나 고사하였다.

183) 『後漢書』 卷72 「董卓傳」, 2343면, "帝忌操專偪, 乃密詔董承, 使結天下義士共誅之. 承遂與劉備同謀, 未發, 會備出征, 承更與偏將軍王服·長水校尉种輯·議郎吳碩結謀. 事泄, 承·服·輯·碩皆爲操所誅"; 『三國志』 「蜀書」 卷32 「先主傳」, 875면, "先主未出時, 獻帝舅車騎將軍董承辭受帝衣帶中密詔, 當誅曹公. 先主未發. 是時曹公從容謂先主曰: '今天下英雄, 唯使君與操耳. 本初之徒, 不足數也.' 先主方食, 失匕箸. 遂與承及長水校尉种輯·將軍吳子蘭·王子服等同謀. 會見使, 未發. 事覺, 承等皆伏誅."

184) 본문에서는 '金禕'라고 하였으나, 中華書局本에는 '全禕'로 표기하였는데, 이는 판본에 따른 차이이다(『後漢書』 卷9 「孝獻帝紀」, 395면, "時有京兆全禕 按: 汲本殿本'全禕'作'金禕'").

185) 『後漢書』 卷9 「孝獻帝紀」, 389면, "二十三年春正月甲子, 少府耿紀、丞相司直韋晃起兵誅曹操, 不克, 夷三族"; 『後漢書』 卷9 「孝獻帝紀」, 389면, 注1 "三輔決錄[注]曰: '時有京兆全禕, 字德偉, 自以代爲漢臣, 乃發憤, 與耿紀、韋晃欲挾天子以攻魏, 南援劉備. 事敗, 夷三族.'"

186) 『晉書』 卷2 「景帝紀」, 27면, "正元元年春正月, 天子與中書令李豐·后父光祿大夫張緝·黃門監蘇鑠·永寧署令樂敦·宂從僕射劉賢等謀以太常夏侯玄代帝輔政."

단 서울을 떠나면 화를 예측할 수 없었으므로, 부자 세 사람이 정권을 잡고서도 끝내 감히 도성 문을 한 발짝도 나가지 못하였으니, 또한 시세(時勢)가 그렇게 만든 것이다. 그러나 (조)조는 한나라의 조명이 거의 끊어진 뒤에 군사를 일으켜 힘써 정벌하고 나라를 경영하여 한나라의 조명을 늘인 것이 20여 년이 된 뒤에야 그(한나라)를 내신하였다. 사마씨는 위 황실이 아직 쇠퇴하지 않았을 때에 기회를 틈타 대권을 훔쳐 한 명의 황제는 폐위하고 한 명의 황제는 죽이고 그 자리를 빼앗았으니, 그를 (조)조에 견주어보면 그 공과 죄는 같은 수준에서 말할 수 없는 것이다.

101. 구석문九錫文

여러 왕조에서는 모두 선대(禪代)에 앞서 반드시 먼저 구석문(九錫文)이 있어 (선양 받는) 그 사람의 공적을 모두 서술하고, 작위를 높이고 제후로 봉하여 특별한 예우를 내렸는데, 역시 조조(曹操)로부터 시작되었다[趙注 : 살펴보건대 왕망(王莽)이 제위를 찬탈하면서 이미 먼저 구석(九錫)을 받기는 했지만, 그 문장은 오백여 자(字)에 불과하여 반욱(潘勖)[187]이 조조를 위해 지은 문장의 격식과 같지 않았다. 그런데 (반)욱이 지은 것은 장송(張竦)이 (왕)망의 공덕을 칭송한 상소에서 일마다 과장해 말하여 3천~5천 자에 이른 것을 모방한 것으로, (반)욱이 지은 글의 체재가 바로 그와 서로 같았다]. 그 뒤 진(晉), 송(宋), 제(齊), 양(梁), 북제(北齊), 진(陳), 수(隋)가 모두 그것(구석문)을 썼다. 그 문장이 모두 과장되면서도 아름다워 한 시대의 훌륭한 저작이었으므로, 각 왕조 정사 및 『남사(南史)』『북사(北史)』에서 모두 그것을 다 실었다. 지금도 지은이의 이름을 여전히 살펴볼 수 있는 것이 있다. (조)조의 구석문은 배송지(裴松之)의 『삼

---

187) 潘勖 : 字는 元茂이고 원래 이름은 芝였는데, 후에 勖으로 바꾸었다. 獻帝 때 尙書郞, 尙書左丞 등을 지냈으며, 재능이 있고, 옛 일에도 밝았다. 魏公 九錫策命을 지었다.

국지(三國志)』 주석에 의하면 후한(後漢) 상서좌승(尚書左丞)[188] 반욱의 글이다[趙注 : 이후 각 왕조 구석문은 모두 그 글을 모방하여 격식으로 삼았다]. 조비(曹丕, 곧 魏 文帝)가 선양을 받을 때에는 아버지가 이미 구석을 받았으므로 다시 쓰지는 않았는데, 관련된 모든 조고(詔誥)는 모두 위기(衛覬)가 지었다[趙注 : 「위기전(衛覬傳)」].[189] 진 사마소(司馬昭, 곧 晉 文帝)의 구석문은 어떤 사람이 지은 것인지 알 수 없는데, 그가 구석을 사양하며 올린 표문은 완적(阮籍)의 글이다[趙注 : 「완적전(阮籍傳)」에 보인다].[190] 유유(劉裕, 곧 宋 武帝)의 구석문 역시 누가 지은 것인지 상세하지 않지만, 「부량전(傅亮傳)」에 의하면 유유가 광고(廣固)를 정벌한 이후부터 선양을 받을 때까지 사용한 표책문고(表冊文誥)가 모두 (부)량이 지은 바였다고 하므로[191] 구석문은 필경 (부)량의 작품일 것이다. 소도성(蕭道成, 곧 南齊 高帝)의 구석문은, 「왕검전(王儉傳)」에 의하면 제 고조(高祖)가 태위(太尉)가 된 이후 선양을 받을 때까지 사용한 조책(詔冊)이 모두 (왕)검의 작품이었다 하므로[192] 구석문도 (왕)검의 작품이다. 소연(蕭衍, 곧 梁 武帝)의 구석문의 경우, 「임방전(任昉傳)」에 의하면 양(梁)나라 조정이 서면서 선양에 관한 문고(文誥)는 대부분 (임)방이 지은 바였다고 했고,[193] 또 「심약전(沈約傳)」에서는 무제(武帝)가 (심)약과 선대를 도모하면서 (심)약에게 명하여 그 일에 관한 글을 기초하게 했는데 (심)약이 바로 품에서 조서를 꺼내니 무제가 고칠 바가 없었다고 했으며,[194] 또

188) 尙書左丞 : 尙書右丞과 함께 尙書令·尙書僕射를 도와 尙書省의 정사를 도왔던 관직이며, 尙書右丞보다 높았다.

189) 『三國志』「魏書」 卷21 「衛覬傳」, 611면, "文帝卽位, 徙爲尙書. 頃之, 還漢朝爲侍郞, 勸贊禪代之義, 爲文誥之詔. 文帝踐阼, 復爲尙書, 封陽吉亭侯."

190) [王注] 『晉書』 卷49 「阮籍傳」, 1360면에 "帝讓九錫, 公卿將勸進, 使籍爲其詞"라 하였으니, 阮籍이 지은 바는 곧 公卿 名義로 올린 바의 勸進表이지 九錫을 사양하는 表文이 아니다.

191) 『宋書』 卷43 「傅亮傳」, 1337면, "北征廣固, 悉委長史王誕; 自此後至于受命, 表策文誥, 皆亮辭也."

192) 『南齊書』 卷23 「王儉傳」, 434면, "時大典將行, 儉爲佐命, 禮儀詔策, 皆出於儉, 褚淵唯爲禪詔文, 使儉參治之."

193) 『梁書』 卷14 「任昉傳」, 253면, "梁臺建, 禪讓文誥, 多昉所具."

「구지전(邱遲傳)」에서는 양나라 초에 자리에 오르도록 권하거나 특별한 예우에 관한 것은 모두 (구)지의 글이라 했으니,[195] 구석문을 지은 이는 모두 이 세 사람에서 벗어나지 않는다. 진패선(陳覇先, 陳 武帝)의 구석문은, 「서릉전(徐陵傳)」에 의하면 진(陳)의 선양 조책이 모두 (서)릉이 지은 것이며, 구석문이 특히 아름답다 했으니,[196] (서)릉이 구석문을 지었음에 또한 의심할 것이 없다. 고양(高洋, 北齊 文宣帝)의 구석문은, 「위수전(魏收傳)」에 의하면 (위)수가 지은 바이다.[197] 그밖에 사마륜(司馬倫) 같은 경우도 역시 구석문이 있었는데, (사마)륜이 패한 뒤 제왕(齊王) (사마)경(司馬冏)은 구석문이 부지(傅祗)한테서 나왔다고 의심하여 그에게 죄를 주려고 했으나 나중에 문장을 검토하니 (부)지가 쓴 것이 아니었으므로 처벌을 면하게 되었다[趙注 : 「부지전(傅祗傳)」].[198] 또 육기(陸機)가 중서(中書)에 있었으므로 구석문과 선양하는 조서를 모두 (육)기가 지은 것으로 의심하여 드디어 (육)기를 잡아들였는데, 성도왕(成都王) (사마)영(司馬穎)[199]이 그를 구하여

194)『梁書』卷13「沈約傳」, 234면, "雲許諾, 而約先期入, 高祖命草其事. 約乃出懷中詔書並諸選置, 高祖初無所改."

195)『梁書』卷49「丘遲傳」, 687면, "高祖平京邑, 霸府開, 引爲驃騎主簿, 甚被禮遇, 時勸進梁王及殊禮, 皆遲文也."

196)『陳書』卷26「徐陵傳」, 335면, "自有陳創業, 文檄軍書及禪授詔策, 皆陵所製, 而九錫尤美."

197)『北齊書』卷37「魏收傳」, 487면, "時齊將受禪, 楊愔奏收置之別館, 令撰禪代詔冊諸文, 遣徐之才守門不聽出."

198)『晉書』卷47「傅祗傳」, 1332면, "初, 倫之篡也, 孫秀與義陽王威等十餘人預撰儀式禪文. 及倫敗, 齊王冏收侍中劉逵、常侍騶捷杜育、黃門郎陸機、右丞周導王尊等付廷尉. 以禪文出中書, 復議處祗罪, 會赦得原. 後以禪文草本非祗所撰, 於是詔復光祿大夫."

199) 司馬穎(279~306) : 字는 章度이며, 晉 武帝의 열여섯째 아들이다. 太康 10년(289) 成都王에 봉해졌고 元康 9년(299) 平北將軍이 되어 鄴에 주둔하였다. 趙王 司馬倫이 찬탈하자 齊王 司馬冏에 호응하여 司馬倫을 토벌하였고, 太安 2년(303) 河間王 司馬顒과 함께 長沙王 司馬乂를 토벌하고 洛陽에 들어와 丞相이 되었으나, 곧 鄴으로 돌아와 皇太弟라 칭하면서 鄴에서 朝政을 요리하였다. 永興 元年(304) 東海王 越에게 蕩陰에서 패하자 惠帝를 鄴으로 데리고 갔다. 東瀛公 司馬騰, 幽州刺史 王浚 등이 연합하여 鄴을 공격하자 惠帝를 데리고 洛陽으로 달아났으나 司馬顒이 皇太弟의 지위를 박탈하였다. 東海王 司馬越이 司馬顒을 공격하자 關中으로 달아나다가 방향을 바

처벌을 면하게 되었다[趙注 : 「육기전(陸機傳)」].[200] 그런데 「추담전(鄒湛傳)」에서 이르기를 조왕(趙王) (사마)륜이 찬탈하자 (추)담의 아들 (추)첩(鄒捷)과 (육)기가 함께 선양에 관한 글을 지었다고 했으니,[201] 구석문는 분명 (육)기의 작품일 것이다. 환온(桓溫)[202]이 병들어 구석문를 바라자, 조정에서 원굉(袁宏)에게 명하여 글을 짓게 하고 왕표지(王彪之)에게 보였는데, (왕)표지는 그 아름다움에 감탄하였으나 다른 이에게 보이지 말라고 경계했고, 사안(謝安)[203]이 또한 누차 그것을 고치게 하여 결국 시일을 끌었고, (환)온이 죽게 되자 그만두었다[趙注 : 「왕표지전(王彪之傳)」].[204] 환현(桓玄)이 찬탈할 때에는 변범지(卞範之)와 은중문(殷仲文)이 조책을 미리 지었는데, 그 선양하는 조책은 (변)범지의 글이고 구석문은 (은)중문의 글이다[趙注 : 「변범지전」 「은중문전」에 보인다].[205] 이는 모두 각 사서 열전에서 보이는 것이다.

꾸어 朝歌로 달아나다가 頓丘太守 馮嵩에게 사로잡혀 鄴으로 이송되어 살해되었다.

200) 『晉書』 卷54 「陸機傳」, 1473면, "倫將簒位, 以爲中書郎. 倫之誅也, 齊王冏以機職在中書, 九錫文及禪詔疑機與焉, 遂收機等九人付廷尉. 賴成都王穎、吳王晏並救理之, 得減死徙邊, 遇赦而止."

201) 『晉書』 卷92 「鄒湛傳」, 2380면, "子捷, 字太應, 亦有文才. 永康中, 爲散騎侍郎. 及趙王倫簒逆, 捷與陸機等俱作禪文."

202) 桓溫(312~373) : 東晉 譙國 龍亢縣 사람으로 字는 元子이다. 南康長公主와 결혼하여 駙馬都尉가 되었고, 徐州刺史를 역임했다. 明帝 때 安西將軍 荊州刺史가 되어 永和 3년(347) 成漢을 멸하여 征西大將軍 臨賀郡公이 되었다. 殷浩가 북벌에 누차 패하고 실각하자 정권을 잡게 되었다. 興寧 元年(363) 侍中 大司馬 都督中外諸軍事 錄尙書事가 되어 권력이 극에 달했다. 전후 前秦과 前燕 정벌에 나섰으나 모두 실패하였다. 太和 6년(371) 參軍 郗超와 함께 海西公을 폐하고 簡文帝(司馬昱)를 옹립하였다. 姑孰에 주둔하며 朝政을 행하였다. 簡文帝가 죽은 후 軍國事를 총괄하라는 遺詔를 남겼는데, 桓溫은 簡文帝가 자신에게 선양할 것을 기대하다가 실망하여 얼마 후 죽었다.

203) 謝安(320~385) : 字는 安石이고, 東晉의 명문 가문이었던 陳郡 謝氏이다. 桓溫이 죽은 뒤 재상이 되었을 때, 前秦 苻堅이 대군을 이끌고 남하하자, 謝玄을 시켜 淝水에서 이를 격파하였다.

204) 『晉書』 卷76 「王彪之傳」, 2011면, "溫遇疾, 諷朝廷求九錫. 袁宏爲文, 以示彪之. 彪之視訖, 歎其文辭之美, 謂宏曰 : '卿固大才, 安可以此示人!' 時謝安見其文, 又頻使宏改之, 宏遂逡巡其事. 旣屢引日, 乃謀於彪之. 彪之曰 : '聞彼病日增, 亦當不復支久, 自可更小遲迴.' 宏從之. 溫亦尋薨."

205) 『晉書』 卷99 「卞範之傳」, 2603면, "卞範之字敬祖, 濟陰宛句人也. …… 玄僭位, 以範之爲侍中, 班劍二十人, 進號後將軍, 封臨汝縣公. 其禪詔, 卽範之之文也"; 『晉書』

조비(曹丕)가 손권(孫權)에게 구석을 주고,[206] 손권이 공손연(公孫淵)에게 구석을 주고,[207] 유요(劉曜)[208]가 석륵(石勒)[209]에게 구석을 주고,[210] 석홍(石弘)[211]이 석호(石虎)[212]에게 구석을 주고, 석세(石世)[213]가 석준(石遵)[214]

卷99 「殷仲文傳」, 2604면, "殷仲文, 南蠻校尉覬之弟也. …… 玄九錫, 仲文之辭也."

206) 『三國志』 「魏書」 卷2 「文帝紀」, 78면, "丁巳, 使太常邢貞持節拜權爲大將軍, 封吳王, 加九錫."

207) 『三國志』 「吳書」 卷47 「吳主傳」, 1138면, "三月, 遣舒、綜還, 使太常張彌、執金吾許晏、將軍賀達等將兵萬人, 金寶珍貨, 九錫備物, 乘海授淵."

208) 劉曜(재위 318~328) : 前趙의 창건자. 字는 永明이며, 어려서 고아가 되어 劉淵이 그를 길렀다. 劉聰 휘하에서 낙양과 장안 공격에 참여하였으며, 316년 西晉의 愍帝 잡아감으로써 西晉을 멸망시켰다. 이후 前趙를 창건하였으나, 328년 낙양에서 石勒과 싸우다 패하였다. 그가 죽은 뒤 前趙는 곧 멸망했다.

209) 石勒(274~333, 재위 319~333) : 上黨郡 武鄕 사람으로, 字는 世龍, 일설에 小字는 匐勒이며, 羯族이다. 어려서 집이 가난하여 상업에 종사하였고 소작인이 되기도 했다. 太安中 幷州에 기근이 들어 晉將에 의해 노예로 팔려 갔으나 후에 방면되었다. 汲桑에 의탁하였고, 汲桑이 그에게 石勒이라는 이름을 지어 주었다. 八王의 난 이후 汲桑이 패사한 후 劉淵에 투항하였다. 주로 冀州 일대를 점령하였고 張賓을 謀主로 삼았다. 永嘉 5년(311) 東海王 越의 喪을 苦縣까지 추격하여 太尉 王衍을 살해하고 王彌를 유인하여 죽인 후 그 무리를 병합하였으며, 王浚을 살해하고 劉琨을 격파하였다. 劉曜가 즉위한 후 大司馬 大將軍에 제수되었고, 靳準을 평정한 후 趙王으로 봉해졌다. 光初 2년(319) 趙王이라 칭하고 國號를 趙라 하였다. 太和 元年(328) 洛陽을 공격하여 前趙軍을 대파하고 劉曜를 사로잡았으며, 다음에 前趙를 멸하였다. 太和 3년(330) 稱帝하고 연호를 建平이라 칭했다. 諡號는 明帝이며, 廟號는 高祖이다.

210) 『魏書』 卷95 「石勒傳」, 2049면, "曜稱尊號, 授勒大司馬、大將軍, 加九錫, 增封十郡, 幷前十三郡, 進爲趙公."

211) 石弘(314~335, 재위 334) : 字는 大雅이며, 石勒의 둘째 아들이다. 趙王 4년(322) 世子가 되어 中領軍을 겸직하였고, 이어 衛將軍이 되었다. 石勒이 鄴宮을 만든 후 鄴을 지키게 하였다. 石勒이 趙天王을 칭한 후 太子로서 領大單于였다. 石勒이 죽고 제2대 황제로 즉위하였으나 石虎에게 폐위당하고 피살되었다.

212) 石虎(?~349, 재위 334~349년) : 字는 季龍이며, 石勒의 조카이다. 성질이 잔인하였으나 武將으로서 뛰어나 석륵의 신임을 얻었다. 석륵 사후 石弘이 帝가 되자 이듬해 그를 죽이고 스스로 居攝趙天王이라 칭하고, 수도를 鄴으로 옮겼다. 349년 病死한 뒤, 후계분쟁이 일어나 결국 冉閔에 의하여 일족이 소멸되고 後趙는 멸망했다.

213) 石世(339~349, 재위 349) : 石虎의 少子이다. 石虎가 太子 石宣을 죽인 후 太子가 되었고, 太寧 元年(349) 즉위하였는데, 어머니 劉太后와 丞相 張豺가 국정을 농단하였다. 石遵이 군대를 이끌고 張豺를 살해하고 폐위한 후 살해하였다.

214) 石遵(?~349, 재위 349) : 字는 太祗이며, 石虎의 9子이다. 石弘이 즉위한 후 齊王으로 봉해졌고, 石虎가 즉위한 후 彭城公이 되었다. 石虎의 병이 중하자 大將軍이 되어 關

에게 구석을 주고, 부등(苻登)이 걸복건귀(乞伏乾歸)[215]에게 구석을 주고, 요흥(姚興)[216]이 초종(譙縱)[217]에게 구석을 준 경우[218]는 그 글과 지은이를 모두 살펴볼 수 없다. 그러나 또한 당시에 어지러운 찬탈이 서로 이어지고 걸핏하면 특별한 예우를 사용하여 참람되고 어지러운 바가 이보다 심한 것이 없었음을 볼 수 있다.

『한서(漢書)』「무제기(武帝紀)」에 제후가 선비를 천거해 올려[貢士][219] 쓸 만한 사람을 얻게 된 경우 그를 유공(有功)이라 부르고 구석을 더한다고 했다.[220] 장안(張晏)이 주를 달기를 "구석이란 경전에는 분명한 글이 없는데, 『주례(周禮)』에서는 구명(九命)이라 했고 『춘추설(春秋說)』에도 그것이 있다"라고 말했고, 신(臣) 찬(瓚)[221]이 말하기를 "구석으로서 기물을 갖춘 것은 패자(霸者)의 성대한 예이다"라고 했으나,[222] 모두 구석의 출처는 언

中에 주둔하였다. 石世가 즉위한 후 左丞相이 되었으나 太寧 元年(349) 군대를 이끌고 鄴에 들어가 石世를 죽이고 자립하였다. 후에 冉閔과 권력을 다투다가 피살되었다.

215) 乞伏乾歸 : 西秦의 군주. 394년 결국 前秦을 멸망시키지만, 400년 後秦에 항복하고 이후 다시 독립한다. 乞伏公府에게 시해되었다.

216) 姚興(재위 393~416) : 後秦의 제2대 황제.

217) 譙縱(?~413) : 晉 巴西郡 南充縣 사람으로 本郡의 著姓이다. 성격이 근면하고 신중하여 蜀人들의 인심을 얻었다. 益州刺史 毛璩의 安西府參軍이 되었다가 義熙 元年(405) 毛璩를 살해하고 成都를 거점으로 삼아 成都王을 자칭하였다. 義熙 6년(410) 劉裕를 토벌할 명분으로 桓謙을 보내 東晉을 정벌하고, 譙道福에게 荊州를 공격케 하였으나 패하였다. 義熙 9년(413) 劉裕가 朱齡石을 파견해 정벌하자 패하여 자살하였다.

218) 『魏書』 卷95 「姚興傳」, 2084면, "先是, 譙縱略有益寧之地, 僭稱尊號, 遣使稱蕃於興, 興以縱爲蜀王, 加九錫."

219) 貢士 : 諸侯가 중앙정부에 才學이 있는 선비를 천거하던 일, 또는 그 사람을 이른다.

220) 『漢書』 卷6 「武帝紀」, 167면, "有司奏議曰 : '古者, 諸侯貢士, 壹適謂之好德, 再適謂之賢賢, 三適謂之有功, 乃加九錫 ……'."

221) 顔師古撰, 『漢書敍例』에 의하면, "臣瓚, 不詳姓氏及郡縣"이라 하고 있다. 『漢書』 注釋 諸家를 열거하면서 西晉 劉寶와 郭璞 사이에 넣고 있어 西晉시대 사람으로 정리하고 있다. 『後漢書』 卷23 「郡國志」, 3549면의 注에는, "于瓚 按 : 惠棟補注本作'干瓚', 云漢書注有'臣瓚', 莫知姓氏, 酈元謂之薛瓚, 或謂之傅瓚, 劉孝標、姚察皆曰干瓚, 未詳孰是"라 했다.

222) 『漢書』 卷6 「武帝紀」, 168면, 注16 "張晏曰 : '九錫, 經本無文, 周禮以爲九命, 春秋說有之.' 臣瓚曰 : '九錫備物, 伯者之盛禮, 齊桓、晉文猶不能備, 今三進賢便受之, 似不然也. 當受進賢之一錫. 尙書大傳云 '三適謂之有功, 賜以車服弓矢' 是也.' 師古曰

급하지 않았다. 『후한서(後漢書)』 장회태자(章懷太子) 주석에 의하면 구석은 본래 위서(緯書)인 『예위(禮緯)』 「함문가(含文嘉)」에서 나온 것인데, 첫 번째는 수레와 말이고, 두 번째는 의복이고, 세 번째는 악기이고, 네 번째는 붉게 칠한 문[朱戶]이고, 다섯 번째는 납폐(納陛)이고, 여섯 번째는 호분(虎賁)이고, 일곱 번째는 도끼이고, 여덟 번째는 활과 화살이고, 아홉 번째는 거창(秬鬯)이라 했다.[223] 생각건대 주(周)나라 제도에 본래 석명(錫命)의 예가 있었으니, 『시경(詩經)』 『좌전(左傳)』에 실려 있는 '너에게 옥으로 된 술그릇과 검은 기장술 한 통, 붉은 활과 화살 천 개를 내린다[釐爾圭瓚, 秬鬯一卣, 彤弓矢千]'[224]와 같은 것이다. 위서에서 그것을 모방하여 늘여서 아홉 가지로 꾸몄을 뿐이다.

102. 한 사람이 두 사서에 각각 열전이 있는 경우一人二史各傳

한 사람이 두 정사(正史)에 열전이 있는 경우는, 예를 들면 후한(後漢)의 동탁(董卓),[225] 공손찬(公孫瓚),[226] 도겸(陶謙),[227] 원소(袁紹),[228] 유표(劉

：'總列九錫, 應說是也. 進賢一錫, 瓚說是也'." 본문에서는 '覇者之盛禮'라고 하였으나, 여기서는 '伯者之盛禮'로 표현하였다.

223) 『後漢書』 卷9 「孝獻帝紀」, 387면, 注1 "案禮含文嘉曰：'九錫謂一曰車馬, 二曰衣服, 三曰樂器, 四曰朱戶, 五曰納陛, 六曰虎賁士百人, 七曰斧鉞, 八曰弓矢, 九曰秬鬯'."

224) 본문에서는 이렇게 한 구절처럼 해석하고 있으나, 이런 문장은 『詩經』과 『左傳』에 모두 보이지 않는다. 다만, 『詩經』 卷18 「大雅」 「蕩之什」 「江漢」에 '釐爾圭瓚, 秬鬯一卣'라는 표현이 나오며, 卷11 「小雅」 「南有嘉魚之什」 「彤弓」에는 '彤弓天子錫有功諸侯也'라 했고, 또 『春秋左氏傳』 「僖公 28年」條에 '彤弓一彤矢百玈弓矢千'라는 말이 있다; 圭瓚은 종묘에서 쓰던 옥으로 만든 술그릇, 卣는 중간 크기의 술통, 彤弓은 붉은 칠을 한 활로 공로가 있는 제후에게 임금이 내리던 것이다.

225) 『後漢書』 卷72 「董卓傳」, 2319~2346면; 『三國志』 「魏書」 卷6 「董卓傳」, 171~187면.

226) 『後漢書』 卷73 「公孫瓚傳」, 2357~2366면; 『三國志』 「魏書」 卷8 「公孫瓚傳」, 239~247면.

227) 『後漢書』 卷73 「陶謙傳」, 2366~2369면; 『三國志』 「魏書」 卷8 「陶謙傳」, 247~250면.

表),[229] 원술(袁術),[230] 여포(呂布)[231] 등이 있는데, 진수(陳壽)는 『삼국지(三國志)』를 편찬할 때에 그 여러 사람들이 모두 조조(曹操)와 나란히 섰고 또 일도 (조)조와 서로 관련이 있는 것이 많으므로 반드시 「위지(魏志)」에 열전을 만들어야 사실을 서술함이 비로소 분명하게 된다고 여겼다. 유언(劉焉)[232]은 곧 유장(劉璋)[233]의 아버지이고 그 (다스린) 지역[234]이 소열제(昭烈帝)[235]가 이은 바이므로, 소열제의 본기를 쓰고자 하면 반드시 먼저 (유)장의 열전을 지어야 했고 (유)장의 열전을 짓고자 하면 반드시 먼저 (유)언의 열전을 지어야 했으므로 역시 그 열전을 「촉지(蜀志)」의 첫머리에 만들었다. 범엽이 『후한서(後漢書)』를 편찬하게 되자, 동탁 등은 모두가 한(漢) 말엽의 신하이고 순욱(荀彧)은 비록 (조)조를 위해 계책을 마련했을지라도 마음은 여전히 한을 위했으니, 모두 『삼국지』에 열전이 있다는 연유로 결국 빼버려서는 안 된다고 하여, 마침내 한 사람이 두 정사에 각각 열전이 있게 되었다.

이 일(의 처리)에 있어서는 유독 『진서(晉書)』『송서(宋書)』 두 정사의 구분이 가장 분명하니, 심약(沈約)은 『송서』를 편찬하면서 유의(劉毅),[236] 하무기(何無忌),[237] 제갈장민(諸葛長民),[238] 위영지(魏詠之),[239] 단빙지(檀憑之)[240]

---

228) 『後漢書』 卷74上 「袁紹傳」, 2373~2403면; 『三國志』 「魏書」 卷6 「袁紹傳」, 188~207면.
229) 『後漢書』 卷74下 「劉表傳」, 2419~2426면; 『三國志』 「魏書」 卷6 「劉表傳」, 210~216면.
230) 『後漢書』 卷75 「袁術傳」, 2438~2444면; 『三國志』 「魏書」 卷6 「袁術傳」, 207~210면.
231) 『後漢書』 卷75 「呂布傳」, 2444~2452면; 『三國志』 「魏書」 卷7 「呂布傳」, 219~229면.
232) 『後漢書』 卷75 「劉焉傳」, 2431~2435면; 『三國志』 「蜀書」 卷31 「劉焉傳」, 865~868면.
233) 『三國志』 「蜀書」 卷31 「劉璋傳」, 868~870면.
234) 益州를 가리킨다.
235) 劉備의 諡號.
236) 劉毅(?~412) : 東晉 彭城郡 沛縣 사람으로 京口(지금의 江蘇省 鎭江市)에 流寓하였으며, 字는 希樂이고, 小字는 盤龍이다. 桓玄이 찬탈하자 劉裕 등과 함께 기병하여 桓玄을 토벌하였다. 이 공으로 撫軍將軍, 豫州刺史, 南平郡開國公이 되었으며, 衛將軍으로 승진하였다. 江州都督을 거쳐 荊州刺史로 江陵에 주둔하며 劉裕에 대항하였으나, 패하자 자살하였다.
237) 何無忌(?~410) : 東晉 東海郡 郯縣(지금의 山東省 郯城縣 북쪽) 사람이다. 劉牢之가 京口에 주둔하면서 큰일이 있으면 곧 何無忌와 상의하였다. 元興 元年(402) 劉牢之와 함께 桓玄을 토벌하였는데, 劉牢之가 桓玄에게 항복하려 하자 간언했으나 劉牢

등이 비록 유유(劉裕)와 함께 기의하였으나, 뜻이 진(晉)을 바로잡는 데에 있어 처음부터 송(宋)의 신하가 아니었다 하여 『송서』에 집어넣지 않았고, 당(唐) 초에 『진서』를 편찬하면서는 드디어 (유)의 등을 위해 열전을 지었으므로 자연스럽게 중복하여 등장하는 병폐가 없었다. 도잠(陶潛)[241]은 은거하며 끝까지 절조를 지키고 송대(宋代)에 죽었으므로 『송서』에서는 그를 「은일전(隱逸傳)」의 첫머리로 삼았으나,[242] (도)잠은 집안 대대로 진의 신하였고 재차 송을 섬기지 않아 처음부터 끝까지 진의 신하로 완전한 사람이었으므로 자연히 『진서』 안으로 들어가야 했으므로, 『진서』를 편찬한 사람이

之는 듣지 않았다. 桓玄이 찬탈하자 京口로 돌아왔다. 404년 劉裕·劉毅와 함께 晉室의 회복을 모의하여 京口에서 기병하여 桓玄을 토벌하였다. 江州刺史 都督荊江豫三州八郡諸軍事 安城郡開國公이 되었다. 盧循과 徐道覆의 공격에 맞서 싸우다가 豫章에서 패사하였다.

238) 諸葛長民(?~413) : 東晉 琅邪郡 陽都縣 사람이다. 元興 3년(404) 劉裕와 함께 桓玄을 토벌할 것을 모의하였으나 豫州刺史 刁逵에게 사로 잡혔으나 압송하던 이가 옥을 부숴 도망치게 하였다. 歷陽을 공격하여 점령하였고, 이 공으로 輔國將軍 宣城內史가 되었다. 義熙初 南燕을 下邳에서 격퇴하였다. 青州刺史 領晉陵太守, 豫州刺史 領淮南太守를 역임하였다. 義熙 8년(412) 劉裕가 劉毅를 토벌할 때 監太尉留府事가 되었다. 劉毅가 패한 후 화가 자기에게 미칠 것이라고 생각하여 난을 일으키려고 冀州刺史 劉敬宣에게 편지를 보냈으나, 이를 입수한 劉裕의 기습으로 살해되었다.

239) 魏詠之(?~405) : 東晉 任城國(지금의 山東省 濟寧 동남) 사람으로 字는 長道이다. 일찍이 劉裕와 서로 교류하였으며, 桓玄이 찬탈하자 劉裕와 함께 桓玄을 토벌하기로 모의하였다. 元興 3년(404) 桓玄이 패하자 建威將軍 豫州刺史가 되었다. 잇달아 桓氏 잔당을 격파하여 義熙 元年(405) 征虜將軍 吳國內史로 승진하였다가 荊州刺史 持節都督六州諸軍事 領南蠻校尉가 되었다.

240) 檀憑之(?~404) : 東晉 高平郡 金鄉縣 사람으로 京口에 거주하였다. 字는 慶子이다. 會稽王 驃騎行參軍으로 起家하였고, 桓脩의 長流參軍, 東莞太守, 寧遠將軍 등을 역임하였다. 劉裕와 친밀하였는데, 元興 元年(404) 劉裕가 桓玄을 토벌하기 위해 기병하자 이에 호응하였으며, 建武將軍 司馬가 되었다. 桓玄과 羅落橋에서 싸우다 패하고 피살되었다.

241) 陶潛(?~427) : 東晉 尋陽郡 柴桑縣(지금의 江西省 九江市 서남) 사람으로, 東晉 大司馬 陶侃의 曾孫이다. 字는 淵明, 혹은 元亮이다. 세상에서는 靖節先生이라 불렀다. 江州參軍을 거쳐 彭澤令을 역임하였으나 郡督郵에게 굽실거릴 수 없다는 이유로 10여 일 만에 그만 두었다. 鄉里에 은거하며 술과 문학을 즐기다 죽었다. 「五柳先生傳」「歸去來辭」를 지었으며, 『陶淵明集』이 세상에 전한다.

242) 위치상 『宋書』「隱逸傳」 제일 앞부분에 수록되어 있는 것은 아니다. 『宋書』 卷93 「隱逸」「陶潛傳」, 2286~2290면.

특별히 『진서』 「은일전」 끝에 열전을 만들어,[243] 두 가지 정사에 드디어 함께 열전이 있게 되었다. 이것은 『송서』가 빌려 간 것이지, 『진서』가 빼앗은 것은 아니다.

이연수(李延壽)[244]가 『남사(南史)』와 『북사(北史)』를 지을 때에는 한 사람의 손으로 편찬한 것이므로, 남쪽 사람이 북조(北朝)로 귀순한 경우나 북쪽 사람이 남조(南朝)로 귀순한 경우 자연스럽게 각각 그 공을 세운 것이 가장 많은 곳을 따라 그 사람에 대한 열전을 지을 수 있었으며, 그가 먼저 어떤 나라에서 벼슬생활을 했다면 열전 안에 덧붙여서 보이도록 하여 그 어떤 나라에 열전 하나를 다시 만들 필요가 없었다. 그런데 모수지(毛脩之)는 송에서 (북)위(北魏)로 흘러들어가서 나중에 (북)위에서 죽었으므로, 곧 『북사』에만 열전을 만드는 것이 옳지만 『남사』에도 또한 그 열전을 만들었다.[245] 주수지(朱脩之)는 송에서 (북)위로 들어갔지만 나중에 다시 도망쳐 돌아와 공을 세워 남창현후(南昌縣侯)에 봉해졌으니 단지 『남사』에만 열전을 만드는 것이 옳지만 『북사』에도 또한 그 열전을 만들었다.[246] 설안도(薛安都),[247] 배숙업(裴叔業) 등에 이르러서도 모두 그렇지 않은 것이 없으니[248] 어찌 그 난잡함에 절제가 없는가.

또한 배구(裴矩)는 수(隋)나라에서 사적이 매우 많고, 게다가 『수서(隋

243) 『晉書』 「隱逸傳」에는 가장 마지막에 넣었다. 『晉書』 卷94 「隱逸」 「陶潛傳」, 2460~2463면.

244) 李延壽 : 唐 相州 사람으로 字는 遐齡이며, 西涼 武昭王의 9세손이다. 貞觀 연간 崇賢館學士, 御史臺主簿, 符璽郎 兼修國史를 역임하였다. 著作郎 敬播와 함께 『五代史志』(즉 『隋書』의 「十志」)를 편찬하였다. 아버지 李大師는 다시 南北朝史記를 편찬하려고 하였는데, 완성하지 못하고 죽었다. 李延壽는 아버지의 뜻을 계승하여 혼자 16년 동안 宋·齊·梁·陳·魏·齊·周·隋의 역사를 보충하여 『南史』 100卷과 『北史』 80卷을 편찬하였다.

245) 『南史』 卷16 「毛脩之傳」, 459~461면; 『北史』 卷27 「毛脩之傳」, 987~988면.

246) 『南史』 卷16 「朱脩之傳」, 462~464면; 『北史』 卷27 「朱脩之傳」, 988~989면.

247) 『南史』 卷40 「薛安都傳」, 1021~1023면; 『北史』 卷39 「薛安都傳」, 1411~1412면.

248) [王注] 裴叔業은 『北史』 卷45에는 보이나 『南史』에는 보이지 않고, 또 『南齊書』 卷51 및 『魏書』 卷71에 각각 「裴叔業傳」이 있긴 하지만, 그러나 이 부분은 『南史』와 『北史』의 일과는 관련이 없다.

書)』「배구전」 안에서 이미 그가 당에 들어가 벼슬살이한 내용을 서술했으므로 『당서(唐書)』에 반드시 다시 열전을 만들 필요가 없었지만 또 그 열전을 만들었으니,[249] 역시 군더더기이다.

103. 『진서晉書』

당(唐)나라 초기에 『진서(晉書)』를 편찬하면서 장영서(臧榮緖)[250]의 본을 위주로 삼고 다른 여러 사람들의 것을 아울러 살펴보아 책을 완성했다. 지금 『진서』 『송서(宋書)』 등을 보면 열전에서 여러 사람들이 『진서』를 지은 것을 기록하고 있는데 (그것이) 무려 수십 종이나 된다.[251]

그 중 진대(晉代)에 지어진 것을 보면, 무제(武帝) 때 『진서』의 범위를 정하자는 의논이 있자, 순욱(荀勖)은 마땅히 위(魏) 정시(正始)[252] 연간으로 연도를 시작해야 한다고 했고, 왕찬(王瓚)은 가평(嘉平)[253] 연간 이하의 신하들을 끌어 모두 진(晉)에 넣고자 하였으며, 가밀(賈謐)[254]은 태시(泰始)[255]

249) 『隋書』 卷67 「裴矩傳」, 1577~1584면; 『舊唐書』 卷63 「裴矩傳」, 2406~2409면; 『新唐書』 卷100 「裴矩傳」, 3931~3934면.

250) 臧榮緖 : 南朝 齊의 학자. 東莞 莒人이고, 號는 被褐先生. 西晉·東晉의 역사를 모아 110卷으로 저술하였다. 조정의 부름에 응하지 않고 평생 仕宦하지 않았다. 그가 쓴 『晉書』의 逸文은 淸代에 모아져, 『漢學堂叢書』 및 『廣雅書局叢書』에 수록되었다. 『南齊書』 卷54 「高逸傳」 가운데 그의 열전이 있다.

251) **[王注]** '數十種'이라 하였지만, 陳垣은 31종이라 하였다.

252) 正始 : 魏의 齊王 芳 즉위시의 年號. 240~249년.

253) 嘉平 : 齊王 芳의 연호 중 하나. 249~254년. 齊王 芳은 254년에 사망하였다.

254) 賈謐(?~300) : 西晉 南陽郡 堵陽縣(지금의 河南省 方城縣 동쪽) 사람으로 字는 長淵이다. 韓壽의 아들인데, 外孫으로써 賈充의 後嗣가 되었다. 교만하고 사치스러웠으나, 학문을 좋아하여 陸機 등이 모여들었는데, 이를 '二十四友'라 한다. 秘書監이 되어 泰始 원년 武帝 卽位를 晉朝 修史의 시작으로 봐야 한다고 주장하였다. 賈皇后와 함께 太子를 무고하여 폐하였다. 趙王 司馬倫이 기병하여 賈皇后를 폐립할 때 살해되었다.

연간으로 범위를 정하자고 청하였다. 일이 상서(尙書)로 내려가 의논되어 장화(張華)[256] 등이 태시로 해야 한다고 말하자 그에 따랐다고 한다[趙注 : 「가밀전(賈謐傳)」].[257] 무제는 조서를 내려 태시 이래의 큰 사건을 모두 찬술하여 기록하게 하고 비서(秘書)에서 부본을 베껴 쓰도록 하였으며, 나중에 일이 있으면 즉 종류에 따라 모아 엮도록 하였다[趙注 : 「무제기(武帝紀)」].[258] 이것이 『진서』의 시초[權輿]이다. 이후 화교(華嶠)가 위・진(魏晉)의 본기, 열전을 기초하면서[259] 장재(張載)와 같이 사관(史官)에 있었다. 영가(永嘉)의 난에는 『진서』 중 남은 것이 50여 권이었다[趙注 : 「화교전(華嶠傳)」].[260] 간보(干寶)는 『진기(晉紀)』를 지었는데 선제(宣帝)부터 민제(愍帝)까지 모두 20권이었으며 좋은 사서라 일컬어졌다[趙注 : 「간보전(干寶傳)」].[261] 사침(謝沈)은 『진서』 30여 권을

---

255) 泰始 : 晉 武帝 즉위시의 연호. 265~274년.

256) 張華(232~300) : 西晉 范陽郡 方城縣(지금의 河北省 固安 서남) 사람으로 字는 茂先이다. 어려서 고아가 되어 가난했으나 학식이 풍부하였다. 司馬昭 때 中書郎이 되었다가 晉初 黃門侍郎・中書令을 역임하였다. 吳를 정벌해야 한다고 주장하였으며, 度支尙書가 되어 군량을 공급하였다. 이 공으로 廣武縣侯에 봉해졌으나, 후에 참소로 三公이 되지 못하고 幽州刺史・太常・太子少傅 등을 역임하였다. 元康 元年(291) 司空이 되어 10여 년 동안 정치를 잘하였다. 趙王 司馬倫과 孫秀의 賈皇后 폐립과 찬탈에 반대하여 趙王 倫에게 살해되었다. 저서에는 『博物志』 輯本이 있으며, 『司空張華集』이라는 문집이 있다.

257) 『晉書』 卷40 「賈謐傳」, 1173~1174면, "先是, 朝廷議立晉書限斷, 中書監荀勖謂宜以魏正始起年, 著作郎王瓚欲引嘉平已下朝臣盡入晉史, 于時依違未有所決. 惠帝立, 更使議之. 謐上議, 請從泰始爲斷. 於是事下三府, 司徒王戎、司空張華、領軍將軍王衍、侍中樂廣、黃門侍郎嵇紹、國子博士謝衡皆從謐議. 騎都尉濟北侯荀畯、侍中荀藩、黃門侍郎華混以爲宜用正始開元. 博士荀熙、刁協謂宜嘉平起年. 謐重執奏戎、華之議, 事遂施行."

258) 『晉書』 卷3 「武帝紀」, 60면, "乙巳, 城陽王景度薨. 詔曰 : '自泰始以來, 大事皆撰錄祕書, 寫副. 後有其事, 輒宜綴集以爲常'."

259) 【王注】 魏, 晉의 紀傳을 草한 것은 華嶠의 아들 暢이었으니, 『晉書』 卷44 「華嶠傳」을 보라.

260) 【王注】 마땅히 '嶠의 書가 남은 것은 30여 권'이라 해야 하니, '嶠書'는 곧 華嶠가 지은 『漢後書』로 『晉書』 本傳에 보이며, 『晉書』를 가리키는 것이 아니다. 『晉書』 卷44 「華嶠傳」, 1265면, "嶠性嗜酒, 率常沈醉. 所撰書十典未成而終, 祕書監何劭奏嶠中子徹爲佐著作郎, 使踵成之, 未竟而卒. 後監繆徵又奏嶠少子暢爲佐著作郎, 克成十典, 并草魏晉紀傳, 與著作郎張載等俱在史官. 永嘉喪亂, 經籍遺沒, 嶠書存者三十餘卷."

261) 『晉書』 卷82 「干寶傳」, 2150면, "著晉紀, 自宣帝迄于愍帝五十三年, 凡二十卷, 奏

지었다[趙注 : 「사침전(謝沈傳)」].[262] 부창(傅暢)은 『진제공찬서(晉諸公讚敍)』 22권을 지었고, 또 『공경고사(公卿故事)』 9권을 지었다[趙注 : 「부창전(傅暢傳)」].[263] 순작(荀綽)은 『진후서(晉後書)』 15편을 지었다[趙注 : 「순작전(荀綽傳)」].[264] 속석(束晳)은 『진서』 제기(帝紀)와 십지(十志)를 지었다.[265] 손성(孫盛)은 『진양추(晉陽秋)』를 지었는데, 말이 곧고 이치가 바르기 때문에 환온(桓溫)은 그것을 보고는 손성의 아들에게 "방두(枋頭)의 패배[266]는 실로 실패이긴 하나, 어찌 그대 아버지가 말하는 바와 같은 정도까지 이르겠는가. 만약 이 사서가 끝내 돌아다니게 되면 이는 절로 자네 집안 문을 닫는 일이 될 것이다"라고 말하였다. 그(손성)의 아들은 화를 두려워하여 이에 사사로이 그것을 고쳤다. 그러나 (손)성이 지은 바는 이미 두 가지 본이 있었으니, 그 하나는 모용준(慕容儁)에게 보내졌다가 나중에 효무제(孝武帝)가 널리 기이한 자료를 구하면서 다시 얻게 되었는데, 중국에 있는 판본과 같지 않은 것이 많았다[趙注 : 「손성전(孫盛傳)」].[267] 왕전(王銓)은 사사로이 진대의 일을 기록하였는

之. 其書簡略, 直而能婉, 咸稱良史."

262) 『晉書』 卷82 「謝沈傳」, 2152면, "何充、庾冰並稱沈有史才, 遷著作郎, 撰晉書三十餘卷."

263) 『晉書』 卷47 「傅暢傳」, 1333면, "暢字世道. …… 作晉諸公敍讚二十二卷, 又爲公卿故事九卷"; 『隋書』 卷22 「經籍志」 「雜史」, 960면, "晉諸公讚二十一卷(晉祕書監傅暢撰)."

264) 『晉書』 卷39 「荀綽傳」, 1158면, "綽字彦舒, 博學有才能, 撰晉後書十五篇, 傳於世"; [王注]에서는 「荀綽傳」은 응당 『晉書』 卷39 「荀勖傳」이라 해야 한다고 했지만, 이 내용은 「荀勖傳」이 아니라 「荀綽傳」에 있으니 [王注]의 잘못이다.

265) 『晉書』 卷51 「束晳傳」, 1432면, "轉佐著作郎, 撰晉書帝紀、十志, 遷轉博士, 著作如故."

266) 東晉 廢帝 太和 4년(369)에 桓溫이 북벌을 시도했다가 枋頭에서 慕容垂에게 패한 것을 이른다. 不臣之心을 지녔던 桓溫은 北伐을 통해 명망을 높이고 거사를 도모하려 했으나, 枋頭에서의 실패로 威名이 꺾이게 되었다. 枋頭는 지금의 河南省 浚縣 서남이다.

267) 『晉書』 卷82 「孫盛傳」, 2148면, "盛篤學不倦, 自少至老, 手不釋卷. 著魏氏春秋、晉陽秋, 并造詩賦論難復數十篇. 晉陽秋詞直而理正, 咸稱良史焉. 旣而桓溫見之, 怒謂盛子曰 : '枋頭誠爲失利, 何至乃如尊君所說! 若此史遂行, 自是關君門戶事.' 其子遽拜謝, 謂請刪改之. 時盛年老還家, 性方嚴有軌憲, 雖子孫班白, 而庭訓愈峻. 至此, 諸子乃共號泣稽顙, 請爲百口切計. 盛大怒. 諸子遂爾改之. 盛寫兩定本, 寄於慕容儁. 太元中, 孝武帝博求異聞, 始於遼東得之, 以相考校, 多有不同, 書遂兩存."

데, 그 아들 (왕)은(王隱)은 마침내 서진(西晉)의 옛 사건들을 모두 외웠다가 나중에 곽박(郭璞)과 함께 저작랑(著作郎)이 되어 진의 역사를 찬술하였다. 이때 우예(虞預)도 또한 사사로이 『진서』를 지었는데, 동남쪽에서 나고 자라서 중원 조정의 고사를 알지 못하여 (왕)은의 책을 빌어다 몰래 베껴 썼다. 유량(庾亮)은 (왕)은의 기록을 빌어 책을 완성하였다. (왕)은의 문장은 비루하고 졸렬하여 그 문장 가운데 볼만한 것은 곧 그 아버지가 지은 바이고, 이해할 수 없는 것은 (왕)은의 글이었다[趙注 : 「왕은전(王隱傳)」].[268] 습착치(習鑿齒)는 『한진춘추(漢晉春秋)』를 지어 한(漢) 광무제(光武帝)에서 시작하여 진 민제에서 끝냈는데, 삼국(三國)시대에 대해서는 촉(蜀)을 정통으로 삼았다. 위(魏) 무제가 비록 한나라의 선양을 받았으나 그때 손(권)(孫權)과 유(비)(劉備)도 정립하여 아직 천하를 통일할 수 없었으니 오히려 찬탈한 반역이 되고, 사마소(司馬昭)가 촉을 평정하기에 이르러서야 한나라가 망하고 진나라가 비로소 홍한 것이라 했다[趙注 : 「습착치전(習鑿齒傳)」].[269]

진나라 이후에 지어진 것으로, 송(宋)의 서광(徐廣)이 지은 『진기(晉紀)』 46권이 있다[趙注 : 「서광전(徐廣傳)」].[270] 심약(沈約)은 진나라 일대에 완전한 사서가 없다고 여겼는데, 송 태시(泰始) 연간에 채홍종(蔡興宗)이 상주하여 (심)약에게 찬술하도록 하였으니, 무릇 20년이 걸려서 110권을 이루었다[趙注 : 「심약전(沈約傳)」].[271] 사령운(謝靈運)[272] 또한 칙명을 받들어 『진서』를 지었

---

268) 『晉書』 卷82 「王隱傳」, 2143면, "太興初, 典章稍備, 乃召隱及郭璞俱爲著作郎, 令撰晉史. …… 時著作郎虞預私撰晉書, 而生長東南, 不知中朝事, 數訪於隱, 幷借隱所著書竊寫之, 所聞漸廣. 是後更疾隱, 形於言色. 預既豪族, 交結權貴, 共爲朋黨, 以斥隱, 竟以謗免, 黜歸于家. 貧無資用, 書遂不就, 乃依征西將軍庾亮于武昌. 亮供其紙筆, 書乃得成, 詣闕上之. 隱雖好著述, 而文辭鄙拙, 蕪舛不倫. 其書次第可觀者, 皆其父所撰; 文體混漫義不可解者, 隱之作也."

269) 『晉書』 卷82 「習鑿齒傳」, 2154면, "是時溫覬非望, 鑿齒在郡, 著漢晉春秋以裁正之. 起漢光武, 終於晉愍帝. 於三國之時, 蜀以宗室爲正, 魏武雖受漢禪晉, 尙爲簒逆, 至文帝平蜀, 乃爲漢亡而晉始興焉. 引世祖諱炎興而爲禪受, 明天心不可以勢力强也. 凡五十四卷."

270) 『宋書』 卷55 「徐廣傳」, 1549면, "十二年, 晉紀成, 凡四十六卷, 表上之."

271) 『南史』 卷57 「沈約傳」, 1413~1414면, "約少時常以晉氏一代竟無全書, 年二十許,

는데, 대략 강목은 만들었으나 책은 끝내 이루지지 못했다[趙注 : 「사령운전(謝靈運傳)」].[273] 왕소지(王韶之)는 사사로이 『진안제춘추(晉安帝春秋)』를 지었는데, 다 이루어지자 사람들이 마땅히 (그가) 사직(史職)에 취임해야 한다고 하여 곧 (조정에서 그를) 저작랑(著作郞)에 제수하여 그에게 계속 뒷일도 완성하게 하니, (동진(東晉) 안제) 의희(義熙) 9년(413)까지 미쳤다.[274] 그 서(序)에서 왕순(王珣)이 재화를 증식하고 왕금(王廞)이 난을 일으킨 일을 서술하였는데, 나중에 (왕)순의 아들 (왕)홍(王弘)이 귀하게 되자 (왕)소지는 늘 피해를 입을까 두려워하였다[趙注 : 「왕소지전(王韶之傳)」].[275] 순백자(荀伯子) 또한 진의 역사를 짓는 것을 도왔다[趙注 : 「순백자전(荀伯子傳)」].[276] 장면(張緬)은 『진초(晉鈔)』 30권을 지었다[趙注 : 「장면전(張緬傳)」].[277] 장영서는 서진과 동진을 묶어 하나의 책으로 하였으니, 기(紀), 록(錄), 지(志), 전(傳)이 모두 110권이었다[趙注 : 「장영서전(臧榮緖傳)」].[278] 유동(劉彤)은 여러 사람들의 『진서』를 모아

便有撰述之意. 宋泰始初, 征西將軍蔡興宗爲啓, 明帝有敕許焉. 自此踰二十年, 所撰之書方就, 凡一百餘卷."

272) 謝靈運(385~433) : 劉宋 陳郡 陽夏縣 사람으로 小名은 客兒이며, 謝玄의 손자이다. 東晉末 康樂公을 세습하여 謝康樂이라 불린다. 晉 琅邪王大司馬行參軍, 相國從事中郞, 太子左衛率 등을 역임했으나 門生을 죽여 免官되었다가 劉宋初 기용되었다. 樞要職에 기용되지 못하여 분개하다가 少帝 때 朝政을 비방했다는 혐의로 永嘉太守로 좌천되었다. 복직과 免官을 반복하다가 臨川內史로 재직 중에 모반의 혐의로 廣州로 유배되었다가 살해되었다. 文才에 탁월하여 江南의 풍광을 다수 묘사한 詩를 써서 山水詩派를 창시하였다. 저작에는 『山居賦』 『辨宗論』 『游名山志』와 文集이 있는데, 명대 사람들이 輯補한 『謝康樂集』이 있다.

273) 『宋書』 卷67 「謝靈運傳」, 1772면, "又以晉氏一代, 自始至終, 竟無一家之史, 令靈運撰晉書, 粗立條流. 書竟不就."

274) 『宋書』 卷60 「王韶之傳」, 1625면, "偉之少有志尙, 世詔命表奏, 輒自書寫, 太元、隆安時事, 小大悉撰錄之, 韶之因此私撰晉安帝陽秋. 旣成, 時人謂宜居史職, 卽除著作佐郞, 使續後事, 訖義熙九年."

275) 『宋書』 卷60 「王韶之傳」, 1626면, "韶之爲晉史, 序王珣貨殖, 王廞作亂. 珣子弘, 廞子華, 並貴顯, 韶之懼爲所陷, 深結徐羨之、傅亮等."

276) 『宋書』 卷60 「荀伯子傳」, 1627면, "著作郞徐廣重其才學, 擧伯子及王韶之並爲佐郞, 助撰晉史及著桓玄等傳."

277) 『南史』 卷56 「張緬傳」, 1385면, "緬抄後漢、晉書衆家異同爲後漢紀四十卷, 晉抄三十卷, 又抄江左集未及成, 文集五卷."

278) 『南史』 卷76 「臧榮緖傳」, 1887면, "純篤好學, 括東、西晉爲一書, 紀錄志傳百一十卷."

간보의 『진기』에 주를 달아서 40권이 되었다[趙注 : 「유소전(劉昭傳)」].[279] 소자운(蕭子雲)은 『진서』 110권을 썼다[趙注 : 「소자운전(蕭子雲傳)」].[280] 이들은 모두 각 열전에 보이는 것이다.

또 『(신)당서(新唐書)』 「예문지(藝文志)」에 실린 진대 역사로 육기(陸機)의 『진제기(晉帝紀)』, 유협(劉協)이 주를 단 『진기』, 유겸(劉謙)의 『진기』, 조가(曹嘉)의 『진기』, 등찬(鄧粲)의 『진기』와 『진양추』, 단도란(檀道鸞)의 『진춘추(晉春秋)』, 소경창(蕭景暢)의 『진사초(晉史草)』, 곽계산(郭季產)의 『진속기(晉續紀)』 『진록(晉錄)』 등이 있으니,[281] 당나라 초기에 『진서』를 편찬할 때에도 아직 모두 남아 있어서 반드시 모두 아울러 모아 서로 비교해 바로잡았을 것이니, 오로지 장영서의 책 하나에만 의거한 것은 아니었다.

---

279) 『梁書』 卷49 「劉昭傳」, 692면, "初, 昭伯父肜集衆家晉書注干寶晉紀爲四十卷, 至昭又集後漢同異以注范曄書, 世稱博悉."

280) 『梁書』 卷35 「蕭子雲傳」, 513면, "子雲字景喬, 子恪第九弟也. …… 旣長勤學, 以晉代竟無全書, 弱冠便留心撰著, 至年二十六, 書成, 表奏之, 詔付祕閣"; 『梁書』 卷35 「蕭子雲傳」, 515면, "所著晉書一百一十卷, 東宮新記二十卷."

281) [王注] 陳垣이 말하길, 『新唐書』 志에서 인용한 晉의 史가 무릇 10종인데, 하나도 문제가 없는 것이 없다고 했다. 『晉帝紀』는 마땅히 『隋書』 志에 의거하여 『晉紀』라 해야 한다. 劉協은 『梁書』 卷49 및 『南史』 卷72 「劉昭傳」에 의거하면 응당 劉肜으로 해야 한다(劉肜이 『晉紀』에 注한 것은 이미 윗글에 보인다). 劉謙, 曹嘉는 마땅히 劉謙之, 曹嘉之라고 해야 하니, 『隋書』 志를 보라. 『晉陽秋』는 孫盛이 撰한 바인데, 『隋書』의 志에는 鄧粲의 『晉紀』 뒤에 두고 있어, 『舊唐書』의 志에서 鄧粲이 撰한 바로 오해하였으며, 『新唐書』 志가 그것을 이어받아 잘못한 것이다. 檀道鸞의 書名은 『續晉春秋』이니, 『隋書』 志와 『南史』 卷72 「檀超傳」에 보인다. 蕭景暢은 곧 蕭子顯이니, 子顯의 字는 景陽인데, 당나라 사람들이 中宗 李顯의 諱를 피하여 그 字를 칭한 것을 『新唐書』 志에서 또 잘못하여 景暢으로 한 것이다. 『晉續紀』는 마땅히 『續晉紀』라 해야 하니, 『隋書』 志에 보인다. 『晉錄』은 『隋書』 志에 보이지 않고, 또한 撰人도 없으니 그 책이 실제 있었는지 아닌지 자못 의문이다.

104. 『진서』 2晉書二

『진서(晉書)』를 논하는 사람들은 "당시 사서를 지은 여러 사람들이 모두 글월을 읊조리는 선비였으므로 이상하고 자질구레한 일들을 모아 기이한 소문들을 널리 수록하기를 좋아하였고, 또 사론(史論)은 아름답고 섬세하게 함을 다투었으니, 이는 그 단점이다"라고 하였다. 그러나 당시 사관(史官) 가운데 영호덕분(令狐德棻) 등과 같은 사람은 모두 문학에 노련하여, 그 본기와 열전의 서술이 모두 상쾌, 간결하며 노련하고 굳세어 『위서(魏書)』 『송서(宋書)』 두 책이 견줄 바가 절대 아니며, 모든 참위 군주들에 관한 재기(載記)는 더욱 간단하면서도 빠진 것이 없고 상세하면서도 어지럽지 않으니, 『십육국춘추(十六國春秋)』[282]와 견주어 보면 같은 수준에서 말할 수가 없는 것이다. 그 열전의 편찬과 정정에도 역시 헤아린 바가 있다. 예를 들어 도잠(陶潛)은 이미 『송서』 「은일전(隱逸傳)」의 첫머리에 있었으나, (도)잠이 본래 진(晉)에 절개를 다한 신하로 응당 진나라 역사에 들어가야 하므로 이에 그 열전을 그대로 『진(서)』 「은일(전)」 가운데에 두었다. 민회태자비(愍懷太子妃)는 왕연(王衍)의 딸로 원한을 품고 죽었는데,[283] 태자비는 「후비전(后妃傳)」 안에 붙여 넣는 것이 불편하므로 「열녀전(列女傳)」에 넣었으니, 이는 모두 위치가 마땅함을 얻은 것이다.

각 열전에 실린 표(表), 소(疏), 부(賦), 송(頌) 등도 역시 모두 관계가 있다. 가령 「유실전(劉實傳)」에 「숭양론(崇讓論)」을 실은 것[284]은 당시 경쟁을 꾀

---

282) 『十六國春秋』: 北魏 崔鴻이 지었으며, 모두 100卷으로, 「序例」 1卷, 「年表」 1卷이 있다. 十六國시대의 일을 기록하였다. 각 篇卷은 '錄'이라 칭했고, 君臣의 사적을 기록할 때에는 '傳'이라 칭했다. 清代 湯球가 『漢魏叢書』의 16卷 節鈔本을 위주로 輯補하여 『十六國春秋輯補』를 완성하였다.

283) 『晉書』 卷96 「列女」 「愍懷太子妃王氏傳」, 2511면, "愍懷太子妃王氏, 太尉衍女也, 字惠風. 貞婉有志節. 太子既廢居於金墉, 衍請絶婚, 惠風號哭而歸, 行路爲之流涕. 及劉曜陷洛陽, 以惠風賜其將喬屬, 屬將妻之. 惠風拔劍距屬曰: '吾太尉公女, 皇太子妃, 義不爲逆胡所辱.' 屬遂害之."

284) 『晉書』 卷41 「劉寔傳」, 1191~1196면, "以世多進趣, 廉遜道闕, 乃著崇讓論以矯之.

하는 풍조를 보인 것이다. 「배위전(裴頠傳)」에 「숭유론(崇有論)」을 실은 것[285]은 당시 허무에 대해 이야기하던 습속을 보인 것이다. 「유의전(劉毅傳)」[286]에 구품(九品)의 제도에 여덟 가지 손해가 있음을 논한 것을 싣고,[287] 「이중전(李重傳)」에도 역시 구품의 해악을 논한 것을 실은 것[288]은 당시 선거(選擧)의 폐해를 보인 것이다. 「육기전(陸機傳)」에 「변망론(辨亡論)」을 실은 것[289]은 손호(孫皓)가 나라를 잃은 까닭을 보인 것이다. 「호사전(豪士傳)」[290]은 제왕(齊王) (사마)경(司馬冏)의 전횡을 보인 것이다. 「오등론(五等論)」[291]은 당시 봉건이 훌륭하지 못함을 보인 것이다. 「부현전(傅玄傳)」에 학교를 일으키고 농사에 힘써야 한다는 등의 상소를 실은 것[292]은

其辭曰 : …….”

285) 『晉書』 卷35 「裴頠傳」, 1044~1047면, “至王衍之徒, 聲譽太盛, 位高勢重, 不以物務自嬰, 遂相放效, 風教陵遲, 乃著崇有之論以釋其蔽曰 : …….”

286) 『晉書』에는 두 명의 劉毅가 있는데, 여기서 말하는 이는 卷45에 수록된 사람이고, 同名異人인 劉毅는 卷85에 수록되어 있다.

287) 『晉書』 卷45 「劉毅傳」, 1273~1276면, “毅以魏立九品, 權時之制, 未見得人, 而有八損, 乃上疏曰 : …….” 여덟 가지 손해란 다음과 같다. ① 귀족주의의 弊 : 上品에 寒門이 없고 下品에는 勢族이 없다. ② 州都의 弊 : 지방 黨爭을 중앙으로 불러오게 되어 大臣의 위엄을 손상시킨다. ③ 實才무시의 弊 : 현실적으로는 유능한 이를 하위에 두고 불초자를 상위에 둔다. ④ 무책임의 弊 : 中正의 일에 대한 상벌의 법이 없어 자의적으로 해도 꺼릴 것이 없다. ⑤ 능력의 한계를 넘어선 弊 : 中正이 州의 모든 士를 알 수 없고, 타인의 의견을 존중하지도 않는다. ⑥ 虛名의 弊 : 개인의 덕행이 반드시 정치에 도움이 되는 것은 아니다. ⑦ 品狀不當의 弊 : 中正의 品狀에서 자신과 소원한 자는 장점을 가리고, 친한 자는 단점을 가린다. 品은 鄕品, 狀은 그 설명으로 본인과 그 父, 祖父의 狀이 필요하며 이를 합쳐 ‘三狀’이라 칭했다. 본인의 狀은 그 性行才德을 구체적으로 조사하여 기록하는 것이지만 실제로는 거의 막연한 형용이 행해졌을 뿐이다. ⑧ 實事를 얻지 못하는 弊 : 品을 믿지 못하게 되어 勸善懲惡의 뜻을 잃게 된다(宮崎市定, 『九品官人法の研究－科擧前史』, 同朋舍, 1956, 제2편 제2장 12 九品官人法에 대한 비난 참고.)

288) 『晉書』 卷46 「李重傳」, 1309~1310면.

289) 『晉書』 卷54 「陸機傳」, 1467~1472면, “遂作辯亡論二篇. 其上篇曰 : ……. 其下篇曰 : …….”

290) [王注] 『晉書』 卷54 「陸機傳」에 의하면 ‘豪士傳’은 ‘豪士賦序’라 되어 있으니 마땅히 이에 의거하여 고쳐야 한다.

291) 『晉書』 卷54 「陸機傳」, 1475~1479면, “機又以聖王經國, 義在封建, 因採其遠指, 著五等論曰 : …….”

292) 『晉書』 卷47 「傅玄傳」, 1318~1320면.

진실로 시정(時政)에 적절한 것이었다. 「단작전(段灼傳)」에 등애(鄧艾)를 해명하는 상소 하나를 싣고,[293] 「염찬전(閻纘傳)」에 민회태자(愍懷太子)[294]를 해명하는 상소 하나를 실었는데,[295] 두 사람이 모두 억울하게 죽었기 때문이다. 「강통전(江統傳)」에 「사융론(徙戎論)」을 실은 것[296]은 진실로 유(연)(劉淵), 석(륵)(石勒)의 난을 미리 알아 더욱 앞선 식견이 있었기 때문이다. 「황보밀전(皇甫謐傳)」에 「석권론(釋勸論)」을 실은 것[297]은 그가 담담하게 물러남을 편안하게 여겼음을 보인 것이다. 「독종론(篤終論)」은 호화로운 장례(厚葬)의 화를 보인 것이다.[298] 「지우전(摯虞傳)」에 「사유부(思游賦)」를 실은 것[299]은 그가 천명에 따랐던 것을 보인 것이다. 「지금의 자가 예전 자보다 긴 것을 논함[今尺長於古尺論]」은 고금의 척도가 같지 않았음을 보인 것이다. 「속석전(束晳傳)」에 「현거석(玄居釋)」을 실은 것[300]은 그가 영예로운 출세에 담담했음을 보인 것이다. 「반니전(潘尼傳)」에 「안신론(安身論)」을 실은 것[301]은 그가 조용히 물러났음을 보인 것이다. 「석존송(釋

---

293) 『晉書』 卷48 「段灼傳」, 1336~1337면, "段灼字休然, 敦煌人也. …… 少仕州郡, 稍遷鄧艾鎭西司馬, 從艾破蜀有功, 封關內侯, 累遷議郎. 武帝卽位位, 灼上疏追理艾曰 : '故征西將軍鄧艾, 心懷至忠, 而荷反逆之名; 平定巴蜀, 而受三族之誅, 臣竊悼之. 惜哉, 言艾之反也! 以艾性剛急, 矜功伐善, 而不能協同朋類, 輕犯雅俗, 失君子之心, 故莫肯理之. 臣敢昧死言艾所以不反之狀.'"

294) 『晉書』 卷53 「愍懷太子遹傳」. 그는 惠帝의 長子로, 賈后의 미움을 받아 太子에서 폐위되었으며, 곧 사망하였다.

295) 『晉書』 卷48 「閻纘傳」, 1350~1352면, "愍懷太子之廢也, 纘輿棺詣闕, 上書理太子之冤曰 : ……."

296) 『晉書』 卷56 「江統傳」, 1529~1534면, "時關隴屢爲氐羌所擾, 孟觀西討, 自擒氐帥齊萬年. 統深惟四夷亂華, 宜杜其萌, 乃作徙戎論. 其辭曰 : ……."

297) 『晉書』 卷51 「皇甫謐傳」, 1411~1415면, "其後鄉親勸令應命, 謐爲釋勸論以通志焉. 其辭曰 : ……."

298) 『晉書』 卷51 「皇甫謐傳」, 1416~1418면, "著論爲葬送之制, 名曰篤終, 曰 : ……."

299) 『晉書』 卷51 「摯虞傳」, 1419~1422면, "故借之以身, 假之以事, 先陳處世不遇之難, 遂棄彝倫, 輕擧遠游, 以極常人罔惑之情, 而後引之以正, 反之以義, 推神明之應於視聽之表, 崇否泰之運於智力之外, 以明天任命之不可違, 故作思游賦. 其辭曰 : ……."

300) 『晉書』 卷51 「束晳傳」, 1428~1430면, "而性沈退, 不慕榮利, 作玄居釋以擬客難, 其辭曰 : ……."

301) 『晉書』 卷55 「潘尼傳」, 1507~1510면, "尼字正叔. …… 性靜退不競, 唯以勤學著述

尊頌)」은 태자[儲宮]가 덕을 기르는 것과 관계가 있다.[302)]「승여잠(乘輿箴)」은 제왕이 치세를 보전하는 것과 관계가 있는 것이다.[303)]「반악전(潘岳傳)」에 「한거부(閒居賦)」를 실은 것[304)]은 그 자취는 담담하고 고요하나, 마음은 조급하게 부귀를 다투었음을 보인 것이다. 「곽박전(郭璞傳)」에는 「강부(江賦)」 「남교부(南郊賦)」를 싣지 않고 오직 형옥(刑獄)에 관한 상소 하나를 실었으니[305)] 당시 형벌의 남발을 보인 것이다. 「좌귀빈전(左貴嬪傳)」에는 「수사문(愁思文)」 「양황후뢰(楊皇后誄)」 「계실양후를 맞아들이는 송(納繼室楊后頌)」을 실었으니,[306)] 좌분(左芬)이 본래 글재주로 이름이 났기 때문이다. 「장재전(張載傳)」에는 「칠명(七命)」 한 편을 실었으니 역시 그가 문인으로서 재주를 드러냈기 때문이다.[307)] 「위항전(衛恒傳)」에 「서세(書勢)」 한 편을 실은 것[308)]은 (위)항이 본래 서예에 능하고 또한 서법의 원류를 갖추었기 때문이다.

다만 「유송전(劉頌傳)」에서는 그가 올린 밀봉한 상주문 7천~8천 자를 실었으니,[309)] 특히 아주 쓸데없는 것이라 생각된다. 「장화전(張華傳)」에 「초료부(鷦鷯賦)」를 실은 것[310)]도 특히 말할 바가 없다고 생각되는데, (장)화는 재상으로서 공적이 있으므로 반드시 이로써 장점을 나타낼 필요는 없기 때문이다. 「원제기(元帝紀)」 뒤에는 그 아버지인 공왕(恭王)의 비 하

爲事. 著安身論以明所守, 其辭曰 : …….”

302) 『晉書』 卷55 「潘尼傳」, 1510~1512면, “元康初, 拜太子舍人, 上釋奠頌. 其辭曰 : …….”

303) 『晉書』 卷55 「潘尼傳」, 1512~1515면, “入補尙書郎, 俄轉著作郎. 爲乘輿箴, 其辭曰 : …….”

304) 『晉書』 卷55 「潘岳傳」, 1504~1506면, “旣仕宦不達, 乃作閑居賦曰 : …….”

305) 『晉書』 卷72 「郭璞傳」, 1901~1903면, “璞著江賦, 其辭甚偉, 爲世所稱. 後復作南郊賦, 帝見而嘉之, 以爲著作佐郎. 于時陰陽錯繆, 而刑獄繁興, 璞上疏曰 : …….”

306) 『晉書』 卷31 「后妃」 「左貴嬪傳」, 957면. 左貴嬪의 이름이 芬이다.

307) 【王注】 「七命」은 張載의 동생 張協이 지은 바인데, 『晉書』 卷55 「張載傳」, 1519면에 보인다.

308) 『晉書』 卷36 「衛恒傳」, 1061~1066면, “恒善草隸書, 爲四體書勢曰 : …….”

309) 『晉書』 卷46 「劉頌傳」, 1294~1307면.

310) 『晉書』 卷36 「張華傳」, 1069면, “初未知名, 著鷦鷯賦以自寄. 其詞曰 : …….”

후(夏侯)씨가 하급관리인 우금(牛金)과 사통하여 원제를 낳았다고 서술하였는데[311] 「하후태비전(夏侯太妃傳)」[312] 안에는 싣지 않았으니, 그 추함을 열전에서는 꺼리면서 도리어 본기에서 그 잘못을 드러낸 것이므로, 역시 양쪽 모두에 잘못이 있는 것에 속한다. 「부견재기(苻堅載記)」[313] 뒤에 왕맹(王猛), 부융(苻融) 두 사람을 붙인 것[314]은 그들이 부견의 공신이기 때문이다. (그런데) 부랑(苻朗)은 한 사람의 뛰어난 선비[達士]에 불과한데도 역시 열전 하나를 덧붙였다.[315] 「부등재기(苻登載記)」[316] 뒤에는 또한 색반(索泮) 하나를 붙였는데,[317] 「색반전(索泮傳)」에 의하면 또 아직 (부)견과 (부)등에게 벼슬살지 않았으니 이 두(부랑과 색반) 열전은 특히 불필요한 것이었다. 「요흥재기(姚興載記)」에는 갑자기 서호(西胡) 양국아(梁國兒)가 무덤을 지어 놓고 매번 처첩을 데리고 수총(壽冢)[318]에 들어가 잔치하며 술을 마시고 영구를 올려놓는 상에 올라가 노래하였음을 서술하였는데,[319] 이것이 (요)흥과 무슨 관계가 있다고 복잡하게 끌어다 언급한 것인가. 모덕조(毛德祖)는 송(宋)의 공신으로 『송서』에서 이미 열전을 만들었으니[320] 당(唐)에서 『진서』를 편찬할 때에는 자연히 송나라 신하를 진나라 신하 열전 안에 꼭 붙일 필요는 없었는데, 모보(毛寶)[321]의 열전

---

311) [王注] 『晉書』 卷6 「元帝紀」에 하후씨와 사통한 小吏 牛氏는 無名이고, 牛金은 晉宣帝에게 독살된 자이다. 『晉書』 卷6 「元帝紀」, 158면, "而恭王妃夏侯氏竟通小吏牛氏而生元帝, 亦有符云."

312) 『晉書』 卷31 「元夏侯太妃傳」, 968면, "元夏侯太妃名光姬, 沛國譙人也."

313) 『晉書』 卷113 「苻堅載記」, 2883면, "苻堅字永固, 一名文玉, 雄之子也."

314) 『晉書』 卷114 「王猛・苻融載記」, 2929~2936면.

315) 『晉書』 卷114 「苻朗載記」, 2937면.

316) 『晉書』 卷115 「苻登載記」, 2947면, "登字文高, 堅之族孫也."

317) 『晉書』 卷115 「苻登載記」 「索泮」, 2954면, "索泮字德林, 敦煌人也. 世爲冠族. 泮少時游俠, 及長, 變節好學, 有佐世才器."

318) 壽冢 : 生前에 死後를 대비해 만든 무덤.

319) 『晉書』 卷118 「姚興載記下」, 2996면, "時西胡梁國兒於平涼作壽冢, 將妻妾入冢飮讌, 酒酣, 升靈牀而歌. 時人或譏之, 國兒不以爲意."

320) 『宋書』 卷95 「索虜傳」, 2329면, "德祖, 滎陽陽武人也."

321) 『晉書』 卷81 「毛寶傳」, 2122면, "毛寶字碩眞, 滎陽陽武人也."

뒤에 또 (모)덕조의 일을 서술한 것이 매우 상세했다.[322] 아마도 모(毛)씨 집안 열전에 따라 그것을 베껴 넣었다가 삭제에 이르지 못했을 것이다. 「은일전(隱逸傳)」 가운데 있는 하통(夏統)의 전기[323] 하나는 정사의 기사체(記事體)가 아니니, 아마 당시 사람이 따로 「하통별전(夏統別傳)」을 지었던 것으로, 곧 「오류선생전(五柳先生傳)」[324]과 같은 부류였던 것을 『진서』에서 결국 그것을 전부 기록하고 다시 보태거나 빼지 않은 것이니, 사서를 보는 사람이 가만히 살펴보면 자연히 구별할 수 있다.

105. 왕도, 도간 두 사람의 열전은 포폄에 마땅함을 잃었다 王導陶侃二傳褒貶失當

『진서(晉書)』는 오직 왕도(王導)[325]와 도간(陶侃)[326] 두 열전이 포폄(褒貶)

---

322) 『晉書』 卷81 「毛德祖傳」, 2129면, "德祖, 璩宗人也."

323) 『晉書』 卷94 「夏統傳」, 2428면, "夏統字仲御, 會稽永興人也."

324) 『五柳先生傳』: 陶潛의 작품.

325) 王導(276~339): 晉 琅邪郡 臨沂縣 사람으로 字는 茂弘이며, 小字는 阿龍이다. 琅邪王 司馬睿가 下邳에 出鎭했을 때 安東司馬가 되었는데, 司馬睿에게 建業으로 옮길 것을 권하였다. 永嘉 5년(311) 劉聰가 洛陽을 점령하여 華北의 士族들이 대거 江南으로 피난오자 司馬睿에게 賢能한 자를 가려 등용할 것을 권하였다. 建武 2년 司馬睿가 帝位에 오르자 驃騎大將軍 儀同三司가 되었다. 이 당시 "王與馬共天下"라는 말이 퍼질 정도로 琅邪 王氏의 세력이 강하였다. 元帝·明帝·成帝를 섬기며 덕과 명망이 높아 朝野에서 '仲父'라 칭했다.

326) 陶侃(259~334): 晉 鄱陽(지금의 江西省 鄱陽) 사람으로 字는 士行이다. 吳가 망한 후 집을 尋陽으로 옮겼다. 縣吏·督郵를 거쳐 孝廉으로 등용되었으며, 荊州刺史 劉弘의 벽소로 南蠻長史가 되어 張昌과 陳敏의 난을 평정하였다. 奮武將軍, 龍驤將軍 武昌太守, 荊州刺史를 역임하였으며, 杜弢의 난을 평정하였다. 그러나 王敦의 참소로 廣州刺史로 좌천되었고, 이후 領江州刺史, 都督 湘州刺史를 역임하였다. 王敦의 난이 평정된 후 征西大將軍 都督荊雍益梁州諸軍事 領護南蠻校尉 荊州刺史가 되었다. 蘇峻과 祖約의 난을 평정하여 建康을 수복하였다. 侍中 太尉로 승진하였으며, 長沙郡公에 봉해졌다. 말년에 지위가 높고 권력이 중함을 두려워하여 朝政에 간여하지 않고 封國으로 돌아가기를 원했다. 咸和 9년(334) 병을 이유로 벼슬에서 물러나 長沙

에 있어 자못 올바름을 잃었다. (왕)도는 원제(元帝)의 좌명(佐命)공신으로서 역대로 세 임금을 섬기고 폭넓고 후덕함으로 사물을 다루어 안정시켰으니, 본디 어진 재상이라고 이를 만하다. 원제가 처음 정사를 볼 때에 그의 사촌동생 (왕)돈(王敦)[327]은 황제의 현명함을 꺼려 황제로 옹립한 것을 바꾸려고 했으나 (왕)도가 굳건히 다투어 그만두게 되었다. 그 뒤에 (왕)돈이 조협(刁協),[328] 유외(劉隗),[329] 대약사(戴若思)[330]를 토벌한다는 것을 명

로 갔다가 곧 죽었다. 軍에 41년 동안 있으면서 결단에 능하였고 政績이 있었으며, 浮華를 싫어하고 淸談을 싫어하였다. 늘 환난에 대비하여 후세 사람들의 존중을 얻었다.

327) 王敦(266~324) : 晉 琅邪郡 臨沂縣 사람으로 字는 處仲이며, 王導의 從兄이다. 武帝의 딸 襄城公主와 결혼하였다. 永嘉의 난 때 재산을 흩어 버리고 靑州刺史의 자리를 버리고 單騎로 洛陽에 돌아와 琅邪王 司馬睿와 渡江하여 揚州刺史가 되었다. 建興 3년(315) 杜弢의 난을 평정하고 都督江揚荊湘交廣六州諸軍事 江州刺史가 되어 刺史 이하의 관리를 설치할 권리를 얻었다. 元帝가 즉위한 후 侍中 大將軍 江州・荊州牧이 되었다. 强兵을 장악하여 朝廷을 통제하려 하자, 元帝는 이에 대비하기 위해 劉隗・刁協・戴淵을 심복으로 기용하였다. 永昌 元年(322) 劉隗 등을 토벌한다는 명분으로 기병하여 建康을 점령하고 刁協・戴淵 등을 살해하였다. 明帝가 즉위한 후 姑孰으로 鎭을 옮기고 스스로 揚州牧이 되었다. 太寧 2년(324) 병이 들어 明帝가 王敦의 토벌을 명하자 형 王含을 元帥로 삼았으나 패배하였고, 이 소식을 듣고 병사하였다.

328) 刁協(?~322) : 晉 勃海郡 饒安縣(지금의 河北省 鹽山縣 서남) 사람으로 字는 玄亮이다. 젊어서 經籍을 좋아하였고 기억력이 좋았다. 濮陽王文學・太常博士를 거쳐 渡江하여 司馬睿의 長史가 되었다. 東晉 건국 후 尙書左僕射가 되었으며 朝廷의 禮儀制度를 모두 건의하여 제정하였다. 太興初 尙書令이 되었고 수년 후 金紫光祿大夫에 加官되었다. 王氏와 사이가 안 좋았고, 奴를 兵으로 삼고 將吏와 客을 轉運에 동원할 것을 주청하여 豪族들의 원망을 샀다. 永昌 元年(322) 王敦이 刁協을 토벌한다는 명목으로 반란을 일으켰고 이를 진압하기 위해 파견되었지만 江乘에서 피살되었다.

329) 劉隗(273~333) : 晉 彭城郡 사람으로 字는 大連이다. 秘書郞・彭城內史를 역임하였고, 渡江하여 琅邪王 司馬睿의 從事中郞, 丞相司直을 역임하였다. 司馬睿가 晉王이 된 후 御史中丞이 되었다. 太興初 長兼侍中이 되었고, 이어 丹陽尹이 되었다. 尙書令 刁協과 함께 元帝의 총애를 받았다. 荊州牧 王敦의 위세가 너무 커서 제어하기 어렵자 元帝에게 심복을 刺史로 出鎭시킬 것을 권하였다. 이에 鎭北將軍 都督靑徐幽平四州諸軍事 靑州刺史가 되어 泗口에 주둔하였다. 王敦이 이를 매우 싫어하여 永昌 元年(322) 劉隗 주살 등을 명분으로 반란을 일으켰다. 王敦에게 패한 뒤 石勒에게 도망갔으며, 後趙에서 從事中郞・太子太傅를 역임하였다.

330) 戴若思(269~322) : 곧 戴淵을 이르는데, 『晉書』에서 唐高祖 李淵을 避諱하여 字인 若思로 칭했다. 晉 廣陵郡(지금의 江蘇省 淮陰 서남) 사람이다. 젊어서는 游俠을 좋아하고 江淮지역에서 商人과 여행객들을 약탈하였다. 陸機가 그의 재능을 알아보고 趙王 司馬倫에게 천거하였다. 후에 東海王 司馬越 軍諮祭酒, 豫章太守를 역임하였

분으로 삼아 병사를 일으켜 대궐로 향하자, (왕)도는 여러 부하를 데리고 대궐 아래에서 죄를 기다렸으며, 원제 또한 (왕)도의 마음을 믿고서 말하기를 "(왕)도는 큰 의리가 친지의 정을 없앴으니, 내가 안동장군(安東將軍)으로 있을 때의 절의로서 그를 용서할 수 있다"라고 했다[趙注 : 「왕도전(王導傳)」].[331] 이것은 그 마음이 실로 군주에게 믿음을 얻었다는 것이다. 공유(孔愉)는 (원)제 앞에서 (왕)도가 충성스럽고 어질며 임금을 보필한 공훈이 있다고 열심히 말했다[趙注 : 「공유전(孔愉傳)」].[332] 주의(周顗)[333]도 또한 (왕)도가 충성스럽다고 열심히 말하면서 죄가 없음을 해명하여 구원하는 데에 매우 힘을 썼다[趙注 : 「주의전(周顗傳)」].[334] 이것은 그의 마음이 또한 친구들에게도 믿음을 얻었다는 것이다. 그러나 (왕)돈이 석두성(石頭城)에 진입하여 황제의 군대가 싸움에서 패하게 되자, (왕)돈이 (왕)도에게 "주의, 대약사는 마땅히 삼사(三司)[335] 자리에 올라야 하겠지"라고 물었으나, (왕)도는

다. 司馬睿의 右司馬, 尙書를 역임하고 司馬睿가 즉위한 후 都督司兗豫冀雍幷六州諸軍事 司州刺史가 되었다. 王敦이 난을 일으키자 建康에 들어와 방어하였으나 패하였고 王敦에게 살해되었다.

331) 『晉書』 卷65 「王導傳」, 1749면, "王敦之反也, 劉隗勸帝悉誅王氏, 論者爲之危心. 導率羣從昆弟子姪二十餘人, 每旦詣臺待罪. 帝以導忠節有素, 特還朝服, 召見之. 導稽首謝曰 : '逆臣賊子, 何世無之, 豈意今者近出臣族!' 帝跣而執之曰 : '茂弘, 方託百里之命於卿, 是何言邪!' 乃詔曰 : '導以大義滅親, 可以吾爲安東時節假之'."

332) 『晉書』 卷78 「孔愉傳」, 2052면, "帝爲晉王, 使長兼中書郎. 于時刁協、劉隗用事, 王導頗見疏遠. 愉陳導忠賢, 有佐命之勳, 謂事無大小皆宜諮訪."

333) 周顗(269~322) : 晉 汝南郡 安成縣(지금의 河南省 汝南 동남) 사람으로 字는 伯仁이다. 秘書郎·尙書吏部郎을 역임하였고, 司馬睿가 江南에 주둔하자 軍諮祭酒, 荊州刺史, 丞相右長史를 역임하였다. 司馬睿가 晉王이 되자 吏部尙書가 되었고, 太興初 尙書左僕射 領吏部, 護軍將軍을 역임하였다. 僕射가 되었을 때 항상 술에 취해있어서 당시 사람들은 '三日僕射'라 불렀다. 王敦이 기병하여 劉隗가 琅邪 王氏를 주살하자고 주청했을 때, 이를 저지시켰다. 그러나 王敦이 建康에 들어왔을 때 살해되었다.

334) 『晉書』 卷69 「周顗傳」, 1853면, "初, 敦之擧兵也, 劉隗勸帝盡除諸王, 司空導率羣從詣闕請罪, 値顗將入, 導呼顗謂曰 : '伯仁, 以百口累卿!' 顗直入不顧. 旣見帝, 言導忠誠, 申救甚至, 帝納其言. 顗喜飮酒, 致醉而出. 導猶在門, 又呼顗. 顗不與言, 顧左右曰 : '今年殺諸賊奴, 取金印如斗大繫肘.' 旣出, 又上表明導, 言甚切至."

335) 三司 : 漢代에는 三公, 즉 太尉, 司空, 司徒였으나, 後漢에서 太尉를 大司馬로 고쳤다. 또, 唐代에는 御史大夫, 中書, 門下를 뜻하였다.

대답하지 않았다. 또, (왕)돈이 "만약 삼사가 아니라면 마땅히 영복(令僕)[336]으로 심아야 하는가?"라고 물었으나 (왕)도는 또한 대답하지 않았다. (왕)돈이 "이것도 아니라면 마땅히 죽여야 할 뿐이다!"라고 말했으나, (왕)도는 또한 말이 없었다. (왕)돈은 드디어 주(의), 대(약사)를 죽여 버렸다[趙注 : 「주의전」].[337] 또한 왕빈(王彬)이 (왕)돈을 책망하며 "형은 깃발을 들어 올려 순리를 거역하였으니 장차 화가 집안에 미칠 것입니다"라고 하니, (왕)돈은 크게 화를 내며 그를 죽이려고 하였다. (왕)도는 자리에 있으면서 (왕)빈에게 사과할 것을 권하였으나 (왕)빈은 끝내 허리를 굽히지 않았다.[338] 이는 (왕)도가 (왕)돈과 감정이 좋고 매우 긴밀했다는 것이니, 이미 그(왕돈)가 군사를 일으키는 것을 막지 않았고 도리어 (왕)돈의 힘을 빌려 자기와 뜻이 다른 사람들을 죽여 없애 버리고자 했음이다.

무릇 장강(長江)을 건넌 초기에는 왕(王)씨 형제가 안팎으로 줄지어 펴져 있어 그 세력이 매우 컸으므로 당시에 '왕씨와 마(馬 : 곧, 司馬)씨가 천하를 함께 한다[王與馬共天下]'는 노래가 있을 정도였다. (원)제는 마음속으로 그것을 꺼려 특별히 유외, 조협, 대약사 등을 등용해 심복으로 삼아 세력이 강한 호족을 누르고 왕씨를 멀리하며 꺼려하였다. 조(협), 유(외) 등이 원제에게 가깝고 믿을 만한 사람을 내보내어 각 지역에 주둔하게 할 것을 권하자, 이에 초왕(譙王) (사마)승(司馬承)에게 상주(湘州)를 담당하게 하고 (유)외 및 (대)약사는 도독(都督)으로 삼았으며, (유)외와 (조)협은 아울

---

336) 令僕 : 尙書令과 尙書(左右)僕射의 合稱. 尙書令은 尙書省의 장관이며, 尙書(左右)僕射는 尙書省 차관으로, 모두 재상급에 해당한다.

337) 『晉書』 卷69 「周顗傳」, 1853면, "導不知救己, 而甚銜之. 敦旣得志, 問導曰 : '周顗、戴若思南北之望, 當登三司, 無所疑也.' 導不答. 又曰 : '若不三司, 便應令僕邪?' 又不答. 敦曰 : '若不爾, 正當誅爾.' 導又無言. 導後料檢中書故事, 見顗表救己, 殷勤款至. 導執表流涕, 悲不自勝, 告其諸子曰 : '吾雖不殺伯仁, 伯仁由我而死. 幽冥之中, 負此良友!'"

338) 『晉書』 卷76 「王彬傳」, 2005~2006면, "會周顗遇害, 彬素與顗善, 先往哭顗, 甚慟. …… 因勃然數敦曰 : '兄抗旌犯順, 殺戮忠良, 謀圖不軌, 禍及門戶.' 音辭慷慨, 聲淚俱下. 敦大怒, 厲聲曰 : '爾狂悖乃可至此, 爲吾不能殺汝邪!' 時王導在坐, 爲之懼, 勸彬起謝. …… 彬意氣自若, 殊無懼容."

러 왕씨를 모두 주멸할 것을 청하였다[趙注:「유외전(劉隗傳)」].[339] 이러한 까닭에 단지 (왕)돈만이 그들을 미워한 것이 아니라 (왕)도 또한 그들을 미워했다. 그리고 이때 (왕)돈은 또한 감히 갑자기 찬탈하려는 행동을 하지는 않았고, (왕)도의 억울함을 해명하는 상소를 봐도 전부 조(협), 유(외) 등에 대해서만 말을 하고 있었다. 감탁(甘卓)이 양양(襄陽)으로부터 (왕)돈을 습격하려고 하니 (왕)돈이 그것을 듣고서 "감후(甘侯)는 내가 조정을 위태롭게 할까봐 염려하는가. 나는 단지 간사하고 흉악한 이들을 제거할 뿐이다"라고 말했다[趙注:「감탁전(甘卓傳)」].[340] 이것은 (왕)돈이 처음 기병했을 때에는 오로지 조(협), 유(외), 대(약사) 등 몇 사람만을 제거하고자 하였고 바로 (왕)도와 뜻이 서로 맞았다는 것이다. 나중에 (왕)돈이 다시 군사를 일으켰을 때에는 병이 이미 위독하여 형 (왕)함(王含)과 함께 다녔다. (왕)도가 (왕)함에게 보낸 글에서 "형은 이번 거병이 지난날의 대장군(大將軍)과 같을 수 있다고 생각하십니까? 지난날에는 간사한 사람들이 조정을 어지럽혀 사람들이 불안함을 마음속에 품고 있었으므로 저와 같은 사람들도 마음으로는 밖에서 구제해 주기를 생각하고 있었습니다"라고 말했다[趙注:「왕돈전(王敦傳)」].[341] 이것은 바로 진심으로 품은 생각을 스스로 토로하여, (왕)돈이 조(협), 유(외)를 주살한 것이 자신의 뜻과 같다고 말한 것이다. 또한 (왕)돈이 처음 군사를 일으켰을 때 군대가 석두(성)에 이르자 주찰(周札)[342]이 석두(성)를 지키고 있다가 문을 열어 그들을 받아들임으로써 (왕)

---

339)『晉書』卷69「劉隗傳」, 1838면, "及入見, 與刁協奏請誅王氏."

340)『晉書』卷70「甘卓傳」, 1863면, "及敦升舟, 而卓不赴, 使參軍孫雙詣武昌諫止敦. 敦聞雙言, 大驚曰:'甘侯前與吾語云何, 而更有異! 正當慮吾危朝廷邪? 吾今下唯除姦凶耳. 卿還言之, 事濟當以甘侯作公.'"

341)『晉書』卷98「王敦傳」, 2563~2564면, "兄之此擧, 謂可得如大將軍昔年之事乎? 昔年佞臣亂朝, 人懷不寧, 如導之徒, 心思外濟. 今則不然."

342) 周札(?~324): 晉 吳興郡 陽羨縣(지금의 江蘇省 宜興) 사람으로 字는 宣季이다. 젊어서 豪族으로 自居하여 州郡의 辟召에 응하지 않았다가 孝廉으로 찰거되어 郎中이 되었다. 錢璯·徐馥 등을 평정하여 吳興內史 東遷縣侯가 되었고, 후에 右將軍 都督石頭水陸軍師가 되었다. 永昌 元年(322) 王敦이 石頭城을 공격할 때 문을 열어 내응하였다. 王敦이 光祿勳으로 삼았으며, 후에 右將軍·會稽內史를 역임하였다. 당시 일족에

돈의 군사가 세력이 왕성해지고 황제의 군사가 패하게 되었다. (그런데) (왕)돈은 나중에 또한 (주)찰의 종족이 강성한 것을 꺼려 그를 살해하였다. (왕)돈이 죽은 뒤 (주)찰의 집안에서 억울함을 씻어달라고 청하자, 변호(卞壼)[343] 등은 (주)찰이 문을 열어 적을 끌어들였으므로 그렇게 해서는 안 된다고 했으나, (왕)도는 유독 "(주)찰은 석두(성)에 있으면서 (유)외, (조)협이 정치를 어지럽히는 것을 알고 있어, (왕)돈이 조정을 바로잡아 구원하리라 믿고서 문을 열어 그를 끌어들였으니, 바로 사직에 충성한 것입니다"라고 말하였다[趙注 : 「주찰전(周札傳)」].[344] 이것은 더욱 (왕)돈이 군사를 일으킨 것을 조정의 잘못을 바로잡고 구원한 것이라 여긴 것이다. 이때 (왕)도가 비록 (왕)돈이 나라의 조명을 바꾸는 것을 원하지는 않았지만, (왕)돈이 조(협), 유(외)를 죽이기를 바랐으므로 그것이 마음속에 본래 품은 뜻이었음을 볼 수 있다. 무릇 황제가 조(협), 유(외)를 편파적으로 믿고 왕씨를 소

서 다섯 명의 列侯를 배출하여 세력이 막강하니, 王敦이 이를 싫어하여 살해하였다.

343) 卞壼(281~328) : 晉 濟陰郡 冤句縣(지금의 山東省 曹縣 서북) 사람으로 字는 望之이다. 젊어서 널리 알려져 '兗州八伯'의 하나가 되었다. 司馬睿가 建業에 주둔한 후 從事中郎으로 임명하여 選擧를 맡겼다. 世子師 · 太子詹事 · 御史中丞 · 吏部尙書를 역임하였고, 王含의 亂 때 中軍將軍으로 建康을 지켜 建興縣公에 봉해지고 領軍將軍이 되었다. 明帝의 병이 중하자 司徒 王導 등과 함께 顧命을 받았으며 右將軍 給事中 尙書令이 되었다. 成帝 즉위 후 中書令 庾亮과 함께 機要를 관장하였다. 蘇峻의 亂 때 전사하였다.

344) 『晉書』 卷58 「周札傳」, 1575~1577면, "王敦擧兵攻石頭, 札開門應敦, 故王師敗績. 敦轉札爲光祿勳, 尋補尙書. 頃之, 遷右將軍、會稽內史. …… 札一門五侯, 並居列位, 吳士貴盛, 莫與爲比, 王敦深忌之. …… 札先不知, 卒聞兵至, 率麾下數百人 出距之, 兵散見殺. …… 及敦死, 札、莚故吏並詣闕訟周氏之冤, 宜加贈謚. 事下八坐, 尙書卞壼議以'札石頭之役開門延寇, 遂使賊敦恣亂, 札之責也. 追贈意所未安. 懋、莚兄弟宜復本位.' 司徒王導議以'札在石頭, 忠存社稷, 義在亡身. …… 臣謂宜與周顗、戴若思等同例.' 尙書令郗鑒議曰 : '夫褒貶臧否, 宜令體明例通. 今周、戴以死節復位, 周札以開門同例, 事異賞均, 意所疑惑. …… 今據已顯復, 則札宜貶責明矣.' 導重議曰 : '省令君議, 必札之開門與譙王、周、戴異. 今札開門, 直出風言, 竟實事邪? 便以風言定褒貶, 意莫若原情考徵也. 論者謂札知隗、協亂政, 信敦匡救, 苟匡救信, 姦佞除, 卽所謂流四凶族以隆人主巍巍之功耳. 如此, 札所以忠於社稷也. 後敦悖謬出所不圖, 札亦闔門不同, 以此滅族, 是其死於爲義也. 夫信敦當時之匡救, 不圖將來之大逆, 惡隗、協之亂政, 不失爲臣之貞節者, 于時朝士豈惟周札邪! …… 且札闔棺定謚, 違逆黨順, 受戮凶邪, 不負忠義明矣.'"

외시켰다고 해도 어찌 드디어 그런 위협을 멋대로 할 수 있겠는가. (주)의가 논하여 "임금이 요순(堯舜)이 아니니 어찌 실책이 없을 수 있겠는가만, (그렇다고) 신하가 결국 군사를 일으켜 그 잘못을 바로잡을 수 있는가"라고 말했는데,[345] 이 견해가 가장 엄정한 것이다. 그러니 (왕)도가 (왕)돈이 군사를 일으켜 자기와 뜻이 다른 사람을 제거하기를 바란 것을 어찌 오히려 순정한 신하라고 이를 수 있겠는가.

또한 (왕)도에 대해 따져봐야 할 것은 더욱 여기에만 그치지 않는다. (왕)도가 보정(輔政)하면서 조윤(趙胤), 가녕(賈寧) 등 여러 소인배에게 일을 맡기니, 도간은 일찍이 군사를 일으켜 그들을 없애려 하였고, 유량(庾亮)[346]도 또한 군사를 일으켜 그들을 내쫓고자 하였다[趙注 : 「유량전(庾亮傳)」].[347] 환경(桓景)이 (왕)도에게 아첨하여 (왕)도가 그를 친근하게 대하자, 도회(陶回)가 (환)경은 올바른 사람이 아니니 허물없이 가까이 해서는 안 된다고 했다[趙注 : 「도회전(陶回傳)」].[348] 성제(成帝)가 매번 (왕)도의 집으로 행차할 때마다 오히려 (왕)도의 아내 조(曹)씨에게 절을 하자, 공탄(孔坦)이 그것을 매우 비난하

345) 『晉書』 卷69 「周顗傳」, 1852면, "及王敦構逆, 溫嶠謂顗曰 : '大將軍此擧似有所在, 當無濫邪?' 顗曰 : '君少年未更事. 人主自非堯舜, 何能無失, 人臣豈可得擧兵以脅主! 共相推戴, 未能數年, 一旦如此, 豈云非亂乎! 處仲剛愎强忍, 狼抗無上, 其意寧有限邪!'"

346) 庾亮(289~340) : 晉 潁川郡 鄢陵縣 사람으로 字는 元規이며, 明穆皇后의 오빠이다. 鎭東將軍 司馬睿의 西曹掾, 丞相參軍을 역임하였고, 元帝가 즉위한 후 中書郎 · 中領軍을 역임하였다. 明帝 때 中書監이 되었고, 左衛將軍이 되어 王敦의 잔당 錢鳳과 沈充을 토벌하였다. 明帝의 遺詔로 司徒 王導와 함께 成帝를 보필하게 되었으며 中書令이 되어 정사를 모두 결제하였다. 蘇峻의 난이 발생한 후 豫州刺史가 되어 蕪湖에 주둔하였다. 陶侃이 죽은 후 征西將軍 領江荊豫三州刺史가 되어 武昌에 주둔하였다. 북벌을 계획하였으나 조정의 반대로 실행에 옮기지 못하였고, 咸康 5년(339) 後趙가 邾城을 함락했을 때 구원하지 못했음을 걱정하여 죽었다.

347) 『晉書』 卷73 「庾亮傳」, 1921~1922면, "時王導輔政, 主幼時艱, 務存大綱, 不拘細目, 委任趙胤、賈寧等諸將, 並不奉法, 大臣患之. 陶侃嘗欲起兵廢導, 而郗鑒不從, 乃止. 至是, 亮又欲率衆黜導, 又以諮鑒, 而鑒又不許."

348) 『晉書』 卷78 「陶回傳」, 2066면, "回性雅正, 不憚强禦. 丹楊尹桓景佞事王導, 甚爲導所昵. 回常慷慨謂景非正人, 不宜親狎. 會熒惑守南斗經旬, 導語回曰 : '南斗, 揚州分, 而熒惑守之, 吾當遜位以厭此譴.' 回答曰 : '公以明德作相, 輔弼聖主, 當親忠貞, 遠邪佞, 而與桓景造膝, 熒惑何由退舍!' 導深愧之."

였다[趙注 : 「공탄전(孔坦傳)」].[349] 소준(蘇峻)[350]과 작당한 반역자 광술(匡術)은 일찍이 공군(孔羣)을 죽이고자 했으나 어떤 이가 그를 구하여 죽음을 면할 수 있었다. 나중에 (광)술이 항복한 뒤 (공)군과 함께 (왕)도가 마련한 자리에 있었는데, (왕)도가 (광)술을 시켜 (공)군에게 술을 권하게 하여 지난날의 감정을 풀도록 했다. (공)군은 "저는 공자(孔子)가 아니지만 재앙은 광(匡) 땅 사람에게서 받은 것과 같았습니다.[351] 비록 화창한 볕이 기운을 펼쳐 매가 변하여 비둘기가 될지라도, 식자들은 오히려 그 눈을 싫어합니다"라고 대답하자, (왕)도에게 부끄러운 기색이 있었다[趙注 : 「공군전(孔羣傳)」].[352] 이것은 또한 모두 (왕)도가 방종했던 내용이다.

그러나 『진서』 「왕도전」의 논(論)에서는 그를 관중(管仲)과 (제갈)공명(諸葛孔明)에 비교하면서 이르길 "관중은 작은 나라의 재상 노릇을 잘 해 냈고, (제갈)공명은 새로 일으킨 나라를 잘 다스렸는데, 일을 다루고 실정을 논하는 것이 또한 이와 같은 부류였다. 세 임금을 도우면서 시종 한결같은 마음이었으니, 중부(仲父)라고 칭한 것이 대저 마땅했던 것이다"라고

---

349) 『晉書』 卷78 「孔坦傳」, 2058면, "坦在職數年, 遷侍中. 時成帝每幸丞相王導府, 拜導妻曹氏, 有同家人, 坦每切諫."

350) 蘇峻(?~328) : 晉 長廣郡 掖縣(지금의 山東省 萊陽縣 남쪽) 사람으로 字는 子高이다. 郡主簿로 孝廉에 찰거되었다. 永嘉의 난 때 무리 수천 家를 모아 本縣에 塢를 쌓고 塢主가 되었다. 靑州刺史 曹嶷에게 밀려 廣陵으로 쫓겨나 鷹揚將軍·蘭陵相이 되었다. 王敦을 토벌하여 冠軍將軍 歷陽內史, 散騎常侍 등을 역임하였다. 정예군 1만 명과 우수한 무기를 가지고 있어서 明帝가 江北의 방어를 맡겼는데, 점차 반역의 뜻을 지녔다. 庾亮이 그의 병권을 해제하고자 大司農으로 삼았으나, 그는 庾亮이 자신을 해치려는 의도로 생각하고 咸和 2년(327) 祖約과 함께 반란을 일으켰다. 建康에 들어가 朝政을 마음대로 하고 스스로 驃騎將軍 錄尙書事가 되었다. 후에 溫嶠·陶侃과 싸워 敗死하였다.

351) 匡은 孔子 당시 衛의 땅으로, 지금 河北省 長垣縣 西南이다. 孔子가 衛로부터 陳으로 가려고 했을 때, 匡人들이 그를 포위하고 곤란하게 했다. 『論語』 「子罕」, "天之未喪 斯文也 匡人其如予何."

352) 『晉書』 卷78 「孔羣傳」, 2061면, "蘇峻入石頭, 時匡術有寵於峻, 賓從甚盛. 羣與從兄愉同行於橫塘, 遇之, 愉止與語, 而羣初不視術. 術怒, 欲刃之. 愉下車抱術曰 : '吾弟發狂, 卿爲我宥之.' 乃獲免. 後峻平, 王導保存術, 嘗因衆坐, 令術勸羣酒, 以釋橫塘之憾. 羣答曰 : '羣非孔子, 厄同匡人. 雖陽和布氣, 鷹化爲鳩, 至於識者, 猶憎其目.' 導有愧色."

하였다.[353] 또한 「유외·조협전」의 논에서는 그들이 멋대로 각박한 짓을 행하여 "어진 재상이 소외되게 했으며 인정이 흩어지기에 이르렀다"고 했으니,[354] 이는 도리어 변란을 불러온 죄를 유(외), 조(협)에 연좌시키고 (왕)도에 대해서는 비난하는 바가 없는 것으로, 특히 공평하고 진실하지가 않는 것이다.

도간의 생애를 보면, 다만 소준, 조약(祖約)[355]이 반란을 일으켰을 때에만 (도)간이 고명을 받는 데에 참여하지 못했기 때문에 기꺼이 황제를 도우려 하지 않다가 온교(溫嶠)[356] 등이 두세 차례 요청하고 설득한 뒤에야 비로소 군사를 이끌고 동쪽으로 나아갔으니, 이것은 그가 작은 것만 보고 대의에 이르지 못한 바이다.[357] 그밖에는 나라에 마음을 다하는 것이 늙어가며 점점 독실해졌다. 조정에서 특별한 예우를 더했는데도 (도)간은 굳이 사양을 했고, 또한 병 때문에 벼슬자리를 떠나면서 표를 올려 "저는

---

353) 『晉書』 卷65 「王導傳」, 1760~1761면, "史臣曰 : …… 至若夷吾體仁, 能相小國; 孔明踐義, 善翊新邦, 撫事論情, 抑斯之類也. 提挈三世, 終始一心, 稱爲'仲父', 蓋其宜矣."

354) 『晉書』 卷69 「周顗傳」, 1854면, "史臣曰 : …… 是使賢宰見疏, 致物情於解體; 權臣發怒, 借其名以誓師." 이 부분은 劉隗, 刁協, 戴若思, 周顗에 대한 論 중 일부이다.

355) 祖約(?~330) : 晉 范陽郡 遒縣(지금의 河北省 淶水縣) 사람으로 字는 士少이다. 永嘉末 형 祖逖을 따라 江南으로 갔으며, 掾屬과 從事中郎을 역임하였다. 祖逖이 죽은 후 部曲을 거느리고 豫州刺史가 되어 壽春에 주둔하였다. 王敦이 거병하자 建康을 지킨 공으로 五等侯에 봉해지고 鎭西將軍으로 승진하였다. 명성이 郗鑒과 卞壼보다 뒤떨어지지 않지만 明帝의 顧命을 받지 못하고 開府를 바랬으나 얻지 못하자 원망하였다. 咸和 2년(327) 蘇峻을 좇아 난을 일으켰으나 패하였다. 이후 後趙로 도망갔으나, 石勒이 그의 사람됨이 薄함을 보고 살해하였다.

356) 溫嶠(288~329) : 晉 太原郡 祁縣(지금의 山西省 祁縣 동남) 사람으로 字는 太眞이다. 東閣祭酒로 벽소되었고, 후에 司空 劉琨의 右司馬가 되었다. 후에 劉琨의 명으로 南渡하여 司馬睿에게 勸進表를 올렸다. 明帝 즉위 후 機密을 관장하며 中書令·丹陽尹을 역임하였으며, 王敦을 토벌하였다. 咸和 元年(326) 江州刺史가 되어 武昌에 주둔하였다. 다음 해 蘇峻이 난을 일으키자 征西將軍 陶侃을 盟主로 추대하여 함께 난을 평정하였다. 驃騎將軍 始安郡公에 제수되었으며 武昌으로 돌아와 죽었다.

357) 【王注】 생각건대 陶侃은 東晉의 名臣이었지만, 出身이 寒微하여 권력을 장악한 豪門貴族 庾亮 등에 자못 배척되고 모함을 받았으니, 이른바 顧命을 받지 못하여 늦장을 부리며 병사를 일으키는 것을 기꺼이 하지 않았다고 운운하는 것은 모함하는 말의 하나일 것이다. 淸代學者들 가운데는 이를 바로잡으려는 이들이 많았으니, 王懋竑의 설이 가장 상세한데, 『自田草堂存稿』 卷4 「論陶長沙侃」을 보면 참고가 될 만하다.

어려서 외롭고 빈한하게 성장하여 처음부터 바라는 바에 한도가 있었습니다"라는 등의 말을 했다.[358] 죽기 1년 전에 이미 자리를 내놓고 고향으로 돌아가려 하니 보좌하는 속리[佐吏]가 애써 그를 잡아두려고 하였으나 이루지 못하였다. 병이 심해져서 돌아가려고 하며 뒷일을 우사마(右司馬) 왕건기(王愆期)에게 맡겼다. 관부 문을 나서 배에 오르면서 돌아보며 (왕)건기에게 "노자(老子)가 너울거리며[婆娑][359] 바로 그대들 중에 앉아있구나"라고 말하였다[趙注 : 「도간전(陶侃傳)」].[360] 이로써 또한 그가 권세에 초연하였음을 알 수 있는 것이다. 열전에서 또한 (도)간이 말년에 항상 멈추어 만족해야 하는 분수를 생각하며 조정의 권세에 참여하지 않았다고 기록했다.[361] 그런데, 열전 말미에서는 곧 (도)간이 일찍이 여덟 날개가 생겨 하늘 문에 올라갔는데 가장 높은 아홉 번째 하늘에 이르러서 날개를 부러뜨려 떨어지는 꿈을 꾸었다고 하고, 나중에 여덟 주(州)를 감독하고 장강 상류에 근거를 두면서 강병을 장악하자 바라서는 안 되는 것을 넘보는 뜻이 있었지만 매번 날개를 부러뜨린 조짐을 생각하며 스스로 억눌러 그만두었다고 하였다.[362] 열전의 논에서 또한 그는 "몰래 마음 속 깊이 간직한 뜻을 가지고 있었지만 날개를 부러뜨린 조짐을 돌이켜 생각했으니, 도리를 거스른 것이었다"라고 기록하였다.[363] 이것은 바로 그가 본래 신하

358) 『晉書』 卷66 「陶侃傳」, 1777면, "臣少長孤寒, 始願有限."

359) 婆娑 : 宋玉, 「神女賦」 「又婆娑乎人間」, "善曰 : '婆娑盤姍也.' 良曰 : '婆娑放逸貌'."

360) 『晉書』 卷66 「陶侃傳」, 1778~1779면, "未亡一年, 欲遜位歸國, 佐吏等苦留之. 及疾篤, 將歸長沙, 軍資器仗牛馬舟船皆有定簿, 封印倉庫, 自加管鑰, 以付王愆期, 然後登舟, 朝野以爲美談. 將出府門, 顧謂愆期曰 : '老子婆娑, 正坐諸君輩'."

361) 『晉書』 卷66 「陶侃傳」, 1778면, "季年懷止足之分, 不與朝權."

362) 『晉書』 卷66 「陶侃傳」, 1779면, "又夢生八翼, 飛而上天, 見天門九重, 已登其八, 唯一門不得入. 閽者以杖擊之, 因墜地, 折其左翼. 及寤, 左腋猶痛. 又嘗如廁, 見一人朱衣介幘, 斂板曰 : '以君長者, 故來相報. 君後當爲公, 位至八州都督.' 有善相者師圭謂侃曰 : '君左手中指有豎理, 當爲公. 若徹於上, 貴不可言.' 侃以針決之見血, 灑壁而爲'公'字, 以紙裛手, '公'字愈明. 及都督八州, 據上流, 握强兵, 潛有窺窬之志, 每思折翼之祥, 自抑而止."

363) 『晉書』 卷66 「陶侃傳」, 1782면, "史臣曰 : …… 至於時屬雲屯, 富逾天府, 潛有包藏之志, 顧思折翼之祥, 悖矣!"

답지 못한 마음을 가졌으나 한갓 꿈 때문에 감히 하지 못했다고 말한 것이다. (왕)도에 대해서는 그 잘못을 줄여 말하고 관(중), (제)갈(량)에 견주었으면서, (도)간에 대해서는 꿈 하나 때문에 '그럴 의사가 없는[無將]'[364] 죄로 얽어 걸었으니, 어찌 포폄에서 마땅함을 잃은 것이 아니겠는가.

364) '將'은 바로 하려고 하는 것을 의미하니, '無將'은 그럴 意思가 없는 것이다(『漢書』 卷99下 「王莽傳」, 4153면, "春秋之義, '君親毋將, 將而誅焉'"; 『漢書』 卷99下 「王莽傳」, 4153면, 注4 "師古曰 : '春秋公羊傳之辭也. 以公子牙將爲弑逆而誅之, 故云然也. 親謂父母也'").

권8

106. 팔왕의 난八王之亂

혜제(惠帝) 때 팔왕(八王)의 난은 『진서(晉書)』에서 내용을 모아 서술한 것이 한 권에 있고,[1] 『통감기사본말(通鑑紀事本末)』 역시 별도로 한 조항을 만들었으나,[2] 두서가 번다하여 살펴보는 사람들이 쉽게 이해하지 못하므로 이제 여기에서 요점을 추려 서술한다.

무제(武帝)가 죽음에 임하여 여남왕(汝南王) 사마량(司馬亮)[趙注 : 사마의(司馬懿)의 아들, 무제의 숙부]과 황후의 아버지 양준(楊駿[3])에게 함께 보정을 하도록

1) 『晉書』 卷59에 汝南王亮, 楚王瑋, 趙王倫, 齊王冏, 長沙王乂, 成都王穎, 河間王顒, 東海王越 등의 列傳이 함께 있다.

2) 袁樞(南宋) 撰, 『通鑑記事本末』 卷12 「西晉之亂」條.

3) 楊駿(?~291) : 西晉 弘農郡 華陰縣 사람으로 字는 文長이다. 咸寧 2년(276) 딸이 武帝의 皇后가 되어 車騎將軍 臨晉侯에 제수되었다. 아우 楊珧, 楊濟와 함께 세력을

하려 했는데,[4] (양)준이 그 조서를 숨기고 명령을 위조해 (사마)량에게 허창(許昌)으로 출진하도록 했다.[5] 혜제가 즉위한 뒤 가후(賈后)[6]가 전권을 휘둘러 양준을 죽이고[7] 양태후(楊太后)를 폐위한 후 (사마)량을 불러 들여 위관(衛瓘)과 함께 보정하도록 했다. (사마)량은 초왕(楚王) 사마위(司馬瑋)[趙注 : 무제의 다섯째 아들, 혜제의 동생]와 사이가 좋지 않았는데, (사마)위가 가후에게 아첨하여 (사마)량과 (위)관에게 폐립의 음모가 있다고 무고하자, (가)후는 이에 혜제를 시켜 (사마)위에게 조서를 내려 (사마)량, (위)관을 죽이도록 하였으며,[8] 다시 (사마)위를 (사마)량, (위)관을 멋대로 죽인 죄를 적용하여

떨쳐 '三楊'이라 불렀다. 太熙 元年(290) 武帝 임종시 太尉 太子太傅 假節 都督中外諸軍事 侍中 錄尙書事가 되어 朝政을 총람하였다. 外戚으로써 정권을 전단하여 宗室의 원망을 샀다. 惠帝가 즉위한 후 太傅 大都督이 되었으나 賈皇后와 楚王 司馬瑋 등의 공모로 살해되었다.

4) 『晉書』 卷40 「楊駿傳」, 1177면, "乃詔中書, 以汝南王亮與駿夾輔王室. 駿恐失權寵, 從中書借詔觀之, 得便藏匿. 中書監華廙恐懼, 自往索之, 終不肯與. 信宿之間, 上疾遂篤, 后乃奏帝以駿輔政, 帝頷之."

5) 『晉書』 卷59 「汝南王亮傳」, 1592면, "及武帝寢疾, 爲楊駿所排, 乃以亮爲侍中、大司馬、假黃鉞、大都督、督豫州諸軍事, 出鎭許昌, 加軒懸之樂, 六佾之舞."

6) 賈后(256~300) : 西晉 平陽郡 襄陵縣 사람으로 이름은 南風이며, 賈充의 딸이다. 太始 8년(272) 太子妃가 되었다. 투기를 좋아하고 몇 사람을 죽여서 武帝가 노하여 폐하려 하였으나 尙書令 荀勖과 楊后 등이 도와주어 폐립을 면하였다. 永熙 元年(290) 惠帝가 즉위한 후 皇后가 되었다. 당시 楊駿이 國政을 담당하고 있었는데, 李肇 등과 비밀리에 모의하여 楊駿이 모반한다고 모함하고 조서를 위조해 楚王 司馬瑋에게 楊駿을 살해할 것을 명하였다. 汝南王 司馬亮을 太宰로 삼아 輔政하게 하였으며, 또 惠帝의 손을 빌어 司馬瑋에게 司馬亮을 살해할 것을 명하는 조서를 썼다. 그리고 司馬瑋를 살해하였다. 八王의 난이 여기에서 시작되었다. 朝政을 10년 동안 농단하였으며 親黨을 도처에 심어놓고 생활이 문란하였으나, 결국 趙王 司馬倫에게 살해되었다.

7) 『晉書』 卷31 「武悼楊皇后傳」, 955면, "賈后凶悖, 忌后父駿執權, 遂誣駿爲亂, 使楚王瑋與東安王繇稱詔誅駿"; 『晉書』 卷40 「楊駿傳」, 1179면, "觀等受賈后密旨, 誅駿親黨, 皆夷三族, 死者數千人."

8) 『晉書』 卷59 「楚王瑋傳」, 1596~1597면, "汝南王亮、太保衛瓘以瑋性很戾, 不可大任, 建議使與諸王之國, 瑋甚忿之. 長史公孫宏、舍人岐盛並薄於行, 爲瑋所昵. 瓘等惡其爲人, 慮致禍亂, 將收盛. 盛知之, 遂與宏謀, 因積弩將軍李肇矯稱瑋命, 譖亮、瓘於賈后. …… 又矯詔使亮、瓘上太宰太保印綬、侍中貂蟬, 之國, 官屬皆罷遣之. 又矯詔赦亮、瓘官屬曰 ……. 遂收亮、瓘, 殺之"; 『晉書』 卷31 「惠賈皇后傳」, 964면, "后知瑋怨之, 乃使帝作密詔令瑋誅瓘、亮, 以報宿憾."

그 날로 (사마)위를 죽였다.[9] (가)후는 더욱 멋대로 음란하고 방자해져서 태사 사마휼(司馬遹)【趙注 : 혜제의 장자, 가후의 소생이 아니다】[10]을 폐위하고, 양태후를 시해했다. 이때 조왕(趙王) 사마륜(司馬倫)【趙注 : 사마의의 아홉째 아들, 혜제의 작은 할아버지】은 서울에 있으면서 평소 가후에게 아첨했는데, 그가 총애하는 손수(孫秀)[11]가 "태자를 폐위한 것에 대해 사람들은 公께서 실제로 함께 모의했다고 말하니, 마땅히 가후를 폐위하여 이런 소리를 없애야 합니다"라고 설득하자, (사마)륜은 그것을 따랐다. (손)수는 또 태자가 총명하여 결국 (사마)륜에 대해 의심을 품을 것을 염려하였는데, 가후가 태자를 죽이는 것을 기다렸다가 (가)후를 폐위해서 태자의 원수를 갚고 공을 세울 수 있는 것만 같지 못했다.[12] 이에 (가)후의 일당을 시켜 (가)후에게 넌지시 말하게 하니, (가)후는 과연 태자를 죽였으며, (사마)륜은 드디어 조서를 사칭해서 제왕(齊王) (사마)경(司馬冏)【趙注 : 제왕 사마유(司馬攸)의 아들, 혜제의 사촌동생】과 군사를 거느리고 입궁하여 (가)후를 폐위하고 금용성(金墉城)에 가두었다가[13] 이어 그를 죽였다. (사마)륜은 스스로 상국(相國) 시중(侍中), 도독중외제군사(都督中外諸軍事)가 되었다. 손수 등이 세력을 믿고 제멋대로 난폭하게 굴자, (사마)경은 속으로 불평하는 마음을 품었는데, (손)수가 그것을

9) 『晉書』 卷59 「楚王瑋傳」, 1597면, "賈后先惡瓘、亮, 又忌瑋, 故以計相次誅之."

10) 『晉書』 卷53 「愍懷太子傳」, 1457면, "愍懷太子遹字熙祖, 惠帝長子, 母曰謝才人."

11) 孫秀(?~301) : 西晉 琅邪郡 사람이다. 처음에는 郡吏였다가 趙王 司馬倫의 심복이 되었고, 후에 賈皇后에게 아첨하였다. 永康 元年(300) 賈皇后에게 愍懷太子 司馬遹를 살해하도록 사주한 후, 이를 구실로 賈皇后를 폐립하고 賈謐과 張華 등을 주살하였다. 司馬倫이 집정한 후 中書令이 되어 정권을 장악하였고, 司馬倫이 찬탈 한 후 侍中 中書監 驃騎將軍이 되었다. 石崇・潘岳・歐陽建 등을 모함하여 죽이는 등 폭정과 부패를 일삼았다. 永寧 元年(301) 齊王 司馬冏 등이 起兵하여 司馬倫을 토벌할 때 피살되었다.

12) 『晉書』 卷59 「趙王倫傳」, 1598~1599면, "事將起, 而秀知太子聰明, 若還東宮, 將與賢人圖政, 量己必不得志, 乃更說倫曰 : '太子爲人剛猛, 不可私請. 明公素事賈后, 時議皆以公爲賈氏之黨. 今雖欲建大功於太子, 太子含宿怒, 必不加賞於明公矣. 當謂逼百姓之望, 翻覆以免罪耳. 此乃所以速禍也. 今且緩其事, 賈后必害太子, 然後廢后, 爲太子報讎, 亦足以立功, 豈徒免禍而已.' 倫從之. 秀乃微泄其謀, 使謐黨頗聞之. 倫、秀因勸謐等早害太子, 以絶衆望."

13) 『晉書』 卷4 「孝惠帝紀」, 96면, "己亥, 趙王倫矯詔害賈庶人于金墉城."

알고는 (사마)경을 내보내 허창(許昌)에 주둔하도록 했다.[14] (사마)륜은 제멋대로 제위를 차지하여 혜제를 태상황(太上皇)으로 삼고 금용(성)으로 옮겼다.[15] 이에 (사마)경 및 하간왕(河間王) (사마)옹(司馬顒)[趙注 : 사마부(司馬孚)의 손자이자 혜제의 종숙(從叔)으로 이때 장안에 주둔했다], 성도왕(成都王) (사마)영(司馬穎)[趙注 : 무제의 열여섯째 아들이자 혜제의 동생으로 이때 업중(鄴中)에 주둔했다]이 함께 기병하여 (사마)륜을 토벌하니, (사마)륜의 군사가 패하여 그 장수 왕여(王輿)가 (사마)륜을 폐위하고 (손)수를 참수한 뒤 혜제를 맞이하여 복위시켰다.[16] (사마)륜은 이어 주살되었고, (사마)영은 드디어 업으로 돌아가고 (사마)경이 입경하였다. (혜)제는 (사마)경에게 대사마(大司馬)를 제수하고 선제(宣帝), 경제(景帝)가 위(魏)나라를 보좌했던 고사를 따랐다.[17] (사마)경은 대권을 손에 쥐자 주색에 빠져 조정에 들어오지 않고, 앉아서 백관을 부르고 불법적인 행위를 자행했다. 교위(校尉) 이함(李含)이라는 자가 장안으로 달아나 조서가 있다고 사칭하여 하간왕 (사마)옹에게 (사마)경을 토벌하도록 하였다. (사마)옹은 드디어 표를 올려 (사마)경을 폐위하고 성도왕으로 보정하게 할 것을 청하고, 아울러 격문을 돌려 장사왕(長沙王) (사마)예(司馬乂)[趙注 : 무제의 여섯 째 아들, 혜제의 동생]를 내주(內主)로 삼았다.[18] (사마)경은 군사를 보내

14)『晉書』卷59「齊王冏傳」, 1606면, “趙王倫密與相結, 廢賈后, 以功轉游擊將軍. 冏以位不滿意, 有恨色. 孫秀微覺之, 且憚其在內, 出爲平東將軍、假節, 鎭許昌.”

15)『晉書』卷4「孝惠帝紀」, 97면, “永寧元年春正月乙丑, 趙王倫簒帝位. 丙寅, 遷帝于金墉城, 號曰太上皇, 改金墉曰永昌宮.”

16)『晉書』卷4「孝惠帝紀」, 97면, “冏將何勖、盧播擊張泓於陽翟, 大破之, 斬孫輔等. 辛酉, 左衛將軍王輿與尙書、淮陵王漼勒兵入宮, 禽倫黨孫秀、孫會、許超、士猗、駱休等, 皆斬之. 逐倫歸第, 卽日乘輿反正.”

17)『晉書』卷59「齊王冏傳」, 1606면, “遂與豫州刺史何勖、龍驤將軍董艾等起軍, 遣使告成都、河間、常山、新野四王, 移檄天下征鎭、州郡縣國, 咸使聞知. …… 會成都軍破倫衆於黃橋, 冏乃出軍攻和等, 大破之. 及王輿廢倫, 惠帝反正, 冏誅討賊黨旣畢, 率衆入洛, 頓軍通章署, 甲士數十萬, 旌旗器械之盛, 震於京都. 天子就拜大司馬, 加九錫之命, 備物典策, 如宣・景・文・武輔魏故事.”

18)『晉書』卷59「長沙王乂傳」, 1612면, “乂見齊王冏漸專權, 嘗與成都王穎俱拜陵, 因謂穎曰 : ‘天下者, 先帝之業也, 王宜維之.’ 時聞其言者皆憚之. 及河間王顒將誅冏, 傳檄以乂爲內主.”

(사마)예를 습격했으나 (사마)예는 곧바로 입궁해서 혜제를 받들고 (사마)경을 토벌해 참수했다.[19] (사마)옹은 본래 (사마)예가 약하고 (사마)경이 강하다고 여겨, (사마)예가 (사마)경에게 죽임을 당하면 (사마)예를 죽인 죄로 (사마)경을 토벌하고, 이어 (혜)제를 폐위하고 (사마)영을 옹립하여 자기가 재상이 되어 정권을 마음대로 할 수 있게 되기를 바랐다. (사마)예가 먼저 (사마)경을 죽이게 되자 그 계획은 이루어지지 않았고, (사마)영도 또한 (사마)예가 (경사, 곧 서울) 안에 있으므로 자기가 멀리서 조정의 권력을 잡을 수 없다고 여겼다. 이에 (사마)옹은 장수 장방(張方)을 보내 병사를 거느리고 (사마)영과 함께 경사로 향하게 했다.[20] (혜)제는 또 (사마)예에게 조서를 내려 대도독(大都督)으로 삼고 (장)방 등을 막게 했으나, 연이은 전투에서 처음에는 이기다가 나중에는 패했다. 동해왕(東海王) (사마)월(越)[趙注 : 사마태(司馬泰)의 아들, 혜제의 종숙조(從叔祖)]은 서울에 있으면서 일이 제대로 풀리지 못함을 염려하여 전중장(殿中將)[21]과 함께 (사마)예를 잡아 금용(성)으로 보냈는데, (사마)예는 장방에게 죽임을 당했다.[22] (사마)영은 서울로 들어왔다가 이어 업으로 돌아갔다. (사마)옹이 표를 올려 (사마)영을 황태제(皇太弟)로 삼아 상국 자리에 앉히고 황제가 사용하는 수레와 복장, 기물 및 숙위병을 모두 업으로 옮기자 조정은 모두 (사마)영이 주관하게 되었다.[23] 좌위장군(左衛將軍) 진진(陳眕)이 이에 불평하여 (혜)제를 받

---

19) 『晉書』 卷59 「齊王冏傳」, 1610면, "沙王乂徑入宮, 發兵攻冏府. …… 是夕, 城內大戰, 飛矢雨集, 火光屬天. …… 明日, 冏敗, 乂擒冏至殿前, 帝惻然, 欲活之. 乂叱左右促牽出, 冏猶再顧, 遂斬於閶闔門外, 徇首六軍. 諸黨屬皆夷三族."

20) 『晉書』 卷4 「孝惠帝紀」, 101면, "顒遣其將張方, 穎遣其將陸機、牽秀、石超等來逼京師."

21) 殿中將 : ① 殿의 경비와 城門의 開閉를 감독하는 '殿中將軍' 또는 ② '殿中의 장수들'로 해석이 가능하다.

22) 『晉書』 卷59 「長沙王乂傳」, 1614면, "而東海王越慮事不濟, 潛與殿中將收乂送金墉城. …… 殿中左右恨乂功垂成而敗, 謀劫出之, 更以距穎. 越懼難作, 欲遂誅乂. 黃門郎潘滔勸越密告張方, 方遣部將郅輔勒兵三千, 就金墉收乂, 至營, 炙而殺之."

23) 『晉書』 卷4 「孝惠帝紀」, 102면, "河間王顒表請立成都王穎爲太弟"; 『晉書』 卷59 「成都王穎傳」, 1617면, "河間王顒表穎宜爲儲副, 遂廢太子覃, 立穎爲皇太弟, 丞相如故,

들어 (사마)영을 토벌하자, (사마)영은 장군 석초(石超)를 보내 탕음(蕩陰)에서 (혜)제를 패배시켰고, (석)초가 드디어 (혜)제를 데리고 업으로 들어왔다. 평북장군(平北將軍) 왕준(王浚)[24]이 기병하여 (사마)영을 토벌하자, (사마)영은 전투에서 패배했지만 계속 황제를 끼고 낙양(洛陽)으로 돌아갔다.[25] 이때 (사마)옹이 장방을 보내 (사마)영을 구원했고, (장)방은 드디어 (혜)제 및 (사마)영을 데리고 장안으로 돌아왔다. (사마)옹은 (사마)영을 폐하고 예장왕(豫章王) (사마)치(司馬熾)[趙注 : 무제의 스물다섯째 아들, 혜제의 동생, 이가 회제(懷帝)가 된다]를 세워 황태제로 삼았다.[26] 동해왕 (사마)월이 서주(徐州)에서 군사를 일으켜 (혜)제의 수레를 모시려 하자 (사마)옹은 또 (사마)영에게 군사를 이끌고 그를 막도록 명했으나, 하교(河橋)에서 전투에 패하여 (사마)월의 군사가 관중(關中)으로 들어와 혜제를 받들어 낙양(洛陽)으로 돌아갔다.[27] (사마)영은 무관(武關), 신야(新野) 사이에 숨었는데, 조서를 내려 그를 잡게 하니, 유여(劉輿)에게 해를 당하였다. (사마)옹 역시 홀로 말을 타고 태백산(太白山)으로 도망갔는데, 예전 부하 장수가 그를 장안으로 맞아 들였다. (사마)옹을 불러 사도(司徒)로 삼는다는 조서가 있자, (사마)옹

制度一依魏武故事, 乘輿服御皆遷于鄴."

24) 王浚(252~314) : 西晉 太原郡 晉陽縣(지금의 山西省 太原郡 서남) 사람으로 字는 彭祖이다. 惠帝 때 東中郎將이 되었고, 寧朔將軍 都督幽州諸軍事가 되어 薊에 주둔하였다. 鮮卑 段部와 結姻하였다. 팔왕의 난 때 鮮卑兵을 이끌고 鄴에 쳐들어가서 成都王 司馬穎을 토벌하였다. 惠帝가 환궁한 후 驃騎大將軍 都督東夷河北諸軍事 領幽州刺史가 되었고, 懷帝가 즉위한 후 司空이 되었다. 永嘉中 石勒을 패배시키고 冀州를 거느렸다. 永嘉 5년(311) 劉曜가 洛陽을 함락하고 懷帝를 사로잡자 스스로 尙書令이 되어 찬탈하려고 하였다. 石勒이 거짓으로 항복하는 척 하며 습격하여 죽였다.

25) 『晉書』 卷59 「河間王顒傳」, 1621면, "左衛將軍陳眕奉天子伐穎, 顒又遣方率兵二萬救鄴. 天子已幸鄴. 方屯兵洛陽. 及王浚等伐穎, 穎挾天子歸洛陽"; 『晉書』 卷33 「石喬傳」, 1004면, "陳眕等挾惠帝北伐, 超走還鄴. 穎使超距帝於蕩陰, 王師敗績, 超逼帝幸鄴宮. 會王浚攻穎於鄴, 穎以超爲右將軍以距浚, 大敗而歸. 從駕之洛陽, 西遷長安."

26) 『晉書』 卷59 「成都王穎傳」, 1618면.

27) 『晉書』 卷59 「河間王顒傳」, 1621면, "及東海王越起兵徐州, 西迎大駕, 關中大懼, …… 乃假劉喬節, 進位鎭東大將軍, 遣成都王穎總統樓褒、王闡等諸軍, 據河橋以距越. 王浚遣督護劉根, 將三百騎至河上. 闡出戰, 爲根所殺. 穎頓軍張方故壘, 范陽王虓遣鮮卑騎與平昌、博陵衆襲河橋, 樓褒西走, 追騎至新安, 道路死者不可勝數."

은 입경했으나, 도중에 머무는 곳에서 남양왕(南陽王) (사마)모(司馬模)에게 죽임을 당했다.[28] 혜제가 붕어하자, 회제[29]가 즉위했다. (사마)월은 나아가 석륵(石勒)을 토벌하다가 죽었다.[30] 이것이 팔왕의 처음과 끝이다.

조왕 (사마)륜이 찬탈하려고 할 때 회남왕(淮南王) (사마)윤(司馬允)【趙注 : 무제의 아들, 혜제의 동생】이 서울에 있다가 군사를 일으켜 (사마)륜을 주살하려다가 (사마)륜에게 죽임을 당했다.[31] 또 오왕(吳王) (사마)안(司馬晏)【趙注 : 역시 무제의 아들이다】 역시 회남왕 (사마)윤을 도와 (사마)륜을 공격했으나 군사가 패하여 폐위되었다. 나중에 장사왕 (사마)예 및 성도왕 (사마)영이 서로 공격할 때 (사마)안은 다시 전봉도독(前鋒都督)이 되었다.[32] 이 두 왕은 모두 팔왕 안에는 들어가지 않는다.

---

28) 『晉書』 卷59 「河間王顒傳」, 1621~1622면, "時東軍旣盛, 破刁默以入關, 顒懼, 又遣馬瞻、郭偉於霸水禦之, 瞻等戰敗散走. 顒乘單馬, 逃于太白山. 東軍入長安, 大駕旋, 以太弟太保梁柳爲鎭西將軍, 守關中. 馬瞻等出詣柳, 因共殺柳於城內. 瞻等與始平太守梁邁合從, 迎顒於南山. …… 東海王越遣督護麋晃率國兵伐顒. 至鄭, 顒將牽秀距晃, 晃斬秀, 幷其二子. 義軍據有關中, 顒保城而已. 永嘉初, 詔書以顒爲司徒, 乃就徵. 南陽王模遣將梁臣於新安雍谷車上扼殺之, 幷其三子."

29) 懷帝(284~313, 재위 306~311) : 西晉의 3대 황제로 이름은 熾이고, 字는 豊度이며, 武帝의 25子이다. 太熙 元年(290) 豫章王에 봉해졌다. 八王의 난 때 교류를 끊었다. 永興 元年(304) 皇太弟가 되었다가 光熙 元年(306) 즉위하였는데, 東海王 司馬越이 전권을 행사하였다. 永嘉 5년(311) 劉曜가 洛陽을 함락하자 포로로 平陽에 압송되었다. 313년 劉聰이 青衣를 입고 行酒를 시켰을 때 주저하다가 살해되었다.

30) 『晉書』 卷59 「東海王越傳」, 1625면, "乃戎服入見, 請討石勒, 且鎭集兗豫以援京師. …… 永嘉五年, 薨于項. 祕不發喪. 以襄陽王範爲大將軍, 統其衆. 還葬東海. 石勒追及於苦縣甯平城, 將軍錢端出兵距勒, 戰死, 軍潰."

31) 『晉書』 卷4 「孝惠帝紀」, 96면, "秋八月, 淮南王允舉兵討趙王倫, 不克, 允及其二子秦王郁、漢王迪皆遇害."

32) 『晉書』 卷64 「吳敬王晏傳」, 1724면, "吳敬王晏字平度, 太康十年受封, 食丹楊、吳興幷吳三郡, 歷射聲校尉、後軍將軍. 與兄淮南王允共攻趙王倫, 允敗, 收晏付廷尉, 欲殺之. 傅祗於朝堂正色而爭, 於是羣官並諫, 倫乃貶爲賓徒縣王. 後徙封代王. 倫誅, 詔復晏本封, 拜上軍大將軍、開府, 加侍中. 長沙王乂、成都王穎之相攻也, 乂以晏爲前鋒都督, 數交戰."

107. 『진서』에 기록된 괴이한 이야기晉書所記怪異

기이한 소문을 모아 사서에 집어넣은 것으로는 『진서(晉書)』와 『남사(南史)』『북사(北史)』에 가장 많은데, 『진서』 중에서는 제위에 멋대로 오른 여러 나라[僭僞諸國](에 관한 내용)이 더욱 심하다.

유총(劉聰)[33] 때, 별이 갑자기 평양(平陽)에 떨어졌는데, 가서 보니 바로 고기[肉]였으며, 길이 30보에 너비 27보로, 몇 리까지 냄새가 났는데, 고기 옆에서는 우는 소리가 났다. (유)총의 황후인 유(劉)씨가 마침 뱀 한 마리와 호랑이 한 마리를 낳았는데, 각기 사람을 해치고 달아나서 그것들을 찾아가니 바로 떨어진 고기 옆에 있었고, 우는 소리가 곧 멈추었다.[34] 또 돼지와 개가 상국부(相國府)의 문에서 교미를 했다. 돼지는 진현관(進賢冠)[35]을 썼고 개는 무관(武冠)을 쓰고 인끈를 두르고 있었으며, 돼지와 개는 함께 어좌에 올라가더니 갑자기 싸우다 죽었다.[36] (유)총의 아들 (유)약(劉約)이 죽었는데 한 손가락이 아직 따뜻해서 끝내 염을 하

---

33) 劉聰(?~318, 재위 310~318) : 一名 載, 字는 玄明이며, 劉淵의 넷째 아들이다. 劉淵이 北單于가 된 후 右賢王이 되었고, 大單于를 칭한 후 谷蠡王이 되었으며, 稱帝한 이후 車騎大將軍 大司徒 大司馬 大單于가 되었다. 河瑞 2년(310) 劉和가 즉위하여 그를 죽이려 하였으나 오히려 劉聰이 劉和를 공격하여 죽이고 즉위하였다. 즉위한 후 光興으로 改元하였다. 다음 해 劉曜를 보내 洛陽을 함락하고 懷帝를 사로잡았으며, 후에 또 長安을 공격하여 愍帝를 사로잡아 西晉을 멸망시켰다. 재위 중 주색에 빠지고 狩獵을 마음대로 즐겼으며, 宮殿을 크게 짓는 등 실정을 저질렀다. 시호는 昭武皇帝이며, 묘효는 烈宗이다.

34) 『晉書』 卷102 「劉聰載記」, 2665면, "時流星起於牽牛, 入紫微, 龍形委蛇, 其光照地, 落于平陽北十里. 視之, 則有肉長三十步, 廣二十七步, 臭聞于平陽, 肉旁常有哭聲, 晝夜不止. 聰甚惡之, 延公卿已下問曰 : '朕之不德, 致有斯異, 其各極言, 勿有所諱.' 陳元達及博士張師等進對曰 : '星變之異, 其禍行及, 臣恐後庭有三后之事, 亡國喪家, 靡不由此, 願陛下慎之.' 聰曰 : '此陰陽之理, 何關人事!' 旣而劉氏産一蛇一猛獸, 各害人而走, 尋之不得, 頃之, 見在隕肉之旁. 俄而劉氏死, 乃失此肉, 哭聲亦止. 自是後宮亂寵, 進御無序矣."

35) 進賢冠 : 漢代에 문관이나 유학자가 쓰던 관. 緇布冠.

36) 『晉書』 卷102 「劉聰載記」, 2673면, "犬與豕交于相國府門, 又交于宮門, 又交司隷、御史門. 有豕著進賢冠, 升聰坐. 犬冠武冠, 帶綬, 與豕並升. 俄而鬪死殿上. 宿衛莫有見其入者."

지 않았다. 깨어나서 말하기를, 부주산(不周山)에서 유연(劉淵)을 보았는데 여러 왕과 장군, 재상들이 모두 있었고 몽주리국(蒙珠離國)이라 부르더라고 했다. (또 말하기를) (유)연이 "동북쪽에 차수이국(遮須夷國)이 있는데, 주인이 없어 네 아버지가 그 주인 되기를 기다리고 있다. 3년이면 마땅히 올 것이니, 너는 일단 돌아가라"라고 했다. 길을 나선 뒤 도중에 한 나라를 지나는데, 의니거여국(猗尼渠餘國)이라 했고, (어떤 이가) (유)약을 이끌어 궁으로 들어오게 하여 가죽 주머니를 하나 주면서 "나를 위하여 한(漢) 황제에게 보내 주십시오. 유(劉)도령께서는 나중에 와서 마땅히 소녀를 아내로 맞아야 합니다"라고 말했다. (유)약이 돌아와 가죽 주머니를 탁상에 놓자 갑자기 깨어난 것인데, 탁상 위에는 과연 가죽 주머니가 있었고 안에는 백옥으로 된 널조각 하나가 있어 "의니거여국 천왕(天王)이 삼가 차수이국 천왕에게 보내오니, 섭제(攝提)[37]가 되는 해에 서로 만날 것입니다"라고 쓰여 있었다. (유)총은 그 이야기를 듣고 "이와 같으면 나는 죽음을 두려워하지 않겠다"라고 말했으며, 기약한 때에 이르자 (유)총이 과연 죽었다.[38]

유요(劉曜)[39] 때는 서명문(西明門)에 바람이 불어 큰 나무를 부러뜨렸는데, 하룻밤이 지나자 변하여 사람의 형상이 되니, 머리카락의 길이가 1척에, 수염과 눈썹의 길이는 3촌이고, 오므린 손의 형상에 두 다리도 역시 있었으나 오로지 눈과 코가 없었다. 매일 밤마다 소리가 나더니 열흘째에는 나뭇가지가 드디어 큰 나무가 되었다.[40]

---

37) 攝提 : 원래는 太歲星, 즉 목성이 寅의 방위에 오는 때를 가리키는데, 보통은 寅의 해를 지칭하기도 한다.

38) 『晉書』 卷102 「劉聰載記」, 2673~2674면. 실제로 劉聰은 戊寅年(318)에 사망하였다.

39) 劉曜(?~329, 재위 318~329) : 字는 永明이며, 劉淵의 조카이다. 劉聰이 황제가 된 후 누차 전공을 세웠고 洛陽과 長安을 점령하여 懷帝와 愍帝를 사로잡았다. 劉粲이 즉위한 후 相國 都督中外諸軍事가 되었으며, 靳準이 劉粲을 살해하자 군대를 이끌고 靳準을 공격하여 살해하였다. 光初 元年(318) 帝位에 올라 長安에 도읍을 정하고 국호를 趙라 칭했는데, 사서에서는 前趙라 칭한다. 光初 8년(325) 後趙의 石虎와 전쟁하여 크게 격파했으나 石勒과의 공격에서 패하여 사로잡혀 죽었다.

석호(石虎)[41] 때에는 태무전(太武殿)에 그려진 옛 현인의 모습이 갑자기 오랑캐로 변하더니 열흘 남짓 지나자 머리가 모두 어깨 속으로 움츠러 들어가 버렸다.[42]

이 몇 가지 일은 가히 놀랍고 이상히 여길 만한데, 모두 유(劉)씨와 석(石)씨의 혼란(의 때)에서 나왔으니, 실제의 일인가? 아니면 전해들은 것인가? 유씨와 석씨의 흉포함은 본디 범상한 것이 아니었으므로, 범상치 않은 기이한 변고가 있어 그에 응한 것이라면 이치상으로 그럴싸하기도 하다. 다른 예를 들자면, 간보(干寶)의 아버지가 죽자 그 어머니는 질투심 때문에 아버지가 총애하던 여종을 묘 안으로 밀어 넣었다. 뒤에 10여 년이 지나 (간)보의 어머니가 죽자 묘를 열어 합장하는데, 여종이 관에 엎드려 살아 있는 듯하였다. 며칠이 지나자 깨어나더니 아버지가 늘 음식을 가져다 그녀에게 주어 땅 속에 있어도 또한 나쁘지 않았다고 말했다. 나중에 그녀를 시집보내자 아들도 낳았다. 이 일은 특히 믿을 수 없지만, 그러나 (간)보는 이로 인하여 『수신기(搜神記)』를 지었고 스스로 그 일을 이와 같이 썼다.[43] 과연 진실이 아니라면, 어찌 스스로 그 아버지의 은밀한 일과

40) 『晉書』 卷103 「劉曜載記」, 2686면, "西明門內大樹風吹折, 經一宿, 樹撥變爲人形, 髮長一尺, 鬚眉長三寸, 皆黃白色, 有斂手之狀, 亦有兩脚著裙之形, 惟無目鼻, 每夜有聲, 十日而生柯條, 遂成大樹, 枝葉甚茂."

41) 石虎(295~349, 재위 334~349) : 字는 季龍이며, 石勒의 조카 혹은 동생으로 칭해진다. 무예가 뛰어나고 용감하여 누차 軍功을 세워 石勒이 군사문제를 맡겼다. 石勒이 帝位에 오른 후 太尉 守尙書令 中山王이 되었다. 본래 石勒을 계승하고 싶어하여 太子 石弘을 협박하여 朝政을 총람하였고, 후에 居攝趙天王을 자칭하며 石弘을 죽이고 建武로 개원하였다. 사치와 부역의 징수가 심하였고, 폭정을 행하였으며, 父子兄弟간의 相爭이 일어나서 걱정 중에 죽었다. 시호는 武帝이다.

42) 『晉書』 卷106 「石季龍載記上」, 2773면, "太武殿畫古賢悉變爲胡, 旬餘, 頭悉縮入肩中. 季龍大惡之, 佛圖澄對之流涕."

43) 【王注】 『晉書』 卷82 「干寶傳」, 2150면에는 이 아버지 여종이 墓 가운데 10여 년을 갇혔다가 墓를 연 뒤에 다시 살아난 일을 기록한 후 "干寶는 이로써 마침내 神祇 靈異 人物 變化를 모아 서술하고, 이름을 『搜神記』라 했다"고 하였다. 이(『搜神記』 저술과 이 사건을 연관시킨 것)는 『晉書』를 쓴 사람의 말일 뿐, 干寶가 스스로 서술한 것은 아니다.

어머니의 질투를 들추어내려 했겠는가? 그러한 즉, 세상이 커다라니 무엇인들 있지 않겠는가. 『진서』에 실려 있는 괴이한 일이 더 많지만, 실로 반드시 하나하나 따질 필요는 없을 것이다.

108. 동진에는 어린 군주가 많았다 東晉多幼主

진(晉)이 남쪽으로 건너온 뒤 오직 원제(元帝)[44]가 42세에 즉위하고 간문제(簡文帝)[45]가 51세에 즉위했을 뿐, 그 나머지는 즉위 당시 대부분 어리고 약하였다. 명제(明帝)[46]는 24세, 성제(成帝)[47]는 5세, 강제(康帝)[48]는

44) 元帝(276~322, 재위 317~322) : 이름은 睿, 字는 景文으로 司馬懿의 曾孫이다. 15세에 琅邪王이 되었으며, 惠帝 즉위 후 員外散騎常侍·左將軍을 역임하였다. 永嘉初 王導의 계책에 따라 建業에 주둔하고 江南大族들과 합작하여 江南을 경영하였다. 懷帝가 사로잡힌 후 司空 荀藩 등이 盟主로 추대하였다. 愍帝 즉위 후 左丞相 大都督이 되었고, 愍帝가 포로가 된 후 晉王이 되었다가 建武 2년(318) 帝位에 올라 연호를 太興으로 바꾸고 建康을 수도로 삼았다. 처음에는 王導와 王敦 등이 보좌했으나 후에 劉隗·刁協·戴淵·周顗 등을 등용하고 이들을 요직에 배치하여 王敦의 난을 야기하였다. 王敦의 난으로 建康이 함락된 뒤, 분사하였다. 諡號는 元帝이며, 廟號는 中宗이다.

45) 簡文帝(320~372, 재위 371~372) : 이름은 昱, 字는 道萬이며, 元帝의 少子이다. 어려서 총명하여 元帝의 총애를 얻었으며, 커서 독서에 전념하고 玄談에 능하였다. 永昌 元年(322) 琅邪王에 봉해지고 咸和 元年(326) 會稽王으로 徙封되었다. 太和 元年(366) 丞相 錄尙書事가 되었으나 廢帝가 폐출되면서 大司馬 桓溫의 옹립으로 帝位에 올랐다. 諡號는 簡文帝이고, 廟號는 太宗이다.

46) 明帝(299~325, 재위 322~325) : 이름은 紹, 字는 道畿이며, 元帝의 맏아들이다. 어려서 聰敏하여 元帝의 총애를 받았다. 元帝가 즉위한 후 皇太子가 되었으나 王敦이 그를 꺼려하여 폐립을 도모하였으나 실패하였다. 元帝가 죽자 즉위하였다. 太寧 2년(324) 王敦의 난을 평정하고 陶侃과 王舒에게 荊州와 廣州를 각각 감독하게 하였고, 王導에게 朝政을 총괄하게 하였다. 諡號는 明帝이며, 廟號는 肅祖이다.

47) 成帝(321~342, 재위 325~342) : 이름은 衍, 字는 世根이며, 明帝의 맏아들이다. 太寧 3년(325) 明帝가 죽자 즉위하여 咸和로 改元하였다. 이때 5세에 불과해 어머니 庾氏가 皇太后가 되어 臨朝稱制하였고 王導와 庾亮이 輔政하였다. 咸和 2년(327) 蘇峻과 祖約이 난을 일으키자 포로가 되어 石頭城으로 갔다가 다음 해 난이 평정되어 臺城으로 돌아왔다. 士族들이 山水를 마음대로 점거하자 이를 금지하는 壬辰詔書를 반포하였고, 王公 이하는

21세, 목제(穆帝)[49]는 2세, 애제(哀帝)[50]는 23세,[51] 폐제(廢帝)[52]는 21세,[53] 효무제(孝武帝)[54]는 12세, 안제(安帝)[55]는 22세였으며,[56] 공제(恭帝)[57]는 32

모두 編戶로 土斷하는 정책을 실시하였다. 謚號는 成帝이며, 廟號는 顯宗이다.

48) 康帝(259~306, 재위 290~306) : 이름은 衷, 字는 世同이며, 成帝의 아우이다. 처음에 吳王으로 봉해졌다가 琅邪王으로 徙封되었다. 咸康 5년(339) 侍中 司徒가 되었다가 咸康 8년(342) 成帝가 죽은 후 즉위하여 建元으로 改元하였다. 庾氷과 何充에게 정사를 맡겼다. 謚號는 康帝이다.

49) 穆帝(343~361, 재위 344~361) : 이름은 聃, 字는 彭子이며, 康帝의 아들이다. 建元 2년(344) 즉위하여 永和로 建元하였다. 이때 겨우 2세에 불과하여 皇太后 褚氏가 臨朝稱制하였다가, 升平 元年(357) 太后가 정권을 돌려주었다. 謚號는 穆帝이며, 廟號는 孝宗이다.

50) 哀帝(341~365, 재위 361~365) : 이름은 丕, 字는 千齡이며, 成帝의 큰아들이다. 琅邪王으로 봉해졌으며, 升平 3년(359) 驃騎將軍이 되었다. 升平 5년(361) 穆帝가 죽자 帝位에 올라 隆和로 改元하였다. 興寧 2년(364) 소위 '庚戌土斷'을 실시하였다. 長生藥을 복용하여 약에 중독되어 정신이 혼미하게 되어 褚太后가 섭정하였다. 謚號는 哀帝이다.

51) 【王注】 哀帝는 25세에 사망했는데, 4년간 在位하였으므로 즉위 시에는 21세였다.

52) 廢帝(342~386, 재위 365~371) : 이름은 奕, 字는 延齡이며, 成帝의 少子, 哀帝의 아우이다. 咸康 8년(342) 東海王으로 봉해지고 升平 5년(361) 琅邪王으로 改封되었다. 興寧 3년(365) 哀帝가 죽은 후 帝位에 올랐다. 당시 桓溫이 정권을 장악하고 北伐하여 공을 세우려 했으나 前燕에게 枋頭에서 패하고 돌아오자 떨어진 위엄을 세우고자 폐립을 도모하였다. 太和 6년(371) 桓溫이 褚太后에게 會稽王 昱을 세우라고 권하여 폐위된 후 東海王으로 降封되었고, 다음에 海西公으로 降封되었다.

53) 【王注】 廢帝는 咸康 8年(342)에 태어나서 興寧 3年(365)에 즉위했으므로 당시 24세였다.

54) 孝武帝(362~396, 재위 372~396) : 이름은 曜, 字는 昌明이며, 簡文帝의 셋째 아들이다. 會稽王에 봉해졌다가 咸安 2년(372) 皇太子가 되었다. 簡文帝가 죽은 후 帝位에 올랐고 다음 해 寧康으로 개원하였다. 桓溫이 죽은 후 褚太后가 다시 섭정하였고 王彪之를 尙書令에, 謝安을 尙書僕射에 임명하였다. 太元 元年(376) 親政에 임하여 謝安을 中書監 錄尙書事에 임명하였다. 太元 8년(383) 淝水之戰에서 前秦軍을 대파하였다. 그러나 酒色을 좋아하고 아우인 會稽王 道子를 신임하여 권위가 추락하였다. 謚號는 孝武帝, 廟號는 烈宗이다.

55) 安帝(383~419, 재위 396~418) : 이름은 德宗이며, 孝武帝의 큰아들이다. 太元 21년(396) 孝武帝가 죽은 후 즉위하여 隆安으로 改元하였다. 어려서 우둔하고 말을 하지 못하였으며 추위와 더위, 배부름과 배고픔을 구별하지 못하였다. 이에 숙부인 司馬道子가 朝政을 좌우하였다. 후에 桓玄이 司馬道子를, 劉裕가 桓玄을 내쫓고 정권을 장악하였다. 天興 2년(403) 桓玄이 찬탈하여 平固王으로 폐위되어 尋陽으로 옮겼다가 이후 南郡과 江陵을 전전하였다. 桓玄이 패한 후 復位하였다. 義熙 14년(418) 劉裕에게 살해되었다. 謚號는 安帝이다.

56) 【王注】 安帝는 37세로 사망했고 22년간 在位했으므로 즉위 시에는 15세였다.

세에 즉위했지만 나라가 이미 유송(劉宋)으로 돌아가 버린 때였다. 대개 운세가 바야흐로 융성하면 나라를 다스리는 기간이 길고, 아들을 낳는 것 또한 빠르므로 계승에 장년이 많으니, 이른바 나라에 나이 든 임금[長君]이 있는 것은 사직의 복이라는 것이다.[58] 쇠퇴함에 이르면, 임금이 단명하고 계승자도 자연히 대부분 어리니, 실로 사람의 힘으로 어떻게 할 수 있는 바가 아닌 것이다.

그러나 동진(東晉)은 오히려 능히 팔,구십 년 동안 나라를 유지하였으니, 바로 대신과 보좌하는 재상들의 힘에 의지한 것이다. 명제, 성제 때에는 왕도(王導), 유량(庾亮), 치감(郗鑒)[59] 등이 있었고, 강제, 목제 때에는 저부(褚裒), 유빙(庾冰), 채모(蔡謨),[60] 왕표지(王彪之)[61] 등이 있었으며, 효무제

---

57) 恭帝(386~421, 재위 418~420) : 이름은 德文으로 安帝의 아우이다. 琅邪王에 봉해졌으며, 桓玄이 찬탈한 후 石陽縣公으로 강등되었다가 난이 평정된 후 다시 王爵을 되찾았고 大司馬 領司徒가 되었다. 義熙 14년(418) 安帝가 죽자 즉위하였다. 元熙 2년(420) 劉裕에게 禪位하고 零陵王으로 봉해져 秣陵에 居하였다가 다음 해 피살되었다. 謚號는 恭帝이다.

58) 『春秋左氏傳』 「文公 6年」條, "八月乙亥, 晉襄公卒. 靈公少, 晉人以難故, 欲立長君"; 『晉書』 卷77 「何充傳」, 2029면, "庾冰兄弟以舅氏輔王室, 權侔人主, 慮易世之後, 戚屬轉疏, 將爲外物所攻, 謀立康帝, 卽帝母弟也. 每說帝以國有强敵, 宜須長君, 帝從之."

59) 郗鑒(269~339) : 晉 高平郡 金鄉縣(지금의 山東省 嘉祥縣 남쪽) 사람으로 字는 道徽이다. 趙王 司馬倫의 벽소에 응하지 않고, 惠帝가 復位한 후 參司空軍事 · 中書侍郎을 역임하였다. 永嘉 5년(311) 劉曜가 洛陽을 점령하자 漢에 억류되었다가 고향으로 탈출하여 千餘家를 이끌고 魯의 嶧山에 머물러 塢主가 되었다. 琅邪王 司馬睿가 兗州刺史로 삼았다. 후에 後趙에게 밀려 合肥로 퇴각하였는데, 明帝가 王敦을 견제하기 위해 安北將軍에 임명하였다. 太寧 2년(324) 王敦의 장수 錢鳳이 建康을 공격하자 諸營을 거느리고 방어하였다. 다음 해 車騎將軍 都督青兗徐三州諸軍事가 되어 廣陵에 주둔하였다. 明帝가 죽은 후 王導 · 卞壼 등과 함께 遺詔를 받들어 成帝를 보좌하였다. 蘇峻의 난 때 勤王兵을 이끌었으며, 난이 평정된 후 侍中 司空 南昌縣公에 제수되었다. 후에 太尉가 되었으나 병으로 물러났다.

60) 蔡謨(281~356) : 晉 陳留郡 考城縣(지금의 河南省 民權縣 동북) 사람으로 字는 道明이다. 난을 피하여 渡江하였으며 丞相 司馬睿의 벽소로 掾이 되었고 義興太守 · 侍中 · 尙書 · 太常 · 司空 · 徐州刺史 등을 역임하였다. 會稽王 昱의 상주로 庶人이 되었으며, 子弟들의 교육에 전념하였다. 저서에는 『蔡氏喪服譜』 『論語蔡氏注』 『班固漢書集解』 등이 있다.

61) 王彪之 : 字는 叔武이며, 20세에 수염이 하얗게 되어 사람들이 '王白鬚'이라고도 칭했다. 王導의 從弟인 王彬의 아들이다. 尙書左丞, 司徒左長史, 御史中丞, 侍中, 廷尉

때에는 사안(謝安),[62] 사현(謝玄),[63] 환충(桓沖)[64] 등이 있었다. 군주는 비록 나약해도 신하는 오히려 공정하고 충직하였으므로 나라의 명맥이 거듭 연장될 수 있었다. (그러나) 일단 환온(桓溫)이 나와 종사(宗社)가 거의 옮겨지고, 회계왕(會稽王) (사마)도자(司馬道子)가 어리석게 국정을 담당하고[65] (사마)원현(司馬元顯)이 어리석고 미친 짓으로 정치를 어지럽히면서 서로 이끌어 어려움에 빠지기에 이르고 말았다.[66] 국가에서 귀하게 여기는 것은 사람을 심는 계책에 있는 것이다.

등의 벼슬을 했다.

62) 謝安(320~385) : 東晉 梁國 陽夏縣 사람으로 字는 安石이다. 永嘉의 난 때 南渡하였다. 한동안 벼슬길에 오르지 않고 會稽에 寓居하면서 王羲之, 支遁과 교유하였다. 升平 4년(360) 桓溫의 司馬가 되었고, 桓溫의 찬탈 음모로부터 晉室을 구해냈다. 永康 元年(373) 尙書僕射 領吏部 後將軍이 되었다. 桓溫이 죽은 후 中書監 錄尙書事가 되었다. 太元 8년(383) 前秦의 苻堅이 대거 남하하자 征討大都督이 되어 동생 謝石과 조카 謝玄을 파견하여 淝水에서 크게 승리하였다. 이 공으로 太保로 승진하였다. 謝玄에게 北伐을 명하여 洛陽과 徐州·兗州·青州·豫州를 점령하였다. 후에 會稽王 司馬道子의 질시를 받아 廣陵으로 출진했다가 建康으로 돌아와 죽었다. 저서에는 『謝安集』 10卷이 있으나 이미 亡佚되었다.

63) 謝玄(343~388) : 東晉 梁國 陽夏縣 사람으로 字는 幼度, 小字는 遏이며, 謝安의 조카이다. 桓溫의 벽소로 掾이 되었다. 이때 前秦이 강성하여 良將을 구해 북방을 안정시키려 했는데, 謝安의 추천으로 建武將軍 兗州刺史 領廣陵相이 監江北諸軍事가 되었다. 苻堅의 장수 句難을 격퇴하여 冠軍將軍이 되고 領徐州刺史에 加官되었다. 군인들을 초모하여 北府兵을 만들었다. 太元 8년(383) 前鋒都督이 되어 정예 8천을 이끌고 淝水에서 대승하였다. 이에 都督徐青司冀幽幷七州軍事 康樂縣公이 되었다. 이후 散騎常侍 左將軍 會稽內史가 되었다가 병으로 죽었다.

64) 桓沖(328~384) : 東晉 譙國 龍亢縣 출신으로 字는 幼子, 小字는 買德郎이며, 桓溫의 동생이다. 무예에 능했으며 鷹揚將軍·鎭蠻護軍·西陽太守를 역임하였다. 형 桓溫을 따라 전공을 세워 義城·新野二郡太守가 되어 襄陽에 주둔하였다. 江州刺史를 거쳐 桓溫이 죽자 中軍將軍 都督揚江豫三州諸軍事 揚豫二州刺史가 되었다. 寧康 3년(375) 謝安이 輔政을 담당하고 신망이 높아서 揚州刺史를 양보하였고 徐州刺史가 되었다. 여러 차례 벼슬이 바뀌다가 荊州刺史가 되었다. 淝水의 난 이후 병이 난 것을 한하다가 죽었다.

65) 『晉書』 卷64 「簡文三子」「會稽文孝王道子傳」, 1742면, "贊曰 : 道子昏凶, 遂傾國祚."

66) 『晉書』 卷64 「簡文三子」「司馬元顯傳」, 1741면, "史臣曰 : …… 元顯以童丱之年, 受棟梁之寄, 專制朝廷, 陵蔑君親, 奮庸瑣之常材, 抗姦凶之巨寇, 喪師殄國, 不亦宜乎! 斯則元顯爲安帝之孫强, 道子實晉朝之宰嚭者也. 列代之崇建維城, 用藩王室; 有晉之分封子弟, 實樹亂階. …… 典午之喪亂弘多, 實此之由矣

109. 진나라 황제는 형이 죽고 아우가 잇는 경우가 많았다晉帝多兄終弟及

진(晉) 사마사(司馬師)와 사마소(司馬昭)는 서로 이어 위(魏)나라의 정치를 전담하였으니, 이는 개국 당시에 이미 형제가 서로 이은 것이나. 나중에 혜제(惠帝)는 태자, 태손이 모두 죽자 동생 예장왕(豫章王) (사마)치(司馬熾)를 세워 황태제로 삼아 즉위하니, 이가 회제(懷帝)이다.[67] 성제(成帝)가 붕어하고 어머니가 같은 동생 (사마)악(司馬岳)이 즉위하니, 이가 강제(康帝)이다[趙注 : 모두 유후(庾后)에게 났다].[68] 애제(哀帝)가 붕어하고 어머니가 같은 동생 (사마)혁(司馬奕)이 즉위하니, 이가 폐제(廢帝) 해서공(海西公)이다[趙注 : 모두 장태비(章太妃)에게 났다].[69] 안제(安帝)가 붕어하고 어머니가 같은 동생 (사마)덕문(司馬德文)이 즉위하니 이가 공제(恭帝)이다[趙注 : 모두 진태후(陳太后)에게서 났다].[70] 이후로는 오직 북제(北齊) 문선제(文宣帝),[71] 효소제(孝昭帝),[72] 무성제(武成帝)[73]가 역시 형제가 교대로 제위를 이었지만, 그러나 효소제는 제남왕(濟

---

67) 『晉書』 卷5 「孝懷帝熾紀」, 115면, "孝懷皇帝諱熾, 字豐度, 武帝第二十五子也. 太熙元年, 封豫章郡王"; 『晉書』 卷5 「孝懷帝熾紀」, 125면, "帝初誕, 有嘉禾生于豫章之南昌. 先是望氣者云'豫章有天子氣', 其後竟以豫章王爲皇太弟."

68) 『晉書』 卷7 「康帝紀」, 184면, "康皇帝諱岳, 字世同, 成帝母弟也."

69) 『晉書』 卷8 「廢帝紀」, 210면, "廢帝諱奕, 字延齡, 哀帝之母弟也."

70) 『晉書』 卷10 「恭帝德文紀」, 267면, "恭帝諱德文, 字德文, 安帝母弟也."

71) 文宣帝(529~559, 재위 550~559) : 이름은 高洋이며 勃海郡 蓨縣 사람으로 字는 子進이며, 高歡의 둘째 아들이다. 東魏 시기 太原公에 봉해지고 尙書令 등을 역임하였으며, 형 高澄이 죽은 후 齊王으로 봉해지고 相國이 되었다. 武定 8년(550) 東魏 孝靜帝를 폐하고 자립하여 국호를 齊, 年號를 天保라 하였다. 楊愔을 중용하여 律令을 개정케 하여 麟趾格을 반포하였고 九等戶制를 만들었다. 侯景의 난을 틈타 淮南을 취하였고, 突厥・契丹・柔然 등을 정벌하였다. 술을 좋아하고 난폭하게 생활하다가 晉陽宮에서 갑자기 죽었다. 諡號는 文宣皇帝이며, 廟號는 高祖였다가 후에 顯祖로 바뀌었다.

72) 孝昭帝(535~561, 재위 560~561) : 이름은 高演, 字는 延安이며, 高歡의 여섯째 아들이다. 天保初 常山王에 봉해지고 廢帝 때 太傅 錄尙書事가 되어 朝政에 참여하였다. 乾明 元年(560) 尙書令 楊愔의 배척으로 권력이 날로 줄어들자 아우 長廣王 高湛 등과 모의하여 廢帝와 楊愔 등을 살해하고 자립하여 皇建으로 改元하였다. 다음 해 말에 떨어져 다쳐 晉陽宮에서 죽었다.

南王)을 폐위하고 자립했고,[74] 무성제는 악릉왕(樂陵王)을 폐위하고서 자립했으니[75] 진나라에서 차례에 따라서 즉위한 것과는 다르다.

110. 민제와 원제의 즉위愍元二帝卽位

진(晉) 회제(懷帝)는 영가(永嘉) 5년(311)에 유요(劉曜)에게 사로잡혔다. 이듬해 가필(賈疋)[76] 등이 이미 진왕(秦王) 사마업(司馬鄴)을 받들어 황태자로 삼고 장안(長安)에 도읍을 두었지만, 여전히 아직 황제 자리에 오르지 않다가 바로 영가 7년(313)에 이르러 회제가 붕어했다는 소식이 이르자 비로소 황제를 칭하였으니, 이가 민제(愍帝)[77]이다. 민제는 건흥(建興) 4년(316)

---

73) 武成帝(537~569, 재위 561~565) : 이름은 高湛이며 高歡의 아홉째 아들이다. 文宣帝 시기 長廣王에 봉해지고 尙書令 兼司徒, 太尉를 역임하였다. 天保 10년(559) 廢帝와 尙書令 楊愔이 宗室諸王의 權勢를 축소하려 하자 常山王 演과 勳貴 賀拔仁 등과 함께 모의하여 乾明 元年(560) 楊愔과 廢帝를 살해하고 演을 皇帝로 추대하였다. 다음 해 孝昭帝가 죽자 즉위하여 太寧으로 개원하였다. 河淸 3년(564) 均田制를 반포했으며, 高叡 등에게 齊律 12篇을 만들게 하였다. 다음 해 和士開와 祖珽의 건의를 받아들여 太子 緯에게 양위하고 스스로 太上皇帝가 되어 섭정하다가 죽었다. 廟號는 世祖이다.

74) 『北齊書』 卷5 「廢帝紀」, 75면, "秋八月壬午, 太皇太后令廢帝爲濟南王, 令食一郡, 以大丞相、常山王演入纂大統"; 廢帝는 文宣帝의 長子로 이름은 高殷이다.

75) 『北齊書』 卷7 「武成帝紀」, 93면, "殺樂陵王百年"; 樂陵王 百年은 孝昭帝의 둘째 아들로, 大寧연간에 樂陵王으로 봉해졌다.

76) 賈疋(?~312) : 西晉 武威郡 姑臧縣(지금의 甘肅省 武威) 사람으로 字는 彦度이다. 公府에 벽소된 후 顯職을 두루 거쳤으며 安定太守가 되었다. 馮翊太守 索綝 등이 그에게 의부하여 晉室을 다시 세우기로 모의한 후 그를 平西將軍으로 추대하였고, 懷帝는 驃騎將軍 雍州刺史 酒泉公으로 삼았다. 永嘉 5년(311) 長安을 점령하고 秦王 司馬業을 皇太子로 옹립했고 征西大將軍에 제수되었다. 후에 蕩夫護에게 습격당해 살해되었다.

77) 愍帝(301~318, 재위 313~316) : 이름은 司馬業, 字는 彦旗이며, 晉武帝의 손자이다. 永嘉 5년(311) 劉曜가 洛陽을 공격했을 때 長安으로 탈출하여 皇太子가 되었으며, 懷帝가 죽은 후 즉위하였다. 建興 4년(316) 劉曜가 長安을 공격하자 항복하여 平陽으로 끌려갔다. 다음 해 劉聰이 그에게 戎服을 입고 창을 들게 하였으며 주연에서 行酒를

유요(劉曜)에게 항복했다. 이듬해 원제(元帝)가 건강(建康)에서 진왕(晉王)을 칭했지만[78] 역시 아직 제위에 나아가지 않다가 다시 다음해 민제가 붕어했다는 소식이 이르자 비로소 황제를 칭했다.[79] 떠돌아다니고 나라가 뒤집힌 가운데에도 오히려 그 임금에 대해 차마 하지 못하는 뜻이 있었으니, 예법의 변격에 합당한 것이라고 할 수 있다.

111. 멋대로 제위에 앉은 여러 군주들에게 학문적 재능이 있었다 僭僞諸君有文學

『진서(晉書)』 재기(載記)에 있는 여러 참위(僭僞) 군주들은 비록 중국인은 아니지만, 또한 학문적 재질이 있는 경우가 많았다. 유연(劉淵)[80]은 어려서 학문을 좋아하여 『모시(毛詩)』, 경(京)씨 『주역(周易)』, 마(馬)씨 『상서(尙書)』를 익혔고, 특히 『좌씨춘추(左氏春秋)』, 손・오(孫・吳)의 병법(兵法)을 좋아했으며, 『사기(史記)』 『한서(漢書)』, 제자(諸子)는 두루 보지 않은 것이 없었다.[81] 일찍이 (유연은) 수하(隋何),[82] 육가(陸賈)에게 무예가 없고, 주발(周勃),[83] 관영(灌嬰)에게 문재가 없음을 비루하게 여겼으며,[84] 한 가지라

시켜 욕을 보였으며 곧 죽였다.

78) 『晉書』 卷5 「孝愍帝紀」, 131면, "(建興五年)三月, 琅邪王睿承制改元, 稱晉王于建康."

79) 『晉書』 卷6 「中宗元帝睿紀」, 149면, "三月癸丑, 愍帝崩問至, 帝斬縗居廬. 丙辰, 百僚上尊號. …… 是日, 卽皇帝位."

80) 劉淵(251~310, 재위 304~310) : 字는 元海이다. 八王의 난 때 各部 匈奴들이 독립하기 위해 그를 大單于로 추대하였다. 成都王 穎 휘하에 있다가 左國城으로 돌아와 304년 離石에서 기병하여 大單于를 취하였다. 左國城으로 천도한 후 國號를 漢이라 하고 漢王을 칭했으며, 元熙로 建元하였다. 永嘉 2년(308) 稱制하여 河瑞로 改元하였다. 謚號는 光文皇帝, 廟號는 高祖이다.

81) 『晉書』 卷101 「劉元海載記」, 2645면, "幼好學, 師事上黨崔游, 習毛詩、京氏易、馬氏尙書, 尤好春秋左氏傳、孫吳兵法, 略皆誦之, 史、漢、諸子, 無不綜覽."

82) 隨何 : 본문에는 '隋何'라 했으나, 『史記』와 『漢書』에 모두 '隨何'로 표기하였다. 漢初의 변설가로서, 九江王 黥布를 설득하여 漢王 劉邦에게 귀순하게 했다.

83) 본문은 '絳'인데, 絳侯 周勃을 뜻한다. 『史記』 卷57 「絳侯周勃世家」, 2065면, "絳侯

도 알지 못하는 것을 군자가 부끄러워하는 바라고 여겼다.[85] 그 아들 유화(劉和) 역시 학문을 좋아하여 『모시』『좌씨춘추』, 정(鄭)씨 『주역』을 익혔다.[86] (유)화의 동생 (유)선(劉宣)은 손염(孫炎)에게 사사했는데, 정밀함을 깊게 하고 생각함을 쌓는데 밤낮을 가리지 않았다. 일찍이 『한서』를 읽으면서 소하(蕭何)와 등우(鄧禹)의 열전에 이르자[87] 반복하여 읊지 않음이 없었다.[88] 유총(劉聰)은 어려서 총명하여 박사(博士) 주기(朱紀)가 그를 대단히 기특하게 여겼는데, 열네 살에 경사(經史)에 두루 통하고, 아울러 백가(百家)의 책을 두루 보았다. (또) 초서와 예서를 잘 쓰고 글을 잘 지어 술회시(述懷詩) 백여 편, 부송(賦頌) 오십여 편을 지었다.[89] 유요(劉曜)는 책을 읽으면서 널리 두루 보는 것에 뜻을 두어 장구(章句)를 정밀하게 생각하지 않았으나, 역시 글을 잘 지었으며 초서와 예서를 잘 썼다.[90] 어렸을 때 난을 피하여 최악(崔岳)을 따라 막힌 바를 질문하여 통달했다. 즉위해서는 장락궁(長樂宮)에 태학(太學)을 세우고 미앙궁(未央宮)에 소학(小學)을 세워 민간에서 뛰어난 인재 천오백 명을 가려 조정의 능숙한 유학자를 선발해

周勃者, 沛人也."

84) 前者는 武功을 세울 수 없고, 後者는 學業을 성하게 할 수 없다는 의미.

85) 『晉書』 卷101 「劉元海載記」, 2645~2646면, "嘗謂同門生朱紀、范隆曰 : '吾每觀書傳, 常鄙隨陸無武, 絳灌無文. 道由人弘, 一物之不知者, 固君子之所恥也. 二生遇高皇而不能建封侯之業, 兩公屬太宗而不能開庠序之美, 惜哉!'"

86) 『晉書』 卷101 「劉和載記」, 2652면, "和字玄泰. 身長八尺, 雄毅美姿儀, 好學夙成, 習毛詩、左氏春秋、鄭氏易."

87) 蕭何는 漢 高祖 劉邦의 명재상이고, 鄧禹는 後漢 光武帝 때의 공신이다. 그들의 열전은 『漢書』 卷39 「蕭何傳」, 2005~2013면과 『後漢書』 卷16 「鄧禹傳」, 599~607면에 있다.

88) 『晉書』 卷101 「劉宣載記」, 2653면, "劉宣字士則. 朴鈍少言, 好學修潔. 師事樂安孫炎, 沈精積思, 不舍晝夜, 好毛詩・左氏傳. 炎每嘆之曰 : '宣若遇漢武, 當踰於金日磾也.' 學成而返, 不出門閭蓋數年. 每讀漢書, 至蕭何・鄧禹傳, 未曾不反覆詠之, 曰 : '大丈夫若遭二祖, 終不令二公獨擅美於前矣'."

89) 『晉書』 卷102 「劉聰載記」, 2657면, "劉聰字玄門, 一名載, 元海第四子也. …… 幼而聰悟好學, 博士朱紀大奇之. 年十四, 究通經史, 兼綜百家之言, 孫吳兵法靡不誦之. 工草隸, 善屬文, 著述懷詩百餘篇、賦頌五十餘篇. 十五習擊刺, 猿臂善射, 彎弓三百斤, 膂力驍捷, 冠絶一時. 太原王渾見而悅之, 謂元海曰 : '此兒吾所不能測也'."

90) 『晉書』 卷103 「劉曜載記」, 2683면, "讀書志於廣覽, 不精思章句, 善屬文, 工草隸."

그들을 가르치게 했다.[91]

모용황(慕容皝)[92]은 경학을 숭상하고 천문을 능했다. 즉위한 뒤에는 예전 궁궐 자리에 동상(東庠)을 세우고 대신의 자제를 관학생(官學生)으로 삼고 직접 가서 시험을 보았다.[93] 스스로 『태상장(太上章)』을 지어 『급취(急就)』[94]를 대신하고, 또 『선세(典誡)』 15편을 지어서 아들을 가르쳤다.[95] 모용준(慕容儁)[96] 역시 도서를 널리 보았다.[97] 후에 모용보(慕容寶)[98] 또한 글을 잘 짓고 유학을 숭상했다.[99]

---

91) 『晉書』 卷103 「劉曜載記」, 2688면, "曜立太學於長樂宮東, 小學於未央宮西, 簡百姓年二十五已下十三已上, 神志可教者千五百人, 選朝賢宿儒明經篤學以教之."

92) 慕容皝(297~348, 재위 333~348) : 字는 元眞이며, 前燕의 창시자이다. 慕容廆가 遼東公이 된 후 世子로 삼았다. 咸和 8년(333) 慕容廆가 죽자 繼位하였고, 337년 燕王이 되었다. 341년 龍城을 축조하고 도읍으로 정했다. 338년 高句麗를, 343년 宇文部를 잇달아 공격하였다. 『太上章』을 만들고, 『典誡』 15篇을 지어 宗族 자제들을 가르쳤다. 시호는 文明皇帝이며, 廟號는 太祖이다.

93) 『晉書』 卷109 「慕容皝載記」, 2826면, "賜其大臣子弟爲官學生者號高門生, 立東庠於舊宮, 以行鄉射之禮, 每月臨觀, 考試優劣."

94) 『急就』 : 漢 史游가 편찬한 字書. 物名을 주로 하는 常用의 글자를 수록하였는데, 전편을 통하여 중복자가 없으며 초심자의 識字의 書法을 위해 만든 것이다. 『急就編』 혹은 『急就章』이라고도 한다.

95) 『晉書』 卷109 「慕容皝載記」, 2826면, "親造太上章以代急就, 又著典誡十五篇, 以教冑子."

96) 慕容儁(308 혹은 319~360, 재위 348~360) : 字는 宣英, 小字는 賀賴跋이다. 前燕主 慕容皝의 둘째 아들이다. 慕容皝이 燕王을 칭하자 左賢王 燕王世子가 되었다. 永和 4년(348) 慕容皝이 죽자 燕王이 되었다. 354년 冉魏를 멸하고 稱帝하였으며 元璽로 改元하였고, 다음 해 薊로 천도하였다. 점차 河北지역을 차지하고 光壽 元年(357) 다시 鄴으로 천도하였으며, 다음 해 東晉과 前秦을 공격하려고 하였으나 병으로 실행해 옮기지 못하였다. 시호는 景昭皇帝이며, 廟號는 烈祖이다.

97) 『晉書』 卷110 「慕容儁載記」, 2831면, "博觀圖書."

98) 慕容寶(355~398, 재위 396~398) : 字는 道祐이며, 後燕主 慕容垂의 넷째 아들이다. 慕容垂가 稱帝한 후 太子 錄尙書事가 되었고 후에 侍中 大單于 驃騎大將軍이 되었다. 建興 10년(395) 병사 8만을 이끌고 北魏를 공격하였으나 參合陂에서 패하여 돌아왔다. 慕容垂가 죽은 후 즉위하여 永康으로 改元하였다. 慕容垂의 뜻에 따라 軍營을 郡縣에 分屬하고 士族의 舊籍을 다시 정하였으며 법을 엄격하게 집행하여 반발을 샀다. 北魏軍에게 여러 차례 패하였으며 수도 中山城을 빼앗겼다. 永康 3년(398) 國戚 蘭汗에게 龍城에서 살해되었다. 謚號는 惠愍皇帝, 廟號는 烈宗이다.

99) 『晉書』 卷124 「慕容寶載記」, 3093면, "慕容寶字道祐, 垂之第四子也. …… 及爲太

부견(苻堅)[100]은 여덟 살 때 할아버지 부홍(苻洪)[101]에게 나아가 배울 스승을 청했는데, (부)홍이 "너는 저족(氐族)인데도 배우기를 구하느냐"라고 말했다.[102] 자라면서 박학하고 재주가 많았다. 즉위한 뒤에는 한 달에 세 번 태학에 갔는데, 몸소 스스로를 장려하여 주공(周公)과 공자(孔子)의 오묘한 말씀이 땅에 떨어지지 않기를 바라고, 올바른 도리가 아닌 여러 가지는 모두 물리친다고 말했다. 영가(永嘉)의 난으로부터 상서(庠序)[103]에 관한 말이 들리지 않았는데, 이에 이르러 학교가 점점 일어났다. 부등(苻登)[104]은 자라면서 예전의 태도를 바꾸어 책들을 두루 보았다.[105]

子, 砥礪自修, 敦崇儒學, 工談論, 善屬文, 曲事垂左右小臣, 以求美譽. 垂之朝士翕然稱之, 垂亦以爲克保家業, 甚賢之."

100) 苻堅(338~385, 재위 357~385) : 字는 永固, 一名 文玉이며, 苻健의 從子이다. 壽光 3년(357) 苻生을 죽이고 자립하여 大秦天王이 되었다. 간언을 받아들이고 用人에 능하여 王猛을 중용하여 吏治를 정돈하고 法治를 엄히 실행하였다. 또 農桑을 장려하고 儒學을 제창하여 關隴지역의 경제와 문화가 점차로 회복되었고 國力이 충실해졌다. 前燕 · 仇池 · 前涼 · 代를 멸하여 建元 12년(376) 북방을 통일하고 東晉의 益州를 점령하였으며 呂光을 西域으로 파견하였다. 이로써 前秦을 五胡十六國시대 영토가 가장 넓고 국력이 가장 강한 나라로 만들었다. 그러나 建元 19년(383) 淝水之戰에서 패한 뒤 국가가 분열하였다. 후에 慕容冲이 長安을 공격하자 도망갔다가 姚萇에게 사로잡혀 죽었다. 苻丕가 즉위한 후 謚號를 宣昭皇帝, 廟號를 世祖로 정했다.

101) 苻洪(285~350) : 略陽 臨渭氐로 원래 姓은 蒲, 字는 廣世이다. 永嘉의 난 이후 盟主로 추대되었고, 前趙의 劉曜에게 투항하였고, 前趙가 망한 후 後趙의 石虎에게 항복하였다. 石虎에게 秦州와 雍州의 民과 氐羌 10여 만 호를 關東으로 옮길 것을 청하여 流民都督이 되고 2만 호를 이끌고 枋頭(지금의 河南省 浚縣 서남)에 주둔하였다. 永和 6년(350) 讖文에 따라 姓을 苻로 바꾸었고 大將軍 大單于 三秦王을 자칭하고 長安에 근거를 두었다. 후에 後趙의 降將 麻秋에게 독살되었다.

102) 『晉書』 卷113 「苻堅載記上」, 2884면, "八歲, 請師就家學. 洪曰 : '汝戎狄異類, 世知飮酒, 今乃求學邪!' 欣而許之."

103) 庠序 : 중국 고대의 지방의 학교. 殷은 序, 周는 庠이라고 하였다.

104) 苻登(343~394, 재위 386~394) : 字는 文高이며, 苻堅의 族孫이다. 苻堅 말년 關中에 대란이 일어나자 河州牧 毛興에게 투신해 司馬가 되었다. 毛興이 죽은 후 枹罕氐의 지도자로 옹립되었다. 苻丕는 그를 征西大將軍 開府儀同三司 南安王으로 삼았다. 後秦의 姚碩德을 秦州에서 격파하고 姚萇의 원군도 대파하였다. 苻丕가 敗亡했음을 듣고 386년 隴東에서 帝位에 올라 太初로 改元하고 兵衆 10여 만을 얻었다. 姚萇과 계속 전쟁하여 이기기도 하고 지기도 하다가 太初 9년(394) 姚興에게 패해 살해되었다. 謚號는 高皇帝, 廟號는 太宗이다.

105) 『晉書』 卷115 「苻登載記」, 2947면, "長而折節謹厚, 頗覽書傳."

요홍(姚興)[106]은 태자였을 때 범욱(范勗) 등과 경서를 강론했으며, 전쟁 통에도 학업을 그만두지 않았다. 당시 강감(姜龕), 순우기(淳于岐) 등은 모두 원로 유학자로 덕이 많은 사람들이어서 문도(門徒)가 각각 수백 명이었는데, (요)흥은 정사를 돌보다 짬이 생기면 (강)감 등을 불러다 강론했다.[107] 요홍(姚泓)[108]은 박학하고 담론을 잘하였으며, 특히 시를 읊는 것을 좋아했다. 왕상(王尙)과 단장(段章)은 유학으로, 호의주(胡義周)와 하후치(夏侯稚)는 문학으로 모두 일찍이 함께 모여 놀았다.[109] 순우기가 병이 나자, (요)홍은 직접 가서 병문안을 하고 침상 아래에서 절을 했다.[110]

이류(李流)는 어려서 학문을 좋아했고,[111] 이상(李庠)은 문무를 겸비한 재능으로 일찍이 수이과(秀異科)[112]에 천거되었다.[113] 저거몽손(沮渠蒙

---

106) 姚興(366~416, 재위 394~416) : 字는 子略이며, 姚萇의 큰아들이다. 姚萇이 즉위한 후 皇太子가 되었고, 出征할 때마다 후방의 일을 담당하였다. 姚萇이 죽은 후 大將軍을 칭하다가 苻登을 이긴 후 帝位에 올라 皇初라 개원하고 前秦을 멸하였다. 姚崇을 보내 洛陽을 점령하니 淮水와 漢水 이북이 대부분 항복하였다. 弘始 3년(401) 姚碩德을 보내 後涼을 정벌하여 呂隆의 항복을 받아 멸망시켰다. 국력이 강하여 西晉과 南涼이 年號를 버리고 항복을 청하였으며, 北涼과 西涼 등은 사진을 보내 稱藩하였다. 經籍을 좋아하여 關中의 儒風이 점차 흥하였다. 또 佛教를 믿어 鳩摩羅什을 國師로 삼아 佛經을 번역하였다. 諡號는 文桓皇帝, 廟號는 高祖이다.

107) 『晉書』 卷117 「姚興載記上」, 2979면, "天水姜龕、東平淳于岐、馮翊郭高等皆耆儒碩德, 經明行修, 各門徒數百, 教授長安, 諸生自遠而至者萬數千人. 興每於聽政之暇, 引龕等于東堂, 講論道藝, 錯綜名理."

108) 姚泓(388~417, 재위 416~417) : 字는 元子이며, 姚興의 큰아들이다. 博學하고 談論과 詩咏을 좋아하였다. 太子 錄尙書事가 되었다. 姚興이 죽은 뒤 즉위하여 永和로 改元하였다. 안팎으로 어지러워 國勢가 점차 쇠약해졌으며, 東晉의 劉裕가 北伐하여 洛陽 동쪽이 함락되었다. 永和 2년(417) 劉裕의 군대가 長安에 들어왔을 때 사로잡혀 建康에서 참형되고 後秦은 망하였다.

109) 『晉書』 卷119 「姚泓載記」, 3007면, "姚泓字元子, 興之長子也. 孝友寬和而無經世之用, 又多疾病, 興將以爲嗣而疑焉. 久之, 乃立爲太子. 興每征伐巡游, 常留總後事. 博學善談論, 尤好詩詠. 尙書王尙、黃門郎段章、尙書郎富允文以儒術侍講, 胡義周、夏侯稚以文章游集."

110) 『晉書』 卷119 「姚泓載記」, 3007면, "泓受經於博士淳于岐. 岐病, 泓親詣省疾, 拜于牀下."

111) 『晉書』 卷120 「李流載記」, 3029면, "李流字玄通, 特第四弟也. 少好學 ……."

112) 秀異 : 우수하고 특출함. 또는 그러한 인재.

113) 『晉書』 卷120 「李庠載記」, 3031면, "李庠字玄序, 特第三弟也. …… 元康四年, 察孝

遜)[114]은 여러 사서를 두루 섭렵했고 천문에 밝았다.[115] 혁련발발(赫連勃勃)[116]은 유유(劉裕)[117]가 사신을 보내온다는 말을 듣고는 미리 황보휘(皇甫徽)에게 답서를 만들도록 명하고 몰래 그것을 외웠다가 (유)유의 사신을 앞에다 불러 놓고 사인(舍人)에게 말해 주어 쓰도록 했는데, (유)유가 그 글을 보고 말하기를 "나는 그만 같지 못하다"라고 했다.[118] 이들은 모두

廉, 不就. 後以善騎射, 擧良將, 亦不就. 州以庠才兼文武, 擧秀異, 固以疾辭."

114) 沮渠蒙遜(368~433, 재위 401~433) : 臨松의 盧水胡이며 北涼을 세웠다. 대대로 匈奴의 左沮渠를 역임하여 이를 氏로 삼았다. 일찍이 後涼에 귀의했으나 龍飛 2년(397) 呂光이 伯父 沮渠羅仇를 살해하자 반란을 일으켜 段業을 主로 추대하였다. 天璽 3년(401) 段業을 죽이고 張掖에서 자립하여 涼州牧 張掖公이라 칭하고 永安으로 改元하였다. 後秦에 稱藩하고 沙州刺史 西海侯에 제수되었다. 玄始 元年(412) 河西王에 즉위하여 姑臧으로 천도하였다. 西涼과 南涼을 멸하여 涼州 전역을 차지하고 西域을 굴복시켰다. 諡號는 武宣王이며, 廟號는 太祖이다.

115) 『晉書』 卷129 「沮渠蒙遜載記」, 3189면, "沮渠蒙遜, 臨松盧水胡人也. …… 蒙遜博涉羣史, 頗曉天文, 雄傑有英略, 滑稽善權變, 梁熙、呂光皆奇而憚之, 故常游飮自晦."

116) 赫連勃勃(381~425, 재위 407~425) : 字는 屈孑, 혹은 屈丐이며, 劉衛辰의 幼子이다. 劉衛辰이 패망한 후 鮮卑 叱干部로 도망갔다가 後秦 高平公 沒奕于의 사위가 되었다. 후에 鮮卑雜虜를 통솔하고 朔方에 주둔하였으며, 沒奕于을 습격해 살해하고 그 무리를 합쳤다. 大夏天王 大單于를 칭하고 龍升으로 建元하였다. 南涼의 禿髮傉檀을 공격하여 대파하였으며, 누차 後秦을 공격하였다. 鳳翔 元年(413) 統萬城을 축조하고 姓을 赫連으로 바꾸었다. 鳳翔 6년(416) 劉裕가 建康으로 돌아간 틈을 타 關中의 劉義眞을 공격하여 關中을 점령하였다. 같은 해 稱帝하고 武昌으로 개원하였으며, 長安을 南都로 삼았다. 諡號는 武烈帝이며, 廟號는 世祖이다.

117) 劉裕(363~422, 재위 420~422) : 彭城郡 사람으로 字는 德輿, 小名은 寄奴이다. 대대로 京口에 살았는데 집이 가난하여 농사와 고기잡이, 신발장사로 먹고 살았다. 安帝 隆安 3년(399) 輔國將軍 劉牢之의 參軍이 되어 孫恩을 토벌하였다. 元興 3년(404) 北府 劉毅·何無忌 등 諸將과 京口에서 起兵하여 桓玄을 토벌하여 安帝를 복위시킨 공으로 鎭軍將軍 都督荊司等十六州諸軍事 領青徐兗三州刺史가 되어 京口에 주둔하였다. 義熙 4년(408) 入朝하여 輔政하고 侍中 錄尚書事 梁州刺史가 되었다. 義熙 5년(409) 南燕을, 義熙 8년(412) 譙縱을, 義熙 11년(415) 司馬休之를, 義熙 13년(417) 後秦을 토벌하여 멸하였다. 元熙 元年(419) 宋王으로 봉해졌고, 다음 해 建康으로 들어가 禪讓을 받아 國號를 宋, 年號를 永初라 하였다. 諡號는 武皇帝이며, 廟號는 高祖이다. 저서에 『皇帝兵法』, 文集이 있으나 모두 散佚되었다.

118) 『晉書』 卷130 「赫連勃勃載記」, 3208면, "俄而劉裕滅泓, 入于長安, 遣使遺勃勃書, 請通和好, 約爲兄弟. 勃勃命其中書侍郎皇甫徽爲文而陰誦之, 召裕使前, 口授舍人爲書, 封以答裕. 裕覽其文而奇之, 使者又言勃勃容儀瓌偉, 英武絶人. 裕歎曰: '吾所不如也!'"

오랑캐[戎羌]로 나서 무력을 쓰는 것을 우선으로 했지만, 여전히 학문을 겸비함이 이와 같았으니, 사람들이 역시 어찌 가벼이 생각할 수 있겠는가.

112. 구품중정九品中正

위(魏) 문제(文帝) 초년에 구품중정(九品中正)의 법을 정했는데, 군현(郡縣)[119]에 소중정(小中正)을 설치하고, 주(州)에 대중정(大中正)을 설치하여, 소중정에서 인재를 품평하고 등급을 매겨 대중정에게 올리고, 대중정이 사실을 조사해서 사도(司徒)에 올리고, 사도가 다시 조사한 뒤에 상서(尙書)에 보내 뽑아 등용하게 했다. 이는 진군(陳羣)[120]이 건의한 바였다. 그러나 위 무제(武帝) 때 하기(何夔)[121]가 상소를 올려 "이제 (국가가) 막 일을 시작하는 때이므로 사람을 씀에 있어 그 근본을 상세히 밝히지 않았고, 이런 까닭에 각각 자신과 같은 무리를 끌어들였습니다. 마땅히 먼저 향리에서 조사하여 나이 든 사람과 젊은 사람이 차례에 따라 서로 넘어서는 것이 없도록 하면, 현명한 사람과 못난 사람이 앞서 나누어질 것입니다"라

---

119) 원문은 '郡邑'인데, '邑'은 '縣'과 같은 뜻이다.

120) 陳羣(?~237): 三國 潁川郡 許昌縣(지금의 河南省 許昌市) 사람으로 字는 長文이며, 陳寔의 손자이다. 父祖가 모두 당시 세상에 저명한 인물이었다. 劉備에게 벽소되어 別駕가 되었다가 후에 曹操에 귀의하여 司空西曹掾屬이 되었다. 建安 18년(213) 御史中丞이 되어 肉刑부활 논의를 그칠 것을 曹操에게 간하였다. 魏文帝 때 尙書가 되어 九品官人法을 세울 것을 건의하였다. 尙書令 中領軍 中護軍, 錄尙書事를 역임하였다. 曹眞·司馬懿 등과 함께 文帝의 遺詔를 받아 輔政하였다. 明帝 때 劉劭 등과 함께 漢法을 정리하여 『新律』 18篇, 『州郡令』 45篇, 『尙書官令』과 『軍中令』 합계 180여 篇을 제정하였다. 벼슬은 司空에 이르렀다. 저서에는 『論語義疏』가 있다.

121) 何夔: 三國 陳郡 陽夏縣 사람으로, 字는 叔龍이다. 孝友로 칭찬을 받았으며, 袁術이 그를 등용하려 했으나 응하지 않았다. 뒤에 曹操에게 벽소되어 司空掾屬이 되었고, 樂安太守, 丞相東曹掾 등을 거쳤으며, 魏國이 건립된 이후에는 尙書僕射, 太子少傅, 太子太傅 등을 지냈다.

고 말했다[趙注 : 「하기전(何夔傳)」].[122] 두서(杜恕)도 역시 상소를 올려 "마땅히 주군(州郡)에서 인재를 조사하게 하되, 반드시 네 과목[123]을 시험 봐서 뽑으면 모두 일에 효과가 있을 것이니, 그런 뒤에 살펴 등용하여 공부(公府)로 불러보십시오"라고 간언했다[趙注 : 「두서전(杜恕傳)」].[124] 이들은 또한 진군에 앞서 있었던 자들이다.

대개 한(漢)나라 이래로 본래 효렴(孝廉)으로 찰거(察擧)되는 것을 사인(士人)이 벼슬을 처음 시작하는 길로 삼았으나, 세월이 오래 지나고 폐단이 생기게 되자 권세와 이익에 연줄을 대어 외람된 바가 더욱 심해졌다. 그러므로 (하)기 등은 먼저 그 근원을 깨끗이 해서 오로지 향리의 품평에 중점을 두어 그 평소의 행동을 조사하고자 했다. (진)군은 다시 그 법을 치밀하게 하고 차등을 두었으니, 진실로 관리가 될 재목을 따지고 정하는 법이라 할 것이다. 그러나 그 법을 시행하고 오래지 않아 하후현(夏侯玄)이 이미 중정이 인재를 등용하는 권한에 간여한다고 말했다[趙注 : 「하후현전(夏侯玄傳)」].[125] 진(晉)나라 때 위관(衛瓘) 역시 "위나라는 상란을 겪은 뒤라 사람들이 떠돌아다녀 상세하게 조사할 근거가 없었으므로 이 법을 만들어서 거칠게나마 한 때에 인재선발의 외형을 갖추었습니다. 처음에는 향읍의 청의(淸議)가 작위에 구애되지 않아 포폄을 가하는 바가 충분히 권할 만했으므로 오히려 향론(鄕論)의 여풍이 있었습니다. 그 뒤에는 드디어 가문의 자질을 헤아

122) 『三國志』「魏書」 卷12 「何夔傳」, 381면, "夔言於太祖曰 : '自軍興以來, 制度草創, 用人未詳其本, 是以各引其類, 時忘道德. 夔聞以賢制爵, 則民愼德; 以庸制祿, 則民興功. 以爲自今所用, 必先核之鄕閭, 使長幼順敍, 無相踰越. 顯忠直之賞, 明公實之報, 則賢不肖之分, 居然別矣."

123) 이는 '孔門四科'로 곧 德行 · 言語 · 政事 · 文學을 가리킨다.

124) 『三國志』「魏書」 卷16 「杜恕傳」, 500~501면, "其欲使州郡考士, 必由四科, 皆有事効, 然後察擧, 試辟公府, 爲親民長吏, 轉以功次補郡守者, 或就增秩賜爵, 此最考課之急務也."

125) 『三國志』「魏書」 卷9 「夏侯玄傳」, 295면, "太傅司馬宣王問以時事, 玄議以爲 : '夫官才用人, 國之柄也, 故銓衡專於臺閣, 上之分也, …… 三者之類, 取於中正, 雖不處其官名, 斯任官可知矣. 行有大小, 比有高下, 則所任之流, 亦渙然明別矣. 奚必使中正干銓衡之機於下, 而執機柄者有所委仗於上, 上下交侵, 以生紛錯哉?"

려 등급을 정하니 오직 지위에 있는 자만을 중요하게 여기게 되었습니다" 라고 말했다.[126] 이로써 법이 만들어지고서 폐단이 생겨 아홉 등급을 올리고 내리는 과정이 더욱 쉽게 어지러워지게 되었음을 볼 수 있다.

이제 각 사서를 참고해 보면, 향읍의 청의 역시 때로는 공정한 도리를 지킨 경우도 있었다. 예컨대, 진수(陳壽)는 아버시의 상을 당했을 때 병이 있어서 여종에게 약을 만들게 했는데 객이 그것을 보았고, 향당(鄉黨)에서 그것으로 깎아내리는 여론을 만드니 그 때문에 여러 해 동안 벼슬에 나아가지 못하고 침체되었다가, 장화(張華)가 해명해 주고 나서야 비로소 효렴에 천거되었다[趙注:「진수전(陳壽傳)」].[127] 염예(閻乂) 역시 파촉(巴蜀)[128] 명사였는데, 청의의 대상이 되는 바람에 (진)수와 함께 같이 버림을 받았다[趙注:「하반전(何攀傳)」].[129] 변수(卞粹)는, 동생 (변)부(卞裒)에게 집안의 사사로운 문제가 있었는데 (변)수가 끝내 훈계하지 않았다는 이유로 비난을 받아 버림받았다[趙注:「변호전(卞壼傳)」].[130]

또한 이미 관직을 맡고 있는데도 여전히 청의에 따라 승진되거나 파직되는 경우도 있었다. 장사(長史) 한예(韓預)는 억지로 양흔(楊欣)의 딸을 맞

---

126)『晉書』卷36「衛瓘傳」, 1058면, "瓘以魏立九品, 是權時之制, 非經通之道, 宜復古鄉擧里選. 與太尉亮等上疏曰:'昔聖王崇賢, 擧善而教, 用使朝廷德讓, 野無邪行. …… 魏氏承顚覆之運, 起喪亂之後, 人士流移, 考詳無地, 故立九品之制, 粗且爲一時選用之本耳. 其始造也, 鄕邑淸議, 不拘爵位, 褒貶所加, 足爲勸勵, 猶有鄕論餘風. 中間漸染, 遂計資定品, 使天下觀望, 唯以居位爲貴, 人棄德而忽道業, 爭多少於錐刀之末, 傷損風俗, 其弊不細. …… 今除九品, 則宜準古制, 使朝臣共相擧任, 於出才之路既博, 且可以厲進賢之公心, 覈在位之明闇, 誠令典也.' 武帝善之, 而卒不能改."

127)『晉書』卷82「陳壽傳」, 2137면, "陳壽字承祚, 巴西安漢人也. 少好學, 師事同郡譙周, 仕蜀爲觀閣令史. 宦人黃皓專弄威權, 大臣皆曲意附之, 壽獨不爲之屈, 由是屢被譴黜. 遭父喪, 有疾, 使婢丸藥, 客往見之, 鄕黨以爲貶議. 及蜀平, 坐是沈滯者累年. 司空張華愛其才, 以壽雖不遠嫌, 原情不至貶廢, 擧爲孝廉, 除佐著作郎, 出補陽平令."

128) 원문은 '西州'인데, 西州는 巴蜀을 가리키며, 당시 행정구역으로는 益州와 梁州에 해당한다.

129)『晉書』卷45「何攀傳」, 1291면, "巴西陳壽、閻乂、犍爲費立皆西州名士, 並被鄕閭所謗, 淸議十餘年."

130)『晉書』卷70「卞壼傳」, 1866면, "弟裒, 嘗忤其郡將. 郡將怒計其門內之私, 粹遂以不訓見譏議 陵遲積年."

아 아내로 삼았는데, 마침 (양)흔이 손윗누이의 상을 당해 아직 열흘이 지나지 않았었는데, 장보(張輔)가 중정이 되어 마침내 (한)예를 깎아내려 풍속을 깨끗이 했다[趙注 : 「장보전(張輔傳)」].[131] 진수는 장화의 상주로 치서시어사(治書侍御史) 벼슬을 하게 된 다음에도 어머니를 낙양(洛陽)에 묻고 고향 촉(蜀)으로 돌아가 상례를 치르지 않았다 하여 또다시 폄하하는 여론의 대상이 되어 이 때문에 결국 버림받았다[趙注 : 「진수전」].[132] 유송(劉頌)은 딸을 진교(陳矯)에게 시집보냈는데, (진)교는 본래 유(劉)씨의 아들로 고모에게 양자로 가서 결국 진(陳)씨 성을 가진 것이었으므로, 중정 유우(劉友)는 그것을 비난했다[趙注 : 「유송전(劉頌傳)」].[133] 이함(李含)은 진왕(秦王)의 낭중령(郎中令)이었는데, (진)왕이 죽자 장례가 끝나기를 기다려 바로 상복을 벗으니, 해당 주의 대중정이 명교에 따른 의리로 (이)함을 깎아내리자 부함(傅咸)이 그를 위해 변명해 주었으나, 조서에서 허락하지 않아 마침내 깎여서 5품이 되었다[趙注 : 「이함전(李含傳)」].[134] 회남(淮南)의 소중정(小中正)인 왕식(王式)의 아버지가 죽자, 그 계모는 상을 마친 뒤 전남편의 아들에게 돌아가 버렸고 나중에는 마침내 전남편과 합장되었다. 변호(卞壼)는 그(왕식)를 탄핵하여 예를 범하고 올바름을 해친다고 했으며, 아울러 사도(司徒) 및 양주대중정(揚州大中正), 회남대중정(淮南大中正)이 그것을 용납하고[135] 숨겨서 비호했다 하여 탄핵했다. 조서가 내려 (왕)식을 향읍의 청의에 부치게 하고 종신토록 등용하지 않고 버려두었다[趙注 : 「변호전(卞壼傳)」].[136] 온교(溫嶠)는

---

131) 『晉書』 卷16 「張輔傳」, 1639면, "梁州刺史楊欣有姊喪, 未經旬, 車騎長史韓預强聘其女爲妻. 輔爲中正, 貶預以淸風俗, 論者稱之."

132) 『晉書』 卷82 「陳壽傳」, 2138면, "由是授御史治書. 以母憂去職. 母遺言令葬洛陽, 壽遵其志. 又坐不以母歸葬, 竟被貶議."

133) 『晉書』 卷46 「劉頌傳」, 1308면, "初, 頌嫁女臨淮陳矯, 矯本劉氏子, 與頌近親, 出養於姑, 改姓陳氏. 中正劉友譏之."

134) 『晉書』 卷60 「李含傳」, 1641면, "李含字世容 …… 秦王柬薨, 含依臺儀, 葬訖除喪. 尙書趙浚有內寵, 疾含不事己, 遂奏含不應除喪. 本州大中正傅祗以名義貶含."

135) 원문은 '含容'이다. 廣大한 德, 만물을 포함함을 뜻하는 '含弘'과 같은 말이다.

136) 『晉書』 卷70 「卞壼傳」, 1868~1870면, "時淮南小中正王式繼母, 前夫終, 更適式父. 式父終, 喪服訖, 議還前夫家. 前夫家亦有繼子, 奉養至終, 遂合葬於前夫. …… 壼奏

단양윤(丹陽尹)이 된 뒤 소준(蘇峻)(의 난)을 평정하는 데 큰 공이 있었으나, 사도장사(司徒長史) 공유(孔愉)[137]가 (온)교는 어머니가 죽었을 때 난리를 만나 장례를 치르지 않았다하여 이에 그 등급을 깎아내렸다[趙注 :「공유전(孔愉傳)」].[138] 이는 벼슬길에 들어선 뒤에도 여전히 수시로 등급을 정해 매겼던 것이니, 그 법이 치밀하지 않았던 것은 아니있다.

또 석호(石虎)가 조서를 내려 "위(魏)나라에서 구품의 제도를 만들어 3년에 한 번씩 분명하게 정했으니, 또한 인륜의 밝은 거울이다. 선제께서는 황지(黃紙)[139]로 재차 정하여 인재를 뽑아 등용하는 것으로 했는데, 이제 다시 3년이 지났으니 담당자는 다시 저울질하여 따져 보라"라고 말했다.[140] 이는 위나라 이래 여전히 3년마다 다시 정하는 예가 있었던 것으로, 처음에는 한번 등급을 정하는 과정을 거쳤다고 해서 곧 종신토록 바꾸지 않은 것은 아니었으니, 그 법은 또한 상세하고 신중하지 않은 것은 아니었다.

또 중정 가운데에도 역시 삼가고 신중한 사람이 많이 있었다. 예컨대, 유의(劉毅)는 늙어서 벼슬에서 물러나겠다고 아뢰자, 사도가 그를 청주대중정(靑州大中正)으로 천거했고, 상서가 "(유)의는 이미 나이가 들어 벼슬

曰 : '就如式父臨終許諾, 必也正名, 依禮爲無所據. ……案侍中、司徒、臨潁公組敷宣五教, 實在任人, 而含容違禮, 曾不貶黜; 揚州大中正、侍中、平望亭侯曄, 淮南大中正、散騎侍郎弘, 顯執邦論, 朝野取信, 曾不能率禮正違, 崇孝敬之教, 並爲不勝其任. 請以見事免組、曄、弘官, 大鴻臚削爵土, 廷尉結罪.' 疏奏, 詔特原組等, 式付鄉邑淸議, 廢棄終身."

137) 【王注】 원문에는 '孔愉' 두 자가 빠져 있으나, 西畬本에서 이미 개정하였다.

138) 『晉書』 卷78 「孔愉傳」, 2052면, "初, 愉爲司徒長史, 以平南將軍溫嶠母亡遭亂不葬, 乃不過其品."

139) 임금의 조서는 반드시 黃紙에 쓴다.

140) 『晉書』 卷106 「石季龍載記上」, 2764면, "下書曰 : '三載考績, 黜陟幽明, 斯則先王之令典, 政道之通塞. 魏始建九品之制, 三年一淸定之, 雖未盡弘美, 亦縉紳之淸律, 人倫之明鏡. 從爾以來, 遵用無改. 先帝創臨天下, 黃紙再定. 至於選擧, 銓爲首格. 自不淸定, 三載于玆. 主者其更銓論, 務揚淸激濁, 使九流咸允也. 吏部選擧, 可依晉氏九班選制, 永爲揆法. 選畢, 經中書・門下宣示三省, 然後行之. 其著此詔書于令. 銓衡不奉行者, 御史彈坐以聞'."

을 사양했으니 번잡한 업무로 그를 수고롭게 해서는 안 됩니다"라고 간언했으나, 석감(石鑒)[141] 등이 힘써 쟁론하니 이에 (유)의를 대중정으로 삼았다. (그는) 인재의 등급을 올바르게 평가하여 청탁이 분명하게 나뉘었고, 탄핵하여 깎아내리는 것은 자신과 가깝고 신분이 높은 사람부터 시작했다[趙注 : 「유의전(劉毅傳)」].[142] 사도 왕혼(王渾)은 상주하여 "주복(周馥)은 도리와 식견이 맑고 올바르니, 구품을 주관하여 정하매 검토하여 단속하는 것이 정밀하고 상세하며 포폄이 실로 합당합니다"라고 말했다[趙注 : 「주복전(周馥傳)」].[143] 연국중정(燕國中正) 유침(劉沈)이 곽원(霍原)을 2품으로 천거했으나 사도가 그것을 통과시키지 않자, (유)침은 글을 올려 "(곽)원은 은거하며 뜻을 구하여 행동과 명성이 올바르게 이루어졌습니다"라고 변호하였고, 장화 등이 또한 특별히 그를 위해 상주하니 마침내 상품(上品)이 되었다[趙注 : 「이중전(李重傳)」, 「곽원전(霍原傳)」].[144] 장화는 평소 장궤(張軌)를 중요하게 여겼는데, 안정중정(安定中正)이 그(장궤)의 장점을 덮어 가리자 (장)화는 그를 위해 장점을 칭찬하고 널리 퍼뜨려서 2품 지위를 얻을 수 있게 했다[趙注 : 「장궤전(張軌傳)」].[145] 왕제(王濟)가 태원대중정(太原大中正)이 되자 방문(訪問)[146]을 맡은 사람이 지역 사람들의 품(品)과 장(狀)을 논하였는데,[147] 차례가 손초(孫楚)에 이르자 (왕제가) "이 사람은 그대가 분류할 수

---

141) 『晉書』卷44「石鑒傳」, 1265면, "石鑒字林伯, 樂陵厭次人也."

142) 『晉書』卷45「劉毅傳」, 1278~1279면, "後司徒擧毅爲青州大中正, 尙書以毅懸車致仕, 不宜勞以碎務. …… 於是青州自二品已上光祿勳石鑒等共奏曰: '…….' 由是毅遂爲州都, 銓正人流, 淸濁區別, 其所彈貶, 自親貴者始."

143) 『晉書』卷61「周馥傳」, 1663면, "馥字祖宣, 浚從父弟也. …… 司徒王渾表: '馥理識淸正, 兼有才幹, 主定九品, 檢括精詳. 臣委任責成, 褒貶允當, 請補尙書郎.' 許之."

144) 『晉書』卷46「李重傳」, 1311면, "時燕國中正劉沈擧霍原爲寒素, 司徒府不從, 沈又抗詣中書奏原, 而中書復下司徒參論"; 『晉書』卷94「霍原傳」, 2435면, "及劉沈爲國大中正, 元康中, 進原爲二品, 司徒不過, 沈乃上表理之. 詔下司徒參論, 中書監張華令陳準奏爲上品, 詔可."

145) 『晉書』卷86「張軌傳」, 2221면, "張軌字士彦, 安定烏氏人, 漢常山景王耳十七代孫也. 家世孝廉, 以儒學顯. …… 泰始初, 受叔父錫官五品. 中書監張華與軌論經義及政事損益, 甚器之, 謂安定中正爲蔽善抑才, 乃美爲之談, 以爲二品之精."

146) 訪問 : 中正의 役人으로 중정을 도와 자료를 찾는 사람.

있는 사람이 아니니 내가 직접 할 것이다"라고 말하고는 곧 장(狀)에서 "타고난 재주가 영민하고 넓으며 마음이 밝고 뛰어나 보통 무리와 같지 않다"라고 했다[趙注 : 「손초전(孫楚傳)」].[148] 화항(華恒)은 주중정(州中正)이 되었는데, 그 지역 사람인 임양(任讓)은 경박하여 올바른 품행이 없다고 하여 (화)항에 의해 폐출되었다[趙注 : 「화항전(華恒傳)」].[149] 한강백(韓康伯)은 중정(中正)이 되자 주협(周勰)이 상중에 있으면서 예를 어그러뜨리고 명교에서 벗어났다 하여 그 (등급에 관한) 논의를 통과시키지 않았다[趙注 : 「한강백전(韓康伯傳)」].[150] 진경지(陳慶之)의 아들 진훤(陳暄)은 영락하여 술을 좋아하여 중정에게 등급을 받지 못해 오랫동안 등용되지 못했다[趙注 : 「진경지전(陳慶之傳)」].[151] 이는 모두 중정이 공정함을 지켜 흔들리지 않은 경우이다.

그러나 인재를 등용하고 물러나게 하는 권한을 아래에 맡겨 놓았으니 어찌 시간이 오래 지나면서 폐단이 없을 수 있었겠는가? 진(晉) 무제(武帝)가 공자(公子)로 있을 때 상국(相國)의 아들로 등급을 받게 되어 향리에 감히 그와 비교될 만한 무리가 없자, 열두 군(郡)의 중정들이 모두 정묵(鄭默)을 들어 함께 천거하였다[趙注 : 「정묵전(鄭默傳)」].[152] 유변(劉卞)은 처음 태학(太學)에 들어가서 경서를 시험 쳐 마땅히 4품이 되어야 했는데, 대리방문(臺吏訪問)[趙注 : 중정을 도와 자료를 찾는 사람][153]이 그에게 황지(黃紙) 한 수레 분량을

147) 中正은 그 사람을 평가하여 먼저 몇 品인가를 정하고 그 品을 주는 이유를 설명한다.

148) 『晉書』 卷56 「孫楚傳」, 1543면, "初, 楚與同郡王濟友善, 濟爲本州大中正, 訪問銓邑人品狀, 至楚, 濟曰 : '此人非卿所能目, 吾自爲之.' 乃狀楚曰 : '天才英博, 亮拔不羣'."

149) 『晉書』 卷44 「華恒傳」, 1263면, "初, 恒爲州大中正, 鄕人任讓輕薄無行, 爲恒所黜."

150) 【王注】 韓伯의 字가 康伯인데, 史書에서는 일반적으로 모두 이름으로 칭하고, 字로 호칭하지 않으니, 여기서는 마땅히 「韓伯傳」이라 해야 한다. 『晉書』 卷45 「韓伯傳」, 1992면, "韓伯字康伯, 潁川長社人也"; 『晉書』 卷45 「韓伯傳」, 1993면, "陳郡周勰爲謝安主簿, 居喪廢禮, 崇尙莊老, 脫落名教. 伯領中正, 不通勰, 議曰 : '拜下之敬, 猶違衆從禮. 情理之極, 不宜以多比爲通.' 時人憚焉."

151) 【王注】 本篇에서 인용한 각 열전은 『晉書』가 위주이나, 오직 陳慶之는 梁나라 때의 인물로서 그의 사적은 『南史』 卷61 「陳慶之傳」에 보인다. 陳暄의 열전은 「陳慶之傳」에 부가되어 있다. 『南史』 卷61 「陳慶之傳」, 1503면, "暄以落魄不爲中正所品, 久不得調."

152) 『晉書』 卷44 「鄭默傳」, 1251면, "初, 帝以貴公子當品, 鄕里莫敢與爲輩, 求之州內, 于是十二郡中正僉共擧默."

쓰게 시키려 할 때 (유)변이 그 일을 하려고 하지 않자, 방문은 노하여 중정에게 말을 했고, (유변은) 결국 물러나 상서령사(尙書令史)가 되었다[趙注 : 「유변전(劉卞傳)」].[154] 손수(孫秀)가 처음 군의 관리가 되어 향리의 여론에다 향품을 구하자 왕연(王衍)은 허락하지 않으려고 했지만, (왕)연의 사촌형인 왕융(王戎)이 그에게 향품을 줄 것을 권했다. (손)수가 뜻을 얻게 되자 조정 신하들 가운데 묵은 원한이 있는 자를 모두 주살했지만, (왕)융과 (왕)연은 구제를 얻을 수 있었다[趙注 : 「왕융전(王戎傳)」].[155] 하소(何劭)가 죽자 원찬(袁粲)[趙注 : 진나라 신하로 송(宋)나라의 원찬이 아니다]이 조문을 하러 왔는데, 그 아들 (하)기(何岐)가 병을 핑계로 사양하니, (원)찬은 혼자 곡하고 나가면서 "올해엔 반드시 종년 아들놈의 등급을 내리겠다"라고 말했다.[156] 왕전(王詮)이 "(하)기가 예전에 죄가 많을 때 당신은 어찌 (그의 등급을) 내리지 않았는가. 그 아비가 이제 막 죽자 바로 (하)기의 등급을 내린다면, 사람들은 강한 자를 두려워하고 약한 자를 쉽게 여긴다고 말할 것이오"라고 했다[趙注 : 「하소전(何劭傳)」].[157] 이 당시 중정이 등급을 매기는 바의 높고 낮음이 모두 개인적인 뜻으로 경중을 헤아린 것임을 볼 수 있다. 그러므로 단작(段灼)이 상소하여 "구품에 따라 인재를 구하는 데에 오직 중정에게만 물으니, 상품에 있는 자는 공후(公侯)의 아들이 아니면 곧 현재 벼슬하고 있는 이의 형제들입니다"라고 말했다[趙注 : 「단작전(段灼傳)」].[158]

153) 본문에서는 臺吏訪問을 이어서 읽어 하나의 職인 것처럼 보았으나, 『晉書』 卷36 「劉卞傳」, 1078면에는 '臺四品吏'와 '訪問'을 끊어 읽고 있다. 趙翼의 注는 訪問에 대한 것이므로, 『晉書』를 따르는 것이 더 옳은 듯하다.

154) 『晉書』 卷36 「劉卞傳」, 1077~1078면, "劉卞字叔龍, 東平須昌人也. 本兵家子, 質直少言. …… 卞後從令至洛, 得入太學, 試經爲臺四品吏. 訪問令寫黃紙一鹿車, 卞曰 : '劉卞非爲人寫黃紙者也.' 訪問知怒, 言於中正, 退爲尙書令史."

155) 『晉書』 卷43 「王戎傳」, 1235면, "初, 孫秀爲琅邪郡吏, 求品於鄕議. 戎從弟衍將不許, 戎勸品之. 及秀得志, 朝士有宿怨者皆被誅, 而戎、衍獲濟焉."

156) 당시 袁粲은 州大中正이었고 何岐는 양자로서 下婢의 아들이었다.

157) 『晉書』 卷33 「何劭傳」, 999면, "劭初亡, 袁粲弔岐, 岐辭以疾. 粲獨哭而出曰 : '今年決下婢子品.' 王詮謂之曰 : '知死弔死, 何必見生! 岐前多罪, 爾時不下, 何公新亡, 便下岐品, 人謂中正畏强易弱.' 粲乃止."

유의도 역시 상소를 올려 "높고 낮음이 마음대로이고 영욕이 손안에 있으니, 마음을 쓰는 것이 백 가지 모습이고 구하는 것이 만 가지입니다"라고 간언했다[趙注 : 「유의전」].[159] 이것은 구품의 묵은 폐단이 상소에서 보이는 것들로서, 실로 이른바 '높은 등급에는 한문(寒門)이 없고, 낮은 등급에는 세족(世族)이 없다[上品無寒門, 下品無世族]'는 것이다.[160] 고문(高門)이나 화벌(華閥)은 대대로 미치는 영화가 있고, 서성(庶姓)이나 한인(寒人)[161]은 조금도 나아갈 길이 없어, 인재 선발의 폐단이 이에 이르러 극에 달했다. 그러나 위진(魏晉)에서 남북조(南北朝)에 이르는 3백~4백 년 동안 그것을 고칠 수 있는 이가 아무도 없었으니, 대개 당시 권력을 잡은 자들이 바로 중정이거나 등급이 높은 사람들이어서 각자 스스로 자기 집안을 돌보며 본디 법을 바꾸려고 하지 않았기 때문이며, 또 습속이 이미 오래되어 제왕으로부터 사서(士庶)에 이르기까지 모두 본래 (당연히) 그러한 것으로 보았으므로 어떻게 할 수가 없었던 것이다.

113. 육조시대 청담의 풍습六朝清談之習

청담(淸談)은 위(魏)나라 정시(正始) 연간[162]에 시작되었으니, 하안(何

158) 『晉書』 卷48 「段灼傳」, 1347면, "今臺閣選擧, 塗塞耳目, 九品訪人, 唯問中正. 故據上品者, 非公侯之子孫, 則當塗之昆弟也. 二者苟然, 則蓽門蓬戶之俊, 安得不有陸沈者哉!"

159) 『晉書』 卷45 「劉毅傳」, 1273면, "今立中正, 定九品, 高下任意, 榮辱在手. 操人主之威福, 奪天朝之權勢. 愛憎決於心, 情僞由於己. 公無考校之負, 私無告訐之忌. 用心百態, 求者萬端. 廉讓之風滅, 苟且之俗成."

160) [王注] 이 두 구절은 劉毅의 奏疏에서 나온 것으로 『晉書』 卷45 本傳에 보이는데, 본문의 '世族'은 '勢族'으로 되어 있으니, '世'字도 의미는 비록 통하지만, 응당 원래의 글자를 취하여야 바른 것이 될 것이다.

161) 寒人 : 한미한 사람이란 뜻으로 南朝時代 '門閥'의 상대어이다.

晏)[163]과 왕필(王弼)[164]은 『노(자)(老子)』 『장(자)(莊子)』를 본받아 저술하여 "천지만물은 모두 무(無)를 근본으로 삼는다. 무라는 것은 사물의 이치를 열어 일을 이루니, 가 버리는 것도 없고 존재하는 것도 아니다"라고 적었다[趙注 : 「왕연전(王衍傳)」].[165] 이때 완적(阮籍)[166] 역시 평소 높은 명성이 있어 입으로 경박하고 허망한 것을 말하며 예법을 준수하지 않았다[趙注 : 「배위전(裴頠傳)」].[167] 완적은 일찍이 「대인선생전(大人先生傳)」을 지어 세상의 예법을 지키는 군자들은 잠방이에 사는 이와 같다고 했다[趙注 : 「완적전(阮籍傳)」].[168]

---

162) 正始 : 魏 廢帝 齊王 芳의 年號(240~248) 중의 하나.

163) 何晏(?~249) : 南陽郡 宛縣 사람으로 字는 平叔이다. 漢 大將軍 何進의 손자이다. 어머니 尹氏가 曹操에게 재가하여 宮城에서 자라 曹操의 총애를 받았으며, 魏 金鄕公主와 결혼하여 列侯가 되었다. 젊어서 才辯으로 貴戚들 사이에 두각을 나타내었으며 용모가 아름답고 희어 당시 사람들이 그를 '傅粉何郎'이라 칭했다. 魏明帝 때 벼슬하여 曹爽의 당파가 되었으며 散騎侍郎·侍中·尙書가 되었다. 正始 元年(240) 盧毓 대신 吏部尙書가 되어 세력이 朝野에 떨쳤으나 正始 10년(249) 曹爽과 함께 司馬懿에게 살해되었다. 老莊을 좋아하여 夏侯玄·王弼과 함께 淸談을 다투고, 士大夫들이 이를 본받아 일시의 風氣가 되어 玄學의 鼻祖로 불린다. 『老子』와 『孝經』을 주해하였으며, 『論語集解』 역시 현재 전한다. 「景福殿賦」가 『文選』에 실려 있다.

164) 王弼(226~249) : 三國 山陽郡 高平縣(지금의 山東省 鄒城縣 서남) 사람으로 字는 輔嗣이다. 젊어서 유명해졌으며 魏의 尙書郞이 되었다. 儒道를 논하기 좋아했으며, 夏侯玄 등과 함께 玄學·淸談의 風氣를 열었는데, 이를 '正始之音'이라 한다. 曹爽이 주살된 후 免官되었다. 저서에는 『老子注』가 있다.

165) 『晉書』 卷43 「王衍傳」, 1236면, "魏正始中, 何晏、王弼等祖述老莊, 立論以爲 : '天地萬物皆以無爲本. 無也者, 開物成務, 無往不存者也. 陰陽恃以化生, 萬物恃以成形, 賢者恃以成德, 不肖恃以免身. 故無之爲用, 無爵而貴矣.' 衍甚重之."

166) 阮籍(210~263) : 三國 陳留郡 尉氏縣 사람으로 字는 嗣宗이다. 曹爽이 輔政할 때 參軍이 되었으나 병 때문에 사양하였다. 太傅 司馬懿가 불러 從事中郎이 되었다. 嵇康 등과 친하여 '竹林七賢'이라 불렸다. 술을 구하기 위해 步兵校尉의 벼슬을 구했다고 하여 세상에서 '阮步兵'이라 칭해진다. 여러 책들이 두루 살펴보았으며 詩文에 능하였다. 『老子』와 『莊子』를 좋아하여 「達莊論」을 지어 無爲의 귀중함을 논하였다. 이밖에 「大人先生傳」을 지었으며, 「咏懷」 80여 수가 남아 있고 『阮步兵集』이 세상에 전한다.

167) 『晉書』 卷35 「裵頠傳」, 1044면, "頠深患時俗放蕩, 不尊儒術, 何晏、阮籍素有高名於世, 口談浮虛, 不遵禮法, 尸祿耽寵, 仕不事事."

168) 『晉書』 卷49 「王籍傳」, 1362면, "遂歸著大人先生傳, 其略曰 : '世人所謂君子, 惟法是修, 惟禮是克. 手執圭璧, 足履繩墨. 行欲爲目前檢, 言欲爲無窮則. 少稱鄕黨, 長聞鄰國. 上欲圖三公, 下不失九州牧. 獨不見羣蝨之處褌中, 逃乎深縫, 匿乎壞絮, 自以爲吉宅也. 行不敢離縫際, 動不敢出褌襠, 自以爲得繩墨也. 然炎丘火流, 焦邑滅都,

그 뒤 왕연(王衍),[169] 악광(樂廣)이 그를 흠모하여 모두 마음을 세상 바깥에 두어 명성이 당시에 대단했으니, 천하에 풍류를 말하는 이들은 왕(연), 악(광)을 으뜸으로 여겼다[趙注 : 「악광전(樂廣傳)」].[170] 나중에 나온 이들[後進]이 경박하고 허황된 것을 다투어 일삼지 않음이 없었으니, 드디어 풍속을 이루게 되었다[趙注 : 「왕연전」].[171] 배우는 데 있어서는 『노자』『장자』를 종지로 삼고 육경(六經)을 내쳤으며, 담론하는 자는 허황되고 방탕한 것을 말하고 명분과 검박함을 천하게 여겼고, 처신하는 데는 방탕하고 혼탁한 것을 통달한 것이라 여기고 절조와 신의를 좁은 것이라 했으며, 벼슬에 나아가는 자는 구차하게 얻는 것을[172] 귀하게 여기고 올바름에 처하는 것을 비루하게 여겼으며, 관직을 맡는 자는 공허함을 바라보는 것을 고아하게 여기고 근면하고 삼가는 것을 비웃었다[趙注 : 「민제기(愍帝紀)」 논(論)].[173] 그 당시에 일찍이 그(청담의) 그릇됨을 배척하는 자가 없었던 것은 아니었으니, 예컨대 유송(劉頌)은 누차 올바른 다스림의 도에 관해 말했고, 부함(傅咸)은 매번 그릇된 것과 올바른 것을 파헤쳤지만, 세간에서는 도리어 그들을 속된 관리라

羣蝨處於褌中而不能出也. 君子之處域內, 何異夫蝨之處褌中乎!'"

169) 王衍(256~311) : 西晉 琅邪郡 臨沂縣 사람으로 字는 夷甫이다. 元城令이 되어 종일 淸談하였으며, 何晏과 王弼을 존중하여 『老子』와 『莊子』를 논하였다. 賈后가 정권을 잡은 후 中領軍 尙書令이 되었으며, 太子가 賈后에게 모함받자 太子妃였던 딸을 이혼시켜 화를 면하려 하였다. 趙王 倫이 賈后를 주살한 후 終身禁錮되었다가 趙王 倫이 피살된 후 河南尹·尙書·中書令을 역임하였다. 齊王 司馬冏 때 벼슬을 버렸다가 成都王 司馬穎 때 中軍師·司徒를 역임하였다. 비록 宰輔의 지위에 있었지만 國政보다 자신의 保身을 먼저 생각하였다. 永嘉 5년(311) 東海王 司馬越이 죽자 元帥로 추대되어 石勒과 싸웠으나 사로잡혀서는 石勒에게 稱帝를 권하자, 石勒이 그를 죽였다.

170) 『晉書』 卷43 「樂廣傳」, 1244면, "廣與王衍俱宅心事外, 名重於時. 故天下言風流者, 謂王、樂爲稱首焉."

171) 『晉書』 卷43 「王衍傳」, 1236면, "累居顯職, 後進之士, 莫不景慕放效. 選擧登朝, 皆以爲稱首. 矜高浮誕, 遂成風俗焉."

172) 苟得 : 결코 얻어서는 안 되는 것을 얻는 것. 이치를 돌아보지 않고 貪하는 것이다. 『淮南子』 「人間訓」, "賢主不苟得, 忠臣不求利."

173) 『晉書』 卷5 「帝紀」, 135~136면, "加以朝寡純德之人, 鄕乏不貳之老, 風俗淫僻, 恥尙失所, 學者以老莊爲宗而黜六經, 談者以虛蕩爲辨而賤名檢, 行身者以放濁爲通而狹節信, 進仕者以苟得爲貴而鄙居正, 當官者以望空爲高而笑勤恪."

고 했다.[174] 배위(裴頠)는 또한 「숭유론(崇有論)」을 지어 그것을 바로잡으려 했다[趙注 : 「배위전」].[175] 강돈(江惇) 역시 「통도숭검론(通道崇檢論)」을 지어 바로잡고자 했다[趙注 : 「강돈전(江惇傳)」].[176] 변곤(卞壼)은 왕징(王澄), 사곤(謝鯤)을 배척하며 그들이 예를 어그러뜨리고 성인의 올바른 가르침을 해쳤으니 중조(中朝, 곧 西晉)가 망한 것은 실로 여기서 비롯한다고 했다[趙注 : 「변곤전(卞壼傳)」].[177] 범녕(范甯) 역시 왕필, 하안 두 사람의 죄는 걸(桀), 주(紂)보다 심하다고 했다[趙注 : 「범녕전(范甯傳)」].[178] 응첨(應詹)은 원강(元康)[179] 이래 경서를 천시하고 도를 숭상하였으니, 영가(永嘉)의 폐해는 여기에서 연유한다고 했다[趙注 : 「응첨전(應詹傳)」].[180] 웅원(熊遠),[181] 진군(陳頵)[182]은 각각 지은 소론(疏論)이 있었는데, 큰 소리로 꾸짖어 무너진 풍속을 바로잡아 돌이키고자 하지 않음이 없었지만, 풍습이 오히려 이미 이루어져 강물이 날로 흘러가 버린 것과 같았으므로 결국 변화시킬 수 없었다.

이제 각 열전에서 흩어져 보이는 것을 들자면, 배하(裴遐)는 오묘한 이치를 잘 말했는데 말씨가 분명하고 막힘이 없어 시원하기가 금슬(琴瑟)과 같았다. 일찍이 곽상(郭象)과 담론을 했는데, 온 자리에 앉은 사람들이 모두 탄복했다[趙注 : 「배하전(裴遐傳)」].[183] 위개(衛玠)는 오묘한 말을 잘해서 매번

---

174) 『晉書』 卷5 「帝紀」, 136면, "是以劉頌屢言治道, 傅咸每糾邪正, 皆謂之俗吏."

175) 『晉書』 卷35 「裴頠傳」, 1044면, "至王衍之徒, 聲譽太盛, 位高勢重, 不以物務自嬰, 遂相放效, 風教陵遲, 乃著崇有之論以釋其蔽曰 : ……."

176) 『晉書』 卷56 「江惇傳」, 1539면, "惇字思悛, 孝友淳粹, 高節邁俗. 性好學, 儒玄並綜. 每以爲君子立行, 應依禮而動, 雖隱顯殊途, 未有不傍禮教者也. 若乃放達不羈, 以肆縱爲貴者, 非但動違禮法, 亦道之所棄也. 乃著通道崇檢論, 世咸稱之."

177) 『晉書』 卷70 「卞壼傳」, 1871면, "時貴游子弟多慕王澄、謝鯤爲達, 壼厲色於朝曰 : '悖禮傷教, 罪莫斯甚! 中朝傾覆, 實由於此.' 欲奏推之."

178) 『晉書』 卷75 「范甯傳」, 1984면, "時以浮虛相扇, 儒雅日替, 甯以爲其源始於王弼、何晏, 二人之罪深於桀紂, 乃著論曰 : ……."

179) 元康 : 西晉 惠帝의 연호 중 하나. 291~299년.

180) 『晉書』 卷70 「應詹傳」, 1858~1859면, "魏正始之間, 蔚爲文林. 元康以來, 賤經尙道, 以玄虛宏放爲夷達, 以儒術清儉爲鄙俗. 永嘉之弊, 未必不由此也."

181) 『晉書』 卷71 「熊遠傳」, 1884면, "熊遠字孝文, 豫章南昌人也."

182) 『晉書』 卷71 「陳頵傳」, 1892면, "陳頵字延思, 陳國苦人也. 少好學, 有文義."

183) **[王注]** 裴遐는 裴秀의 從弟 綽의 아들로, 『晉書』에는 열전이 없고, 이 일은 卷35 「裴

말 한 마디를 할 때마다 듣는 사람들이 탄식하지 않음이 없었고 다들 미묘한 경지에 이른 것으로 여겼다. 왕징은 고명한 이름이 있었는데, 매번 (위)개의 말을 들을 때마다 곧 대단히 감탄했다. 나중에 장강(長江)을 건넌 뒤 사곤과 만나게 되자 흔연히 종일토록 담론을 했다. 왕돈(王敦)이 (사)곤에게 이르길 "예전에는 왕보사(王輔嗣)[184]가 중조에서 종을 울리는 듯한 말을 했는데(吐金聲), 이 사람이 다시 강남에서 옥처럼 떨치니(玉振),[185] 뜻밖에 영가의 말미에 다시 정시의 소리를 듣게 되었다"라고 했다[趙注 : 「위개전(衛玠傳)」].[186] 왕연은 당시 청담의 우두머리였는데, 스스로 『주역(周易)』에 대해 논하는 것이 대략 다 되었으나 또한 아직도 이해되지 않은 것이 있다고 생각하여 매번 "내 생전에 마땅히 『주역』에 능통한 자가 있음을 보게 될지 모르겠다"라고 말했는데, 완수(阮修)를 만나 『주역』에 대해 이야기하게 되자 마침내 탄복했다[趙注 : 「완수전(阮修傳)」].[187] 왕융(王戎)이 완첨(阮瞻)에게 "성인(聖人)은 명교(名教)를 귀하게 여기고, 노자, 장자는 자연에 밝은데, 그 취지가 같은가 다른가?"라고 물으니, (완)첨이 "아마도 같지 않겠습니까(將毋同)"라고 대답했다. (왕)융이 곧 그를 (속관으로) 뽑으니, 세상 사람들은 '말 세 마디로 뽑힌 속관[三語掾]'이라고 칭했다[趙注 : 「완첨전(阮瞻傳)」].[188]

秀傳」에 덧붙여 있다; 『晉書』 卷35 「裴秀傳」, 1052면, "綽子遐, 善言玄理, 音辭淸暢, 泠然若琴瑟. 嘗與河南郭象談論, 一坐嗟服."

184) 輔嗣는 王弼의 字이므로, 王弼을 이른다.

185) 金聲玉振 : 金은 鐘이고, 玉은 磬으로, 八音을 합주할 때 먼저 종을 쳐서 시작하고, 마지막에 경을 친다. 즉, 사물을 집대성하는 일을 말한다. 또한, 전자와 후자의 언론사조가 맥락이 서로 연결되어 모두 一世의 숭상하는 바를 이루는 것을 말한다.

186) 『晉書』 卷36 「衛玠傳」, 1067면, "是時大將軍王敦鎭豫章, 長史謝鯤先雅重玠, 相見欣然, 言論彌日. 敦謂鯤曰 : '昔王輔嗣吐金聲於中朝, 此子復玉振於江表, 微言之緒, 絶而復續. 不意永嘉之末, 復聞正始之音, 何平叔若在, 當復絶倒.' 嘗以人有不及, 可以情恕; 非意相干, 可以理遣, 故終身不見喜慍之容."

187) 『晉書』 卷49 「阮脩傳」, 1366면, "王衍當時談宗, 自以論易略盡, 然有所未了, 研之終莫悟, 每云 : '不知比沒當見能通之者不.' 衍族子敦謂衍曰 : '阮宣子可與言.' 衍曰 : '吾亦聞之, 但未知其亹亹之處定何如耳!' 及與脩談, 言寡而旨暢, 衍乃歎服焉."

188) 『晉書』 卷49 「阮瞻傳」, 1363면, "瞻字千里. …… 見司徒王戎, 戎問曰 : '聖人貴名教, 老莊明自然, 其旨同異?' 瞻曰 : '將無同.' 戎咨嗟良久, 卽命辟之. 時人謂之'三語

곽상은 노·장에 관해 뛰어났는데, 세상 사람들은 그가 왕필에 버금간다고 여겼다[趙注 : 「유애전(庾敳傳)」].[189] 환온(桓溫)이 일찍이 유담(劉惔)에게 "회계왕(會稽王)은 더욱 나아졌소?"라고 물으니, (유)담이 "굉장히 나아졌습니다만, 그러나 (그는) 삼류일 뿐입니다"라고 대답했다. (환)온이 "일류는 누구요?"라고 물으니, (유)담은 "본래 저와 같은 사람들이지요"라고 대답했다[趙注 : 「유담전(劉惔傳)」].[190] 장빙(張憑)이 처음 유담을 방문하여 아랫자리에 앉았는데, 마침 왕몽(王濛)이 와서 청담을 하는 데에 통하지 않는 바가 있자 (장)빙이 곧 그것을 판별해 주었고, 이에 (유)담이 놀라 탄복했다[趙注 : 「장빙전(張憑傳)」].[191] 이로써 당시 대략적인 풍습의 모습을 볼 수 있다.

그 가운데에는 일찍이 배우기를 좋아하는 사람이 없지 않았으나, 배우는 바가 역시 바로 청담의 밑천을 대는 것이었다. 상수(向秀)는 노·장의 학문을 좋아해서 일찍이 거기에 주석을 달았는데, 읽는 이들이 초연히 마음으로 깨달았다. 곽상이 또 그것을 따라 더 확충하니, 유가(儒家)와 묵가(墨家)의 자취는 비루하게 여겨지고, 도가(道家)의 풍조는 번성하게 되었다[趙注 : 「상수전(向秀傳)」].[192] 반경(潘京)이 악광과 담론을 했는데, (악)광이 깊이 탄복하여 "그대는 천부적인 재능이 남보다 뛰어나니 만약 배움을 더한다면 반드시 한 시대 청담의 우두머리가 될 것이다"라고 말하였다. (반)경은

掾'. 太尉王衍亦雅重之."

189) 『晉書』 卷50 「庾敳傳」, 1396면, "豫州牧長史河南郭象善老莊, 時人以爲王弼之亞."

190) 『晉書』 卷75 「劉惔傳」, 1991면, "桓溫嘗問惔 : '會稽王談更進邪?' 惔曰 : '極進, 然故第二流耳.' 溫曰 : '第一復誰?' 惔曰 : '故在我輩.' 其高自標置如此"; 본문에는 유담이 회계왕을 '三流'로 보았다고 했으나, 『晉書』에서는 '二流'로 표기했는데, 이는 근거한 판본에 따른 차이이다.

191) 『晉書』 卷75 「張憑傳」, 1992면, "張憑字長宗. …… 初, 欲詣惔, 鄕里及同學者共笑之. 旣至, 惔處之下坐, 神意不接, 憑欲自發而無端. 會王濛就惔淸言, 有所不通, 憑於末坐判之, 言旨深遠, 足暢彼我之懷, 一坐皆驚. 惔延之上坐, 淸言彌日, 留宿至旦遣之."

192) 『晉書』 卷49 「向秀傳」, 1374면, "向秀字子期, 河內懷人也. 淸悟有遠識, 少爲山濤所知, 雅好老莊之學. 莊周著內外數十篇, 歷世才士雖有觀者, 莫適論其旨統也, 秀乃爲之隱解, 發明奇趣, 振起玄風, 讀之者超然心悟, 莫不自足一時也. 惠帝之世, 郭象又述而廣之, 儒墨之迹見鄙, 道家之言遂盛焉."

결국 부지런히 배우며 게으름을 피우지 않았다[趙注 : 「반경전(潘京傳)」].[193] 왕승건(王僧虔)은 자식을 훈계하는 글에서 "너는 아직 보사(輔嗣 : 왕필)가 말한 바가 무엇이고, 평숙(平叔 : 하안)이 말한 바가 무엇인지도 모르면서 바로 주미(麈尾)[194]를 쥐고 스스로 청담을 하는 선비라고 칭하는데, 이는 가장 위험한 일이다"라고 말했다[趙注 : 「왕승건전(王僧虔傳)」].[195] 이는 당시 부형과 스승, 벗들이 말하고 구하는 바가 오로지 노·장만을 추구하여 말하는 데에 보조수단으로 삼고, 오경(五經) 중에서는 오로지 『주역』의 이치만을 숭상하며 그 나머지는 모두 그대로 세워 둔 채 묶어 두었다는 것이다.

양(梁) 무제(武帝) 때에 이르러 비로소 경학을 숭상하여 유가의 학술이 그로부터 조금 진작되기는 했으나, 의리를 담론하는 풍습이 이미 이루어진 뒤라 이른바 경학도 역시 모두 담론의 밑천이 되었다. 무제가 잠지경(岑之敬)을 불러 강의하는 자리에 오르게 하고 주이(朱异)에게 『효경(孝經)』을 들고 「사효(士孝)」장[196]을 낭독하도록 명령하고, 무제가 직접 더불어 논란을 벌였는데, (잠)지경은 막힘없이 분석하여 응대하는 것이 메아리와 같았다[趙注 : 「잠지경전(岑之敬傳)」].[197] 간문제(簡文帝)가 태자였을 때 사림관(士林館)에 나와 『효경』을 발제했는데, 장기(張譏)가 그에 대해 논하여 의견이 오가니 매우 감탄과 칭찬을 받았다. 그 뒤 주홍정(周弘正)[198]

---

193) 『晉書』 卷90 「潘京傳」, 2335면, "京仍擧秀才, 到洛. 尙書令樂廣, 京州人也, 共談累日, 深歎其才, 謂京曰 : '君天才過人, 恨不學耳. 若學, 必爲一代談宗.' 京感其言, 遂勤學不倦."

194) 麈尾 : 먼지떨이. 고라니의 꼬리는 먼지가 잘 떨린다 하여 이것으로 만든 먼지떨이는 淸談을 하던 사람들 많이 지녔으며, 후에는 佛徒들도 많이 갖고 다녔다.

195) [王注] 이 일은 『南齊書』 卷33 「王僧虔傳」에 보인다. 『南齊書』 卷33 「王寂傳」, 598면, "汝開老子卷頭五尺許, 未知輔嗣何所道, 平叔何所說, 馬、鄭何所異, 指例何所明, 而便盛於麈尾, 自呼談士, 此最險事." 王寂은 王僧虔의 아들로서 그의 열전은 「王僧虔傳」에 부기되어 있다.

196) 원문에는 '士孝章'이라 되어 있는데, 『孝經』 卷2 「士章第5」를 의미하는 것으로 보인다.

197) 『陳書』 卷34 「岑之敬傳」, 461~462면, "梁武帝 …… 因召入面試, 令之敬昇講座, 勑中書舍人朱异執孝經, 唱士章, 武帝親自論難. 之敬剖釋縱橫, 應對如響, 左右莫不嗟服."

198) 『陳書』 卷24 「周弘正傳」, 305면, "周弘正字思行, 汝南安城人, 晉光祿大夫顗之九

이 국자감(國子監)에서 『주역』을 발제했는데, (장)기가 그와 더불어 논변하자 (주)홍정이 다른 사람들에게 "내가 매번 강의하는 자리에 오를 때마다 장기가 자리에 있는 것을 보면, 사람이 등골이 오싹하게 된다"라고 말했다[趙注 : 「장기전(張譏傳)」].[199] 간문제가 척곤(戚袞)에게 조빙(朝聘)의 의례를 설명하게 하고 서리(徐摛)에게 더불어 의견을 주고받게 했는데, (척)곤의 정채로움이 자연스러웠다[趙注 : 「척곤전(戚袞傳)」].[200] 간문제는 일찍이 스스로 강의하는 자리에 올라 경전에 대해 설명했는데, 장정견(張正見)이 강의하는 자리에 참여하니 의심스러운 뜻을 해결해 줄 것을 청했다[趙注 : 「장정견전(張正見傳)」].[201] 복만용(伏曼容)의 집은 와관사(瓦官寺) 동쪽에 있었는데, 매번 자리에 올라 경전을 강의할 때마다 생도가 항상 수십백 명이었다[趙注 : 「복만용전(伏曼容傳)」].[202] 원헌(袁憲)이 잠문호(岑文豪)와 함께 주홍정을 방문하니, (주)홍정은 강의하는 자리에 오르려다가 마침 (원)헌이 오자 곧 (원)헌을 시켜 논의를 세우게 했다. 이때 사기(謝岐), 하타(何妥)가 함께 자리에 있어서 번갈아 논의의 단서를 일으켰지만 (원)헌은 변론하는 데에 여유가 있었다. 도개(到溉)는 "원군정(袁君正[203])에게 후계자가 있구나"라고

世孫也."

199) 『陳書』 卷33 「張譏傳」, 443~444면, "譏幼聰俊, 有思理, 年十四, 通孝經、論語. 篤好玄言, 受學于汝南周弘正, 每有新意, 爲先輩推伏. …… 天嘉中, 遷國子助教. 是時周弘正在國學, 發周易題, 弘正第四弟弘直亦在講席. 譏與弘正論議, 弘正乃屈, 弘直危坐厲聲, 助其申理. 譏乃正色謂弘直曰 : '今日義集, 辯正名理, 雖知兄弟急難, 四公不得有助.' 弘直曰 : '僕助君師, 何爲不可?' 擧座以爲笑樂. 弘正嘗謂人曰 : '吾每登座, 見張譏在席, 使人懍然'."

200) 『陳書』 卷33 「戚袞傳」, 440면, "梁簡文在東宮, 召袞講論. 又嘗置宴集玄儒之士, 先命道學互相質難, 次令中庶子徐 摛馳騁大義, 間以劇談. 摛辭辯縱橫, 難以答抗, 諸人懾氣, 皆失次序. 袞時騁義, 摛與往復, 袞精采自若, 對答如流, 簡文深加歎賞."

201) 『陳書』 卷34 「張正見傳」, 469면, "正見幼好學, 有淸才. 梁簡文在東宮, 正見年十三, 獻頌, 簡文深贊賞之. 簡文雅尙學業, 每自昇座說經, 正見嘗預講筵, 請決疑義, 吐納和順, 進退詳雅, 四座咸屬目焉."

202) 『梁書』 卷47 「伏曼容傳」, 663면, "時明帝不重儒術, 曼容宅在瓦官寺東, 施高坐於聽事, 有賓客輒升高坐爲講說, 生徒常數十百人."

203) 袁君正 : 袁憲의 父.

말했다[趙注 : 「원헌전(袁憲傳)」].[204] 엄식지(嚴植之)는 경학에 통달했는데, 학관이 조구(潮溝)란 곳에 있었고, 강의해서 말하는 데에 단계를 나누고 차례를 두어 매번 강의하는 자리에 오를 때마다 다섯 학관의 학생들이 모두 와서 청중이 천여 명이었다[趙注 : 「엄식지전(嚴植之傳)」].[205] 포교(鮑皦)가 태학(太學)에 있을 때 병이 나자 기소유(紀少瑜)에게 대신 강의할 것을 청했는데, (기)소유는 담론을 잘해서 변론이 민첩하기가 흐르는 물과 같았다[趙注 : 「기소유전(紀少瑜傳)」].[206] 최령은(崔靈恩)은 (북)위(北魏)에서 양(梁)나라로 귀순해 박사가 되었는데, 성품이 소박해서 화려함은 없었지만 경전의 뜻을 해석하게 되면 매우 정밀함이 있어 나이 든 유생들이 모두 그를 중히 여겼다[趙注 : 「최령은전(崔靈恩傳)」].[207] 심준(沈峻)은 『주관(周官)』에 정통하여, 강의를 열 때에는 유암(劉嵒), 심웅(沈熊) 등 여러 유생의 무리가 모두 경전을 들고, 아랫자리에 앉아 (심준이 앉은) 북쪽을 바라보며 수업을 받았다[趙注 : 「심준전(沈峻傳)」].[208] 이는 당시에 비록 경전의 의미를 해석하는 데 종사하더라도 역시 모두 담론 위주의 학문으로, 학당을 열고 강의하는 자리에 올라 말재주로 서로 이기기를 다툰 것이니, 진(晉)나라 사람들의 청담

204) 『陳書』 卷24 「袁憲傳」, 312면, "居數日, 君正遣門下客岑文豪與憲候弘正, 會弘正將登講坐, 弟子畢集, 乃延憲入室, 授之麈尾, 令憲樹義. 時謝岐、何妥在坐, 弘正謂曰 : '二賢雖窮奧頤, 得無憚此後生耶!' 何、謝於是遞起義端, 深極理致, 憲與往復數番, 酬對閑敏. …… 時生徒對策, 多行賄賂, 文豪請具束脩, 君正曰 : '我豈能用錢爲兒買第耶?' 學司銜之. 及憲試, 爭起劇難, 憲隨問抗答, 剖析如流. 到溉顧憲曰 : '袁君正其有後矣'."

205) 『梁書』 卷48 「嚴植之傳」, 671면, "植之館在潮溝, 生徒常百數. 植之講, 五館生必至, 聽者千餘人."

206) 『南史』 卷72 「紀少瑜傳」, 1786면, "年十九, 始遊太學, 備探六經, 博士東海鮑皦雅相欽悅. 時皦有疾, 請少瑜代講. 少瑜既妙玄言, 善談吐, 辯捷如流."

207) 『梁書』 卷48 「崔靈恩傳」, 677면, "靈恩聚徒講授, 聽者常數百人. 性拙朴無風采, 及解經析理, 甚有精致, 京師舊儒咸稱重之, 助教孔僉尤好其學."

208) 『梁書』 卷48 「沈峻傳」, 678~679면, "沈峻字士嵩, 吳興武康人. …… 凡聖賢可講之書, 必以周官立義, 則周官一書, 實爲羣經源本. 此學不傳, 多歷年世, 北人孫詳、蔣顯亦經聽習, 而音革楚、夏, 故學徒不至; 惟助教沈峻, 特精此書. 比日時開講肆, 羣儒劉嵒、沈宏、沈熊之徒, 並執經下坐, 北面受業, 莫不歎服, 人無間言."

과 다름이 없고, 다만 이야기하는 내용이 같지 않을 뿐이었다.

하물며 양나라 때 담론하는 바는 역시 전적으로 오경만을 강의하지는 않았다. 무제가 일찍이 중운전(重雲殿)에서 스스로 『노자(老子)』를 강의하자 서면(徐勉)이 고월(顧越)을 천거해 논의하도록 했는데, (고)월의 음성이 종소리처럼 울려 모두 감탄하며 칭찬했다[趙注 : 「고월전(顧越傳)」].[209] 간문제는 동궁에 있을 때 현학(玄學)과 유학(儒學)을 하는 선비들에게 연회를 베풀었다[趙注 : 「척곤전」].[210] 소릉왕(邵陵王) 소륜(蕭綸)은 『대품경(大品經)』을 강의하면서 마추(馬樞)를 시켜 『유마(경)(維摩經)』과 『노자』를 강의하게 했는데, 같은 날 발제를 하면 출가한 사람과 세속에 있는 사람[道俗] 청중이 2천 명이나 모여들었다. (소릉)왕이 청중에게 "마학사(馬學士)가 의리(義理)를 논하면, 반드시 (상대를) 굴복시킬 것이니 주인과 손님의 자리를 공연히 갖출 것 없다"라고 말하였다. 이에 각각 변론의 단서를 일으켰는데, (마)추는 변화함이 무궁하여 논자들이 모두 감복하였다[趙注 : 「마추전(馬樞傳)」].[211] 즉 양나라 때에는 오경 외에도 여전히 노·장을 폐하지 않았고, 게다가 또 불교를 더하였으니, 진나라 사람들의 허위적인 습관이 그대로 고쳐지지 않았을 뿐만 아니라, 또한 그보다 더 심해졌다. 풍속의 흐름이 향하는 바가 층층이 쌓여서 돌이키기 어렵게 되었으니, 바로 수나라가 진(陳)나라를 평정한 뒤에 이르러서야 비로소 그것을 쓸어 없앨 수 있었다. 아마도 관섬(關陝) 지방은 질박하고 돈후해서 본래 이러한 풍조가 없어서, (북)위와 (북)주(北周) 이래로 처음부터 물들지 않았고, 진(陳)나라 사람들로 장안(長

---

209) 『南史』 卷71 「顧越傳」, 1753면, "武帝嘗於重雲殿自講老子, 僕射徐勉擧越論義, 越抗首而請, 音響若鍾, 容止可觀, 帝深贊美之."

210) 『陳書』 卷33 「戚衮傳」, 440면, "梁簡文在東宮, 召衮講論. 又嘗置宴集玄儒之士, 先命道學互相質難, 次令中庶子徐摛馳騁大義, 間以劇談."

211) 『陳書』 卷19 「馬樞傳」, 264면, "梁邵陵王綸爲南徐州刺史, 素聞其名, 引爲學士. 綸時自講大品經, 令樞講維摩、老子、周易, 同日發題, 道俗聽者二千人. 王欲極觀優劣, 乃謂衆曰 : '與馬學士論義, 必使屈伏, 不得空立主客.' 於是數家學者各起問端, 樞乃依次剖判, 開其宗旨, 然後枝分流別, 轉變無窮, 論者拱默聽受而已. 綸甚嘉之, 將引薦於朝廷."

安)으로 옮겨진 자들도 또한 이미 쇠퇴하고 무기력해져서 위세를 떨치지 못했으므로 금지하지 않아도 저절로 소멸되었던 것이다.

생각건대, 한(漢)나라 때에도 본래 경서를 강의한 예가 있으니, 선제(宣帝) 감로(甘露) 3년(B.C. 51)에 조서를 내려 여러 유생들에게 오경의 차이를 논의하도록 하자, 소망지(蕭望之) 등이 그 논의를 소목조목 알기 쉽게 나누어 상주했고, 선제는 직접 결정에 임했다.[212] 또 시수(施讐)는 석거각(石渠閣)에서 오경을 강론했다.[213] 장제(章帝) 건초(建初) 4년(79)에 역시 조서를 내려 박사(博士), 의랑(議郎), 낭관(郎官) 및 여러 학생과 유생들에게 백호관(白虎觀)에 모여 오경의 차이를 강의하게 하고 무관중장(武官中將)[214] 위응(魏應)을 시켜 분부를 받아 (그에 관해) 묻게 했는데, 시중(侍中) 순우공(淳于恭)이 상소를 올리자 (장)제가 직접 명령을 칭하며 결정에 임해 『백호주의(白虎奏議)』를 지었으니,[215] 지금의 『백호통(白虎通)』이 이것이다. 그러나 이는 다만 경서의 의미가 어지럽고 번잡해서 각 학파의 사설(師說)에 서로 차이가 있었으므로 여러 사람들의 말을 모아 절충한 것이니, 이로써 어느 쪽이 더 나은지 겨룬 것은 아니었다. 양나라 때 강의하는 자리에 올라 경서에 대해 이야기한 경우는 곧 다만 박식함을 과시하고 변론을 다투었을 뿐이었다.

---

212) 『漢書』 卷8 「宣帝紀」, 272면, "詔諸儒講五經同異, 太子太傅蕭望之等平奏其議, 上親稱制臨決焉."

213) 『漢書』 卷88 「施讐傳」, 3598면, "施讐字長卿, 沛人也. …… 詔拜讐爲博士. 甘露中與五經諸儒雜論同異於石渠閣."

214) 본문에는 '武官中將'이라 되어 있으나, 『後漢書』에는 '五官中郎將'으로 표기하고 있다.

215) 『後漢書』 卷3 「孝章帝紀」, 138면, "於是下太常, 將、大夫、博士、議郎、郎官及諸生、諸儒會白虎觀, 講議五經同異, 使五官中郎將魏應承制問, 侍中淳于恭奏, 帝親稱制臨決, 如孝宣甘露石渠故事, 作白虎議奏."

114. 청담에는 주미를 썼다淸談用麈尾

육조(六朝)시대 사람들은 청담에 반드시 주미(麈尾: 고라니 꼬리)를 썼다. 『진서(晉書)』를 보면, 왕연(王衍)은 현언(玄言)을 잘 하였는데, 매번 백옥으로 자루를 만든 주미를 잡으니 손과 색깔이 같았다[趙注 : 「왕연전(王衍傳)」].[216] 손성(孫盛)은 은호(殷浩)[217]와 이야기하며 주미를 휘두르다 밥 안에 모두 떨어뜨려 버렸다[趙注 : 「손성전(孫盛傳)」].[218] 『송서(宋書)』를 보면, 왕승건(王僧虔)[219]은 아들을 훈계하면서 그가 주미 잡기를 좋아하며 청담하는 선비[談士]라 자칭한다고 말했다[趙注 : 「왕승건전(王僧虔傳)」].[220] 『제서(齊書)』에 보면, 대용(戴容)이 「삼종론(三宗論)」을 지었는데, 지림도인(智林道人)은 "빈도(貧道)[221]가 주미를 잡은 지 30년이 되도록 이 도리[塗] 하나도 능히 이해하는 사람이 없었는데, 지금에야 비로소 만났습니다"라고 말했다[趙注 : 「대용전(戴容傳)」].[222] 『양서(梁書)』를 보면, 노광(盧廣)이 강의를 할 때 사거(謝擧)가

---

216) 『晉書』 卷43 「王衍傳」, 1236면, "妙善玄言, 唯談老莊爲事. 每捉玉柄麈尾, 與手同色."

217) 殷浩(?~356) : 東晉 潁川郡 長平縣(지금의 河南省 西華縣 동북) 사람으로 字는 淵源이다. 弱冠에 이름이 알려졌으며, 玄理에 능하였다. 庾亮의 벽소로 記室參軍이 되었고, 司徒左長史를 역임하였다. 穆帝 때 會稽王 司馬昱이 그의 명성을 듣고 그를 중용하여 桓溫에 대항하려 하였다. 永和 2년(346) 建武將軍 揚州刺史가 되었고, 永和 6년(350) 石虎가 죽고 中原이 혼란하자 中軍將軍 督揚豫徐兗青五州諸軍事가 되었다. 永和 8년(352) 北伐에 나섰으나 대패하고 돌아오자 桓溫이 죄를 상소하여 庶人이 되었고, 東陽郡의 信安으로 옮겨졌다. 유배지에서 죽었다.

218) 『晉書』 卷82 「孫盛傳」, 2147면, "盛嘗詣浩談論, 對食, 奮擲麈尾, 毛悉落飯中, 食冷而復暖者數四, 至暮忘餐, 理竟不定."

219) 王僧虔(426~485) : 南齊 琅邪郡 臨沂縣 사람으로 東晉 丞相 王導의 후손이다. 宋 秘書郎으로 起家한 후 御史中丞 · 會稽太守를 역임했으나 倖臣 阮佃夫에게 아부하지 않아 免官되었다. 이후 侍中으로 복직되었다가 湘州刺史 · 尙書令을 역임하였다. 南齊 永明初 侍中, 左光祿大夫가 되었다. 隸書에 능하고 文史를 좋아했으며, 音律에 밝았다. 저서에는 『書賦』가 있다.

220) **[王注]** 「王僧虔傳」은 『南齊書』에 있으나, 그가 아들을 훈계한 일은 劉宋代의 일이다. 이 훈계의 내용은 본 책 113 「육조시대 청담의 풍습」을 참고하라.

221) 貧道는 '나'의 謙辭.

222) **[王注]** 살펴보면, '戴容'은 마땅히 '周顒'이라 해야 하니, 「周顒傳」은 『南齊書』 卷

누차 그를 꺾자, (노)광은 부끄러워하고 승복하며, 가지고 있던 주미를 그에게 줌으로써 자리를 겹쳐 까는 예우[223]에 비유했다[趙注 : 「사거전(謝擧傳)」].[224] 장효수(張孝秀)는 담론할 때 손에 종려나무 껍질로 된 주미를 잡곤 했다[趙注 : 「장효수전(張孝秀傳)」].[225) 『진서(陳書)』를 보면, 후주(後主)가 궁중 신료들에게 연회를 베푸는데 만들던 옥자루 수미가 새로 완성되자 "지금 이것을 잡을 만한 사람은 오직 장기(張譏)뿐이다"라고 말하며 바로 (장)기에게 내려주었다. 또 종산(鍾山) 개선사(開善寺)에 행차하여 (장)기에게 이치를 분명하게 세우라 하였는데, 그 때 주미가 아직 이르지 않자, 소나무 가지를 가져다 대신하도록 명했다[趙注 : 「장기전(張譏傳)」].[226] 이는 모두 청담에 주미를 썼던 고사이다.

또 반드시 청담을 하지 않으면서도 또한 그것을 쓰는 경우도 있었다. 왕준(王浚)이 주미를 석륵(石勒)에게 보내자, (석)륵은 거짓으로 감히 잡지 못하는 체하고는 벽에 걸어 놓고 절을 했다[趙注 : 「석륵재기(石勒載記)」].[227] 하충

41과 『南史』 卷34에 있다. 淸 嘉慶帝의 이름 顒琰을 避諱하여 '顒'을 '容'으로 고쳤다가, 다시 (東晉・宋의 隱士인) 戴顒과 혼동하여 '戴容'이라고 잘못 적은 듯하다. 또, '三十年'은 원문에서는 '四十年'으로 되어 있으니 마땅히 고쳐야 한다; 『南齊書』 卷41 「周顒傳」, 731면, "顒音辭辯麗, 出言不窮, 宮商朱紫, 發口成句. 汎涉百家, 長於佛理. 著三宗論. …… 西涼州智林道人遺顒書曰 : '此義旨趣似非始開, 妙聲中絶六七十載. 貧道年二十時, 便得此義, 竊每歡喜, 無與共之. …… 貧道捉麈尾來四十餘年, 東西講說, 謬重一時, 餘義頗見宗錄, 唯有此塗白黑無一人得者, 爲之發病. 非意此音猥來入耳, 始是眞實行道第一功德.' 其論見重如此."

223) 원문의 '重席'은 자리를 겹쳐 깔아 尊者를 대하는 禮인데, 여기서는 麈尾를 줌으로써 重席에 대신하여 존경의 뜻을 표시하였다는 뜻이다.

224) 『梁書』 卷37 「謝擧傳」, 530면, "先是, 北渡人盧廣有儒術, 爲國子博士, 於學發講, 僕射徐勉以下畢至. 擧造坐, 屢折廣, 辭理通邁, 廣深歎服, 仍以所執麈尾薦之, 以況重席焉."

225) 『梁書』 卷51 「張孝秀傳」, 752면, "孝秀性通率, 不好浮華, 常冠穀皮巾, 躡蒲履, 手執并櫚皮麈尾. 服寒食散, 盛冬能臥於石. 博涉羣書, 專精釋典. 善談論, 工隸書, 凡諸藝能, 莫不明習."

226) 『陳書』 卷33 「張譏傳」, 444면, "後主在東宮, 集官僚置宴, 時造玉柄麈尾新成, 後主親執之, 曰 : '當今雖復多士如林, 至於堪捉此者, 獨張譏耳.' 卽手授譏. …… 後主嘗幸鍾山開善寺召從臣坐於寺西南松林下, 敕召譏豎義. 時索麈尾未至, 後主敕取松枝, 手以屬譏, 曰'可代麈尾'. 顧謂羣臣曰'此卽是張譏後事'."

227) 『晉書』 卷104 「石勒載記上」, 2722면, "浚遺勒麈尾, 勒僞不敢執, 懸之于壁, 朝夕拜之, 云 : '我不得見王公, 見王公所賜如見公也'."

(何充)이 왕도(王導)를 찾아갔는데, (왕)도는 주미로 평상을 가리키면서 "이는 그대 자리이다"라고 말했다[趙注 : 「하충전(何充傳)」].[228] 왕몽(王濛)은 병이 위독하게 되자 등불 아래에서 주미를 보고는 탄식했는데, (그가) 죽자 유담(劉惔)이 무소 꼬리로 된 주미를 관 속에 넣어주었다[趙注 : 「왕몽전(王濛傳)」].[229] 대개 처음에는 청담에서 그것을 쓰다가 서로 익혀 습속을 이루더니 마침내는 명사들의 우아한 기물이 되었으니, 비록 청담을 하지 않아도 또한 언제나 들고 있었던 것뿐이다.

115. 추우번騶虞幡

진(晉)나라 제도에서는 추우번(騶虞幡)[230]을 가장 중히 여겨, 매번 위험한 때에 이르면 그것으로 명령을 전하기도 하고 그것으로 군사를 멈추기도 했는데, 그것을 본 사람들은 바로 두려워하며 엎드리고 감히 움직이지 않았으니 또한 한 왕조[一朝]의 으뜸가는 명령이었다. 『진서(晉書)』에 따르면, 초왕(楚王) (사마)위(司馬瑋)가 군사를 이끌고 여남왕(汝南王) (사마)량(司馬亮)과 재상 양준(楊駿)을 쳐서 밤새도록 시끄럽게 싸웠다. 하늘이 밝아오자 장화(張華)는 혜제(惠帝)에게 상주하여 전중장군(殿中將軍)을 시켜 추우번을 가지고 무리에게 신호를 보내 "초왕 (사마)위가 조서를 위조했다"고 말하게 하니, 그 무리가 모두 무기를 놓고 달아났고 (사마)위는 마침내 체포되었다[趙注 : 「사마위전(司馬瑋傳)」].[231] 회남왕(淮南王) (사

228) 『晉書』 卷77 「何充傳」, 2028면, "充即王導妻之姊子, 充妻, 明穆皇后之妹也, 故少與導善, 早歷顯官. 嘗詣導, 導以麈尾指牀呼充共坐, 曰 : '此是君坐也'."

229) 『晉書』 卷93 「王濛傳」, 2419면, "疾漸篤, 於燈下轉麈尾視之, 歎曰 : '如此人曾不得四十也!' 年三十九卒. 臨殯, 劉惔以犀杷麈尾置棺中, 因慟絶久之."

230) 騶虞는 살아 있는 먹이를 먹지 않고 살아 있는 풀을 밟지 않는다는 瑞獸로서 聖人의 德化에 감동하여 나타난다고 한다. 騶虞幡은 騶虞를 그린 깃발로서 생명을 신중히 다룬다는 의미에서 군대를 해산시킬 때 쓰였다.

마)윤(司馬允)[232]이 군사를 이끌고 조왕(趙王) (사마)륜(司馬倫)을 치는데, 진시(辰時)에서 신시(申時)가 되도록 싸움이 끝나지 않았다. 진회(陳淮)가 추우번을 보내어 싸움을 끝내도록 하자 (사마)윤은 군사가 흩어져 피살되었다[趙注 : 「사마윤전(司馬允傳)」].[233] (사마)륜이 찬탈한 뒤 왕여(王輿)는 군사를 이끌고 그 일당인 손수(孫秀)를 죽이고 (사마)륜에게 직접 조서를 써 혜제(惠帝)를 맞이하여 복위시키도록 했다. 조서를 전하는 자가 추우번을 가지고 장수와 병사들에게 무기를 놓도록 하자 문무 관료들이 모두 흩어져 도망갔다[趙注 : 「사마륜전(司馬倫傳)」].[234] 장사왕(長沙王) (사마)예(司馬乂)가 군사를 일으켜 제왕(齊王) (사마)경(司馬冏)을 공격하자 (사마)경은 동애(董艾)를 보내 군사를 이끌고 그에 맞서도록 하고는 몰래 사람을 시켜 추우번을 훔쳐오도록 하여 장사왕이 조서를 사칭하였다고 외치게 했는데, (사마)예가 다시 제왕이 모반했다고 칭하자, (사마)경은 싸움에 패해 사로잡혔다[趙注 : 「사마경전(司馬冏傳)」].[235] (진나라의 황실이) 남쪽으로 건너간

231) 【王注】 楊駿은 앞서 이미 賈后에게 죽임을 당했고, 그 후 賈后는 다시 瑋와 亮 및 衛瓘 사이의 갈등을 이용하여 瑋를 시켜 이 두 사람을 죽이게 하였다. 楊駿은 亮과 같은 때 피살된 것이 아니고 瑋가 사로잡힌 것은 亮과 衛瓘이 피살된 후이므로 또한 '밤새도록 시끄럽게 싸우는' 따위의 일은 없었다. 여기 인용한 것은 잘못이 많다. 『晉書』 卷59 「楚王瑋傳」, 1597면에 비슷한 내용이 있지만, 실제로 교전이 있었던 것은 아니다.

232) 司馬允(272~300) : 字는 欽度이며, 晉武帝의 아들이다. 淮南王에 봉해지고 都督揚江二州諸軍事가 되었다. 元康 9년(299) 入朝하였고, 趙王 司馬倫이 賈后를 폐한 후 驃騎將軍 開府儀同三司 侍中 領中護軍이 되었다. 永康 元年(300) 司馬倫이 찬탈하자 國兵과 帳下를 거느리고 司馬倫의 府를 공격하였으나 피살되었다.

233) 『晉書』 卷64 「淮南忠壯王允傳」, 1722면, "主書司馬畦祕以身蔽倫, 箭中其背而死. 倫官屬皆隱樹而立, 每樹輒中數百箭, 自辰至未. 徽兄淮時爲中書令, 遣麾騶虞幡以解鬪. 倫子虔爲侍中, 在門下省, 密要壯士, 約以富貴. 於是遣司馬督護伏胤領騎四百從宮中出, 擧空版, 詐言有詔助淮南王允. 允不之覺, 開陳納之, 下車受詔, 爲胤所害, 時年二十九"; 趙翼은 '自辰至申'이라고 했으나, 『晉書』에는 '自辰至未'라고 했다.

234) 『晉書』 卷59 「趙王倫傳」, 1604면, "自義兵之起, 百官將士咸欲誅倫、秀以謝天下. …… 王輿反之, 率營兵七百餘人自南掖門入, …… 傳詔以騶虞幡敕將士解兵. 文武官皆奔走, 莫敢有居者."

235) 『晉書』 卷59 「齊王冏傳」, 1610면, "長沙王乂徑入宮, 發兵攻冏府. 冏遣董艾陳兵宮西. 乂又遣宋洪等放火燒諸觀閣及千秋、神武門. 冏令黃門令王湖悉盜騶虞幡, 唱云: '長沙王矯詔.' 乂又稱: '大司馬謀反, 助者誅五族.' 是夕, 城內大戰, 飛矢雨集, 火光

뒤 환현(桓玄)이 찬탈을 시도하자 회계왕(會稽王) (사마)도자(司馬道子)는 (사마)유지(司馬柔之)를 보내 추우번으로 형(荊), 강(江) 두 주에 널리 (환현의 모반을) 알리도록 했다[趙注 : 「사마유지전(司馬柔之傳)」].[236] 왕돈(王敦)이 궁궐을 범하자 감탁(甘卓)[237]은 양양(襄陽)에 있다가 장차 군사를 일으켜 그 뒤를 덮치려 했다. (왕)돈은 이를 두려워하여 대성(臺城 : 조정)에 추우번을 구해서 그를 막았다[趙注 : 「감탁전(甘卓傳)」].[238] 환온(桓溫)의 군사가 동쪽으로 내려오자 은호(殷浩)는 추우번으로 그 군대를 멈추고자 했다[趙注 : 「환온전(桓溫傳)」].[239] 이는 모두 추우번에 얽힌 고사이다. 다른 왕조에서는 그것을 쓴 예가 있다는 것을 아직 보지 못했다.

116. 건업에는 세 성이 있었다建業有三城

육조(六朝) 때 건업(建業)[240] 땅에는 세 성이 있었다. (건업의) 가운데에

屬天. …… 明日, 冏敗, 乂擒冏至殿前, 帝惻然, 欲活之."

236) 【王注】『晉書』에는 司馬柔之의 傳이 없고, 이 일은 卷59의 「齊王冏傳」에 보인다. 『晉書』 卷59 「齊王冏傳」, 1611면, "元興初, 會稽王道子將討桓玄, 詔柔之兼侍中, 以騶虞幡宣告江、荊二州, 至姑孰, 爲玄前鋒所害. 贈光祿勳. 子建之立. 宋受禪, 國除."

237) 甘卓(?~322) : 晉 丹陽郡(지금의 江蘇省 南京市) 사람으로 字는 季思이다. 郡主簿가 되고 孝廉과 秀才로 천거되어 吳王常侍가 되었다. 永嘉의 난이 발생하자 관직을 버리고 귀향하여 陳敏과 함께 起兵하여 반란을 일으켰으나 후에 顧榮과 함께 陳敏을 멸하였다. 司馬睿가 渡江한 후 揚威將軍 歷陽內史가 되었다. 周馥·杜弢·華軼의 난을 진압한 후 湘州刺史 南鄕侯, 安南將軍 梁州刺史 督沔北諸軍이 되어 襄陽에 주둔하였다. 王敦이 반란을 일으키자 각 州郡에 격문을 돌려 王敦의 죄상을 밝혔다. 王敦을 공격하다가 정부군이 패했다는 말을 듣고 襄陽으로 돌아갔으나, 王敦이 襄陽太守 周慮에게 명해 습격해 살해하였다.

238) 『晉書』 卷70 「甘卓傳」, 1865면, "時王師敗績, 敦求臺騶虞幡駐卓."

239) 『晉書』 卷98 「桓溫傳」, 2570면, "殷浩慮爲溫所廢, 將謀避之, 又欲以騶虞幡住溫軍, 內外噂口沓, 人情震駭."

240) 建業 : 지금의 江蘇省 南京市이다. 春秋時代 越國의 越城이 秦淮河 남쪽에 존재했으며, 楚 威王 때 石頭山에 金陵邑城을 건설했다. 三國 때 孫權이 B.C. 211년 이곳으

있는 성은 대성(臺城)인데, 곧 황제가 거처하는 곳으로 궁전과 각종 관부[臺省]가 모두 거기에 있었다. 그 서쪽은 곧 석두성(石頭城)으로 일찍이 병사를 두어 서울을 방비하였다. 왕돈(王敦)이 조정을 공격했을 때 주찰(周札)이 석두성을 지키다가 문을 열어 (왕)돈을 맞아들이니, (왕)돈은 드디어 이를 근거지로 하여 조정군을 패퇴시켰다.[241] 나중에 소준(蘇峻)이 반란을 일으켰을 때에는 성제(成帝)를 위협하여 석두(성)로 옮겼는데, (소)준이 패하고서야 (성)제가 비로소 (성에서) 나왔다.[242] 노순(盧循)[243]의 수군이 닥치려 하자 조정 신하들은 여러 나루터를 나누어 지키고자 했는데, 유유(劉裕)는 병사를 나누면 곧 세력이 약해지므로 석두성에 병사를 모으는 것만 못한 즉 무리의 힘을 나누지 말자고 말하고, 이에 스스로 석두(성)에 주둔하였으며 과연 적을 패배시켰다.[244] 송(宋) 말엽에는 원찬(袁

로 천도하여 다시 石頭城을 건설하고, 또 建業城도 축조하였다. 東晉初에는 孫權의 城을 그대로 이용하였으나, 332년 궁전을 개축하고 建康宮으로 改名했다. 368년 謝安의 주도로 궁궐을 확장하였으며, 405년 軍政 중심의 東府城을 새로 건설하였는데 青溪 남안, 秦淮河 북안에 위치하였다. 隋 文帝 때 陳을 멸망시킨 후 건강성을 평탄하게 하여 개간하고 石頭城에 蔣州城을 만들어 통치했다.

241) 『晉書』 卷98 「王敦傳」, 2559면, "敦至石頭, 欲攻劉隗, 其將杜弘曰 : '劉隗死士衆多, 未易可克, 不如攻石頭. 周札少恩, 兵不爲用, 攻之必敗. 札敗, 則隗自走.' 敦從之. 札果開城門納弘. 諸將與敦戰, 王師敗績. 旣入石頭, 擁兵不朝, 放肆兵士劫掠內外. 官省奔散, 惟有侍中二人侍帝."

242) 『晉書』 卷7 「成帝紀」, 171면, "(咸和二年)十一月 豫州刺史祖約·歷陽太守蘇峻等反"; 『晉書』 卷7 「成帝紀」, 173면, "四年春正月 帝在石頭"; 『晉書』 卷7 「成帝紀」, 174면, "(四年二月) 丁亥, 大赦. 時兵火之後, 宮闕灰燼, 以建平園爲宮"; 『晉書』 卷100 「蘇峻傳」, 2630면, "(溫)嶠將至, 峻逐遷天子於石頭, 逼迫居人, 盡聚之後苑"; 『晉書』 卷28 「五行志中」 「言不從·詩妖」, 846면, "及明帝崩, 成帝幼, 爲蘇峻所逼, 遷於石頭, 御膳不足."

243) 盧循(?~411) : 東晉 范陽郡 涿縣 사람으로 小名은 元龍, 字는 子先이며, 孫恩의 妹夫이다. 孫恩을 따라 起兵하였으며, 孫恩이 죽은 후 主로 추대되었다. 朝廷에서 안무하기 위해 그를 永嘉太守로 삼았다. 元興 元年(402) 三吳지방에 대기근이 발생하자 臨海에서 東陽으로 쳐들어갔으나 누차 劉裕에게 패하였다. 元興 3년(404) 番禺를 공격하여 廣州刺史 吳隱之를 사로잡고 平南將軍을 자칭하였으며, 妹夫 徐道覆에게 始興을 공격케 했다. 義熙 元年(405) 廣州刺史가 되었으나, 義熙 6년(410) 劉裕의 北伐을 틈타 반란을 일으켜 何無忌와 劉毅의 군대를 격파했고, 劉裕가 돌아왔다는 말을 듣고 후퇴하였다. 劉裕는 沈田子 등을 보내 토벌하였다. 交州를 공격하다가 龍編에서 살해되었다.

粲)[245]이 석두(성)에 자리 잡고 소도성(蕭道成)을 주멸하고자 하다가 (소)도성에게 살해되었다. 당시 속어는 "가련한 석두성, 차라리 원찬으로 죽을지언정 저연(褚淵)이 되어 살지 않겠다"라고 했다.[246] 양(梁) 말엽에는 왕승변(王僧辯[247])이 석두(성)에 주둔했는데, 진패선(陳霸先)[248]이 후안도(侯安都)[249]에게 가서 그를 습격하게 했다. 석두(성)은 아주 높지 않았으

244) 『宋書』 卷1 「武帝紀」, 19면, "發居民治石頭城, 建牙戒嚴. 時議者謂宜分兵守諸津要. 公以爲 '賊衆我寡, 若分兵屯, 則人測虛實. 且一處失利, 則沮三軍之心. 今聚衆石頭, 隨意應赴, 旣令賊無以測多少, 又於衆力不分. 若徒旅轉集, 徐更論之耳'. 移屯石頭, 乃柵淮斷査浦."

245) 袁粲(420~477) : 劉宋 陳郡 陽夏縣 사람으로 字는 景倩이다. 明帝末 尙書令 領丹陽尹이 되었다. 遺命으로 後廢帝의 보필하게 된 후 吏部尙書·侍中을 역임하였고, 褚淵·劉秉·蕭道成과 함께 '四貴'로 불렸다. 順帝初 中書監이 되어 石頭城에 주둔하였다. 蕭道成의 역모를 눈치 채고 起兵하여 그를 주살하려 했으나 누설되어 살해되었다.

246) 『南史』 卷28 「褚彦回傳」, 753면, "然世頗以名節譏之, 于時百姓語曰 : '可憐石頭城, 寧爲袁粲死, 不作彦回生'"; 『南齊書』 卷23 「褚淵傳」, 425면, "褚淵字彦回, 河南陽翟人也."

247) 王僧辯(?~555) : 梁 太原郡 祁縣 사람으로 字는 君才이다. 天監 연간 아버지 王神念을 따라 梁으로 투신하여 湘東王國左常侍로 起家하였다. 大寶 元年(550) 湘東王 蕭繹의 명으로 河東王 蕭譽를 長史에서 공격하여 살해하고 이어서 郢州를 점령하였다. 大寶 2년(551) 巴陵에서 侯景을 격파하고 다음 해 建康을 점령하였다. 蕭繹이 즉위한 후 鎭衛將軍 尙書令에 제수되었다. 承聖 元年(552) 北齊軍을 대파하여 太尉 車騎大將軍으로 승진하였다. 元帝가 죽자 陳霸先과 함께 蕭方智를 옹립하여 太宰가 되었다. 후에 北齊가 蕭淵明을 보내 皇帝로 삼을 것을 요구하자 이를 받아들였다가 陳霸先에게 살해되었다.

248) 陳霸先(503~559, 재위 557~559) : 吳興郡 長城縣(지금의 浙江省 長興縣 동쪽) 사람으로 字는 興國, 小字는 法生이다. 鄕里司, 油庫吏 등을 거쳐 梁 廣州刺史 蕭映中의 直兵參軍이 되었다. 交州土人 李賁의 난을 평정하여 振遠將軍 西江督護 高要太守가 되었다. 侯景의 난이 일어나자 太淸 3년(549) 廣州에서 기병하였고, 承聖 元年(552) 江州에서 王僧辯과 만나 侯景을 토벌하기로 結盟하였다. 侯景의 난이 평정된 후 京口에 주둔했으며, 承聖 4년(555) 西魏가 江陵을 함락하고 元帝가 죽자 王僧辯과 함께 蕭方智(敬帝)를 옹립하였다. 王僧辯이 北齊가 보낸 蕭淵明을 皇帝로 옹립하자 비밀리에 습격하여 王僧辯을 죽이고 蕭方智를 복위시켰다. 太平 元年(556) 北齊軍을 倪塘에서 대파하였고, 다음 해 太傅 陳王이 되었다. 이어 蕭方智를 폐위하고 陳을 세웠다. 諡號는 武帝이고, 廟號는 高祖이다.

249) 侯安都(520~563) : 陳 始興郡 曲江縣 사람으로 字는 成師이다. 郡의 豪族으로 梁 始興內史 蕭子範의 主簿가 되었다. 侯景의 난이 터지자 兵甲 3천 명을 모아 陳霸先을 따라 종군하였으며, 侯景과 王僧辯을 토벌하였다. 金陵의 전투에서 徐嗣徽와 北齊兵을 맞아 싸워 공훈이 탁월하였다. 이밖에 수많은 전쟁에서 승리하였는데, 공이 많

므로 군사가 (후)안도를 들어 올려 성벽 위 얕은 담 안으로 던져 보냈고, 무리가 따라 들어가 드디어 (왕)승변을 사로잡았다. 나중에 서사휘(徐嗣徽)가 북제(北齊) 군사를 이끌고 석두(성)에 들어가서 대성을 압박했는데, (후)안도는 대성으로부터 군사를 이끌고 동서 액문(掖門)[250)]을 돌파해 나와 그들을 물리쳤고, 적은 석두(성)로 돌아가 드디어 감히 대성을 압박하지 못했던 것이 바로 이것이다.[251)]

대성의 동쪽에는 곧 동부(東府)(성)가 있는데, 무릇 재상(宰相) 녹상서사(錄尙書事)[252)] 겸 양주자사(揚州刺史)인 자가 여기에 거처했고 일찍이 정예 군사 수천 명을 채워두었다. 진(晉)나라 때 회계왕(會稽王) (사마)도자(司馬道子)가 여기에 거처했으며,[253)] 유유도 정권을 잡고 역시 여기에 거처했다. (유)유는 출정하게 되면 곧 이를 유부(留府)라 칭하고, 일찍이 유목지(劉穆之)를 시켜 부(府)의 일을 감독하게 했다.[254)] (유)유가 유의(劉毅)[255)]를 토벌하고 돌아오자 공경들이 모두 신정(新亭)에서 그를 기다렸는데, (유)유는 이미 동부로 몰래 돌아가 있었던 것이다.[256)] 송나라 말엽에 후폐제(後

고 교만하여 文帝에게 살해되었다.

250) 掖門 : 궁전 정문 좌우에 있는 작은 문.

251) 『陳書』 卷8 「侯安都傳」, 143면, "高祖東討杜龕, 安都留臺居守. 徐嗣徽、任約等引齊寇入據石頭, 游騎至于闕下. 安都閉門偃旗幟, 示之以弱, 令城中曰 : '登陴看賊者斬.' 及夕, 賊收軍還石頭, 安都夜令士卒密營禦敵之具. 將旦, 賊騎又至, 安都率甲士三百人, 開東西掖門與戰, 大敗之, 賊乃退還石頭, 不敢復逼臺城."

252) 錄尙書事 : 錄尙書라고 약칭하기도 한다. 後漢 때 領尙書事를 錄尙書事로 바꾸었다. 尙書省의 사무를 총괄하였다. 魏晉 이후 尙書省이 권력의 중추가 되었다. 君權이 강할 때 錄尙書事와 尙書令은 큰 차이가 없었지만 君權이 약하면 錄尙書가 朝政을 농단하여 권력이 강화하였다. 東晉의 權臣 대부분이 錄尙書事가 되었다. 역대 왕조는 錄尙書事의 권한을 제한하기 위해 여러 사람을 동시에 임명하였다. 劉宋 孝武帝 孝建 연간 없앴다가 大明末 다시 설치하였다. 北魏에서는 諸王들이 이 관직을 겸하였다. 北齊는 錄尙書 한 명을 설치하여 尙書令 위에 두었는데, 직책은 尙書令과 같다.

253) 『晉書』 卷64 「會稽文孝王道子傳」, 1734면, "(嬖人 趙)牙爲道子開東第, 築山穿池, 列樹竹木, 功用鉅萬."

254) 『宋書』 卷42 「劉穆之傳」, 1305면, "高祖西討劉毅, 以諸葛長民監留府, 總攝後事. 高祖疑長民難獨任, 留穆之以輔之."

255) 여기서 말하는 劉毅는 『晉書』 卷85에 수록된 인물이다. 本書 卷7 「晉書2」篇에서 九品中正制에 八損이 있음을 논했던 劉毅는 『晉書』 卷45에 수록되어 있는 同名異人이다.

廢帝)[257]가 시해되자 소도성이 동부로 옮겨 주둔하였다. 「순제기(順帝紀)」에는 소도성이 나아가 동부에 주둔했다고 했다.[258] 보정을 한 뒤 작위가 제왕(齊王)에 이르자, 변빈(卞彬)[259]이 농담으로 "전하께서 지금 청계(靑溪)를 홍구(鴻溝)[260]로 삼으니, 청계 동쪽은 제(齊)가 되고 청계 서쪽은 송이 됐습니다"라고 말했다. 이어 "누가 송이 멀다고 하는가, 발돋움하여 내 그곳을 바라보네"라고 시를 읊었다.[261] 진(陳)나라 안성왕(安成王) (진)욱(陳頊)[262]은 보정을 하게 되어 상서성(尙書省)에 들어와 거처했는데, 유사지(劉師知)[263] 등이 그를 꺼려 조서를 위조해 동부로 돌아가도록 했던 것이[264] 이것이다. 이때 두 성이 모두 요충지였음을 알 수 있다.

송나라 후폐제가 미친 듯이 포악하게 굴자 완전부(阮佃夫)[265]는 그가 놀러 나가는 것을 기다려 대성을 닫고 사람을 나누어 동부와 석(두)성을

---

256)『宋書』卷2「武帝紀中」, 29면, "劉毅旣誅, 長民謂所親曰 : …… 將謀作亂. 公克期至京邑, 而每淹留不進. 公卿以下頻日奉候於新亭, 長民亦驟出. 旣而公輕舟密至, 已還東府矣."

257) 後廢帝(재위 473~477) : 이름은 昱, 字는 德融, 小字는 慧震이며, 明帝의 長子로 제위를 물려받아 황제가 되었다.

258)『宋書』卷10「順帝紀」, 195면, "丁卯, 錄公齊王入守朝堂, 侍中蕭嶷鎭東府."

259)『南齊書』卷52「卞彬傳」, 892면, "卞彬字士蔚, 濟陰寃句人也."

260) 漢의 高祖와 楚의 項羽가 천하를 兩分할 때의 경계선이었던 강의 이름. 지금 河南省 滎陽縣.

261)『南史』卷72「卞彬傳」, 1767면, "後常於東府謁高帝, 高帝時爲齊王. 彬曰 : '殿下卽東宮爲府, 則以靑溪爲鴻溝, 鴻溝以東爲齊, 以西爲宋' 仍詠詩云 : '誰謂宋遠, 跂予望之'."

262)『陳書』卷5「宣帝紀」, 75면, "高宗孝宣皇帝諱頊, 字紹世, 小字師利, 始興昭烈王第二子也."

263)『陳書』卷16「劉師知傳」, 229면, "劉師知, 沛國相人也. 家世素族."

264)『陳書』卷16「劉師知傳」, 232면, "世祖崩, 預受顧命. 及高宗爲尙書令, 入輔, 光大元年, 師知與仲擧等遣舍人殷不佞矯詔令高宗還東府, 事覺, 於北獄賜死."

265) 阮佃夫(427~477) : 劉宋 會稽郡 諸暨縣 사람이다. 元嘉 연간 臺小史가 되었고, 孝武帝가 內監으로 삼았다. 前廢帝 때 湘東王 劉彧이 主衣로 선발하였으나 후에 世子師로 부를 정도로 신망이 대단했다. 景和末 內監 王道隆 등과 함께 廢帝를 살해하고 劉彧을 皇帝로 삼아 벼슬이 太子步兵校尉 游擊將軍에 이르렀다. 王道隆과 함께 권력을 장악했으며 모든 일에 뇌물이 아니면 행하지 않았고, 그의 宅舍와 園池는 諸王을 능가했다. 後廢帝 때 권력이 더욱 重하여 中書通事舍人을 겸하였고 후에 南豫州刺史와 歷陽太守를 겸하였다. 다시 폐립을 모의하다 일이 누설되어 賜死되었다.

지켜 그를 막고자 했는데, 마침 후폐제가 나가지 않아 그만두었다.[266] 제나라 예장왕(豫章王) (소)억(蕭嶷)이 동부를 지키고 경릉왕(竟陵王) (소)자량(蕭子良)이 석두(성)에 주둔하게 되었는데, 모두 서울 안에 자기 집을 만들어놓고는 잔치에 빠져 돌아갈 것을 잊고 있었으며, 이에 범운(范雲)[267]이 중요한 요충지를 비워두어서는 안 된다고 하사, (소)억은 곧 동부로 돌아가고, (소)자량도 곧 석두(성)로 돌아갔다.[268] 이 두 성이 서울을 둘러 지키는 가장 중요한 요충지에 해당하기 때문이었다.

당시 또 야성(冶城)이 있었는데, 서사휘 등이 북제 군사를 이끌고 석두(성)을 차지했을 때, 시장과 상가가 남쪽 길에 있어서 대성에서 조금 멀기 때문에 (석두성에 있는) 적에게 이용당할까 염려하여, 이에 서도(徐度)를 시켜 야성사(冶城寺)에 주둔하게 하고 성채를 쌓아서 그것을 끊어 막았다.[269] 이는 또한 대성 남쪽에 있었던 것이다.

---

266) 『宋書』 卷94 「阮佃夫傳」, 2315면, "時廢帝猖狂, 好出游走, 始出宮, 猶整羽儀, 引隊仗, 俄而棄部伍, 單騎與數人相隨, 或出郊野, 或入市廛, 內外莫不懼憂. 佃夫密與直閤將軍申伯宗、步兵校尉朱幼、于天寶謀共廢帝, 立安成王. 五年春, 帝欲往江乘射雉. 帝每北出, 常留隊仗在樂遊苑前, 棄之而去. 佃夫欲稱太后令喚隊仗還, 閉城門, 分人守石頭、東府, 遣人執廢之, 自爲揚州刺史輔政. 與幼等已成謀, 會帝不成向江乘, 故其事不行. 于天寶因以其謀告帝, 帝乃收佃夫、幼、伯宗於光祿外部, 賜死."

267) 范雲(451~503) : 梁 南鄕郡 舞陰縣(지금의 河南郡 沁陽 서북) 사람으로 字는 彦龍이다. 宋 郢州西曹書佐로 起家하였으며 南齊時代 會稽主簿가 되었다. 零陵內史·始興內史·廣州刺史를 역임하였다. 南齊末 國子博士가 되어 沈約과 함께 蕭衍을 도와 稱帝케 하였다. 梁 天監 元年(502) 吏部尙書가 되었고 尙書右僕射로 재직 중 사망하였다. 『文集』 30卷이 있다.

268) 『南史』 卷57 「范雲傳」, 1416~1417면, "(蕭)子良爲司徒, 又補記室. 時巴東王子響在荊州, 殺上佐, 都下匈匈, 人多異志. 而豫章王嶷鎭東府, 多還私邸, 動移旬日. 子良築第西郊, 游戲而已. 而梁武帝時爲南郡王文學, 與雲俱爲子良所禮. 梁武勸子良還石頭, 幷言大司馬宜還東府, 子良不納. 梁武以告雲. 時廷尉平王植爲齊武帝所狎, 雲謂植曰: '西夏不靜, 人情甚惡, 大司馬詎得久還私第? 司徒亦宜鎭石頭. 卿入既數, 言之差易.' 植因求雲作啓自呈之. 俄而二王各鎭一城."

269) 『陳書』 卷12 「徐度傳」, 189면, "徐嗣徽、任約等來寇, 高祖與敬帝還都. 時賊已據石頭城, …… 去臺遙遠, 恐爲賊所乘, 乃使度將兵鎭于冶城寺, 築壘以斷之. 賊悉衆來攻, 不能克."

117. 남조에서는 한인寒人이 기밀을 장악하는 경우가 많았다南朝多以寒人掌機要

위(魏) 정시(正始), 서진(西晉) 영희(永熙)[270] 연간 이래 모두 대신들이 나라 일을 맡았다. 동진(東晉) 원제(元帝)는 왕(王)씨가 번성하는 것을 꺼려하여 정치가 자기로부터 나오기를 바랐으므로 조협(刁協), 유외(劉隗) 등을 등용해 사사로운 측근으로 삼으려 했지만 곧 왕돈(王敦)의 화를 불렀다. 이로부터 어린 군주가 아니면 곧 줏대 없고 약한 군주라 모두 권력을 잡은 대신에게 명령을 듣는 것이 80~90년간이나 이어지니 이미 관례가 되고 말았다[趙注 : 진의 위화(韋華)가 요흥(姚興)에게 "진의 군주는 비록 남쪽을 바라보며 군림하는 존귀함[南面之尊]은 있으나 통어하는 실질이 없어, 재상이 정권을 잡으니 권세가 신하에게 있는 것이 마침내 습속이 되었습니다"라고 말했다].[271]

송(宋), 제(齊), 양(梁), 진(陳)의 여러 군주들의 경우는 현명하건 그렇지 못하건 막론하고 모두 권위와 은혜 베푸는 것을 자기 스스로 하여 권세를 대신에게 빌려주는 것을 기꺼이 하지 않았다. 그러나 그 당시 고문(高門), 대족(大族)들은 집안의 지위[門戶][272]가 이미 이루어져 (상서)령(尙書令), 복(야)(僕射), 삼사(三司)[273] 같은 벼슬에도 어려움 없이 편안하게 나아갔으므로 지혜를 다하고 마음을 다하여 은총을 얻는 것을 달갑게 여기지 않았다. 게다가 풍류를 서로 숭상하면서 세간 일에 관심[關懷][274]

---

270) 永熙 : 西晉 惠帝의 年號(290).

271) 『晉書』 卷117 「姚興載記上」, 2980면, "京兆韋華、譙郡夏侯軌、始平龐眺等率襄陽流人一萬叛晉, 奔于興. 興引見東堂, 謂華曰 : '晉自南遷, 承平日久, 今政化風俗何如?' 華曰 : '晉主雖有南面之尊, 無總御之實, 宰輔執政, 政出多門, 權去公家, 遂成習俗. 刑網峻急, 風俗奢宕. 自桓溫、謝安已後, 未見寬猛之中.' 興大悅, 拜華中書令."

272) 門戶 : 대문과 지게문이라는 뜻이나 아주 중요한 지위, 혹은 좋은 집안, 훌륭한 가문을 일컫기도 한다.

273) 三司 : 漢代에는 三公, 즉 太尉, 司空, 司徒였으나, 後漢에서 太尉를 大司馬로 고쳤다. 또, 唐代에는 御史大夫, 中書, 門下를 뜻하였다.

274) 關懷 = 關意 = 關心. 『南史』 卷19 「謝靈運傳」, 538면, "少帝卽位, 權在大臣, 靈運構扇異同, 非毁執政, 司徒徐羨之等患之, 出爲永嘉太守. 郡有名山水, 靈運素所愛好.

을 두는 경우가 드물었으므로, 군주는 마침내 그들에게 의지해 일을 처리할 수가 없어 이에 한미한 사람들을 쓰지 않을 수가 없었다. 사람이 한미하면 곧 영화를 바라는 것이 절실하고 노력을 기울이는 것이 부지런하므로 부리는 데에 편리하다 보니, 모르는 사이에 그들에게 의지하여 심복으로 삼게 되었다. 『남사(南史)』에 이르기를 "송 효무제(孝武帝)[275]는 대신에게 일을 맡기지 않았으나, 눈과 귀와 같은 심복[276]에게 의지하는 바가 없을 수 없었으며, 이에 대법흥(戴法興),[277] 소상지(巢尙之) 등이 모두 위임받은 것이 많고 세밀했다"[278]라고 말했다. 제 무제(武帝)도 역시 "학사무리들은 단지 책만 읽을 뿐 나라를 경영하는 것은 감당하지 못하는데, 나라를 경영하는 것은 유계종(劉係宗) 하나면 족한 것이다"[279]라고 말했다. 이렇게 당시 조정의 이런 국면이 서로 이어져, 지위가 높고 명망이 무거운 자는 맡는 직책이 가볍고, 기밀을 담당하는 직

出守旣不得志, 遂肆志遊遨, 偏歷諸縣, 動踰旬朔. 理人聽訟, 不復關懷, 所至輒爲詩詠以致其意."

275) 孝武帝(430~464, 재위 453~464) : 字는 休龍이고, 小字는 道民이며, 文帝의 셋째 아들이다. 武陵王으로 봉해졌다. 元嘉末 南中郎將 江州刺史가 되어 酉陽蠻을 토벌하였다. 이때 太子 劉劭가 文帝를 살해하고 자립하자 起兵하여 劉劭를 주살하고 帝位에 올라 연호를 孝建이라 하였다. 朝政을 親覽하면서 대신들에게 권력을 주지 않으려고 中書舍人 戴法興 등에게 대개의 사무를 맡겼다. 大明初 土斷을 실시하였고, 占山格을 제정하였으며, 吏部의 권력이 강하자 吏部尙書 한 명을 增置하였다. 재위 중 羣臣들을 무시하고 諸王을 다수 살해하였다. 또 宮室을 증축하는 등 사치가 심하였다. 諡號는 孝武帝이며, 廟號는 世祖이다.

276) 『管子』「心術上」, "耳目者, 視聽之官也."

277) 戴法興(414~465) : 劉宋 會稽郡 山陰縣 사람이다. 尙書倉部令史가 되었고, 元嘉末 南中郎典籤이 되어 武陵王 劉駿을 따라 太子 劉劭를 토벌하였다. 劉駿이 즉위한 후 南臺侍御史 兼 中書通事舍人이 되어 정치를 좌우하였다. 孝建 元年(454) 舍人에서 免官되었다. 前廢帝가 즉위한 후 越騎校尉가 되었고 조칙의 시행과 尙書의 사무가 모두 그의 손에서 나왔다. 후에 免官되어 사사되었다.

278) 『南史』 卷77 「戴法興傳」, 1915면, "孝武親覽朝政, 不任大臣, 而腹心耳目不得無所委寄. 法興頗知古今, 素見親待, 雖出侍東宮, 而意任隆密. 魯郡巢尙之, 人士之末, 元嘉中, 侍始興王濬讀書, 亦涉獵文史, 爲上所知. 孝建初, 補東海國侍郞, 仍兼中書通事舍人. 凡選授遷轉誅賞大處分, 上皆與法興、尙之參懷."

279) 『南史』 卷77 「劉係宗傳」, 1927면, "係宗久在朝省, 閑於職事, 武帝常云: '學士輩不堪經國, 唯大讀書耳. 經國, 一劉係宗足矣. 沈約、王融數百人, 於事何用.' 其重吏事如此."

책에는 이런 사람들을 임용하는 경우가 많았던 것이다.

그러나 지위가 존귀하며 황제 가까이에 있는 관직에 해당하며, 손에는 나라의 법령을 쥐고, 입에는 조칙의 명령을 달고 있게 된다면, 사람이 비록 한미하더라도 권한이 자연히 무거워졌고, 권한이 무거워지면 곧 권세와 이익이 모두 그에게 돌아가게 되는 것이다. 예컨대 (대)법흥(戴法興)이 위세를 안팎에서 떨치니, 강하왕(江夏王) (유)의공(劉義恭)[280]은 비록 녹상서사(錄尚書事)였지만 시간이 지나면서 그를 두려워하고 따라 오히려 그와 대항할 수 없었다.[281] 완전부(阮佃夫), 왕도륭(王道隆)[282] 등은 권한이 임금과 같아,[283] 그 수레를 잡는 사람은 호분중랑장(虎賁中郎將)[284] 벼슬을 하고, 옆에서 말을 모는 사람은 원외랑(員外郎)[285] 벼슬을 했다.[286] 여법량(茹

---

280) 劉義恭(413~465) : 宋武帝의 다섯째 아들이다. 元嘉 연간 江夏王에 봉해졌고, 徐州·荊州·南兗州 등의 刺史를 역임하였다. 元嘉 17년(440) 司徒 錄尚書事가 되어 入朝하여 輔政하였다. 일 처리에 조심하였고, 총괄할 뿐이어서 文帝가 안심하였다. 太子 劭가 文帝를 죽이고 자립하여 太保로 삼았으나, 후에 武陵王 駿에게 투항하여 帝位에 오를 것을 청하였다. 孝武帝(武陵王 駿)가 즉위한 후 太傅 領大司馬가 되었다. 前廢帝 때 中書監 太宰 太尉 錄尚書事에 올랐다. 柳元景과 함께 前廢帝의 폐위를 모의하다 피살되었다. 저서에는 『要記』 5卷이 있다. 親王에 대해서는 金裕哲, 「江夏王 義恭의 정치활동과 그 지향—南朝 親王의 정치적 활동과 이념에 대한 一例」, 『東洋史學研究』 34, 1990 참조.

281) 『宋書』 卷94 「戴法興傳」, 2304면, "世祖崩, 前廢帝卽位, 法興遷越騎校尉. 時太宰江夏王義恭錄尚書事, 任同總己, 而法興、尚之執權日久, 威行內外, 義恭積相畏服, 至是懾憚尤甚."

282) 王道隆(?~474) : 劉宋 吳興郡 烏程縣(지금의 浙江省 湖州) 사람이다. 처음에 主書가 되었고, 湘東王 劉彧(宋明帝)이 彭城에 주둔할 때 典籤이 되었다. 主衣 阮佃夫 등과 함께 前廢帝를 폐위하여 살해할 것을 모의하였다. 劉彧이 帝位에 오른 후 吳平縣侯에 봉해졌다. 泰始 2년(466) 員外散騎侍郎 南蘭陵太守 兼 中書通事舍人이 되었다. 阮佃夫보다 총애를 받았고, 後廢帝 때 벼슬이 右軍將軍이 되었다. 元徽 2년(474) 桂陽王 休範이 반란을 일으키자 이를 맞아 싸웠으나 패하여 살해되었다.

283) 『南史』 卷77 「阮佃夫傳」, 1921면, "時阮佃夫及王道隆、楊運長並執權, 亞於人主, 巢、戴大明之世, 方之蔑如也."

284) 虎賁中郎將 : 周官으로 虎賁氏가 맡은 것인데, 虎士 800人이 王의 出入에 先後 儀衛士를 맡았다. 漢代에는 虎賁中郎將을 두고 虎賁郎을 統領시켰다. 冠에 兩鶡(할 : 산새. 할관 : 武人이나 隱士가 썼음)毛를 꽂고 宿衛를 맡았다. 이는 이후 계속되다가 唐代에 없어졌다.

285) 員外郎 : 定員 外에 두는 官. 南朝에서 員外散騎侍郎을 두고 간단히 員外郎이라

法亮)[287]이 권세를 잡으니 태위(太尉) 왕검(王儉)[288]은 일찍이 "내 비록 높은 자리에 있지만, 권한과 임무가 어찌 여공(茹公)에게 미치겠는가"[289]라고 말했다. 주이(朱异)[290]는 권세가 안팎에 떨쳤는데, 자기 집으로 돌아가 술을 마시려는데 해가 저물어 대문(臺門)이 닫힐까 염려하여 호위하는 군사들[291]에게 집에서부터 늘어서서 성문에 이르게 하니, 문지기가 마침내 감히 문을 닫지 못하였다.[292] 이는 위세의 대단함을 볼 수 있는 것이다.

(여)법량이 중서(中書)에 있으면서 일찍이 사람들에게 "어찌 외직의 봉록을 구할 필요가 있겠는가. 이 집 안에서 매년 백만을 만질 수 있다"[293]

했다. 隋 開皇 中에 尚書省 二十四司에 각각 員外郎을 한 명을 두고 그 曹의 帳籍을 맡고 侍郎이 없으면 그 曹의 事務를 대신 담당하게 했다. 唐代 武后時에 員外御史를 두었다. 後世 員外郎을 常職으로 하고 모두 正官으로 郎中 밑, 主事 위에 두었다.

286) 『南史』 卷77 「阮佃夫傳」, 1922면, "泰始初, 軍功既多, 爵秩無序, 佃夫僕從附隷皆受不次之位: 捉車人武賁中郎將, 傍馬者員外郎."

287) 茹法亮: 南齊 吳興郡 武康縣(지금의 浙江省 德清縣 서쪽) 사람이다. 劉宋 孝武帝 大明中 小史가 되었고, 明帝 때 阮佃夫에게 아부하여 기용되었다. 江州典籤 등 사신으로 왕래하여 廣陵相 蕭賾에게 신임을 얻었다. 南齊 永明 연간 呂文度 등과 함께 中書通事舍人이 되어 세력이 天下에 떨쳤다. 鬱林王이 즉위한 후 步兵校尉가 되었고, 東昏侯가 즉위한 후 大司農이 되었다. 64세에 죽었다.

288) 王儉(452~489): 南齊 琅邪郡 臨沂縣 사람으로 字는 仲寶이다. 劉宋 때 秘書郎으로 起家하고 秘書丞을 역임했으며 宋 明帝의 딸 陽羨公主와 결혼하였다. 蕭道成이 재상이 되자 찬탈을 부추겼다. 南齊시대 尚書右僕射 領吏部가 되었다. 永明 3년(485) 國子祭酒가 되어 經學을 제창하고 儒學을 크게 진흥시켰다. 永明 7년(489) 中書監이 되었다. 『七略』에 의거하여 『七志』 40卷을 편찬하였고, 『元徽四部書目』을 撰定하였다.

289) 『南史』 卷77 「茹法亮傳」, 1929면, "法亮、文度並勢傾天下, 太尉王儉常謂人曰: '我雖有大位, 權寄豈及茹公'."

290) 朱异(483~549): 梁 吳郡 錢塘縣(지금의 浙江省 杭州市) 사람으로 字는 彦和이다. 21세에 揚州儀曹從事史가 되었고, 梁武帝에게 알려져 尚書儀曹郎이 되었으며 후에 中書通事舍人이 되었다. 후에 벼슬이 中領軍에 이르렀으며 機密을 관장하여 太府卿 徐驎, 太子右衛率 陸驗 등과 교만하고 권력을 농단하여 당시 사람들의 원망을 샀다. 太清 元年(547) 武帝의 뜻에 영합하기 위해 侯景의 항복을 받아들이는데 찬성하였고, 다음 해 東魏와의 主和를 주장하였다. 侯景의 난이 발생하자 분이 나서 병들어 죽었다. 『禮』와 『易』의 講疏와 儀注, 文集 100여 篇을 편찬하였는데, 모두 散佚되었다.

291) 鹵簿: 天子가 거동할 때의 行列.

292) 『南史』 卷62 「朱异傳」, 1516면, "起宅東陂, 窮乎美麗, 晚日來下, 酣飲其中. 每迫曛黃, 慮臺門將闔, 乃引其鹵簿自宅至城, 使捉城門停留管籥."

293) 『南史』 卷77 「呂文顯傳」, 1932면, "四方守宰餉遺, 一年咸數百萬. 舍人茹法亮於衆

라고 말했다. (완)전부의 집이나 정원은 여러 왕들의 저택을 능가했고, 기생 수십 명은 기예와 용모가 당시의 으뜸이었다. 외출했을 때 유명한 명사를 만나면 곧 초대하여 함께 돌아왔는데, 일시에 진귀한 음식이 다 갖추어지지 않은 것이 없었고, 여러 가지 익히는 음식물들이 모두 막 익기 시작하는 것이 수십 가지에 이르러, 비록 (서)진의 왕(개)(王愷)[294]나 석(숭)(石崇)[295]이라도 이를 능가할 수 없었다. 이는 뇌물이 가득 차서 넘쳤음을 볼 수 있는 것이다.[296]

대개 출신이 미천하면 곧 그릇이 작아 차기 쉽고 큰 요체를 알지 못하므로, 비록 한 때 그 능력이 쓰임을 얻게 되더라도 권세를 부르고 뇌물을 받아 챙기면서 다시는 명예나 검박함을 돌아보며 아까워하지 않는다. 그 가운데 또한 (대)법흥(戴法興)과 같이 폐제(廢帝)가 무도하게 되자 자못 그를 억제할 수 있었던 사람도 있었으나, 올바름을 지키는 자는 적었고 권세에 편승해 간악함을 일삼는 자가 많았다. 당우지(唐寓之)가 반란을 일으키자, 유세자들은 "우완지(虞玩之)[297]에 시작되어 여문도

中語人曰 : '何須覓外祿, 此一戶內年辦百萬.' 蓋約言之也"; 東晉 · 南朝 당시 蓄財를 위해서는 外官으로 나가는 경우가 많았다.

294) 王愷 : 西晉 東海郡 郯縣 사람으로 字는 君夫이며, 司馬昭의 妻弟이다. 山都縣公에 봉해졌고 벼슬은 後將軍에 이르렀다. 사치를 좋아하여 赤石脂로 벽을 발라 石崇과 富를 다투었다.

295) 『晉書』 卷33 「石崇傳」, 1007면, "財產豐積, 室宇宏麗. 後房百數, 皆曳紈繡, 珥金翠. 絲竹盡當時之選, 庖膳窮水陸之珍. 與貴戚王愷 · 羊琇之徒以奢靡相尚. 愷以飴澳釜, 崇以蠟代薪. 愷作紫絲布步障四十里, 崇作錦步障五十里以敵之. 崇塗屋以椒, 愷用赤石脂. 崇 · 愷爭豪如此."

296) 『宋書』 卷94 「阮佃夫傳」, 2314면, "大通貨賄, 凡事非重賂不行. 人有餉絹二百匹, 嫌少, 不答書. 宅舍園池, 諸王邸第莫及. 妓女數十, 藝貌冠絶當時, 金玉錦繡之飾, 宮掖不逮也. 每製一衣, 造一物, 京邑莫不法效焉. …… 中書舍人劉休嘗詣之, 値佃夫出行, 中路相逢, 要休同反, 就席, 便命施設, 一時珍羞, 莫不畢備. 凡諸火劑, 並皆始熟, 如此者數十種. 佃夫嘗作數十人饌, 以待賓客, 故造次便辦, 類皆如此, 雖晉世王、石, 不能過也."

297) 虞玩之 : 字는 茂瑤이며, 會稽郡 餘姚縣 사람이다. 南齊 書史를 널리 涉獵하였고, 宋 烏程令이었다가 南齊의 高帝가 南府를 領하자 驃騎諮議參軍으로 발탁, 그 應對의 아름다움으로 인해 아주 우대되었다. 驍騎將軍 黃門郎이 되었으며 本部中正을 領하였다.

(呂文度)[298]에 이루어졌다"[299]라고 했으니, 이로써 이미 나라를 좀먹고 백성을 해치는 대강을 볼 수 있다. 심지어 (완)전부는 임금을 시해하고 명제(明帝)를 추대하기에 이르렀다.[300] 주석진(周石珍)은 후경(侯景)이 대성(臺城)을 포위하자 바로 (후)경과 서로 결탁하여 마침내 (후)경을 돕는 신하가 되었다.[301] 신(陳)나라 말엽에 이르러서는 시문경(施文慶), 심객경(沈客卿)[302]이 일을 처리하며 스스로 자신의 영화만을 취하고 나라를 위한 계책은 염두에 두지 않았으니, 수(隋)나라 군대가 장강(長江)에 다가오는데도 오히려 "이것은 언제나 있는 일이니, 변방을 지키는 신하들이 충분히 그것을 대적할 수 있습니다"[303]라고 말하며, 경비를 제대로 하지 않아 망국을 초래했다. 소인이 군자의 그릇에 올랐으니 그 해악이 이루 다 말할 수 있겠는가.

대신이 나라를 다스리지 못하여 군주가 하급 관료에게 (국정을) 위임하도록 하고, 군주는 대신을 믿지 않으면서 도리어 소인배들을 심복으로 삼았으니, 이것은 모두 강좌(江左)의 오래된 폐단이었다【趙注 : 생각건대 공손찬(公孫瓚)은 항상 "의관을 갖춘 사람들은 모두 스스로 맡은 직책이 마땅히 부귀해야 한다고 생각하면서 다른 사람의 은

---

298) 呂文度 : 南齊 會稽郡 사람이다. 劉宋 시기 細作金銀庫吏, 竹局匠이 되었다. 劉宋末 軍隊雜役으로 蕭賾에게 알려졌다. 蕭賾(南齊 武帝)이 즉위한 후 制局監이 되었다. 뇌물을 많이 받아 저택을 확장하였다. 戶籍에 없는 자들을 遠戍로 보내자고 건의하여 백성들이 크게 요란하였고, 唐寓之의 난의 원인을 제공하였다.

299) 『南史』 卷77 「茹法亮傳」, 1928면, "富陽人唐寓之因此聚黨爲亂, 鼓行而東, 乃於錢唐縣僭號, 以新城戍爲僞宮, 以錢唐縣爲僞太子宮, 置百官皆備. 三吳却籍者奔之, 衆至三萬. 竊稱吳國, 僞年號興平. 其源始於虞玩之, 而成於文度, 事見虞玩之傳."

300) 齊 4대 廢帝 海陵恭王 昭文을 폐하고 明帝 蕭鸞을 세운 것을 이른다.

301) 『南史』 卷77 「周石珍傳」, 1935면, "周石珍, 建康之廝隷也, 世以販絹爲業. 梁天監中, 稍遷至宣傳左右. …… 臺城未陷, 已射書與侯景相結, 門初開, 石珍猶侍左右."

302) 沈客卿(?~589) : 陳 吳興郡 武康縣 사람이다. 책을 널리 읽었으며 陳에 벼슬하여 尙書儀曹郎에 이르렀다. 後主 至德初 中書舍人 兼 步兵校尉가 되어 金帛局을 장악하여 세금을 무겁게 거두었으며, 關市의 稅를 독촉하여 매년 거두어야 할 양의 수십 배를 징수하였다. 禎明 3년(589) 中書舍人 施文慶과 機密을 장악하였다. 陳이 망하고 隋軍에 살해되었다.

303) 『南史』 卷77 「施文慶傳」, 1939면, "二人齎啓入白後主曰 : '此是常事, 邊城將帥, 足以當之. 若出人船, 必恐驚擾'."

혜에 감사하지 않는다"고 하였으며, 그러므로 (공손찬에게) 총애받는 이는 모두 상인이나 평범한 사람들이었는데,[304] 역시 (나의) 이 견해와 같다].

118. 무덤자리를 살피는 법相墓

옛 사람들한테는 단지 하늘의 기운을 바라보고 점치는 법[望氣之法]만이 있었으니, 예컨대 진시황(秦始皇) 때에 기운을 살피는 사람이 동남쪽에 천자의 기운이 있다고 하자, 이에 (진시황은) 남쪽으로 순행하여 그 기운을 눌렀다.[305] 또 금릉(金陵)에 제왕의 기운이 있다고 하자 이에 회수(淮水)를 파서 그 기운을 씻어 버렸다.[306] 광무제(光武帝)가 아직 귀하게 되기 전에는 기운을 살피는 소백아(蘇伯阿)라는 사람이 남양(南陽)을 지나다가 용릉곽(舂陵郭)을 바라보며 감탄하며 "기운이 높고 크구나. 아주 왕성하구나"[307]라 말했다. 또, 손호(孫皓) 때에 임평호(臨平湖)를 파면서,[308] (손)호가 이를 진훈(陳訓)에게 묻자 (진)훈은 "저는 그저 기운을 살펴 점을 칠 수 있

304) 『後漢書』 卷73 「公孫瓚傳」, 2363면, "常言 '衣冠皆自以職分富貴, 不謝人惠.' 故所寵愛, 類多商販庸兒. 所在侵暴, 百姓怨之."

305) 『史記』 卷8 「高祖本紀」, 348면, "秦始皇帝常曰, '東南有天子氣', 於是因東游以厭之."

306) 『晉書』 卷6 「元帝紀」, 157면, "始秦時望氣者云 '五百年後金陵有天子氣', 故始皇東遊以厭之, 改其地曰秣陵, 塹北山以絶其勢. 及孫權之稱號, 自謂當之. 孫盛以爲始皇逮于孫氏四百三十七載, 考其曆數, 猶爲未及; 元帝之渡江也, 乃五百二十六年, 眞人之應在于此矣. 咸寧初, 風吹太社樹折, 社中有靑氣, 占者以爲東莞有帝者之祥. 由是徙封東莞王於琅邪, 卽武王也. ……." 그리고 『宋書』 卷27 「符瑞志上」, 780면, "初, 秦始皇東巡, 濟江. 望氣者云: '五百年後, 江東有天子氣出於吳, 而金陵之地, 有王者之勢.' 於是秦始皇乃改金陵曰秣陵, 鑿北山以絶其勢."

307) 『後漢書』 卷1下 「光武帝紀」, 86면, "後望氣者蘇伯阿爲王莽使至南陽, 遙望見舂陵郭, 唶曰: '氣佳哉! 鬱鬱葱葱然'."

308) 『三國志』 「吳書」 卷48 「孫皓傳」, 1171면, "天璽元年, 吳郡言臨平湖自漢末草穢壅塞, 今更開通."

을 뿐이라 호수가 뚫리고 막히는 것은 알지 못합니다"[309]라고 했다. 진민(陳敏)이 반란을 일으키자 혹자는 "진(陳)씨 집안에는 제왕의 기운이 없으니 오래지 않아 망할 것이다"[310]라 말했다. 이는 고래로 오로지 기운을 바라보고 길흉을 점쳤을 뿐, 아직 무덤을 살피는 술수는 없었음을 의미한다.

무덤을 살피는 술수는 곽박(郭璞)[311]으로부터 비롯되었다고 전해진다. 그러나 『후한서(後漢書)』「원안전(袁安傳)」에 의하면, (원)안이 아버지를 장사 지낼 땅을 찾고 있는데, 어떤 서생 세 명이 한 곳을 가리키며 "이 곳에 장사 지내면 대대로 상공(上公)이 될 것입니다"라고 하여 그대로 따랐더니, 대대로 집안이 융성했다고 한다.[312] 『진서(晉書)』「양호전(羊祜傳)」에 의하면, 무덤을 살피는 어떤 사람이 (양)호 조부의 무덤에 제왕의 기운이 있다고 하니 (양)호가 이에 무덤을 파버렸다. 무덤 살피는 사람이 "그래도 응당 팔 부러진 삼공(三公)이 날 것입니다"라고 말했는데, 나중에 (양)호는 말에서 떨어져 팔이 부러졌고 과연 삼공의 자리에 올랐다.[313] 그러니 (이런 일들은) 또한 (곽)박보다 앞선 시대에 있었던 것이다.

---

309) 『晉書』 卷95 「陳訓傳」, 2468면, "陳訓字道元, 歷陽人. …… 時錢唐湖開, 或言天下當太平, 青蓋入洛陽. 皓以問訓, 訓曰 : '臣止能望氣, 不能達湖之開塞.' 退而告其友曰 : '青蓋入洛, 將有輿櫬銜璧之事, 非吉祥也.' 尋而吳亡."

310) 『晉書』 卷95 「陳訓傳」, 2468면, "及陳敏作亂, 遣弟宏爲歷陽太守, 訓謂邑人曰 : '陳家無王氣, 不久當滅'."

311) 郭璞(276~324) : 晉 河東郡 聞喜縣 사람으로 字는 景純이다. 經術을 좋아했으며, 博學한 高才였다. 河東에 客居하며 卜筮을 공부하여, 드디어 五行·天文·卜筮의 術에 능하였다. 南渡한 후 王導의 벽소로 參軍이 되었다. 元帝가 그의 文才를 높이 사 著作佐郎으로 임명하였으며, 다시 尙書郞으로 옮겼다. 王敦이 반란을 일으키고 記室參軍으로 임용하였으나 거사가 성공하지 못한다고 말하여 王敦에게 피살되었다. 저서에는 『洞林』 『新林』 『卜韻』 『青囊補注』 3卷이 있다. 이밖에 『爾雅』 『三蒼』 『方言』 『穆天子傳』 『山海經』 『楚辭』 『子虛賦』 『上林賦』 등의 注를 달았다. 현재 『穆天子傳』 『山海經』과 『爾雅』의 注만 남아 있다. 明代 張溥가 『郭弘農集』을 輯補하였다.

312) 『後漢書』 卷45 「袁安傳」, 1522면, "初, 安父沒, 母使安訪求葬地, 道逢三書生, 問安何之, 安爲言其故, 生乃指一處, 云 '葬此地, 當世爲上公'. 須臾不見, 安異之. 於是遂葬其所占之地, 故累世隆盛焉."

313) 『晉書』 卷34 「羊祜傳」, 1024면, "又有善相墓者, 言祜祖墓所有帝王氣, 若鑿之則無後, 祜遂鑿之. 相者見曰 : '猶出折臂三公', 而祜竟墮馬折臂, 位至公而無子."

곧 (곽)박의 열전을 보면, 그가 점을 쳐서 영험한 사건을 기재한 것이 매우 많다. 앞서 곽공(郭公)이라는 사람이 있어 점치는 데에 매우 정통했는데, (곽)박이 그에게 배우자 (곽)공이 푸른 주머니에 든 책[靑囊書] 아홉 권을 주어 결국 오행, 천문과 점치는 술수에 통달했다고 하는데,[314] 그러나 역시 무덤을 살피는 것은 언급되고 있지 않다. 또한, (곽)박이 저술한 책들을 보면, 영험한 사적을 기록한 것은 『통림(洞林)』이라 했고, 경방(京房)[315]과 비직(費直)[316] 같은 여러 학자들의 가장 핵심적인 주장을 뽑은 것은 『신림(新林)』이라 했으며, 『복운(卜韻)』 한 편과 『이아(爾雅)』 『삼창(三蒼)』[317] 『방언(方言)』 『목천자전(穆天子傳)』 『산해경(山海經)』 『초사(楚詞)』 「자허(부)(子虛賦)」 「상림부(上林賦)」에 대한 주석 및 직접 지은 시(詩), 부(賦), 뇌(誄), 송(頌)을 모두 더하면 수십만 자나 되지만, 역시 소위 '장경(葬經)'이라는 것은 없다. 다만 열전에서 (곽)박이 어머니를 기양(曁陽)에 장사 지냈는데 물가에서 백 보밖에 떨어져 있지 않아 어떤 이가 물에서 너무 가깝다고 말하자, 곽박이 "바로 육지가 될 것이다"라고 말했는데, 그 뒤에 과연 모래가 수십 리나 쌓였다고 한다.[318] 또, (곽)박이 다른 사람을 위해 무덤을 잡아 주었는데, (동)진(東晉) 명제(明帝)가 평상복 차림으로 가서 그것을 보고 주인에게 어째서 용각(龍角)에 장사를 지냈는가를 물으

314) 『晉書』 卷72 「郭璞傳」, 1899면, "郭璞字景純, 河東聞喜人也. …… 璞好經術, 博學有高才, 而訥於言論, 詞賦爲中興之冠. 好古文奇字, 妙於陰陽算曆. 有郭公者, 客居河東, 精於卜筮, 璞從之受業. 公以靑囊中書九卷與之, 由是遂洞五行・天文・卜筮之術, 攘災轉禍, 通致無方, 雖京房・管輅不能過也. 璞門人趙載嘗竊靑囊書, 未及讀, 而爲火所焚."

315) 京房(B.C. 77~B.C. 37) : 한나라 今文易學의 京氏學의 開倉者. 『周易』을 길흉을 점치는 책으로 보았으며 많은 점술 체례를 만들어냈고, 당시 유행하던 陰陽五行說을 흡수하였다.

316) 費直 : 한나라 古文易學 費氏學의 開倉者.

317) 『三蒼』 : 漢初의 字書인 『蒼詰篇』 『爰歷篇』 『博學篇』을 통틀어 이르기도 하고, 魏晉 이후 편찬된 字書인 李斯의 『蒼詰篇』, 楊雄의 『訓纂篇』, 賈訪의 『滂喜篇』을 통틀어 이르기도 한다.

318) 『晉書』 卷72 「郭璞傳」, 1908면, "璞以母憂去職, 卜葬地於曁陽, 去水百步許. 人以近水爲言, 璞曰 : '當卽爲陸矣.' 其後沙漲, 去墓數十里皆爲桑田."

니, 주인은 "곽박이 말하길, 이는 용이(龍耳)에 장사 지내는 것이니 응당 천자가 이를 것이라 했습니다"라고 말했다. (명)제가 "천자를 내게 된단 말입니까?"라고 하니, 주인은 "천자를 내는 것이 아니라, 천자가 오도록 할 수 있다는 것입니다"라고 말했다.[319] 이는 (곽)박이 무덤을 살피는 것으로 이름을 날린 것이니, 후세에는 모두 (곽박을) 장사지내는 것에 관한 술수의 시조로 여기게 되었고, 장사지내는 것에 관한 술수가 실로 이때부터 번성하게 되었다.

도간(陶侃)이 아버지를 장사지내려 하는데, 집안에서 갑자기 소를 잃어버렸다. 어떤 늙은이가 "앞 언덕에 소 한 마리가 있는 것을 보았는데, 산 아래에서 자고 있소이다. 만약 그곳에 장사 지낸다면 신하로서 가장 높은 자리에 오를 것이오"라고 말했고, 또 산 하나를 가리키며 "여기는 또한 그 다음이니, 이천 석 벼슬을 낼 것이오"라고 말했다. 도간은 곧 소를 찾아 그 자리에 장사를 지내고, (노인이) 일러주었던 다른 산은 주방(周訪)에게 주어 그 아버지를 장사지내도록 했는데, 나중에 (도)간은 과연 삼공이 되었고, (주)방은 자사(刺史)가 되었다[趙注 : 『진서』 「주광전(周光傳)」].[320] 송(宋) 무제(武帝)의 아버지 무덤은 단도(丹徒) 후산(候山)에 있었는데, 무덤에 관한 점을 잘 치는 공공(孔恭)이란 자가 그 곳이 범상치 않은 곳이라고 했으며, (무제는) 나중에 과연 천자가 되었다.[321] 제(齊) 고제(高帝)는 선조들의 무덤이 무진(武進) 팽산(彭山)에 있었는데, 언덕이 서로 이어져 백 리에 이르도록 끊어지지 않았고 그 위에는 항상 오색구름이 있었다. 송 명제(明帝)가

---

319) 『晉書』 卷72 「郭璞傳」, 1909면, "璞嘗爲人葬, 帝微服往觀之, 因問主人何以葬龍角, 此法當滅族. 主人曰 : '郭璞云此葬龍耳, 不出三年當致天子也.' 帝曰 : '出天子邪?' 答曰 : '能致天子問耳.' 帝甚異之."

320) 『晉書』 卷58 「周光傳」, 1586면, "初, 陶侃微時, 丁艱, 將葬, 家中忽失牛而不知所在. 遇一老父, 謂曰 : '前崗見一牛眠山汙中, 其地若葬, 位極人臣矣.' 又指一山云 : '此亦其次, 當世出二千石.' 言訖不見. 侃尋牛得之, 因葬其處, 以所指別山與訪. 訪父死, 葬焉, 果爲刺史, 著稱寧益, 自訪以下, 三世爲益州四十一年, 如其所言云."

321) 『南史』 卷1 「宋 武帝紀」, 1면, "時有孔恭者, 妙善占墓, 帝嘗與經墓, 欺之曰 : '此墓何如?' 孔恭曰 : '非常地也.' 帝由是益自負."

이것을 싫어하여 무덤을 보고 점치는 사람인 고령문(高靈文)을 보내어 가서 살펴보도록 했다. (고)령문은 앞서 제 고(제) 밑에서 일했으므로 (명제에게는) 거짓으로 "방백(方伯)에 불과할 뿐입니다"라고 말하고는, 개인적으로 제 고(제)에게 "귀하기가 이루 다 말할 수가 없습니다"라고 말했다.[322] 나중에 과연 (고제가) 등극했다[趙注 : 『남사(南史)』와 『송서(宋書)』 『제서(齊書)』 두 본기]. 제 고(제)의 어머니 유(劉)씨를 남편과 합장할 때에 무덤 파는 공인(墓工)이 처음 삽을 뜨자 하얀 토끼가 뛰어 나오더니, 봉분이 완성되자 또 그 위에서 멈추었다[趙注 : 「유후전(劉后傳)」].[323] 순백옥(荀伯玉)의 집안 묘를 어떤 사람이 보고는 "응당 갑자기 귀하게 될 것이나 오래가지 못한다"라고 말했는데, (순)백옥은 관직이 과연 산기상시(散騎常侍)에 이르렀으나 일에 연루되어 주살되었다[趙注 : 「순백옥전(荀伯玉傳)」].[324] 유세륭(柳世隆)은 술수에 밝아 예당(倪塘)에 무덤을 만들었으며, 빈객과 더불어 놀러 가면 열 번 가건 다섯 번 가건 항상 한 자리에 앉았는데 죽어서 바로 그 자리에 묻혔다[趙注 : 「유세륭전(柳世隆傳)」].[325] 부양(富陽) 사람 당우지(唐寓之)의 할아버지와 아버지는 모두 무덤을 살피는 것[圖墓]으로 업을 삼았다[趙注 : 「심문계전(沈文季傳)」].[326]

---

322) 『南齊書』 卷18 「祥瑞志」, 352면, "武進縣彭山, 舊塋在焉. 其山崗阜相屬數百里, 上有五色雲氣, 有龍出焉. 宋明帝惡之, 遣相墓工高靈文占視, 靈文先與世祖善, 還, 詭答云 : '不過方伯.' 退謂世祖曰 : '貴不可言'."

323) **[王注]** 살펴보면, 유씨는 齊 高帝 蕭道成의 妻이지 蕭道成의 어머니가 아니다. 사망했을 때, 蕭道成은 아직 稱帝하지 않았으므로 단독으로 埋葬하였으니, 흰 토끼의 이변이 있었던 것은 지아비와 합장을 할 때의 일이 아니다. 『南齊書』 卷20 「高昭劉皇后傳」, 390~391면, "歸葬宣帝墓側, 今泰安陵也. 門生王清與墓工始下鍤, 有白兎跳起, 尋之不得, 及墳成, 兎還栖其上."

324) 『南齊書』 卷31 「荀伯玉傳」, 572~574면, "荀伯玉字弄璋, 廣陵人也. …… 俄遷散騎常侍, 太守如故. 伯玉憂懼無計, 上聞之, 以其與垣崇祖善, 慮相扇爲亂, 加意撫之, 伯玉乃安. 永明元年, 垣崇祖誅, 伯玉幷伏法."

325) 『南齊書』 卷24 「柳世隆傳」, 453면, "世隆曉數術, 於倪塘創墓, 與賓客踐履, 十往五往, 常坐一處. 及卒, 墓正取其坐處焉."

326) **[王注]** 「沈文季傳」은 『南齊書』 卷44에 있으며, 『南史』 卷47 「虞玩之傳」에도 이 일이 실려 있다. 『南齊書』 卷44 「沈文季傳」, 776면, "富陽人唐寓之僑居桐廬, 父祖相傳圖墓爲業"; 『南史』 卷47 「虞玩之傳」, 1178면, "富陽人唐寓之僑居桐廬, 父祖相傳圖墓爲業."

양(梁) 무제의 정귀빈(丁貴賓)이 죽자 소명태자(昭明太子)는 좋은 묘자리를 구하여 얻었으나, 유삼부(兪三副)가 자신의 땅이라고 황제에게 아뢰는 바람에 그 땅을 사서 장사를 지냈다. 어떤 도사가 "이 땅은 큰아들에게 이롭지 못합니다"라고 말하며 밀랍으로 만든 거위 등의 물건을 사용하여 그 기운을 억누르도록 가르쳐주었다. 나중에 그 일이 발각되자 소명(태자)은 이를 부끄러워하고 두려워하다가 죽었다[趙注 : 「소명태자전(昭明太子傳)」].[327] 두억(杜嶷)이 할아버지를 장사지냈는데, 양(梁)의 원제(元帝)가 그를 시기하여 무덤을 만드는 일꾼에게 무덤을 나쁘게 만들도록 하자, 1년이 지난 뒤 (두)억이 죽었다[趙注 : 「두억전(杜嶷傳)」].[328] 오명철(吳明徹)이 아버지를 장사지내는데, 무덤으로 점을 잘 치는 이(伊)씨라는 사람이 그(오명철)의 형에게 "장사지내는 날 반드시 흰 말을 타고 사슴을 쫓는 사람이 지나갈 것인데, 이는 가장 어린 아들이 크게 귀해질 조짐입니다"라고 말했다. (오)명철은 나중에 과연 크게 귀하게 되었다[趙注 : 「오명철전(吳明徹傳)」].[329] 이는 모두 각 열전에서 보이는 것으로, 육조(六朝) 때에 이러한 술법이 이미 성행했음을 볼 수 있다. 예컨대 「소명(태자)전」에서 큰 아들에게 불리하다고 한 것이나 「(오)명철전」에서 가장 어린 아들이 크게 귀하게 된다고 한 것은 바로 술수를 하는 이들이 말하는 장방(長房), 소방(小房)의 설이니,[330] 또한 바로 이 당시에 일어난 것이다.

---

327) 『南史』 卷53 「昭明太子傳」, 1312~1313면, "初, 丁貴嬪薨, 太子遣人求得善墓地, 將斬草, 有賣地者因閹人兪三 副求市, 若得三百萬, 許以百萬與之. 三副密啓武帝, 言太子所得地不如今所得地於帝吉, 帝末年多忌, 便命市之. 葬畢, 有道士善圖墓, 云'地不利長子, 若厭伏或可申延.' 乃爲蠟鵝及諸物埋墓側長子位. …… 帝密遣檢掘, 果得鵝等物. 大驚, 將窮其事. 徐勉固諫得止, 於是唯誅道士, 由是太子迄終以此慚慨, 故其嗣不立."

328) 『南史』 卷64 「杜嶷傳」, 1557면, "嶷位西荊州刺史, 時讖言 '獨梁之下有瞎天子' 元帝以嶷其人也. 會嶷改葬父祖, 帝敕圖墓者惡爲之, 逾年而嶷卒."

329) 『南史』 卷66 「吳明徹傳」, 1621면, "吳明徹字通炤, 秦郡人也. …… 時有伊氏者, 善占墓, 謂其兄曰 : '君葬日, 必有乘白馬逐鹿者經墳, 此是最小孝子大貴之徵.' 至時果有應. 明徹卽樹之小子也."

330) 長房은 長男, 小房은 次男.

119. 당나라 사람들이 피휘한 방법唐人避諱之法

당(唐)나라 사람들이 여러 사서를 지을 때 선조의 이름을 피하는 방법은 세 가지였다. 예컨대 '호(虎)'자나 '연(淵)'자[331]는 만약 앞 사람의 이름에 이와 같은 글자가 있으면 자(字)가 있는 경우 그 자를 불렀다. 예컨대 『진서(晉書)』에서 공손연(公孫淵)은 공손문의(公孫文懿)라 불렀고,[332] 유연(劉淵)은 유원해(劉元海)라 적었고,[333] 저연(褚淵)은 저언회(褚彦回)라 썼으며,[334] 석호(石虎)는 석계룡(石季龍)이라 칭한 것[335]이 이것이다.

그렇지 않으면 결국 그 범한 글자를 삭제했는데, 예컨대 『양서(梁書)』에서 소연명(蕭淵明), 소연조(蕭淵藻)는 다만 소명(蕭明),[336] 소조(蕭藻)[337]라 불렀고, 『진서(陳書)』에서 한금호(韓擒虎)는 단지 한금(韓擒)[338]으로 칭한 것이 이것이다.

---

331) 唐 高祖의 祖父 李虎와 唐 高祖 李淵의 이름자이다; 『北史』 卷9 「周本紀上」, 341면, 注7, "遣儀同李虎與李弼・趙貴等討曹泥於靈州, 虎引河灌之. 諸本'虎'字作'諱', 乃李延壽避唐諱所改. 但其子李昞也改作'諱', 父子易混. 今從周書殿本回改."

332) 『晉書』 卷1 「高祖」 「宣帝紀」, 9면, "及遼東太守公孫文懿反, 徵帝詣京師."

333) 『晉書』 卷101 「劉元海載記」, 2644면, "劉元海, 新興匈奴人, 冒頓之後也. 名犯高祖廟諱, 故稱其字焉."

334) 『南齊書』 卷23 「褚淵傳」, 425면, "褚淵字彦回, 河南陽翟人也"; 『南史』 卷3 「宋明帝紀」, 83면, "庚午, 以袁粲爲尙書令, 褚彦回爲右僕射"; 『南史』 卷3 「宋明帝紀」, 95면, 注11, "褚彦回爲右僕射, '褚彦回' 宋書作 '褚淵', 此避唐諱而以字行." 『晉書』가 아니라 『南史』라야 옳다.

335) 『晉書』 卷106 「石季龍載記」, 2761면, "石季龍, 勒之從子也, 名犯太祖廟諱, 故稱字焉."

336) 『南史』 卷7 「梁本紀」 「武帝紀下」, 228면, 注22, "以南豫州刺史蕭明爲大都督, '蕭明' 本名 '蕭淵明', 以避唐諱省."

337) 『南史』 卷7 「梁本紀」 「武帝紀下」, 226면, 注5, "以中護軍蕭藻爲都督侵魏, '蕭藻' 本名 '蕭淵藻', 以避唐諱, 梁書作蕭深藻, 此則省作'蕭藻'."

338) 『陳書』에서는 '韓擒虎'라고 쓰고 있다. 다만 『陳書』 卷6 「後主紀」, 123면, 注26, "總管韓擒虎趨橫江 按思廉避唐諱, '虎'字皆改爲'武'. 此作'虎', 乃後人回改也. 後同" 운운하고 있다. 또, 『隋書』 卷52 「韓擒虎傳」, 1347면, 注1, "韓擒虎 原作'韓擒'. 唐人避諱省'虎'字, 今補. 本書其他稱'韓擒'處, 不一一增補"라 되어 있다. 따라서 『梁書』와 『陳書』가 그런 것이 아니라 『南史』 『北史』 『隋書』가 그러하다고 하여야 옳다.

그렇지 않으면 뜻에 따라 그 글자를 고쳐 바꾸었으니, 무릇 '호'자를 만나게 되면 모두 맹수를 칭하여 이숙호(李叔虎)는 이숙표(李叔彪)라 불렀고,[339] 은연원(殷淵源)은 은심원(殷深源)이라 불렀으며,[340] 도연명(陶淵明)은 도천명(陶泉明)이라 불렀고,[341] (북)위(北魏) 광양왕(廣陽王) (탁발)연(拓跋淵)은 광양왕 (탁발)심(拓跋深)이라 부른 것[342]이 이것이다. 그 뒤 '세(世)'자를 피해서 '대(代)'자로 하고, '민(民)'자를 피해서 '인(人)'자로 하고,[343] '치(治)'자를 피해서 '리(理)'자로 한 부류[344]는 모두 뜻에 따라 고쳐 바꾸는 방법을 따른 것이다.[345]

---

339) 『北史』 卷45 「李叔彪傳」, 1676면, "李叔彪, 勃海蓨人也"; 『北史』 卷45 「李叔彪傳」, 1684면, 注43 "李叔彪　魏書卷七二作'李叔虎'. 北史避唐諱改."

340) 『晉書』 卷77 「殷浩傳」, 2050면, 注9, "字深源斠注 : '深源', 書鈔六三引晉中興書 · 世說政事注引浩別傳均作'淵源'. 按 : 御覽二四九引晉中興書亦作'淵源'. 浩本字淵源, 唐人避諱改作'深源'."

341) 『南史』 卷75 「陶潛傳」, 1883면, 注1, "陶潛字淵明或云字深明名元亮. 按宋書隱逸傳本作 '陶潛字淵明, 或云淵明字元亮', 與此異. 又'或云字深明', 乃南史避唐諱, 改'淵'作'深'. 傳文首句'字淵明', 據例亦當作'字深明', 今作'淵明', 蓋經後人追改"; 『南史』에는 '泉明'이라기보다 '深明'으로 되어 있다.

342) 『北史』 卷23 「于栗磾子洛拔」 「天恩玄孫謹傳」, 846면, "正光四年, 行臺 · 廣陽王元深北伐, 引謹爲長流參軍."

343) 이는 唐太宗 李世民에 대한 避諱이다. 가령, 『晉書』에서 '僑民'을 '僑人'으로 쓴 것이 이런 예가 된다.

344) 이는 唐高宗 李治에 대한 避諱이다.

345) 避諱에 대해서는 陳新會(陳垣), 『史諱擧例』, 臺北 : 文史哲出版社, 1987을 참조하라. 「唐諱擧例」條, 147면에 의하면 "淵改爲泉, 或爲深. 虎改爲獸, 爲武, 爲豹, 或爲彪. …… 世改爲代, 或爲系, …… 民改爲人 …… 治改爲持, 爲理, 或爲化 ……." 云云 하고 있다.

권9

120. 『송서』에는 서원이 지은 구본이 많다宋書多徐爰舊本

심약(沈約)[1]은 제(齊) 영명(永明)[2] 5년(487)에 칙명을 받들어 『송서(宋書)』를 편찬하여, 다음 해 2월에 곧 책이 완성되었음을 아뢰었는데, 기(紀), 지(志), 열전(列傳)을 합해서 100권으로, 예로부터 사서를 빨리 지은 것이

---

1) 沈約(441~513) : 梁 吳興郡 武康縣 사람으로 字는 休文이다. 공부를 좋아했으며, 여러 책을 널리 읽었다. 宋 奉朝請으로 起家했으며 南齊시대 竟陵王 蕭子良 西邸에 놀러 갔다가 竟陵八友의 한 사람이 되었다. 永明末 王融 등과 함께 四聲을 詩文에 응용하여 '永明體'를 창시하였다. 南齊末 南清河太守가 되었는데, 雍州刺史 蕭衍이 군을 이끌고 建康에 들어오자 黃門侍郎 范雲과 함께 帝位에 오를 것을 권하였다. 梁 天監中 벼슬이 太子少傅, 侍中, 左光祿大夫에 이르렀다. 정치에는 득실이 없었고, 책을 2만 권 모았다. 저서에는『宋書』『晉書』『四聲譜』『齊紀』二十卷,『高祖紀』十四卷,『邇言』十卷,『諡例』十卷,『宋文章志』三十卷,『文集』一百卷이 있다.

2) 永明 : 齊 武帝의 年號. 483~493년.

이와 같은 경우가 없었다. 지금 그 「자서(自序)」를 살펴보고 그것을 상세히 추론해 보면, (심)약의 책이 서원(徐爰)[3]의 구본(舊本)을 대부분 취하고, 거기에 덧붙이거나 삭제하였음을 알 수 있다. 송(宋)의 저작랑(著作郞) 하승천(何承天)[4]이 이미 『송서』를 편찬했는데,[5] 본기와 열전이 무제(武帝) 때의 공신(功臣)에서 그쳤고, 여러 지(志)도 오로지 「천문지(天文志)」와 「율력지(律曆志)」 뿐이었으며, 이밖에는 모두 산겸지(山謙之)에게 위임했다. (산)겸지가 죽은 뒤 소보생(蘇寶生)에게 계속 편찬하도록 조서를 내리니, 드디어 원가(元嘉)[6] 연간의 여러 신하에까지 미치게 되었다. (소)보생이 주살되자,[7] 또 서원에게 명을 내렸다. (서)원이 소(보생)와 하(승천)의 두 판본을 근거로 하여 하나의 역사서를 지으니, 의희(義熙)[8] 초부터 대명(大明)[9] 말까지 포함되었는데, 장질(臧質),[10] 노상(魯爽),[11] 왕승달(王僧達)[12] 세 열전

3) 徐爰(394~475): 劉宋 南琅邪郡 開陽縣(지금의 江蘇省 句容縣 북쪽) 사람으로 字는 長玉이다. 晉 琅邪王大司馬府中典軍으로 起家하였다. 劉宋 孝武帝가 즉위한 후 太常丞 領著作郎으로 何承天・山謙之・蘇寶生 등이 기초한 國史 65卷을 완성하여 『宋書』라 하였다. 前廢帝가 흉폭하여 朝臣들이 대개 쫓겨났지만 前廢帝의 뜻에 영합하여 黃門侍郎에 이르렀다. 明帝 때 미움을 사서 交州로 유배를 갔다가 南康郡丞으로 복직하였고, 後廢帝 때 다시 建康으로 돌아와 中散大夫에 제수되었다.

4) 何承天(370~447): 劉宋 東海郡 郯縣 사람으로 대대로 京口에서 살았다. 어려서 儒學과 史學을 공부하였다. 晉 南蠻校尉參軍이 되었고, 太學博士・尙書祠部郎 등을 역임하였다. 宋 永初末 南臺治書侍御史가 되고 衛將軍 謝晦의 記室參軍이 되었으나, 謝晦가 죽은 뒤 방면되었다. 元嘉 7년(430) 尙書殿中郎 兼左丞이 되었다. 著作佐郎・國子博士・御史中丞 등을 역임하였다. 『元嘉曆』의 편찬을 상주하였고, 國史를 편찬하였다. 『禮論』과 『皇覽』을 정리하였고, 『春秋前傳』 『曆術』 등을 저술하였다.

5) 『宋書』 卷64 「何承天傳」, 1701~1704면, "何承天, 東海郯人也. …… 十六年, 除著作佐郎, 撰國史."

6) 元嘉: 劉宋 文帝 劉義隆의 연호. 424~453년.

7) 『宋書』 卷75 「蘇寶生傳」, 1958면, "蘇寶者, 名寶生, 本寒門, 有文義之美. 元嘉中立國子學, 爲毛詩助教, 爲太祖所知, 官至南臺侍御史, 江寧令. 坐知高闍反不卽啓聞, 與闍共伏誅."

8) 義熙: 東晉 安帝의 연호. 405~418년.

9) 大明: 宋 孝武帝의 연호. 457~464년.

10) 『宋書』 卷74 「臧質傳」, 1909면, "臧質字含文, 東莞莒人. 父熹字義和, 武敬皇后弟也."

11) 『宋書』 卷74 「魯爽傳」, 1922면, "魯爽小名女生, 扶風郿人也. 祖宗之字彦仁, 晉孝武太元末, 自鄉里出襄陽, 歷官至南郡太守."

은 모두 효무제(孝武帝)가 지었으며, 다만 영광(永光)[13] 이후 나라가 멸망할 때까지 10여 년의 기록은 모두 결여되어 있다.[14] 지금 『송서』의 영광 연간 이후의 기전(紀傳)은 대개 (심)약 등이 보충한 것이다[趙注 : 「왕지심전(王智深傳)」을 살펴보면 (심)약이 송 명제(明帝)의 지저분한 일을 많이 기록했는데, 무제가 "내 옛날에 명제를 섬겼으니, 경은 '악한 것을 꺼리는 뜻[諱惡之義]'을 생각해야 할 것이다"라고 말하여 이에 삭제한 바가 많았다.[15] 송 명제 이후의 본기와 열전은 모두 심약이 편찬하였음을 알 수 있다].

(서)원의 책에서도 약간 삭제해버린 것이 있는데, (서)원의 책에는 (동)진(東晉) 말엽 여러 신하들 및 환현(桓玄) 등의 여러 반적(叛賊), 아울러 유의(劉毅) 등 송 무(제)와 함께 기의한 자[16]들이 모두 『송서』에 열거되어 있었다. (심)약은 환현, 초종(譙縱), 노순(盧循)은 동진의 반란자였으므로 후대와는 무관하다고 했고, 오은(吳隱),[17] 치승시(郗僧施),[18] 사혼(謝混)[19]은 의리가 이전 왕조에 그쳤으므로 마땅히 송에 편입될 수는 없다고 했으며, 유의, 하무기(何無忌), 제갈장민(諸葛長民), 위영지(魏詠之), 단빙지(檀憑之)는

---

12) 『宋書』 卷75 「王僧達傳」, 1951면, "王僧達, 琅邪臨沂人, 太保弘少子."

13) 永光 : 宋 廢帝의 年號(465).

14) 『宋書』 卷100 「自序」, 2467면, "宋故著作郎何承天始撰宋書, 草立紀傳, 止於武帝功臣, 篇牘未廣. 其所撰志, 唯天文, 律歷, 自此外, 悉委奉朝請山謙之. 謙之, 孝建初, 又被詔撰述, 尋値病亡, 仍使南臺待御史蘇寶生續造諸傳, 元嘉名臣, 皆其所撰. 寶生被誅, 大明中, 又命著作郎徐爰踵成前作. 爰因何、蘇所述, 勒爲一史, 起自義熙之初, 訖于大明之末. 至於臧質、魯爽、王僧達諸傳, 又皆孝武所造. 自永光以來, 至於禪讓, 十餘年內, 闕而不續, 一代典文, 始末未擧."

15) 『南齊書』 卷52 「王智深傳」, 897면, "約又多載孝武、明帝諸鄙瀆事, 上遣左右謂約曰 : '孝武事迹不容頓爾. 我昔經事宋明帝, 卿可思諱惡之義.' 於是多所省除."

16) 『晉書』 卷85 「劉毅傳」, 2205면, "桓玄簒位, 毅與劉裕、何無忌、魏詠之等起義兵, 密謀討玄, 毅討徐州刺史桓脩於京口、青州刺史桓弘於廣陵."

17) 『晉書』와 『宋書』에는 吳隱이란 인물의 列傳은 없다. 다만, 吳隱之란 인물이 보인다(『晉書』 卷90 「吳隱之傳」, 2340면, "吳隱之字處默, 濮陽鄄城人, 魏侍中質六世孫也"). 같은 傳 말미 '史臣曰' 부분에서 吳隱之를 吳隱이라 칭하고 있는 것으로 보아, 본문에서도 이 인물을 지칭하는 게 아닌가 생각한다(『晉書』 卷90 「良吏列傳」, 2343면, "史臣曰 : …… 吳隱酌水以厲精, 晉代良能, 此焉爲最").

18) 『晉書』 卷67 「郗僧施傳」, 1805면, "僧施字惠脫, 襲爵南昌公. 弱冠, 與王綏、桓胤齊名, 累居淸顯, 領宣城內史, 入補丹楊尹. 劉毅鎭江陵, 請爲南蠻校尉、假節. 與毅俱誅, 國除."

19) 『晉書』 卷79 「謝混傳」, 2079면, "混字叔源. 少有美譽, 善屬文."

뜻이 동진을 구하는 데 있었으므로, 역시 그들을 송나라 신하라고 할 수는 없다고 하여, 모두 이에 따라 삭제하였다.[20] 이렇게 (심)약이 삭제한 대상은 이러한 몇몇 열전에 그치며, 그 나머지는 모두 (서)원이 지은 책의 구본이므로, 이 때문에 책을 완성하는 것이 이와 같이 쉬웠던 것이다[趙注 :「서원전(徐爰傳)」을 보면, (서)원이 비록 이전 책들을 따르기는 했으나, 진직으로 일가(一家)의 서를 이루었는데,[21] 의희를 기원으로 해서 왕업의 시초로 삼고, (창업을 위해) 힘을 펼친 것을 서문에 기록하여 공신의 기준으로 삼았다. 이에 안팎에서 널리 의논을 하였는데, 혹자는 의당 의희 원년(405)을 기준으로 해야 한다고 하고, 혹은 마땅히 원흥(元興) 3년(404)을 기준으로 해야 한다고 하였다. 조서에서 "항적(項籍)[22]과 성공(聖公)[23] 두 사람이 『한서(漢書)』에 기록되어 있으니, 전대 사서에 이미 예를 이룬 바가 있는 것이다. 「환현전」은 마땅히 송전(宋典)에 있어야 하며, 나머지는 (서)원의 주장과 같이 하라"고 명하였다.[24] 이로써 (서)원 구본의 체례를 볼 수 있는 것이다].

나는 예전에 (심)약이 『송서』를 지었다는 것을 의심했는데, 무릇 송과 제 왕조교체 때에는 의당 제나라를 위해 피휘해야 했으나, 진과 송의 왕조교체 때에는 반드시 송나라를 위해 피휘할 필요가 없는데도, 송을 위해 피휘한 것이 오히려 제를 위해 피휘한 것보다도 심했다. 나중에야 송을 위해 피휘한 것이 서원의 구본이고, 제를 위해 피휘한 것은 (심)약이 보충해서 편집한 것이라는 것을 알게 되었다. 사람들은 단지 『송서』를 심약이 지은 것으로만 알고 있고, 태반은 곧 서원이 지은 것임을 알지 못하니, 『송서』를 보는 사람들은 마땅히 그것에 대하여 생각해 봐야 할 것이다[趙

---

20) 『宋書』 卷100 「自序」, 2467~2468면.

21) 『宋書』 卷94 「徐爰傳」, 2308면, "爰雖因前作, 而專爲一家之書."

22) 項籍 : 項羽. 『漢書』 卷31 「項籍傳」, 1795면, "項籍字羽, 下相人也. 初起, 年二十四. 其季父梁, 梁父卽楚名將項燕者也. 家世楚將, 封於項, 故姓項氏."

23) 聖公 : 更始帝 劉玄을 지칭한다. 『漢書』 卷99下 「王莽傳」, 4180면, "初, 世祖族兄聖公先在平林兵中. 三月辛巳朔, 平林、新市、下江兵將王常、朱鮪等共立聖公爲帝, 改年爲更始元年, 拜置百官"; 『後漢書』 卷11 「劉玄傳」, 467면, "劉玄字聖公, 光武族兄也."

24) 『宋書』 卷94 「徐爰傳」, 2309면, "於是內外博議, 太宰江夏王義恭等三十五人同爰議, 宜以義熙元年爲斷. 散騎常侍巴陵王休若、尙書金部郎檀道鸞二人謂宜以元興三年爲始. 太學博士虞龢謂宜以開國爲宋公元年. 詔曰 : '項籍、聖公, 編錄二漢, 前史已有成例. 桓玄傳宜在宋典, 餘如爰議'."

注 : 하상지(何尙之)는 하언(何偃)의 아버지인데, 「하언전(何偃傳)」은 59권에 있으나,[25] 「하상지전(何尙之傳)」은 도리어 66권에 실려 있다.[26] 『송서』를 지은 시일이 촉박해서 창졸간에 순서를 정해 배열하였으며, 전후를 또 살펴 정정할 여유가 없었음을 알 수 있다].

121. 『송서』에서 동진 · 송 혁명 무렵에 대해 쓴 것宋書書晉宋革易之際

『송서(宋書)』는 제(齊)나라 때에 쓰였으므로 (동)진(東晉)－송(宋) 왕조교체 무렵에 대해 본래 꺼려 피하는 바가 없을 수 있었다. 그런데 송(宋) 「무제기(武帝紀)」에는 차례로 서술하기를, 그 공훈이 높고 업적이 많아 (동)진 공제(恭帝)가 스스로 제위(帝位)의 선양을 원하기에 이르렀는데, 송 무(제)는 오히려 표문를 올려 사양하였으나 (동)진 (공)제가 이미 낭야왕(瑯琊王) 사저로 물러나 있어 표문이 전달될 수 없게 되었으니, 이에 즉위하여 (동)진 (공)제를 영릉왕(零陵王)으로 봉하여 군(郡) 하나를 식읍으로 삼게 하고[27] 천자의 깃발을 걸고 진나라 의식[晉典]을 그대로 쓰게 했다고 했다. 이는 실로 엄연히 당우(唐虞)[28]가 선양하던 광경이니, 협박하여 빼앗은 흔적은 전혀 보이지 않았다[趙注 : 본기 안에서는, 다만 선양하려고 할 때에 담당관리가 선양 조서의 초안을 (동)진 (공)제에게 바치자, (공)제가 흔연히 "환현(桓玄) 때에 천명이 이미 바뀌었으나 다시 유공(劉公)이 늘여서 20년이 되어 가니, 오늘의 일은 실로 만족스러운 바이다"라고 말했다. 이 몇 마디 말은 선양이 (동)진 (공)제의 본심에서 나온 것이 아님을 대략 보여 준다].[29]

---

25) 『宋書』 卷59 「何偃傳」, 1607면, "何偃字仲弘, 廬江灊人, 司空尙之中子也."
26) 『宋書』 卷66 「何尙之傳」, 1732면, "何尙之字彦德, 廬江灊人."
27) 본래 中國의 爵位 앞에 붙는 지명이 封爵者의 封邑이다. 恭帝가 폐위된 후 零陵王에 봉해졌는데, 零陵이 湘州(지금의 湖南省 일대)의 郡이었으므로 郡 하나를 食邑으로 삼게 했다고 본 것이다.
28) 唐虞 : 陶唐과 有虞. '唐'은 堯의 號이고, '虞'는 舜의 號로서 堯舜을 일컫는 말이다.
29) 【王注】 『宋書』 卷2 「武帝紀」에 恭帝의 이 말이 기록되어 있으나 '欣然'하게 말했다

영릉왕의 죽음에 이르러는 곧 (다음과 같이 기록하였다) 왕이 폐위된 뒤 바야흐로 화를 두려워하여 스스로 저비(褚妃)와 함께 상(牀) 앞에서 밥을 지어먹었다. 송 무(제)는 (저)비의 오빠 저담지(褚淡之)를 보내 (저)비를 만나게 하였는데, (저)비가 나와 (저담지와) 만나자 병사들이 바로 담을 넘어 들어가 왕에게 약을 바쳤고 왕이 마시려고 하지 않자 이에 이불을 씌워 죽였다[趙注 : 『남사(南史)』].[30] 이는 그 패역 흉포함이 자고로 있어 본 적이 없던 것이니, 서법은 자연히 응당 그 죄를 분명히 드러내어야 했다. 그러나 영초(永初)[31] 2년(421)에는 영릉왕이 죽자 황제와 삼조(三朝)[32]가 백관을 거느리고 조당에서 애도를 표하고, 위(魏) 명제(明帝)가 산양공(山陽公)[33]의 상복을 입었던 고사[34]에 따랐다고 써서,[35] 영릉왕이 천수를 다하고 죽자 송 무(제)가 은혜로운 예를 아울러 갖춘 것처럼 했다.

또 문제(文帝)가 태자 유소(劉劭)에게 시해된 것[36]은 더욱 천고에 기이한 변괴에 속하는데도 본기에는 또한 단지 황제가 합전(合殿)에서 붕어했고

는 언급은 없다. 『晉書』 卷10 「恭帝紀」, 269면에 "帝欣然謂左右曰 : '晉氏久已失之, 今復何恨'"이라고 했다(趙翼의) 이 條는 두 本紀의 문장을 결합하여 서술한 것이다.

30) 『南史』 卷28 「褚淡之傳」, 746면, "及恭帝遜位居秣陵宮, 常懼見禍, 與褚后共止一室, 慮有酖毒, 自煮食於前. 武帝將殺之, 不欲遣人入內, 令淡之兄弟視后. 褚后出別室相見, 兵人乃踰垣而入, 進藥於恭帝. 帝不肯飮, 曰 : '佛敎自殺者不得復人身.' 乃以被掩殺之"; 『宋書』 卷52 「褚淡之傳」, 1503면에도 같은 기록이 있다.

31) 永初 : 南朝 宋 武帝 劉裕의 연호. 420~422년.

32) 內朝, 治朝, 外朝를 지칭한다.

33) 山陽公 : 後漢 獻帝를 지칭한다. 獻帝는 曹丕에게 禪位한 후 山陽公에 봉해졌다.

34) 『三國志』 「魏書」 卷3 「明帝紀」, 101~102면, "(靑龍)二年(234)春三月庚寅, 山陽公薨, 帝素服發哀, 遣使持節典護喪事 …… 夏四月丙寅, 詔有司以太牢告祠文帝廟. 追謚山陽公爲漢孝獻皇帝, 葬以漢禮."

35) 『宋書』 卷3 「武帝紀下」, 57면, "九月己丑, 零陵王薨. 車駕三朝率百僚擧哀于朝堂, 一依魏明帝服山陽公故事. 太尉持節監護, 葬以晉禮."

36) 『宋書』 卷99 「元凶劭傳」, 2423면, "元凶劭字休遠, 文帝長子也"; 『宋書』 卷99 「元凶劭傳」, 2426~2427면, "明旦未開鼓, 劭以朱服加戎服上, 乘畫輪車, 與蕭斌同載, 衛從如常入朝之儀, 守門開, 從萬春門入. 舊制, 東宮隊不得入城, 劭與門衛云 : '受敕, 有所收討.' 令後隊速來, 張超之等數十人馳入雲龍、東中華門及齋閤, 拔刃徑上合殿. 上其夜與尙書僕射徐湛之屛人語, 至旦燭猶未滅, 直衛兵尙寢. 超之手行弑逆, 幷殺湛之. 劭進至合殿中閤, 太祖已崩, 出坐東堂, 蕭斌執刀侍直."

나이 47세였다고만 썼을 뿐,[37] 시해에 대해서는 한 글자의 언급도 없다.

그밖에 전폐제(前廢帝)[38]가 짐약(酖藥)을 탄 술로 심경지(沈慶之)[39]를 독살했으나,[40] 본기에는 새로 태위(太尉)에 제수된 심경지가 죽었다고 썼다.[41] 명제(明帝)가 유도륭(劉道隆)을 사사(賜死)했지만,[42] 새로 중호군(中護軍)에 제수된 유도륭이 죽었다고 썼다.[43] 건안왕(建安王) 유휴인(劉休仁)을 독주로 죽었는데,[44] 건안왕 (유)휴인이 죄가 있어 자살했다고 썼다.[45] (명)

37) 『宋書』 卷5 「文帝紀」, 102면, "甲子, 上崩于含章殿. 時年四十七. 諡曰景皇帝, 廟曰中宗"; 『南史』 卷2 「宋文帝紀」, 54면에는 '帝崩于合殿'이라 했으나, 『宋書』를 따른다면 황제가 붕어한 곳은 '含章殿'이라 해야 한다.

38) 前廢帝(449~466, 재위 464~466) : 이름은 子業, 小字는 法師이며, 孝武帝의 큰아들이다. 孝武帝가 즉위한 후 太子가 되었고, 大明 8년(464) 즉위하여 年號를 永光이라 하였다. 荒淫하고 흉악하여 고모인 新蔡公主를 비빈으로 맞아들였고 누나 山陰公主를 위해 面首를 제공해 주었다. 近臣 戴法興을 총애하였고 大臣들을 대거 살해하였다. 尙書令 柳元景과 左僕射 顔師伯이 劉義恭을 즉위시키려고 모의하였으나 누설되어 실패했다. 主衣 壽寂之에게 살해되었다.

39) 沈慶之(386~465) : 劉宋 吳興郡 武康縣 사람으로 字는 弘先이다. 나이 30살에 永遠中兵參軍이 되었으며, 武帝 때 殿中員外將軍이 되었다. 元嘉 연간 雍州刺史 劉道產이 죽고 群蠻이 반란을 일으키자, 建威將軍이 되어 반란을 진압하였다. 太子 劉劭가 文帝를 죽이자 武陵王 劉駿을 따라 토벌하였으며, 劉駿이 帝位에 오른 뒤 鎭軍將軍南兗州刺史가 되었다. 孝建 2년(455) 연로함을 이유로 사직을 청하자 始興公에 봉해졌다. 후에 南郡王 등 宗室諸王의 난을 평정하여 司空이 되었다. 孝武帝가 임종할 때 尙書令 柳元景과 함께 前廢帝를 보필하도록 遺命을 내렸다. 누차 前廢帝에게 간언했으나 前廢帝의 미움을 사서 賜死되었다.

40) 『宋書』 卷77 「沈慶之傳」, 2004면, "帝凶暴日甚, 慶之猶盡言諫爭, 帝意稍不說. 及誅何邁, 慮慶之不同, 量其必至, 乃閉淸谿諸橋以絶之. 慶之果往, 不得度而還. 帝乃遣慶之從子攸之齎藥賜慶之死, 時年八十"; 『宋書』 卷77 「沈文叔傳」, 2004~2005면, "慶之之死也, 不肯飮藥, 攸之以被揜殺之. 文叔密取藥藏錄."

41) 『宋書』 卷7 「前廢帝紀」, 145면, "十一月壬辰, 寧朔將軍何邁下獄死. 新除太尉沈慶之薨."

42) 『宋書』 卷45 「劉道隆傳」, 1378면, "泰始初, 爲太宗盡力, 遷左衛將軍, 中護軍, 尋賜死, 事在建安王休仁傳"; 『宋書』 卷72 「始安王休仁傳」, 1872면, "先是, 廢帝進休仁爲驃騎大將軍、開府儀同三司, 常侍如故. 未拜, 太宗令書以爲使持節、侍中、都督揚南徐二州諸軍事、司徒、尙書令、揚州刺史, 加班劍二十人, 給三望十五乘. 時劉道隆爲護軍, 休仁請求解職, 曰 : '臣不得與此人同朝.' 上乃賜道隆死."

43) 『宋書』 卷8 「明帝紀」, 154면, "新除中護軍劉道隆卒."

44) 『宋書』 卷72 「始安王休仁傳」, 1873면, "上疾嘗暴甚, 內外莫不屬意於休仁, 主書以下, 皆往東府詣休仁所親信, 豫自結納, 其或直不得出者, 皆恐懼. 上旣宿懷此意, 至

제는 또 파릉왕(巴陵王) 유휴약(劉休若)에게 죽음을 내렸는데,[46] 파릉왕 유휴약이 죽었다고 썼다.[47]

무릇 조정(朝廷)이 잘못한 일은 하나라도 깊이 그를 위해 꺼리지 않음이 없었으니, 이는 모두 서원(徐爰)의 옛 책이기 때문이었다. (심)약은 제나라 때에 『송서』를 지어서 꺼리지 않을 수 있었지만, (서)원은 송나라 때에 『송서』를 지었으므로 스스로 꺼리지 않을 수 없었다. 본기에서는 (서술하기를) 꺼렸지만 열전에서는 그 일이 간간이 보이는 것은, 당일 국사의 체례가 본디 이와 같았던 때문인데, (심)약은 책을 완성하는 데 급해서 끝내 옛 문장을 전부 베꼈으나 정정할 틈이 없었을 뿐이었다. 『남사』는 영릉왕이 죽은 것이 송나라의 뜻이었다고 썼고,[48] 문제의 죽음에 대해서는 즉 원흉 (유)소가 시역하여 (문)제가 합전에서 붕어했다고 했으며,[49] 심경지, 건안왕, 파릉왕의 죽음에 관해서는 역시 바로 써서 사사(賜死), 독살[酖死]이라고 했으니[50] 비교적 사실을 기록한 것이었다.

是又聞物情向之, 乃召休仁入見. 旣而又謂曰 : '夕可停尙書下省宿, 明可早來.' 其夜, 遣人賚藥賜休仁死, 時年三十九."

45) 『宋書』 卷8 「明帝紀」, 168면, "五月戊午, 司徒建安王休仁有罪, 自殺."

46) 『宋書』 卷72 「巴陵哀王休若傳」, 1884면, "休若至京口, 建安王休仁又見害, 益懷危慮. 上以休若和善, 能諧緝物情, 慮將來傾幼主, 欲遣使殺之. 慮不奉詔, 徵入朝, 又恐猜駭, 乃僞遷休若爲都督江郢司廣交豫州之西陽新蔡晉熙湘州之始興四郡諸軍事、車騎大將軍、江州刺史, 持節、常侍、開府如故. 徵還召拜, 手書殷勤, 使赴七月七日, 卽於第賜死, 時年二十四."

47) 『宋書』 卷8 「明帝紀」, 168면, "乙丑, 新除車騎大將軍、江州刺史巴陵王休若薨, 桂陽王休範以新除驃騎大將軍, 還爲江州."

48) 『南史』 卷1 「宋 武帝紀」, 26면, "九月己丑, 零陵王殂, 宋志也."

49) 『南史』 卷2 「宋 文帝紀」, 54면, "二月甲子, 元凶劭搆逆, 帝崩于合殿, 時年四十七."

50) 『南史』 卷37 「沈慶之傳」, 959면, "帝又忌之, 乃遣其從子攸之賚藥賜死, 時年八十"; 『南史』 卷14 「宋文帝諸子」 「建安王休仁傳」, 406면, "上與運長等定謀, 召休仁入宿尙書下省, 其夜遣人賚藥賜休仁死 ……."; 『南史』 卷14 「宋文帝諸子」 「巴陵哀王休若傳」, 412면, "乃僞授爲江州刺史, 至, 卽於第賜死, 贈侍中、司空."

122. 『송서』에서 송제 혁명 무렵에 대해 쓴 것宋書書宋齊革易之際

심약(沈約)은 소제(蕭齊 : 南齊) 시대에 『송서(宋書)』를 지었으니 영광(永光) 연간(465) 이후 기사는 모두 그가 쓴 것이다. 그러므로 송과 제 왕조교체 무렵에 대해 쓰기에 꺼리는 바가 많지 않을 수 없었다. 예를 들어 「후폐제기(後廢帝紀)」에서는 단지 (후폐)제[51]의 무도한 것들을 두루 서술하여 그가 반드시 폐위되어 죽었어야 함을 보였다.[52] 「순제기(順帝紀)」에서도 또한 단지 소도성(蕭道成)[53]의 공훈으로, 상국(相國)으로 지위가 올라가고 열 개 군에 봉해져 제공(齊公)이 되고, 구석(九錫)을 갖추게 되었으며, 제왕(齊王)으로 작위를 올리고, 열 개 군을 더 봉하고, 면류관을 열두 줄로 하며, 천자의 깃발을 세웠음을 서술했다.[54] 그 아래에서는 "하늘이 내리신 복이 영원히 끝나 제(齊)나라에 자리를 물려주고 황제는 단양궁(丹陽宮)으로 옮겨 거처했다. 제왕이 즉위하자 황제를 여음왕(汝陰王)으로 봉하였다.

---

51) 後廢帝(463~477, 재위 472~477) : 이름은 劉昱, 字는 德融이며, 明帝의 큰아들이다. 泰始 2년(466) 皇太子가 되고 泰豫 元年(472) 10세의 나이로 帝位에 올랐다. 元徽 2년(474) 桂陽王 休範이, 元徽 4년(476) 南徐州刺史 建平王 景素가 난을 일으켰으나 진압하였다. 出游를 좋아하였고, 마음대로 살육을 자행하였으며, 종자들이 무기를 들고 행인과 가축을 살해하는 등 행패를 부렸다. 元徽 5년(477) 蕭道成에게 살해되었다. 蒼梧王으로 追封되었고 後廢帝로 불린다.

52) 『宋書』 卷7 「前廢帝紀」, 141~148면.

53) 蕭道成(427~482, 재위 479~482) : 南蘭陵郡 蘭陵縣 사람으로 字는 紹伯이다. 宋 雍州刺史 蕭思話의 左軍中兵參軍으로 起家했으며, 明帝末 벼슬이 散騎常侍 太子左衛率에 이르렀다. 遺詔를 받아 右衛將軍 領衛尉가 되어 尙書令 袁粲, 護軍將軍 褚淵, 中領軍 劉勔과 함께 機要를 장악하였다. 後廢帝 元徽 2년(474) 桂陽王 休範이 반란을 일으키자 이를 토벌하였다. 元徽 5년(477) 後廢帝를 살해하고 順帝를 옹립했으며, 驃騎大將軍 開府儀同三司가 되었다. 荊州刺史 沈攸之, 司徒 袁粲과 尙書令 劉秉의 난을 진압하고 齊王이 되었으며, 昇明 3년(479) 順帝를 압박해 禪讓을 받아 즉위하여 연호를 建元이라 하였다. 博學하고 문장에 능했으며, 草書와 隷書를 잘했다. 東觀學士들에게 명하여 『史林』 30篇을 편찬하게 하였다. 諡號는 高帝, 廟號는 太祖이다.

54) 『宋書』 卷10 「順帝紀」, 199면, "甲辰, 崇太傅爲相國, 總百揆, 封十郡, 爲齊公, 備九錫之禮, 加璽紱遠游冠, 位在諸王上, 加相國綠綟綬, 其驃騎大將軍、揚州牧、南徐州刺史如故. …… 夏四月壬申, 進齊公爵爲齊王, 增封十郡. …… 丙戌, 命齊王冕十有二旒, 建天子旌旗, ……."

건원(建元)[55] 원년(479) 단양궁에서 죽으니 13세였고, 시호는 순제[56]이다"[57]라고 하여, 결코 찬탈의 흔적을 보이지 않았다[趙注 : 『남사(南史)』를 보면, 순제가 동저(東邸)에서 제위를 넘길 때 왕경칙(王敬則)이 군사를 이끌고 전각 마당에 진을 치고 있었는데, (순)제가 안에서 그것을 듣고 불단 덮개 아래로 도망쳤다. 태후가 두려워하여 스스로 환관을 거느리고 그를 찾았는데, 환관 가운데 어떤 이가 (순)제를 재촉하니 (순)제가 노하여 칼을 뽑아 그를 죽였다. (순)제가 단양궁으로 나가 거처한 뒤에는 제나라 군사가 그를 지켰다. 제 건원 원년 5월 (순)제가 밖에서 말달리는 소리를 듣고 변란이 일어났나하고 두려워하니, 감시하는 사람이 왕[순제]을 죽이고는 병으로 죽었다고 알렸다. 제나라 조정에서는 그를 칭찬하고 그에게 식읍[邑]을 상으로 주었다].[58]

송(宋)에 충성을 바친 여러 신하들, 소도성 토벌을 모의한 자에 대해서는 대개 '모반[反]'이고 '죄가 있다[有罪]'고 적었다. 가령, 승명(昇明)[59] 원년에는 심유지(沈攸之)[60]가 군사를 일으켜 모반했다고 썼다[61][趙注 : 『남사』에서는

55) 建元 : 南朝 齊 高帝 蕭道成의 연호. 479~482년.

56) 順帝(469~479, 재위 477~479) : 이름은 劉準, 字는 仲謨이며, 明帝의 셋째 아들이다. 安成王으로 봉해졌다. 元徽 5년(477) 中領軍 蕭道成이 後廢帝를 살해하고 황제로 옹립하였다. 昇明 3년(479) 蕭道成에 의해 폐위되어 汝陰王으로 降封되었다가 후에 피살되었다.

57) 『宋書』 卷10 「順帝紀」, 199면, "辛卯, 天祿永終, 禪位于齊. 壬辰, 帝遜位于東邸. 既而遷居丹陽宮. 齊王踐阼, 封帝爲汝陰王, 待以不臣之禮. 行宋正朔, 上書不爲表, 答表不爲詔. 建元元年五月己未, 殂于丹陽宮, 時年十三. 謚曰順帝. 六月乙酉, 葬于遂寧陵."

58) 『南史』 卷3 「宋順帝紀」, 92~93면, "辛卯, 帝禪位於齊. 壬辰, 遜于東邸. 是日, 王敬則以兵陳于殿庭, 帝猶居內, 聞之, 逃于佛蓋下. 太后懼, 自帥閹豎索, 扶幸板輿. 黃門或促之, 帝怒, 抽刀投之, 中項而殞. 帝既出, 宮人行哭, 俱遷. 備羽儀, 乘畫輪車, 出東掖門. 封帝爲汝陰王, 居丹徒宮, 齊兵衛之. 建元元年五月己未, 帝聞外有馳馬者, 懼亂作; 監人殺王而以疾赴, 齊人德之, 賞之以邑. 六月乙酉, 葬于遂寧陵, 謚曰順帝. 宋之王侯無少長皆幽死矣."

59) 昇明 : 南朝 宋 順帝의 연호. 477~479년.

60) 沈攸之(?~478) : 劉宋 吳興郡 武康縣 사람으로 字는 仲達이다. 元嘉 27년(450) 民丁으로써 징발되어 沈慶之를 따라 종군하였고, 2년 후 隊主가 되었다. 孝武帝 때 누차 전공을 세워 龍驤將軍 武康令에 이르렀다. 前廢帝를 도와 大臣들을 주륙한 공으로 右軍將軍이 되었으며, 이후 郢州刺史를 거쳐 荊州刺史로 승진하였다. 昇明 元年(477) 蕭道成을 토벌하기 위해 기병하여 郢城을 공격했으나 이기지 못하고, 江陵이 雍州刺史 張敬兒에게 점령당하자 華容으로 도망가다 자살하였다.

61) 『宋書』 卷10 「順帝紀」, 195면, "車騎大將軍、荊州刺史沈攸之擧兵反."

군사를 일으켜 집정(執政)을 따르지 않았다고 썼다].[62] 또 사도(司徒) 원찬(袁粲)이 석두(성)(石頭城)에 의거하여 모반했다고 썼고[63][趙注 : 『남사』는 (원)찬이 석두에 자리 잡고 소도성을 주멸할 것을 모의했으나 성공하지 못하고 도리어 복멸되었다고 했다],[64] 오군태수(吳郡太守) 유하(劉遐)가 모반했다고 했으며[65][趙注 : 『남사』는 군(郡)을 근거로 하여 집정을 따르지 않았다고 썼다],[66] 왕의흥(王宜興)은 죄가 있어 주살되었다고 기록했고[67][趙注 : 『남사』는 집정에 두 마음을 품어 살해되었다고 썼다],[68] 연주자사(兗州刺史) 황회(黃回)는 죄가 있어 사사되었다고 적었으며[69][趙注 : 『남사』는 집정에 두 마음을 품어 살해되었다고 썼다],[70] 임풍후(臨灃侯) 유황(劉晃)은 모반으로 주살되었다[71]고 기록한 것[趙注 : 『남사』는 임풍후 유황을 주멸했다고 썼다][72]이 이런 예이다. (소)도성과 무리를 지어 그를 위해 조력한 자는 오히려 기의(起義)라고 말했다. 예를 들어 장경아(張敬兒)[73] 등이 의병을 일으켰다는 것[74]이 이것이다.

유송(劉宋) 본기를 지으면서 유(劉)씨를 위한 자는 '모반'이라고 하고 소

---

62) 『南史』 卷3 「宋順帝紀」, 91면, "十二月丁巳, 荊州刺史沈攸之擧兵, 不從執政."
63) 『宋書』 卷10 「順帝紀」, 195면, "是日, 司徒袁粲據石頭反 ……."
64) 『南史』 卷3 「宋順帝紀」, 91면, "壬申, 司徒袁粲據石頭, 謀誅道成, 不果, 旋見覆滅."
65) 『宋書』 卷10 「順帝紀」, 195면, "吳郡太守劉遐據郡反, 輔國將軍張瓌討斬之."
66) 『南史』 卷3 「宋順帝紀」, 91면, "吳郡太守劉遐據郡不從執政, 令張瓌攻斬之."
67) 『宋書』 卷10 「順帝紀」, 196면, "閏月辛巳, 屯騎校尉王宜興有罪伏誅."
68) 『南史』 卷3 「宋順帝紀」, 91면, "閏月辛巳, 屯騎校尉王宜興貳於執政, 見誅."
69) 『宋書』 卷10 「順帝紀」, 197면, "辛卯, 新除鎭北將軍、南兗州刺史黃回有罪賜死."
70) 『南史』 卷3 「宋順帝紀」, 91면, "夏四月, 南兗州刺史黃回貳于執政, 賜死."
71) 『宋書』 卷10 「順帝紀」, 198면, "癸亥, 臨灃侯劉晃謀反, 晃及黨與皆伏誅."
72) 『南史』 卷3 「宋順帝紀」, 92면, "癸亥, 誅臨灃侯劉晃."
73) 張敬兒(?~483) : 南齊 南陽郡 冠軍縣(지금의 河南省 鄧州 서북) 사람으로 본명은 苟兒였는데, 宋 明帝가 그 이름은 비루하다고 여겨 고쳤다. 宋末 桂陽王 劉休範이 반란을 일으킬 때 驃騎大將軍 蕭道成에 속하여 新亭에 주둔하였고, 劉休範을 척살한 공으로 驍騎將軍에 제수되고 輔國將軍에 加官되었다. 이어서 雍州刺史가 되어 襄陽에 주둔하다가 昇明 元年(477) 沈攸之가 荊州에서 반란을 일으켜 郢城을 공격하는 기회를 틈타 沈攸之의 본거지인 江陵을 취하였다. 沈攸之는 이로 인해 갈 곳이 없어져 敗死하였다. 南齊시대 벼슬이 散騎常侍 車騎將軍 開府儀同三司가 되었다. 永明 元年(483) 武帝의 의심을 사서 피살되었다.
74) 『宋書』 卷10 「順帝紀」, 196면, "豫州刺史劉懷珍、雍州刺史張敬兒、廣州刺史陳顯達並擧義兵."

(蕭)씨를 위한 자는 '의병[義]'이라고 했으니, 이 어찌 그 책에다 쓸 수 있겠는가 하겠지만 돌아보면 부득이한 바가 있었던 것인데, 그러나 역시 은근히 사실을 드러낸 곳을 볼 수 있기도 하다. 가령 「후폐제기(後廢帝紀)」에는 (후)폐제 유욱(劉昱)이 무도하여 제왕(齊王, 곧 소도성)이 하늘과 사람의 마음을 따라 몰래 폐립을 도모하여 왕경칙(王敬則)[75]과 그것을 모의했다고 썼다. (왕)경칙이 (유)욱의 측근 양옥부(楊玉夫) 등 스물다섯 명과 결탁하여 밤을 틈타 (유)욱을 시해하니, (양)옥부는 (유)욱의 머리를 (왕)경칙에게 주었고 (왕)경칙은 영군부(領軍府)로 달려가 제왕에게 바쳤다. (제)왕은 이에 군복을 입고 입궁하여, 태후의 명령으로 안성왕(安成王)[76]을 맞아 즉위하도록 했다.[77] 이는 (소)도성이 군주를 시해한 주모자였음을 따질 필요가 이미 없는 것이다.

「심유지전(沈攸之傳)」에는 비록 "차라리 왕릉(王凌)으로 죽을지언정 가충(賈充)이 되어 살지 않겠다"라는 말을 감히 싣고 있지는 않지만[趙注 : 『남사』에 보인다],[78] 오히려 (심)유지가 무릉왕(武陵王) (유)찬(劉贊)에게 보낸 편지

75) 王敬則(435?~498) : 南齊 臨淮郡 射陽縣(지금의 江蘇省 寶應縣 동북) 사람이다. 젊어서 개도살업에 종사했으며 宋에 벼슬하여 隊主가 되었다. 泰始 元年(465) 主衣 壽寂之 등과 前廢帝를 살해하였다. 明帝는 그를 直閤將軍에 임명하였다. 元徽 2년(474) 桂陽王 休範의 난을 평정하고 蒼梧王을 살해했으며, 輔國將軍이 되어 殿內 宿衛를 관장했다. 南齊 때 中領軍이 되었고, 永明 元年(483)과 永明末 會稽太守가 되었다. 明帝 즉위 후 大司馬로 삼고 우대했으나 자신이 高·武帝의 舊臣이라 의심을 품고 있음을 알고, 永泰 元年(498) 會稽에서 거병하였으나 패사하였다.

76) 이가 곧 順帝이다. 『宋書』 卷10 「順帝紀」, 193면, "順皇帝諱準, 字仲謀, 小字智觀, 明帝第三子也. 泰始五年七月癸丑生. 七年, 封安成王, 食邑三千戶."

77) 『宋書』 卷9 「後廢帝紀」, 189~190면, "齊王順天人之心, 潛圖廢立, 與直閤將軍王敬則謀之. …… 王敬則先結昱左右楊玉夫 …… 兪孫等二十五人, 謀共取昱. 其夕, 敬則出外, 玉夫見昱醉熟無所知, 乃與萬年同入氈幄內, 以昱防身刀斬之. 奉伯提昱首, 依常行法, 稱敕開承明門出, 以首與敬則, 馳至領軍府, 以首呈齊王. 王乃戎服, 率左右數十人, 稱行還, 開承明門入. 昱他夕每開門, 門者震慴不敢視, 至是弗之疑. 齊王既入, 曉, 乃奉太后令奉迎安成王."

78) 『南史』 卷37 「沈攸之傳」, 967면, "廢帝既殞, 順帝卽位, 加攸之車騎大將軍、開府儀同三司. 齊高帝遣攸之子司徒左長史元琰齎廢帝刳斮之具以示之, 攸之曰 : '吾寧爲王淩死, 不作賈充生'."

를 하나 남겨서 그가 송 황실에 충성한 뜻을 보였다[趙注 : 편지에 "저는 지위가 분섬(分陝)[79]으로 무겁고, 부유함은 금혈(金穴)[80]을 겸했으니, 몸을 굽혀 굽실거리며 구차하게 안주하면 남은 생애를 보전할 수 있음을 어찌 알지 못하겠으며, 어찌 많은 식구들을 헤아리지 않고서 환난을 달갑게 무릅쓰겠습니까? 실로 역대 황제들께서 알아주고 대우해 주신 데에 감격하여 송 황실에 보은하고자 할 따름입니다. 만약 하늘이 반드시 도를 어그러뜨려서 충절이 올바르게 서지 않고 정치가 다시 피폐해져서 부서져 없어진 것이라면, 백 번 죽더라도 한이 없을 것입니다"라고 했다].[81]

「황회전(黃回傳)」에도 역시 그가 원찬(袁粲)과 약속하여 어도(御道)를 따라 바로 궁궐 문을 향해 나아가 조당(朝堂)에서 제왕을 공격하고자 하였으나, 마침 (원)찬이 패하여 이에 성공하지 못했음을 실었다.[82] 「유병전(劉秉傳)」에서는 제왕이 보정하게 되자 온 세상 사람들이 마음을 귀속하였으나 (유)병은 몰래 다른 계책을 품고서 원찬 및 황회 등과 난을 일으키고자 모의하다가 제왕에게 주살되었다고 했다.[83] 이것은 역시 각각 그들이 송에

---

79) 分陝 : 西周 成王 때 周公과 昭公이 弘農郡 陝縣을 分界로 하여 천하를 陝東－陝西로 나누어 다스렸다는 고사에서 유래한 말. 東晉南朝時代에는 주로 荊州刺史를 가리키는 말로 사용되었다. 이 당시 沈攸之가 荊州刺史의 직을 수행하고 있었다. 『宋書』 卷74 「沈攸之傳」, 1931면, "攸之旣至, 會承明已平, 乃以攸之都督荊湘雍益梁寧南北秦八州諸軍事、鎭西將軍、荊州刺史, 持節、常侍如故."

80) 金穴 : 금이 나는 곳. 큰 부자, 財産家를 이르기도 한다.

81) 『宋書』 卷74 「沈攸之傳」, 1939～1940면, "攸之與武陵王贊牋曰 : …… 又曰 : '下官位重分陝, 富兼金穴, 子弟勝衣, 爵命已及, 親黨辨菽, 抽序便加, 耳倦絃歌, 口厭粱肉, 布衣若此, 復欲何求. 豈不知俛眉苟安, 保養餘齒, 何爲不計百口, 甘冒危難. 誠感歷朝之遇, 欲報之於皇室爾. 昧理之徒, 謂下官懷無厭之願, 旣貫誠於白日, 不復明心於殿下. 若使天必喪道, 忠節不立, 政復闔門碎滅, 百死無恨. 但高祖王業艱難, 太祖劬勞日昃, 卜世不盡七百之期, 宗社已成他人之有. 家國之事, 未審於聖心何如'."

82) 『宋書』 卷83 「黃回傳」, 2123면, "未發, 而袁粲據石頭爲亂, 回與新亭諸將帥任候伯、彭文之、王宜興、孫曇瓘等謀應粲. 粲事發, 候伯等並乘船赴石頭, 唯曇瓘先至得入, 候伯等至, 而粲已平. 回本期詰旦率所領從御道直向臺門, 攻齊王於朝堂, 事旣不果, 齊王撫之如舊."

83) 『宋書』 卷51 「宗室」 「劉秉傳」, 1469면, "時齊王輔政, 四海屬心, 秉知鼎命有在, 密懷異圖. 袁粲鎭石頭, 不識天命, 沈攸之擧兵反, 齊王入屯朝堂, 粲潛與秉及諸大將黃回等謀欲作亂. …… 會秉去事覺, 齊王夜使驍騎將軍王敬則收韞. 韞已戒嚴, 敬則率壯士直前, 韞左右皆披靡, 因殺之, 伯興亦伏誅. 粲敗, 秉踰城出走, 於頟檐湖見擒, 與二子承、俁並死. 秉時年四十五."

절개를 다하였음을 드러낸다.

「원찬전」 역시 비록 "가련하다 석두성, 차라리 원찬이 되어 죽을지언정 저연(褚淵)이 되어 살지는 않겠다"[84]라는 당시 속언 구절을 감히 싣지는 못했지만, 열전 안에서는 이르기를, 제왕이 공이 높고 덕이 무거워 천명이 돌아감이 있었지만, (원)찬은 스스로 자신이 고탁(顧託)을 받았기 때문에 두 성씨를 섬기려 하지 않았으며, 이에 황회, 복백흥(卜伯興) 등과 함께 모의하여 태후의 명령을 빙자하여 (복)백흥 등을 시켜 숙위병(宿衛兵)을 이끌고 조당에서 제왕을 공격하도록 했으나, 일이 새어나가 제왕에게 석두(성)를 공격받아 피살되었다고 했다.[85] 그런 즉, 그가 "죽은 이를 보내고 살아 있는 이를 섬겨야 하는 것인데, 그럴 수 없게 되자 곧 죽음으로써 (그 뒤를) 따라갔던 것[送往事居, 不濟則以死繼之]"[86]이니, 그 지조와 절개가 미칠 수 없는 것이었음을 분명히 적은 것이다.

또 예컨대 명제(明帝) 여러 아들의 열전에서는 수양왕(隨陽王) 유홰(劉翽), 신흥왕(新興王) 유숭(劉嵩)이 모두 원휘(元徽)[87] 4년(476) 당시 여섯 살이었다

84) 이 구절 역시 『南史』에 기록되어 있는 것이다. 『南史』 卷28 「褚彦回傳」, 753면, "然世頗以名節譏之, 于時百姓語曰 : '可憐石頭城, 寧爲袁粲死, 不作彦回生'"; 『南齊書』 卷23 「褚淵傳」, 425면, "褚淵字彦回, 河南陽翟人也."

85) 『宋書』 卷89 「袁粲傳」, 2232~2233면, "時齊王功高德重, 天命有歸, 粲自以身受顧託, 不欲事二姓, 密有異圖. 丹陽尹劉秉, 宋代宗室, 前湘州刺史王蘊, 太后兄子, 素好武事, 並慮不見容於齊王, 皆與粲相結. 將帥黃回、任候伯、孫曇瓘、王宜興、彭文之、卜伯興等, 並與粲合. ……時齊王入屯朝堂, 秉從父弟領軍將軍韞入直門下省, 伯興爲直閤, 黃回諸將皆率軍出新亭. 粲謀克日矯太后令, 使韞、伯興率宿衛兵攻齊王於朝堂, 回率軍來應. 秉、候伯等並赴石頭, 本期夜發, 其日秉恇擾不知所爲, 晡後便束裝, 未暗, 載婦女席卷就粲, 由此事洩. ……時粲與秉等列兵登東門, 僧靜分兵攻府西門, 粲與秉欲還赴府, 旣下城, 列燭自照, 僧靜挺身暗往, 粲子最覺有異人, 以身衛粲, 僧靜直前斬之, 父子俱殞, 左右各分散. 粲死時, 年五十八."

86) '送往事居'는 죽은 임금을 보내고 계승한 임금을 섬긴다는 뜻이다. 곧, 『春秋左傳注』 「僖公九年」, 328면에 "(晉獻公)疾, 召之曰 : '以是藐諸孤辱在大夫, 其若之何?' (荀息)稽首而對曰 : '臣竭其股肱之力, 加之以忠貞. 其濟, 君之靈也; 不濟, 則以死繼之.' 公曰 : '何謂忠 · 貞?' 對曰 : '公家之利, 知無不爲, 忠也, 送往事居, 耦俱無猜, 貞也"라는 구절 속에 보이는데, 그 注에 '往指死者, 居指新君'이라 하였다. 主君의 집에 이익이 될 수 있는 일이라면 무엇이든 아니하는 일이 없는 것이 忠이요, 죽은 임금을 보내고 계승한 임금을 섬겨서 두 가지에 모두 의심할 것이 없는 것을 貞이라 한 것이다.

고 먼저 기록하고, 그 아래에서 제나라가 선양을 받은 뒤 모반했다는 이유로 사사되었다고 기록했다.[88] 원휘 4년에서 승명(昇明) 3년(479)에 제나라 선양을 받기까지 겨우 3년이 지났으니, (유)홰 등은 단지 아홉 살이었을 뿐인데, 아홉 살짜리가 어찌 모반할 수 있겠는가? 그러나 모반으로 사사되었다고 했으니, 곧 제나라의 살육이 망한 나라의 어린아이에까지 미쳤다는 것은 말하지 않아도 알 수 있다. 그런 즉 (심)약이 송나라와 제나라 사이의 일을 서술한 것은 오히려 크게 사실을 잃은 정도는 아니었다.

무릇 시비의 공평함은 천하가 함께 하는 것이니, 진실로 한 사람의 손으로 만인의 눈을 가릴 수 없는 것이다. (심)약이 『송서』를 지으면서 「원찬전」을 만들고자 하여 황제에게 아뢰자, 황제가 "(원)찬은 본래 송 황실의 충신이다"라고 말했다[趙注 : 「왕지심전(王智深傳)」].[89] 유상(劉祥)이 영명(永明) 연간에 함께 『송서』를 편찬하면서 선양에 관한 일을 헐뜯고 배척하자, 왕검(王儉)이 몰래 그것을 상주했으나 황제는 함구하고는 불문에 부쳤다[趙注 : 『남사』 「유상전(劉祥傳)」].[90] 또 조서를 내려 "원찬, 유병은 모두 송 황실을 도왔고, 심유지는 경화(景和)[91] 연간에 특히 충성하는 마음[乃心]이 있었다. 세월이 오래 지났으므로 마땅히 특별히 우대해야 하니, 모두 개장(改葬)할 수 있도록 하고, 그 여러 아들 가운데 상구(喪柩)가 서쪽에 있는 자도[92] 역

87) 元徽 : 南朝 宋 後廢帝의 연호. 473~476년.

88) 『宋書』 卷90 「隋陽王翽傳」, 2238면, "隨陽王翽字仲儀, 明帝第十子也. 元徽四年, 年六歲, 封南陽王, 食邑二千戶. ……(昇明)二年, 以南陽荒遠, 改封隨陽王, 以本號停京師. 齊受禪, 降封舞陰縣公, 食邑千五百戶. 謀反, 賜死"; 『宋書』 卷90 「新興王嵩傳」, 2238~2239면, "新興王嵩字仲岳, 明帝第十一子. 元徽四年, 年六歲, 封新興王, 食邑二千戶. 齊受禪, 降封定襄縣公, 食邑千五百戶. 謀反, 賜死."

89) 『南齊書』 卷52 「王智深傳」, 896면, "世祖使太子家令沈約撰宋書, 擬立袁粲傳, 以審世祖. 世祖曰 : '袁粲自是宋家忠臣'."

90) 『南史』 卷15 「劉祥傳」, 430면, "永明初, 撰宋書, 譏斥禪代, 尙書令王儉密以啓聞, 上銜而不問."

91) 景和 : 南朝 宋 前廢帝 劉子業의 연호. 465년.

92) 沈攸之는 본래 吳興 武康人인데, 荊州刺史로서 거병하였고 형주성이 함락되자 그 아들들과 함께 죽었다. 서쪽이라 함은 荊州지역을 이르는 것으로 보아야할 것이다; 『宋書』 卷74 「沈攸之傳」, 1927면, "沈攸之字仲達, 吳興武康人"; 『宋書』 卷74 「沈攸之傳」,

시 예전 무덤으로 송환하도록 하라"[93]고 했으니, 황제도 역시 천하의 공론(公論)을 가릴 수는 없었던 것이다.

살펴보건대, 심약이 제 고제(高帝)가 군주를 폐위하고 시해한 일을 꺼리지 않았던 것은 제나라의 죄악을 드러내려는 것이 아니라, 바로 창오(왕)(蒼梧王)가 마땅히 폐위되어야 함을 드러내려 한 것이다. 어리석은 임금을 폐위하고 영명한 임금을 세우는 것은 본래 고사가 있으니, 진(晉)·송(宋) 무렵은 한(漢)나라로부터 (시간상) 멀지 않았으므로, 곽광(霍光)이 창읍(왕)(昌邑王)을 폐위한 예[94]가 사람들의 눈과 귀에 남아 있었던 것이다. 그러므로 소제(少帝) 유의부(劉義符[95])가 덕을 잃어 서선지(徐羨之) 등에게 시해되었는데,[96] 당시 여론 역시 단지 폐위하고 나서 죽인 것이 지나쳤다고 했을 뿐이지, 폐립을 잘못이라고 한 것은 아니었다. 전폐제(前廢帝) 유자업(劉子業)이 무도하여 명제(明帝)가 완전부(阮佃夫) 등과 결탁해서 그를 죽였

1940면, "攸之初下, 留元琰守江陵, 張敬兒剋城, 元琰逃走. 第五子幼和·幼和弟靈和·元琰子法先·懿子□□·文和子法徵·幼和子法茂, 並爲敬兒所禽, 伏誅. 初, 文和尙齊王女義興憲公主, 公主早薨, 有二女, 至是齊王迎還第內. 今皇帝卽位, 聽攸之及諸子喪還葬墓."

93) 『宋書』 卷89 「袁粲傳」, 2233~2234면, "齊永明元年, 詔曰 : '昔魏矜袁紹, 恩給丘墳; 晉亮兩王, 榮覃餘裔. 斯蓋懷舊流仁, 原心興宥, 二代弘義, 前載美談. 袁粲·劉秉, 並與先朝同獎宋室, 沈攸之於景和之世, 特有乃心, 雖末節不終, 而始誠可錄. 歲月彌往, 宜沾優隆, 粲·秉前年改葬, 塋兆未修, 材官可爲經略, 粗合周禮. 攸之及其諸子喪柩在西, 可符荊州以時致送, 還反舊墓, 在所營葬事'."

94) 『漢書』 卷8 「宣帝紀」, 238면, "元平元年四月, 昭帝崩, 毋嗣. 大將軍霍光請皇后徵昌邑王. 六月丙寅, 王受皇帝璽綬, 尊皇后曰皇太后. 癸巳, 光奏王賀淫亂, 請廢."

95) 少帝(406~424, 재위 422~424) : 이름은 義符, 小字는 車兵이며, 武帝의 맏아들이다. 永初 元年(420) 皇太子가 되고 永初 3년(422) 帝位에 올라 年號를 景平이라 했다. 재위 중 유희를 법도에 넘게 탐닉하고 친히 朝政을 처리하지 않았다. 대외적으로는 滑臺·金墉·虎牢 등을 北魏에게 빼앗겼다. 景平 2년(424) 輔政大臣 徐羨之·傅亮 등에게 폐위되어 營陽王이 되었고 吳郡에 유폐되었다가 피살되었다.

96) 『宋書』 卷4 「少帝本紀」, 66면, "始徐羨之、傅亮將廢帝, 諷王弘、檀道濟求赴國訃. …… 夫出東閤, 就收璽紱, 羣臣拜辭, 送於東宮, 遂幽於吳郡. …… 六月癸丑, 徐羨之等使中書舍人邢安泰弑帝於金昌亭. 帝有勇力, 不卽受制, 突走出昌門, 追以門關踣之, 致殞. 時年十九"; 『宋書』 卷43 「徐羨之傳」, 1331~1332면, "帝後失德, 羨之等將謀廢立, 而廬陵王義眞輕動多過, 不任四海, 乃先廢義眞, 然後廢帝. …… 時爲帝築宮未成, 權居金昌亭, 帝突走出昌門, 追者以門關擊之倒地, 然後加害."

는데, 당시 여론 역시 명제가 잘못했다고 여긴 것은 아니었던 것이다.[97] 창오왕이 무도한 때를 당하여 완전부, 신백종(申伯宗), 주유(朱幼) 등이 이미 폐립을 모의했다가 일이 누설되어 죽었다【趙注 : 「폐제기(廢帝紀)」】.[98] 제 고제도 역시 먼저 원찬, 저연과 폐립을 모의하였는데 원(찬)과 저(연)이 감히 따르려 하지 않아서 그만두었다【趙注 : 제 「고제기」】.[99] 이는 당시 조야 안팎으로 본래 창오왕은 마땅히 폐위돼야 한다고 여기지 않은 자가 하나도 없었던 것으로, 제 고제가 일을 일으킨 것은 본래 천하의 공의에 맞는 것이었다. 심유지에게 답하는 편지에서도 역시 "어리석은 이를 쫓고 영명한 임금을 세우는 것은 실로 오직 전대의 올바른 법이다. 종사를 편안히 하고 나라를 안정시키는데 무엇이 전대의 군자들에게 부끄럽겠는가"[100]라고 했으니, 진실로 이미 눈을 밝게 뜨고 담을 크게 펴[明目張胆][101] 스스로 이치가 마땅한 바라고 인식했던 것이다. 그러므로 (심)약은, 제왕이 하늘과 사람의 마음을 따라 왕경칙과 폐립을 모의하였다고 분명히 써서 숨기지 않았던 것이다.

그 뒤 제 울림왕(鬱林王)[102]이 무도하여 제 명제가 그를 폐위하고 시해

---

97)『宋書』卷8「明帝紀」, 152면, "廢帝誅害宰輔, 殺戮大臣, 恒慮有圖之者, 疑畏諸父, 並拘之殿內, 遇上無禮, 事在文諸王傳. …… 上先已與腹心阮佃夫、李道兒等密共合謀. 于時廢帝左右常慮禍及, 人人有異志. …… 佃夫、道兒因結壽寂之等殞廢帝於後堂. 十一月二十九日夜也."

98)『宋書』卷9「後廢帝紀」, 187면, "四月甲戌, 豫州刺史阮佃夫、步兵校尉申伯宗、朱幼謀廢立, 佃夫、幼下獄死, 伯宗伏誅."

99) 이때는 袁粲, 褚淵 등과 중요한 일들을 공동으로 맡아보고 있었을 때였다.『南齊書』卷1「高帝紀上」, 7면, "與尚書令袁粲、護軍褚淵、領軍劉勔共掌機事";『南齊書』卷23「褚淵傳」, 428면, "蒼梧酷暴稍甚, 太祖與淵及袁粲言世事, 粲曰 : '主上幼年微過易改, 伊、霍事, 非季代所行, 縱使功成, 亦終無全地.' 淵默然, 歸心太祖."

100)『南齊書』卷25「張敬兒傳」, 469~470면, "太祖出頓新亭, 報攸之書曰 : '…… 黜昏樹明, 實惟前則, 寧宗靜國, 何愧前脩. ……'."

101) 본문에는 '明目張胆'으로 표현하였으나, '胆'은 '膽'의 俗字이다. '明目張膽'은, 눈을 밝게 하고 담을 편다는 뜻으로, '두려워하지 않고 분발하여 일을 함'을 이르는 말이다.

102) 鬱林王(473~494, 재위 493~494) : 이름은 蕭昭業, 字는 元尙, 小名은 法身이며, 武帝의 아들 文惠太子의 맏아들이다. 太子가 죽은 뒤 皇太孫이 되었으며, 武帝 사후 즉위하여 年號를 隆昌이라 하였다. 사치가 심하고 賞賜가 많아서 재정이 고갈되었다.

했는데,[103] 논자들은 역시 그가 폐립을 빌미로 찬탈한 것을 미워하는 데 그쳤을 뿐이지, 울림왕을 폐위한 것을 잘못으로 여기지는 않았다. 동혼후(東昏侯)[104]가 무도함에 이르자 안으로는 안성왕(安成王) 소요광(蕭遙光)[105]이 군사를 일으켜 그를 폐위하려고 했고,[106] 장흔태(張欣泰), 호송(胡松) 등도 또한 무리를 결합하여 그를 폐위하고자 했으며,[107] 허준(許準)이 또한 재상 서효사(徐孝嗣)에게 그를 폐위할 것을 권하였고,[108] 밖으로는 진현달(陳顯達)이 군사를 일으켜 그를 폐위하려고 했고,[109] 최혜경(崔慧景)도 또한

이때 朝政은 鎭軍大將軍 蕭鸞이 장악하였다. 후에 蕭鸞에게 다른 뜻이 있을 것이라고 의심하여 西州로 내보냈으나 蕭鸞이 군대를 이끌고 入宮하여 太后의 명령을 빌어 鬱林王으로 폐위하였다.

103)『南齊書』卷6「明帝紀」, 84면, "鬱林王廢, 海陵王立";『南齊書』卷4「鬱林王紀」, 74면, "出西弄, 殺之, 時年二十二."

104) 東昏侯(483~501, 재위 483~501) : 이름은 蕭寶卷, 본명은 明賢, 字는 智藏이며, 明帝의 둘째 아들이다. 建武 元年(494) 皇太子가 되고 永泰 元年(498) 즉위하여 연호를 永元이라 하였다. 대규모 토목공사를 일으켜 재정이 고갈되어 백성들의 재물을 약탈하였다. 永元 3년(501) 蕭衍이 建康을 포위하자 宮城을 닫고 방어하였으나, 결국 그 장수 王珍國, 張稷이 병사를 이끌고 殿에 들어가 그를 살해하였다. 宣德太后의 令을 빌어 東昏侯로 追封하였다.

105) 蕭遙光은 齊 宗室 始安貞王 蕭道生의 아들이다.『南齊書』卷45「蕭遙光傳」, 788면, "遙光字元暉. 生有躄疾, 太祖謂不堪奉拜祭祀, 欲封其弟, 世祖諫, 乃以遙光襲爵";

106)『南齊書』卷45「蕭遙光傳」, 790~791면, "遙光慮見殺, 八月十二日晡時, 收集二州部曲, 於東府門聚人衆, 街陌頗怪其異, 莫知指趣也. 遙光召親人丹陽丞劉渢及諸傖楚, 欲以討劉暄爲名. …… 天稍曉, 遙光戎服出聽事, 停轝處分上仗登城行賞賜. 歷生復勸出軍, 遙光不肯, 望臺內自有變. …… 臺軍主劉國寶、時當伯等先入, 遙光聞外兵至, 吹滅火, 扶匐下牀, 軍人排閤入, 於暗中牽出斬首, 時年三十二."

107)『南齊書』卷51「張欣泰傳」, 881~884면, "張欣泰字義亨, 竟陵人也. …… 時少帝昏亂, 人情咸伺事隙. 欣泰與弟前始安內史欣時密謀結太子右率胡松、前南譙太守王靈秀、直閤將軍鴻選、含德主帥苟勵、直後劉靈運等十餘人, 竝同契會."

108)『南齊書』卷44「徐孝嗣傳」, 771~774면, "徐孝嗣字始昌, 東海郯人也. …… 虎賁中郎將許准有膽力, 領軍隷孝嗣, 陳說事機, 勸行廢立. 孝嗣遲疑久之, 謂必無用干戈理, 須少主出遊, 閉城門召百僚集議廢之, 雖有此懷, 終不能決. 羣小亦稍憎孝嗣, 勸帝召百僚集議, 因誅之. 冬, 召孝嗣入華林省, 遣茹法珍賜藥, 孝嗣容色不異, 少能飮酒, 藥至斗餘, 方卒." 이 기록에서 許準의 이름을 '准'으로 쓰고 있는 것은 宋 順帝의 諱를 피한 까닭이다.

109)『南齊書』卷26「陳顯達傳」, 488면, "陳顯達, 南彭城人也";『南齊書』卷26「陳顯達傳」, 492면, "顯達聞京師大相殺戮, 又知徐孝嗣等皆死, 傳聞當遣兵襲江州, 顯達懼

군사를 일으켜 그를 폐위하고자 했으며,[110] 최후로 양(梁) 무제(곧, 蕭衍)가 군사를 일으켜 마침내 명을 끊게 했으니, 대저 본래 모두 폐립하는 형세를 부득이한 것으로 여긴 것이다.

동혼후가 서효사와 심소략(沈昭略)을 사사(賜死)할 때, (심)소략이 (서)효사를 나무라면서 "어두운 군주를 폐위하고 밝은 군주를 세우는 것은 고금의 좋은 법도인데, 재상이 재능이 없어 오늘에 이르렀습니다. 저는 용봉(龍逢),[111] 비간(比干)[112]과 흔연히 상대할 것이지만, 곽광이 만약 나으리께 오늘날 일을 묻는다면 무슨 말로 대답할 것입니까?"라고 말했다.[113] 또한 양 무제가 성을 포위한 날이 오래되자, 장직(張稷)이 왕량(王亮) 등을 불러 "걸(桀)왕이 덕을 어지럽힘이 있게 되자 제사에 쓰는 솥이 상(商)으로 옮겨갔소. 상의 주(紂)왕이 포학하니, 솥이 주(周)로 옮겨갔소. 이제 저 홀로 있는 자[獨夫]가 하늘과 스스로 관계를 끊었으니, 이는 미자(微子)가 은(殷)나라를 떠난 때인 것이오"라고 말하고는 마침내 범운(范雲) 등을 보내어 양 무제를 방문하게 했다.[114] 당시 사람들의 마음속에 각각 이(윤)(伊

禍, 十一月十五日, 擧兵."

110)『南齊書』卷7「東昏侯紀」, 99면, "崔慧景於廣陵擧兵襲京師";『南齊書』卷51「崔慧景傳」, 872면, "崔慧景字君山, 淸河東武城人也";『南齊書』卷51「崔慧景傳」, 874~875면, "東昏卽位 …… 帝旣誅戮將相, 舊臣皆盡, 慧景自以年宿位重, 轉不自安. …… 慧景旣得出, 甚喜. 子覺爲直閤將軍, 慧景密與期. 四月慧景至廣陵, 覺便出奔. 慧景過廣陵數十里, 召會諸軍主曰 : …… 衆皆響應. 於是回軍還廣陵, 司馬崔恭祖守廣陵城, 開門納之."

111) 龍逢 : 夏의 賢人으로, 임금 桀에게 간언을 올리다가 살해되었다. 후에 忠臣의 代稱으로 사용되었다.

112) 比干 : 商 紂王의 숙부. 官은 少師. 역시 임금 紂에게 간하다가 죽었던 충신이다.

113)『南史』卷37「沈昭略傳」, 960면, "永元中, 與叔父文季俱被召入華林省, 茹法珍等進藥酒, 昭略怒罵徐孝嗣曰 : '廢昏立明, 古今令典, 宰相無才, 致有今日.' 以甌投其面, 曰 : '使爲破面鬼.' 死時言笑自若, 了無懼容. 徐孝嗣謂曰 : '見卿使人想夏侯泰初.' 答曰 : '明府猶憶夏侯, 便是方寸不能都豁. 下官見龍逢、比干, 欣然相對; 霍光脫問明府今日之事, 何辭答之邪?'"

114)『梁書』卷16「張稷傳」, 271~272면, "時東昏淫虐, 義師圍城已久, 城內思亡而莫有先發. …… 稷召尙書右僕射王亮等列坐殿前西鍾下, 謂曰 : '昔桀有昏德, 鼎遷于殷; 商紂暴虐, 鼎遷于周. 今獨夫自絶于天, 四海已歸聖主, 斯實微子去殷之時, 項伯歸漢之日, 可不勉哉.' 乃遣國子博士范雲、舍人裴長穆等使石頭城詣高祖, 高祖以稷爲侍

尹),[115] 곽(광)의 고사가 있었기 때문에 이치상 당연한 것으로 여겼음을 볼 수 있다. (심)약의 이 서술은 바로 제 고제가 '하늘에 응하고 사람들(마음)을 따른 것임'을 드러낸 것이었다.

123. 『송서』 본기의 서술 방법宋書本紀書法

『사기(史記)』는 한(漢) 고조(高祖)가 처음 일을 일으킬 때 유계(劉季)[116]라고 칭했고, 패공(沛公)으로 봉해지자 공이라고 칭했고, 한왕(漢王)으로 봉해지자 왕이라고 칭했고, 즉위에 이르러서 (황)제라고 칭했으니, 이것은 「우서(虞書)」[117]의 옛 법식을 근본으로 한 것이다.

『송서(宋書)』 본기에서는 유유(劉裕)가 일을 일으킬 때에는 고조(高祖)라고 칭했고, 예장공(豫章公)에 봉해지자 공이라고 칭했고, 송왕(宋王)에 봉해진 뒤에는 왕이라 칭했고, 등극한 뒤에는 상(上)이라고 칭했으니, 이것은 또한 진수(陳壽)가 쓴 「위지(魏志)」의 예를 모방한 것이다. 「위지」에서 조조(曹操)가 처음 일을 일으켰을 때에 태조(太祖)라고 칭했고, 나중에는 공이라 칭하다 왕이라 칭했으나, 조조가 위공(魏公)으로 봉해진 것은 건안(建安) 18년(213)이지만,[118] 본기에서는 건안 원년(196)에 마침내 천자가 태조

中、左衛將軍"; 『南史』 卷23 「王亮傳」, 624면, "及東昏遇殺, 張稷仍集亮等於太極殿前西鍾下坐, 議欲立齊湘東嗣王寶晊. 領軍瑩曰 : '城閉已久, 人情離解, 征東在近, 何不諮問?' 張稷又曰 : '桀有昏德, 鼎遷于殷. 今實微子去殷、項伯歸漢之日.' 亮默然. 朝士相次下牀, 乃遣國子博士范雲齎東昏首送石頭, 推亮爲首."

115) 伊尹 : 殷의 어진 재상. 이름은 摯. 湯王을 도와 夏의 桀을 쳐서 천하를 평정하였다. 湯이 죽은 후, 그의 손자인 太甲이 무도하자, 그를 동궁으로 내쳤다가, 3년 만에 그가 뉘우침을 보고 다시 帝位에 복귀시켰다.

116) '季'는 漢 高祖의 字이다. 곧, 『史記』 卷8 「高祖本紀」, 341면, "高祖, 沛豐邑中陽里人, 姓劉氏, 字季. 父曰太公, 母曰劉媼."

117) 『尙書』의 편명 중 하나.

118) 『三國志』 「魏書」 卷1 「武帝本紀」, 37면, "(建安十八年)五月丙申, 天子使御使大夫

를 봉하여 무평후(武平侯)가 되었다고 서술하고는,[119] 그 다음 갑자기 고쳐서 공이라고 칭하고 있어, 특히 양자 사이에 분명한 바가 없음을 알 수 있다. 『송서』가 (송)공(宋公)으로 봉해진 뒤 공이라고 칭하고, (송)왕(宋王)이라고 봉해진 뒤 왕이라고 칭한 것은 오히려 진실을 얻은 것이 된다.

『남사(南史)』에서는 즉 일을 일으켰을 때 (황)제라고 칭하고는 이후에 공으로 봉해지고, 왕으로 봉해지고, 그리고 등극하게 되기까지를 모두 (황)제라고 칭했으니, 또한 이것도 하나의 (서술)방법이다.

『송서』에서 소도성(蕭道成)에 대한 서술방법에 있어 더욱 꺼리는 점이 있는 것은 심약(沈約)이 제(齊)나라 때 『송서』를 지으면서 스스로 (소)도성의 이름을 직접 쓸 수 없었기 때문이며, 그러므로 송(宋) 「명제기(明帝紀)」에 이미 제왕(齊王)이라고 칭했고,[120] 「순제기(順帝紀)」에서 또한 녹공제왕(錄公齊王), 태위제왕(太尉齊王), 태부제왕(太傅齊王)이라고 칭하고 있지만,[121] 그때는 사실 아직 작위를 올려서 왕이 된 것은 아니었다. 승명(昇明) 3년(479)에 이르러서야 비로소 작위를 올려 제공(齊公)이 되었으니, 윗 문장을 받아서 아래로 이어지게 한다면 마땅히 "제왕의 작위를 올려 제공으로 삼았다"라고 써야 하는데, 이는 문장이 통할 수가 없어 이내 "태부(太傅)의 지위를 올려 상국(相國)으로 삼고 열 개 군을 봉하여 제공으로 삼았다"[122]라고 쓰고서 다음에 비로소 제공을 올려 제왕으로 삼았다고 했다.[123] 이는 제왕이라고 칭한 것이 앞에 있고 제왕으로 봉해진 것은 뒤에 있는 것이니, 결국 문장의 뜻이 순조롭지 못함을 깨닫게 된다. 『남

郗慮持節策命公爲魏公."

119) 『三國志』 「魏書」 卷1 「武帝本紀」, 13~14면, "(建安元年)九月, 車駕出轘轅而東, 以太祖爲大將軍, 封武平侯. …… 冬十月, 公征奉, 奉南奔袁術, 遂攻其梁屯, 拔之."

120) 『宋書』 卷8 「明帝紀」, 156면, "右軍將軍齊王東討, 平晉陵"; 『宋書』 卷8 「明帝紀」, 163면, "庚申, 以驍騎將軍齊王爲南兗州刺史."

121) 『宋書』 卷10 「順帝紀」, 195면, "丁卯, 錄公齊王入守朝堂, 侍中蕭嶷鎭東府"; 『宋書』 卷10 「順帝紀」, 197면, "丙子, 給太尉齊王羽、鼓吹"; 『宋書』 卷10 「順帝紀」, 198면, "甲寅, 給太傅齊王三望車."

122) 『宋書』 卷10 「順帝紀」, 199면, "甲辰, 崇太傅爲相國, 總百揆, 封十郡, 爲齊公 ……."

123) 『宋書』 卷10 「順帝紀」, 199면, "夏四月壬申, 進齊公爵爲齊王, 增封十郡."

사』에서는 '소도성'이라고 바로 썼는데, 세상이 바뀐 뒤여서 피휘해야 할 바가 없어졌으므로 글쓰기가 쉬웠던 때문이었다.

124. 『송서』 『제서』의 대서법宋齊書帶敍法

『송서(宋書)』에는 대서법(帶敍法)이 있는데, 그 사람은 반드시 열전을 세울 필요가 없더라도 그의 일은 어떤 이의 열전 안에 덧붙여 보이는 방법으로, 곧 어떤 사람의 열전 안에서 그 사람의 이력을 서술하여 끝내고 뒷 문장에는 계속 (다른) 어떤 사람의 일을 쓰는 것이다.

예를 들어 「유도규전(劉道規傳)」에서, 서도복(徐道覆)[124]을 공격했을 때 유준(劉遵)을 장군으로 삼아 (서)도복을 공격하여 격파했는데,[125] (유준은) 회서(淮西) 사람으로[126] 벼슬이 회남태수(淮南太守)에 이르러 의희(義熙) 10년(414) 에 죽었다고 대서(帶敍)하고서,[127] 뒷 문장에서 또 거듭 (유)도규의 일을 서술하고서 열전을 마쳤으니, 이것은 유준이 「유도규전」 안에 대서

---

124) 徐道覆(?~411) : 東晉시대 사람으로 盧循의 妹夫이다. 盧循의 司馬가 되었으며, 元興 3년(404) 番禺를 공격하였고, 始興(지금의 廣東省 韶關)을 점령하였다. 義熙 6년(410) 劉裕가 北伐했다는 소식을 듣고 盧循에게 建康을 습격할 것을 권하였다. 豫章을 공격하여 鎭南將軍 何無忌를 참하고 군대를 합하여 衛將軍 劉毅를 桑落洲에서 대파하였다. 盧循이 劉裕가 회군한다는 소식을 듣고 퇴각하려고 하자 공격을 주장하여 建康에 이르렀으나 누차 패하였고, 江陵을 공격했으나 역시 이기지 못하였다. 雷池에서 劉裕에게 패하고 달아나 始興을 보전하였으나, 다음 해 劉裕의 장수 孟懷玉에게 패하여 살해되었다.

125) 『宋書』 卷51 「臨川烈武王道規傳」, 1474면, "道規使劉遵爲游軍, 自距道覆於豫章口. 前驅失利, 道規壯氣愈厲, 激揚三軍, 遵自外橫擊, 大破之."

126) [王注] 『宋書』 卷51 「劉道規傳」에 의하면 "遵은 臨淮 海西人이다"라고 되어 있다. '臨淮'는 郡名이고 '海西'는 縣名이므로 '淮西'라고 줄여서 칭할 수 없다.

127) 帶敍法에 의한 劉遵의 기록은 다음과 같다. 『宋書』 卷51 「臨川烈武王道規傳」, 1474면, "遵字慧明, 臨淮海西人, 道規從母兄蕭氏舅也. 官至右將軍、宣城內史、淮南太守. 義熙十年, 卒, 追贈撫軍將軍. 追封監利縣侯, 封邑七白戶."

된 것이다.

여릉왕(廬陵王) 「유의진전(劉義眞傳)」에서 (유)의진이 관중(關中)에서 도망쳐 돌아오던 도중 풀숲 가운데 숨어 있다가 단굉(段宏)이 와서 찾게 되자 비로소 나아갈 길을 얻게 되었다고 기록하고,[128] 이어서 (단)굉은 선비(鮮卑) 사람으로 본래 모용초(慕容超[129])의 상서(尙書)였다가 원가(元嘉) 연간에 청(靑)·기(冀) 두 주(州)의 자사(刺史)가 되었다고 대서하고,[130] 뒷 문장에서 또한 거듭 (유)의진의 일을 서술하고서 열전을 마쳤다. 이것은 단굉이 「(유)의진전」 안에 대서된 것이다.

그밖에 「하승천전(何承天傳)」에서 사원(謝元)을 대서한 것,[131] 「하상지전(何尙之傳)」에서 맹의(孟顗)를 대서한 것,[132] 「사령운전(謝靈運傳)」에서 순옹(荀雍), 양선지(羊璿之), 하장유(何長瑜) 세 사람을 대서한 것[133]들이 모두 이러한 방법이다.

대개 사람마다 각각 열전을 만들자면 다 할 수 없고, 열전을 만들지 않

---

128) 『宋書』 卷61 「廬陵孝獻王義眞傳」, 1635면, "義眞與左右相失, 獨逃草中. 中兵參軍段宏單騎追尋, 緣道叫喚, 義眞識其聲, 出就之 ……"

129) 慕容超(385~410, 재위 405~410): 字는 祖明이다. 아버지 慕容納은 前秦의 廣武太守였으나 慕容垂가 前秦에 반기를 들자 피살되었다. 그의 처는 羌中에 들어가 慕容超를 낳았다. 慕容超는 자라서 숙부 慕容德에게 돌아갔고 北海王에 봉해지고 侍中驃騎大將軍 司隸校尉가 되었다. 慕容德이 아들이 없어 太子가 되었고, 建平 6년(405) 慕容德이 죽자 帝位에 올라 太上으로 改元하였다. 游獵을 좋아하고 宗室大臣을 핍박하였으며, 지방의 王侯와 州刺史가 죽거나 혹은 도망갔다. 肉刑 등 가혹한 법을 부활하려고 하였으나 반대에 부딪혔다. 太上 5년(409) 東晉의 劉裕가 공격하여 廣固城을 포위하자 사로잡혀 죽었다.

130) 帶敍法에 의한 段宏의 기록은 다음과 같다. 『宋書』 卷61 「廬陵孝獻王義眞傳」, 1635면, "宏, 鮮卑人也. 爲慕容超尙書左僕射·徐州刺史, 高祖伐廣固, 歸降. 太祖元嘉中, 爲征虜將軍·靑冀二州刺史. 追贈左將軍."

131) 『宋書』 卷64 「何承天傳」, 1711면, "元字有宗, 陳郡陽夏人, 臨川內史靈運從祖弟也. 以才學見知, 卒於禁錮."

132) 『宋書』 卷66 「何尙之傳」, 1737면, "孟卽孟顗, 字彦重, 平昌安丘人. 兄昶貴盛, 顗不就徵辟. 昶死後, 起家爲東陽太守, 遂歷吳郡·會稽·丹陽三郡, 侍中, 僕射, 太子詹事, 復爲會稽太守, 卒官, 贈左光祿大夫."

133) 『宋書』 卷67 「謝靈運傳」, 1775면, "時長瑜敎惠連讀書, 亦在郡內 …… 荀雍字道雍, 官至員外散騎郞, 璿之字曜璠, 臨川內史, 爲司空竟陵王誕所遇, 誕敗坐誅. …… 廬陵王紹鎭尋陽, 以長瑜爲南中郞行參軍, 掌書記之任. 行至板橋, 遇暴風溺死."

으려니 그 사람에게 또한 전할 만한 일이 있기 때문에, 이 같은 대서법이 있으면 곧 열전을 많이 만드는 것을 줄이면서도 또한 그 사람을 없애지도 않게 되었으니, 이는 진실로 사서를 쓰는 데에 있어 좋은 방법이다. 다만 다른 사서에서는 열전에 덧붙이는 경우 대부분 본전 뒤편에 덧붙여 전하는 사람의 이력을 붙였는데, 이것(대서법)은 바로 서술하는 가운데에다 갑자기 덧붙이는 사람의 이력을 집어넣었으니, 이러한 예는 바로 『송서』의 독창적인 것이다.

「유의경전(劉義慶傳)」에서는 (유)의경[134]이 문사 포조(鮑照) 등을 좋아하여 끌어들였다고 하고는 곧 포조의 자(字)는 명원(明遠)이고 문장이 풍부하고 뛰어나다고 서술했다. 또한 (포)조의 문장이 풍부하고 뛰어나다고 하여 곧 그의 「하청송(河淸頌)」 한 편 2천여 자를 기재하였으며,[135] 아울러 (포)조는 효무제(孝武帝)가 그의 재능을 싫어함을 두려워하여 일부러 비루한 말과 구차한 구절을 지어 화를 모면했다고 서술했다.[136] 그리고 그 뒷 문장에서는 또한 거듭 (유)의경의 일을 서술하여 열전을 마쳤다. 결국 한 열전 가운데 (유)의경의 일은 도리어 적고, 포조의 일이 더욱 많은 것을 알게 되는데, 이는 시끄러운 객이 주인의 자리를 빼앗은 격임을 면하지 못한 것이다. (포)조는 본래 재사(才士)인데 어떻게 「문원전(文苑傳)」에 넣지 않고[137] 그의 송부(頌賦)를 본전 가운데에 실은 것일까? 지금 「(포)조전」을 만들지 않고 (포)조의 송(頌)을 「(유)의경전」에 덧붙여 넣은 것은 무슨 역

---

134) 劉義慶(403~444) : 劉宋의 종실로 長沙王 劉道憐의 작은 아들로 숙부 劉道規의 양자가 되었다. 永初 元年(420) 臨川王을 襲封하였고 侍中이 되었다. 元嘉中 丹陽尹이 되었고, 元嘉 9년(432) 荊州刺史, 元嘉 16년(439) 江州刺史, 다음 해 南兗州刺史가 되었다. 후에 병이 걸려 建康에 돌아와 죽었다. 저서에는 『世說』 『幽明錄』 『集林』 『徐州先賢傳』 등이 있다. 『世說』은 후에 『世說新語』로 칭해지며, 현재 3卷이 남아 있다.

135) 『宋書』 卷51 「劉義慶傳」, 1477~1478면, "鮑照字明遠, 文辭贍逸, 嘗爲古樂府, 文甚遒麗. 元嘉中, 河、濟俱淸, 當時以爲美瑞, 照爲河淸頌, 其序甚工. 其辭曰 : ……."

136) 『宋書』 卷51 「劉義慶傳」, 1480면, "上好爲文章, 自謂物莫能及, 照悟其旨, 爲文多鄙言累句, 當時咸謂照才盡, 實不然也."

137) [王注] 『宋書』에는 「文苑傳」이 없다. 단지 顔延之, 謝靈運 등과 함께 專傳을 이룰 수 있을 것이다.

사 서술 체제를 이룬 것인가.

『제서(齊書)』에도 역시 대서법이 많다. 예컨대 「문혜태자전(文惠太子傳)」에서는 문혜(태자)가 양주자사(梁州刺史) 범백년(范柏年)을 꾀어 잡아 두었다는 사실로 인해, (범)백년이 앞서 양주(梁州)에서 저족(氐族)을 평정한 공적을 대서하였다.[138] 또한 양양(襄陽)에서 도둑이 무덤을 도굴하여 죽간서(竹簡書)를 얻은 일이 있었는데, 왕승건(王僧虔)이 과두(科斗)[139]로 쓴 『고공기(考工記)』의 빠진 문장으로 생각했다고 대서했다.[140] 문혜(태자)가 서문경(徐文景)을 시켜 수레와 의복 등을 만들라고 한 것에 이어, (서)문경의 아버지인 (서)도인(徐陶仁)이 (서)문경이 만든 것을 싫어하여 "결국 멸문을 당할 것이니, 바로 집을 옮겨 피해야겠다"라고 말하였으며, 나중에 (서)문경은 과연 죽음을 당했지만 (서)도인은 끝내 울지 않았음을 대서하였다.[141] 또한 가령 「장경아전(張敬兒傳)」에서는 (장)경아가 심유지(沈攸之)의 사신을 목을 베었으나 요도화(姚道和)는 (심)유지의 사신을 목 베지 않았다는 사실에 이어,[142] (요)도화는 본래 요흥(姚興)의 손자로서 할아버지도 천자이고 아버지도 천자이며 스스로는 일찍이 황태자였다고 자칭했다는 것을 대서했다.[143]

---

138) 『南齊書』 卷21 「文惠太子傳」, 398면, "先是, 梁州刺史范柏年誘降晉壽亡命李烏奴討平氐賊楊城·蘇道熾等, 頗著威名. …… 柏年, 梓潼人, 徙居華陽, 世爲土豪, 知名州里. 宋泰始中, 氐寇斷晉壽道, 柏年以倉部郎假節領數百人慰勞通路, 自益州道報命. 除晉壽太守. 討平氐賊, 遂爲梁州."

139) 科斗文字의 준말. 篆書 이전에 사용했던 가장 오래된 글자체. 글자의 획 모양이 머리는 굵고 끝이 가늘어 올챙이 같다고 하여 이르는 말. 黃帝 때 蒼頡 혹은 顓頊이 처음 만들었다고 한다.

140) 『南齊書』 卷21 「文惠太子傳」, 398면, "時襄陽有盜發古塚者, 相傳云是楚王塚, 大獲寶物玉屐、玉屛風、竹簡書、青絲編. 簡廣數分, 長二尺, 皮節如新. 盜以把火自照, 後人有得十餘簡, 以示撫軍王僧虔, 僧虔云是科斗書考工記, 周官所闕文也."

141) 【王注】『南齊書』에는 이 일을 싣지 않았고, 이는 『南史』 卷44 「文惠太子傳」에 보인다. 『南史』 卷44 「文惠太子傳」, 1100면, "又使徐文景造輦及乘輿御物虎賁雲罕之屬, 上嘗幸東宮, 忽忽不暇藏輦, 文景乃以佛像內輦中, 故上不疑. 文景父陶仁時爲給事中, 謂文景曰: '終當滅門, 政當掃墓待喪耳.' 及移家避之. 其後文景竟賜死, 陶仁遂不哭, 時人以爲有古人風."

142) 『南齊書』 卷25 「張敬兒傳」, 473면, "初, 敬兒旣斬沈攸之, …… 司州刺史姚道和不殺攸之使, 密令道宗罷軍."

125. 『송서』에서 북위의 일을 기록한 것은 오류가 많다宋書紀魏事多誤

『송서(宋書)』에는 「색로전(索虜傳)」이 있어 북위(北魏) 태무제(太武帝) 이후 문성제(文成帝)가 즉위하기까지의 일을 시술하면서 태무(제)에게는 아들이 여섯 명 있다고 했다. 큰아들의 이름은 탁발황(拓跋晃)[144]으로 태자가 되었다. 다음은 진왕(晉王)인데 태무(제)에게 사사되었다.[145] 다음은 진왕(秦王) (탁발)오혁간(拓跋烏奕肝)으로 (탁발)황과 함께 국사를 담당했으나, (탁발)황에게 참소를 당해 포한(枹罕)으로 보내져 주둔하게 되었다. 다음은 연왕(燕王), 그 다음은 오왕(吳王), 그 다음은 초왕(楚王)이다. 태무(제)가 남쪽을 정벌할 때 노획한 것이 매우 많았는데, (탁발)황이 사적으로 사람을 보내 가려서 취하게 하였고, 태무(제)가 이것을 듣고는 대대적으로 조사하게 하자 (탁발)황은 두려워서 (태무제를) 시해할 것을 모의했다. (태무제) (탁발)도(燾)는 (자신이) 죽었다고 속이고는 근시(近侍)를 보내 (탁발)황을 불러 상여를 맞이하게 하고는 그가 오자 바로 잡아서 쇠감옥에 가두어 그를 죽이고, 진왕(秦王)을 세워 태자로 삼았다. 마침 태무(제)가 죽게 되자, 이때 총애를 받던 종애(宗愛)[146]를 시켜 오왕 (탁발)박진(拓跋博眞)을 세워

143) 『南齊書』 卷25 「張敬兒傳」, 473면, "道和字敬邕, 羌主姚興孫也. 父萬壽, 僞鎭東大將軍, 降宋武帝, 卒於散騎侍郎. 道和出身爲孝武安北行佐, 有世名, 頗讀書史. 常誑人云 '祖天子, 父天子, 身經作皇太子' 元徽中爲游擊將軍, 隨太祖新亭破桂陽賊有功, 爲撫軍司馬, 出爲司州, 疑怯無斷, 故及於誅."

144) 拓跋晃(428~451) : 北魏 太武帝의 맏아들로 延和 元年(432) 皇太子가 되었다. 太平眞君 4년(443) 太武帝를 따라 柔然을 공격하였고, 다음 해 국정을 총괄하였다. 司徒 崔浩의 건의에 따라 畿內의 개간과 농업발전에 노력하였고, 崔浩의 옥사 때 高允을 옹호하였다. 正平 元年(451) 中常侍 宗愛에게 모함당해 東宮의 屬官들이 대부분 살해당하여 이를 원한으로 삼다가 병으로 죽었다. 諡號는 景穆太子이며, 文成帝 때 그를 景穆皇帝로 추존하고 廟號를 恭宗이라 하였다.

145) 『宋書』 卷95 「索虜傳」, 2353면, "次曰晉王. 燾所住屠蘇爲疾雷擊, 屠蘇倒, 見壓殆死, 左右皆號泣, 晉王不悲, 燾怒賜死."

146) 宗愛(?~452) : 太武帝 시기의 환관으로 벼슬은 中常侍 秦郡公에 이르렀다. 太武帝 앞에서 太子가 총애하는 給事中 仇尼道盛의 죄를 모함하여 살해하였고, 太子 역시

뒤를 잇게 했는데, 종애와 (탁발)박진은 (탁발)오혁간에게 해를 당할 것을 두려워하여 그를 죽이고 자립했다. 연왕이 "(탁발)박진은 올바른 후계자가 아니므로, 마땅히 (탁발)황의 아들 (탁발)준(拓跋濬)을 세워야 합니다"[147]라고 말하고, 이내 (탁발)박진 및 종애를 죽이고 (탁발)준을 세우니, 이가 문성제이다.[148]

『위서(魏書)』를 살펴보면, 태자 (탁발)황은 훌륭한 덕이 있었는데, 정평(正平)[149] 원년(451)에 죽어 시호를 경목(景穆)이라 했다.[150] 다음 진왕 (탁발)한(拓跋翰)은 고쳐서 동평왕(東平王)에 봉했는데, 즉 『송서』에서 말한 (탁발)오혁간이다. 다음 연왕 (탁발)담(拓跋譚)은 고쳐서 임회왕(臨淮王)에 봉했다. 다음 초왕 (탁발)건(拓跋建)은 고쳐서 광양왕(廣陽王)에 봉했다. 다음 오왕 (탁발)여(拓跋余)는 고쳐서 남안왕(南安王)에 봉했다.[151] 정평 2년(452)에 태무(제)는 중상시(中常侍) 종애에게 시해되었는데, 종애는 또 황태

이를 걱정하여 죽었다. 후에 太武帝가 太子를 그리워하자 이를 두려워하여 太武帝를 살해하고 南安王 余를 옹립하였다. 또 秦王 翰을 살해하고 스스로 大將軍 太師가 되었다. 南安王 余가 권력을 빼앗으려고 하자 그를 살해하였다. 羽林郎 劉尼가 이를 殿中尙書 源賀에게 고하고, 源賀가 南部尙書 陸麗와 모의하여 拓跋濬을 세우고 宗愛를 잡아 죽였으며, 三族을 멸하였다.

147) 『宋書』의 원문에서는 拓跋濬의 이름을 직접 언급하고 있지는 않다. 『宋書』 卷95 「索虜傳」, 2353면, "燕王謂國人曰 : '博眞非正, 不宜立, 直懃嫡孫, 應立耳'."

148) 『宋書』 卷95 「索虜傳」, 2353면, "初, 燾有六子, 長子晃字天眞, 爲太子. 次曰晉王. 燾所住屠蘇爲疾雷擊, 屠蘇倒, 見壓殆死, 左右皆號泣, 晉王不悲, 燾怒賜死. 次曰秦王烏奕肝, 與晃對掌國事, 晃疾之, 愬其貪暴, 燾鞭之二百, 遣鎭枹罕. 次曰燕王. 次曰吳王, 名可博眞. 次曰楚王, 名樹洛眞. 燾至汝南瓜步, 晃私遣取諸營, 鹵獲甚衆. 燾歸聞知, 大加搜檢. 晃懼, 謀殺燾, 燾乃詐死, 使其近習召晃迎喪, 於道執之, 及國, 罩以鐵籠, 尋殺之. 以烏奕肝有武用, 以爲太子. 會燾死, 使嬖人宗愛立博眞爲後, 宗愛・博眞恐爲奕肝所危, 矯殺之而自立, 號年承平. 博眞懦弱, 不爲國人所附, 晃子濬字烏雷直懃, 素爲燾所愛, 燕王謂國人曰 : '博眞非正, 不宜立, 直懃嫡孫, 應立耳.' 乃殺博眞及宗愛, 而立濬爲主, 號年爲正平."

149) 正平 : 北魏 太武帝 拓跋燾의 연호. 451~452년.

150) 『魏書』 卷4下 「恭宗景穆帝紀」, 107~109면, "恭宗景穆皇帝諱晃, 太武皇帝之長子也, 母賀夫人. 延和元年春正月丙午, 立爲皇太子, 時年五歲. 明慧强識, 聞則不忘. 及長, 好讀經史, 皆通大義. 世祖甚奇之. …… 正平元年六月戊辰, 薨於東宮, 時年二十四. …… 高宗卽位, 追尊爲景穆皇帝, 廟號恭宗."

151) 이들에 대한 열전은 『魏書』 卷18 「太武五王列傳」, 417~439면에 수록되어 있다.

후의 명령을 사칭하여 진왕 (탁발)한을 사사하고, 남안왕 (탁발)여를 맞아 그를 즉위시켰다.[152] 그러고 나서 (탁발)여도 종애에게 해를 당했으며,[153] 대신(大臣) 장손갈후(長孫渴侯), 육려(陸麗)[154] 등이 황손 (탁발)준을 맞이하여 즉위시켰는데, 이가 문성제이다[155]라고 하였다. 이에 따르면, 태자 (탁발)황은 병 때문에 죽은 것이지, 태무(제)가 사사한 것은 아니다. 오왕은 종애에 의해 제멋대로 옹립된 것이지, 태무(제)의 유명(遺命)이 아니었으며, 이어서 또한 종애에게 해를 당한 것이지 연왕이 그를 죽인 것은 아니었다. 『송서』에서 전하는 바는 대개 남북이 분열되어 한갓 전하는 말을 들어 기재한 까닭에 이러한 오류가 있을 따름이다.

또, 예컨대 『송서』 「유원경전(柳元景傳)」을 보면, (유)원경[156]에게는 사촌동생 (유)광세(柳光世)가 있었는데, 북위에서 머물며 벼슬을 했다. 사도(司徒) 최호(崔浩)[157]가 그의 자형이었는데, (태무제) 탁발도가 남쪽을 노략질할 때 (최)호는 은밀히 다른 뜻을 품고 있었으며, (유)광세는 하북(河北)의 의사(義士)를 불러 (최)호를 위해 호응했다. (최)호는 모의가 드러나 주살되었고, 하동의 큰 성씨 중에서 연좌된 자가 매우 많았는데, (유)광세는

---

152) 『魏書』 卷4下 「太武帝紀」, 106면, "三月甲寅, 帝崩於永安宮, 時年四十五. 祕不發喪, 中常侍宗愛矯皇后令, 殺東平王翰, 迎南安王余入而立之, 大赦, 改元爲永平, 尊皇后赫連氏爲皇太后"; 『魏書』 卷18 「東平王翰傳」, 418면, "世祖崩, 諸大臣等議欲立翰, 而中常侍宗愛與翰不協, 矯太后令立南安王余, 遂殺翰."

153) 『魏書』 卷18 「南安王余傳」, 435면, "宗愛權恣日甚, 內外憚之. 余疑愛將謀變, 奪其權, 愛怒, 因余祭廟, 夜殺余. 高宗葬以王禮, 諡曰隱."

154) 陸麗(?~465) : 代人으로 陸俟의 아들이다. 太武帝 시기 左右에서 入侍하였으며, 南部尚書가 되었다. 太武帝가 죽은 후 殿中尚書 長孫渴侯 등과 함께 文成帝를 즉위시켰고, 그 공으로 平原王에 봉해졌다. 侍中 撫軍將軍 領太子太傅가 되었다. 후에 太原王 乙渾에게 살해되었다.

155) 『魏書』 卷4下 「世祖」 「太武帝紀」, 106면, "冬十月丙午朔, 余爲宗愛所賊. 殿中尚書長孫渴侯與尚書陸麗迎立皇孫, 是爲高宗焉"; 『魏書』 卷5 「高宗紀」, 111면.

156) 『宋書』 卷77 「柳元景傳」, 1981면, "柳元景字孝仁, 河東解人也. 曾祖卓, 自本郡遷於襄陽, 官至汝南太守. 祖恬, 西河太守. 父憑, 馮翊太守."

157) 『魏書』 卷35 「崔浩傳」, 807면, "崔浩, 字伯淵, 淸河人也, 白馬公玄伯之長子. 少好文學, 博覽經史, 玄象陰陽, 百家之言, 無不關綜, 研精義理, 時人莫及."

남쪽으로 달아나 면할 수 있었다고 되어 있다.[158] 『위서』를 살펴보면, 최호의 주살은 국사(國史)를 지어 큰길가의 돌에 새긴 것으로 대중에게 시기를 받아 이 일이 위에까지 들렸으므로 일족이 주살되기에 이르렀고, 아울러 유(柳)씨, 노(盧)씨 등의 일족에까지도 그 화가 연달아 미쳤다는 것이다.[159] 이는 (최)호의 죽음이 국사 때문이며, 당초 별도의 다른 의도가 있었던 것은 아니라는 것이다. 『송서』에서 전하는 바는 대개 (유)광세가 남으로 도망갔을 때 거짓으로 핑계 삼은 말로 나중에 드디어 그것을 기록한 것일 뿐이니, 응당 『위서』를 올바른 것으로 해야 한다.

『북사(北史)』는 태자 (탁발)황, 진왕 (탁발)한 및 남안왕 (탁발)여의 일을 적고 있는데, 모두 『위서』에 근거하고 있다. 『남사(南史)』「유원경전」 역시 다만 사촌동생 (유)광세가 향리에 머물면서 (북)위에 벼슬하여 하북태수(河北太守)가 되었는데, 최호와는 친척이므로 (최)호가 주살되자 (유)광세가 남으로 도망쳤다고만 기록하고 있으며,[160] (최)호에게 다른 뜻이 있어 화를 입었다고는 말하지 않았으니, 본디 『송서』에서 기록한 바가 의거하기에 부족하다고 여겼기 때문이다.

---

158) 「柳元景傳」에 附記된 「柳光世傳」의 내용은 다음과 같다. 『宋書』 卷77 「柳光世傳」, 1991면, "元景從祖弟光世, …… 光世姊夫僞司徒崔浩, 虜之相也. 元嘉二十七年, 虜主拓跋燾南寇汝、潁, 浩密有異圖, 光世要河北義士爲浩應. 浩謀泄被誅, 河東大姓坐連謀夷滅者甚衆, 光世南奔得免."

159) 『魏書』 卷35 「崔浩傳」, 826면, "眞君十一年六月誅浩, 淸河崔氏無遠近, 范陽盧氏、太原郭氏、河東柳氏, 皆浩之姻親, 盡夷其族. 初, 郄標等立石銘刊國記, 浩盡述國事, 備而不典. 而石銘顯在衢路, 往來行者咸以爲言, 事遂聞發. 有司按驗浩, 取祕書郎吏及長曆生數百人意狀. 浩伏受賕, 其祕書郎吏已下盡死."

160) 『南史』 卷38 「柳元景傳」, 982면, "元景從父兄元怙, 大明末同晉安王子勛逆, 事敗歸降. 元景從祖弟光世留鄕里, 仕魏爲河北太守, 封西陵男, 與司徒崔浩親. 浩被誅, 光世南奔. 明帝時, 位右衛將軍、順陽太守. 子欣慰謀反, 光世賜死."

126. 『송서』와 『남사』에는 모두 심전자, 심림자 열전이 없다宋書南史俱無沈田子沈林子傳

송(宋) 무제(武帝)가 나라를 세울 때, 무장(武將) 공신으로는 단도제(檀道濟),[161] 단소(檀韶),[162] 단지(檀祗),[163] 왕진악(王鎮惡),[164] 주령석(朱齡石),[165] 주초석(朱超石),[166] 심전자(沈田子),[167] 심림자(沈林子)[168]가 으뜸이었다.

---

161) 檀道濟(?~436) : 劉宋 高平郡 金鄕縣(지금의 山東省 嘉祥縣 남쪽) 사람으로 대대로 京口에서 살았다. 東晉末 劉裕의 桓玄 토벌에 종군하여 太尉主簿 · 諮議參軍을 지냈다. 義熙 12년(416) 劉裕의 북벌군의 선봉이 되어 許昌 · 洛陽 · 潼關 · 長安을 점령하고 後秦을 멸하였다. 征虜將軍 琅邪內史가 되었고, 宋 건국 후 佐命功臣으로 永修縣公에 봉해졌다. 景平 2년(424) 少帝를 폐하고 文帝를 옹립하는데 참여하여 征東將軍이 되었고, 元嘉 3년(426) 荊州刺史 謝晦를 평정하여 征南大將軍 開府儀同三司 江州刺史가 되었다. 元嘉 8년(431) 北魏를 공격하여 여러 차례 승전하고 歷城(지금의 山東省 濟南市)까지 진격하였으나 군량이 다하여 되돌아 왔다. 司空으로 승진하였고, 다시 尋陽으로 돌아갔다. 文帝가 병이 나자 그의 威名을 두려워하여 그를 소환하여 죽였다.

162) 檀韶 : 劉宋 高平郡 金鄕縣 사람이며, 대대로 京口에 살았다. 처음 本州從事로 벽소된 후, 西曹主簿, 輔國司馬, 左將軍 등을 거쳤다.

163) 檀祗 : 字는 恭叔이며, 檀韶의 둘째 아우이다.

164) 王鎮惡(373~418) : 東晉 北海郡 劇縣(지금의 山東省 壽光縣 남쪽) 사람으로 前秦의 丞相 王猛의 손자이다. 13세에 前秦이 패하여 숙부를 따라 東晉으로 귀부하여 荊州에 客居하였다. 天門郡 臨澧令이 되었으며, 盧循의 난을 진압하는 데 공을 세워 博陸縣五等子로 봉해졌다. 南燕 정벌에 종사하였고, 義熙 8년(412) 劉毅토벌군의 선봉이 되어 江陵을 점령했는데, 大軍이 오기 20일 전이었다. 義熙 12년(416) 龍驤將軍으로 선봉을 이끌고 後秦을 공격하여 潼關을 거쳐 長安을 점령하고 城中의 胡漢 6萬餘戶를 위무하였다. 이 공으로 征虜將軍 領安西司馬 馮翊太守가 되어 關中에 주둔하였다. 義熙 14년(418) 赫連璝가 長安을 공격하자 中兵參軍 沈田子와 함께 이를 막았다. 후에 沈田子와 불화하여 살해되었다.

165) 朱齡石(379~418) : 東晉 沛郡 沛縣 사람으로 字는 伯兒이다. 대대로 將帥가문이었다. 殿中將軍이 되어 桓脩 형제를 따랐다. 후에 劉裕를 좇아 建武參軍이 되었다. 南燕 정벌과 盧循 격퇴의 공을 세웠으며, 義熙 8년(412) 劉裕의 명으로 成漢을 공격하여 평정하였고, 監秦梁六郡諸軍事 豐城縣侯가 되었다. 후에 雍州刺史 督關中諸軍事가 되어 劉義眞 대신 長安에 주둔하였다. 곧이어 長安 백성들에게 쫓겨나 潼關으로 달아났다. 赫連勃勃이 長安을 점령한 후 晉軍을 추격할 때, 赫連昌에게 사로잡혀 長安에 호송되어 피살되었다.

166) 朱超石 : 朱齡石의 아우이다.

167) 『宋書』 卷100 「自序」 「沈田子」, 2447면, "田子字敬光, 雲子弟也. 從高祖克京城,

(심)전자는 무제를 따라 경구(京口)를 점령하고 경읍(京邑)을 평정했으며 모용초(慕容超)를 멸망시켰다. 노순(盧循)(의 반란군)이 닥쳐오자 (심)전자는 손계고(孫季高)와 더불어 바닷길을 따라 광주(廣州)를 습격하여 그 소굴을 함락시켰고, (노)순은 돌아갈 곳이 없어져 마침내 주륙당했다.[169] 무제가 북벌할 때 (심)전자는 먼저 무관(武關)으로 들어가 청니(靑泥)에 자리를 잡았는데, 요홍(姚泓)이 많은 무리를 이끌고 와 맞서자 (심)전자는 그를 대파하고 마침내 장안(長安)을 평정했다. 무제가 문창전(文昌殿)에서 여러 장수들에게 연회를 베풀 때 술을 들어 (심)전자에게 따라 주며 "함양(咸陽)을 평정한 것은 경의 공이오"라고 말했다.[170] 나중에 군대를 되돌려 회군하였을 때에는 (심)전자와 왕진악, 부홍지(傅弘之),[171] 왕수(王修) 등을 남겨 계양공(桂陽公) (유)의진(劉義眞)[172]을 도와 장안을 지키게 했다. 혁련발발(赫連勃勃)이 습격해 오자 (심)전자는 (왕)진악과 더불어 군대를 내어 그를 막았다. 혹자가 (왕)진악이 본디 북쪽 사람이라 남쪽 사람을 모두 죽이고는 스스로 관중(關中)을 차지하려 한다고 하자, (심)전자는 이에 무제의 명령을 사칭하여 그를 죽이고 스스로 (유)의진에게 귀순하였다가 장사(長史) 왕수(王修)에게 죽임을 당했다.[173] 이는 그 몸은 비록 죽었으되 날래고 강

進平京邑, 參鎭軍軍事, 封營道縣五等侯"; 『南史』 卷57 「沈約傳」, 1405면, "田子字敬光, 從武帝剋京城, 進平建鄴, 參鎭軍事, 封營道縣五等侯."

168) 『宋書』 卷100 「自序」 「沈林子」, 2452면, "林子字敬士, 田子弟也. 少有大度, 年數歲, 隨王父在京口, 王恭見而奇之 ……."

169) 『宋書』 卷100 「自序」 「沈田子」, 2447면, "及盧循逼京邑, 高祖遣田子與建威將軍孫季高由海道襲廣州, 加振武將軍. …… 田子乃背水結陳, 身率先士卒, 一戰破之."

170) 『宋書』 卷100 「自序」 「沈田子」, 2448~2449면, "十二年, 高祖北伐, 田子與順陽太守傅弘之各領別軍, 從武關入, 屯據靑泥. 姚泓欲自禦大軍, 慮田子襲其後, 欲先平田子, 然後傾國東出. 乃率步軍數萬, 奄至靑泥. 田子本爲疑兵, 所領裁數百, 欲擊之. …… 所領江東勇士, 便習短兵, 鼓譟奔之, 賊衆一時潰散, 所殺萬餘人, 得泓僞乘輿服御. …… 長安旣平, 高祖燕于文昌殿, 擧酒賜田子曰 : '咸陽之平, 卿之功也.' 卽以咸陽相賞."

171) 『宋書』 卷48 「傅弘之傳」, 1430면, "傅弘之字仲度, 北地泥陽人"; 『南史』 卷16 「傅弘之傳」, 461면, "傅弘之字仲度, 北地泥陽人也."

172) 廬陵王 劉義眞을 이르는데, 그가 처음 桂陽縣公으로 봉해졌다. 『宋書』 卷2 「武帝紀中」, 31면, "九月, 封公次子義眞爲桂陽縣公, 以賞平齊及定盧循也"; 『宋書』 卷61 「廬陵孝獻王義眞傳」, 1633면, "廬陵孝獻王義眞, 美儀貌, 神情秀徹. 初封桂陽縣公, 食邑千戶."

함이 진실로 여러 장수의 위에 있었던 것이다.

(심)림자는 무제를 따라 모용초를 멸망시켰고, 노순이 경읍까지 엄습해 오자 (심)림자는 서적특(徐赤特)과 함께 사포(査浦)를 굳게 지켰는데, (서)적특이 경솔히 싸우다 패하자 (심)림자는 그 패잔병을 거두어 다시 싸워 (노순을) 격파했다. 서도복(徐道覆)이 또 이르자, (심)림자는 다시 제방을 끊고 싸웠는데, 마침 주령석이 이르러 (심)림자와 더불어 힘을 합치자, 적은 이에 흩어졌다.[174] 무제가 정벌할 때마다 (심)림자는 적의 예봉을 꺾으며 선두에 있었는데, 밤에 되면 곧 불러들여 숙위(宿衛)하게 하였다.[175] 무제가 북벌할 때 (심)림자는 선봉이 되어 동신호(董神虎)를 양읍(襄邑)에서 죽이고, 설백(薛帛)을 해현(解縣)에서 습격했다.[176] (단)도제 등과 더불어 포판(蒲坂)을 공격할 때, (심)림자는 포판은 성과 해자가 견고하고 깊어 빨리 점령할 수 있는 것이 아니며, 동관(潼關)은 천험이지만, 왕진악이 고립무원에 빠져 있으므로, 만약 요소(姚紹)가 먼저 그곳을 점거한다면 도모하기 어렵다고 하여 곧 서둘러 동관으로 달려갔다. 그러나 요소는 이미 관중의

---

173) 『宋書』 卷100 「自序」 「沈田子」, 2449면, "大軍旣還, 桂陽公義眞留鎭長安, 以田子爲安西中兵參軍、龍驤將軍、始平太守. …… 初, 高祖將還, 田子及傅弘之等並以鎭惡家在關中, 不可保信, 屢言之高祖. …… 及俱出北地, 論者謂鎭惡欲盡殺諸南人, 以數千人送義眞南還, 因據關中反叛. 田子與弘之謀, 矯高祖令誅之, 併力破佛佛, 安關中, 然後南還謝罪. 田子宗人沈敬仁驍果有勇力, 田子於弘之營內請鎭惡計事, 使敬仁於坐殺之, 率左右數十人自歸義眞. 長史王修收殺田子於長安槀倉門外, 是歲義熙十四年正月十五日也. 時年三十六."

174) 『宋書』 卷100 「自序」 「沈林子」, 2453~2454면, "義熙五年, 從伐鮮卑, 行參鎭軍軍事. 大軍於臨朐交戰, 賊遣虎班突騎馳軍後, 林子率精勇東西奮擊, 皆大破之. 慕容超退守廣固, 復與劉敬宣攻其西隅. 廣固旣平, 而盧循奄至. …… 便鼓躁而出, 賊伏兵齊發, 赤特軍果敗. 棄軍奔北岸, 林子率軍收赤特散兵, 進戰, 摧破之. 徐道覆乃更上銳卒, 沿塘數里. …… 久之, 會朱齡石救至, 與林子幷勢, 賊乃散走."

175) 『宋書』 卷100 「自序」 「沈林子」, 2455면, "高祖每征討, 林子輒摧鋒居前, 雖有營部, 至於宵夕, 輒勑還內侍."

176) 『宋書』 卷100 「自序」 「沈林子」, 2455면, "時襄邑降人董神虎有義兵千餘人, 高祖欲綏懷初附, …… 林子率神虎攻倉垣, 剋之, 神虎伐其功, 徑還襄邑. 林子軍次襄邑, 卽殺神虎而撫其衆. 時僞建威將軍、河北太守薛帛先據解縣, 林子至, 馳往襲之, 帛棄軍奔關中, 林子收其兵糧."

군사를 이끌고 와 긴 포위망을 설치하고 있었고, 여러 장수들은 주저하며 기가 꺾여 황하(黃河)를 건너 그 예봉을 피하자고 의논했다. (심)림자는 안 된다고 힘써 말하고는 휘하(의 군대)를 거느리고 그 서북쪽을 침범하자, (요)소의 군사들이 조금 물러났고, (심)림자가 그 어지러움을 틈타 돌입하니 (요)소는 이에 크게 무너졌다.[177] 마침내 나아가 정성(定城)을 점령하고 요란(姚鸞)을 죽이고, 황하 근처에 주둔하면서 요찬(姚瓚)을 패주시켰다. (요)소는 다시 요백자(姚伯子) 등을 보내 황하를 의지하여 요해를 굳게 지켜 이로써 군량수송을 끊으려 했으나, 무제는 (심)림자를 시켜 여러 차례 싸우게 하여 그를 대파했으며,[178] 이에 군량운송에 막힘이 없어 드디어 장안을 평정하고 요홍을 사로잡았다. 이는 관중을 점령한 공적에서 (심)림자가 또한 그 으뜸이었던 것이다.

심약(沈約)이 『송서(宋書)』를 지으면서 (그들을) 열전에 들이지 않은 까닭은, 이 두 사람의 공적이 「자서(自序)」 안에 상세하게 실려 있어[179] 이로써 그 가문 대대로의 훈벌(勳伐)을 드러냈기 때문이며, 따라서 「공신전(功臣傳)」에 이들이 빠져 있다.

---

177) 『宋書』 卷100 「自序」, 2455~2456면, "僞幷州刺史、河東太守尹昭據蒲坂, 林子於陝城與冠軍檀道濟同攻蒲坂, 龍驤王鎭惡攻潼關. 姚泓聞大軍至, 遣僞東平公姚紹爭據潼關. 林子謂道濟曰 : '今蒲坂城堅池深, 不可旬日而剋, 攻之則士卒傷, 守之則引日久, 不如棄之, 還援潼關. 且潼關天阻, 所謂形勝之地, 鎭惡孤軍, 勢危力屈. 若使姚紹據之, 則難圖也. 及其未至, 當幷力爭之. 若潼關事捷, 尹昭可不戰而服.' 道濟從之. 旣至, 紹擧關右之衆, 設重圍圍林子及道濟、鎭惡等. 時懸師深入, 糧輸艱遠, 三軍疑阻, 莫有固志. 道濟議欲渡河避其鋒, 或欲棄捐輜重, 還赴高祖, 林子按劍曰 : …… 率麾下數百人犯其西北, 紹衆小靡, 乘其亂而薄之, 紹乃大潰, 俘虜以千數, 悉獲紹器械資實."

178) 『宋書』 卷100 「自序」 「沈林子」, 2456면, "初, 紹退走, 還保定城, 留僞武衛將軍姚鸞精兵守嶮. 林子銜枚夜襲, 卽屠其城, 劓鸞而坑其衆. …… 紹復遣撫軍將軍姚讚將兵屯河上, 絶水道. 讚壘塹未立, 林子邀擊, 連破之, 讚輕騎得脫, 衆皆奔散. 紹又遣長史領軍將軍姚伯子、寧朔將軍安鸞、護軍姚默騾、平遠將軍河東太守唐小方率衆三萬, 屯據九泉, 憑河固險, 以絶糧援. 高祖以通津阻要, 兵糧所急, 復遣林子爭據河源. 林子率太尉行參軍嚴綱、竺靈秀卷甲進討, 累戰, 大破之, 卽斬伯子、默騾、小方三級, 所俘馘及驢馬器械甚多."

179) 『宋書』 卷100 「自序」, 2447~2459면; 沈林子는 沈約의 할아버지이고, 沈田子는 큰할아버지이다.

이연수(李延壽)가 『남사(南史)』를 지을 때는 심약이 따로 「자서」를 만들어 그 공적을 실은 것과 같지 않았으므로 마땅히 이 두 사람의 열전을 지어 (단)도제, (주)령석 등과 같이 열전 안에 들여야 했으나, 끝내 그들을 빠뜨리고 여전히 「심약전(沈約傳)」 안에 덧붙여 놓았다.[180] (이)연수가 사서를 지으면서 단지 정사에 있는 사람에 대해서만 삭제해 줄이거나 합치고 분리하였을 뿐, 다시 따로 정정(訂正)을 가하지 않았음을 볼 수 있다.

127. 『제서』 구본齊書舊本

『제서(齊書)』 또한 본(本)으로 삼은 것이 있었다. 건원(建元) 2년(480)에 단초(檀超)[181]와 강엄(江淹)[182]에게 사관의 직책을 담당하라는 조서가 내려졌다. (단)초 등은 표문으로 조례를 올려 개원기호(開元紀號)[183]에 있어 송(宋)의 연호를 취하지 않는다는 것과, 봉작은 각각 본전에서 상세하게 밝혀 연표를 빌리지 않는다는 것과, 열 개의 지(志)를 만들되 「율력지(律曆志)」 「예악지(禮樂志)」 「천문지(天文志)」 「오행지(五行志)」 「교사지(郊祀志)」 「형법지(刑法志)」 「예문지(藝文志)」 등은 반고(班固)를 따르고,[184] 「조

180) 『南史』 卷57 「沈約傳」, 1405~1409면.

181) 檀超 : 南齊 高平郡 金鄕縣 사람이며, 字는 悅祖이다. 祖父인 嶷之(字는 弘宗)는 宋의 南琅邪太守를 지냈으며, 父인 道彪는 正員郎이었다. 그는 秀才로 뽑혀 등용되었으며 文章이 있다하여 東宮에 배치되었다. 외직에 있다가 다시 殿中郎, 中書郎, 國子博士, 左丞 등을 역임했고, 驍騎將軍, 常侍, 司徒右長史가 되었다.

182) 江淹(444~505) : 梁 濟陽郡 考城縣 사람으로 字는 文通이다. 南徐州從事로 起家하였으며, 州秀才로 천거되어 對策에서 上第의 성적을 올려 巴陵王國常侍가 되었다. 昇明初 司空 蕭道成이 그의 文才를 듣고 尙書駕部郎 驃騎參軍事로 삼아 軍書表記를 작성하였다. 少帝初 御史中丞이 되어 中書令 謝朏 등을 탄핵하였다. 南齊末 秘書監 兼 衛尉가 되었는데, 雍州刺史 蕭衍이 建康을 공격하자 도망갔다. 梁에 들어와 벼슬이 金紫光祿大夫에 이르렀다. 백여 篇을 저술하여 前後集으로 편찬하였다. 또 『齊史』 10志를 만들었다.

183) 紀號는 곧 年號를 뜻한다.

회지(朝會志)」「여복지(輿服志)」 등은 채옹(蔡邕)·사마표(司馬彪)의 것을 따르고,[185] 「주군지(州郡志)」는 서원(徐爰)의 것을 따르고, 「백관지(百官志)」는 범엽(范曄)을 따른다는 것(「州郡志」를 합함)[186]과, 일식(日蝕)은 예전에는 「오행지(五行志)」에 기재되었지만 응당 「천문지(天文志)」에 고쳐 넣어야 한다는 것과, 황제의 딸에 대해서는 마땅히 열전을 만들어서 사위와 장인 관계의 중요함을 갖추어야 한다는 것과, 또한 「처사전(處士傳)」「열녀전(列女傳)」을 만들 것 등을 상주했다.[187]

안팎에 상세히 의논토록 하는 조서를 내리자, 왕검(王儉)이 의견을 내어 식화(食貨)는 곧 국가 본연의 업무이고, 조회(朝會) 같은 경우는 앞서 역사에서는 쓰지 않아 이는 백개(伯喈)[188] 한 사람의 뜻이니 「식화지」를 만들고 「조회지」는 없애야 한다는 것과, 해와 달은 마땅히 계속 「오행지」에 속해야 한다는 것과, 황제의 딸은 높은 덕과 뛰어난 행적이 있다면 「열녀전」에 싣도록 하고 평범한 미덕에 그친다면 열전을 만들지 않을 것을 주장했다. (따라서) 해와 달의 재이는 「천문지」에 속하도록 하고 나머지는 (왕)검의 주장과 같게 하도록 하는 조서가 내려졌다[趙注 : 「단초전(檀超傳)」에 보인다].[189] 이것이 제(齊)나라 때에 국사를 찬수한 체례인 것이다.

---

184) 班固의 『後漢書』에는 10志가 존재한다. 禮樂志·律曆志·天文志·溝洫志·食貨志·郊祀志·刑法志·地理志·五行志·藝文志 등이 그것이다.

185) 蔡邕의 저작으로는 『獨斷』과 『蔡中郎集』이 있다. 漢史에 관해서는 그의 저술이 있지만 續成하지 못했다고 한다(『後漢書』 卷60下 「蔡邕傳」, 2006면, "邕陳辭謝, 乞黥首刖足, 繼成漢史. 士大夫多矜救之, 不能得. …… 邕遂死獄中. 允悔, 欲止而不及. 時年六十一"). 司馬彪의 『續漢書』에는 8志 30卷이 존재하였는데, 范曄의 『後漢書』에 志가 없었기 때문에 『續漢書』의 志로 그것을 대용했다고 한다.

186) 范曄의 『後漢書』의 志로는 「律曆志」「禮儀志」「祭祀志」「天文志」「五行志」「郡國志」「百官志」「輿服志」 등이 있다.

187) 『南齊書』 卷52 「檀超傳」, 891면, "建元二年, 初置史官, 以超與驃騎記室江淹掌史職. 上表立條例, 開元紀號, 不取宋年. 封爵各詳本傳, 無假年表. 立十志 : 律曆、禮樂、天文、五行、郊祀、刑法、藝文依班固, 朝會、輿服依蔡邕、司馬彪, 州郡依徐爰. 百官依范曄, 合州郡. 班固五星載天文, 日蝕載五行; 改日蝕入天文志. 以建元爲始. 帝女體自皇宗, 立傳以備甥舅之重. 又立處士、列女傳."

188) 伯喈는 蔡邕의 字이다. 『後漢書』 卷60下 「蔡邕傳」, 1979면, "蔡邕字伯喈, 陳留圉人也."

또한 예장(豫章)의 웅양(熊襄)은 『제전(齊典)』을 지었고,[190] 심약(沈約) 또한 『제기(齊紀)』[191] 20권을 지었으며,[192] 강엄은 『제사(齊史)』 십지(十志)를 지었고,[193] 오균(吳均)은 『제춘추(齊春秋)』[194]를 지었으니,[195] 모두 각각의 열전에 보인다.

지금 소자현(蕭子顯)[196]의 『제서』[197]를 살펴보면 단지 「예(禮)」 「악(樂)」 「천문」 「주군」 「백관」 「여복」 「상서(祥瑞)」 「오행」 등 여덟 지(志)는 있으나 「식화」 「형법」 「예문」 등은 여전히 빠져 있고, 열전 안에는 또한 「제녀(帝女)」 및 「열녀」가 없고 그 절의가 전해질만한 것은 모두 「효의전(孝義

---

189) 『南齊書』 卷52 「檀超傳」, 891~892면, "詔內外詳議. 左僕射王儉議: '金粟之重, 八政所先, 食貨通則國富民實, 宜加編錄, 以崇務本. 朝會志前史不書, 蔡邕稱先師胡廣說漢舊儀, 此乃伯喈一家之意, 曲碎小儀, 无煩錄. 宜立食貨, 省朝會. 洪範九疇, 一曰五行. 五行之本, 先乎水火之精, 是爲日月五行之宗也. 今宜憲章前軌, 無所改革. 又立帝女傳, 亦非淺識所安. 若有高德異行, 自當載在列女, 若止於常美, 則仍舊不書.' 詔: '日月災隸天文, 餘如儉議'."

190) 『南史』 卷72 「熊襄傳」, 1766면, "時有豫章熊襄著齊典, 上起十代, 其序云……."

191) 『齊紀』: 梁 沈約 撰. 모두 20卷이며, 編年體로 南齊 시기의 일을 다루었다.

192) 『梁書』 卷13 「沈約傳」, 243면, "所著晉書百一十卷, 宋書百卷, 齊紀二十卷, 高祖紀十四卷, 邇言十卷, 諡例十卷, 宋文章志三十卷, 文集一百卷: 皆行於世. 又撰四聲譜, 以爲在昔詞人, 累千載而不寤, 而獨得胸衿, 窮其妙旨, 自謂入神之作, 高祖雅不好焉."

193) 『梁書』 卷14 「江淹傳」, 251면, "淹少以文章顯, 晚節才思微退, 時人皆謂之才盡. 凡所著述百餘篇, 自撰爲前後集, 并齊史十志, 並行於世."

194) 『齊春秋』: 梁 吳均 撰. 모두 30卷이며 編年體로 南齊 시기의 역사를 다루었다. 武帝가 책 안에 梁 武帝가 南齊 明帝의 輔佐였다는 구절을 보고 이를 싫어하여 불태우게 하였다. 그러나 그 사본이 세상에 유행하였다.

195) 『梁書』 卷49 「吳均傳」, 699면, "均注范曄後漢書九十卷, 著齊春秋三十卷, 廟記十卷, 十二州記十六卷, 錢唐先賢傳五卷, 續文釋五卷, 文集二十卷."

196) 蕭子顯(489~537): 南齊 高帝의 손자로, 字는 景陽이다. 南齊 시기 寧都縣侯로 봉해졌다가 梁 天監初 작위가 子로 강등되었다. 학문을 좋아하고 문장에 능하여 「鴻序賦」를 지었는데, 尙書令 沈約이 보고 칭찬하였다. 여러 학자들의 『後漢書』를 모아 같은 점과 다른 점을 考正하여 100卷으로 만들었는데, 지금은 亡佚되었다. 또 南齊에서 만든 國史에 의거하여 『齊書』 60卷을 편찬했는데, 이것이 오늘날 『南齊書』이다. 아울러 『普通北伐記』 5卷을 지어 當代의 역사적 사실을 기술하였다. 中大通 3년(531) 本官으로써 國子博士가 되고 國子祭酒, 吏部尙書 侍中을 역임하였다. 吳興太守가 되었다가 죽었다.

197) 『梁書』 卷35 「蕭子顯傳」, 512면, "子顯所著後漢書一百卷, 齊書六十卷, 普通北伐記五卷, 貴儉傳三十卷, 文集二十卷."

傳)」[198]에 집어넣었으며, 「처사」를 바꾸어 「고일(高逸)」이라고 했고, 또한 별도로 「행신전(倖臣傳)」[199]을 만들었다. 그 체례가 (단)초, (강)엄 및 (왕)검이 논의한 바와 모두 약간 다른 점이 있으니, 대개 (단)초, (강)엄의 옛 주장을 근본으로 하여 그것을 약간 변화시킨 것이다. 「(단)초전」에 "(단)초는 사서를 짓는 일이 미처 이루지지지 않은 채 죽었고 (강)엄이 그것을 찬술하여 완성시켰으나 오히려 미비했다"[200]라고 했다. 여기서 바로 (소)자현의 『제서』의 편찬이 앞사람의 것을 완전히 따르지는 않았음이 나타난다.

128. 『제서』에서 없어진 한 권齊書缺一卷

『양서(梁書)』「소자현전(蕭子顯傳)」에서는 『제서(齊書)』 60권을 지었다고 했다.[201] 지금 『제서』는 단지 59권일 뿐이니, 아마도 (소)자현이 심약(沈約)을 모방하여 「자서(自序)」 한 권을 지어서 뒤에 덧붙이고자 했으나, 미처 완성하지 못했거나 혹은 완성하고도 집어넣지 않은 것인가? 『남사(南史)』「(소)자현전」을 보면, 그 「자서」 200여 자가 실려 있는데,[202] 어쩌면 『제서』 뒤에 덧붙여 지은 것을 이연수(李延壽)가 그 대략을 모아 열전에 넣은 것일까?

---

198) 『南齊書』 卷55 「孝義傳」, 955~967면. 이에 속하는 인물로는 崔懷愼, 公孫僧遠, 吳欣之, 韓係伯, 孫淡, 華寶, 韓靈敏, 封延伯, 吳達之, 王文殊, 朱謙之, 蕭叡明, 樂頤, 江泌, 杜栖, 陸絳 등 16명이 있다.

199) 『南齊書』 卷56 「倖臣傳」, 971~980면. 여기에 속해있는 인물로는 紀僧眞, 劉係宗, 茹法亮, 呂文顯, 呂文度 등 5명이 있다.

200) 『南齊書』 卷52 「檀超傳」, 892면, "超史功未就, 卒官. 江淹撰成之, 猶不備也."

201) 『梁書』 卷35 「蕭子顯傳」, 512면, "子顯所著後漢書一百卷, 齊書六十卷, 普通北伐記五卷, 貴儉傳三十卷, 文集二十卷."

202) 『南史』 卷42 「蕭子顯傳」, 1073~1074면, "子顯嘗爲自序, 其略云: '余爲邵陵王友, 忝還京師, 遠思前比, …… 每有製作, 特寡思功, 須其自來, 不以力構. 少來所爲詩賦, 則鴻序一作, 體兼衆製, 文備多方, 頗爲好事所傳, 故虛聲易遠'."

129. 『제서』 서술 방법에서 신경을 쓴 부분齊書書法用意處

소자현(蕭子顯)은 본래 제(齊) 고제(高帝, 곧 蕭道成)의 손자이며, 예장왕(豫章王) (소)억(蕭嶷)[203]의 아들이다. 그러므로 「고제본기(高帝本紀)」에서는 (고)제가 왕경칙(王敬則)을 시켜 양옥부(楊玉夫) 등과 결탁해서 송(宋) 창오왕(蒼梧王)을 시해하게 한 일에 대해서 쓰지 않았고, 다만 (양)옥부가 황제를 시해하고 머리를 (왕)경칙에게 주어 고제에게 보내 바쳤다고만 했으니,[204] 이것은 존숭하는 이를 위해서 쓰기를 꺼린 것이다. 송 순제(順帝)에게 선양을 받은 부분에 대해서는 역시 『송서(宋書)』의 예를 모방해서 구석문(九錫文), 선위조(禪位詔)를 싣고,[205] 절대로 찬탈의 흔적은 보이지 않았다. 그러나 순제가 제위를 물려줄 때 동액문(東掖門)을 나가면서 "오늘은 어찌 고취(鼓吹)를 울리지 않느냐?"라고 물었으나 좌우에서 답하는 자가 아무도 없었다고 했으니,[206] 역시 선양을 받은 일은 모두 고제가 만든 것이고 송 (순)제는 알지 못했음을 은근히 드러낸 것이다.

울림왕(鬱林王)은 무도하여 소란(蕭鸞)[趙注 : 즉 명제(明帝)]에게 폐위되어 살해되었으므로 본디 숨기고 꺼릴 바가 없다.[207] 「해릉왕기(海陵王紀)」에서는 선성왕(宣城王)[趙注 : 즉 소란]이 보정(輔政)을 하면서 황제의 기거를 모두 그에

---

203) 『南齊書』 卷22 「豫章文獻王嶷傳」, 405면, "豫章文獻王嶷字宣儼, 太祖第二子. 寬仁弘雅, 有大成之量, 太祖特鍾愛焉."

204) 『南齊書』 卷1 「高帝紀上」, 10면, "玉夫與其黨陳奉伯等二十五人同謀, 於氈屋中取千牛刀殺蒼梧王, 稱敕, 使廂下奏伎, 因將首出與王敬則, 敬則送太祖. 太祖夜從承明門乘常所騎赤馬入, 殿內驚怖, 旣知蒼梧王死, 咸稱萬歲."

205) 『南齊書』 卷1 「高帝紀」, 14면, "三月甲辰, 詔進位相國, 總百揆, 封十郡爲齊公, 備九錫之禮, 加璽紱遠遊冠, 位在諸侯王上, …… 太祖三讓, 公卿敦勸固請, 乃受. 甲寅, 策相國齊公曰 : ……"; 『南齊書』 卷1 「高帝紀」, 19면, "辛卯, 宋帝禪位, 下詔曰 : ……"

206) 『南齊書』 卷1 「高帝紀上」, 20면, "是日宋帝遜于東邸, 備羽儀, 乘畫輪車, 出東掖門, 問今日何不奏鼓吹, 左右莫有答者."

207) 『南齊書』 卷4 「鬱林王紀」, 74면, "諶初入殿, 宿衛將士皆操弓楯欲拒戰, 諶謂之曰 : '所取自有人, 卿等不須動!' 宿衛信之, 及見帝出, 各欲自奮, 帝竟無一言. 出西弄, 殺之, 時年二十二."

게 물은 뒤에 시행하게 되어 황제가 생선찜 요리를 먹고 싶어 해도 태관령(太官令)이 공의 명령이 기록된 것이 없다고 하며 끝내 주지 않았다고 쓰고 있으니,[208] 명제의 눈에는 어린 군주는 없고 오래도록 상 위의 고기로만 보았음을 드러냈다. 7월에 황제를 폐하고, 11월에는 해릉왕[209]에게 병이 있다 칭하면서 여러 차례 어의를 보내 살펴보게 하고는 끝내 죽였다.[210] 본기에서 그 일을 바로 썼으니, 명제가 저지른 패역의 죄를 더욱 깊이 드러낸 것이다. 명제는 고제, 무제(武帝)의 자손들을 거의 다 죽였는데, (소)자현도 본래는 고제의 손자이나 다행히 죽지 않았으니, 명제에 대해서는 숨은 원통함이 있었으므로 다시 그를 위해 꺼리지 않았던 것이다.

(소)자현이 책을 지은 것은 양(梁) 무제(武帝) 때인데, 울림왕이 덕을 잃은 것을 서술한 부분은 6백~7백 자에 불과하나, 동혼후(東昏侯)의 무도함을 서술한 부분은 2천여 자였으니, 동혼(후)의 악행을 심하게 표현한 것은 바로 양 무제의 군사가 의로써 일어났음을 보이기 위한 것이었으며, 이것이 또한 역사를 서술하는 미묘한 뜻이었다.

「저연전(褚淵傳)」[211]에서는 먼저 송나라 때 송 명제(明帝)[212]가 제위에 오르기 전에 (저)연과 평소에 친했는데, 즉위해서도 깊이 서로 의탁했으며, 죽을 때에는 (저)연을 빨리 불러다 후사를 부탁했다고 썼다. 그 아래에서는 그(저연)가 소도성(蕭道成)을 보고는 범상치 않은 사람임을 알았으며,[213] 창오(왕)가 무도하자 (소)도성은 (저)연 및 원찬(袁粲)과 함께 폐립을

---

208) 『南齊書』 卷5 「海陵王紀」, 79면, "宣城王輔政, 帝起居皆諮而後行. 思食蒸魚菜, 太官令荅無錄公命, 竟不與."

209) 海陵王(480~494) : 이름은 蕭昭文, 字는 季尙이며, 武帝의 아들 文惠太子의 둘째 아들이다. 鬱林王이 즉위한 후 中軍將軍 新安王이 되었다. 隆昌 元年(494) 揚州刺史가 되었는데, 尙書令 蕭鸞이 鬱林王을 죽이고 그를 帝位에 오르게 하여 年號를 延興이라 하였다. 蕭鸞이 다시 皇太后의 명령을 빌어 그를 폐위하여 海陵王으로 삼았고, 이윽고 죽였다.

210) 『南齊書』 卷5 「海陵王紀」, 80면, "十一月, 稱王有疾, 數遣御師占視, 乃殞之."

211) 『南齊書』 卷23 「褚淵傳」, 425면, "褚淵字彦回, 河南陽翟人也. 祖秀之, 宋太常. 父湛之, 驃騎將軍, 尙宋武帝女始安哀公主."

212) 『宋書』 卷8 「明帝紀」, 151면, "太宗明皇帝諱彧, 字休炳, 小字榮期, 文帝第十一子也. 元嘉十六年十月戊寅生. 二十五年, 封淮陽王, 食邑二千戶. 二十九年, 改封湘東王."

모의했는데, (원)찬은 기꺼이 하려 하지 않았으나 (저)연은 혼자 찬성했다고 썼다.[214] 순제 때 심유지(沈攸之)가 모반을 일으키자 원찬은 다른 의도를 가졌는데, (저)연이 (소)도성에게 "서쪽 문제[215]는 멈추게 하기 쉬우니, 공은 마땅히 먼저 내부에 대비해야 합니다"라고 말했고, (소)도성은 결국 (원)찬을 죽였다.[216] 열전 끝에서는 또한 그 아들 (저)분(褚賁)이 (저)연이 송나라에 대한 절의를 잃은 것을 한스럽게 여겨 결국 종신토록 제나라에 벼슬을 하지 않고, 봉작도 그 동생 (저)진(褚蓁)에게 양보했다고 서술했다.[217] 전편을 통해 (저)연이 절조를 잃은 것에 대해 한 마디 논의도 두지 않았지만, 그가 은혜를 배신하고 절개를 잃은 것이 저절로 드러나고 있다.

또, 예컨대 「왕안전(王晏傳)」에서는 먼저 그가 송나라 때 제 고제에게 마음이 기울어 항상 기밀 회의에 참여했고, 제 무제 때에 이르러서는 더욱 지위가 가까워지고 임무가 막중해져서 아침저녁으로 나아가 알현하며 조정의 일을 논하니, 예장왕 이하 모두가 겸손하게 그를 맞았다고 했다.[218]

---

213) 『南齊書』 卷23 「褚淵傳」, 426면, "帝在藩, 與淵以風素相善, 及卽位, 深相委寄, 事皆見從. …… 明帝疾甚, 馳使召淵, 付以後事. …… 淵初爲丹陽, 與從弟炤同載出, 道逢太祖, 淵擧手指太祖車謂炤曰 : '此非常人也.' 出爲吳興, 太祖餉物別, 淵又謂之曰 : '此人材貌非常, 將來不可測也.' 及顧命之際, 引太祖豫焉."

214) 『南齊書』 卷23 「褚淵傳」, 428면, "蒼梧酷暴稍甚, 太祖與淵及袁粲言世事, 粲曰 : '主上幼年微過易改, 伊、霍事, 非季代所行, 縱使功成, 亦終無全地.' 淵默然, 歸心太祖."

215) 沈攸之의 荊州에서의 반란을 뜻한다. 이 부분의 문장을 본문에서는 '西釁易弭'라고 했으나, 『南齊書』 원문에는 ''西夏釁難, 事必無成'으로 표현하고 있다.

216) 『南齊書』 卷23 「褚淵傳」, 428면, "沈攸之事起, 袁粲懷貳, 太祖召淵謀議, 淵曰 : '西夏釁難, 事必無成; 公當先備其內耳.' 太祖密爲其備. 事平, 進中書監、司空, 本官如故."

217) 『南齊書』 卷23 「褚賁傳」, 431~432면, "長子賁, 字蔚先. …… 淵薨, 服闋, 見世祖, 賁流涕不自勝, 上甚嘉之, 以爲侍中, 領步兵校尉, 左民尙書, 散騎常侍, 祕書監, 不拜. 六年, 上表稱疾, 讓封與弟蓁, 世以爲賁恨淵失節於宋室, 故不復仕"; 褚蓁은 봉작을 다시 褚賁의 아들 褚霽에게 돌려주었다. 『南齊書』 卷23 「褚蓁傳」, 432면, "蓁字茂緖. 永明中, 解褐爲員外郎, 出爲義興太守. 八年, 改封巴東郡侯. 明年, 表讓封還賁子霽, 詔許之."

218) 『南齊書』 卷42 「王晏傳」, 741~742면, "晏便專心奉事, 軍旅書翰皆委焉. 性甚便僻, 漸見親侍. …… 常在上府, 參議機密. 世祖卽位, 轉長兼侍中, 意任如舊. …… 晏位任親重, 朝夕進見, 言論朝事, 自豫章王嶷、尙書令王儉皆降意以接之, 而晏每以疎漏被上呵責, 連稱疾久之."

무제가 죽을 때에는 조서를 내려 상서(尙書)의 일을 (왕)안에게 부탁하고 오래도록 그 직책에 머물도록 했다. 울림왕이 무도하게 되니 명제가 보정을 하면서 폐립을 모의하자, (왕)안은 바로 이에 호응하여 명제를 추대해 즉위시켰고, (왕)안은 스스로 좌명(佐命)의 공이 있다고 생각했다고 했다.[219]

또 「소심전(蕭諶傳)」에서 무제 때는 무제가 그를 심복으로 의지하여 기밀이 되는 일을 모두 참여해 관장하도록 하고, 임종할 때도 여전히 (소)심에게 좌우에서 숙직하도록 조칙을 내렸다는 것을 먼저 썼다. 울림왕이 즉위하여 더욱 믿고 맡기는 바가 깊어져서 (소)심이 매번 숙직을 서고 나가면 황제가 밤새도록 잠을 자지 않다가 (소)심이 들어오면 이내 편안해졌다. 명제가 보정을 하게 되자, 혹 나아가 말할 수 없는 것이 있으면 (소)심에게 안에 들어오도록 하여 말하였다. 그 친밀하고 신뢰함이 이와 같았으나, (소)심은 이미 명제에게 은밀하게 빌붙고 있었다. 폐립 때 울림(왕)은 오히려 손수 편지를 써서 (소)심을 불렀지만 (소)심이 이미 명제를 위하여 군사를 거느리고 선두가 되었음은 알지 못했다.[220]

또, 「소탄지전(蕭坦之傳)」에서는 그가 울림왕 때 가깝고 신뢰를 얻어 그 좌우를 떠나지 않았고 궁 안으로 들어가 황후를 뵐 수 있었다고 먼저 적었으니,[221] 그 신뢰를 받음이 이와 같았지만, 곧 뜻을 고쳐서 명제

219) 『南齊書』 卷42 「王晏傳」, 742～743면, "世祖崩, 遺旨以尙書事付晏及徐孝嗣, 令久於其職. 鬱林卽位, 轉左僕射, 中正如故. 隆昌元年, 加侍中. 高宗謀廢立, 晏便響應推奉. …… 晏爲人篤於親舊, 爲世祖所稱. 至是自謂佐命惟新, 言論常非薄世祖故事, 衆始怪之."

220) 『南齊書』 卷42 「蕭諶傳」, 745～746면, "世祖齋內兵仗悉付之, 心膂密事, 皆使參掌. …… 世祖臥疾延昌殿, 敕諶在左右宿直. 上崩, 遺敕諶領殿內事如舊. 鬱林卽位, 深委信諶, 諶每請急出宿, 帝通夕不得寐, 諶還乃安. …… 高宗輔政, 有所匡諫, 帝旣在後宮不出, 唯遣諶及蕭坦之遙進, 乃得聞達. 諶回附高宗, 勸行廢立, 密召諸王典籤約語之, 不許諸王外接人物. 諶親要日久, 衆皆憚而從之. 鬱林被廢日, 初聞外有變, 猶密爲手敕呼諶, 其見信如此. 諶性險進無計略, 及廢帝日, 領兵先入後宮, 齋內仗身素隸服諶, 莫有動者."

221) 『南齊書』 卷42 「蕭坦之傳」, 748면, "少帝以坦之世祖舊人, 親信不離, 得入內見皇后. 帝於宮中及出後堂雜戲狡獪, 坦之皆得在側."

에게 빌붙었다. 폐립을 도모하면서 소심이 오히려 머뭇거리고 의심하면서 감히 일을 일으키지 않자, (소)탄지는 "천자를 폐위하는 것이 무슨 큰일인가. 지금 조도강(曹道剛) 등이 이미 시기하며 의심하고 있으니, 내일 만약 일을 이루지 못한다면, 아우한테는 백 살 노모가 있는데, 어찌 앉아서 화를 당할 수 있겠는가. 바로 별도의 계획을 세워야만 할 뿐이다"라고 했다. (소)심이 당황하여 다음날 드디어 황제를 폐위하고 말았으니, (이는) (소)탄지의 힘이었다.222) 이 몇몇 열전은 모두 동일하게 마음을 쓴 것으로, 한 마디 논의도 드러내지는 않았지만 그 사람의 품격이 절로 드러나니, 역시 좋은 사서인 것이다.

예전에는 자손이 선조를 위해 정사(正史)를 지은 예가 없었으나, 유독 (소)자현은 할아버지를 위해 본기를 짓고, 아버지 예장왕을 위하여 열전을 지었으며, 따라서 「예장(왕)전」에서는 펼쳐 늘어놓은 것이 9천여 자에 이르러,223) 비록 번잡함이 지나치나, 역시 드러내어 높이는 효성스런 생각을 잃지 않았다. 생각건대, 예장(왕)은 바로 고제의 둘째 아들이니 응당 고제의 여러 아들 열전 안에 들어가 임천왕(臨川王) (소)영(蕭映)224) 등과 함께 같은 권에 있어야 하지만, 곧 임천(왕) 등은 「고조의 열두 왕」이라는 이름으로 35권에 편재하고225) 예장왕은 별도로 한 권을 만들어 22권에

---

222) 『南齊書』 卷42 「蕭坦之傳」, 748~749면, "高宗謀廢少帝, 旣與蕭諶及坦之定謀. 帝腹心直閤將軍曹道剛疑外間有異, 密有處分, 諶未能發. …… 高宗慮事變, 以告坦之, 坦之馳謂諶曰 : '廢天子古來大事. 比聞曹道剛、朱隆之等轉已猜疑. 衛尉明日若不就事, 無所復及. 弟有百歲母, 豈能坐聽禍敗, 政應作餘計耳!' 諶遑遽, 明日遂廢帝, 坦之力也."

223) 【王注】 본 책의 卷9 137 「소자현과 요사렴은 모두 아버지를 위해 열전을 지어 정사에 넣었다[蕭子顯姚思廉皆爲父作傳入正史]」篇에서는 '七千餘字'라 하고, 10卷 144의 「『남사』에서 『제서』를 증보한 부분[南史增齊書處]」에서는 또 '八九千字'라고 하여 각 조항마다 차이가 있는데, 실제로 그 글을 계산해보면 7,800餘 字이니 「소자현과 요사렴은 모두 아버지를 위해 열전을 지어 정사에 넣었다」篇에서 말하는 바가 대략 이에 가까운 것이다.

224) 『南齊書』 卷35 「臨川獻王映傳」, 621면, "臨川獻王映字宣光, 太祖第三子也."

225) 『南齊書』 卷35 「高祖十二王」, 621~634면.

편재했으며, 문혜태자(文惠太子)[226] 다음에 이어 있어, 예장왕이 다른 여러 아들과 동일하지 않음을 보였다. 이는 진실로 그 아버지를 높이고자 하는 것이나, 도리에는 마땅하지 않은 것이다.

또 「종실전」을 보면, 형양왕(衡陽王) (소)도도(蕭道度), 시안왕(始安王) (소)도생(蕭道生)은 모두 고제의 형이므로[227] 자연히 고(제), 무(제)의 여러 아들 앞에 편재되어야 하는데, 고제의 아들은 35권에 있고,[228] 무제의 아들은 40권에 있으나,[229] (소)도도 등은 도리어 45권에 있으니, 이 역시 엮는 순서의 마땅한 도리를 잃은 것이다.

소보인(蕭寶寅)[230]이 양 무제 때의 난을 피해 북위(北魏)로 도망쳐 들어가 제왕(齊王)에 봉해진 경우, 이 어찌 그 사실을 없앨 수 있겠는가? 일단 「화제기(和帝紀)」에서는 이미 (소)보인이 북위로 들어갔다고 했는데,[231] 「(소)보인전」에서는 중흥(中興)[232] 2년(502)에 모반해서 주살되었다고 했다[233][趙注 : 『남사(南史)』에서는 모반해서 위로 달아났다고 했다].[234] 어쩌면 (소)자현이 사서

226) 『南齊書』 卷21 「文惠太子傳」, 397면, "文惠太子長懋字雲喬, 世祖長子也. 世祖年未弱冠而生太子, 爲太祖所愛. 姿容豐潤, 小字白澤."

227) 『南齊書』 卷45 「衡陽元王傳」, 787면, "衡陽元王道度, 太祖長兄也"; 『南齊書』 卷45 「始安貞王傳」, 788면, "始安貞王道生字孝伯, 太祖次兄也. 『南齊書』 卷20 「宣孝陳皇后傳」, 390면, "嫁于宣帝, 庶生衡陽元王道度、始安貞王道生, 后生太祖."

228) 『南齊書』 卷35 「高祖十二王」, 621~634면.

229) 『南齊書』 卷40 「武十七王」, 691~720면.

230) 蕭寶夤(486~530) : 南齊 明帝의 여섯째 아들로 字는 智亮이다. 鄱陽王에 봉해졌으나, 蕭衍이 建康을 점령하자 北魏로 달아나 南伐을 청하였다. 揚州刺史가 되었으며, 1만의 군사를 얻어 東城을 거점으로 삼았다. 北魏 正始 元年(504) 壽春에서 梁將 姜慶眞을 패배시켰다. 中山王 英의 원정에 종군했다가 士卒이 다수 죽어 免官되었다. 후에 복직하여 正光 5년(524) 西道行臺가 되어 莫折念生을 토벌하였으나 패배하였다. 孝昌 3년(527) 北魏에 반기를 들고 關右大使 酈道元을 살해하고 齊帝를 자칭하고, 隆緖로 建元하였다. 北魏의 尙書僕射 長孫稚에게 패배하여 万俟醜奴에게 투항하여 太傅가 되었고, 후에 雍州刺史 尒朱天光에게 패하여 사로잡혀 낙양에서 賜死되었다.

231) 『南齊書』 卷8 「和帝紀」, 114면, "辛丑, 鄱陽王寶寅奔虜, 邵陵王寶攸、晉熙王寶嵩、桂陽王寶貞伏誅."

232) 中興 : 南齊 和帝 蕭寶融의 연호. 501~502년.

233) 『南齊書』 卷50 「鄱陽王寶夤傳」, 865면, "中興二年, 謀反誅."

234) 『南史』 卷5 「齊和帝紀」, 160면, "三月辛丑, 鄱陽王寶寅奔魏"; 『南史』 卷44 「鄱陽

를 지을 때 (소)보인이 북위에서 여전히 소식이 없어 '주살[誅]'이라는 글자로써 이 국면을 끝낸 것인가?[趙注 : 급고각(汲古閣)본은 이와 같은데, 혹은 옮겨 새기는 데에서 생긴 착오일 수도 있으니, 마땅히 별도로 다른 본을 구해서 교정해야 할 것이다][235)]

「위로전(魏虜傳)」에서는 북위 태자 (탁발)황(拓跋晃)이 태무제(太武帝)를 죽이려고 모의했으나 결국 죽음을 당했다고 했는데,[236)] 이것은 아마 『송서』의 오기를 그대로 쓴 것이다. 또, (북)위 문명태후(文明太后) 풍(馮)씨[237)]는 본래 강도(江都) 사람으로, 태무(제)가 남침하여 약탈해서 그를 얻고, (문성제 탁발)준(拓跋濬)이 첩으로 삼았다고 했다.[238)] 살펴보건대 풍후(馮后)는 장락(長樂) 신도(信都) 사람이며 아버지는 서역군공(西域郡公) (풍)랑(馮朗)으로 진(秦)·옹(雍) 두 주(州)의 자사(刺史)였는데, 아버지가 사건에 연좌되어 주살된 뒤에 풍후(馮后)는 적몰되어 입궁해서 간택을 거쳐 황후가 되었으므로,[239)] 당초 강도 사람이 아니었다.

王傳」, 1122면, "中興二年, 謀反奔魏."

235) [王注] 百衲本 影印 宋蜀 大字本 역시 "中興二年謀反誅"라고 하여 汲古閣本과 동일하다.

236) 『南齊書』 卷57 「魏虜傳」, 983~984면, "子燾, 字佛狸代立, 年號太平眞君. …… 晃後謀殺佛狸見殺."

237) 文明太后 馮氏(442~490) : 馮太后라고도 한다. 北魏 長樂郡 信都縣(지금의 河北省 冀州) 사람으로 文成帝의 皇后이다. 祖 馮弘과 伯祖 馮跋은 北燕主였다. 아버지 馮朗은 秦州와 雍州刺史를 역임했으나 주살되었고, 馮氏는 적몰되어 궁녀로 입궁하였다. 太安 2년(456) 文成帝의 皇后가 되었으며, 和平 6년(465) 文成帝가 죽고 獻文帝가 즉위하자 皇太后가 되어 臨朝聽政하였다. 丞相 乙渾의 모반을 적발하여 주살하고 獻文帝에게 정권을 돌려주었다. 후에 애인 李奕이 獻文帝에게 살해되자 獻文帝를 원망하였다. 皇興 5년(471) 獻文帝가 孝文帝에게 讓位하고 太上皇帝가 되었는데, 延興 6년(476) 獻文帝를 독살한 후 太皇太后로서 다시 臨朝稱制하였다. 李沖 등 漢人士人들을 중용하여 改革 정책을 폈다. 奉祿制·均田制·三長制·租調制 등을 실시하고 吏治를 정돈하였다. 諡號는 文明太皇太后이다.

238) 『南齊書』 卷52 「魏虜傳」, 986면, "祖母馮氏, 黃龍人, 助治國事. 初, 佛狸母是漢人, 爲木末所殺, 佛狸以乳母爲太后, 自此以來, 太子立, 輒誅其母. 一云馮氏本江都人, 佛狸元嘉二十七年南侵, 略得馮氏, 濬以爲妾, 獨得全焉."

239) 『魏書』 卷13 「文成文明皇后傳」, 328면, "文成文明皇后馮氏, 長樂信都人也. 父朗, 秦、雍二州刺史、西城郡公, 母樂浪王氏. 后生於長安, 有神光之異. 朗坐事誅, 后遂入宮. 世祖左昭儀, 后之姑也, 雅有母德, 撫養教訓. 年十四, 高宗踐極, 以選爲貴人, 後立爲皇后."

또, 북위의 선조는 흉노(匈奴)의 딸로 이름은 탁발(拓跋)이며 이릉(李陵)의 아내가 되었는데, 북방 풍속에서는 어머니의 이름을 성을 삼았으므로 탁발은 실제로 이릉의 후예였으나, 그것을 매우 말하기 꺼렸으므로, 이릉의 후손이라고 말하는 사람이 있으면 번번이 살해되었다고 했다.[240] 살펴보면 『위서』 『(북)제서(北齊書)』 『(북)주서(北周書)』 등 여러 사서에는 모두 이 말이 없으니 역시 모두 전해들은 말의 잘못이다.

130. 『(남)제서』에서는 유서법이 가장 좋다 齊書類書法最善

『(남)제서(齊書)』는 『송서(宋書)』에 비해 비교적 간략하고 깔끔하지만, 「예장왕(豫章王) (소)억전(蕭嶷傳)」과 「경릉왕(竟陵王) (소)자량전(蕭子良傳)」[241] 두 열전은 지나치게 늘어놓았는데 여기에는 별도의 다른 뜻이 있었다. 그 밖에 「유선명전(劉善明傳)」에 (그의 주장을) 진술한 열한 가지 일[242]은 모두 그 말을 바로잡아(檃括)[243] 실은 것이고, 「장흔태전(張欣泰傳)」에 (그의 주장을) 진술한 스무 가지 일은 단지 그 한 조목만을 실었는데,[244] 『송서』라면

---

240) 『南齊書』 卷57 「魏虜傳」, 993면, "是歲, 宏徙都洛陽, 改姓元氏. 初, 匈奴女名托跋, 妻李陵, 胡俗以母名爲姓, 故虜爲李陵之後, 虜甚諱之, 有言其是陵後者, 輒見殺, 至是乃改姓焉."

241) 『南齊書』 卷40 「竟陵文宣王傳」, 692면, "竟陵文宣王子良字雲英, 世祖第二子也."

242) 『南齊書』 卷28 「劉善明傳」, 522면, "劉善明, 平原人. 鎭北將軍懷珍族弟也. 父懷民, 宋世爲齊北海二郡太守"; 『南齊書』 卷28 「劉善明傳」, 525~526면, "所陳事凡十一條 : 其一, 以爲'天地開創, 人神慶仰, 宜存問遠方, 宣廣慈澤'. 其二, 以爲'京師浩大, 遠近所歸, 宜遣醫藥, 問其疾苦. 年九十以上及六疾不能自存者, 隨宜量賜'. …… 其十一, 以爲'交州險敻, 要荒之表, 宋末政苛, 遂至怨叛. 今大化創始, 宜懷以恩德, 未應遠勞將士, 搖動邊氓. 且彼土所出, 唯有珠寶, 實非聖朝所須之急. 討伐之事, 謂宜且停'."

243) 檃括 : 檃은 휜 것을 곧게 하는 것이고, 适은 뒤틀린 方形을 바로잡는 것을 뜻한다.

244) 『南齊書』 卷51 「張欣泰傳」, 881면, "張欣泰字義亨, 竟陵人也. 父興世, 宋左衛將軍"; 『南齊書』 卷51 「張欣泰傳」, 882면, "明帝卽位, 爲領軍長史, 遷諮議參軍. 上書

즉 반드시 전부를 실었을 것이다.

「효의전(孝義傳)」[245]에는 유서법(類敍法)을 썼으니, 더욱 올바른 법식을 얻은 것이다. 대개 사람마다 각각 하나씩 열전을 만든다면 다 열전을 둘 수 없고, 열전을 만들지 않으면 결국 버리게 되므로 매번 한 열전에 곧 여러 사람을 비슷한 부류끼리 서술하였던 것이다. 예컨대 「저징전(褚澄傳)」은 그가 의술에 정통했음을 쓰고, 이어 서사(徐嗣)의 의술이 (저)징보다 더욱 정통했다고 썼다.[246] 「한령민전(韓靈敏傳)」에서는 그 형의 아내 탁(卓)씨가 수절했음을 쓰고[247] 이어 오강(吳康)의 아내 조(趙)씨, 장준(蔣雋)의 아내 황(黃)씨, 예익(倪翼)의 어머니 정(丁)씨를 언급했으니,[248] 열전은 많지 않아도 사람들이 저절로 갖추어 실리게 되었다.

오직 「장경아전(張敬兒傳)」만은 돌연 심유지(沈攸之)가 소도성(蕭道成)에게 보낸 절교의 편지와 소도성(蕭道成)의 답서를 실어 모두 모두 3천여 자나 되는데, (장)경아와 관계된 것은 (심)유지가 (장)경아에게 반간(反間)을 시도했으나 장경아가 따르지 않았다는 몇 마디[249]뿐인데도 (말이) 자세

陳便宜二十條, 其一條言宜毀廢塔寺."

245) 『南齊書』 卷55 「孝義傳」, 955~967면.

246) 褚澄과 徐嗣의 列傳은 모두 「褚淵傳」에 附記되어 있는데, 褚澄의 뒤에 徐嗣에 대한 언급이 나온다. 『南齊書』 卷23 「褚澄傳」, 432면, "澄字彦道. 初, 湛之尙始安公主, 薨, 納側室郭氏, 生淵, 後尙吳郡公主, 生澄. …… 善醫術, 建元中, 爲吳郡太守, 豫章王感疾, 太祖召澄爲治, 立愈. …… 時東陽徐嗣, 醫術妙."

247) 『南齊書』 卷55 「韓靈敏傳」, 958면, "韓靈敏, 會稽剡人也. …… 靈珍亡, 無子, 妻卓氏守節不嫁, 慮家人奪其志, 未嘗告歸, 靈敏事之如母."

248) 『南齊書』 卷55 「韓靈敏傳」, 959면, "晉陵吳康之妻趙氏, 父亡弟幼, 値歲饑, 母老病篤, 趙詣鄉里自賣, 言辭哀苦, 鄉里憐之, 人人分升米相救, 遂得免. 及嫁康之, 少時夫亡, 家欲更嫁, 誓死不貳. 義興蔣儁之妻黃氏, 夫亡不重嫁, 逼之, 欲赴水自殺, 乃止. …… 永明元年, 會稽永興倪翼之母丁氏, 少喪夫, 性仁愛, 遭年荒, 分衣食以飴里中饑餓者, 鄉里求借, 未嘗違." 한편, 王樹民의 校證에서는 '吳康', '蔣雋', '倪翼'으로 보고 있으나, 中華書局本 『南齊書』에는 '吳康之', '蔣雋之', '倪翼之'를 이름으로 보았다. 『南齊書』 중에는 '及嫁康之'라는 표현이 있으니, 그 夫의 이름이 '吳康之'가 옳을 것 같으나, 뒤의 두 사람의 이름 역시 '之'가 포함되는지는 분명치 않다.

249) 『南齊書』 卷25 「張敬兒傳」, 465~466면에는 沈攸之가 당시 雍州刺史였던 張敬兒의 거동을 살펴 은밀히 蕭道成에게 알렸고 蕭道成의 密書를 張敬兒에게 보여주어 蕭道成과 張敬兒를 이간하려 하였으나 張敬兒가 끝내 마음을 바꾸지 않았던 사정을

함[250]이 이에 이르렀으니, 떠들썩한 객이 주인 자리를 빼앗은 지경을 면하지 못한 것이다. 또 「유세륭전(柳世隆傳)」에는 심유지를 토벌할 때 상서(尙書)에서 보낸 격문[251] 한 편이 있는데,[252] 살펴보면 『송서』 「심유지전」에도 또한 상서에서 보낸 격문 한 편이 있지만[253] 그 문장이 또한 서로 같지 않으니, 이는 이해할 수 없는 일이다.

생각건대, 비슷한 부류끼리 적는 법은 본디 반고(班固)의 『한서(漢書)』에서 비롯되었다. 예컨대 「포선전(鮑宣傳)」 뒤에 당시 청렴으로 명성이 있는 선비였던 기준(紀逡), 왕사(王思), 설방(薛方), 순월(郇越), 당림(唐林), 당존(唐尊), 장후(蔣詡), 율융(栗融), 금경(禽慶), 소장(蘇章), 조경(曹竟) 등을 이어 서술했고,[254] 「화식전(貨殖傳)」 뒤에는 번가(樊嘉), 여(如)씨, 저(苴)씨, 왕군방(王君房), 시(豉) 번소옹(樊少翁) 등을 분류하여 썼다.[255]

그 뒤에 범엽의 『후한서(後漢書)』는 「동탁전(董卓傳)」에서 이각(李傕), 곽

전하고 있다.

250) 䚕縷 : 䚕는 말이 곡진한 모양을 의미한다.

251) 符檄 : 符는 상급관청에서 하급관청으로 하달하는 공문서의 양식을 이른다. 晉代에 처음 나타났고 唐代에는 주로 尙書省에서 각 지방관에게 하달하는 문서를 지칭했다.

252) 『南齊書』 卷24 「柳世隆傳」, 447~449면.

253) 『宋書』 卷74 「沈攸之傳」, 1934~1935면.

254) 『漢書』 卷72 「鮑宣傳」, 3095면, "自成帝至王莽時, 淸名之士, 琅邪又有紀逡王思, 齊則薛方子容, 太原則郇越臣仲、郇相稚賓, 沛郡則唐林子高、唐尊伯高, 皆以明經飭行顯名於世"; 『漢書』 卷72 「鮑宣傳」, 3095면, "齊栗融客卿·北海禽慶子夏·蘇章游卿·山陽曹竟子期皆儒生, 去官不仕於莽." 본문에는 紀逡, 王思를 떼어서 두 사람인 것으로 보았으나, 『漢書』 원문에는 하나로 묶어서 읽고 있으며, 『漢書』 卷72 「鮑宣傳」, 3095면, 注1에서 顔師古는 "并列其人本土及姓名字也. 後皆類此"라고 했으니, 한 사람으로 취급해야할 듯하다.

255) 『漢書』 卷91 「貨殖傳」, 3694면, "關中富商大賈, 大氐盡諸田, 田牆·田蘭. 韋家栗氏·安陵杜氏亦鉅萬. 前富者旣衰, 自元·成訖王莽, 京師富人杜陵樊嘉, 茂陵摯網, 平陵如氏·苴氏, 長安丹王君房, 豉樊少翁·王孫大卿, 爲天下高訾. 樊嘉五千萬, 其餘皆鉅萬矣. 王孫卿以財養士, 與雄桀交, 王莽以爲京司市師, 漢司東市令也"; 趙翼의 문장에서는 樊少翁의 이름 앞에만 '豉'字가 붙어 있어 그 의미를 잘 알 수 없게 한다. 顔師古는 『漢書』 卷91 「貨殖傳」, 3694면, 注2에서 "王君房賣丹, 樊少翁及王孫大卿賣豉, 亦致高訾. 訾讀與資同. 高訾謂多資財"라고 했으니, 사람들의 이름만 나열하는 경우 '豉'字를 빼고 인용했어야 할 것이다.

사(郭汜), 장수(張繡) 등을 쓰고,[256] 「공손찬전(公孫瓚傳)」에 염유(閻柔), 선우보(鮮于輔) 등을 썼다.[257]

진수(陳壽)의 『삼국지(三國志)』는 「왕찬전(王粲傳)」 뒤에 같은 때의 문인 서간(徐幹), 진림(陳琳), 완우(阮瑀), 응창(應瑒), 유정(劉楨) 및 완적(阮籍), 혜강(嵇康) 등을 썼고,[258] 「위기전(衛覬傳)」 뒤에 반욱(潘勗), 왕상(王象) 등을 썼으며,[259] 「유소전(劉劭傳)」 뒤에 무습(繆襲), 중장통(仲長統), 소림(蘇林), 위탄(韋誕), 하후혜(夏侯惠), 손해(孫該), 두지(杜摯) 등을 썼다.[260] 이는 본디 옛 법식인 것이다.

『(남)제서』 이후 『양서(梁書)』에 또한 이러한 유서법을 쓰고 있으니, 예컨대 「등담공전(滕曇恭傳)」에서는 (등)담공의 효심에 이어 아울러 서보제(徐普濟)가 불길을 덮어쓰면서도 관(棺) 위에 엎드린 일을 언급했고, 또 (서)보제의 효심에 이어 아울러 완릉(宛陵)에 사는 여인이 호랑이를 잡아 어머니를 구한 일을 언급했다.[261] 또 하손(何遜)이 시를 잘 지었음을 쓰고, 이어 회계(會稽)의 우건(虞騫), 공옹귀(孔翁歸), 강피(江避) 등도 모두 시에 능했음

---

256) 『後漢書』 卷72 「董卓傳」, 2332면, "輔分遣其校尉李傕、郭汜、張濟將步騎數萬……."; 『後漢書』 卷72 「董卓傳」에 '張繡'는 보이지 않고, '張濟'가 나올 뿐이다.

257) 『後漢書』 卷73 「公孫瓚傳」, 2365면, "鮮于輔將其衆歸曹操, 操以輔爲度遼將軍, 封都亭侯. 閻柔將部曲曹操擊烏桓, 拜護烏桓校尉, 封關內侯."

258) 『三國志』 「魏書」 卷21 「王粲傳」, 599면, "粲與北海徐幹字偉長、廣陵陳琳字孔璋、陳留阮瑀字元瑜、汝南應瑒字德璉、東平劉楨字公幹並見友善"; 『三國志』 「魏書」 卷21 「王粲傳」, 604면, "瑀子籍, 才藻艷逸, 而倜儻放蕩, 行己寡欲, 以莊周爲模則"; 『三國志』 「魏書」 卷21 「王粲傳」, 605면, "時又有譙郡嵇康, 文辭壯麗, 好言老、莊, 而尙奇任俠."

259) 『三國志』 「魏書」 卷21 「衛覬傳」, 612면, "建安末, 尙書右丞河南潘勖, 黃初時, 散騎常侍河內王象, 亦與覬並以文章顯."

260) 『三國志』 「魏書」 卷21 「劉劭傳」, 620~621면, "劭同時東海繆襲亦有才學, …… 襲友人山陽仲長統, 漢末爲尙書郎, 早卒. 著昌言, 詞佳可觀省. 散騎常侍陳留蘇林、光祿大夫京兆韋誕、樂安太守譙國夏侯惠、陳郡太守任城孫該、郎中令河東杜摯等亦著文賦, 頗傳於世."

261) 『梁書』 卷47 「滕曇恭傳」, 648면, "時有徐普濟者, 長沙臨湘人. 居喪未及葬, 而隣家火起, 延及其舍, 普濟號慟伏棺上, 以身蔽火. 隣人往救之, 焚炙已悶絶, 累日方蘇. 宣城宛陵有女子與母同牀寢, 母爲猛虎所搏, 女號叫拏虎, 虎毛盡落, 行十數里, 虎乃棄之, 女抱母還, 猶有氣, 經時乃絶."

을 언급한 것[262]도 모두 이러한 방법이다. 이후로는 오직 『명사(明史)』에서 유서법을 쓴 것이 가장 많다.

131. 『양서』는 모두 국사에 의거해 열전을 지었다梁書悉據國史立傳

『양서(梁書)』는 본래 요찰(姚察)[263]이 지었는데 그 아들 요사렴(姚思廉)[264]이 이어서 완성했다[趙注 : 이 이야기는 앞에 보였다]. 이제 (『양서』) 책 전체를 세밀히 살펴보면 (요)찰 또한 양(梁)나라 국사를 저본으로 삼았음을 알게 된다. 각 열전은 반드시 그 사람이 거쳤던 관직을 먼저 서술한 뒤 그 사람의 사실을 적고, 끝에는 또한 죽음을 아름답게 꾸미는 조서를 기재했는데, 이것은 국사의 체례였다.

미덕이 있으면 반드시 적었지만 악행이 있으면 반드시 쓰기를 꺼렸다.

---

262) 『梁書』 卷49 「何遜傳」, 693면, "時有會稽虞騫, 工爲五言詩, 名與遜相埒, 官至王國侍郎. 其後又有會稽孔翁歸、濟陽江避, 並爲南平王大司馬府記室. 翁歸亦工爲詩. 避博學有思理, 更注論語、孝經. 二人並有文集."

263) 姚察(533~606) : 陳 吳興郡 武康縣 사람으로 字는 伯審이다. 梁 南海王國左常侍兼 司文侍郎으로 起家하였고, 侯景의 난 때 鄕里로 돌아갔다. 元帝 때 杜之偉의 추천으로 佐著作郎이 되어 國史를 편찬하였다. 陳에 들어와 吏部尙書 徐陵을 도와 국사 편찬에 종사하였다. 후에 戎昭將軍이 되었으며, 梁史 편찬 일을 담당하였다. 陳末 吏部尙書 領著作이 되었다. 陳이 망한 후 吳興에서 京兆로 옮겨갔으며, 隋에서 秘書丞이 되었다. 梁史와 陳史를 편찬하라는 명을 받았으나 완성하지 못하였다. 임종 때 아들 姚思廉에게 사서의 완성을 부탁하였다.

264) 姚思廉(557~637) : 唐 雍州 萬年縣(陝西省 西安市) 사람으로 本名은 簡, 혹은 簡之이다. 陳에 벼슬하여 揚州主簿가 되었고, 隋에 들어와 漢王府 參軍, 代王 楊侑의 侍讀을 역임했다. 唐兵이 長安에 들어왔을 때 楊侑의 관리들이 모두 도망갔는데, 姚思廉만이 楊侑를 지키고 군사들이 殿에 올라오는 것을 저지하여 李淵과 李世民 등에게 중시되었다. 秦王府 文學을 거쳐 唐太宗 즉위 후 著作郎 弘文館學士에 제수되었다. 魏徵과 함께 梁과 陳의 역사를 편찬하도록 명령을 받았다. 아버지 姚察이 완성하지 못한 초고가 있었는데, 이를 정리하여 『梁書』와 『陳書』를 편찬하였다. 貞觀 9년(635) 散騎常侍 豐城縣男에 제수되었다. 사후 昭陵에 陪葬되었다.

예를 들어 소명태자(昭明太子)[265]의 경우, 어머니 정귀빈(丁貴嬪)이 죽자 무제(武帝)가 귀빈을 장사지낸 땅의 기운이 큰아들한테 이롭지 않다고 하자, 소명(태자)은 묘공(墓工)의 말을 듣고서 밀랍으로 된 거위 등의 물건을 묻어 그것(곧, 땅의 기운)을 억누르려고 했다가, 나중에 그 일이 밝혀지자 소명(태자)은 걱정, 근심하다가 죽게 되었는데[趙注 : 이 사건은 『남사(南史)』 및 『자치통감(資治通鑑)』에 보인다],[266] 그의 열전에는 기재되어 있지 않다.

임천왕(臨川王) (소)굉(蕭宏)은 군대를 통솔하여 북벌했으나 (북)위(北魏) 군대를 두려워하여 감히 전진하지 못하고 군정(軍政)이 화합되지 못했으며, 결국 크게 궤멸하여 갑옷을 버리고 창을 내던지니 산골짜기가 가득 메워져 군사 열 가운데 여덟, 아홉을 잃었다. 이것은 양나라에 있어 제일가는 패전 사건이지만[趙注 : 『남사』 및 『자치통감』에 보인다],[267] 그의 열전에는 단지 정벌이 오래되자 군사를 거느리고 돌아오라는 조서가 내려 결국 물러나 돌아왔다고만 언급하여[268] 결코 한 글자도 궤멸된 흔적과 관련된 것이 없다.

그밖에도 치황후(郗皇后)의 투기,[269] 서비(徐妃)의 실덕(失德),[270] 영홍공

---

265) 『南史』 卷53 「梁昭明太子傳」, 1307면, "昭明太子統字德施, 小字維摩, 武帝長子也."

266) 『南史』 卷53 「梁昭明太子傳」, 1312~1313면, "初, 丁貴嬪薨, 太子遣人求得善墓地, 將斬草, 有賣地者因閹人俞三副求市, 若得三百萬, 許以百萬與之. 三副密啓武帝, 言太子所得地不如今所得地於帝吉, 帝末年多忌, 便命市之. 葬畢, 有道士善圖墓, 云 '地不利長子, 若厭伏或可申延'. 乃爲蠟鵝及諸物埋墓側長子位. …… 有宮監鮑邈之、魏雅者, …… 密啓武帝云 : '雅爲太子厭禱.' 帝密遣檢掘, 果得鵝等物. 大驚, 將窮其事. 徐勉固諫得止, 於是唯誅道士, 由是太子迄終以此慚慨, 故其嗣不立"; 『資治通鑑』(臺北 : 世界書局, 1977) 「梁紀」 「武帝 中大通 3年 5月」條, 4808면.

267) 『南史』 卷51 「臨川靖惠王傳」, 1275~1276면, "四年, 武帝詔宏都督諸軍侵魏. …… 宏聞魏援近, 畏懦不敢進, 召諸將欲議旋師. …… 自是軍政不和, 人懷憤怒. …… 九月, 洛口軍潰, 宏棄衆走. 其夜暴風雨, 軍驚, 宏與數騎逃亡. 諸將求宏不得, 衆散而歸. 棄甲投戈, 填滿水陸, 捐棄病者, 强壯僅得脫身"; 『資治通鑑』 「梁紀」 「武帝 天監 5年 7月 己丑」條, 4565~4566면.

268) 『梁書』 卷22 「臨川王宏傳」, 340면, "四年, 高祖詔北伐, 以宏爲都督南北兗北徐青冀豫司霍八州北討諸軍事. 宏以帝之介弟, 所領皆器械精新, 軍容甚盛, 北人以爲百數十年所未之有. 軍次洛口, 宏前軍剋梁城, 斬魏將黿淸. 會征役久, 有詔班師."

269) 『南史』 卷12 「武德郗皇后傳」, 339면, "后酷妒忌, 及終, 化爲龍入于後宮井, 通夢於

주(永興公主)의 음란함과 반역[271] 같은 것도 일체 기재되어 있지 않다. 국사가 본래 피하여 쓰지 않았기에 (요)찰도 마침내 그대로 옛 것을 따랐음을 알 수 있다.

더욱 분명하게 근거로 삼을 수 있는 것은, 간문제(簡文帝)의 여러 아들의 경우 (소)대기(蕭大器), (소)대심(蕭大心), (소)대림(蕭大臨), (소)대련(蕭大連), (소)대춘(蕭大春), (소)대아(蕭大雅), (소)대장(蕭大莊), (소)대균(蕭大鈞), (소)대위(蕭大威), (소)대구(蕭大球), (소)대흔(蕭大昕), (소)대지(蕭大摯) 외에 (소)대관(蕭大款), (소)대성(蕭大成), (소)대봉(蕭大封), (소)대훈(蕭大訓), (소)대환(蕭大圜)이 있으나[272] 모두 열전이 없고, 또 원제(元帝)의 여러 아들 가운데 (소)방구(蕭方矩), (소)방등(蕭方等), (소)방제(蕭方諸) 외에 역시 (소)방략(蕭方略)이 있으나[273] 또한 열전이 없다는 점이다. 『양서』에서는 "그 나머지 여러 아들은 본서에 기재되어 있지 않다"[274]라고 하며, 따라서 그들을 빠뜨렸다. 이른바 '본서'라는 것은 곧 양나라 국사인 것이다.

소명(태자)에게는 다섯 아들이 있었는데 예장왕(豫章王) (소)환(蕭歡), 하

帝. 或見形, 光彩照灼. 帝體將不安, 龍輒激水騰涌. 於露井上爲殿, 衣服委積, 常置銀鹿盧金瓶灌百味以祀之. 故帝卒不置后."

270) 『南史』 卷12 「元帝徐妃傳」, 341~342면, "妃性嗜酒, 多洪醉, 帝還房, 必吐衣中. 與荊州後堂瑤光寺智遠道人私通. 酷妬忌, 見無寵之妾, 便交杯接坐. 纔覺有娠者, 卽手加刀刃. 帝左右暨季江有姿容, 又與淫通."

271) 『南史』 卷51 「臨川靖惠王傳」, 1278면, "宏又與帝女永興主私通, 因是遂謀弑逆, 許事捷以爲皇后"; 『南史』 卷60 「殷鈞傳」, 1489면, "自宋、齊以來, 公主多驕淫無行, 永興主加以險虐. 鈞形貌短小, 爲主所憎, 每被召入, 先滿壁爲殷叡字, 鈞輒流涕以出, 主命婢束而反之. 鈞不勝怒而言於帝, 帝以犀如意擊主碎於背, 然猶恨鈞."

272) 『南史』 卷54 「梁簡文二十子傳」, 1337면, "簡文二十子. 王皇后生哀太子大器、南郡王大連. 陳淑容生尋陽王大心. 左夫人生南海王大臨、安陸王大春. 謝夫人生瀏陽公大雅. 張夫人生新興王大莊. 包昭華生西陽王大鈞. 范夫人生武寧王大威. 褚修華生建平王大球. 陳夫人生義安王大昕. 朱夫人生綏建王大摯. 其臨川王大款、桂陽王大成、汝南王大封、樂良王大圜, 並不知母氏. 潘美人生皇子大訓, 早亡無封. 其餘不知不載."

273) 『南史』 卷54 「元帝諸子傳」, 1344면, "元帝諸子. 徐妃生武烈世子方等. 王貴嬪生貞惠世子方諸、始安王方略. 袁貴人生愍懷太子方矩. 夏貴妃生敬皇帝. 自餘不顯."

274) 『梁書』 卷44 「太宗十一王傳」, 613면, "自餘諸子, 本書不載"; 『梁書』 卷44 「世祖二子傳」, 618면, "自餘諸子, 並本書無傳."

동왕(河東王) (소)예(蕭譽), 악양왕(岳陽王) (소)찰(蕭詧), 무창왕(武昌王) (소)오(蕭警), 의양왕(義陽王) (소)감(蕭鑒)이다. 무제는 소명(태자)이 죽은 뒤 그 아들을 세워 황통을 잇도록 하지 않았으므로, 각각 큰 군(郡)을 봉하여 그들의 마음을 위로했다. 지금 『양서』에서 (소)환 등은 모두 열전이 없고 단지 (소)예만이 열전이 있는데,[275] 무릉왕(武陵王) (소)기(蕭紀)[276]와 같은 권에 있다. 이것은 분명 원제 때의 국사로, (소)기는 (소)예와 함께 군사를 일으켜 원제에게 저항한 자이기 때문에[277] 반역 부분 안에 함께 집어넣은 것이다. 예장왕 (소)환에게는 아들 (소)동(蕭棟)이 있었는데 후경(侯景)에 의해 옹립되어 연호를 세웠으나 오래지 않아 (후)경에게 선양했다.[278] (후)경이 패한 뒤 원제는 사람을 시켜 그를 죽이게 했다. 이것은 또한 당시 커다란 사건이었지만 『양서』에는 그의 열전이 없다.

정양후(貞陽侯) (소)명(蕭明)[279]은 (북)제(北齊)에 사로잡혔는데, (북)제 사람들이 그를 옹립해 양에 들어가 양의 제사를 주재하도록 했으나 진패선(陳霸先)에 의해 폐위되었다. (북)제 사람들이 그를 소환하니, 돌아가다가 길에서 죽어 '민황제(閔皇帝)'라는 시호를 추증하였다.[280] 또한 (소)방등에

275) 『梁書』 卷55 「河東王譽傳」, 829면, "河東王譽字重孫, 昭明太子第二子也."

276) 『梁書』 卷55 「武陵王傳」, 825면, "武陵王紀字世詢, 高祖第八子也. 少勤學, 有文才, 屬辭不好輕華, 甚有骨氣. 天監十三年, 封爲武陵郡王, 邑二千戶."

277) 『梁書』 卷55 「武陵王傳」, 826면, "及太淸中, 侯景亂, 紀不赴援. 高祖崩後, 紀乃僭號於蜀. 改年曰天正. 立子圓照爲皇太子, 圓正爲西陽王, 圓滿竟陵王, 圓普南譙王, 圓肅宜都王."

278) 『梁書』 卷56 「侯景傳」, 859면, "景矯蕭棟詔, 自加九錫之禮, 置丞相以下百官. …… 景又矯蕭棟詔, 追崇其祖爲大將軍, 考爲丞相. …… 景又矯蕭棟詔, 禪位於己. …… 封蕭棟爲淮陰王, 幽于監省."

279) 본래의 이름은 '蕭淵明'이나 당나라 사람들이 피휘하여 '蕭明'이라고 한 것을 趙翼이 그대로 따른 것이다. 이에 관해서는 이 책의 卷8 119 「당나라 사람들이 피휘한 방법[唐人避諱之法]」을 참고하라.

280) 『南史』 卷51 「長沙宣武王傳」, 1271~1273면, "朗弟明字靖通, 少被武帝親愛, 封貞陽侯. …… 北人懷其不侵掠, 謂之義王. 及至魏, 魏帝引見明及諸將帥, 釋其禁, 送晉陽. …… 明年, 齊人徵明, 霸先猶稱蕃, 將遣使送明, 疽發背死. 時王琳與霸先相抗, 齊文宣遣兵納永嘉王莊主梁祀, 追謚明曰閔皇帝."

게는 아들 (소)장(蕭莊)이 있어 경제(敬帝) 때 (북)제에 인질이 되어 있었는데, 진패선이 찬탈을 하려고 하자 왕림(王琳)이 북제에 (소)장을 황제로 삼을 것을 청하여 곧 영주(郢州)에서 즉위했으나,[281] 나중에 군대가 패하여 다시 (북)제로 들어가 양왕(梁王)으로 봉해졌다.[282] 이들 또한 모두 양나라 말기 여러 후예들 가운데 마땅히 열전을 만들어야 하는 경우이지만 『양서』에는 역시 열전이 없다. 왕림은 양(梁)·진(陳) 혁명이 이루어진 뒤에도 여전히 소(蕭)씨를 위해 마음을 다하여 온갖 고생을 하며 수많은 전투를 치르다가 마침내 죽어 순국했으니[283] 이는 더욱 양나라 황실 제일의 충신이므로 마땅히 열전을 만들어야 하는 바이지만, 『양서』에는 또한 그에 관한 것이 없다.

아마도 경제 때에는 왕실에 변고가 많아 사관(史館)을 세울 겨를이 없었고, 진(陳)나라에 들어선 이후에는 또한 그것을 기록한 사람이 없었기 때문에 근거로 할 만한 국사가 없어져 『양서』에서도 또한 마침내 열전을 만들지 않았던 것이다. 『양서』가 모두 국사를 저본으로 하여 국사에 있는 것이면 열전을 만들고, 없는 것이면 그것을 빠뜨렸음을 더욱 분명히 볼 수 있다.

『남사』에서는 열 개 남짓한 열전을 늘렸으니, 『양서』에 비해 공이 있는 것이 많다[趙注 : 또한 난흠(蘭欽)[284]에게는 아들 (난)경(蘭京)이 있었는데, 동위(東魏)에서 고징(高澄)

281) 『南史』 卷9 「陳武帝紀」, 273면, "三月, 王琳立梁永嘉王蕭莊以奉梁後, 卽位于郢州."

282) 『南史』 卷54 「武烈世子傳」, 1345~1346면, "元帝卽位, 改謚武烈世子. 封子莊爲永嘉王. 及魏剋江陵, 莊年甫七歲, 爲人家所匿. 後王琳迎送建鄴. 及敬帝立, 出質于齊. 敬帝太平二年, 陳武帝將受禪, 王琳請莊于齊以主梁嗣, 自盆城濟江. 二月, 卽帝位于郢州, 年號天啓, 置百官. 王琳總其軍國. 明年, 莊爲陳人所敗 …… 遂入齊. 齊武平元年, 授特進、開府儀同三司, 封梁王. 齊朝許以興復, 竟不果而齊亡, 莊在鄴飮氣而死."

283) 『南史』 卷64 「王琳傳」, 1559면, "王琳字子珩, 會稽山陰人也. 本兵家. 元帝居蕃, 琳姊妹並入後庭見幸, 琳由此未弱冠得在左右. 少好武, 遂爲將帥"; 『南史』 卷64 「王琳傳」, 1563면, "陳將吳明徹進兵圍之, …… 從七月至十月, 城陷被執, 百姓泣而從之. 吳明徹恐其爲變, 殺之城東北二十里, 時年四十八. 哭者聲如雷."

284) 『梁書』 卷32 「蘭欽傳」, 466면, "蘭欽字休明, 中昌魏人也. 父子雲, 天監中, 軍功官至雲麾將軍, 冀州刺史"; 『南史』 卷61 「蘭欽傳」, 1504면, "蘭欽字休明, 中昌魏人也."

을 찔러 죽였으므로[285] 마땅히 「(난)흠전(蘭欽傳)」 뒤에 그 사건을 덧붙여야 하지만, 『양서』 「(난)흠전」에는 결코 한 글자도 없고, 『남사』 「(난)흠전」에도 또한 덧붙여 보이지 않았으니, 무슨 까닭인가?].

132. 『양서』 열전 편찬에서 올바른 법식을 잃은 부분梁書編傳失檢處

예전에는 창업 군주의 어머니를 「황후전(皇后傳)」에 편입한 적이 없었는데, 심약(沈約)의 『송서(宋書)』로부터 시작한 후, 『양서(梁書)』 또한 이를 따랐다. (양(梁)) 무제(武帝)는 즉위 후 아버지 소순지(蕭順之)를 문황제(文皇帝)로, 어머니 장(張)씨를 헌황후(獻皇后)로 추존했는데,[286] 이에 따라 「황후전」 안에서 장후(張后)를 맨 앞에 놓게 되었다. 그러나 (소)순지의 관직과 사적은 이미 「무제기(武帝紀)」에 서술해 넣어 따로 본기나 열전을 짓지 않았으니, 장후(張后)가 무제를 낳을 때 창포꽃의 길조가 있었음[287]은 역시 바로 「무제기」에서 써도 되었을 것인데도 특별하게 열전을 하나 만들어 여러 황후의 머리에 두었다. 이는 아내에게는 열전이 있으되, 남편에게는 열전이 없는 것이니 결코 역사를 제대로 쓰는 방법이 아니다.

또 무제의 형제 아홉 사람은 마땅히 「종실전(宗室傳)」을 만들어야 하였으니, 『송서』의 장사왕(長沙王) (유)도련(劉道憐), 임천왕(臨川王) (유)도규(劉

285) 『北史』 卷5 「西魏文帝紀」, 181면, "秋八月, 盜殺東魏勃海王高澄"; 『北史』 卷6 「齊世宗文襄帝紀」, 235~236면, "八月辛卯, 遇盜而崩. 初, 梁將蘭欽子京見虜, 文襄以配廚 …… 京與其黨六人謀作亂. 時京將進食, …… 京聞之, 寘刀於盤下, 冒言進食. 文襄見之, 怒曰 : '我未索食, 何遽來?' 京揮刀曰 : '將殺汝!' 文襄自投, 傷足, 入牀下. 賊黨至, 去牀, 因見弒, 時年二十九."

286) 『梁書』 卷2 「武帝紀中」, 35면, "追尊皇考爲文皇帝, 廟曰太祖; 皇妣爲獻皇后."

287) 『梁書』 卷7 「太祖」 「張皇后傳」, 156면, "初, 后嘗於室內, 忽見庭前昌蒲生花, 光彩照灼, 非世中所有. 后驚視, 謂侍者曰 : '汝見不?' 對曰 : '不見.' 后曰 : '嘗聞見者當富貴.' 因遽取呑之. 是月產高祖."

道規)의 열전과 같은 것이 그러하다.[288] 『양서』는 그러나 그 체제를 바꾸어 태조(太祖)의 아들로 왕이 된 다섯과 사왕(嗣王) 넷으로 따로 편집했다.[289] 생각건대, 태조(太祖)는 본디 무제가 그 아버지를 추숭(追崇)한 호칭이었으며, 그 자신이 황제가 된 것은 아닌데, 그 아들을 그에 연결하였으니 이미 위치가 마땅함을 잃은 것에 속한다. 이미 태조에 연결했을진대, 장사왕(長沙王) (소)의(蕭懿)는 태조의 큰아들이니[290] 자연히 태조의 여러 아들 가운데 첫 머리에 서술해야 하고, 그 나머지 형양왕(衡陽王) (소)창(蕭暢), 영양왕(永陽王) (소)부(蕭敷), 계양왕(桂陽王) (소)융(蕭融) 또한 응당 차례대로 써넣어 모두 태조의 아홉 왕으로 했어야 한다.[291] 그러나 그들이 제(齊)나라 때에 죽은 것을 이유로 끝내 열전을 만들지 않고 도리어 그 아들 「사왕전(嗣王傳)」 안에 덧붙여 드러내었다. 그 뜻은, 임천왕(臨川王) (소)굉(蕭宏), 안성왕(安成王) (소)수(蕭秀), 남평왕(南平王) (소)위(蕭偉), 파양왕(鄱陽王) (소)회(蕭恢), 시흥왕(始興王) (소)담(蕭憺)이 모두 무제가 등극한 뒤 직접 왕으로 봉해졌으므로 태조의 다섯 왕으로 하되, (소)의, (소)창, (소)부, (소)융은 사후에 추증되었던 자들이므로, 그 아들의 열전만을 둠으로써 살아서 봉해진 다섯 왕과 구별한다는 데 있는 것일 뿐이다. 그러나 이 아홉 왕은 모두 태조의 아들이고 모두 무제가 봉한 바인데, 다섯 사람은 아버지에게 연결하고, 네 사람은 아들에게 연결하여 억지로 구별하였으니 결국

288) 이 두 열전은 『宋書』 卷51 「宗室傳」에 속해 있다. 『宋書』 卷51 「長沙景王傳」, 1461면, "長沙景王道憐, 高祖中弟也"; 『宋書』 卷51 「臨川烈武王傳」, 1470면, "臨川烈武王道規, 字道則, 高祖少弟也."

289) 『梁書』 卷22에 「太祖五王」, 즉 臨川王 宏, 安城王 秀, 南平王 偉, 鄱陽王 恢, 始興王 憺의 傳이 있고, 『梁書』 卷23에 長史嗣王 業, 永陽嗣王 伯游, 衡陽嗣王 元簡, 桂陽嗣王 象 등 嗣王 네 사람의 傳이 있다.

290) 『梁書』 卷23 「長沙嗣王傳」, 359면, "長沙嗣王業字靜曠, 高祖長兄懿之子也. 懿字元達, 少有令譽."

291) 『梁書』 卷22 「太祖五王傳」, 339면, "太祖十男. 張皇后生長沙宣武王懿、永陽昭王敷、高祖、衡陽宣王暢. 李太妃生桂陽簡王融. 懿及融, 齊永元中爲東昏所害; 敷、暢, 建武中卒 : 高祖踐阼, 並追封郡王. 陳太妃生臨川靖惠王宏, 南平元襄王偉. 吳太妃生安成康王秀, 始興忠武王憺. 費太妃生鄱陽忠烈王恢."

말할 것이 될 수 없음에 속한다.

이미 「종실전」을 만들지 않았으니, 오평후(吳平侯) (소)경(蕭景)[292]은 무제의 사촌동생이라 태조의 여러 아들 안에 붙이기도 불편하고, 또 별도로 위치시킬 수도 없어, 부득이하게 따로 하나의 「소경전(蕭景傳)」을 만들었으니, 마치 성은 같지만 종실이 아닌 것처럼 하였다.

이는 아마도 모두 국사의 예전 편집 순서일 것이니, 국사는 본디 무제 때 편수한 것으로, 여러 왕이 모두 무제의 친형제이니 만약 「종실전」을 순서대로 지으면 도리어 그들을 밀어 멀리하는 듯하다 하여 사서를 편수한 자가 이러한 예를 만들었으나, 도리어 막히고 방해가 되는 것이 많음을 알지 못한 것이다. 요찰(姚察)이 『양서』를 편찬할 때에는 이미 시대가 바뀌었으니 스스로 마땅히 개정해야 하였으나, 끝내 원서의 체례를 그대로 따랐으니 무슨 까닭인가? 『남사(南史)』는 이들을 모두 「종실전」에 넣었으니, 자못 마땅함을 얻은 것이었다.

『양서』는 소영주(蕭穎胄)를 그 동생 「(소)영달전(蕭穎達傳)」 안에 덧붙였는데,[293] 이는 오히려 위치가 마땅함을 얻은 것이다. 대개 (소)영주는 양 무제와 함께 군사를 일으켰으나 건업(建業)을 평정함에 이르지 못하고 먼저 죽었으니, 양나라 신하는 아니므로 「공신전(功臣傳)」 안에 넣는 것도 불편하고, 관계가 먼 일족이라 또 「종실전(宗室傳)」에 넣는 것도 불편한데, 『제서(齊書)』 「소적부전(蕭赤斧傳)」 뒤에 비록 붙여 보였으나[294] 『양서』에서 끝내 빠뜨릴 수 없어 「(소)영달전」에 덧붙인 것은 극히 마땅하다. 『남사』에서는 또한 「(소)적부전」 안에 덧붙여 제나라 종실로 썼다.

---

292) 『梁書』 卷24 「蕭景傳」, 367~368면, “蕭景字子昭, 高祖從父弟也. 父崇之字茂敬, 卽左光祿大夫道賜之子. 道賜三子 : 長子尙之, 字茂先; 次太祖文皇帝; 次崇之. 高祖踐阼, 封吳平縣侯, 食邑一千戶 …….”

293) 『梁書』 卷10 「蕭穎達傳」, 187면, “蕭穎達, 蘭陵蘭陵人, 齊光祿大夫赤斧第五子也. 少好勇使氣, 起家冠軍. 兄穎胄, 齊建武末行荊州事, 穎達亦爲西中郎外兵參軍, 俱在西府.”

294) 『南齊書』 卷38 「蕭赤斧傳」, 664면, “蕭赤斧, 南蘭陵人, 太祖從祖弟也”; 『南齊書』 卷38 「蕭穎胄傳」, 665면, “穎胄字雲長, 弘厚有父風.”

133. 『양서』에는 죽음을 아름답게 꾸미는 조칙을 실은 것이 많다梁書多載飾終之詔

『양서(梁書)』의 여러 왕과 공신 열전에는 반드시 그가 죽은 뒤에 은덕을 더하여 최후를 아름답게 꾸미기 위해 내려진 조칙을 기재하고 있는데, 아마도 국사(國史)의 체례를 본으로 하여 이와 같은 것이겠지만, 편찬하여 정사에 기입하게 되면 알아서 삭제하여 번잡한 것을 없애야 했다.

그러나 「왕무전(王茂傳)」에 있는 조칙에서 "덕을 표창하고 공훈을 기리는 것은 현명한 임금의 아름다운 법도이다. 죽음을 생각하며 멀리 조상을 추모하는 것은 이전 법도의 밝은 가르침인 것이다"[295]라고 기록했다. 「여승진전(呂僧珍傳)」에 있는 조칙에서 "예전을 생각하며 죽음에 대해 정성을 들이는 것은 선왕의 훌륭한 법도이다. 영광을 추모하며 작위를 더하는 것은 여러 조대에 걸쳐 공통된 법도인 것이다"[296]라고 적었다. 「남평왕(南平王) (소)위전(蕭偉傳)」에 있는 조칙에서 "덕을 표창하고 공훈을 기리는 것은 선왕의 훌륭한 법도이다. 삼가 상례를 치르고 멀리 조상을 추모하는 것은 여러 조대에 걸쳐 공통된 법도이다"[297]라고 기록했다. 「공휴원전(孔休源傳)」에 있는 조칙에서 "삼가 상례를 치르고 조상을 멀리 추모하는 것은 여러 조대에 걸쳐 공통된 법도인 것이다. 덕을 칭송하고 공적에 보답하는 것은 선왕의 훌륭한 법도인 것이다"[298]라고 썼다. 편마다 이와 같으니 특히 토할 것같이 역겹다 할 것이다.

---

295) 『梁書』 卷8 「王茂傳」, 177면, "詔曰 : '旌德紀勳, 哲王令軌; 念終追遠, 前典明誥. 故使持節、散騎常侍、驃騎將軍、開府儀同三司、江州刺史茂, 識度淹廣, 器宇凝正. 爰初草昧, 盡誠宣力, 綢繆休戚, 契闊屯夷. 方賴謀猷, 永隆朝寄; 奄至薨殞, 朕用慟于厥心. 宜增禮數, 式昭盛烈. 可贈侍中、太尉, 加班劍二十人, 鼓吹一部. 謚曰忠烈'."

296) 『梁書』 卷11 「呂僧珍傳」, 214면, "高祖卽日臨殯, 詔曰 : '思舊篤終, 前王令典; 追榮加等, 列代通規. ……'."

297) 『梁書』 卷22 「南平王傳」, 347～348면, "又詔曰 : '旌德紀功, 前王令典; 愼終追遠, 列代通規. ……'."

298) 『梁書』 卷36 「孔休源傳」, 521면, "詔曰 : '愼終追遠, 歷代通規; 褒德疇庸, 先王令典. ……'."

그 뒤에 사서를 짓는 사람은 스스로 그것이 난잡하고 쓸데없음을 알아 「채도공전(蔡道恭傳)」[299] 「범운전(范雲傳)」[300] 「풍도근전(馮道根傳)」[301] 「창의지전(昌義之傳)」[302] 「주사전(周捨傳)」[303] 등에서는 이 같은 머리말을 모두 없애고 단지 조칙 가운데 그 생애와 공적을 적은 곳만을 남겨두었으니, 이는 비교적 그 마땅함을 얻은 것이다.

---

299) 『梁書』 卷10 「蔡道恭傳」, 193면, "蔡道恭字懷儉, 南陽冠軍人也. 父那, 宋益州刺史"; 『梁書』 卷10 「蔡道恭傳」, 194면, "詔曰 : '持節、都督司州諸軍事、平北將軍、司州刺史、漢壽縣開國伯道恭, 器幹詳審, 才志通烈. …… 可贈鎭西將軍, 使持節、都督、刺史、伯如故, 并尋購喪櫬, 隨宜資給.'"

300) 『梁書』 卷13 「范雲傳」, 229면, "范雲字彥龍, 南鄕舞陰人, 晉平北將軍汪六世孫也"; 『梁書』 卷13 「范雲傳」, 232면, "二年, 卒, 時年五十三. 高祖爲之流涕, 卽日輿駕臨殯. 詔曰 : '追遠興悼, 常情所篤; 況問望斯在, 事深朝寄者乎! 故散騎常侍、尙書右僕射、霄城侯雲, 器範貞正, 思懷經遠, 爰初立志, 素履有聞. …… 可追贈侍中、衛將軍、僕射、侯如故. 並給鼓吹一部."

301) 『梁書』 卷18 「馮道根傳」, 286면, "馮道根字巨基, 廣平酇人也. 少失父, 家貧, 傭賃以養母"; 『梁書』 卷18 「馮道根傳」, 289면, "普通元年正月, 卒, 時年五十八. …… 高祖卽幸其宅, 哭之甚慟. 詔曰 : '豫寧縣開國伯、新除散騎常侍、領左軍將軍馮道根, 奉上能忠, 有功不伐, 撫人留愛, 守邊難犯, 祭遵、馮異、郭伋、李牧, 不能過也. 奄致殞喪, 惻愴于懷. 可贈信威將軍、左衛將軍, 給鼓吹一部. 賻錢十萬, 布百匹. 諡曰威.' 子懷嗣."

302) 『梁書』 卷18 「昌義之傳」, 293면, "昌義之, 歷陽烏江人也. 少有武幹. 齊代隨曹虎征伐, 累有戰功"; 『梁書』 卷18 「昌義之傳」, 295면, "(普通)四年十月, 卒. 高祖深痛惜之, 詔曰 : '護軍將軍、營道縣開國侯昌義之, …… 可贈散騎常侍、車騎將軍, 并鼓吹一部. 給東園祕器, 朝服一具. 賻錢二萬, 布二百匹, 蠟二百斤. 諡曰烈.'"

303) 『梁書』 卷25 「周捨傳」, 375면, "周捨字昇逸, 汝南安成人, 晉左光祿大夫顗之八世孫也"; 『梁書』 卷25 「周捨傳」, 376~377면, "以其年卒, 時年五十六. 上臨哭, 哀慟左右. 詔曰 : '太子詹事、豫州大中正捨, 奄至殞喪, 惻愴于懷. …… 可贈侍中、護軍將軍, 鼓吹一部, 給東園祕器, 朝服一具, 衣一襲, 喪事隨由資給. 諡曰簡子.' 明年, 又詔曰 : '故侍中、護軍將軍簡子捨, 義該玄儒, 博窮文史, 奉親能孝, 事君盡忠, 歷掌機密, 淸貞自居. …… 以旌善人.'"

134. 『양서』에는 지족전이 있으나 방기전이 없다梁書有止足傳無方伎傳

『양서(梁書)』에는 반드시 열전을 만들 필요가 없는데도 만든 것이 있고, 또한 마땅히 열전을 만들어야 하는데도 만들지 않은 것이 있다.

「처사전(處士傳)」 외에 따로 「지족전(知足傳)」 한 부문을 만들어 그 서(序)에서 어환(魚豢)의 『위략(魏略)』에 「지족전」이 있고, 사령운(謝靈運)의 『진서(晉書)』에도 「지족전」이 있으며, 『송서(宋書)』에도 또한 「지족전」이 있으니[趙注 : 오늘날의 심약(沈約)이 쓴 『송서』에는 이 부문이 없으니, 이는 아마도 서원(徐爰)의 구본(舊本)일 것이다], 따라서 『양서』에도 이 부문을 둔다고 밝혔다.[304] 그런데 이른바 지족이란 관직생활을 마치고 몸소 물러난 것에 지나지 않으니, 종이 울리고 물시계가 다하도록[鐘鳴漏盡][305] 밤길을 걸으며 쉬지 않는 것과 약간 다를 뿐이다. 열전 가운데 가령 고헌지(顧憲之)는 정치적 업적이 자연히 「양리전(良吏傳)」에 들어갈 수 있지만, 그 나머지 도계직(陶季直), 소시소(蕭視素) 등의 무리는 충분히 열전을 만들 만하지 않다.

「방기전(方伎傳)」[306] 한 부문은 누대에 걸쳐 없애지 않았다. 양(梁)나라 때 승려인 석보지(釋寶誌)는 불학(佛學)에 정통하며 미래를 알 수 있었고, 그에 관한 참기(讖記)가 종종 후세에 전해졌다. 곧, 각 열전에서 여기저기 보이는 것으로, 예컨대 『남사(南史)』「양무제기(梁武帝紀)」에 의하면 천감(天監) 연간[307]에 (석)보지가 "예전엔 서른여덟, 지금은 여든셋, 넷 가운데 다시 넷이 있으니, 성 북쪽에서 불이 크게 일어날 것이다"라고 시를 지었다. (무)제(武帝)는 주사(周捨)에게 그것을 기록하라고 명했다.

---

304) 『梁書』 卷46 「止足傳」, 757~758면. 「止足傳」에 실린 인물은 顧憲之, 陶季直, 蕭目示素 등이다. 이 편의 제목에는 '止足傳'으로, 본문에는 '知足傳'으로 쓰고 있으나, 謝靈運의 『晉書』 및 『宋書』에는 '止足傳'이라고 표기되었다.

305) 鐘鳴漏盡 : 때를 알리는 종이 울리고 물시계의 물이 다 샌다는 뜻으로 밤이 자꾸 깊어감을 이른다. 바뀌어, 老衰하여 餘命이 얼마 남지 않음을 뜻하기도 한다.

306) 方伎란, 자전적 의미로 보면 醫術, 占術 등을 뜻한다.

307) 天監 : 南朝 梁 武帝 蕭衍의 연호 중 하나. 502~519년.

(무)제 나이 서른여덟에 건업(建業)을 정복했고 여든셋에는 동태사(同泰寺)에서 화재가 일어났으며, 4월 14일은 불이 일어난 날이기 때문에 그 예언이 모두 증험되었다.[308]

「왕승변전(王僧辯傳)」에서 천감 연간에 (석)보지가 "태세룡(太歲龍)이 장차 이치에 맞지 않게 행농하고 쑥은 서리를 맞으며 풀은 죽을 것이다. 나머지 사람들은 흩어지고 십팔자(十八子)(만 있을 것)이다"라고 참언을 지었다. 당시 사람들은 소(蕭)씨가 망하고 이(李)씨가 흥기할 것이라고 했는데, 드디어 이홍아(李洪雅)가 상주(相州)에서 군사를 일으켰으나 나중에 (왕)승변에게 패하였다.[309]

「서릉전(徐陵傳)」에서는 (서)릉이 겨우 몇 살이 되었을 때 집안사람들이 데리고 가서 (석)보지에게 보이자, (석)보지는 그 정수리를 문지르며 "이(아이)는 천상의 돌기린[石麒麟]이다"라고 했다.[310] 이것은 『남사』에 보이는 것들이다.

『양서』에서 볼 것 같으면, 「하경용전(何敬容傳)」에서 (석)보지가 (하)경용에게 "그대는 나중에 반드시 귀하게 될 것이나 결국에는 하(何)가 하(何)를 패하게 할 뿐이다"라고 말했다. (하)경용은 재상이 되자 하씨 성을 가진 자가 당연히 그 화가 될 것임을 두려워하여 마침내 종족을 억압하고 멸하여 관리로 진출하는 자가 없게 했는데, 나중에 하동왕(河東

308) 『南史』 卷7 「梁武帝紀下」, 224면, "始天監中, 沙門釋寶誌爲詩曰 : '昔年三十八, 今年八十三, 四中復有四, 城北火酣酣.' 帝使周捨封記之. 及中大同元年, 同泰寺災, 帝啓封見捨手迹, 爲之流涕. 帝生於甲辰, 三十八, 剋建鄴之年也. 遇災歲實丙寅, 八十三矣. 四月十四日而火, 火起之始, 自浮屠第三層. 三者, 帝之昆季次也."

309) 『南史』 卷63 「王僧辯傳」, 1539~1540면, "先是, 天監中沙門釋寶誌爲讖云 : '太歲龍, 將無理. 蕭經霜, 草應死. 餘人散, 十八子.' 時言蕭氏當滅, 李氏代興. 及湘州賊陸納等攻破衡州刺史丁道貴, 而李洪雅又自零陵稱助討納. 旣而朝廷未達其心, 詔徵僧辯就宜豐侯循南征, 爲都督東上諸軍事. …… 羣賊大敗, 歸保長沙." '蕭經霜'이라 했으니, 蕭씨가 어려움을 겪을 것으로 본 것이고, '十八子'를 합하면 '李'字가 되므로 흥할 것으로 보았던 것이다.

310) 『南史』 卷62 「徐陵傳」, 1522면, "陵字孝穆. …… 年數歲, 家人攜以候沙門釋寶誌, 寶誌摩其頂曰 : '天上石麒麟也.' 光宅寺慧雲法師每嗟陵早就, 謂之顏回. 八歲屬文, 十三通莊、老義. 及長, 博涉史籍, 從橫有口辯."

王) (소)예(蕭譽)가 그의 청탁하는 사사로운 편지를 들추어내어 마침내 패하기에 이르렀으니,[311] 이것이 '하(何)가 하(何)를 패하게 한다'는 말의 증험이었다. 「유효전(劉歊傳)」에서는 (석)보지가 유효(劉歊)를 흥황사(興皇寺)에서 만나고는 놀라서 "은거하며 도를 배우면 깨끗하고 맑게 부처가 될 것이다"[312]라고 말했는데, 이와 같은 세 가지 이야기가 있다.[313] 이 또한 『양서』에 보이는 것들이다. 그런 즉 그의 생애는 반드시 오히려 기술할 만한 것이 많았다. 또, 「왕균전(王筠傳)」을 보면, (왕)균이 칙명을 받들어 개선사(開善寺) 보지대사(寶誌大師) 비문(碑文)을 지었는데, 글이 매우 아름답고 뛰어났다 했다.[314] 이는 단지 당시 사람들이 존경하고 믿었을 뿐만 아니라 아울러 임금도 또한 그를 숭앙하며 받들었다는 것이니, 이 어찌 열전이 없을 수 있겠는가? 그러나 『양서』에서는 「방기」 부문이 없어 결국 이 열전을 빠뜨렸다. 『남사』에서는 도홍경(陶宏景) 뒤에 덧붙여 전하여 『양서』에서 빠진 것을 보충할 수 있었다.[315]

135. 고문은 요찰로부터 비롯했다古文自姚察始

『양서(梁書)』는 비록 전적으로 국사(國史)에 근거하였지만, 문장을 짓는

311) 『梁書』 卷37 「何敬容傳」, 532면, "初, 天監中, 有沙門釋寶誌者, 嘗遇敬容, 謂曰: '君後必貴, 然終是何敗何耳.' 及敬容爲宰相, 謂何姓當爲其禍, 故抑沒宗族, 無仕進者, 至是竟爲河東所敗."

312) 【王注】 '淸淨登佛'의 '淸'은 원래 刻本에는 '精'이었는데 西畲本에는 이미 개정하였다; 『梁書』 卷51 「劉歊傳」, 750면, "歊旣長, 精心學佛, 有道人釋寶誌者, 時人莫測也, 遇歊於興皇寺, 驚起曰: '隱居學道, 淸淨登佛'."

313) 劉歊와 관련된 이야기가 그의 열전에는 세 가지로 구성되어 있다. 어렸을 때, 장년이 되었을 때, 죽을 때 등에 관한 세 가지 이야기이다.

314) 『梁書』 卷33 「王筠傳」, 485면, "奉敕製開善寺寶誌大師碑文, 詞甚麗逸."

315) 『南史』 卷76 「釋寶誌傳」, 1900면, "時有沙門釋寶誌者, 不知何許人, 有於宋泰始中見之, 出入鍾山, 往來都邑, 年已五六十矣." 본문의 '陶宏景'은 '陶弘景' 이며, 「釋寶誌傳」은 「陶弘景傳」 뒤에 附記되어 있다.

데에서는 곧 스스로 화로와 마치[鑪錘][316]를 내어 직접 멀리 반(고)(班固)과 (사)마(천)(司馬遷)를 따르고자 했다. 대개 육조(六朝)시대에는 변려문(駢儷文)을 다투어 숭상하였으므로, 일을 기록하는 문장도 역시 대부분 네 글자를 한 구절로 삼았고 산문(散文)만을 사용해 쓰는 것은 드물었는데, 『양서』는 대부분 고문으로 지었다.

가령 「위학전(韋叡傳)」에서는 합비(合肥) 등에서의 공을 서술하였고,[317] 「창의지전(昌義之傳)」에서는 종리(種離)의 전투를 서술하였고,[318] 「강현전(康絢傳)」에는 회언(淮堰)의 건설을 서술하였는데,[319] 모두 굳센 기운을 지닌 예리한 필치로 써서 복잡한 내용이 분명하게 통하여 일시에 육조시대의 쓸데없이 번잡하게 쓰는 습관을 씻었으므로, 『남사(南史)』가 비록 간략하다고는 하나 한 글자도 더하거나 뺄 수 없었다.

여러 열전의 논(論)도 모두 산문으로 지었지만, 위정공(魏鄭公[320])의 『양서』 「총론(總論)」은 오직 병려문으로 댓구를 썼는데, 이것이 유독 뛰어나 사륙체 병려문 위에 걸출했으니, 요찰(姚察) 부자도 미칠 수 없었던 것이다. 세상은 단지 육조 이후 고문이 당(唐)나라 한창려(韓昌黎[321])로부터 시작되었음만을 알 뿐이니, 어찌 요찰 부자가 진(陳)나라 말, 당나라 초에 이미 떨쳤음을 알겠는가.

---

316) 鑪錘 : 鑪는 화로, 錘는 마치. 어떤 물건을 녹여 새롭게 다듬어 내는 것을 말한다.

317) 『梁書』 卷12 「韋叡傳」, 222~223면. 梁 武帝 蕭衍 때 豫州刺史로서 北魏와 대적하여 合肥를 토벌한 바 있다.

318) 『梁書』 卷18 「昌義之傳」, 293~294면. 北魏 中山王 元英이 北徐州를 공격하여 鍾離에서 刺史 昌義之를 포위했다가 패했다.

319) 『梁書』 卷18 「康絢傳」, 291면, "時魏降人王足陳計, 求堰淮水以灌壽陽."

320) 魏徵을 뜻한다. 『舊唐書』 卷71 「魏徵傳」, 2550면, "徵受詔總加撰定, 多所損益, 務存簡正. 隋史序論, 皆徵所作, 梁、陳、齊各爲總論, 時稱良史. 史成, 加左光祿大夫, 進封鄭國公, 賜物二千段."

321) 韓愈를 뜻한다. 『舊唐書』 卷160 「韓愈傳」, 4195면, "韓愈字退之, 昌黎人. 父仲卿, 無名位."

136. 『진서』에는 피휘한 것이 많다 陳書多避諱

『진서(陳書)』는 무제(武帝)가 공(公)으로 봉해져 봉읍(封邑) 열 개 군을 받고 구석(九錫)을 더한 것[322]과, 왕으로 봉해져 봉읍으로 이십 개 군을 받고 천자의 깃발을 세운 것,[323] 그리고 양(梁)나라 황제가 선양하고 별궁으로 물러난 것,[324] 진(陳) 무(제)가 양나라 황제를 받들어 강음왕(江陰王)으로 봉하고 양의 정삭(正朔)을 행하도록 한 것,[325] 이듬해 강음왕이 죽자 예로써 상례와 장례를 지낸 것[326] 등에 대하여 하나하나 특별히 씀으로서 결코 핍박하여 빼앗은 흔적이 있었음을 드러내지 않았다. 이는 본디 이전 사서의 격식을 모방한 것으로, 당시 국사(國史)가 본래 이와 같았으므로 요찰(姚察) 부자도 실로 그 체제를 홀로 바꿀 수가 없었던 것이다. 다만, 본기에서 기피한 것은 열전에서 그 일이 흩어져 보이는 경우가 있다고 믿게 된다.

그러나 형양왕(衡陽王) (진)창(陳昌)[327]은 본래 무제의 아들로 (북)주(北周)에 사로잡혀 돌아오지 못하다가 무제가 붕어하고 조카 문제(文帝)가 즉위하자 (진)창은 비로소 돌아오게 되었고, 문제는 후안도(侯安都)를 시켜 가서 그를 맞이하게 하고는 강에 빠뜨렸다[趙注 : 『남사(南史)』에 보인다]. 본기에서는 이미 단지 형양왕 진창이 죽었다고만 썼고,[328] 「(진)창전」에서도 역시 다만 강 가운데를 건너다가 배가 부서져 빠져 죽었다고만 썼으며,[329] 「후안

---

322) 『陳書』 卷1 「高祖紀上」, 14면, "封十郡爲陳公, 備九錫之禮 ……."

323) 『陳書』 卷1 「高祖紀上」, 21면, "十月戊辰, 進高祖爵爲王, …… 爲二十郡, 益封陳國. …… 又命陳王冕十有二旒, 建天子旌旗 ……."

324) 『陳書』 卷1 「高祖紀上」, 21면, "辛未, 梁帝禪位于陳, 詔曰 : ……."

325) 『陳書』 卷2 「高祖紀下」, 32면, "以江陰郡奉梁主爲江陰王, 行梁正朔, 車旗服色, 一依前準, 宮館資待, 務盡優隆."

326) 『陳書』 卷2 「高祖紀下」, 36~37면, "乙丑, 江陰王薨, 詔遣太宰弔祭, 司空監護喪事, 凶禮所須, 隨由備辦."

327) 『陳書』 卷14 「衡陽獻王傳」, 207면, "衡陽獻王昌字敬業, 高祖第六子也"; 『南史』 卷65 「陳陽獻王傳」, 1573면, "衡陽獻王昌字敬業, 武帝第六子也."

328) 『陳書』 卷3 「世祖紀」, 50면, "景子, 衡陽王昌薨."

329) 『陳書』 卷14 「衡陽獻王傳」, 209면, "三月入境, 詔令主書舍人緣道迎接. 景子, 濟

도전(侯安都傳)」에서도 역시 다만 진창이 한수(漢水)를 건너다가 죽었다고만 하여[330)][趙注 : 『남사』「(신)상전」에서 강을 건너다 가운데에서 그를 빠뜨리고는 익사했다고 보고하도록 했다고 한다],[331)] 처음부터 해를 입은 흔적이 있음을 보이지 않았다.

시흥왕(始興王) (진)백무(陳伯茂[332)]는 곧 폐제(廢帝) (진)백종(陳伯宗)[333)]의 동생으로 (진)백종과 궁중에서 함께 기거했는데, (진)백종이 선제(宣帝)에게 폐위되자 (진)백무는 (궁중에서) 자기 집으로 나갔는데, 선제는 강도를 보내 길에서 그를 죽였다.[334)] 『진서』「(진)백무전」에는 단지 길에서 강도를 만나 수레 안에서 죽었다고만 하여[335)] 역시 그 말을 감추고 줄여서 해를 입은 자취를 드러내지 않았다.

다만 이것만이 아니었다. 유사지(劉師知)는 진 무(제)를 위해 양 경제(敬帝)를 해쳤는데, 입궁하여 (경)제가 나오도록 유인했으나 (경)제가 그것을 깨닫고는 침상 주위를 돌아 도망가면서 "(유)사지가 나를 팔아먹는구나"라고 말했다. (유)사지는 경제의 옷자락을 붙잡았고 일을 행하는 자가 거기에 칼날을 가했다[趙注 : 『남사』에 보인다].[336)] 이는 곧 (유)사지가 임금을 시역한 죄가 위로 하늘에까지 알려진 것인데, 어떻게 굽혀 그를 위해 기피할 수 있을 것인가. 그러나 『진서』「(유)사지전」에서는 결코 한 글자도 이를 언급한 것

江, 於中流船壞, 以溺薨."

330)『陳書』卷8「侯安都傳」, 146면, "因請自迎昌, 昌濟漢而薨."

331)『南史』卷65「陳衡陽獻王傳」, 1574면, "丙子濟江, 於中流殞之, 使以溺告."

332)『陳書』卷28「始興王傳」, 357면, "始興王伯茂字鬱之, 世祖第二子也."

333)『陳書』卷4「廢帝紀」, 65면, "廢帝諱伯宗, 字奉業, 小字藥王, 世祖嫡長子也."

334)『南史』卷65「陳始興王傳」, 1578면, "光大二年, 皇太后令黜廢帝爲臨海王, 其日又下令降伯茂爲溫麻侯. 時六門之外有別館, 以爲諸王冠昏之所, 名爲昏第, 至是命伯茂出居之, 宣帝遣盜殞之於車中, 年十八."

335)『陳書』卷28「始興王傳」, 359면, "二年十一月, 皇太后令黜廢帝爲臨海王, ……時六門之外有別館, 以爲諸王冠婚之所, 名爲婚第, 至是命伯茂出居之. 於路遇盜, 殞于車中, 時年十八."

336)『南史』卷68「劉師知傳」, 1667면, "梁敬帝在內殿, 師知常侍左右. 及將加害, 師知詐帝令出, 帝覺, 遶牀走曰 : '師知賣我, 陳霸先反. 我本不須作天子, 何意見殺.' 師知執帝衣, 行事者加刃焉. 旣而報陳武帝曰 : '事已了.' 武帝曰 : '卿乃忠於我, 後莫復爾.' 師知不對."

이 없으며, 단지 그가 돌아가신 황제의 영구 앞에서 협어(俠御)[337]는 마땅히 길복(吉服)[338]을 입어서는 안 된다는 것을 논한 상소 하나를 적고,[339] 아울러 심문아(沈文阿),[340] 서릉(徐陵),[341] 사기(謝岐),[342] 채경력(蔡景歷),[343] 유덕조(劉德藻)[344] 등이 각각 논의한 것을 실어 모두 3천여 자로 상세히 설명하여 한 편을 이루게 함으로써[345] (유)사지가 예법에 관해 논한 것이 유독 정밀함을 보였으니, 이 어찌 왜곡하여 말을 돌려 비호한 것이 아니겠는가?

또 가령 우기(虞寄)[346]는 본래 양나라 신하로, 후경(侯景)의 난이 일어나자 피하여 향리로 돌아가 진안(晉安)에서 떠돌아다니는 생활을 하였는데, 진보응(陳寶應)[347]이 그를 후하게 대접하였으며 양 원제(元帝)가 (우)기를 중서시랑(中書侍郞)에 제수했지만 (진)보응은 (그를) 머물게 하고는 보내지 않았다. 나중에 진 무(제)가 양나라를 대신하자 (진)보응은 다른 뜻을 가졌으며, (우)기는 화가 미칠 것을 두려워하여 그 관직을 받지 않고 일

337) 俠御 : 영전 앞 동서에 侍御하는 자를 이른다.

338) 吉服 : 길사에 입는 옷을 뜻하기도 하나, 삼년상을 마친 뒤 입는 보통 옷을 뜻하기도 한다.

339) 『陳書』 卷16 「劉師知傳」, 229면, "及高祖崩, 六日成服, 朝臣共議大行皇帝靈座俠御人所服衣服吉凶之制, 博士沈文阿議, 宜服吉服. 師知議云 : '旣稱成服, 本備喪禮, 靈筵服物, 皆悉縞素. 今雖無大行俠御官事, 按梁昭明太子薨, 成服俠侍之官, 悉著縗斬, 唯著鎧不異, 此卽可擬. 愚謂六日成服, 俠靈座須服縗絰'."

340) 『陳書』 卷33 「沈文阿傳」, 434면, "沈文阿字國衛, 吳興武康人也."

341) 『陳書』 卷26 「徐陵傳」, 325면, "徐陵字孝穆, 東海郯人也."

342) 『陳書』 卷16 「謝岐傳」, 232면, "謝岐, 會稽山陰人也. 父達, 梁太學博士."

343) 『陳書』 卷16 「蔡景歷傳」, 224면, "蔡景歷字茂世, 濟陽考城人也."

344) 江德藻의 誤記. 『陳書』 卷34 「江德藻傳」, 456면, "江德藻字德藻, 濟陽考城人也."

345) **[王注]** 陳垣이 이르길, 『陳書』 「劉師知傳」은 모두 1671字인데, 大行 영전의 服制에 대한 의논은 모두 1386字라 했으므로, 여기서 '삼천여 字'라고 한 것은 잘못이다. 또한 劉師知의 建議는 무릇 두 차례였는데, 議이고 疏가 아니며, 둘이고 하나가 아니었으므로, 이 책의 '一疏'라는 두 글자도 역시 잘못이 있다(또한) 蔡景歷의 두 차례 건의 끝에 '猶依前議, 同劉舍人'라는 구절이 있는데, 劉舍人은 곧 劉師知이다. 아래 문장에는 '德藻又議' 운운하였으니 곧 江德藻이다. 이 책에서는 劉舍人(劉師知)과 江德藻를 잘못 이어 읽어서 劉德藻라 하였으니, 이 당시 원래 劉德藻란 사람은 없었다.

346) 『陳書』 卷19 「虞寄傳」, 258면, "寄字次安, 少聰敏."

347) 『陳書』 卷35 「陳寶應傳」, 486면, "陳寶應, 晉安候官人也. 世爲閩中四姓. 父羽, 有材幹, 爲郡雄豪. 寶應性反覆, 多變詐."

찍이 동산(東山)에 거처하며 거사(居士)의 옷을 입었다.[348] 이는 낌새를 알아차려 해를 멀리할 수 있었던 것에 불과할 뿐이며, 그가 진 무(제)에 대해서 일찍이 군신의 직분이 있었던 것은 아니었다. 만약 (장량)(張良)이 한(韓)나라에 보답한 것과 같은 것을 마음에 두었다면, 바로 마땅히 (진)보응을 도와 진 무(제)에 대항해야 했으나, 오히려 글을 지어 (진)보응에게 진 무(제)의 신하가 될 것을 권했고, 글 가운데에서는 또한 진 무(제)를 일컬어 '주상(主上)', '금상(今上)'이라 하며 스스로 반표(班彪)의 「왕명론(王命論)」[349]에 가탁했다.[350]

생각해 보면, (반)표는 본래 한(漢)나라 신하이므로 한나라로 마음을 돌린 것이 마땅하나, (우)기는 진의 신하가 아닌데 어찌 반드시 미리 진나라에 빌붙는다 말인가? 그가 (진)보응에게 벼슬하지 않은 것은 오히려 몸을 깨끗이 하여 해를 멀리함을 잃지 않은 것이지만, 진 무(제)를 받들어 올린 것은 그가 분위기에 따라 영합했을 뿐임을 딱 나타내는 것이다. 그러나 『진서』에서는 오로지 이것으로써 (우)기를 위해 열전을 만들었으며, 또한 그 글 천여 자를 상세히 실어 그의 탁월한 식견과 높은 품격을 드러내고자 하였다. 또 생각하면 (우)기가 진 무(제)에게 무슨 교분이 있다고 그를 받들기에 급급했던 것인가? 아마도 요찰 부자가 본래 유사지 및 (우)기의 형 우려(虞荔)[351]와 같이 진에서 벼슬했고, 수(隋)나라에 들어가서도 또한

348) 『陳書』 卷19 「虞寄傳」, 258~259면, "…… 乃劫寄奔于晉安. 時陳寶應據有閩中, 得寄甚喜. 高祖平侯景, 寄勸令自結, 寶應從之, 乃遣使歸誠. 承聖元年, 除和戎將軍、中書侍郎, 寶應愛其才, 託以道阻不遣. 每欲引寄爲僚屬, 委以文翰, 寄固辭, 獲免."

349) 班彪가 隗囂와의 문답 후 그를 깨닫게 하기 위해 「王命論」을 지어 漢德이 堯를 계승하여 靈命의 符가 있으며 王者 興祚는 詐力으로 이룰 바가 아님을 언급하였다(『後漢書』 卷40上 「班彪傳」, 1324면).

350) 『陳書』 卷19 「虞寄傳」, 259~262면, "及寶應結婚留異, 潛有逆謀, 寄微知其意, 言說之際, 每陳逆順之理, 微以諷諫, 寶應輒引說他事以拒之. …… 寄正色曰: '覆酈驕韓, 未足稱智; 豈若班彪王命, 識所歸乎?' 寄知寶應不可諫, 慮禍及己, 乃爲居士服以拒絶之. …… 及留異稱兵, 寶應資其部曲, 寄乃因書極諫曰: …… 寶應覽書大怒. 或謂寶應曰: '虞公病勢漸篤, 言多錯謬.' …… 寶應既擒, 凡諸賓客微有交涉者, 皆伏誅, 唯寄以先識免禍."

(우)려의 아들 (우)세기(虞世基), (우)세남(虞世南)[352]과 같이 벼슬했으므로,[353] 결국 많이 봐주는 바가 있어 그를 위해 좋은 열전을 만든 것이다.

『남사』「(유)사지전」에서는 명확히 그 일을 밝혀 서술하여 진실로 바로 썼으나, 「(우)기전」은 역시 그가 (진)보응에게 권한 편지를 전부 실었으니 역시 식견이 없음이 심하다 할 것이다.

137. 소자현과 요사렴은 모두 아버지를 위해 열전을 지어 정사에 넣었다 蕭子顯姚思廉皆爲父作傳入正史

사마천(司馬遷), 반고(班固), 심약(沈約)은 사서를 지으면서 모두 그 아버지를 「자서(自序)」 중에 넣어 일찍이 따로 아버지의 열전을 만들어 정사에 열거하지는 않았다. 오직 소자현(蕭子顯)이 『(남)제서(齊書)』를 지으면서 그 아버지 예장왕(豫章王) (소)억(蕭嶷)을 위해 열전을 만들었고, 요사렴(姚思廉)이 『진서(陳書)』를 지으면서 그 아버지인 이부상서(吏部尙書) (요)찰(姚察)을 위해 열전을 만들었는데, 일생 동안 행한 모든 일과 조정에서 내린 특별한 대우, 명사들의 칭찬 등을 한 가지라도 자세하고 세세하게 써넣지 않은 것이 없었다. 그러므로 「(소)억전」은 7천여 자에 이르고, 「(요)찰전」 역시 3천여 자에 이르는데, 사람의 아들이 되어 국사를 구실로 삼아 그 아버지를 드러낼 수 있었으니, 그 역시 사람으로서 지극한 행운이다.

어떤 이는 「(소)억전」에 다만 그 아들 (소)자겸(蕭子廉), (소)자각(蕭子恪), (소)자조(蕭子操), (소)자행(蕭子行), (소)자광(蕭子光)만 실려 있고, (소)자현은

351) 『陳書』 卷19 「虞荔傳」, 256면, "虞荔字山披, 會稽餘姚人也."

352) 『陳書』 卷19 「虞荔傳」, 258면, "子世基、世南, 並少知名"; 『隋書』 卷67 「虞世基傳」, 1569면, "虞世基字茂世, 會稽餘姚人也. 父荔, 陳太子中庶子"; 『隋書』 卷67 「虞世基傳」, 1573~1574면, "其弟世南, 素國士, 而淸貧不立, 未曾有所贍."

353) 『陳書』 卷27 「姚察傳」, 354면, "察所撰梁、陳史雖未畢功, 隋文帝開皇之時, 遣內史舍人虞世基索本, 且進上, 今在內殿. …… 大業初, 內史侍郎虞世基奏思廉踵成梁、陳二代史, 自爾以來, 稍就補續."

실려 있지 않은 것을 의심하기도 하는데, 이것은 의당 (요)사렴이 직접 아버지를 위하여 일전을 지었기 때문에 자기 이름은 숨긴 것이다.

「(요)찰전」의 경우, (요)사렴이 진(陳)의 법조참군(法曹參軍)이었고, 수(隋)나라에서 사법(司法)이 된 것을 아울러 싣고 있어[354] 마치 (요)사렴이 스스로 지은 바가 아닌 것 같기도 하다. 그러나 일선 밀미에서 "(요)찰이 지은 『양서(梁書)』『진서』 두 사서가 아직 일을 끝나지 않자, 우세기(虞世基)가 (요)사렴이 이어 그것을 완성하도록 상주해서, 그 이후로 점차 이어서 편찬하게 되었다"[355] 어쩐다 말하면서도 (요)사렴이 언제 죽었는지는 말하지 않았으니, 「(요)찰전」은 실로 (요)사렴이 스스로 지은 것임을 알 수 있다.

하물며 (요)찰의 아버지 (요)승탄(姚僧坦)은 의술로 양대(梁代)에 유명하여 태의승(太醫丞) 벼슬을 하면서 얻은 하사품은 모두 (요)찰에게 주어 유학하게 했는데, 이 일이 『남사(南史)』에 보인다.[356] 그런데 『진서』「(요)찰전」에서는 다만 (요)찰의 아버지는 상개부(上開府) (요)승탄으로 양대에 이름이 알려져 두 황제의 예우가 두터웠고, 매번 하사품을 얻으면 모두 (요)찰 형제에게 주어 유학 자금으로 썼다고 말할 뿐,[357] 의술로 총애를 얻었다고는 말하지 않았고, 아울러 벼슬이 태의승이라고도 말하지 않았다. 아마 (요)사렴이 방기(方伎)로 하여 그 집안의 내력을 가볍게 하는 것을 부끄러워했기 때문에 그것을 기피한 것이다. 그런 즉 「(요)찰전」이 (요)사렴의 자작(自作)이라는 사실은 의심할 바가 없다.

---

354) 『陳書』 卷27 「姚察傳」, 354면, "思廉在陳爲衡陽王府法曹參軍, 轉會稽王主簿. 入隋, 補漢王府行參軍, 掌記室, 尋除河間郡司法."

355) 『陳書』 卷27 「姚察傳」, 354면, "大業初, 內史侍郎虞世基奏思廉踵成梁、陳二代史, 自爾以來, 稍就補續."

356) 『南史』 卷69 「姚察傳」, 1689면, "父僧垣, 梁太醫正. 及元帝在荊州, 爲晉安王諮議參軍. 後入周, 位遇甚重. 察幼有至性, 六歲誦書萬餘言. 不好戲弄, 勵精學業, 十二能屬文. 僧垣精醫術, 知名梁代, 二宮所得供賜, 皆回給察兄弟, 爲游學之資." 본문에는 '僧坦'으로 썼으나, 『南史』 원문에는 '僧垣'으로 쓰고 있다.

357) 『陳書』 卷27 「姚察傳」, 348면, "父上開府僧垣, 知名梁武代, 二宮禮遇優厚, 每得供賜, 皆回給察兄弟, 爲遊學之資, 察竝用聚蓄圖書, 由是聞見日博."

138. 여덟 왕조의 정사는 송대에 이르러 비로소 널리 퍼졌다八朝史至宋始行

남북조(南北朝)시대 여덟 왕조의 사서 가운데 『송서(宋書)』는 제(齊)나라에서 만들어졌고, 『(남)제서(齊書)』는 양(梁)나라에서 만들어졌으며, 『위서(魏書)』는 북제(北齊)에서 만들어졌고, 그 나머지 각 사서는 모두 당(唐)나라 초에 완성되었다. 그러나 비록 당나라 초에 완성되었다 해도 세상에 실로 아직 널리 퍼지지 않았다.

소순(蘇洵) 등이 『진서(陳書)』를 올리며 말한 내용을 보면[358] "『진서』와 『송서』 『위서』 『(남)제서』 『양서(梁書)』 등의 사서는 전하는 사람이 적고, 비서(秘書)에서 소장한 것 역시 빠지거나 잘못된 내용이 많습니다. 가우(嘉祐)[359] 6년(1071)에 비로소 교정하도록 조서가 내렸습니다. 신(臣) 등이 아마도 관각(館閣)에 소장된 자료가 그것을 바로잡기에는 부족할 것이므로 서울[京師]과 천하의 장서가에게 조서를 내려 자료를 모두 바치도록 할 것을 주청하였습니다. (그에 따라) 7년 겨울에 이르러 비로소 점차 모이기 시작하여 그에 의거해 참고하여 교정할 수 있었습니다"라고 했다.

또 유반(劉攽) 등이 『북제서(北齊書)』를 교정하며[360] "「문양(제)기(文襄帝紀)」는 서두가 『북사(北史)』와 동일하나 끝부분은 『위서』 「효정제기(孝靜帝紀)」에서 많이 취했고, 후경(侯景)에게 준 편지[361]는 즉 『양서』 「후경전(侯

358) 【王注】 陳垣이 이르길, 현재 판본 『陳書』 卷頭에는 '臣恂等校上序'가 있다고 했다. '恂'字는 각 本에서 모두 '心'字 부수로 썼으나, 여기서는 '蘇洵'이라고 지적하였으니, 어떤 근거인지는 알 수 없다. 四庫本 『續通鑑長篇』에 嘉祐 6年 10月 孟恂이 書籍의 編校를 맡았다고 하니, 이른바 '臣恂'은 응당 이 사람이며, 蘇洵과는 무관하다. 蘇洵이란 이름은 宋代에 보인다. 곧, 『宋史』 卷443 「蘇洵傳」, 13093면, "蘇洵字明允, 眉州眉山人."

359) 嘉祐 : 北宋 仁宗의 연호. 1056~1063년.

360) 【王注】 陳垣이 이르길, 현재 판본 『北齊書』 卷3 끝에 校記가 있으나, 校者의 主名은 없다고 했는데, 여기서는 劉攽라고 하였으니, 아마도 校 위에 '『魏書』由劉攽領銜(『위서』는 유반이 직함을 맡았다)'이란 것 때문이며, 다른 근거가 될 바는 없다.

361) 『北齊書』 卷3 「文襄帝紀」, 32~34면, "又景將蔡遵道北歸, 稱景有悔過之心. 王以

景傳)」 안에 실려 있으며,[362] 그밖에 차례에는 더욱 순서가 없습니다. 아마도 원서가 이미 흩어져 비려 뒷사람들이 『북사』 및 『고씨소사(高氏小史)』[363] 등의 책을 잡다하게 취하여 보충한 것 같습니다"라고 말했다. 이것은 송대(宋代)에 이미 그 원본이 흩어져버려 비록 천하에 돈을 주며 구했으나 역시 결국에는 고쳐서 바로잡을 근거가 없게 되었다는 것이다. 각 정사가 당 일대(一代)에는 역시 아직 세상에 널리 퍼지지 않았음을 알 수 있다. 아마도 분량이 번잡하게 많은데도 당나라 때에는 아직 판목에 새겨 책을 인쇄하는 방법[鏤板之法]이 없었으므로 반드시 베껴 적어야 했으니, 자연히 큰 힘을 가진 사람이 아니면 그것을 갖출 수 없었던 것이다. 다만, 『남사(南史)』와 『북사』는 분량이 적고 간단해서 베껴 쓰기 쉬웠으므로 천하에 그 책이 많아져서, 세상 사람들이 보는 여덟 왕조의 사적(事跡)은 오로지 이에 의지했을 뿐이다. 만약 판목에 새겨 책을 인쇄하는 방법이 없었다면, 각 정사는 아마 이미 한 부도 존재하지 않았을 것이다.

爲信然, 謂可誘而致, 乃遺景書曰 : ……."

362) 『梁書』 卷56 「侯景傳」, 835~837면.

363) 『高氏小史』: 唐 憲宗 元和 연간 사람인 高峻이 지은 것으로 처음에는 60권이었으나, 아들 高逈이 더하여 120권으로 만들었다. 『新唐書』 卷58 「藝文志」 「乙部」 「史錄」 「正史類」에 기록되어 있다.

권10

139. 『남사』는 진수가 쓴 『삼국지』의 체례를 모방했다南史仿陳壽三國志體例

『송서(宋書)』「무제본기(武帝本紀)」에는 진(晉)나라 황제가 송(宋) 무제(武帝)의 작위를 높여 주고 (무제에게) 선양하면서 내린 조책(詔策)이 무려 십여 편이지만,[1] 『남사(南史)』는 단지 구석(九錫)에 관한 책문(策文) 하나[2]와 등

1) 이러한 詔冊들을 살펴보면, 다음과 같은 것들이 있다. 『宋書』 卷2 「武帝紀中」, 11~13면, "義熙元年正月, 毅等至江津, 破桓謙、桓振, 江陵平, 天子反正. 三月, 天子至自江陵. 詔曰 : …… 高祖固讓. 加錄尙書事, 又不受, 屢請歸藩. 天子不許, 遣百僚敦勸, 又親幸公第. 高祖惶懼詣闕陳請, 天子不能奪"; 『宋書』 卷2 「武帝紀中」, 36~ 38면, "天子詔曰 : …… 其進位相國, 總百揆, 揚州牧, 封十郡爲宋公, 備九錫之禮, 加璽綬、遠遊冠, 位在諸侯王上, 加相國綠綟綬. 策曰 ……"; 『宋書』 卷2 「武帝紀中」, 44면, "六月, 受相國宋公九錫之命. 令曰 ……"; 『宋書』 卷2 「武帝紀中」, 45면, "二年四月, 徵王入輔. 六月, 至京師. 晉帝禪位于王, 詔曰 : ……."

2) 『南史』 卷1 「宋武帝本紀上」, 16면, "十二月壬申, 晉帝加帝位相國、總百揆、揚州牧,

극하여 하늘에 고한 책문 하나[3]를 남겼을 뿐 그 나머지는 모두 삭제했으니, 이는 대개 진수(陳壽)가 지은 「위지(魏志)」의 옛 방식을 본뜬 것이다.

(후)한(漢) 헌제(獻帝) 건안(建安)[4] 18년(214) 조조(曹操)에게 위공(魏公)의 작위를 내리고 열 개 군에 봉하고 구석(九錫)을 더하면서 이미 책문이 있었고,[5] (건안) 20년(216)에 (조)조의 작위를 올려 왕으로 삼을 때[6]에도 배송지(裴松之)의 주석 가운데에 헌제의 조서 두 편이 있다.[7] (헌제가) 조비(曹丕)에게 선양할 때의 경우, 원굉(袁宏)의 『한기(漢紀)』에 조서 한 편이 있고,[8] 배(송지)의 주석 가운데 또 천자가 직접 쓴 조서 세 편이 있으나,[9] (진)수의 「(위)지」에서는 하나같이 싣지 않고 단지 구석책(九錫策) 한 편,[10]

封十郡爲宋公, 備九錫之禮, 加璽紱、遠游冠、綠綟綬, 位在諸侯王上. 策曰 : ……."

3) 『南史』 卷1 「宋武帝紀上」, 23~24면, "永初元年夏六月丁卯, 皇帝卽位於南郊, 設壇, 柴燎告天曰 : '皇帝臣裕敢用玄牡, 昭告于皇皇后帝 : '晉以卜世告終, 歷數有歸, 欽若景運, 以命于裕.' ……'."

4) 建安 : 後漢 獻帝 劉協의 연호 중 하나. 196~219년.

5) 『三國志』 「魏書」 卷1 「武帝紀」, 38~39면, " 今以冀州之河東、河內、魏郡、趙國、中山、常山、鉅鹿、安平、甘陵、平原凡十郡, 封君爲魏公. …… 又加君九錫, 其敬聽朕命. ……."

6) 본문에는 이 일을 '건안 20년'의 일이라 했으나, 『三國志』에 따르면 '건안 21년 夏五月'의 일이다; 『三國志』 「魏書」 卷1 「武帝紀」, 47면, "二十一年春二月, 公還鄴. 三月壬寅, 公親耕籍田. 夏五月, 天子進公爵爲魏王."

7) 『三國志』 「魏書」 卷1 「武帝紀」, 48면, 注3 "獻帝傳載詔曰 : '自古帝王, 雖號稱相變, 爵等不同, 至乎褒崇元勳, 建立功德, 光啓氏姓, 延於子孫, 庶姓之與親, 豈有殊焉. …… 今進君爵爲魏王, 使使持節行御史大夫、宗正劉艾奉策璽玄土之社, 苴以白茅, 金虎符第一至第五, 竹使符第一至十. 君其正王位, 以丞相領冀州牧如故. 其上魏公璽綬符冊. 敬服朕命, 簡恤爾衆, 克綏庶績, 以揚我祖宗之休命.' 魏王上書三辭, 詔三報不許. 又手詔曰 : '大聖以功德爲高美, 以忠和爲典訓, 故剏業垂名, 使百世可希, 行道制義, 使力行可效, 是以勳烈無窮, 休光茂著. …… 今君重違朕命, 固辭懇切, 非所以稱朕心而訓後世也. 其抑志撙節, 勿復固辭'."

8) 『三國志』 「魏書」 卷2 「文帝紀」, 62면, 注1 "袁宏漢紀載漢帝詔曰 : '朕在位三十有二載, 遭天下蕩覆, 幸賴祖之靈, 危而復存. 然仰瞻天文, 俯察民心, 炎精之數既終, 行運在乎曹氏. 是以前王既樹神武之績, 今王又光曜明德以應其期, 是曆數昭明, 信可知矣. 夫大道之行, 天下爲公, 選賢與能, 故唐堯不私於厥子, 而名播於無窮. 朕羨而慕焉, 今其追踵堯典, 禪位于魏王'."

9) 『三國志』 「魏書」 卷2 「文帝紀」, 62~75면, 注2.

10) 『三國志』의 「曹丕傳」에는 별도로 九錫策이 실려 있지 않으므로, 여기서 말하는 九

선위책(禪位策) 한 편[11]만을 남겼다.

『남사』는 『송서』를 깎고 줄여 역시 구석과 선위 두 책문만을 남겼으니, 실로 (진)수의 「(위)지」의 예를 본떴음을 알 수 있다.

140. 『남사』와 『북사』에서 열전에 자손들을 덧붙인 예南北史子孫附傳之例

한 사람의 전기를 쓰면서 자손을 모두 그 안에 덧붙이는 것은 『사기(史記)』 세가(世家)의 체례이다. 열전의 경우에는 각기 그 사람이 열전을 쓸 만한가에 따라 열전을 쓰는 것이니, 자연히 반드시 그 후예에까지 미칠 필요는 없었으나, 간혹 부자(父子)나 조손(祖孫) 가운데 각각 열전을 쓸 만한 경우가 있으면 곧 끌어다 이어서 썼다.

예를 들어 『전한서(前漢書)』에 초(楚) 원왕(元王)[趙注 : 후손 (유)향(劉向), (유)흠(劉歆)],[12] 주발(周勃)[趙注 : 아들 (주)아부(周亞夫)],[13] 이광(李廣)[趙注 : 손자 (이)릉(李陵)],[14] 장

錫策은 曹操에게 내린 策文을 뜻하는 것으로 보인다.

11) 『三國志』 「魏書」 卷2 「文帝紀」, 62면, "使兼御史大夫張音持節奉璽綬禪位, 冊曰 : '咨爾魏王 : 昔者帝堯禪位於虞舜, 舜亦以命禹, 天命不于常, 惟歸有德. …… 君其祗順大禮, 饗玆萬國, 以肅承天命'."

12) 『漢書』 卷36에 楚元王 劉交, 劉向, 劉歆의 열전이 같이 있다. 『漢書』 卷36 「楚元王傳」, 1921면, "楚元王交字游, 高祖同父少弟也. 好書, 多材藝. 少時嘗與魯穆生、白生、申公俱受詩於浮丘伯. 伯者, 孫卿門人也. 及秦焚書, 各別去."

13) 周亞夫는 본래 周勃의 후계자가 아니었다. 그러나, 작위를 이은 그의 형 周勝之가 잘못을 하여 작위를 잃게 되면서 周亞夫가 侯의 자리를 이어받게 되었다. 『漢書』 卷40 「周勃傳」, 2057면, "勃復就國, 孝文十一年薨, 諡曰武侯. 子勝之嗣, 尙公主不相中, 坐殺人, 死, 國絶. 一年, 文帝乃擇勃子賢者河內太守亞夫復爲侯"; 『漢書』 卷40 「周亞夫傳」, 2057면, "亞夫爲河內守時, 許負相之 : '君後三歲而侯. 侯八歲, 爲將相, 持國秉, 貴重矣, 於人臣無二. 後九年而餓死.' 亞夫笑曰 : '臣之兄以代父侯矣, 有如卒, 子當代, 我何說侯乎? 然旣已貴如負言, 又何說餓死? 指視我.' 負指其口曰 : '從理入口, 此餓死法也.' 居三歲, 兄絳侯勝之有罪, 文帝擇勃子賢者, 皆推亞夫, 乃封爲條侯."

14) 李陵은 李廣의 아들 李當戶의 유복자이다. 『漢書』 卷54 「李廣傳」, 2449면, "廣三

탕(張湯)[趙注 : 아들 (장)안세(張安世),[15] 손자 (장)연수(張延壽)],[16] 김일제(金日磾)[趙注 : 아들 (김)안상(金安上)],[17] 소광(疏廣)[趙注 : 형의 아들 (소)수(疏受)],[18] 소망지(蕭望之)[趙注 : 아들 (소)육(蕭育),[19] (소)함(蕭咸),[20] (소)유(蕭由)],[21] 적방진(翟方進)[趙注 : 아들 (적)선(翟宣),[22] (적)의(翟義)],[23] 위현(韋賢)[24][趙注 : 아들 (위)현성(韋玄成)]의 예가 있다.

子, 曰當戶、椒、敢, 皆爲郞";『漢書』卷54「李廣傳」, 2450면, "而當戶有遺腹子陵, 將兵擊胡, 兵敗, 降匈奴";『漢書』卷54「李陵傳」, 2450~2451면, "陵字少卿, 少爲侍中建章監. 善騎射, 愛人, 謙讓下士, 甚得名譽. 武帝以爲有廣之風. 使將八百騎, 深入匈奴二千餘里, 過居延視地形, 不見虜, 還."

15)『漢書』卷59에 張湯과 그의 아들 張安世, 손자 張延壽의 열전이 함께 있다.『漢書』卷59「張湯傳」, 2646면, "湯死, 家產直不過五百金, 皆所得奉賜, 無它贏. …… 上惜湯, 復稍進其子安世";『漢書』卷59「張安世傳」, 2647면, "安世字子孺, 少以父任爲郞. 用善書給事尙書, 精力於職, 休沐未嘗出. 上行幸河東, 嘗亡書三篋, 詔問莫能知, 唯安世識之, 具作其事."

16)『漢書』卷59「張延壽傳」, 2653~2654면, "延壽已歷位九卿, 旣嗣侯, 國在陳留, 別邑在魏郡, 租入歲千餘萬. 延壽自以身無功德, 何以能久堪先人大國, 數上書讓減戶邑, 又因弟陽都侯彭祖口陳至誠. 天子以爲有讓, 乃徙封平原, 幷一國, 戶口如故, 而租稅減半. 薨, 諡曰愛侯. 子勃嗣, 爲散騎諫大夫."

17)『漢書』卷68「金日磾傳」, 2959면, "金日磾字翁叔, 本匈奴休屠王太子也";『漢書』卷68「金日磾傳」, 2963면, "初, 日磾所將俱降弟倫, 字少卿, 爲黃門郞, 早卒. 日磾兩子貴, 及孫則衰矣, 而倫後嗣遂盛, 子安上始貴顯封侯";『漢書』卷68「金安上傳」, 2963면, "安上字子侯, 少爲侍中, 惇篤有智, 宣帝愛之."

18)『漢書』卷71「疏廣傳」, 3039면, "疏廣字仲翁, 東海蘭陵人也. 少好學, 明春秋, 家居教授, 學者自遠方至. 徵爲博士太中大夫. 地節三年, 立皇太子, 選丙吉爲太傅, 廣爲少傅. 數月, 吉遷御史大夫, 廣徙爲太傅, 廣兄子受字公子, 亦以賢良擧爲太子家令. 受好禮恭謹, 敏而有辭. 宣帝幸太子宮, 受迎謁應對, 及置酒宴, 奉觴上壽, 辭禮閑雅, 上甚讙說. 頃之, 拜受爲少傅."

19) 蕭望之에게는 여덟 명의 아들이 있었으나, 그 중 大官에 이른 경우만『漢書』卷78「蕭望之傳」에 자세히 附記되어 있다.『漢書』卷78「蕭望之傳」, 3289면, "望之八子, 至大官者育、咸、由";『漢書』卷78「蕭育傳」, 3289면, "育字次君, 少以父任爲太子庶子. 元帝卽位, 爲郞, 病免, 後爲御史."

20)『漢書』卷78「蕭咸傳」, 3291면, "咸字仲, 爲丞相史, 擧茂材, 好畤令, 遷淮陽、泗水內史, 張掖、弘農、河東太守. 所居有迹, 數增秩賜金. 後免官, 復爲越騎校尉、護軍都尉、中郞將, 使匈奴, 至大司農, 終官."

21)『漢書』卷78「蕭由傳」, 3291면, "由字子驕, 爲丞相西曹衛將軍掾, 遷謁者, 使匈奴副校尉. 後擧賢良, 爲定陶令, 遷太原都尉, 安定太守. 治郡有聲, 多稱薦者."

22)『漢書』卷84에 翟方進, 長子 翟宣, 少子 翟義가 함께 있다;『漢書』卷84「翟方進傳」, 3424면, "長子宣嗣";『漢書』卷84「翟宣傳」, 3424면, "宣字太伯, 亦明經篤行, 君子人也. 及方進在, 爲關都尉、南郡太守."

『후한서(後漢書)』에 내흡(來歙)[25][趙注 : 증손 (내)력(來歷)],[26] 등우(鄧禹)[趙注 : 아들 (등)훈(鄧訓),[27] 손자 (등)즐(鄧騭)],[28] 구순(寇恂)[趙注 : 증손 (구)영(寇榮)],[29] 경엄(耿弇)[趙注 : 동생 (경)국(耿國), (경국의) 아들 (경)병(耿秉), (경)기(耿夔)],[30] 두융(竇融)[趙注 : 동생[31] (두)고(竇固),[32] 증손 (두)헌(竇憲), 현손 (두)장(竇章)],[33] 마원(馬援)[34][趙注 : 아들 (마)료(馬廖),[35] (마)

---

23) 『漢書』 卷84 「翟義傳」, 3424면, “少子曰義. 義字文仲, 少以父任爲郎, 稍遷諸曹, 年二十出爲南陽都尉.”

24) 『漢書』 卷73에 韋賢과 그의 아들 韋玄成이 함께 있다. 『漢書』 卷73 「韋賢傳」, 3101면, “韋賢字長孺, 魯國鄒人也.”

25) 『後漢書』 卷15 「來歙傳」, 585면, “來歙字君叔, 南陽新野人也. 六世祖漢, 有才力, 武帝世, 以光祿大夫副樓船將軍楊僕, 擊破南越、朝鮮. 父仲, 哀帝時爲諫大夫, 娶光武祖姑, 生歙. 光武甚親敬之, 數共往來長安.”

26) 『後漢書』 卷15 「來歙傳」, 590면, “子褒嗣. 十三年, 帝嘉歙忠節, 復封褒弟由爲宜西侯. 褒子稜, 尙顯宗女武安公主. 稜早歿, 褒卒, 以稜子歷爲嗣”; 『後漢書』 卷15 「來歷傳」, 590면, “歷字伯珍, 少襲爵, 以公主子, 永元中, 爲侍中, 監羽林右騎. 永初三年, 遷射聲校尉. 永寧元年, 代馮石爲執金吾. 延光元年, 尊歷母爲長公主. 二年, 遷歷太僕.”

27) 『後漢書』 卷16에 鄧禹, 鄧訓에 鄧騭의 열전이 함께 있다. 『後漢書』 卷16 「鄧訓傳」, 607~608면, “訓字平叔, 禹第六子也. 少有大志, 不好文學, 禹常非之. 顯宗卽位, 初以爲郎中. 訓樂施下士, 士大夫多歸之.”

28) 『後漢書』 卷16 「鄧騭傳」, 612면, “騭字昭伯, 少辟大將軍竇憲府. 及女弟爲貴人, 騭兄弟皆除郎中. 及貴人立, 是爲和熹皇后. 騭三遷虎賁中郎將, 京、悝、弘、閶皆黃門侍郎. 京卒於官. 延平元年, 拜騭車騎將軍、儀同三司. 儀同三司始自騭也. 悝虎賁中郎將, 弘、閶皆侍中.”

29) 『後漢書』 卷16 「寇恂傳」, 620면, “寇恂字子翼, 上谷昌平人也, 世爲著姓. 恂初爲郡功曹, 太守耿況甚重之”; 『後漢書』 卷16 「寇恂傳」, 627면, “恂曾孫榮”; 『後漢書』 卷16 「寇榮傳」, 627면, “榮少知名, 桓帝時爲侍中. 性矜絜自貴, 於人少所與, 以此見害於權寵. 而從兄子尙帝妹益陽長公主, 帝又聘其從孫女於後宮, 左右益惡之.”

30) 모두 『後漢書』 卷19에 열전이 있다. 『後漢書』 卷19 「耿國傳」, 715면, “國字叔慮, 建武四年初入侍, 光武拜爲黃門侍郎, 應對左右, 帝以爲能, 遷射聲校尉”; 『後漢書』 卷19 「耿國傳」, 716면, “國二子 : 秉, 夔”; 『後漢書』 卷19 「耿秉傳」, 716면, “秉字伯初, 有偉體, …… 博通書記, 能說司馬兵法, 尤好將帥之略. 以父任爲郎, 數上言兵事”; 『後漢書』 卷19 「耿夔傳」, 718면, “夔字定公. 少有氣決. 永元初, 爲車騎將軍竇憲假司馬, 北擊匈奴, 轉騎都尉. 三年, 憲復出河西, 以夔爲大將軍左校尉.”

31) 본문에는 ‘弟’라고 했으나, 『後漢書』에는 ‘弟子’라고 하였다. 竇固는 竇融의 동생인 竇友의 아들이다. 『後漢書』 卷23 「竇融傳」, 800면, “謹遣同產弟友詣闕, 口陳區區”; 『後漢書』 卷23 「竇融傳」, 808면, “融長子穆, 尙內黃公主, 代友爲城門校尉. 穆子勳, 尙東海恭王彊女沘陽公主, 友子固, 亦尙光武女涅陽公主.”

32) 『後漢書』 卷23 「竇固傳」, 809면, “固字孟孫, 少以尙公主爲黃門侍郎. 好覽書傳, 喜兵法, 貴顯用事. 中元元年, 襲父友封顯親侯. 顯宗卽位, 遷中郎將, 監羽林士.”

방(馬防)],[36] **복담**(伏湛)[37][趙注 : 아들 (복)륭(伏隆)],[38] **양통**(梁統)[39][趙注 : 아들 (양)송(梁竦),[40] 증손 (양)상(梁商),[41] 현손 (양)익(梁翼)],[42] **환영**(桓榮)[43][趙注 : 아들 (환)욱(桓郁),[44] 손자 (환)언(桓焉),[45] 증손 (환)란(桓鸞),[46] 현손 (환)전(桓典),[47] (환)빈(桓彬)],[48] **반표**(班彪)[趙注 : 아

---

33)『後漢書』卷23「竇章傳」, 821면, "章字伯向. 少好學, 有文章, 與馬融、崔瑗同好, 更相推薦"; 이상 竇씨들의 열전은『後漢書』卷23에 수록되어 있다.

34)『後漢書』卷24「馬援傳」, 827면, "馬援字文淵, 扶風茂陵人也. 其先趙奢爲趙將, 號曰馬服君, 子孫因爲氏. 武帝時, 以吏二千石自邯鄲徙焉. 曾祖父通, 以功封重合侯, 坐兄何羅反, 被誅, 故援再世不顯."

35)『後漢書』卷24「馬廖傳」, 853면, "廖字敬平, 少以父任爲郎. 明德皇后旣立, 拜廖爲羽林左監、虎賁中郎將."

36)『後漢書』卷24「馬防傳」, 855면, "防字江平, 永平十二年, 與弟光俱爲黃門侍郎. 肅宗卽位, 拜防中郎將, 稍遷城門校尉."

37)『後漢書』卷26「伏湛傳」, 893면, "伏湛字惠公, 琅邪東武人也. 九世祖勝, 字子賤, 所謂濟南伏生者也. 湛高祖父孺, 武帝時, 客授東武, 因家焉. 父理, 爲當世名儒, 以詩授成帝, 爲高密太傅, 別自名學."

38)『後漢書』卷26「伏隆傳」, 898면, "隆字伯文, 少以節操立名, 仕郡督郵. 建武二年, 詣懷宮, 光武甚親接之."

39)『後漢書』卷34「梁統傳」, 1165면, "梁統字仲寧, 安定烏氏人, 晉大夫梁益耳, 卽其先也. 統高祖父子都, 自河東遷居北地, 子都子橋, 以貲千萬徙茂陵, 至哀、平之末, 歸安定."

40)『後漢書』卷34「梁竦傳」, 1170면, "竦字叔敬, 少習孟氏易, 弱冠能敎授. 後坐兄松事, 與弟恭俱徙九眞."

41)『後漢書』卷34「梁商傳」, 1175면, "商字伯夏, 雍之子也. 少以外戚拜郎中, 遷黃門侍郎. 永建元年, 襲父封乘氏侯. 三年, 順帝選商女及妹入掖庭, 遷侍中、屯騎校尉. 陽嘉元年, 女立爲皇后, 妹爲貴人, 加商位特進, 更增國土, 賜安車駟馬, 其歲拜執金吾. 二年, 封子冀爲襄邑侯, 商讓不受. 三年, 以商爲大將軍, 固稱疾不起."

42) 본문에는 현손의 이름을 '梁翼'이라고 했으나,『後漢書』에는 '梁冀'이다;『後漢書』卷34「梁冀傳」, 1178면, "冀字伯卓. 爲人鳶肩豺目, 洞精矘眄, 口吟舌言, 裁能書計. 少爲貴戚, 逸游自恣."

43)『後漢書』卷37「桓榮傳」, 1249면, "桓榮字春卿, 沛郡龍亢人也. 少學長安, 習歐陽尙書, 事博士九江朱普. 貧窶無資, 常客傭以自給, 精力不倦, 十五年不闚家園. 至王莽簒位乃歸."

44)『後漢書』卷37「桓郁傳」, 1254면, "郁字仲恩, 少以父任爲郎. 敦厚篤學, 傳父業, 以尙書敎授, 門徒常數百人. 榮卒, 郁當襲爵, 上書讓於兄子汎, 顯宗不許, 不得已受封, 悉以租入與之. 帝以郁先師子, 有禮讓, 甚見親厚, 常居中論經書, 問以政事, 稍遷侍中."

45)『後漢書』卷37「桓焉傳」, 1257면, "焉字叔元, 少以父任爲郎. 明經篤行, 有名稱. 永初元年, 入授安帝, 三遷爲侍中步兵校尉. 永寧中, 順帝立爲皇太子, 以焉爲太子少傅, 月餘, 遷太傅, 以母憂自乞, 聽以大夫行喪. 踰年, 詔使者賜牛酒, 奪服, 卽拜光祿大

들 (반)고(班固)],[49] 반초(班超)[趙注 : 아들 (반)용(班勇)],[50] 양진(楊震)[趙注 : 아들 (양)병(楊秉), 손자 (양)사(楊賜), 증손 (양)표(楊彪), 현손 (양)수(楊修[51])],[52] 순숙(荀淑)[53][趙注 : 아들 (순)상(荀爽), 손자 (순)열(荀悅)],[54] 진식(陳寔)[趙注 : 아들 (진)기(陳紀)][55]의 예가 있다.

『삼국지(三國志)』에 원소(袁紹)[趙注 : 아들 (원)담(袁譚), (원)상(袁尙)],[56] 공손탁(公孫度)[57][趙注 : 아들 (공손)강(公孫康), 손자 (공손)연(公孫淵)],[58] 조진(曹眞)[59][趙注 : 아들 (조)상

夫, 遷太常."

46)『後漢書』卷37「桓鸞傳」, 1259면, "鸞字始春, 焉弟子也. 少立操行, 縕袍糟食, 不求盈餘. 以世濁, 州郡多非其人, 恥不肯仕."

47)『後漢書』卷37「桓典傳」, 1258면, "典字公雅, 復傳其家業, 以尙書教授潁川, 門徒數百人. 擧孝廉爲郎. 居無幾, 會國相王吉以罪被誅, 故人親戚莫敢至者. 典獨弃官收斂歸葬, 服喪三年, 負土成墳, 爲立祠堂, 盡禮而去."

48)『後漢書』卷37「桓彬傳」, 1260면, "彬字彦林, 焉之兄孫也."

49)『後漢書』卷40上・下에 班彪와 班固의 열전이 수록되어 있다.

50)『後漢書』卷47에 班超와 班勇의 열전이 수록되었다.

51)『後漢書』卷54「楊脩傳」, 1789면, "脩字德祖, 好學, 有俊才, 爲丞相曹操主簿, 用事曹氏. 及操自平漢中, 欲因討劉備而不得進, 欲守之又難爲功, 護軍不知進止何依. 操於是出教, 唯曰 '雞肋' 而已. 外曹莫能曉, 脩獨曰 : '夫雞肋, 食之則無所得, 弃之則如可惜, 公歸計決矣.' 乃令外白稍嚴, 操於此迴師. 脩之幾決, 多有此類."

52) 이들 楊氏의 열전은『後漢書』卷54에 수록되어 있다.

53)『後漢書』卷62「荀淑傳」, 2049면, "荀淑字季和, 潁川潁陰人, 荀卿十一世孫也. 少有高行, 博學而不好章句, 多爲俗儒所非, 而州里稱其知人."

54) 荀淑에게는 '八龍'이라고 지칭되었던 여덟 명의 아들이 있었으며, 그 중 長子인 荀儉의 아들이 바로 荀悅이다.『後漢書』卷62「荀淑傳」, 2049면, "有子八人 : 儉, 緄, 靖, 燾, 汪, 爽, 肅, 專, 並有名稱, 時人謂之'八龍'";『後漢書』卷62「荀悅傳」, 2058면, "悅字仲豫, 儉之子也. 儉早卒. 悅年十二, 能說春秋. 家貧無書, 每之人閒, 所見篇牘, 一覽多能誦記. 性沈靜, 美姿容, 尤好著述."

55) 이들 陳氏의 열전은『後漢書』卷62에 있다.『後漢書』卷62「陳紀傳」, 2067면, "紀字元方, 亦以至德稱. 兄弟孝養, 閨門廱和, 後進之士皆推慕其風. 及遭黨錮, 發憤著書數萬言, 號曰陳子."

56) 袁譚과 袁尙에 대한 기록은 분리되어 있지 않고『三國志』「魏書」卷6「袁紹傳」마지막 부분에 후계 문제와 관련하여 함께 기록되어 있다.『三國志』「魏書」卷6「袁紹傳」, 201~202면, "紹愛少子尙, 貌美, 欲以爲後而未顯. 審配、逢紀與辛評、郭圖爭權, 配、紀與尙比, 評、圖與譚比. 衆以譚長, 欲立之. 配等恐譚立而評等爲己害, 緣紹素意, 乃奉尙代紹位. 譚至, 不得立, 自號車騎將軍. 由是譚、尙有隙."

57)『三國志』「魏書」卷8「公孫度傳」, 252면, "公孫度字升濟, 本遼東襄平人也. 度父延, 避吏居玄菟, 任度爲郡吏."

58)「公孫度傳」에 公孫康과 公孫淵의 사적이 부기되어 있는 형태이다.『三國志』「魏書」

(曹爽)],[60] 순욱(荀彧)[61][趙注 : 아들 (순)운(荀惲), 손자 (순)감(荀甝)],[62] 종요(鍾繇)[63][趙注 : 아들 (종)육(鍾毓)],[64] 왕랑(王朗)[65][趙注 : 아들 (왕)숙(王肅)],[66] 두기(杜畿)[67][趙注 : 아들 (두)서(杜恕),[68] (두)예(杜預)],[69] 호질(胡質)[70][趙注 : 아들 (호)위(胡威)],[71] 제갈량(諸葛亮)[趙注 :

卷8「公孫度傳」, 253면, "十二年, 太祖征三郡烏丸, 屠柳城. 袁尙等奔遼東, 康斬送尙首. 語在武紀. 封康襄平侯, 拜左將軍. 康死, 子晃、淵等皆小, 衆立恭爲遼東太守. 文帝踐阼, 遣使卽拜恭爲車騎將軍、假節, 封平郭侯; 追贈康大司馬";『三國志』「魏書」卷8「公孫度傳」, 253면, "太和二年, 淵脅奪恭位. 明帝卽(位)拜淵揚烈將軍、遼東太守. 淵遣使南通孫權, 往來賂遺. 權遣使張彌、許晏等, 齎金玉珍寶, 立淵爲燕王."

59)『三國志』「魏書」卷9「曹眞傳」, 280면, "曹眞字子丹, 太祖族子也. 太祖起兵, 眞父邵募徒衆, 爲州郡所殺. 太祖哀眞少孤, 收養與諸子同, 使與文帝共止."

60)『三國志』「魏書」卷9「曹爽傳」, 282면, "爽字昭伯, 少以宗室謹重, 明帝在東宮, 甚親愛之. 及卽位, 爲散騎侍郎, 累遷城門校尉, 加散騎常侍, 轉武衛將軍, 寵待有殊."

61) 荀彧은 앞에서 언급한 荀淑의 손자이다.『三國志』「魏書」卷10「荀彧傳」, 307면, "荀彧字文若, 潁川潁陰人也. 祖父淑, 字季和, 朗陵令. 當漢順、桓之閒, 知名當世. 有子八人, 號曰八龍. 彧父緄, 濟南相. 叔父爽, 司空."

62)『三國志』「魏書」卷10「荀彧傳」, 319면, "子惲, 嗣侯, 官至虎賁中郎將. 初, 文帝與平原侯植並有擬論, 文帝曲禮事彧. 及彧卒, 惲又與植善, 而與夏侯尙不穆, 文帝深恨惲. 惲早卒, 子甝、霬(音翼). 以外甥故猶寵待. …… 惲子甝, 嗣爲散騎常侍, 進爵廣陽鄕侯, 年三十薨. 子頵嗣."

63)『三國志』「魏書」卷13「鍾繇傳」, 391면, "鍾繇字元常, 潁川長社人也."

64)『三國志』「魏書」卷13「鍾毓傳」, 399면, "毓字稚叔. 年十四爲散騎侍郎, 機捷談笑, 有父風."

65)『三國志』「魏書」卷13「王朗傳」, 406면, "王朗字景興, 東海郯人也. 以通經, 拜郎中, 除菑丘長. 師太尉楊賜, 賜薨, 棄官行服. 擧孝廉, 辟公府, 不應. 徐州刺史陶謙察朗茂才."

66)『三國志』「魏書」卷13「王肅傳」, 414면, "肅字子雍. 年十八, 從宋忠讀太玄, 而更爲之解. 黃初中, 爲散騎黃門侍郎. 太和三年, 拜散騎常侍."

67)『三國志』「魏書」卷16「杜畿傳」, 493~494면, "杜畿字伯侯, 京兆杜陵人也. 少孤, 繼母苦之, 以孝聞. 年二十, 爲郡功曹, 守鄭縣令. 縣囚繫數百人, 畿親臨獄, 裁其輕重, 盡決遣之, 雖未悉當, 郡中奇其年少而有大意也. 擧孝廉, 除漢中府丞. 會天下亂, 遂棄官客荊州, 建安中乃還. 荀彧進之太祖, 太祖以畿爲司空司直, 遷護羌校尉, 使持節, 領西平太守."

68)『三國志』「魏書」卷16「杜恕傳」, 498면, "恕字務伯, 太和中爲散騎黃門侍郎. 恕推誠以質, 不治飾, 少無名譽. 及在朝, 不結交援, 專心向公. 每政有得失, 常引綱維以正言, 於是侍中辛毗等器重之."

69)「杜畿傳」에 이어 기술된 杜預에 대한 기록은 다음의 내용뿐이며, 杜預는 杜畿의 아들이 아니라, 杜恕의 아들, 즉 杜畿의 손자임을 알 수 있다.『三國志』「魏書」卷16「杜恕傳」, 507면, "甘露二年, 河東樂詳年九十餘, 上書訟畿之遺績, 朝廷感焉. 詔封恕子預爲豐樂亭侯, 邑百戶";「杜預傳」은『晉書』의 기록이 보다 구체적이다.『晉書』卷

아들 (제갈)교(諸葛喬), (제갈)첨(諸葛瞻)],[72] 장소(張昭)[73)][趙注 : 아들 (장)승(張承),[74] (장)휴(張休)],[75] 보즐(步騭)[76][趙注 : 아들 (보)천(步闡)],[77] 여범(呂範)[78][趙注 : 아들 (여)거(呂據)],[79] 주항(朱桓)[80][趙注 : 아들 (주)이(朱異)],[81] 육손(陸遜)[趙注 : 아들 (육)항(陸抗)],[82] 육개(陸

34「杜預傳」, 1025면, "杜預字元凱, 京兆杜陵人也. 祖畿, 魏尙書僕射. 父恕, 幽州刺史. 預博學多通, 明於興廢之道, 常言 : '德不可以企及, 立功立言可庶幾也.' 初, 其父與宣帝不相能, 遂以幽死, 故預久不得調."

70)『三國志』「魏書」卷27「胡質傳」, 741면, "胡質字文德, 楚國壽春人也. 少與蔣濟、朱績俱知名於江、淮間, 仕州郡."

71)『三國志』「魏書」卷27「胡質傳」, 743면, "軍師以聞, 追進封陽陵亭侯, 邑百戶, 謚曰貞侯. 子威嗣. 六年, 詔書褒述質淸行, 賜其家錢穀. 語在徐邈傳. 威, 咸熙中官至徐州刺史, 有殊績, 歷三郡守, 所在有名. 卒於安定."

72) 이들의 열전은 모두『三國志』「蜀書」卷35에 수록되어 있다. 諸葛喬는 본래 諸葛亮의 兄 諸葛瑾의 둘째 아들이었으나, 諸葛亮의 양자가 되었다;『三國志』「蜀書」卷35「諸葛喬傳」, 931면, "喬字伯松, 亮兄瑾之第二子也, 本字仲愼. 與兄元遜俱有名於時, 論者以爲喬才不及兄, 而性業過之. 初, 亮未有子, 求喬爲嗣, 瑾啓孫權遣喬來西, 亮以喬爲己適子, 故易其字焉.『三國志』「蜀書」卷35「諸葛瞻傳」, 932면, "瞻字思遠. 建興十二年, 亮出武功, 與兄瑾書曰 : '瞻今已八歲, 聰慧可愛, 嫌其早成, 恐不爲重器耳.' 年十七, 尙公主, 拜騎都尉."

73)『三國志』「吳書」卷52「張昭傳」, 1219면, "張昭字子布, 彭城人也. 少好學, 善隸書, 從白侯子安受左氏春秋, 博覽衆書, 與琅邪趙昱、東海王朗俱發名友善. 弱冠察孝廉, 不就, 與朗共論舊君諱事, 州里才士陳琳等皆稱善之."

74)『三國志』「吳書」卷52「張承傳」, 1224면, "承字仲嗣, 少以才學知名, 與諸葛瑾、步騭、嚴畯相友善. 權爲驃騎將軍, 辟西曹掾, 出爲長沙西部都尉. 討平山寇, 得精兵萬五千人."

75)『三國志』「吳書」卷52「張休傳」, 1225면, "休字叔嗣, 弱冠與諸葛恪、顧譚等俱爲太子登僚友, 以漢書授登. 從中庶子轉爲右弼都尉. 權常游獵, 迨暮乃歸, 休上疏諫戒, 權大善之, 以示於昭. 及登卒後, 爲侍中, 拜羽林都督, 平三典軍事, 遷揚武將軍."

76)『三國志』「吳書」卷52「步騭傳」, 1236면, "步騭字子山, 臨淮淮陰人也. 世亂, 避難江東, 單身窮困, 與廣陵衛旌同年相善, 俱以種瓜自給, 晝勤四體, 夜誦經傳."

77)『三國志』「吳書」卷52「步騭傳」, 1240면, "十年卒, 子協嗣, 統騭所領, 加撫軍將軍. 協卒, 子璣嗣侯. 協弟闡, 繼業爲西陵督, 加昭武將軍, 封西亭侯. 鳳皇元年, 召爲繞帳督. 闡累世在西陵, 卒被徵命, 自以失職, 又懼有讒禍, 於是據城降晉."

78)『三國志』「吳書」卷56「呂範傳」, 1309면, "呂範字子衡, 汝南細陽人也."

79)『三國志』「吳書」卷56「呂據傳」, 1312면, "範長子先卒, 次子據嗣. 據字世議, 以父任爲郎, 後範寢疾, 拜副軍校尉, 佐領軍事. 範卒, 遷安軍中郎將."

80)『三國志』「吳書」卷56「朱桓傳」, 1312면, "朱桓字休穆, 吳郡吳人也. 孫權爲將軍, 桓給事幕府, 除餘姚長. 往遇疫癘, 穀食荒貴, 桓分部良吏, 隱親醫藥, 飧粥相繼, 士民感戴之."

81)『三國志』「吳書」卷56「朱異傳」, 1315면, "異字季文, 以父任除郎, 後拜騎都尉, 代

凱)[83)][趙注 : 동생 (육)윤(陸胤)][84)]의 예가 있으나, 조대(朝代)별로 십여 명에 지나지 않았다.

그러나 『후한서』는 반표와 (반)고를 같은 열전으로 만들고, 반초와 (반)용을 또 하나의 열전으로 만들었으니, 한 집안 부자가 오히려 각각 (다른) 열전에 등재되었다.[85)] 『삼국지』를 보면, 제갈근(諸葛瑾)과 제갈각(諸葛恪)은 부자간인데 또한 각기 열전을 두었다.[86)]

자손을 할아버지, 아버지의 전기에 덧붙이는 예는 심약(沈約)의 『송서(宋書)』가 이미 그 단초를 열었다. 그렇지만, 예컨대, 소사화(蕭思話[87)])와 소혜개(蕭惠開),[88)] 서선지(徐羨之[89)])와 서담지(徐湛之),[90)] 사홍미(謝弘微[91)])

桓領兵. 赤烏四年, 隨朱然攻魏樊城, 建計破其外圍, 還拜偏將軍. 魏廬江太守文欽營住六安, 多設屯砦, 置諸道要, 以招誘亡叛, 爲邊寇害. 異乃身率其手下二千人, 掩破欽七屯, 斬首數百, 遷揚武將軍. 權與論攻戰, 辭對稱意."

82) 『三國志』「吳書」 卷58에 陸遜과 陸抗의 열전이 있다. 『三國志』「吳書」 卷58 「陸抗傳」, 1354면, "抗字幼節, 孫策外孫也. 遜卒時, 年二十, 拜建武校尉, 領遜衆五千人, 送葬東還, 詣都謝恩. 孫權以楊竺所白遜二十事問抗, 禁絶賓客, 中使臨詰, 抗無所顧問, 事事條答, 權意漸解."

83) 『三國志』「吳書」 卷61 「陸凱傳」, 1399~1400면, "陸凱字敬風, 吳郡吳人, 丞相遜族子也. 黃武初爲永興、諸暨長, 所在有治迹, 拜建武都尉, 領兵. 雖統軍衆, 手不釋書."

84) 『三國志』「吳書」 卷61 「陸胤傳」, 1409면, "胤字敬宗, 凱弟也. 始爲御史、尙書選曹郎, 太子和聞其名, 待以殊禮. 會全寄、楊竺等阿附魯王霸, 與和分爭, 陰相譖搆, 胤坐收下獄, 楚毒備至, 終無他辭."

85) 班固와 班超는 모두 班彪의 아들인데 班固는 아버지 班彪와 더불어 『後漢書』 卷40에 실려 있으며, 班超는 자신의 아들 班勇과 더불어 卷47에 실려 있다. 즉, 아버지인 班彪와 아들인 班超가 별도의 卷에 들어가게 된 것이다.

86) 諸葛瑾의 열전은 卷52에 수록되어 있는데, 그의 큰 아들 諸葛恪의 傳은 卷64에 보인다. 『三國志』「吳書」 卷52 「諸葛瑾傳」, 1231면, "諸葛瑾字子瑜, 琅邪陽都人也. 漢末避亂江東"; 『三國志』「吳書」 卷64 「諸葛恪傳」, 1429면, "諸葛恪字元遜, 瑾長子也. 少知名. 弱冠拜騎都尉, 與顧譚、張休等侍太子登講論道藝, 並爲賓友."

87) 『宋書』 卷78 「蕭思話傳」, 2011면, "蕭思話, 南蘭陵人, 孝懿皇后弟子也. 父源之字君流, 歷中書黃門郞, 徐、兗二州刺史, 冠軍將軍、南琅邪太守. 永初元年卒, 追贈前將軍."

88) 『宋書』 卷87 「蕭惠開傳」, 2199면, "蕭惠開, 南蘭陵人, 征西將軍思話子也. 初名慧開, 後改慧爲惠."

89) 『宋書』 卷43 「徐羨之傳」, 1329면, "徐羨之字宗文, 東海郯人也. 祖寧, 尙書吏部郞, 江州刺史, 未拜卒. 父祚之, 上虞令."

와 사장(謝莊),[92] 왕홍(王弘[93])과 왕승달(王僧達),[94] 범태(范泰[95])와 범엽(范曄),[96] 왕담수(王曇首[97])와 왕승작(王僧綽),[98] 안연지(顔延之[99])와 안준(顔

---

90)『宋書』卷71「徐湛之傳」, 1843면, "徐湛之字孝源, 東海郯人. 司徒羨之兄孫, 吳郡太守佩之弟子也. 祖欽之, 祕書監. 父逵之, 尙高祖長女會稽公主, 爲振威將軍、彭城沛二郡太守. 高祖諸子並幼, 以逵之姻戚, 將大任之, 欲先令立功."

91) 謝弘微(392~433) : 劉宋 陳郡 陽夏縣 사람으로 본명은 密이다. 東晉末 建昌縣侯를 이어받았으며 員外散騎侍郎으로 起家하였다. 劉宋初 宜都王 劉義隆의 文學이 되었으며, 元嘉 연간 黃門侍郎·尙書吏部郎을 역임하고 機密을 관장하였다. 후에 右衛將軍·侍中·太子右衛率 등을 거쳤다. 權寵을 꺼려하였으며, 奏事는 손으로 쓰고 초고를 태워 다른 사람들이 알지 못하도록 하였다.

92) 謝莊(421~466) : 劉宋 陳郡 陽夏縣 사람으로 字는 希逸이다. 後將軍 始興王 劉濬의 後軍法曹行參軍이 되었다. 太子 劉劭가 文帝를 죽이고 자립하자 司徒左長史에 임명되었다. 武陵王 劉駿이 劉劭를 공격하자 武陵王과 내통하였으며, 劉駿이 즉위한 후 吏部尙書를 역임했고, 明帝 때 中書令이 되었다. 일찍이 木方丈圖를 만들었는데, 이는 중국 최초의 木刻 地形圖이다. 詩文에 능하여 文集 9卷이 있었으나 亡佚되었다. 명대 사람들이『謝光祿集』으로 輯補하였다.

93) 王弘(379~432) : 劉宋 琅邪郡 臨沂縣 사람으로 字는 休元이며, 東晉 丞相 王導의 증손이다. 東晉 會稽王 司馬道子의 驃騎參軍主簿, 劉裕의 鎭軍諮議參軍을 역임하였고, 宋初 尙書左僕射가 되어 選擧를 담당하였다. 景平 2년(424) 司空 徐羨之가 폐립을 모의하자 소환되어 入朝하였고, 文帝 즉위 후 司徒 揚州刺史 錄尙書事가 되었다. 元嘉 5년(428) 큰 가뭄이 있자 衛將軍으로 폄직되었다. 永嘉 9년(432) 太保 領中書監이 되었다. 저서에는『書儀』가 있는데 亡佚되었다.

94) 王僧達(423~458) : 劉宋 琅邪郡 臨沂縣 사람으로 王弘의 아들이다. 20세도 되지 않아 始興王 劉駿의 後軍參軍이 되었다. 元嘉 28년(451) 北魏 太武帝가 남침하여 瓜步(지금의 江蘇省 六合 동남)에 이르자 建康을 구원하기를 청하여 宣城太守에 제수되었다. 孝武帝가 즉위한 후 尙書右僕射·護軍將軍·吳郡太守 등을 역임하였다. 吳郡에서 門生과 義故를 동원하여 沙門을 약탈하여 錢 수백만을 얻었고, 사적으로 요역을 징발하여 免官되었다. 孝建 3년(456) 太常이 되었으나 이를 싫어하여 解職상소를 올렸는데 언어가 불손하여 免職되었다. 다시 기용되어 大明 2년(458) 中書令에 이르렀으나 오만하고 범법을 자행하여 賜死되었다.

95)『宋書』卷60「范泰傳」, 1615면, "范泰字伯倫, 順陽山陰人也. 祖汪, 晉安北將軍、徐兗二州刺史. 父甯, 豫章太守."

96)『宋書』卷69「范曄傳」, 1819면, "范曄字蔚宗, 順陽人, 車騎將軍泰少子也."

97) 王曇首(394~430) : 劉宋 琅邪郡 臨沂縣 사람이며, 王弘의 동생이다. 형제가 재산을 나눌 때 책만을 취했다. 후에 劉宋 宜都王 劉義隆을 따랐으며, 冠軍府功曹, 鎭西府長史를 역임하였다. 徐羨之와 傅亮이 少帝를 폐하고 劉義隆을 맞아들이려 하자 이를 적극 권하였다. 元嘉初 侍中이 되어 徐羨之·傅亮·謝晦를 제거하는데 참여하였다. 太子詹事를 역임했는데, 文帝의 신임을 받아 侍中의 직책도 수행하였다.

98)『宋書』卷71「王僧綽傳」, 1850면, "王僧綽, 琅邪臨沂人, 左光祿大夫曇首子也."

竣[100]은 모두 부자간이고,[101] 단도제(檀道濟[102])와 단소(檀韶),[103] 단지(檀祗),[104] 사회(謝晦[105])와 사첨(謝瞻[106])은 모두 형제간인데도 오히려 모두 각자 열전을 두었으니, 즉 그 사적이 마땅히 각기 보여야 하였기 때문이며, 따라서 혼란을 일으키지 않아 보는 사람으로 하여금 한번만 보아도 명료하게 했다.

만약 한 사람의 열전을 만들면서 그 자손, 형제, 종족을 벼슬이 있건 없건, 사적이 있건 없건 막론하고 하나같이 덧붙여 넣는다면, 결국에는 다른 사람을 대신하여 집안의 족보를 짓는 것이나 마찬가지인데, 이는 즉 위수(魏收[107])로부터 시작되었다. (위)수는 중원이 어지러워 보첩(譜牒)이

---

99) 『宋書』 卷73 「顔延之傳」, 1891면, "顔延之字延年, 琅邪臨沂人也. 曾祖含, 右光祿大夫. 祖約, 零陵太守. 父顯, 護軍司馬."

100) 『宋書』 卷75 「顔竣傳」, 1959면, "顔竣字士遜, 琅邪臨沂人, 光祿大夫延之子也."

101) [王注] (모두 부자간이라고 했으나) 徐湛之는 徐羨之의 조카 徐逵之의 아들이니 두 사람은 사실 祖-孫 관계이다. 王弘과 王僧達 두 사람 또한 祖-孫 관계이다. 그런데, 『宋書』 卷75 「王僧達傳」, 1951면에는 "王僧達, 琅邪臨沂人, 太保弘少子"라고 했으므로, 王弘과 王僧達은 父子 관계로 보아야할 것이며, [王注]가 잘못이다.

102) 『宋書』 卷43 「檀道濟傳」, 1341면, "檀道濟, 高平金鄕人, 左將軍韶少弟也. 少孤, 居喪備禮. 奉姊事兄, 以和謹致稱."

103) 『宋書』 卷45 「檀韶傳」, 1372면, "檀韶字令孫, 高平金鄕人也. 世居京口. '

104) 『宋書』 卷47 「檀祗傳」, 1416면, "檀祗字恭叔, 高平金鄕人, 左將軍韶第二弟也. 少爲孫無終輔國參軍, 隨無終東征孫恩, 屢有戰功."

105) 謝晦(390~426) : 劉宋 陳郡 陽夏縣 사람으로 字는 宣明이다. 후에 太尉 劉裕가 參軍으로 삼았는데, 刑獄을 잘 처리하여 刑獄賊曹에 임명되었다. 義熙 9년(413) 土斷을 실시할 때 공평하다는 평판을 받았다. 劉宋初 右衛將軍 侍中을 거쳐 領軍將軍이 되어 殿省에 入直하며 宿衛를 총괄하였다. 少帝 즉위 후 中書令이 되어 司空 徐羨之와 함께 輔政하였다. 景平 2년(424) 徐羨之·傅亮 등과 함께 少帝를 살해하고 荊州刺史가 되었다. 元嘉 3년(426) 少帝 시해의 죄로 토벌되어 建康에서 살해되었다.

106) 謝瞻(387~421) : 劉宋 陳郡 陽夏縣 사람으로 字는 宣遠이며, 謝晦의 형이다. 6세에 문장에 능하였다. 東晉 安西將軍 桓偉의 參軍, 楚臺秘書郎, 劉裕의 相國從事中郎을 역임하였다. 아우 謝晦가 宋臺右衛將軍이 되어 세력을 떨치자 화를 두려워하여 좌천을 청하여 劉宋初 豫章太守가 되었다가 병이 나 建康에서 죽었다. 文章에 능하고 글이 아름다워 族叔 謝混, 族弟 謝靈運과 겨루었다. 文集 3卷이 있으나 亡佚되었다.

107) 魏收(507~572) : 北朝 鉅鹿郡 下曲陽縣(지금의 河北 晉州 서쪽) 사람으로 字는 伯起이며, 小字는 佛助이다. 어려서 騎射에 능했으나 후에 讀書에 힘썼다. 北魏末 散騎常侍가 되어 國史를 編修하였다. 東魏 孝靜帝 때 梁에 사신으로 다녀왔고, 晉陽으로

없어져 버렸으니, 이 때문에 (한 집안의) 지파(支派)까지도 모두 갖추어 썼다고 말했으나, 당시 양음(楊愔)과 육조(陸操) 등이 이미 그것이 지나치게 번잡하다고 말하였다.[108] 그런데, 『남사(南史)』『북사(北史)』는 그것을 모방하였으며, 더욱 심한 것도 있다. 『위서(魏書)』에서 열전 하나에 수십 명이 있다고 해도 오히려 단지 원위(元魏, 즉 北魏) 한 왕조의 사람들뿐이지만, 『남사』와 『북사』는 역대 왕조에서 벼슬한 그 자손들을 아울러 모두 그 한 사람의 뒤에 덧붙였다. 결국에는 한 열전 안에 남조(南朝)의 경우 송(宋)에서 벼슬한 자가 있고 또 (남)제(南齊), 양(梁) 및 진(陳)에서 벼슬한 자도 있으며, 북조(北朝)의 경우 (북)위에서 벼슬한 자가 있고 또 (북)제(北齊), (북)주(北周), 수(隋)에 벼슬한 자도 있게 되었다. 열전 하나를 볼 때마다 곧 여러 왕조의 일을 점검해 살펴야 하니 도리어 모양새[眉目][109]가 깨끗하지 않음을 느끼게 된다. 또 역사를 비록 남북으로 나누고 남북은 다시 각 왕조로 나누었기는 하나, 여기서 이미 자손을 할아버지, 아버지에 덧붙여 놓음으로써 (북)위의 역사 안에 또 (북)제, (북)주, 수나라 때 사람이 있게 되었으니 무슨 (북)위의 역사가 되겠는가? 송의 역사 안에 또 (남)제, 양, 진나라 사람이 있으니 무슨 송나라 역사가 되겠는가? 또 예컨대 저연(褚淵), 왕검(王儉)은 소제(蕭齊, 곧 南齊) 개국 문신(文臣)의 으뜸이었는데, (저)연은 송나라 때 「저유지전(褚裕之傳)」 안에 덧붙이고[110] (왕)검은 송나라

불려가 高歡의 丞相府屬이 되었다. 北齊 建國 후, 文宣帝를 위해 禪代詔冊을 작성하여 中書令 兼 著作郎이 되었다. 天保 2년(551) 조칙을 받들어 『魏書』를 편찬하였다. 河清 2년(563) 尙書右僕射가 되었으나, 후에 부패혐의로 免官되었다. 다음 해 다시 淸都尹으로 기용되어 『齊律』의 修定에 참여하고 『御覽』의 편찬을 감독하였다. 죽은 후 원수의 집안에서 그의 분묘를 파헤쳤다.

108) 『北齊書』 卷37補 「魏收傳」, 489면, "又尙書陸操嘗謂愔曰 : '魏收魏書可謂博物宏才, 有大功於魏室.' 愔謂收曰 : '此謂不刊之書, 傳之萬古. 但恨論及諸家枝葉親姻, 過爲繁碎, 與舊史體例不同耳.' 收曰 : '往因中原喪亂, 人士譜牒, 遺逸略盡, 是以具書其支流. 望公觀過知仁, 以免尤責'."

109) 眉目 : 이는 본래 눈썹과 눈을 뜻하여, 매우 가까움을 비유하기도 하지만, 容貌라는 뜻도 지니고 있다. 여기서는 모양새 정도의 의미로 해석해야할 듯하다.

110) 褚淵에 대한 부분은, 『南史』 卷28 「褚裕之傳」에 부기되어 있다. 褚淵의 아버지인

때 「왕담수전(王曇首傳)」 안에 덧붙였으니,[111] 마침내 남제에는 이 두 사람이 적게 되고, 유송(劉宋)에는 또 이 두 사람이 많게 된 것을 느끼게 된다. 이는 결국 사서를 짓는 사람이 교묘함으로 농간을 부리다 졸렬함을 이룬 것인데, 그 뒤 송자경(宋子京)[112]이 『(신)당서(新唐書)』를 편찬하면서 도리어 이것을 받들어 모범으로 삼고 그를 따랐으니, 그 의도는 간략하게 묶은 것이라고 여긴 것이지만, 결코 역사를 편찬하는 올바른 방법이 아님을 알지 못한 것이다.

생각건대 『남사』와 『북사』는 『위서』에서 자손을 열전에 덧붙이는 예를 본떴으나 또한 같지 않은 것이 약간 있다. 『위서』는 무릇 어떤 사람의 자손은 모두 그 열전 뒤에 덧붙였으니, 예컨대 주서(朱瑞)[113]의 아들 (주)맹윤(朱孟胤)과 동생 (주)진(朱珍), (주)진의 동생 (주)등(朱騰), (주)등의 동생 (주)경빈(朱慶賓), (주)경빈의 아들 (주)청(朱淸)은 모두 단지 벼슬자리만 있을 뿐 사적은 조금도 없다.[114] 『북사』에서는 그것을 삭제하여 비교적 간

褚湛之가 褚裕之의 조카가 되므로, 褚裕之는 褚淵의 종조부이다. 『南史』 卷28 「褚彦回傳」, 748면, "彦回幼有淸譽. 宋元嘉末, 魏軍逼瓜步, 百姓咸負擔而立"; 『南齊書』 卷23 「褚淵傳」, 425면, "褚淵字彦回, 河南陽翟人也."

111) 王儉은 王曇首의 孫子로 그 열전 안에 부기되어 있다. 『南史』 卷22 「王儉傳」, 590면, "儉字仲寶, 生而僧綽遇害, 爲叔父僧虔所養. 數歲, 襲爵豫寧縣侯. 拜受茅土, 流涕嗚咽."

112) 宋祁를 뜻한다. 子京은 宋祁의 字. 이하에서는 宋祁로 통일하여 표기한다. 『宋史』 卷284 「宋祁傳」, 9593면, "祁字子京, 與兄庠同時擧進士, 禮部奏祁第一, 庠第三. 章獻太后不欲以弟先兄, 乃擢庠第一, 而置祁第十. 人呼曰 '二宋', 以大小別之. 釋褐復州軍事推官. 孫奭薦之, 改大理寺丞、國子監直講. 召試, 授直史館, 再遷太常博士、同知禮儀院."

113) 『魏書』 卷80 「朱瑞傳」, 1769면, "朱瑞, 字元龍, 代郡桑乾人. 祖就, 字祖成, 卒於沛縣令. 父惠, 字僧生, 行太原太守, 卒. 永安中, 瑞貴達, 就贈平東將軍、齊州刺史, 惠贈使持節、冠軍將軍、恒州刺史."

114) 이들 朱瑞의 형제와 아들의 경우, 『魏書』 卷80 「朱瑞傳」 뒷부분에 官歷 정도만이 극히 간단하게 기록되어 있다. 『魏書』 卷80 「朱瑞傳」, 1770~1771면, "子孟胤, 襲封. 齊受禪, 例降. 瑞弟珍, 字多寶. 太尉、上黨王天穆錄事參軍. 卒. 珍弟騰, 字神龍. 建義初, 爲龍驤將軍、大都督司馬. 又封涇陽縣開國男, 食邑二百戶. 累遷中軍將軍、光祿大夫. 與瑞同遇害. 太昌初, 贈滄州刺史. 騰弟慶賓, 卒於光祿大夫. 子淸, 武定末, 齊王開府中兵參軍."

단하고 깔끔하게 되었다. 『신당서』는 그것을 본떴으나 또 구별하고 선택함이 있어, 반드시 그 자손이 열전을 지을 만한 일이 있는 경우에만 덧붙이고, 아니면 삭제해서 쓰지 않았으니, 오히려 『위서』 『북사』와 같이 다른 사람을 대신해서 집안 족보를 쓰는 데에까지 이르지는 않았다.

141. 『남사』에서는 『송서』를 삭제한 것이 가장 많다南史刪宋書最多

『남사(南史)』와 『북사(北史)』는 대개 각 왕조의 정사에 대해서 분량을 헤아려 삭제하고 줄였는데, 『위서(魏書)』와 『송서(宋書)』에서 삭제한 것이 비교적 많다. 그러나 『위서』는 오히려 열 가운데 두셋을 삭제한 것에 지나지 않지만 『송서』는 열 가운데 대여섯을 삭제했다. 대개 『송서』는 본래 번잡하고 쓸데없음이 지나쳐, 무릇 조고(詔誥), 부격(符檄), 장표(章表) 등은 모두 전문을 실어 한 글자라도 빠뜨리지 않으려다 보니 권수가 많다는 것을 잘 깨닫지 못했던 것이다. 이제 본기와 열전에서 싣고 있는 것을 아래에서 대략 꼽아 본다.

본기에는, 유유(劉裕)가 환현(桓玄)을 주멸한 뒤 (동)진(東晉) 황제가 환도(還都)하여 (유)유를 도독(都督)으로 승진시킨 조서 하나와 책문 하나,[115)](유)유가 기의한 여러 사람들을 논한 상소 하나,[116)] 사마휴지(司馬休之)를

---

115) 『宋書』 卷1 「武帝紀上」, 11~13면, "義熙元年正月, 毅等至江津, 破桓謙、桓振, 江陵平, 天子反正. 三月, 天子至自江陵. 詔曰 : '高稱大者天地, 其次君臣 …… 鎭軍可進位侍中、車騎將軍、都督中外諸軍事, 使持節、徐青二州刺史如故. 顯祚大邦, 啓茲疆宇.' 高祖固讓. 加錄尙書事, 又不受, 屢請歸藩. 天子不許, 遣百僚敦勸, 又親幸公第. 高祖惶懼詣闕陳請, 天子不能奪."

116) 『宋書』 卷1 「武帝紀上」, 13면, "二年三月, 督交、廣二州. 十月, 高祖上言曰 : '昔天禍皇室, 巨狡縱篡, 臣等義惟舊隸, 豫蒙國恩, 仰契信順之符, 俯厲人臣之憤, …… 同謀起義, 始平京口、廣陵二城, 臣及撫軍將軍毅等二百七十二人, 幷後赴義出都緣道大戰, 所餘一千五百六十六人, 又輔國將軍長民、故給事中王元德等十人, 合一千八

토벌하려는 표문 하나,117) 환현의 잔당이 완전히 평정된 뒤 (동)진 황제가 포상을 내린 책문 하나,118) (유)유가 유의(劉毅)를 토벌하고서 형주(荊州)에 내린 격문 하나,119) 또한 교인(僑人)을 토단(土斷)하여 귀속시킬 것을 청하는 상소 하나가 있다.120) (또) 사마휴지를 토벌할 때 (사마)휴지가 스스로 호소한 표문 하나,121) (유)유가 한연지(韓延之)를 초청하는 편지 하나,122) (한)연지가 답하는 편지 하나가 있다.123) 낙양(洛陽)을 평정한 뒤 (유)유를

百四十八人, 乞正封賞. ……'."

117) [王注] 劉裕가 桓玄을 주멸한 뒤, 아직 司馬休之를 토벌하는 일이 있지 않았는데, 이와 같은 잘못에 이른 연유를 알 수 없다.

118) 『宋書』 卷1 「武帝紀上」, 14면, "天子遣兼太常葛籍授公策曰: '有扈滔天, 夷羿乘釁, 亂節干紀, 實橈皇極. 賊臣桓玄, 怙寵肆逆, 乃推傾華、霍, 倒拔嵩、岱, 五嶽旣夷, 六地易所. 公命世英縱, 藏器待時, 因心資敬, 誓雪國恥, 慨憤陵夷, 誠發宵寐. 旣而歲月屢遷, 神器已遠, 忠孝幽寄, 實貫三靈. 爾乃介石勝機, 宣契畢擧, 訴蒼天以爲正, 揮義旅而一驅. 奔鋒數百, 勢烈激電, 百萬不能抗限, 制路日直植城. 遂使衝鯨潰流, 暴鱗江漢, 廟勝遠加, 重氛載滌, 二儀廓淸, 三光反照, 事遂永代, 功高開闢, 理微稱謂, 義感朕心. 若夫道爲身濟, 猶縻厥爵, 況乃誠德俱深, 勳冠天人者乎. 是用建玆邦國, 永祚山河, 言念載懷, 匪云足報. 往欽哉! 俾屛余一人, 長弼皇晉, 流風垂祚, 暉烈無窮. 其降承嘉策, 對敭朕命'."

119) 『宋書』 卷2 「武帝紀中」, 28~29면, "十一月己卯, 公至江陵, 下書曰: '夫去弊拯民, 必存簡恕, 捨網修綱, 雖煩易理. …… 凡所質錄賊家餘口, 亦悉原放.'"

120) 『宋書』 卷2 「武帝紀中」, 29~30면, "先是山湖川澤, 皆爲豪强所專, 小民薪採漁釣, 皆責稅直, 至是禁斷之. 時民居未一, 公表曰: '臣聞先王制治, 九土攸序, 分境畫疆, 各安其居. …… 旣委臣以國重, 期臣以寧濟, 若所啓合允, 請付外施行.' 於是依界土斷, 唯徐、兗、靑三州居晉陵者, 不在斷例. 諸流寓郡縣, 多被倂省."

121) 『宋書』 卷2 「武帝紀中」, 31~33면, "平西將軍、荊州刺史司馬休之, 宗室之重, 又得江漢人心, 公疑其有異志, …… 十一年正月, 公收休之子文寶、兄子文祖, 並於獄賜死, 率衆軍西討. 復加黃鉞, 領荊州刺史. 辛巳, 發京師, 以中軍將軍道憐監留府事. 休之上表自陳曰: '臣聞運不常一, 治亂代有, 陽九旣謝, 圮終則泰. …… 今絳旗所指, 唯裕兄弟父子而已. 須剋蕩寇逆, 尋續馳聞. 由臣輕弱, 致裕凌橫, 上慚俯愧, 無以厝顔'."

122) 『宋書』 卷2 「武帝紀中」, 33면, "休之府錄事參軍韓延之, 故吏也, 有幹用才能. 公未至江陵, 密使與之書曰: '文思事源, 遠近所知, 去秋遣康之送還司馬君者, 推至公之極也. 而了不遜愧, 又無表疏. …… 卿等諸人, 一時逼迫, 本無纖釁. 吾處懷期物, 自有由來. 今在近路, 正是諸人歸身之日. 若大軍登道, 交鋒接刃, 蘭艾吾誠不分. 故具示意, 幷示同懷諸人'."

123) 『宋書』 卷2 「武帝紀中」, 33~34면, "延之報曰: '承親率戎馬, 遠履西畿, 闔境士庶, 莫不恇駭. 何者? 莫知師出之名故也. 今辱來疏, 始知以譙王前事, 良增歎息. …… 假令天長喪亂, 九流渾濁, 當與臧洪遊於地下, 不復多言'."

상국(相國)으로 승진시키고 열 개 군에 봉하고 구석(九錫)을 더하는 조서 하나와 책문 하나[124]가 있다. (유)유가 서쪽으로 정벌하러 갈 때 장량(張良)의 묘를 지나면서 쓴 제문 한 편,[125] 장안(長安)을 손에 넣은 뒤 (동)진 황제가 (유)유의 작위를 왕으로 올리고 열 개 군에 봉하는 것을 더하는 조서 하나[126]가 있다. (유)유가 송공(宋公)에 봉해지고 구석을 더하는 명을 받은 뒤 나라에 사면령을 내린 글 한 편,[127] (동)진 황제가 제위를 선양했을 때의 조서 하나,[128] 책문 하나,[129] 새서(璽書) 하나[130]가 있다. 여러 신

124) 『宋書』 卷2 「武帝紀中」, 36~41면, "天子詔曰 : '夫嵩、岱配極, 則乾道增輝, 藩嶽作屛, 則帝王成務. …… 其進位相國, 總百揆, 揚州牧, 封十郡爲宋公, 備九錫之禮, 加璽綬、遠遊冠, 位在諸侯王上, 加相國綠綟綬.' 策曰 : '朕以寡昧, 仰贊洪基, 夷羿乘釁, 蕩覆王室, 越在南鄙, 遷于九江. …… 元勳至德, 朕實賴焉. 今將授公典策, 其敬聽朕命'."

125) [王注] 『宋書』 卷2 「武帝紀中」에는 '經張良廟, 令曰 ……'이라 했는데, 본문은 '廟'를 잘못하여 '墓'로 하였고 또한 '令'을 '祭文'으로 잘못 썼다. 『宋書』 卷2 「武帝紀中」, 41면, "十三年正月, 公以舟師進討, 留彭城公義隆鎭彭城. 軍次留城, 經張良廟, 令曰 : '夫盛德不泯, 義在祀典, 微管之歎, 撫事彌深. …… 以紓懷古之情, 用存不刊之烈'."

126) 『宋書』 卷2 「武帝紀中」, 42~44면, "朕以不德, 遭家多難, 雲雷作屯, 夷羿竊命, 失位京邑, 遂播蠻荊, 艱難卑約, 制命凶醜. 相國宋公, 天縱睿聖, 命世應期, 誠貫三靈, 大節宏發. …… 其進宋公爵爲王, 以徐州之海陵東安北琅邪北東莞北東海北譙北梁、豫州之汝南北潁川北南頓凡十郡, 益宋國. 其相國、揚州牧、領征西將軍、司豫北徐雍四州刺史如故."

127) 『宋書』 卷2 「武帝紀中」, 44면, "六月, 受相國宋公九錫之命. 令曰 : '孤以寡薄, 負荷殊重, 守位奉藩, 危溢是懼. 朝恩隆泰, 委美推功, 遂方軌齊、晉, 擬議國典. …… 其赦國內殊死以下, 今月二十三日昧爽以前, 悉皆原宥. 鰥寡孤獨不能自存者, 人賜粟五斛. 府州刑罪, 亦同蕩然. 其餘詳依舊準'."

128) 『宋書』 卷2 「武帝紀中」, 45~46면, "二年四月, 徵王入輔. 六月, 至京師. 晉帝禪位于王, 詔曰 : '夫天造草昧, 樹之司牧, 所以陶鈞三極, 統天施化. 故大道之行, 選賢與能, 隆替無常期, 禪代非一族, 貫之百王, 由來尙矣. …… 念四代之高義, 稽天人之至望, 予其遜位別宮, 歸禪于宋, 一依唐虞、漢魏故事'."

129) 『宋書』 卷2 「武帝紀中」, 46~47면, "甲子, 策曰 : '咨爾宋王 : 夫玄古權輿, 悠哉邈矣, 其詳靡得而聞. 爰自書契, 降逮三、五, 莫不以上聖君四海, 止戈定大業. 然則帝王者, 宰物之通器; 君道者, 天下之至公. …… 王其允執其中, 敬遵典訓, 副率土之嘉願, 恢洪業於無窮, 時膺休祐, 以答三靈之眷望'."

130) 『宋書』 卷2 「武帝紀中」, 47~48면, "又璽書曰 : '蓋聞天生蒸民, 樹之以君, 帝皇寄世, 實公四海, 崇替係於勳德, 升降存乎其人. 故有國必亡, 卜年著其數, 代謝無常, 聖哲握其符. …… 今遣使持節、兼太保、散騎常侍、光祿大夫澹, 兼太尉、尙書宣範奉

하들이 (유)유에게 제위에 오를 것을 권해도 (유)유가 허락하지 않자 태사령(太史令) 닉달(駱達)이 부서(符瑞)를 알린 표문 하나,[131] 즉위해서 하늘에 고하는 책문 하나,[132] 태극전(太極殿)에 나아가서 내린 조서 하나,[133] 왕도(王導), 사안(謝安) 등의 제사를 특별히 존속시키라는 조서 하나,[134] 전투에서 사망한 장사(將士)들에 관해 수님하며 논하는 조서 하나,[135] 사신을 보내 각 지방을 순찰토록 하는 조서 하나,[136] 백관의 봉록을 늘리라는 조서 하나,[137] 옛 제도를 고치고 관용을 따르라는 조서 하나,[138] 팽(彭), 패(沛),

---

皇帝璽綬, 受終之禮, 一如唐虞, 漢魏故事. 王其允答人神, 君臨萬國, 時膺靈祉, 酬于上天之眷命'."

131) [王注]『宋書』卷2「武帝紀」, 48면에는 "太史令駱達陳天文符瑞數十條"라 했으나 表文은 실려 있지 않으며,『南史』本紀에 비로소 그것을 실었다. 本篇 밑의 注에는 이르기를, "太史所奏祥瑞, 宋書但括之云數十條, 南史以宋書不載, 反備載之, 此亦好異之過"라 했는데, 이 注는 윗 문장과 꼭 상반된다.

132)『宋書』卷3「武帝紀下」, 51~52면, "永初元年夏六月丁卯, 設壇於南郊, 卽皇帝位, 柴燎告天. 策曰:'皇帝臣裕, 敢用玄牡, 昭告皇天后帝. 晉帝以卜世告終, 歷數有歸, 欽若景運, 以命于裕. …… 克隆天保, 永祚于有宋. 惟明靈是饗'."

133)『宋書』卷3「武帝紀下」, 52면, "禮畢, 備法駕幸建康宮, 臨太極前殿. 詔曰:'夫世代迭興, 承天統極, 雖遭遇異塗, 因革殊事, 若乃功濟區宇, 道振生民, 興廢所階, 異世一揆. …… 長徒之身, 特皆原遣. 亡官失爵, 禁錮奪勞, 一依舊准'."

134) 丞相 王導·太傅 謝安 외에도 제사를 올린 인물로 大將軍 溫嶠·大司馬 陶侃·車騎將軍 謝玄 등을 규정하고 있다.『宋書』卷3「武帝紀下」, 52~53면, "詔曰:'夫微禹之感, 歎深後昆, 盛德必祀, 道隆百世. 晉氏封爵, 咸隨運改, 至於德參微管, 勳濟蒼生, 愛人懷樹, 猶或勿翦, 雖在異代, 義無泯絶. 降殺之宜, 一依前典. 可降始興公封始興縣公, 廬陵公封柴桑縣公, 各千戶; 始安公封荔浦縣侯, 長沙公封醴陵縣侯, 康樂公可卽封縣侯, 各五百戶: 以奉晉故丞相王導、太傅謝安、大將軍溫嶠、大司馬陶侃、車騎將軍謝玄之祀. 其宣力義熙, 豫同艱難者, 一仍本秩, 無所減降'."

135)『宋書』卷3「武帝紀下」, 53면, "又詔曰:'夫銘功紀勞, 有國之要典, 愼終追舊, 在心之所隆. …… 念功簡勞, 無忘鑒寐, 凡厥誠勤, 宜同國慶. 其酬賞復除之科, 以時論擧. 戰亡之身, 厚加復贈'."

136)『宋書』卷3「武帝紀下」, 53~54면, "丁丑, 詔曰:'古之王者, 巡狩省方, 躬覽民物, 搜揚幽隱, 拯災卹患, 用能風澤遐被, 遠至邇安. 朕以寡闇, 道謝前哲, 因受終之期, 託兆庶之上, 鑒寐屬慮, 思求民瘼. 才弱事艱, 若無津濟, 夕惕永念, 心馳遐域. 可遣大使分行四方, 旌賢擧善, 問所疾苦. 其有獄訟虧濫, 政刑乖愆, 傷化擾治, 未允民聽者, 皆當具以事聞. 萬事之宜, 無失厥中, 暢朝廷乃眷之旨, 宣下民壅隔之情'."

137)『宋書』卷3「武帝紀下」, 54면, "戊寅, 詔曰:'百官事殷俸薄, 祿不代耕. 雖國儲未豐, 要令公私周濟. 諸供給昔減半者, 可悉復舊. 六軍見祿粗可, 不在此例. 其餘官僚,

(하비) 세 군의 세역 면제에 관한 조서 하나,[139] 죄인을 사면하라는 조서 하나,[140] (동)진 황제의 능을 지키는 호(戶)를 두라는 조서 하나,[141] 음사(淫祠)를 금지하는 조서 하나,[142] 학교 진흥에 관한 조서 하나[143]가 있다. (이들은) 모두 전문을 싣고 한 글자도 빼지 않았다.

『남사』에는, 단지 한연지가 (유)유에게 답하는 편지 하나를 실어[144] (사마)휴지가 주멸당한 억울함을 보였고, 구석문(九錫文) 하나,[145] 선위책(禪位策) 하나,[146] 등극한 뒤 하늘에 고하는 책문 하나[147]를 실어 혁명의 전고(典故)를 보였을 뿐, 그 여타의 것은 모두 삭제해 없앴다[趙注 : 태사령이 아뢴 상서

或自本俸素少者, 亦疇量增之'."

138)『宋書』卷3「武帝紀下」, 55면, "壬子, 詔曰 : '往者軍國務殷, 事有權制, 劫科峻重, 施之一時. 今王道惟新, 政和法簡, 可一除之, 還遵舊條. 反叛淫盜三犯補冶士, 本謂一事三犯, 終無悛革. 主者頃多并數衆事, 合而爲三, 甚違立制之旨, 普更申明'."

139) '三郡'에는 彭·沛 이외에 下邳가 속하며 이 지역에 대해 30년간 租布 면제에 대한 詔를 내렸던 것이다.『宋書』卷3「武帝紀下」, 55면, "戊辰, 詔曰 : '彭、沛、下邳三郡, 首事所基, 情義繾綣, 事由情獎, 古今所同. 彭城桑梓本鄉, 加隆攸在, 優復之制, 宜同豐、沛. 其沛郡、下邳可復租布三十年'."

140)『宋書』卷3「武帝紀下」, 55면, "乙亥, 詔曰 : '朕承曆受終, 猥饗天命. 荷積善之祚, 藉士民之力, 七廟備文, 率由令範. …… 其見刑罪無輕重, 可悉原赦. 限百日, 以今爲始. 先因軍事所發奴僮, 各還本主; 若死亡及勳勞破免, 亦依限還直'."

141)『宋書』卷3「武帝紀下」, 56면, "閏月壬午朔, 詔曰 : '晉世帝后及藩王諸陵守衛, 宜便置格. 其名賢先哲, 見優前代, 或立德著節, 或寧亂庇民, 墳塋未遠, 並宜洒掃. 主者具條以聞'."

142)『宋書』卷3「武帝紀下」, 57면, "夏四月己卯朔, 詔曰 : '淫祠惑民費財, 前典所絕, 可並下在所除諸房廟. 其先賢及以勳德立祠者, 不在此例'."

143)『宋書』卷3「武帝紀下」, 58면, "乙丑, 詔曰 : '古之建國, 教學爲先, 弘風訓世, 莫尙於此, 發蒙啓滯, 咸必由之. 故爰自盛王, 迄于近代, 莫不敦崇學藝, 修建庠序. …… 遂令學校荒廢, 講誦蔑聞, 軍旅日陳, 俎豆藏器, 訓誘之風, 將墜于地. …… 選備儒官, 弘振國學. 主者考詳舊典, 以時施行'."

144)『南史』卷1「宋武帝紀」, 14~15면, "休之府錄事參軍韓延之有幹用才, 帝未至江陵, 密書招之. 延之報書曰 : '承親率戎馬, 遠履西偏, 闔境士庶, 莫不惶駭. …… 吾雖鄙劣, 嘗聞道於君子, 以平西之至德, 寧可無授命之臣乎? 假天長喪亂, 九流渾濁, 當與臧洪游於地下. 不復多云'."

145)『南史』卷1「宋武帝紀」, 16~19면.

146)『南史』卷1「宋武帝紀」, 21~22면.

147)『南史』卷1「宋武帝紀」, 23~24면, "永初元年夏六月丁卯, 皇帝卽位於南郊, 設壇, 柴燎告天曰 : '…….' 禮畢, 備法駕, 幸建康宮, 臨太極前殿, 大赦, 改元."

로운 조짐은 『송서』에서는 단지 그것을 개괄하여 수십 가지라고 했는데, 『남사』에서는 『송서』가 싣지 않았다고 하여 오히려 그것을 다 갖추어 실었으니,[148] 이는 또한 기이한 것을 좋아함이 지나친 것이다].

『송서』 열전의 경우, 예컨대 「왕홍전(王弘傳)」에서는 그가 작위를 사양하는 표문 하나,[149] 가뭄 때문에 관위를 남에게 양보할 것을 구하는 표문 하나,[150] 성찬(成粲)이 팽성왕(彭城王)[151]이 밖에 있어서는 안 된다고 논하며 (왕)홍에게 보낸 편지 하나,[152] (왕)홍이 스스로 팽성왕이 조정에 들어와 보정할 것을 청한 상소 하나와 답하는 조서 하나,[153] (왕)홍이 또 상부

---

148) 『南史』 卷1 「宋武帝紀」, 22~23면, "太史令駱達陳天文符應曰 : '案晉義熙元年至元熙元年, 太白晝見經天凡七, 占曰 : '太白經天, 人更主, 異姓興.' 義熙七年, 五虹見于東方, 占曰 : '五虹見, 天子黜, 聖人出.' 九年, 鎭星、歲星、太白、熒惑聚于東井. 十三年, 鎭星入太微. 占曰 : '鎭星守太微, 有立王, 有徙王.' 元熙元年冬, 黑龍四登于天, 易傳曰 : '冬, 龍見, 天子亡社稷, 大人受命.' 冀州道人釋法稱告其弟子曰 : '嵩神言, 江東有劉將軍, 漢家苗裔, 當受天命, 吾以璧三十二、鎭金一餠與之, 劉氏卜世之數也.' 漢建武至建安末一百九十六年而禪魏, 魏自黃初至咸熙末四十六年而禪晉, 晉自泰始至今百五十六年, 三代揖讓, 咸窮於六. 又漢光武社于南陽, 漢末而其樹死, 劉備有蜀, 廻應之而興; 及晉季年, 舊根始萌, 至是而盛矣.' 若此者有數十條."

149) 『宋書』 卷42 「王弘傳」, 1313~1314면, "太祖卽位, 以定策安社稷, 進位司空, 封建安郡公, 食邑千戶. 上表固辭曰 : '臣聞趙武稱隨會夫子之家事治, 言於晉國無隱情. 臣千載幸會, 謬荷榮遇, 雖以智能虛薄, 政績蔑聞, 而言無隱情, 竊所庶幾. …… 微躬所惜, 一朝亦盡, 非唯仰塵國紀, 實亦俯畏友朋. 憂心彌疹, 胡顏靡託. 且凡人之交, 尙申知己, 況在明主, 可用理干. 所以敢遂愚狷, 守之以死.' 乃見許."

150) 『宋書』 卷42 「王弘傳」, 1314~1315면, "五年春, 大旱, 弘引咎遜位, 曰 : '臣聞三才雖殊, 其致則一. 故世道休明, 五福攸應; 政有失德, 咎徵必顯. 臣抑又聞之, 台輔之職, 論道讚契, 上佐人主, 燮理陰陽. …… 今履端惟始, 朝慶禮畢, 輒還私門, 思愆家巷, 庶微塞天譴, 少弭謗讟. 伏願鑑其所守, 卽而許之. 臨啓愧塞, 不自宣盡'."

151) 彭城王 劉義康을 뜻한다. 『宋書』 卷68 「彭城王傳」, 1789면, "彭城王義康, 年十二, 宋臺除督豫司雍并四州諸軍事、冠軍將軍、豫州刺史. 時高祖自壽陽被徵入輔, 留義康代鎭壽陽. 又領司州刺史, 進督徐州之鍾離、荊州之義陽諸軍事. 永初元年, 封彭城王, 食邑三千戶, 進號右將軍."

152) 『宋書』 卷42 「王弘傳」, 1315~1316면, "平陸令河南成粲與弘書曰 : '僕聞執物設教, 必隨時制宜; 世代盈虛, 亦與之消息. 夫勢之所處, 非親不居. …… 明公高枕論道, 燮理陰陽, 則天下和平, 災害不作, 福慶與大宋升降, 享年與松、喬齊久, 名垂萬代, 豈不美歟!'"

153) 『宋書』 卷42 「王弘傳」, 1316~1317면, "六年, 弘又上表曰 : '臣聞異姓爲後, 宗周之明義; 親不在外, 有國之所先. …… 若天眷罔已, 脫復遲回, 請出臣表, 逮聞外內, 朝議輿誦, 或有可擇.' 詔曰 : '省表, 遠擬隆周經國之體, 近述大易卑牧之志, 三復沖旨,

(相府)의 하인[事力]을 모두 팽성왕에게 귀속시킬 것을 청하는 상소 하나, 답하는 조서 하나[154]를 실었다. 이웃[同伍]이 법을 어기면 사인(士人)을 처벌하지 않고 그 노비를 처벌해야 한다는 사안에 관해서는, (왕)홍이 논의를 시작한 상소 하나[155]와 강오(江奧)의 논의 하나,[156] 공묵지(孔默之)의 논의 하나,[157] 왕회지(王淮之)의 논의 하나,[158] 사원(謝元)의 논의 하나,[159] 하상지(何尙之)의 논의 하나,[160] 또한 (왕)홍이 절충하는 논의 하나[161]를 실

良用憮然. …… 驃騎親賢之寄, 地均旦、奭, 還入內輔, 參讚機務, 輒敬從所執.' 義康由是代弘爲司徒, 與之分錄."

154) 『宋書』 卷42 「王弘傳」, 1317면, "弘又表曰 : '近冒表聞, 披陳愚管, 實冀天鑒, 體其至誠. …… 相府初建, 或有未充, 請留職僚同事而已, 自此以外, 及諸資實, 一送司徒. 臣受恩深重, 休戚是預, 義無虛飾, 苟自貶損. 伏願聖察, 特垂許順, 不令誠訴, 見其抑奪.' 上又詔曰 : '衛軍表如此, 司徒宜須事力, 可順公雅懷, 割二千人配府. 資儲不煩事送'."

155) 『宋書』 卷42 「王弘傳」, 1317~1318면, "弘博練治體, 留心庶事, 斟酌時宜, 每存優允. 與八座丞郎疏曰 : '同伍犯法, 無士人不罪之科, 然每至詰謫, 輒有請訴. 若垂恩宥, 則法廢不可行; 依事糾責, 則物以爲苦怨. …… 旣得小寬民命, 亦足以有懲也. 想各言所懷'."

156) 『宋書』 卷42 「王弘傳」, 1318면, "左丞江奧議 : '士人犯盜贓不及棄市者, 刑竟, 自在贓汙淫盜之目, 淸議終身, 經赦不原. …… 奴客與符伍交接, 有所藏蔽, 可以得知, 是以罪及奴客. 自是客身犯愆, 非代郎主受罪也. 如其無奴, 則不應坐'."

157) 『宋書』 卷42 「王弘傳」, 1318면, "右丞孔默之議 : '君子小人, 旣雜爲符伍, 不得不以相檢爲義. 士庶雖殊, 而理有聞察, 譬百司居上, 所以下不必躬親而後同坐. 是故犯違之日, 理自相關. …… 謂此制可施小人, 士人自還用舊律'."

158) 본문에서는 '王淮之'라고 했으나, 『宋書』에는 '王准之'로 표기하였다. 『宋書』 卷42 「王弘傳」, 1318~1319면, "尙書王准之議 : '昔爲山陰令, 士人在伍, 謂之押符. 同伍有愆, 得不及坐, 士人有罪, 符伍糾之. 此非士庶殊制, 實使即刑當罪耳. …… 使畏法革心, 乃所以大宥也. 且士庶異制, 意所不同'."

159) 『宋書』 卷42 「王弘傳」, 1319면, "殿中郎謝元議謂 : '事必先正其本, 然後其末可理. 本所以押士大夫於符伍者, 所以檢小人邪? 爲使受檢於小人邪? 案左丞稱士庶天隔, 則士無弘庶之由, 以不知而押之於伍, 則是受檢於小人也. 然則小人有罪, 士人無事, 僕隸何罪, 而令坐之. …… 盜制, 按左丞議, 士人旣終不爲兵革, 幸可同寬宥之惠, 不必依舊律, 於議咸允'."

160) 『宋書』 卷42 「王弘傳」, 1320면, "吏部郞何尙之議 : '按孔右丞議, 士人坐符伍爲罪, 有奴罪奴, 無奴輸贖. …… 然奴僕實與閭里相關, 今都不問, 恐有所失. 意同左丞議'."

161) 『宋書』 卷42 「王弘傳」, 1320~1321면, "弘議曰 : '尋律令旣不分別士庶, 又士人坐同伍罹謫者, 無處無之, 多爲時恩所宥, 故不盡親謫耳. …… 若呼不應停寢, 謂宜集議奏聞, 決之聖旨'."

었다[趙注 : 생각건대 (왕)홍은 송의 명재상으로, 그가 팽성왕이 들어와 보정할 것을 청한 일은 그가 양보하고 사양함을 보이기에 충분하다. 이웃이 죄에 연좌되는 사안의 경우, 무엇이 재상의 일이 될 만하다고 이처럼 글을 여러 편 이어놓았던 것인가].

「서선지전(徐羨之傳)」에는 그가 정무를 반환하는 표 세 편,[162] 문제(文帝)가 (서)선지 등을 주멸하라고 한 조서 하나[163]를 실었다. 「부량전(傅亮傳)」에는 그의 「연신(演慎)」 한 편[164]을 실었다. 「사회전(謝晦傳)」에는 그가 군사를 일으켜 억울함을 하소연하는 상소 하나,[165] 상서(尚書)에서 그의 죄상을 알리는 글 하나,[166] (사)회가 서울[京邑, 곧 建康]에 뿌린 격문 하나,[167] 다시 억울함을 하소연하는 표 하나,[168] 사로잡힌 뒤 길에서 지은

---

162) 『宋書』 卷43 「徐羨之傳」, 1332~1333면, "元嘉二年, 羨之與左光祿大夫傅亮上表歸政, 曰 : '臣聞元首司契, 運樞成務; 臣道代終, 事盡宣翼. 冕旒之道, 理絶於上皇; 拱己之事, 不行於中古. …… 伏願陛下遠存周文日昃之道, 近思皇室締構之艱, 時攬萬機, 躬親朝政, 廣闢四聰, 博詢庶業, 則雍熙可臻, 有生幸甚.' 上未許. 羨之等重奏曰 : '近陳寫下情, …… 重披丹心, 冒昧以請.' 上猶辭. 羨之等又固陳曰 : '比表披陳, 辭誠俱盡, 詔旨沖遠, 未垂聽納, 三復屏營, 伏增憂歎. 臣聞克隆先構, 幹蠱之盛業; 昧旦丕顯, 帝王之高義. …… 愚瞽所獻, 情盡於此.' 上乃許之."

163) 『宋書』 卷43 「徐羨之傳」, 1333~1334면, "三年正月, 詔曰 : '民生於三, 事之如一, 愛敬同極, 豈惟名教, 況乃施侔造物, 義在加隆者乎. 徐羨之、傅亮、謝晦, 階因緣之才, 荷恩在昔, 擢自無聞, 超居要重, 卵翼而長, 未足以譬. …… 今逆臣之釁, 彰暴遐邇, 君子悲情, 義徒思奮, 家讎國恥, 可得而雪, 便命司寇, 肅明典刑. …… 已命征虜將軍劉粹斷其走伏. 罪止元凶, 餘無所問. 感惟永往, 心情崩絶. 氛霧既祛, 庶幾治道'."

164) 『宋書』 卷43 「傅亮傳」, 1338~1339면, "初, 亮見世路屯險, 著論名曰演慎, 曰 : '大道有言, 慎終如始, 則無敗事矣. …… 故語有之曰, 誠能慎之, 福之根也. 曰是何傷, 禍之門爾. 言慎而已矣'."

165) 『宋書』 卷44 「謝晦傳」, 1350~1352면, "二三日中, 四遠投集, 得精兵三萬人. 乃奉表曰 : '臣階緣幸會, 蒙武皇帝殊常之眷, 外聞政事, 內謀帷幄, 經綸夷險, 毗贊王業, 預佐命之勳, 膺河山之賞. …… 臨表哽慨, 言不自盡'."

166) 『宋書』 卷44 「謝晦傳」, 1352~1353면, "太祖時已戒嚴, 諸軍相次進路. 尚書符荊州曰 : '禍福無門, 逆順有數, 天道微於影響, 人事鑒於前圖, 未有蹈義而福不延, 從惡而禍不至也. 故智計之士, 審敗以立功, 守正之臣, 臨難以全節. 徐羨之、傅亮、謝晦, 安忍鴆殺, 獲罪於天, 名教所極, 政刑所取, 已遠暴四海, 宜於聖詔. …… 三姓同罪, 既擒其二, 晦之室屬, 縲仆獄戶, 苟幽明所怨, 孤根易拔, 以順討逆, 雖厚必崩. …… 夫轉禍貴速, 後機則凶, 遂使王師臨郊, 雷電皆至, 噬臍之恨, 亦將何及'."

167) 『宋書』 卷44 「謝晦傳」, 1353~1355면, "晦檄京邑曰 : '王室多故, 禍難荐臻. 營陽失德, 自絶宗廟. …… 諸賢並同國恩, 情兼義烈, 今誠志士忘身之日, 義夫著績之秋, 見

「비인도(悲人道)」 한 편[169]을 실었다. 「왕미전(王微傳)」에는 그가 강담(江湛)에게 보낸 관직을 사양하는 2천여 자의 편지 하나,[170] 왕승작(王僧綽)에게 보낸 2천여 자의 편지 하나,[171] 하언(何偃)에서 답하는 2천여 자의 편지 하나,[172] 동생 (왕)승겸(王僧謙)을 애도하는 2천여 자의 문장 하나[173] 등을 실었다. 「정선지전(鄭鮮之傳)」에는 등념(滕恬)이 부친상을 당하고도 돌아가지 않고 예전처럼 벼슬을 한 것을 따지는 3천여 자의 글 하나,[174] 유의(劉毅)를 탄핵하는 천여 자의 상소 한 편,[175] 북벌에 대해 간언하는 천여 자의 표 한 편[176] 등을 실었다. 「하승천전(何承天傳)」에는 그가 북벌에 대해 간언(諫言)하는 5천여 자의 표 한 편[177]을 실었다. 「하상지전(何尚之傳)」에

機而動, 望風而不待勗'."

168) 『宋書』 卷44 「謝晦傳」, 1355~1358면.

169) 『宋書』 卷44 「謝晦傳」, 1359~1361면, "檻送京師, 於路作悲人道, 其詞曰 : '悲人道兮, 悲人道之實難. 哀人道之多險, 傷人道之寡安. ……'."

170) 『宋書』 卷62 「王微傳」, 1665~1666면, "吏部尚書江湛擧微爲吏部郎, 微與湛書曰 : '弟心病亂度, 非但蹇躄而已, 此處朝野所共知. ……'."

171) 『宋書』 卷62 「王微傳」, 1666~1668면, "微旣爲始興王濬府吏, 濬數相存慰, 微奉答牋書, 輒飾以辭采. 微爲文古甚, 頗抑揚, 袁淑見之, 謂爲訴屈, 微因此又與從弟僧綽書曰 : '吾雖無人鑒, 要是早知弟, 每共宴語, 前言何嘗不以止足爲貴. ……'."

172) 『宋書』 卷62 「王微傳」, 1669~1670면.

173) 『宋書』 卷62 「王微傳」, 1670~1672면, "弟僧謙, 亦有才譽, 爲太子舍人, 遇疾, 微躬自處治, 而僧謙服藥失度, 遂卒. 微深自咎恨, 發病不復自治, 哀痛僧謙不能已, 以書告靈曰 : '弟年十五, 始居宿於外, 不爲察慧之譽, 獨沉浮好書, 聆琴聞操, 輒有過目之能. ……'."

174) 『宋書』 卷64 「鄭鮮之傳」, 1691~1695면.

175) 『宋書』 卷64 「鄭鮮之傳」, 1695면, "外甥劉毅, 權重當時, 朝野莫不歸附, 鮮之盡心高祖, 獨不屈意於毅, 毅甚恨焉. 義熙六年, 鮮之使治書侍御史丘洹奏彈毅曰 : '上言傳詔羅道盛輒開牋, 遂盜發密事, 依法棄市, 奏報行刑, 而毅以道盛身有侯爵, 輒復停宥. 桉毅勳德光重, 任居次相, 旣殺之非己, 無緣生之自由. 又奏之於先, 而弗請於後, 閫外出疆, 非此之謂. 中丞鮮之於毅舅甥, 制不相糾, 臣請免毅官.' 詔無所問."

176) 『宋書』 卷64 「鄭鮮之傳」, 1697면, "佛佛虜陷關中, 高祖復欲北討, 行意甚盛. 鮮之上表諫曰 : '伏思聖略深遠, 臣之愚管無所措其意. 然臣愚見, 竊有所懷. 虜凶狡情狀可見, 自關中再敗, 皆是帥師違律, 非是內有事故, 致外有敗傷. 虜聞殿下親御六軍, 必謂見伐, 當重兵守潼關, 其勢然也. 若陵威長驅, 臣實見其未易 …… 西虜或爲河、洛之患, 今正宜通好北虜, 則河南安. 河南安, 則濟、泗靜. 伏願聖鑑察臣愚懷'."

177) 『宋書』 卷64 「何承天傳」, 1705~1710면.

서는 동전 주조에 관한 논의 하나[178] 및 심연지(沈演之)[179]의 (다른) 논의 하나,[180] 또한 원숙(袁淑)이 그(하상지)가 늙어서 벼슬에서 물러난 뒤 다시 나서려는 것을 만류하는 편지 하나[181]를 실었다.

「사령운전(謝靈運傳)」에는 그의 「찬정부(撰征賦)」 한 편 만여 자,[182] 「산거부(山居賦)」 한 편 수만 자,[183] 하북(河北) 정벌을 권하는 2천 자의 상소 한 편을 실었다.[184] 「안연지전(顔延之傳)」에서는 그의 「정고(庭誥)」 한 편 4천여 자를 실었다.[185] 「원표전(袁豹傳)」에는 그가 촉(蜀)을 토벌할 때 쓴 격문 하나를 실었다.[186] 「심유지전(沈攸之傳)」에는 소도성(蕭道成)이 (심)

---

178) 『宋書』 卷66 「何尙之傳」, 1734~1735면, "先是患貨重, 鑄四銖錢, 民間頗盜鑄, 多翦鑿古錢以取銅, 上患之. 二十四年, 錄尙書江夏王義恭建議, 以一大錢當兩, 以防翦鑿, 議者多同. 尙之議曰: '伏覽明命, 欲改錢制, 不勞採鑄, 其利自倍, 實救弊之弘算, 增貨之良術. 求之管淺, 猶有未譬. 夫泉貝之興, 以估貨爲本, 事存交易, 豈假數多. 數少則幣重, 數多則物重, 多少雖異, 濟用不殊. 況復以一當兩, 徒崇虛價者邪. …… 愚者之議, 智者擇焉, 猥參訪逮, 敢不輸盡'."

179) 『宋書』 卷63 「沈演之傳」, 1684면, "沈演之字臺眞, 吳興武康人也. 高祖充, 晉車騎將軍, 吳國內史. 曾祖勁, 冠軍陳祐長史, 戍金墉城, 爲鮮卑慕容恪所陷, 不屈節見殺, 追贈東陽太守. 祖赤黔, 廷尉卿. 父叔任, 少有幹質, 初爲揚州主簿, 高祖太尉參軍、吳、山陰令, 治皆有聲."

180) 『宋書』 卷66 「何尙之傳」, 1735~1736면, "中領軍沈演之以爲: '龜貝行於上古, 泉刀興自有周, 皆所以阜財通利, 實國富民者也. 歷代雖遠, 資用彌便, 但採鑄久廢, 兼喪亂累仍, 糜散湮滅, 何可勝計. …… 愚謂若以大錢當兩, 則國傳難朽之寶, 家贏一倍之利, 不俟加憲, 巧源自絶, 施一令而衆美兼, 無興造之費, 莫盛於玆矣.' 上從演之議, 遂以一錢當兩, 行之經時, 公私非便, 乃罷."

181) 『宋書』 卷66 「何尙之傳」, 1736면, "二十九年, 致仕, 於方山著退居賦以明所守, 而議者咸謂尙之不能固志, 太子左衛率袁淑與尙之書曰: '昨遣修問, 承丈人已晦志山田, 雖曰年禮宜遵, 亦事難斯貴, …… 然而已議塗聞者, 謂丈人徽明未耗, 譽業方籍, 儻能屈事康道, 降節殉務, 舍南瀨之操, 淑此行永決矣. 望眷有積, 約日無誤'."

182) 『宋書』 卷67 「謝靈運傳」, 1743~1753면.

183) 『宋書』 卷67 「謝靈運傳」, 1754~1772면.

184) 『宋書』 卷67 「謝靈運傳」, 1772~1774면.

185) 『宋書』 卷73 「顔延之傳」, 1893~1902면, "閑居無事, 爲庭誥之文. 今刪其繁辭, 存其正, 著于篇. 曰: '庭誥者, 施於閨庭之內, 謂不遠也. 吾年居秋方, 慮先草木, 故遽以未聞, 誥爾在庭. 若立履之方, 規鑒之明, 已列通人之規, 不復續論. 今所載咸其素蓄, 本乎性靈, 而致之心用. ……'."

186) 『宋書』 卷52 「袁豹傳」, 1500~1502면, "高祖遣益州刺史朱齡石伐蜀, 使豹爲檄文, 曰: ……."

유지의 죄상에 대해 쓴 격문 하나를 실었다.[187] 「왕승달전(王僧達傳)」에는 그가 서주(徐州)를 지켜야 한다고 청한 천여 자의 상소 한 편,[188] 관직에서 물러나기를 청하는 2천여 자의 상소 하나[189]를 실었다. 「공령부전(孔靈符傳)」[190]에는 백성들을 이주시키는 사안에 대해서, 강하왕(江夏王)의 논의 하나,[191] 상동왕(湘東王) (등)의 논의 하나,[192] 심회문(沈懷文) (등)의 논의 하나,[193] 왕현모(王玄謨)의 논의 하나,[194] 왕승지(王昇之)의 논의 하나[195]를 실었다.

「안준전(顔竣傳)」에는 동전을 주조하는 사안에 대해 먼저 심원(沈爰)의 논의 하나,[196] 심경지(沈慶之)의 논의 하나,[197] 강하왕의 논의 하나를 실

187) 『宋書』 卷74 「沈攸之傳」, 1936~1939면, "齊王出頓新亭, 馳檄數攸之罪惡, 曰 : ……."

188) 『宋書』 卷75 「王僧達傳」, 1952~1954면, "及爲護軍, 不得志, 乃啓求徐州, 曰 : …… 上不許."

189) 『宋書』 卷75 「王僧達傳」, 1955~1957면, "孝建三年, 除太常, 意尤不悅. 頃之, 上表解職, 曰 : ……."

190) [王注] 『宋書』 「孔靈符傳」은 그 형인 卷54 「孔季恭傳」 뒤에 부기되어 있다.

191) 『宋書』 卷54 「孔靈符傳」, 1533면, "上使公卿博議, 太宰江夏王義恭議曰 : '夫訓農修本, 有國所同, 土著之民, 習翫日久, 如京師無田, 不聞徙居他縣. 尋山陰豪族富室, 頃畝不少, 貧者肆力, 非爲無處, 耕起空荒, 無救災歉. 又緣湖居民, 魚鴨爲業, 及有居肆, 理無樂徙'."

192) 『宋書』 卷54 「孔靈符傳」, 1533면, "尙書令柳元景、右僕射劉秀之、尙書王瓚之、顧凱之、顔師伯、嗣湘東王彧議曰 : '富戶溫房, 無假遷業; 窮身寒室, 必應徙居. …… 生計旣完, 畬功自息, 宜募亡叛通卹及與樂田者, 其往經創, 須粗修立, 然後徙居'."

193) 『宋書』 卷54 「孔靈符傳」, 1533면, "侍中沈懷文、王景文、…… 議曰 : '百姓雖不親農, 不無資生之路, 若驅以就田, 則坐相違奪. …… 謂宜適任民情, 從其所樂, 開有逋亡, 且令就業, 若審成腴壤, 然後議遷'."

194) 『宋書』 卷54 「孔靈符傳」, 1533면, "太常王玄謨議曰 : '小民貧匱, 遠就荒疇, 去舊卽新, 糧種俱闕, 習之旣難, 勸之未易. 謂宜微加資給, 使得肆勤, 明力田之賞, 申怠惰之罰'."

195) 『宋書』 卷54 「孔靈符傳」, 1533면, "光祿勳王昇之議曰 : '遠廢之疇, 方翦荊棘, 率課窮乏, 其事彌難, 資徙粗立, 徐行無晚'."

196) 『宋書』 卷75 「顔竣傳」, 1960~1961면, "三年, 尙書右丞徐爰議曰 : '貴貨利民, 載自五政, 開鑄流圜, 法成九府, 民富國實, 教立化光. …… 謂應式遵古典, 收銅繕鑄, 納贖刊刑, 著在往策, 今宜以銅贖刑, 隨罰爲品.' 詔可."

197) 『宋書』 卷75 「顔竣傳」, 1961면, "始興郡公沈慶之立議曰 : '昔秦幣過重, 高祖是患, 普令民鑄, 改造楡莢, 而貨輕物重, 又復乖時. …… 且禁鑄則銅轉成器, 開鑄則器化爲財, 翦華利用, 於事爲益'."

고,[198] 이어서 (안)준의 논의 두 편을 실었으며,[199] 또한 유휘지(庾徽之)가 (안)준을 탄핵하는 表 하나[200]를 실었다. 「고개지전(顧愷之傳)」에는 그의 「정명론(定命論)」 3천여 자를 실었다.[201] 「주랑전(周朗傳)」에서는 그가 양희(羊希)에게 답하는 2천여 자의 편지,[202] 시정(時政)에 관해 의견을 올리는 3천여 자의 글을 실었다.[203] 「오희전(吳喜傳)」에서는 명제(明帝)가 (오)희의 죄를 헤아린 3천여 자의 글 하나를 실었다.[204] 「건평왕(建平王) (유)굉전(劉宏傳)」에서는 유진(劉璡)이 (유)굉의 아들 경소(景素)를 위해 원한을 하소연하는 글 2천여 자를 실었다.[205]

또한 다만 이것만은 아니었다. 「등완전(鄧琬傳)」에는 비록 편지나 상소는 없지만, 농호(濃湖)와 자기(赭圻)의 전투만을 오로지 서술한 것이 1만~2만 자에 이르러,[206] 결국 연의(演義)소설과 흡사하였으며 또한 공적을 기록한 책적(冊籍)과 같으니, 권수가 많은 것은 당연했다.

---

198) 『宋書』 卷75 「顔竣傳」, 1961~1962면, "上下其事公卿, 太宰江夏王義恭議曰 : '伏見沈慶之議, '聽民私鑄, 樂鑄之室, 皆入署居. 平其準式, 去其雜僞.' 愚謂百姓不樂與官相關, 由來甚久, 又多是人士, 蓋不願入署. …… 然頃所患, 患於形式不均, 加以剪鑿, 又鉛錫衆雜止於盜鑄銅者, 亦無須苦禁'."

199) 『宋書』 卷75 「顔竣傳」, 1962~1963면, "竣議曰 : '泉貨利用, 近古所同, 輕重之議, 定於漢世, 魏、晉以降, 未之能改. …… 然錢有定限, 而消失無方, 剪鑄雖息, 終致窮盡者, 亡應官開取銅之署, 絶器用之塗, 定其品式, 日月漸鑄, 歲久之後, 不爲世益耳.' 時議者又以銅轉難得, 欲鑄二銖錢. 竣又議曰 : '議者將爲官藏空虛, 宜更改鑄, 天下銅少, 宜減錢式, 以救交弊, 賑國紓民. …… 若使交益深重, 尙不可行, 況又未見其利, 而衆弊如此, 失算當時, 取誚百代乎'."

200) 『宋書』 卷75 「顔竣傳」, 1965~1966면, "上乃使御史中丞庾徽之奏之曰 : ……."

201) 『宋書』 卷81 「顧愷之傳」, 2081~2087면, "乃以其意命弟子愿著定命論, 其辭曰 : ……."

202) 『宋書』 卷82 「周朗傳」, 2089~2092면, "及義恭出鎭, 府主簿羊希從行, 與朗書戲之, 勸令獻奇進策. 朗報書曰 : '羊生足下 …… 謂子有心, 敢書薄意'."

203) 『宋書』 卷82 「周朗傳」, 2092~2101면, "世祖卽位, 除建平王宏中軍錄事參軍. 時普責百官讜言, 朗上書曰 : '昔仲尼有言 : ……'."

204) 『宋書』 卷83 「吳喜傳」, 2116~2121면, "喜未死一日, 上與劉勔、張興世、齊王詔曰, '吳喜出自卑寒, 少被驅使, 利口任詐, 輕狡萬端. ……'."

205) 『宋書』 卷72 「建平宣簡王宏傳」, 1863면, "齊受禪, 建元初, 故景素秀才劉璡又上書曰 : ……."

206) 『宋書』 卷84 「鄧琬傳」, 2137~2147면.

『남사』에서는 이런 내용을 모두 삭제하고 중요한 것은 몇 마디 말로 묶어 남겨두었으니, 간단하고 깔끔하여 역사를 짓는 올바른 방도를 얻었다고 할 수 있을 것이며, 송기가 뒤섞인 글들을 깎아 줄인 것이 옛 사서보다 지나침이 훨씬 심하다고 말한 것이 옳다.

142. 『남사』에서 지나치게 간략함을 추구한 실책南史過求簡淨之失

『남사(南史)』에는 간단하고 깔끔함을 구하는 데에 지나쳐서 실책이 된 것이 있다.

「왕진악전(王鎭惡傳)」을 보면, 무제(武帝)가 유의(劉毅)를 토벌할 것을 도모하자 (왕)진악이 큰 배 백 척을 이끌고 앞장을 서서는 큰 소리로 '유연주(劉兗州)가 올라왔다'고 외쳤으며, (유)의는 (실제) 그러리라고 믿고는 습격당하고 있다는 것을 알지 못했다고 운운하고 있다.[207] 그런데 이른바 '유연주'란 누구인가? 이때 (유)의는 병이 있어 사촌동생인 연주자사(兗州刺史) 유번(劉藩)을 (그에게) 파견하여 그의 부관으로 해 달라고 청했으므로, 무제가 거짓으로 그것을 허락했으며 (왕)진악이 그 호칭(연주자사)을 가칭하여 그(유의)를 습격했던 것이다.[208] 『송서(宋書)』에 실린 바는 매우 명

207) 『南史』 卷16 「王鎭惡傳」, 454면, "武帝謀討劉毅, 鎭惡曰 : '公若有事西楚, 請給百舸爲前驅.' 及西討, 轉鎭惡參軍事, 使率龍驤將軍蒯恩百舸前發. 鎭惡受命, 便晝夜兼行, 揚聲劉兗州上. 毅謂爲信, 不知見襲."

208) 王鎭惡이 劉毅의 陣營을 습격하면서 '劉兗州', 즉 劉藩이 같이 왔다는 것을 거짓으로 말하여 津戍 및 百姓들이 의심하지 않고 받아들였던 것이다. 『宋書』 卷45 「王鎭惡傳」, 1366면, "高祖謀討劉毅, 鎭惡曰 : '公若有事西楚, 請賜給百舸爲前驅.' 義熙八年, 劉毅有疾, 求遣從弟兗州刺史藩爲副貳, 高祖僞許之. 九月, 大軍西討, 轉鎭惡參軍事, 加振武將軍. 高祖至姑孰, 遣鎭惡率龍驤將軍蒯恩百舸前發, 其月二十九日也. 戒之曰 : '若賊知吾上, 比軍至, 亦當少日耳. 政當岸上作軍, 未辨便下船也. 卿至彼, 深加籌量, 可擊, 便燒其船艦, 且浮舸水側, 以待吾至. 慰勞百姓, 宣揚詔旨幷赦文、及吾與衛軍府文武書. 罪止一人, 其餘一無所問. 若賊都不知消息, 未有備防, 可襲便

백하나 『남사』는 먼저 (그 사실을) 서술하여 밝히지 않았으니, 결국 '연주'라는 구절은 돌출하여 내력이 없는 것처럼 느껴진다. 이것은 그래도 글자의 작은 흠에 불과하다.

「사회전(謝晦傳)」을 보면, 『송서』에서는 그가 토벌을 당할 때 스스로 호소한 표를 실었는데, "만약 신 등이 자못 권세를 잡으려고만 하고 오로지 나라를 위하지 않았다면, 당초 영양(營陽)(왕)[209]을 폐위할 때 폐하께서는 멀리 있었고 무황(武皇)[210]의 아들은 아직 어렸으니, 그를 껴안고 호령하면 누가 감히 이를 잘못이라 하겠습니까? 그러나 물길(장강)을 거슬러 올라가기를 삼천리나 하고 관소(館所)를 비우기를 석 달이나 하면서 어가를 받들어 맞았으니, 진실한 마음[血心]이 이와 같았음은 쉽게 살필 수 있을 것입니다. 단지 왕홍(王弘), 왕담수(王曇首) 등이 폐하의 좌우에 있으면서 신 등을 제거하지 않으면 권력을 마음대로 할 수 없으므로 사특한 무리와 관계를 맺어 이러한 환란의 실마리를 이룬 것입니다"라고 말했다.[211] 이것이 가장 (정확한) 당시의 실정이었지만, 『남사』에서는 비록 몇 마디 말을 뽑아 쓰기는 했으나[212] 그(사회) 본뜻에 다른 것이 없음을 명확히 하지는 못했으니, 이는 곧 단지 간단하고 깔끔함을 구한 나머지 너무 생략해서 그 진실을 없애 버린 잘못을 면치 못한 것이다.

襲. 今去, 但云劉兗州上.' 鎭惡受命, 便晝夜兼行, 於鵲洲、尋陽、河口、巴陵守風凡四日, 十月二十二日, 至豫章口, 去江陵城二十里."

209) 宋 少帝 劉義符를 가리킨다. 그가 폐위된 뒤 營陽王이 되었다. 『南史』 卷1 「宋少帝紀上」, 30면, "夏五月乙酉, 皇太后令暴帝過惡, 廢爲營陽王. 一依漢昌邑、晉海西故事."

210) 宋 武帝 劉裕를 이른다. 『南史』 卷1 「宋武帝紀上」, 1면, "宋高祖武皇帝諱裕, 字德輿, 小字寄奴, 彭城縣綏輿里人, 姓劉氏, 漢楚元王交之二十一世孫也."

211) 『宋書』 卷44 「謝晦傳」, 1355~1358면, "晦又上表曰 : '…… 若令臣等頗欲執權, 不專爲國, 初廢營陽, 陛下在遠, 武皇之子, 尙有童幼, 擁以號令, 誰敢非之. 而泝流三千, 虛館三月, 奉迎鑾駕, 以遵下武, 血心若斯, 易爲可鑒. ……'"

212) 『南史』 卷19 「謝晦傳」, 524면, "旣而自出射堂, 集得精兵三萬人, 乃奉表, 言 '臣等若志欲專權, 不顧國典, 便當輔翼幼主, 孤背天日, 豈得沿流二千, 虛館三月, 奉迎鑾駕, 以遵下武. 故廬陵王於營陽之世, 屢彼猜嫌, 積怨犯上, 自貽非命. 不有所廢, 將何以興, 耿弇不以賊遺君父, 臣亦何負於宋室邪.' 又言 '羨之、亮無罪見誅, 王弘兄弟輕躁昧進, 王華猜忌忍害'."

서선지(徐羨之), 부량(傅亮), 사회가 무제의 고명(顧命)을 받아[213] 소제(少帝) (유)의부(劉義符)를 세웠다가, (유)의부가 덕을 잃자 (서)선지 등은 (그를) 폐립하고자 모의했는데, 여릉왕(廬陵王) (유)의진(劉義眞)이 서열상 마땅히 옹립되어야 했으나 또한 가벼이 행동하고 허물이 많아 천하를 맡길 수 없었다. 이에 먼저 (유)의진을 폐하는 상주를 올린 후, (소)제를 폐위하고서[214] 문제(文帝)를 맞아들여 제위를 잇게 했으니, 그들이 나라 일을 도모함에 있어 충성스럽지 않았던 것은 아니었다. 문제가 즉위한 그 다음 해에 (서)선지 등은 곧 표를 올려 정권을 돌려주었으니, 또한 진실로 그 권세를 오래 누리고자 하여 따로 다른 의도를 가지고 있었던 것은 아니었다. 서(선지)와 부(량)가 안에서 권세를 잡고 단(도제)(檀道濟)과 사(회)가 밖에서 방진(方鎭)을 나누어 맡아서 시일이 오래 지나면 패배시키지 못할 수도 있다고 주장한 것은 또한 왕화(王華),[215] 왕담수 등이 모함하는 말이지, 반드시 (사)회 등이 처음부터 가졌던 마음은 아니었다. 단지 (왕)화, (왕)담수 등은 문제의 가까운 신하[從龍之臣][216]로 권력을 잡아 중용되는 데에 급했으나, 서(선지)와 부(량), 사(회) 등이 앞의 황제로부터 유조를 받아 오랫동안 정권을 맡아서, 그들을 제거하지 않으면 그 자리에 대신할 수가 없었기 때문에, 이에 백방으로 모해해서[媒蘖][217] (문)제에게 차례대로 그들을 제거하도록 권한 뒤에야 그 뜻을 이룰 수 있었던 것이다. 「왕화전(王華傳)」에서 (왕)화가 (서)선지 등이 권력을 잡은 것을 보고 밤낮으로 황제에게 그들을 이간질했다는 것을 보면,[218] 이로써 세 사람의 죽음은 문제

213) 『宋書』 卷43 「徐羨之傳」, 1331면, "高祖不豫, 加班劍三十人. 宮車晏駕, 與中書令傅亮、領軍將軍謝晦、鎭北將軍檀道濟同被顧命."

214) 『宋書』 卷43 「徐羨之傳」, 1331면, "帝後失德, 羨之等將謀廢立, 而廬陵王義眞輕動多過, 不任四海, 乃先廢義眞, 然後廢帝."

215) 『宋書』 卷63 「王華傳」, 1675면, "王華字子陵, 琅邪臨沂人, 太保弘從祖弟也."

216) 從龍: 『周易』 卷1 「乾卦」 가운데 '雲從龍, 風從虎'에서 나온 말이다.

217) 媒蘖: '媒'와 '蘖'은 모두 누룩을 뜻하는 글자인데, 합쳐서 '죄를 짓도록 유도하여 함정에 빠뜨림'의 뜻이 된다.

218) 『宋書』 卷63 「王華傳」, 1677면, "爾子與華並有富貴之願, 自羨之等秉權, 日夜構之

에게 죽은 것이 아니라 (왕)화 및 (왕)담수 등에게 죽은 것이 분명함을 알 수 있는 것이다.

『송서』에서는 「(부)량전(傅亮傳)」에서 그의 「연신(演愼)」 한 편[219]을 실어 그가 소심하고 화를 두려워한 것을 보였고, 「(사)회전(謝晦傳)」에서 그가 스스로 호소하는 표 두 개를 실어 그 본뜻이 나라를 위하는 데 있었음을 보였으니, 이는 바로 사서를 짓는 사람이 마음을 쓴 것이 있는 바였지만, 그러나 『남사』에서는 그것을 모두 삭제했으니, 오로지 문자의 간결함을 추구하다가 그 일의 사실을 없애 버린 잘못을 면치 못할 것이다.

다만 (서)선지 등이 소제를 폐위하고 또 그를 시해하였으며, 아울러 (유)의진을 죽였으니, 이는 곧 권력을 너무 마음대로 한 것이고, 남의 두 형[220]을 죽이고도 그 사람을 임금으로 섬겼으니, 어찌 패하지 않을 수 있겠는가. (왕)화와 (왕)담수 등이 이간질하여 모함하는 것을 마음대로 할 수 있었던 것도 이상할 것은 없다. 곽광(霍光)은 배우지 못하고 재능이 없어도 창읍왕(昌邑王)[221]을 단지 폐위하고 그를 봉국으로 돌아가게 했는데,[222] (서)선지 등은 배우지 못하고 재능이 없는 것이 곧 곽광보다 더 심

於太祖."

219) 『宋書』 卷43 「傅亮傳」, 1338~1339면, "初, 亮見世路屯險, 著論名曰演愼, 曰 : '大道有言, 愼終如始, 則無敗事矣. …… 故語有之曰, 誠能愼之, 福之根也. 曰是何傷, 禍之門爾. 言愼而已矣'."

220) 文帝는 武帝 劉裕의 셋째 아들이다. 큰 아들은 少帝 義符이고, 둘째 아들은 廬陵王 義眞이다. 『宋書』 卷61 「武三王傳序」, 1633면, "武帝七男 : 張夫人生少帝, 孫修華生廬陵孝獻王義眞, 胡婕妤生文皇帝, 王修容生彭城王義康, 袁美人生江夏王義恭, 孫美人生南郡王義宣, 呂美人生衡陽文王義季"라 하였다.

221) 昌邑王 劉賀를 가리킨다. 武帝의 아들인 昌邑王 劉髆의 아들인데, 昭帝 사후에 후계자가 없어 霍光 등이 그를 맞아 황제로 삼았지만, 곧 폐위되었다. 『漢書』 卷8 「宣帝紀」, 238면, "元平元年四月, 昭帝崩, 毋嗣. 大將軍霍光請皇后徵昌邑王"; 『漢書』 卷68 「霍光傳」, 2937면, "元平元年, 昭帝崩, 亡嗣. …… 卽日承皇太后詔, 遣行大鴻臚事少府樂成·宗正德·光祿大夫吉·中郎將利漢迎昌邑王賀."

222) 『漢書』 卷63 「武五子」 「昌邑哀王劉髆傳」, 2769면, "其明年春, 乃下詔曰 : '蓋聞象有罪, 舜封之, 骨肉之親, 析而不殊. 其封故昌邑王賀爲海昏侯, 食邑四千戶.' 侍中衛尉金安上上書言 : '賀天之所棄, 陛下至仁, 復封爲列侯. 賀嚚頑放廢之人, 不宜得奉宗廟朝聘之禮.' 奏可. 賀就國豫章."

했다. 당시 범태(范泰)는 이미 그들이 반드시 패망할 것임을 미리 명확히 알고, "내 고금을 살펴본 것이 많은데, 돌보아 달라고 부탁하는 유언을 받고서 뒤를 이은 군주가 살해되거나, 어진 왕이 죽음에 걸려든 경우는 아직까지 없었다"라고 말했다.[223] 그러니 비록 (왕)화 등의 모함[傾陷][224]이 없었다 하더라도 역시 어찌 스스로 온전할 수 있는 도리가 있었겠는가?

143. 『남사』에서 틀린 부분 南史誤處

『남사(南史)』「송(宋) 후폐제기(後廢帝紀)」에 효무(제)(孝武帝)의 아들 스물여덟 명은 명제(明帝)가 그 중 열여섯 명을 죽였고 나머지는 모두 (후폐)제가 죽였다고 기록하였다.[225]

지금 『송서(宋書)』의 「전폐제기(前廢帝紀)」「명제기」「후폐제기」 세 본기 및 「효무제자전(孝武諸子傳)」을 살펴보면, 효무(제)의 아들 가운데 신안왕(新安王) (유)자란(劉子鸞), 남해왕(南海王) (유)자사(劉子師)는 곧 전폐제 (유)자업(劉子業)에게 살해당했다.[226] 명제가 죽인 사람은 전폐제 (유)자업, 예장왕(豫章王) (유)자상(劉子尙), 진안왕(晉安王) (유)자훈(劉子勛),[227] 안륙왕(安陸王) (유)자수(劉子綏), 임해왕(臨海王) (유)자욱(劉子頊),[228] 소릉왕(邵

---

223) 『宋書』 卷60 「范泰傳」, 1620면, "徐羨之、傅亮等與泰素不平, 及廬陵王義眞、少帝見害, 泰謂所親曰 : '吾觀古今多矣, 未有受遺顧託, 而嗣君見殺, 賢王嬰戮者也'."

224) 傾陷 : 남을 기울게 하여 빠뜨린다는 뜻으로, 모함의 의미이다.

225) 『南史』 卷3 「宋後廢帝紀」, 89면, "孝武帝二十八子, 明帝殺其十六, 餘皆帝殺之."

226) 『南史』 卷2 「宋前廢帝紀」, 69면, "辛丑, 免南徐州刺史新安王子鸞爲庶人, 賜死"; 『南史』 卷14 「南海哀王子師傳」, 416면, "南海哀王子師字孝友, 孝武第二十二子也. 大明七年封, 未拜, 爲前廢帝所害. 明帝卽位追諡."

227) 『南史』 卷14 「宋孝武帝諸子傳」, 414면, "是歲四方貢計, 並詣尋陽. 及軍敗, 子勛見殺, 時年十一."

228) 『南史』 卷14 「宋孝武帝諸子傳」, 414면, "臨海王子頊字孝烈, 孝武第七子也. …… 明帝卽位, 進督雍州, 長史孔道存不受命, 應晉安王子勛. 事敗賜死, 年十一."

陵王) (유)자원(劉子元),[229] 영가왕(永嘉王) (유)자인(劉子仁),[230] 시안왕(始安王) (유)자진(劉子眞), 회안왕(淮安王) (유)자맹(劉子孟),[231] 남평왕(南平王) (유)자산(劉子産),[232] 여릉왕(廬陵王) (유)자여(劉子輿), 송자후(松滋侯) (유)자방(劉子房),[233] 동평왕(東平王) (유)자사(劉子嗣)[234]이며, 또 (유)자추(劉子趨), (유)자기(劉子期), (유)자열(劉子悅)이 모두 아직 책봉되지 않았을 때 명제에게 살해되었다.[235] 그 나머지 진릉왕(晉陵王) (유)자운(劉子雲), 회양왕(淮陽王) (유)자소(劉子霄) 및 아직 책봉되지 않았던 (유)자심(劉子深), (유)자봉(劉子鳳), (유)자현(劉子玄), (유)자형(劉子衡), (유)자황(劉子況), (유)자문(劉子文), (유)자옹(劉子雍)은 모두 일찍 죽었다.[236] 이렇게 보면 효무(제)의 여러 아들 가운데 전폐제에게 살해된 자가 둘이고 명제에게 살해된 자가 열여섯이며, 일찍 죽은 자가 아홉이다.

『남사』「효무자전(孝武子傳)」 안에는 또한 제경왕(齊敬王) (유)자우(劉子羽)가 있는데, 역시 두 살 때 죽었다.[237] 이처럼 효무(제)의 여러 아들들은 전폐제 및 명제에게 살해된 열여덟 명을 제외하면 나머지 10명이 모두 요

---

229) 『南史』 卷14 「宋孝武帝諸子傳」, 415면, "邵陵王子元字孝善, 孝武第十三子也. 並被明帝賜死."

230) 『南史』 卷14 「宋孝武帝諸子傳」, 415면, "永嘉王子仁字孝䆳, 孝武第九子也. 大明五年, 封永嘉王. 明帝卽位, 以爲湘州刺史. 帝尋從司徒建安王休仁計, 未拜賜死, 時年十歲."

231) 『南史』 卷14 「宋孝武帝諸子傳」, 416면, "淮南王子孟字孝光, 孝武第十六子也. 初封淮南王, 明帝改封安成王, 未拜賜死."

232) [王注] '産'은 원래 '彥'으로 되어 있었으나, 西畬本에서 이미 개정하였다.

233) 『南史』 卷3 「宋明帝紀」, 79면, "冬十月乙卯, 永嘉王子仁、始安王子眞、淮南王子孟、南平王子産、廬陵王子輿、松滋侯子房並賜死."

234) 『南史』 卷14 「宋孝武帝諸子傳」, 416면, "東平王子嗣字孝叔, 孝武帝第二十七子也, 明帝賜死."

235) 『南史』 卷14 「宋孝武帝諸子傳」, 413면, "子趨、子期、子悅未封, 爲明帝所殺."

236) 『南史』 卷14 「宋孝武帝諸子傳」, 412면, "皇子子深、子鳳、子玄、子衡、子況、子文、子雍未封早夭"; 『南史』 卷14 「宋 孝武帝諸子傳」, 416면, "晉陵孝王子雲字孝擧, 孝武第十九子也. 大明六年封, 未拜而亡. …… 淮陽思王子霄字孝雲, 孝武第二十三子也. 早薨, 追加封謚."

237) 『南史』 卷14 「宋淮南王子孟傳」, 415면, "齊敬王子羽字孝英, 孝武第十四子也. 生二歲而薨, 追加封謚."

절했으니, 또한 후폐제에게 살해된 자는 없다.

「후폐제기(後廢帝紀)」 안에는 다만 계양왕(桂陽王) (유)휴범(劉休範), 건평왕(建平王) (유)경소(劉景素)가 군사를 일으켰다가 피살된 일이 있으나,[238] 그들은 효무제의 아들이 아니다.[239] 그러므로 『남사』에서 명제가 죽인 것이 열여섯이고 나머지는 모두 후폐제에게 살해되었다고 한 것은 실로 아주 그릇된 말이다. 『남사』의 각 본기와 열전을 대조해 봐도 역시 후폐제가 효무(제)의 아들을 죽인 일이 없으니, 이는 이연수(李延壽)의 잘못이다.

또한 (『남사』의) 「단소전(檀韶傳)」에서는 (단)소가 죽고 아들 (단)진(檀臻)이 원외랑(員外郎) 자리를 이었다고 했다.[240] 『송서』 「(단)소전」을 살펴보면 (단)소가 죽고 아들 (단)서(檀緖)가 뒤를 이었다고 하였다.[241] (단)진은 곧 단지(檀祗)의 아들로 「(단)지전」 안에 있다.[242] 지금 (단)진을 (단)소의 아들이라고 한 것 역시 잘못이다.

144. 『남사』에서 『제서』를 증보한 부분 南史增齊書處

『남사(南史)』는 『송서(宋書)』에서 대략 열 가운데 서넛을 삭제했는데, 『송서』에 실려 있는 장표(章表), 부격(符檄)에는 본래 쓸데없는 글들이 많

238) 『南史』 卷3 「宋後廢帝紀」, 86면, "二年夏五月壬午, 江州刺史桂陽王休範擧兵反. …… 越騎校尉張荀兒斬休範"; 『南史』 卷3 「宋後廢帝紀」, 87면, "秋七月戊子, 建平王景素據京城反. …… 乙未, 剋京城, 斬景素, 同逆皆伏誅."

239) 桂陽王 劉休範은 文帝와 荀美人 사이에서 태어난 아들이고, 劉景素는 建平王 劉宏의 아들이다; 『南史』 卷14 「宋文帝諸子傳」, 385면, "文帝十九男: …… 荀美人生桂陽王休範, ……"; 『南史』 卷14 「宋文帝諸子」 「建平宣簡王宏傳」, 400면, "子景素嗣."

240) 『南史』 卷15 「檀韶傳」, 447면, "卒. 子臻字係宗, 位員外郎, 臻子珪."

241) 『宋書』 卷45 「檀韶傳」, 1373면, "子緖嗣. 緖卒, 無子, 國除. 祗子臻. 臻卒, 子遐嗣, 齊受禪, 國除. 祗·弟道濟並別有傳."

242) 「檀祗傳」에는 아들 중에 檀臻이라는 이름은 보이지 않는다. 「檀韶傳」에 檀臻이 檀祗의 子로 기록되어 있을 뿐이다. 『宋書』 卷47 「檀祗傳」, 1417면, "子獻嗣, 元熙中卒, 無子, 祗次子朗紹封. 朗卒, 子宣明嗣. 宣明卒, 子逸嗣. 齊受禪, 國除."

았기 때문이다. 『제(서)(齊書)』에 대해서는 다만 삭제하지 않았을 뿐만 아니라 또한 크게 증보를 했다. 이제 두 책을 서로 대조해 보면, 오직 「예장왕(豫章王) (소)억전(蕭嶷傳)」[243] 및 「경릉왕(竟陵王) (소)자량전(蕭子良傳)」[244] 두 열전에 삭제한 바가 많을 뿐이고, 그밖에는 각각 증보한 바가 있으니, 일단 뽑아서 아래에 적어 본다.

「왕검전(王儉傳)」

[趙注 : 더하기를] 제(齊) 고제(高帝)가 재상이었을 때 (왕)검이 (고)제에게 잠시 틈을 내줄 것을 청하며 "공적이 높은데도 상을 내리지 않는 경우는 고래로 비일비재합니다. 공의 현재 지위로 북쪽을 바라보며 신하의 자리에 있고자 하나, 그것이 가능하겠습니까?"라고 말했다. (고)제는 정색하며 그 말을 잘랐으나 기색이 안으로는 흐뭇해했다. (왕)검이 또 '공이 만약 조금이라도 다시 물리고 머뭇거린다면, 아마 사람의 마음은 변하기가 쉬운 것이라 일곱 자(되는 몸 하나)라도 보전할 수 없을 것입니다'라고 말했다. (고)제가 웃으며 "경의 말에 이치가 없는 것은 아니다"라고 말했다. (왕)검이 곧 "마땅히 저공(褚公)이 알도록 해야 할 것입니다"라고 말하자, (고)제가 "내가 당연히 직접 가야 할 것이다"라고 답하며 곧 (저)연(褚淵)한테 가서는 실없는 말을 하며 시간을 보낸 뒤, "내 꿈을 꾸었는데, 벼슬을 얻을 것이라 한다"라고 말했다. (저)연이 "이제 벼슬을 받아 시작했을 따름이니, 아마 1~2년 동안은 바로 (자리를) 옮길 수 없을 것입니다"라고 답했다. (고)제가 돌아와 (왕)검에게 알렸다. (왕)검이 "저(연)는 아직 사리에 달통하지 못했습니다"라고 말하고, 곧 우정(虞整)에게 명하여 조칙을 짓도록 했다. 고제가 태위(太尉)가 되고 선양을 받기에 이르도록 조

243) 『南齊書』 卷22 「豫章文獻王嶷傳」, 405~419면.
244) 『南齊書』 卷40 「竟陵文宣王子良傳」, 692~701면.

책이 모두 (왕)검으로부터 나왔다.[245] 이는 바로 (왕)검이 제 고(제)에게 마음을 기울여 좌명공신이 됐음을 보여주는 부분이다.

(왕검은) 의복에 관한 제도를 다시 정하면서 『한서(漢書)』 및 「위도부(魏都賦)」를 인용해 제후국 시신[藩國侍臣]들이 담비를 착용하는 증거로 삼았다. 또 『진전(晉典)』 「권진표(勸進表)」[246]를 인용해 백료들이 제공(齊公)에게 공경을 다하게 하는 예법을 정했고, 『춘추(春秋)』에서 조(曹)나라 세자가 내조(來朝)한 것을 인용하여 제국(齊國) 세자의 예법을 정했다.[247] 선양을 받아 개원할 때 특별히 교제(郊祭)의 예를 거행해야 한다고 한 것, 입춘이 첫 번째 신(辛)일 뒤에 있어도 그대로 남교(南郊)의 예를 행해야 한다고 한 것[248] 등은 모두 인용해 근거로 삼는 데에 전고가 있었다. 이

---

245) 『南史』 卷22 「王儉傳」, 591~592면, "先是, 齊高帝爲相, …… 儉素知帝雄異, 後請間言於帝曰 : '功高不賞, 古來非一, 以公今日位地, 欲北面居人臣, 可乎?' 帝正色裁之, 而神采內和. 儉因又曰 : '儉蒙公殊眄, 所以吐所難吐, 何賜拒之深. 宋以景和、元徽之淫虐, 非公豈復寧濟; 但人情澆薄, 不能持久, 公若小復推遷, 則人望去矣, 豈唯大業永淪, 七尺豈可得保?' 帝笑曰 : '卿言不無理.' 儉又曰 : '公今名位, 故是經常宰相, 宜禮絶羣后, 微示變革. 當先令褚公知之, 儉請銜命.' 帝曰 : '我當自往.' 經少日, 帝自造彦回, 款言移晷, 乃謂曰 : '我夢應得官.' 彦回曰 : '今授始爾, 恐一二年間未容便移. 且吉夢未必便在旦夕.' 帝還告儉, 儉曰 : '褚是未達理.' 虞整時爲中書舍人, 甚閑辭翰, 儉乃自報整, 使作詔. 及高帝爲太尉, 引儉爲右長史, 尋轉左, 專見任用. 大典將行, 禮儀詔策, 皆出於儉, 褚回唯爲禪詔, 又使儉參懷定之"; [王注] 『南史』 卷22 「王儉傳」 原文은 '及高帝爲太尉, 引儉爲右長史, 尋轉左, 專見任用. 大典將行, 禮儀詔策, 皆出於儉'이라 했으니, 王儉이 詔策을 지은 바는 단지 禪讓을 하려고 할 때의 일이므로 이곳에서 인용한 바는 조금 원뜻을 잃었다.

246) 『晉書』 卷2 「太祖文帝昭本紀」, 42~43면, "司空鄭沖率羣官勸進曰 : '伏見嘉命顯至, 竊聞明公固讓, 沖等眷眷, 實有愚心. 以爲聖王作制, 百代同風, 褒德賞功, 有自來矣. …… 至公至平, 誰與爲鄰, 何必勤勤小讓也哉.' 帝乃受命."

247) 『南史』 卷22 「王儉傳」, 592면, "時朝儀草創, 衣服制則, 未有定準, 儉議曰 : '漢景六年, 梁王入朝, 中郎謁者金貂出入殿門. 左思魏都賦云 '藹藹列侍, 金貂齊光', 此藩國侍臣有貂之明文. …….' 又疑百僚敬齊公之禮, 儉又曰 : '晉王受命, 勸進云, '沖等眷眷', 稱名則應盡禮.' 而世子禮秩未定, 儉又曰 : '春秋曹世子來朝, 待以上公之禮, 下其君一等. 今齊公九命, 禮冠列蕃, 世子亦宜異數'."

248) 『南史』 卷22 「王儉傳」, 594면, "武帝卽位, …… 時有司以前代嗣位, 或仍前郊年, 或別爲郊始, 晉、宋以來, 未有畫一. 儉議曰 : '晉明帝太寧三年南郊, 其年九月崩; 成帝卽位, 明年改元, 亦郊. 簡文咸安二年南郊, 其年七月崩; 孝武卽位, 明年改元, 亦郊. 宋元嘉三十年正月南郊, 二月崩; 孝武嗣位, 明年亦郊. 此二代明例, 差可依放.

는 바로 (왕)검이 예학에 조예가 깊어 개국 문신의 으뜸이 되었음을 보여준다.

「저연전(褚淵傳)」

[趙注 : 더하기를] 어렸을 때 아버지 (저)담지(褚湛之)에게 아끼는 소가 있었는데, 소가 우물에 빠지자 (저)담지는 몸소 좌우를 거느리고 소를 구했으나 (저)연은 돌아보지도 않았다.[249]

(저)담지가 죽자 두 곳간의 보물이 (저)연의 생모 곽(郭)씨에게 있었는데, 적모(嫡母) 오(吳)씨가 그것을 요구해도 곽씨가 주지 않았으나, (저)연이 재삼 청하자 곧 그 말을 따랐다.[250]

산음공주(山陰公主)[251]는 (저)연의 용모가 아름다운 것을 보고, 폐제(廢帝)에게 청하여 그를 불러다 자신의 시중을 들도록 했지만, 온갖 압력을 받으면서도 (저)연은 끝내 마음을 움직이지 않았다[252].

당시 회북(淮北)은 이미 (북)위(北魏)에 속해 있었으므로 강남(江南)에는 전복[鰒魚]이 없어 한 매(枚)에 값이 수천 전(錢)이었는데, 어떤 이가 (저연에게) (전복) 30매를 보내자, 문생들이 그것을 팔자고 청하면서 10만 전은

……' 有司又以明年正月上辛應南郊, 而立春在上辛後, 郊在立春前爲疑. 儉曰 : '宋景平元年正月三日辛丑南郊, 其月十一日立春, 元嘉十六年正月六日辛未南郊, 其月八日立春, 此近世明例也'."

249) 『南史』 卷28 「褚彦回傳」, 748면, "湛之有一牛, 至所愛, 無故墮聽事前井, 湛之率左右躬自營救之, 郡中喧擾, 彦回下簾不視也."

250) 『南史』 卷28 「褚彦回傳」, 748~749면, "湛之卒, 彦回悉推財與弟澄, 唯取書數千卷. 湛之有兩廚寶物, 在彦回所生郭氏間, 嫡母吳郡主求之, 郭欲不與, 彦回曰 : '但令彦回在, 何患無物.' 猶不許, 彦回流涕固請, 乃從之."

251) 山陰公主(?~465) : 이름은 劉楚玉이며, 前廢帝의 누이로 尙書令 何尙之의 손자 何戢에게 시집갔다. 성적으로 방종하여 前廢帝에게 面首 서른 명을 둘 것을 청하였다. 會稽郡長公主가 되었고, 景和末 賜死되었다.

252) 『南史』 卷28 「褚彦回傳」, 749면, "景和中, 山陰公主淫恣, 窺見彦回悅之, 以白帝. 帝召彦回西上閤宿十日, 公主夜就之, 備見逼迫, 彦回整身而立, 從夕至曉, 不爲移志."

얻을 수 있다고 했으나, (저)연은 모두 친지들에게 먹도록 주어 며칠 만에 모두 없어져 버렸다.[253)]

후폐제(後廢帝) 때 원찬(袁粲)은 (저)연이 제 고제에게 사사로운 감정이 있음을 알고는 (저)연에게 "나라에서 의지하는 바는 오직 공과 유단양(劉丹陽)[254)] 및 저일 뿐입니다. 각각 스스로 힘써서 역사에 비웃음거리가 되지 않기를 바랍니다"라고 말했다. (저)연이 "제 비천한 마음을 공의 마음 속에다 부칠 수 있었으면 합니다"라고 답했으나, 결국은 정절이 굳게 지켜지지 못했다.[255)]

제 고제의 공업(功業)이 날로 무거워지자 왕검이 구석(九錫)을 더할 것을 논의했는데, 제 고제가 (저)연이 동의하지 않을 것을 염려하자 임하(任遐)가 "(저)연은 처자를 보호하고 목숨을 아끼며 뛰어난 재주가 있는 것도 아니니, 제 힘이면 그를 제지할 수 있습니다"라고 말했다. 과연 어긋남이 없었다.[256)]

「장경아전(張敬兒傳)」

[趙注 : 더하기를] (장)경아가 가난했을 때 일찍이 양양성(襄陽城) 동쪽에 있는 오태(吳泰)의 집을 위해 물 긷는 일을 책임지고 있었는데, 그 집 여종과 정

---

253) 『南史』 卷28 「褚彦回傳」, 751면, "時淮北屬, 江南無復鰒魚, 或有間關得至者, 一枚直數千錢. 人有餉彦回鰒魚三十枚, 彦回時雖貴, 而貧薄過甚, 門生有獻計賣之, 云可得十萬錢. 彦回變色曰 : '我謂此是食物, 非曰財貨, 且不知堪賣錢, 聊爾受之. 雖復儉乏, 寧可賣餉取錢也.' 悉與親游噉之, 少日便盡."

254) 丹陽尹 劉秉을 뜻한다. 『宋書』 卷89 「袁粲傳」, 2232면, "時粲與齊王、褚淵、劉秉入直, 平決萬機, 時謂之'四貴'"; 『宋書』 卷89 「袁粲傳」, 2232면, "丹陽尹劉秉, 宋代宗室, 前湘州刺史王蘊, 太后兄子, 素好武事, 並慮不見容於齊王, 皆與粲相結."

255) 『南史』 卷28 「褚彦回傳」, 751면, "及袁粲懷貳, 曰 : '褚公眼睛多白, 所謂白虹貫日, 亡宋者終此人也.' 他日, 粲謂彦回曰 : '國家所倚, 唯公與劉丹陽及粲耳, 願各自勉, 無使竹帛所笑.' 彦回曰 : '願以鄙心寄公之腹則可矣.' 然竟不能貞固."

256) 『南史』 卷28 「褚彦回傳」, 752면, "及高帝輔政, 王儉議加黃鉞, 任遐曰 : '此大事, 應報褚公.' 帝曰 : '褚脫不與, 卿將何計?' 遐曰 : '彦回保妻子, 愛性命, 非有奇才異節, 遐能制之.' 果無違異."

을 통하다가 일이 발각되자 빈 관(棺) 안으로 도망가 덮개를 덮어 화를 면했다. 나중에 삭비(鵲尾)에서 군공을 세우게 되자, 오(吳)씨 집안 재산 수천만을 몰수하고 정을 통했던 여종을 데려다 첩으로 삼았다.[257]

「왕경칙전(王敬則傳)」

[趙注 : 더하기를] (왕경칙이) 태어났을 때 어머니가 무당이었는데, (그가 앞으로) 높은 벼슬에 올라 풍악을 울릴 수 있을 것이라고 말하자, 사람들은 "당신 아들은 다른 사람을 위해 풍악을 울릴 수나 있으면 다행이다"라고 말하며 비웃었다.[258] 장성해서는 기양현(暨陽縣[259])의 관리와 다투었는데, (그들에게) "내가 만약 기양현을 얻는다면 의당 너의 등을 채찍으로 칠 것이다"라고 말했다. 관리가 그의 얼굴에 침을 뱉으며 "네가 기양현을 얻는다면 나는 응당 사도공(司徒公)이 될 것이다"라고 대꾸했다. 또 일찍이 고구려[高麗][260]에 갔다가 그 나라 여자와 사통했는데, 나중에 잡히게 되자 곧 도망쳐 돌아왔다. (왕경칙이) 뒷날 과연 기양령(暨陽令)이 되었는데, 옛날 (다투었던) 관리가 도망치자 억지로 색출해 내고는 그를 후하게 대접하면서 "나는 이미 기양(현)을 얻었는데, 너는 어느 때에 사도공이 되겠는가?"라고 말했다.[261]

---

257)『南史』卷45「張敬兒傳」, 1136면, "敬兒之爲襄陽府將也, 家貧, 每休假輒傭賃自給. 嘗爲城東吳泰家擔水, 通泰所愛婢. 事發, 將被泰殺, 逃竇棺材中, 以蓋加上, 乃免. 及在鵲尾洲, …… 至是收籍吳氏, 唯家人倮身得出, 僮役財貨直數千萬, 敬兒皆有之. 先所通婢, 卽以爲妾."

258)『南史』卷45「王敬則傳」, 1127면, "王敬則, 臨淮射陽人也. 僑居晉陵南沙縣, 母爲女巫, 常謂人云 : '敬則生時胞衣紫色, 應得鳴鼓角.' 人笑之曰 : '汝子得爲人吹角可矣'."

259) 본문은 '旣陽縣'으로 되어 있으나,『南史』卷45「王敬則傳」의 원문은 '暨陽縣'이다.

260) 원문은 '高麗'인데, 南北朝時代 史書는 高句麗를 高麗라고 표기했다.

261)『南史』卷45「王敬則傳」, 1127~1128면, "嘗與暨陽縣吏鬪, 謂曰 : '我若得暨陽縣, 當鞭汝小吏背.' 吏唾其面曰 : '汝得暨陽縣, 我亦得司徒公矣.' 屠狗商販, 偏於三吳. 使於高麗, 與其國女子私通, 因不肯還, 被收錄然後反. …… 後補暨陽令, 昔日鬪吏亡

선양이 이루어질 때 송(宋) 순제(順帝)가 궁 안으로 도망쳐 들어가자, (왕)경칙은 (제왕의) 수레를 이끌고 궁으로 들어가 (순제에게) 나오도록 타일렀다. 순제가 (왕)경칙에게 "내가 죽는 것을 보고 싶은가?"라고 묻자, (왕경칙은) "나가서 별궁에 거처할 뿐입니다. (나리 선조들이) 예전에 사마(司馬)씨 집안을 취한 것도 역시 이와 같았습니다"라고 대답했다. 순제가 눈물을 흘리며 "오로지 바라건대 어느 세상에서나 다시는 제왕(帝王)과 인연을 맺지 않았으면 한다"라고 말하니, 궁 안 사람들이 모두 통곡을 했다.[262)]

(왕)경칙은 (왕)검과 함께 개부의동삼사(開府儀同三司)에 제수되었는데, 서효사(徐孝嗣)가 (왕)검을 희롱하며 "오늘 옥 조각이 맞추어졌다[合璧]고 할 수 있겠소"라고 하자, (왕)검이 "생각지도 않게 노자(老子)가 한비(韓非)와 같은 열전에 있게 됐습니다"[263)]라고 대꾸했다. 어떤 사람이 이를 (왕)경칙에게 고하자, (왕)경칙이 흔연히 "나는 남사현(南沙縣)의 하찮은 관리였는데 드디어 왕위군(王衛軍)과 같은 날 삼공에 제수되었으니, 다시 무엇이 한이겠는가"라고 말했다.[264)]

叛, 勒令出, 遇之甚厚. 曰 : '我已得暨陽縣, 汝何時得司徒公邪?'"

262) 『南史』 卷45 「王敬則傳」, 1129면, "順帝欲避上, 不肯出宮遜位. 明日當臨軒, 順帝又逃宮內. 敬則將輿入迎帝, 啓譬令出, 引令升車. 順帝不肯卽上, 收淚謂敬則曰 : '欲見殺乎?' 敬則答曰 : '出居別宮爾, 官先取司馬家亦復如此.' 順帝泣而彈指 : '唯願後身生生世世不復天王作因緣.' 宮內盡哭, 聲徹於外."

263) 司馬遷은 道家의 老子와 法家의 韓非子를 같은 卷(『史記』 卷63 「老子韓非列傳」)에 넣었다. 이는 전혀 성질이 다른 것이 뜻하지 않게 같은 것으로 분류된 것을 말하지만, 노자의 사상과 법가의 사상이 깊은 연관성을 가지고 있다는 학설이 최근 출현하고 있다는 점에서 볼 때, 사마천의 혜안을 엿보게 하는 것이다.

264) 『南史』 卷45 「王敬則傳」, 1130면, "後與王儉俱卽本號開府儀同三司. 時徐孝嗣於崇禮門候儉, 因嘲之曰 : '今日可謂連璧.' 儉曰 : '不意老子遂與韓非同傳.' 人以告敬則, 敬則欣然曰 : '我南沙縣吏, 徼倖得細鎧左右, 逮風雲以至於此. 遂與王衛軍同日拜三公, 王敬則復何恨.' 了無恨色. 朝士以此多之."

「유세륭전(柳世隆傳)」

[趙注 : 더하기를] (유)세륭[265]은 당초 군사를 일으켜 명제(明帝)에 호응하다가 공도존(孔道存)에게 패해 도망가 숨었는데, 그 어머니와 아내는 함께 잡혀서 옥에 묶여 있었다. 이때 현상금을 걸고 (유)세륭을 급히 잡으려 하자, 어떤 사람이 (유세륭과) 용모가 비슷한 자의 목을 베어 (공)도존에게 보냈다. (공)도존이 (유세륭의) 어머니와 아내에게 이를 보이자, 어머니는 곡을 하면서도 심하게 슬퍼하지 않았으나 아내는 통곡하고 서러워하는 것이 심했으며, 남몰래 시어머니에게 "지금 슬퍼하지 않으면 다른 사람들에게 발각될까 염려됩니다"라고 말하고는, 크게 통곡을 해서 흔적을 없앴다.[266]

(유)세륭은 성품이 청렴했는데, 장서(張緖)가 "그대는 의당 깨끗한 이름을 자손에게 남겨주겠지요?"라고 물으니, (유세륭은) "몸 하나 밖에 또 다시 무엇을 바라겠습니까. 자손들이 재주가 없으면 곳간을 다투게 될 것이고, 만약 재주가 있다면 (곳간이) 경서 한 권만 같지 못하겠지요"라고 대답했다.[267]

위조정(韋祖征)은 향리에서 오래 전부터 덕이 있었기 때문에 (유)세륭

---

265) 柳世隆(442~491) : 南齊 河東郡 解縣 사람으로 字는 彦緖이다. 劉宋 泰始初 諸州가 반란을 일으켰을 때, 郡을 거점으로 起兵하여 조정편에 섰다. 누차 승진하여 江夏內史 行郢州事가 되어 沈攸之의 공격을 막아냈다. 侍中 · 尙書右僕射를 역임했고, 南齊 建元 3년(481) 南兗州刺史가 되었고 南兗州를 土斷하였다. 侍中 左光祿大夫를 역임하다가 죽었다.

266) 본문에서는 '지금 슬퍼하지 않으면 다른 사람에 발각될까 염려됩니다'라는 것만을 柳世隆 妻의 언급으로 보았는데, 『南史』에서는 그 뒷부분까지 모두 柳世隆 妻의 말로 보았으니, '크게 통곡을 하여 그 흔적을 없애야 합니다'라고 말한 것이다; 『南史』 卷38 「柳世隆傳」, 983면, "泰始初, 四方反叛, 世隆於上庸起兵以應宋明帝, 爲孔道存所敗, 衆散逃隱, 道存購之甚急. 軍人有貌相似者, 斬送之. 時世隆母郭妻閻並見縶襄陽獄, 道存以所送首示之. 母見首悲情小歇, 而妻閻號叫方甚, 竊謂郭曰 : '今見不悲, 爲人所覺, 唯當大慟以滅之.' 世隆竟以免."

267) 『南史』 卷38 「柳世隆傳」, 985면, "性淸廉, 唯盛事墳典. 張緖問曰 : '觀君擧措, 當以淸名遺子孫邪?' 答曰 : '一身之外, 亦復何須. 子孫不才, 將爲爭府; 如其才也, 不如一經'."

은 비록 신분이 높았지만 매번 그를 위해 절을 했다. 어떤 사람이 (위)조정에게 그것을 그만두게 하라고 권했으나, (위)조정이 "사마공(司馬公)은 뒷사람들의 모범이니 내 어찌 반드시 그것을 그만두게 해야 하는가"라 대답했다.[268]

「장괴전(張瓌傳)」

[趙注 : 더하기를] 안륙왕(安陸王) (소)면(蕭緬)이 옹주(雍州) 관할지역을 순행하다가 거지를 보고는 왜 생산에 종사하지 않고 구걸을 일삼느냐고 물으니, (거지가) "옛날에 장괴(張瓌) 나리[使君][269]께서 주(州)에 있을 때에는 백성들이 집집마다 서로 편안할 수 있었지만, 후임자는 가혹하기 때문에 구걸을 하기에 이르렀습니다"라고 대답했다. (장괴는) 나중에 태상경(太常卿)에 제수되었는데, 스스로 한가한 벼슬자리라 여겨 갑자기 집으로 돌아가 버렸다. 무제(武帝)가 "경들은 아직 부귀하지 않을 때에는 사람들이 (벼슬을) 주지 않는다고 말하더니, 부귀해지고 나서는 어찌 다시 내버리고 가려 하는가?"라고 말했다.[270]

---

268) 『南史』 卷38 「柳世隆傳」, 985면, "光祿大夫韋祖征州里宿德, 世隆雖已貴重, 每爲之拜. 人或勸祖征止之, 答曰 : '司馬公所爲, 後生楷法, 吾豈能止之哉'."

269) 使君 : 刺史 또는 刺史에 준하는 지위에 있는 사람을 이른다.

270) 『南史』 卷31 「張瓌傳」, 814면, "武帝卽位, 爲寧蠻校尉、雍州刺史, 加都督. 徵拜左戶尙書, 加右軍將軍. 還後, 安陸王緬臨雍州, 行部登蔓山, 有野老來乞. 緬問 : '何不事產而行乞邪?' 答曰 : '張使君臨州理物, 百姓家得相保. 後人政嚴, 故至行乞.' …… 後拜太常, 自謂閑職, 輒歸家. 武帝曰 : '卿輩未富貴, 謂人不與; 旣富貴, 那復欲委去'."

「주봉숙전(周奉叔傳)」

[趙注 : 더하기를] (주)봉숙이 왕경칙에게 나아가 쌀 2백 곡(斛)을 구했는데, (왕)경칙이 백 곡을 주자 받지 않았다. (왕)경칙은 크게 두려워하여 이에 다시 2백 곡을 보냈다. (왕)경칙에게는 기녀 한 사람이 있었는데 황제가 (주)봉숙을 시켜 그(기녀)를 구해 오도록 하자, (주)봉숙은 곧 좌우를 거느리고 칼은 모두 반쯤 뺀 채로 바로 그 집으로 들어갔다. (왕)경칙은 두려워하며 맨발로 내실로 들어갔으나 조금 뒤 모면할 수 없음을 스스로 헤아리고는 이에 나와서 (주)봉숙을 불러 "아우님은 어째서 갑자기 나를 살펴주시는가"라고 했다. (주)봉숙이 어명을 알려 기녀를 구하자 (왕경칙의) 마음이 곧 풀어졌다.271)

「왕광지전(王廣之傳)」

[趙注 : 더하기를] (왕)광지가 유면(劉勔)이 타던 말을 구하자, 황보숙(皇甫肅)이 "(왕)광지가 감히 장군님[節下]272)의 말을 빼앗으려 하니 목을 베야 마땅합니다"라고 말했다. 나중에 (왕)광지가 적을 파하고 돌아왔지만, (황보)숙을 매우 공경했다. (유)면이 죽은 뒤 (황보)숙은 도리어 (왕)광지에 의지했는데, (왕)광지는 (황보숙이) 동해태수(東海太守)가 되도록 도왔다. 그가 예전의 좋지 않은 감정을 생각하지 않음이 이와 같았다.273)

---

271)『南史』卷46「周奉叔傳」, 1158면, "奉叔善騎馬, 帝從其學騎, 尤見親寵, 得入內, 無所忌憚. 陵轢朝士, 就司空王敬則換米二百斛, 敬則以百斛與之, 不受. 敬則大懼, 乃更餉二百斛幷金鉿等物. 敬則有一內妓, 帝令奉叔求. 奉叔不通逕前, 從者執單刀皆半拔, 敬則跣走入內. 旣而自計不免, 乃出, 遙呼奉叔曰 : '弟那忽能顧?' 奉叔宣旨求妓意, 乃得釋."

272) 節下 : 장수에 대한 경칭.

273)『南史』卷46「王廣之傳」, 1159면, "王廣之字士林, 一字林之, 沛郡相人也. …… 廣之曰 : '若得將軍所乘馬, 判能制之.' 勔幢主皇甫肅謂勔曰 : '廣之敢奪節下馬, 可斬.'

「예장왕(豫章王) (소)억전(蕭嶷傳)」

『남사』에서 삭제한 것이 가장 많은데, 이 열전은 본래 너무 쓸데없이 많아 8~9천 자에 이르기 때문이다. 그러나 또 더한 것도 있었다.

그 당시 무제가 사치하여 후궁이 만여 명이라 궁 안에 다 수용할 수가 없어 폭실(暴室)[274]도 모두 가득 찼다. (소)억[275]의 후궁 또한 천여 명이었는데, 순비(荀丕)가 글을 올려 (소)억에게 간언하자 (소)억은 한참을 탄식하더니 그에 따라 조금 줄였다.[276]

또 더하기를, (소)억이 죽은 뒤 홀연히 심문계(沈文季)[277]에게 그 모습을 보이며 "나는 아직 응당 죽어야 하는 것이 아닌데, 황태자가 고약에 열한 가지 약을 더해 내가 등창이 낫지 않게 했고, 탕약 속에 또 한 가지 약을 더해 내가 설사가 그치지 않게 했다. 내 이미 선제께 알렸다"라고 말했는데, 얼마 있다가 태자가 죽었다.[278] 또 일찍이 후원(後園)에 모습을 드러내어 직병(直兵)[279]을 불렀는데, 직병에게 수판(手板)[280]이 없자 좌우에서 그

勔曰: '觀其意必能立功.' …… 肅有學術, 善擧止, 廣之亦雅相推慕. 勔亡後, 肅更依廣之, 廣之盛相賞接, 啓武帝以爲東海太守, 不念舊惡如此."

274) 暴室: 布帛을 짜거나 염색 등을 맡은 宮中의 官衙.

275) 蕭嶷(444~492): 南齊 高第의 次子로 字는 宣儼이다. 宋 太學博士로 起家했으며 沈攸之의 난이 평정되자 江州와 荊州에 잇달아 出鎭하여 선정을 베풀어 민심을 얻었다. 南齊 시기 豫章王에 봉해지고 揚州刺史·南蠻校尉·荊州刺史·湘州刺史 등을 역임하였다. 永明 연간 벼슬이 大司馬에 이르렀다.

276) 『南史』 卷42 「齊豫章文獻王嶷傳」, 1063~1064면, "是時武帝奢侈, 後宮萬餘人, 宮內不容, 太樂、景第、暴室皆滿, 猶以爲未足. 嶷後房亦千餘人. 潁川荀丕獻書於嶷, 極言其失, 嶷咨嗟良久, 爲書答之, 又爲之減遣."

277) 『南史』 卷37 「沈文季傳」, 961면, "文季字仲達, 文叔弟也. 以寬雅正直見知, 尤善塞及彈棋, 在宋封山陽縣五等伯, 位中書郎."

278) 『南史』 卷42 「齊豫章文獻王嶷傳」, 1067면, "嶷薨後, 忽見形於沈文季曰: '我未應便死, 皇太子加膏中十一種藥, 使我癰不差, 湯中復加藥一種, 使利不斷. 吾已訴先帝, 先帝許還東邸, 當判此事.' 因胸中出青紙文書示文季曰: '與卿少舊, 因卿呈上.' 俄失所在. 文季祕而不傳, 甚懼此事, 少時太子薨."

279) 直兵: 속관 명칭 중의 하나이다. 『南齊書』 卷16 「百官志」, 313면, "凡公督府置佐: 長史、司馬各一人, 諮議參軍二人. 諸曹有錄事, 功曹, 記室, 戶曹, 倉曹, 中、直兵, 外兵, 騎兵, 長流, 賊曹, 城局, 法曹, 田曹, 水曹, 鎧曹, 集曹, 右戶, 十八曹."

에게 옥으로 된 수판을 주었으며, 후원을 나간 뒤 직병이 땅에 넘어지고 말았는데, 그대로 옥판을 잃어버렸다.[281]

『제서』에는 모두 이런 내용이 없는데, 아마 자신의 아버지가 약에 중독된 것을 보이고자 하지 않았고, 또 문혜태자(文惠太子)를 위해 (사실을 기록하기를) 꺼렸기 때문일 것이다[趙注 : (소)억은 곧 소사연(蕭子顯)의 아버지이다]

「무릉왕(武陵王) (소)엽전(蕭曄傳)」

[趙注 : 더하기를] 어렸을 때 생모가 죽었는데 (소)엽은 어머니를 그리워함이 어른과 다르지 않아 고제가 명을 내려 무제와 함께 지내도록 했다. (고)제는 이때 매우 가난하여 여러 아들들이 글을 배우는 데에 종이와 붓이 없었는데, (소)엽은 일찍이 손가락으로 공중에 선을 긋다가 손바닥에 그리면서 글자를 배우게 되기에 이르렀고, 결국은 전법(篆法)에 정통하게 됐다. 바둑판이 없자 갈대를 쪼개 조각을 만들고 종횡으로 그것을 놓고는 손가락으로 짚어 가며 돌의 형세를 놓아, 결국은 명인에 이르렀다.[282]

나중에 무제를 모시고 연회에 참석했다가 취하여 땅에 엎드렸는데, 관모에 단 담비꼬리가 고기 쟁반에 닿으니, (무)제가 "담비꼬리를 더럽히는구나"라고 말했다. (소엽은) "폐하께서는 그 털은 아끼시면서 골육은 소홀

280) 手板 : 笏을 말한다.

281) 『南史』 卷42 「齊豫章文獻王嶷傳」, 1067면, "又嘗見形於後園, 乘腰輿, 指麾處分, 呼直兵, 直兵無手板, 左右授一玉手板與之, 謂曰 : '橘樹一株死, 可覓補之.' 因出後園閤, 直兵倒地, 仍失手板."

282) 高帝는 蕭道成, 武帝는 蕭賾을 지칭한다. 『南史』 卷43 「齊武陵昭王曄傳」, 1081면, "武陵昭王曄字宣昭, 高帝第五子也. 母羅氏, 從高帝在淮陰, 以罪誅. 曄年四歲, 思慕不異成人, 每慟吐血. 高帝敕武帝曰 : '三昧至性如此, 恐不濟, 汝可與共住, 每抑割之.' 三昧, 曄小字也. 故曄見愛. 高帝雖爲方伯, 而居處甚貧, 諸子學書無紙筆, 曄常以指畫空中及畫掌學字, 遂工篆法. 少時又無棊局, 乃破荻爲片, 縱橫以爲棊局, 指點行勢, 遂至名品."

히 하십니다"라고 대답했다.[283]

또 일찍이 (고)제 앞에서 경릉왕 (소)자량과 바둑을 두었는데, (소)자량이 크게 지자 예장왕 (소)억이 그에게 양보하도록 몰래 권했다. (소)엽은 "평생에 한 마디 망언도 하지 않았고, 마음을 모아 도리에 어긋남을 멀리 하였더니, 오직 후회를 알지 못하고 살았습니다"라 대답했다.[284]

「강하왕(江夏王) (소)봉전(蕭鋒傳)」

[趙注 : 더하기를] 그 어머니 장(張)씨를 송(宋) 창오왕(蒼梧王)[285]이 위협해서 빼앗아 갔고, 또 (소)봉을 해치고자 했는데, 고제가 이에 (소)봉을 장씨 시골집에 숨겼다.[286]

다섯 살에는 봉미락(鳳尾諾)[287]을 배웠는데, 한번 배우자 바로 능숙해졌다. 무제는 분봉 받은 여러 왕들이 이단적인 책[異書]을 읽을 수 없도록 금하여 오경(五經) 외에는 오로지 효자도(孝子圖)를 보는 것만 허락했는데, (소)봉은 몰래 사람을 시켜 책을 샀다.[288]

(소)봉이 거문고를 잘 타자 (무)제는 사람들 앞에 임하게 하여 시험하고

---

283) 『南史』 卷43 「齊 武陵昭王曄傳」, 1081면, "於御坐曲宴, 醉伏地, 貂抄肉柈. 帝笑曰 : '汙貂.' 對曰 : '陛下愛其羽毛, 而疎其骨肉.' 帝不悅."

284) 『南史』 卷43 「齊 武陵昭王曄傳」, 1082면, "嘗於武帝前與竟陵王子良圍棊, 子良大北. 及退, 豫章文獻王謂曄曰 : '汝與司徒手談, 故當小相推讓.' 答曰 : '曄立身以來, 未嘗一口妄語.' 執心疎婞, 偏不知悔. 好文章, 射爲當時獨絶, 琅邪王瞻亦稱善射, 而不及曄也."

285) 劉宋의 後廢帝 蒼梧王 劉昱을 가리킨다.

286) 『南史』 卷43 「齊江夏王鋒傳」, 1088면, "江夏王鋒字宣穎, 高帝第十二子也. 母張氏有容德, 宋蒼梧王逼取之, 又欲害鋒. 高帝甚懼, 不敢使居舊宅, 匿於張氏舍, 時年四歲."

287) 鳳尾諾 : 鳳의 꼬리 모양으로 서명하는 방식.

288) 『南史』 卷43 「齊江夏王鋒傳」, 1088면, "五歲, 高帝使學鳳尾諾, 一學卽工. 高帝大悅, 以玉騏驎賜之, 曰 : '騏驎賞鳳尾矣.' 至十歲, 便能屬文. 武帝時, 藩邸嚴急, 諸王不得讀異書, 五經之外, 唯得看孝子圖而已. 鋒乃密遣人於市里街巷買圖籍, 朞月之間, 殆將備矣."

자 했는데, 의도왕(宜都王) (소)갱(蕭鏗[289])이 “옛날에 추기(鄒忌)가 거문고를 연주하자 제(齊) 위왕(威王)은 국정을 맡겼습니다”[290]라고 말하니, 마침내 남서주자사(南徐州刺史)로 나아가게 되었다.[291]

(소봉은) 사람들과 사귀기를 잘했다. 막료 왕자화(王子和[292])가 익주(益州)로 부임하게 되자 (그 소식을) 알리러 와서는 눈물을 흘리며 “저는 어려서부터 시를 지어 본 적이 없습니다만, 오늘 사모하는 이와 떨어지게 되니 저도 모르게 글이 마음에서 생깁니다”라고 말했다.[293]

(소)봉은 서도에 정통했는데, 남군왕(南郡王) (소)소업(蕭昭業[294])이 무제에게 “제 글씨가 강하(왕)보다 낫습니다”라고 말하자, (무)제가 “도리(闍梨)가 첫 번째이고 법신(法身)은 두 번째이다”라고 말했다. 법신은 (소)소업의 아명이고 도리는 (소)봉의 아명이다.[295]

명제가 보정할 때 (소)봉은 두려워하여 깊이 행적을 스스로 감추었다. 강석(江祏)이 “강하왕은 재주와 올바른 행실이 있는데도 자취를 잘 숨긴다”라고 말하니, (소)봉이 이 말을 듣고 탄식하며 “강석이 결국 어지럽게

---

289)『南史』의 원문에는 이 말을 한 이가 鄱陽王 鏘으로 되어 있다.

290) 鄒忌가 琴을 연주함으로써 인재를 구하는 齊威王에게 齊의 相으로 등용되었고, 결국에는 齊를 강국으로 만들었던 고사를 이야기하는 것이다.

291)『南史』卷43「齊江夏王鋒傳」, 1088면, “好琴書, 蓋亦天性. 嘗覲武帝, 賜以寶裝琴, 仍於御前鼓之, 大見賞. 帝謂鄱陽王鏘曰:‘闍梨琴亦是柳令之流亞, 其旣事事有意, 吾欲試以臨人.’ 鏘曰:‘昔鄒忌鼓琴, 威王委以國政.’ 乃出爲南徐州刺史”;『南史』卷43「齊 鄱陽王鏘傳」, 1084면, “鄱王鏘字宣韶, 高帝第七子也.”

292)『南史』의 원문에는 ‘王子和’가 아니라, ‘王文和’라고 하였다.

293)『南史』卷43「齊江夏王鋒傳」, 1088~1089면, “善與人交, 行事王文和、別駕江祐等, 皆相友善. 後文和被徵爲益州, 置酒告別, 文和流淚曰:‘下官少來未嘗作詩, 今日違戀, 不覺文生於性’.”

294) 竟陵王 蕭子良의 아들이며 祖父인 武帝를 계승한 南齊의 3代 군주였으나 즉위 1년 만에 살해당했다.『南齊書』卷4「鬱林王本紀」, 69면, “鬱林王昭業字元尙, 文惠太子長子也. 小名法身. 世祖卽位, 封南郡王, 二千戶. …… 文惠太子薨, 立昭業爲皇太孫, 居東宮. 世祖崩, 太孫卽位.”

295)『南史』卷43「齊江夏王鋒傳」, 1089면, “工書, 爲當時蕃王所推. 南郡王昭業亦稱工, 謂武帝曰:‘臣書固應勝江夏王.’ 武帝答:‘闍梨第一, 法身第二.’ 法身昭業小名, 闍梨鋒小名也.”

눈썹을 그렸으니, 보탬이 되고자 하였으나 도리어 폐가 되었을 뿐이다. 과인은 음악과 술을 스스로 즐기고 개와 말을 좋아하였으되 어찌 평생에 또한 터럭 하나라도 되겠는가"라고 말했고, 일찍이 「수백부(修柏賦)」를 지어 속뜻을 보였다.[296)]

명제를 만났는데 이야기가 (소)요광(蕭遙光)의 재능과 능력이 (제위를) 맡을 만한가에 미치자, (소)봉이 "(소)요광이 전하에 대한 것은 전하가 고황(高皇)에 대한 것과 같으니, 종묘를 지키고 사직을 편안케 하는 데에 실로 맡길 만한 바가 있습니다"라고 했고, 명제는 낯빛이 바뀌었다.[297)]

나중에 죽임을 당하자 강효(江斅)가 그 소식을 듣고 눈물을 흘리며 "향기로운 난초라도 문가에 자라면 뽑아버리지 않을 수 없으니[芳蘭當門, 不得不鋤],[298)] 그의 「수백(修柏)」이라는 부(賦)가 바로 그것이로구나"라고 말했다.[299)]

---

296) 『南史』 卷43 「齊江夏王鋒傳」, 1089면, "及明帝知權, 蕃邸危懼, 江祏嘗謂王晏曰 : '江夏王有才行, 亦善能匿迹, 以琴道授羊景之, 景之著名, 而江夏掩能於世, 非唯七絃而已, 百氏亦復如之.' 鋒聞歎曰 : '江祏遂復爲混沌畫眉, 欲益反弊耳. 寡人聲酒是耽, 狗馬是好, 豈復一豪於平生哉.' 當時以爲話言. 常忽忽不樂, 著修栢賦以見志, 曰 : '旣殊羣而抗立, 亦含貞而挺正. 豈春日之自芳, 在霜下而爲盛. 衝風不能摧其枝, 積雪不能改其性. 雖坎壈於當年, 庶後凋之可詠'."

297) 2代 武帝의 뒤를 이어 武帝의 손자 蕭昭業과 蕭昭文이 각기 3代와 4代 황제로 즉위했으나 모두 즉위 1년 만에 단명하였다. 그 뒤를 이어 즉위한 傍系 出身의 明帝는 자신의 직계가 제위를 지킬 수 있도록 高帝와 武帝의 자손 20여 명을 살해하였다. 이를 부추긴 것이 바로 明帝의 아들 蕭遙光이었다. 『南史』 卷41 「始安王遙光傳」, 1039~1040면, "建武元年, 明帝追尊道生爲景皇, 妃江氏爲后 …… 子遙光嗣 …… 明帝輔政, 誅賞諸事, 唯與遙光共謀議, 勸明帝併殺高·武諸子弟, 見從."

298) 훌륭한 인물이라도 방해가 되는 경우에는 제거하지 않을 수 없다는 의미이다. 원 출전은 『三國志』 「蜀書」 卷42 「周群傳」, 1020~1021면, "州後部司馬蜀郡張裕亦曉占候 …… 先主常銜其不遜 …… 下獄, 將誅之. 諸葛亮表請其罪, 先主答曰 : '芳蘭生門, 不得不鉏.' 裕遂棄市."

299) 『南史』 卷43 「齊江夏王鋒傳」, 1089~1090면, "嘗見明帝, 言次及遙光才力可委之意, 鋒答曰 : '遙光之於殿下, 猶殿下之於高皇, 衛宗廟, 安社稷, 實有攸寄.' 明帝失色. …… 江斅聞其死, 流涕曰 : '芳蘭當門, 不得不鋤, 其修栢之賦乎'."

「의도왕(宜都王) (소)갱전(蕭鏗傳)」

[趙注 : 더하기를] 세 살에 어머니를 잃었는데 철이 들고서 어머니가 죽었음을 들어 알게 되자 슬퍼하며 (명복을) 빌었다. 어느 날 밤 과연 한 여인이 그 어머니라고 말하는 꿈을 꾸었다. 그래도 주위 사람들에게 꿈속에서 본 바를 말했는데, 모습과 옷차림이 모두 생전과 같아 들은 사람들이 효성에 감응한 것이라 여겼다.[300]

활을 잘 쏘았는데, 늘 감자를 백 보 밖에 꽂아 놓고 쏘면 열 번을 쏘아 열 번 모두 맞췄다.[301] 명제가 고(제)와 무(제)의 여러 아들을 죽였는데, (소)갱이 육기(陸機)가 위(魏) 무제를 애도하며 쓴 "예전에는 온 세상을 자신이 맡은 일로 삼더니, 죽어서는 곧 사랑하는 자식마저 다른 사람에게 맡기고 말았구나"라는 글귀를 읊자, 좌우가 모두 눈물을 흘렸다. 나중에 과연 여문현(呂文顯)을 보내 약을 가지고 이르도록 했는데, 바로 팔관재(八關齋) 날이었다. (소)갱이 조용히 "고제께서 옛날에 당신을 총애하고 신임하셨는데 무슨 일로 오늘과 같은 일이 행해 질 수 있단 말입니까?"라고 묻자, "어쩔 수 없는 사정에서 그렇게 되었습니다"라고 대답했다. 이에 약을 마시고 죽었다.[302]

또 죽은 뒤에 그 스승 도홍경(陶弘景)의 꿈에 나타나 "아무개 집안에 삶을 맡길 것입니다"라고 말했는데, (도)홍경이 찾아가 물어보니 과연 들어맞았으므로 이에 『몽기(夢記)』를 썼다.[303]

---

300) 『南史』 卷43 「宜都王鏗傳」, 1090면, "宜都王鏗字宣儼, 高帝第十六子也. 生三歲喪母. 及有識, 問母所在, 左右告以早亡, 便思慕蔬食自悲. 不識母, 常祈請幽冥, 求一夢見. 至六歲, 遂夢見一女人, 云是其母. 鏗悲泣向舊左右說容貌衣服事, 皆如平生, 聞者莫不歔欷."

301) 『南史』 卷43 「宜都王鏗傳」, 1091면, "彌善射, 常以堋的太闊, 曰 : '終日射侯, 何難之有.' 乃取甘蔗揷地, 百步射之, 十發十中."

302) 『南史』 卷43 「宜都王鏗傳」, 1091면, "及延興元年, 明帝誅高、武、文惠諸子, 鏗聞之, 馮左右從容雅步, 詠陸機弔魏武云 : '昔以四海爲己任, 死則以愛子託人.' 如此者三, 左右皆泣. 後果遣呂文顯賫藥往, 夜進聽事, 正逢八關齋. 鏗上高坐, 謂文顯曰 : '高皇昔寵任君, 何事乃有今日之行?' 答云 : '出不獲已.' 於是仰藥. 時年十八."

「하동왕(河東王) (소)현전(蕭鉉傳)」

【趙注 : 더하기를】 어렸을 때 고제가 일찍이 낮에 누워 머리를 동여매고 있었는데, (소)현이 고제의 배에 올라 노끈을 가지고 놀자, 고제는 그대로 노끈을 그에게 주었다. (고제가) 죽은 뒤에 (소)현은 비단 상자[304]에 노끈을 담고서 명절 때마다 열어 보며 그때마다 눈물을 흘리며 오열했다.[305]

피살될 때에는 "삶과 죽음은 운명이니, 건안왕(建安王)이 노비가 되기를 구걸한 것은 끝내 본받지 않을 것이다"라고 흔연히 말하며 곧 약을 마시고 죽었다.[306]

「경릉왕(竟陵王) (소)자량전(蕭子良傳)」

(이는) 삭제한 것이 또한 가장 많으니, 예컨대 대사(臺使)[307]를 보내 조세를 감독하는 것에 대해 간언하는 상소 하나,[308] 황폐한 밭을 개간하기를 청하는 상소 하나,[309] 조세로 바치는 베를 돈으로 내는 것에 관해 간언하는 상소 하나,[310] 꿩 사냥에 대해 간언하는 상소 두 편[311] 등 모두

---

303) 『南史』 卷43 「宜都王鏗傳」, 1091면, "後弘景隱山, 忽夢鏗來, 慘然言別, 云 : '某日命過. 身無罪, 後三年當生某家.' 弘景訪以幽中事, 多祕不出. 覺後, 卽遣信出都參訪, 果與事符同, 弘景因著夢記云."

304) 본문은 '錦函'이나, 『南史』 卷43 「河東王鉉傳」, 1092면에는 '寶函'으로 되어 있다.

305) 『南史』 卷43 「河東王鉉傳」, 1092면, "初鉉年三四歲, 高帝嘗晝臥纚髮, 鉉上高帝腹上弄繩, 高帝因以繩賜鉉. 及崩後, 鉉以寶函盛繩, 歲時輒開視, 流涕嗚咽. 人才甚凡, 而有此一至."

306) 『南史』 卷43 「河東王鉉傳」, 1092면, "永泰元年, 明帝疾暴甚, 乃見害. 聞收至, 欣然曰 : '死生命也, 終不斅建安乞爲奴而不得.' 仰藥而卒. 鉉二子在孩抱, 亦見殺."

307) 臺使 : 六朝 때에는 조정의 使者를 가리키고, 唐代에는 監察御史 내에 있는 비공식적인 관직을 지칭하였다.

308) 『南齊書』 卷40 「竟陵王子良傳」, 692~693면.

309) 『南齊書』 卷40 「竟陵王子良傳」, 694~696면.

310) 『南齊書』 卷40 「竟陵王子良傳」, 696~697면.

3~4천 자나 된다. 그러나 또한 더한 것도 있다.

소자량이 어렸을 때 (무)제가 감현령(贛縣令)이었는데 그 어머니 배후(裴后)가 일찍이 무제로부터 노여움을 받아서 친정으로 돌아가게 되었다. (배후가) 길을 떠난 뒤 (소)자량이 즐거워하지 않자, 무제가 "어째서 책을 읽지 않느냐?"라고 말하니, (소)자량이 "어머니가 지금 어디 있습니까, 책을 읽는 것이 무슨 소용입니까!"라고 말했다. 무제는 이에 배후를 불러 돌아오도록 했다.[312]

(소)자량이 죽은 뒤 원단(袁象)이 육혜효(陸彗曉)에게 "제나라의 미약함이 이미 여러 해 되었습니다. 발톱이나 엄니[瓜牙],[313] 기둥이나 주춧돌 같은 신하들은 모두 없어지고 남은 것은 단지 풍류명사일 따름이니, 만약 나이 든 임금을 세우지 않는다면 세상을 다스릴 수 없을 것입니다. 왕융(王融)이 (소)자량을 세우고자 한 것은 실로 사직을 안전하게 하려는 것이었으나, 한스럽게도 일을 결단하지 못한 채 피살되고 말았습니다. 지금 백성들이 바야흐로 도탄에 빠져 있으니, 바로 귀를 기울여 들어야 할 것입니다"라고 말했다.[314]

---

311) 『南齊書』 卷40 「竟陵王子良傳」, 698~699면.

312) 『南史』 卷44 「竟陵王子良傳」, 1101면, "竟陵文宣王子良字雲英, 武帝第二子也. 幼聰敏. 武帝爲贛縣時, 與裴后不諧, 遣人船送后還都, 已登路, 子良時年小, 在庭前不悅. 帝謂曰: '汝何不讀書?' 子良曰: '孃今何處? 何用讀書.' 帝異之, 卽召后還縣."

313) 爪牙: 손톱과 엄니. 자기를 수호하고 보좌하는 사람을 뜻함.

314) 『南史』 卷44 「竟陵王子良傳」, 1105면, "子良旣亡, 故人皆來奔赴, 陸惠曉於邸門逢袁彖, 問之曰: '近者云云, 定復何謂? 王融見殺, 而魏準破膽. 道路籍籍, 又云竟陵不永天年, 有之乎?' 答曰: '齊氏微弱, 已數年矣, 爪牙柱石之臣都盡, 命之所餘, 政風流名士耳. 若不立長君, 無以鎭安四海. 王融雖爲身計, 實安社稷, 恨其不能斷事, 以至於此. 道路之談, 自爲虛說耳, 蒼生方塗炭矣, 政當瀝耳聽之'."

「어복후(魚復侯) (소)자향전(蕭子響傳)」

[趙注 : 더하기를] (소)자향이 동만(董蠻)을 속료로 삼았는데, 무제가 그 소식을 듣고는 "사람이 '만(蠻)'을 이름으로 삼으면 어찌 마음이 편안할 수 있겠는가"라고 말했다. 이에 이름을 중서(仲舒)라 고쳤다. (소자향이) "오늘날의 중서가 예전의 중서와 어떠한가?"라고 물었다. (동만이) "옛날의 동중서(董仲舒)는 보통 집안에서 나왔지만 지금 동중서는 황제로부터 내려왔으니, 마땅히 그를 능가합니다"라고 대답했다.315)

「진안왕(晉安王) (소)자무전(蕭子懋傳)」

[趙注 : 더하기를] 어렸을 때 어머니 완숙원(阮淑媛)이 일찍이 병이 위독하게 되자 승려에게 기도해 줄 것을 청했다. 연꽃을 바치며 부처에게 공양하는 사람이 있었는데, (소)자무가 부처에게 예를 올리며 "만약 엄마 병이 낫게 된다면 원컨대 부처님께서 이 꽃이 시들지 않게 하시길 바랍니다"라고 말했다. 7일간의 재계가 끝난 뒤 꽃이 더욱 곱고 아름다워졌으니, 당시 세간에서는 그 효성에 감화된 것이라고 칭송했다.316)

(소)자무가 해를 입을 때, 참군(參軍) 주영(周英), 방각(防閣) 육초지(陸超之), 동승혜(董僧慧)는 모두 절개를 지키며 대항하여 굽히지 않았다. 왕현

---

315) 『南史』 卷44 「魚復侯子響傳」, 1108면, "永明六年, 有司奏子響宜還本, 乃封巴東郡王. 七年, 爲都督、荊州刺史. 直閤將軍董蠻粗有氣力, 子響要與同行. 蠻曰: '殿下癲如雷, 敢相隨邪?' 子響笑曰: '君敢出此語, 亦復奇癲.' 上聞而不悅, 曰: '人名蠻, 復何容得蘊藉.' 乃改名爲仲舒. 謂曰: '今日仲舒, 何如昔日仲舒?' 答曰: '昔日仲舒, 出自私庭, 今日仲舒, 降自天帝, 以此言之, 勝昔遠矣.' 上稱善."

316) 『南史』 卷44 「晉安王子懋傳」, 1110면, "晉安王子懋字雲昌, 武帝第七子也. …… 年七歲時, 母阮淑媛嘗病危篤, 請僧行道. 有獻蓮華供佛者, 衆僧以銅罌盛水漬其莖, 欲華不萎. 子懋流涕禮佛曰: '若使阿姨因此和勝, 願諸佛令華竟齋不萎.' 七日齋畢, 華更鮮紅, 視罌中稍有根鬚, 當世稱其孝感."

막(王玄邈)이 (동)승혜를 붙잡았는데, (동)승혜가 "진안(왕)께서 일을 일으켜 저는 실로 함께 도모했으며, 이제 주인을 위해서 죽을 수 있으니 한스럽지 않습니다. 원컨대 주인의 대렴(大斂)이 끝나고 나서 물러나와 죽기를 바랍니다"라고 말했다. (왕)현막은 그것을 허락하고 돌아와 명제(明帝)에게 모두 아뢰고서 (그를) 동야(東冶)에 잡아 누었다. (소)자무의 아들 (소)소기(蕭昭基)는 그때 아홉 살이었는데, 사방 한 촌의 비단으로 편지를 만들어 소식을 탐문하자, (동)승혜는 편지을 보고서 "이는 도련님의 편지이구나"라고 말하고는 비통해 하며 죽었다.[317]

육초지는 (소)자무의 죽음을 보고는, 어떤 이가 그에게 도망갈 것을 권했지만, "사람은 모두 죽는데 어찌 두려워하겠는가. 내가 만약 도망간다면 단지 진안(왕)의 은혜를 저버리는 것일 뿐만 아니라, 또한 전횡(田横)의 식객[318]들에게 비웃음을 당할까 염려스럽다"라고 대답했다. (육초지의) 문생 가운데 성이 주(周)씨인 자가 있어 (육)초지를 죽이면 상을 받을 수 있다고 여겨, (육)초지가 앉아 있는 틈을 엿보아 뒤에서 그의 목을 베었다. (육초지의) 시신을 염할 때 주씨 또한 관을 드는 것을 도왔는데, (관이) 떨어져 그 머리를 눌러서 목이 부러져 죽었으니, 이 말을 들은 사람들은 하늘의 도리라고 생각했다.[319]

---

317) 이 내용은 『南史』 卷44 「晉安王子懋傳」에 부기된 「董僧慧傳」에 수록되어 있다. 『南史』 卷44 「董僧慧傳」, 1112면, "董僧慧, 丹陽姑孰人, 出自寒微而慷慨有節義. …… 玄邈知其豫子懋之謀, 執之. 僧慧曰 : '晉安擧義兵, 僕實豫議. 古人云 '非死之難, 得死之難.' 僕得爲主人死, 不恨矣. 願至主人大斂畢, 退就湯鑊, 雖死猶生.' 玄邈義而許之. 還具白明帝, 乃配東冶. 言及九江時事, 輒悲不自勝. 子懋子昭基, 九歲, 以方二寸絹爲書, 參其消息, 并遺錢五百, 以金假人, 崎嶇得至. 僧慧覩書, 對錢曰 : '此郎君書也.' 悲慟而卒."

318) 田横客이란 충효를 다해 죽음으로써 은혜에 보답하는 義士를 비유하는 말. 이 유래는 다음과 같다. 秦末 齊의 귀족인 田横이 자립하여 齊王이 되었다. 漢이 서자, 田横은 부하 500명을 이끌고 海島로 도망갔다. 漢高祖가 그를 불렀지만, 田横은 신하로 복종하기를 거부하고서 도중에 자결하였으며, 그 부하들이 그것을 듣고서 海島에서 모두 자결하였다(『史記』 卷94 「田儋傳」, 2648~2649면).

319) 『南史』 卷44 「陸超之傳」, 1112면, "陸超之, 吳人, …… 子懋既敗, 于琳之勸其逃亡. 答曰 : '人皆有死, 此不足懼. 吾若逃亡, 非唯孤晉安之眷, 亦恐田横客笑人.' 玄邈等以其義, 欲囚將還都, 而超之亦端坐待命. 超之門生姓周者, 謂殺超之當得賞, 乃伺超

「건안왕(建安王) (소)자진전(蕭子眞傳)」

[趙注 : 더하기를] 명제(明帝)는 배숙업(裴叔業)을 시켜 전첨(典籤) 가령손(柯令孫)을 따라서 그(소자진)를 죽이게 했는데, (소)자진은 달아나 침상 아래로 들어가서 머리를 조아리며 노비가 될 것을 구걸하였으나 허락받지 못하고 드디어 해를 입게 되었다.320)

「남해왕(南海王) (소)자한전(蕭子罕傳)」

[趙注 : 더하기를] 어머니 악용화(樂容華)321)가 병들어 누워 있을 때 (소)자한이 밤낮으로 기도를 했는데, 대나무로 등을 만들어 밤을 이어 밝혔다. 이렇게 하룻밤을 이어 하자 대나무에 가지와 잎이 무성해졌고, 어머니의 병 또한 나았다.322)

「파릉왕(巴陵王) (소)자륜전(蕭子倫傳)」

[趙注 : 더하기를] 명제가 여법량(茹法亮)을 보내 소자륜323)을 죽이도록 했는

之坐, 自後斬之, 頭墜而身不僵. 玄邈嘉其節, 厚爲殯斂. 周又助擧棺, 未出戶, 棺墜, 政壓其頭折頸卽死. 聞之者莫不以爲有天道焉."

320) 『南史』 卷44 「建安王子眞傳」, 1113면, "延興元年, 明帝遣裴叔業就典籤柯令孫殺之, 子眞走入牀下, 令孫手牽出之, 叩頭乞爲奴贖死, 不從, 見害, 年十九."

321) **[王注]** '華'字는 원래의 刻本에는 빠져 있었으나, 西畲本에서 이미 교감하여 보충하였다.

322) 『南史』 卷44 「南海王子罕傳」, 1114면, "母嘗寢疾, 子罕晝夜祈禱. 于時以竹爲燈纘照夜, 此纘宿昔枝葉大茂, 母病亦愈, 咸以爲孝感所致."

323) 蕭子倫(479~494) : 南齊 武帝의 13子로 字는 雲宗이다. 宋末 會稽太守가 되었고 齊初 丹陽尹이 되었다. 武帝가 즉위한 후 竟陵王에 봉해졌고, 南徐·南兗二州刺史를 역임하였으며, 護軍 兼 司徒가 되었다. 范雲·王融·沈約 등 여덟 명과 함께 文學으

데, (소)자륜은 낭야(琅琊)에 주둔하며 수비병을 거느리고 있었기 때문에 저항을 받을까 염려되어 전첨 회백무(華伯茂[324])에게 자문했다. (화)백무가 "만약 군사를 보내 그를 잡으려 한다면 바로 처리할 수 없을 것입니다. 만약 저에게 맡겨 주신다면 작은 관리 한사람의 힘이 들 뿐입니다"라고 답했다. (여)법량이 이에 (화)백무를 시켜 독주로 (소자륜을) 위협하였다. (소)자륜은 (여)법량에게 "그대는 내 집안의 옛 사람인데, 지금 이 명령을 받고 (여기에) 온 것은 마땅히 일이 어쩔 수 없었기 때문일 것이니, 이 술은 (주고 받는) 대작을 권하는 잔이 아니다"라고 말하고는 이어 그것을 마시고 죽었다.[325)]

그 아래에서는 이어서 전첨의 권세가 무거웠던 사실을 차례로 서술하면서 "명제가 여러 왕들을 죽인 것은 모두 전첨이 죽인 것인데, 한 사람도 저항한 자가 없었다. 공규(孔珪)가 그것을 듣고는 '만약 첨수(籤帥)를 두지 않았으면 마땅히 이 지경에까지 이르지 않았을 것이다'라고 말했다"라고 했다[趙注 : 관련된 일은 「전첨」에 관한 항목 안에 보인다].[326)]

로 교류하여 '八友'라 칭하였다. 鬱林王이 즉위한 후 太傅가 되었다가 곧 죽었다. 『皇覽』에 의거하여 『四部要略』 1000卷을 지었으며, 『淨住子』 등 數十卷의 저서가 있다.

324) **[王注]** '華'는 본래의 刻本에는 '裴'로 되어 있었으나, 西畬本에서 이미 개정하였다. 裴伯茂는 北魏 사람이며, 『魏書』 卷85 「文苑傳」에 보인다.

325) 『南史』 卷44 「巴陵王子倫傳」, 1115면, "延興元年, 明帝遣中書舍人茹法亮殺子倫, 子倫時鎮琅邪城, 有守兵, 子倫英果, 明帝恐不卽罪, 以問典籤華伯茂. 伯茂曰 : '公若遣兵取之, 恐不卽可辦, 若委伯茂, 一小吏力耳.' 旣而伯茂手自執鴆逼之, 左右莫敢動者. 子倫正衣冠, 出受詔, 謂法亮曰 : '積不善之家, 必有餘殃. 昔高皇帝殘滅劉氏; 今日之事, 理數固然.' 擧酒謂法亮曰 : '君是身家舊人, 今銜此命, 當由事不獲已. 此酒差非勸酬之爵.' 因仰之而死, 時年十六, 法亮及左右皆流涕."

326) 『南史』 卷44 「巴陵王子倫傳」, 1116면, "及明帝誅異己者, 諸王見害, 悉典籤所殺, 竟無一人相抗. 孔珪聞之流涕曰 : '齊之衡陽、江夏最有意, 而復害之. 若不立籤帥, 故當不至於此'."

145. 『남사』와 『제서』가 서로 다른 내용南史與齊書互異處

『(남)제서(齊書)』「장경아전(張敬兒傳)」에서, (장)경아는 지방 수령이 된 뒤 만족함을 알았으니, 처음으로 행차에 풍악을 울릴 수 있게 되자 부끄러워하면서 곧 그것을 연주했다고 기록되었다.[327] 이는 (장)경아가 본디 큰 뜻이 없었다는 것이다.

『남사(南史)』에서는 (다음과 같이) 서술하였다. 그가 형주(荊州)를 정벌할 때 매번 여러 장수들을 볼 때마다 곧 스스로 말하길, '아직 귀하게 되지 않았을 때 마을 가운데 사(社)의 나무가 갑자기 수십 장(丈)으로 높아지는 꿈을 꾸었고, 옹주(雍州)에 있을 때 또한 이 나무의 높이가 하늘에 닿는 꿈을 꾸었다'고 하면서 이에 부곡(部曲)을 끌어들였다. 또한 노래를 만들어 마을 아이들을 시켜 "천자는 어디에 있나, 집이 적곡(赤谷) 입구에 있네. 천자는 누구인가, 돼지[豬]가 아니면 곧 개[狗]라네"라고 부르게 했다. (장)경아의 본명이 구아(苟兒)이고 집은 적곡에 있었다. (또한) (장)경아가 어려서 무예를 익혀 이미 건강(建康) 일대에서 돌아다니고 있었는데 더욱 뜻을 얻지 못했다고 일렀다.[328] 이는 (장)경아가 모반할 뜻을 가졌음을 분명히 말하는 것으로, 『제서』의 그의 열전과는 같지 않다. 대개 이연수(李延壽)는 신기한 말을 취해 사서에 넣기를 좋아했는데, 촌사(村社)의 나무와 동요에 관한 내용을 이미 채록한 뒤에 열전에서 또 '그(장경아)의 뜻이 만족함을 아는 데[知足]에 있었다'고 말할 수는 없었던 것이다.

327) 『南齊書』 卷25 「張敬兒傳」, 474면, "敬兒始不識書, 晩旣爲方伯, 乃習學讀孝經、論語. 於新林慈姥廟爲妾乞兒呪神, 自稱三公. 然而意知滿足, 初得鼓吹, 羞便奏之."

328) 『南史』 卷45 「張敬兒傳」, 1138~1139면, "性好卜術, 信夢尤甚, 初征荊州, 每見諸將帥, 不遑有餘計, 唯敍夢云 : '未貴時, 夢居村中, 社樹欻高數十丈. 及在雍州, 又夢社樹直上至天.' 以此誘說部曲, 自云貴不可言. 由是不自測量, 無知. 又使於鄕里爲謠言, 使小兒輩歌曰 : '天子在何處? 宅在赤谷口, 天子是阿誰? 非豬如是狗.' 敬兒家在冠軍, 宅前有地名赤谷. …… 始其母於田中臥, 夢犬子有角舐之, 已而有娠而生敬兒, 故初名苟兒. 又生一子, 因苟兒之名復名豬兒. 宋明帝嫌苟兒名鄙, 改爲敬兒, 故豬兒亦改爲恭兒, 位正員郎, 謝病歸本縣, 常居上保村, 不肯出仕, 與居人不異."

『(남)제서』「주봉숙전(周奉叔傳)」은, 울림왕(鬱林王)이 재상[宰輔]을 주살하고자 했는데[趙注 : 이때 명제(明帝) (소)란(蕭鸞)이 마침 보정하고 있었다], 이에 (주)봉숙을 내보내어 도독청·기이주군사(都督青冀二州軍事)로 삼아 외부 지원세력으로 삼았다고 썼다.[329)]

『남사』는, 명제가 보정하면서 소심(蕭諶)[330)]을 시켜 황제를 설득해서 (주)봉숙을 내보내 외부의 지원세력으로 삼도록 했고, 또 (주)봉숙에게 큰 지방관[方岳]의 역할의 무거움을 설득하니 (주)봉숙이 이를 허락했다고 적었다.[331)] 이는 (주)봉숙이 (지방관으로) 나간 것이 곧 명제의 뜻이고 울림(왕)의 뜻이 아니었다는 것이다. 살펴보건대 (주)봉숙은 힘을 쓰는 것이 남보다 뛰어났으니, 울림(왕)이 재상을 주살하고자 하여 바야흐로 그에게 의지해 도움으로 삼았다면, 어찌 기꺼이 그를 외직으로 내보냈겠는가? 이는 마땅히 명제가 폐립을 도모하면서 그(주봉숙)가 황제 곁에 있어 방해가 될 것을 염려하여 황제를 설득해 그를 내보낸 것이니, 이것은 곧 『남사』가 올바름을 얻은 것이 된다.

『(남)제서』「경릉왕(竟陵王) (소)자량전(蕭子良傳)」을 보면, (소)자량이 송(宋)나라 때 소릉왕(邵陵王)의 우(友)가 되었는데, 왕의 이름이 우(友)였으므로 곧 이 관직을 없애고 (소)자량을 안남장사(安南長史)로 옮겼다. 『남사』에서는 송나라의 도가 쇠약해지고 여러 왕들이 미약했으므로 이 관직을 폐하지 않았다고 했으니, 두 열전이 아주 다르다.[332)]

---

329) 『南齊書』 卷29 「周奉叔傳」, 546면, "隆昌元年, 除黃門郎, 未拜, 仍出爲持節, 都督青冀二州軍事, 冠軍將軍, 青州刺史. 時帝謀誅宰輔, 故出奉叔爲外援, 除(曹)道剛中軍司馬, 青冀二州中正, 本官如故."

330) 『南齊書』 卷42 「蕭諶傳」, 745면, "蕭諶字彦孚, 南蘭陵蘭陵人也. 祖道清, 員外郎. 父仙伯, 桂陽國參軍."

331) 『南史』 卷46 「周奉叔傳」, 1159면, "又求黃門郎, 明帝作輔, 固執不能得, 乃令蕭諶、蕭坦之說帝出奉叔爲外鎭, 樹腹心. 又說奉叔以方伯之重, 奉叔納其言. 隆昌元年, 出爲青、冀二州刺史."

332) **[王注]** 살펴보면 『齊書』의 '尋廢此官'은 응당 『南史』를 따라 '不廢此官'이라 써야 하니, 百衲本 影印 宋蜀 大字本 『南齊書』에서는 곧 '不'이라고 하였으며, '尋'字는 後人이 잘못 고친 것에서 나온 것이다; 그런데, 지금의 中華書局本에는 모두 '不廢此

『(남)제서』「소소주전(蕭昭胄傳)」을 보면, 동혼후(東昏侯)가 무도하자 (소)소주는 소인(蕭寅), 호송(胡松) 등과 더불어 모의하여 동혼(후)이 출행한 틈을 타서, 성을 닫고 그가 들어오는 것을 막으려고 했다. 마침 동혼(후)은 새로 방락원(芳樂苑)을 짓고 한 달 남짓 나오지 않았으므로 일이 누설되어 실패했다고 했다.[333] 『남사』에서는 주광상(朱光尙)이 귀신을 섬기는 도에 의탁하여 동혼(후)에게 신임을 받았는데, (주)광상이 (소)소주 등의 모의를 알고서, 장왕(蔣王)[334]의 말씀이라고 가탁하여 '파릉왕(巴陵王)이 밖에서 반역하고자 한다'라고 말했으므로 동혼(후)이 감히 나오지 않았고, 40여 일이 지나 일이 실패하여 형벌에 따라 죽었다고 적었다.[335]

『(남)제서』「어복후(魚復侯) (소)자향전(蕭子響傳)」을 보면, (소)자향이 대사(臺使) 윤략(尹略)[336] 등을 살해하자, 무제(武帝)가 소순지(蕭順之)를 파견

官'으로 보고 있으니, 두 열전이 다를 바가 없으며, '이 관직을 없애지 않고'로 해석해야 한다. 『南齊書』 卷40 「竟陵文宣王子良傳」, 692면, "竟陵文宣王子良字雲英, 世祖第二子也. …… 仍爲宋邵陵王左軍行參軍, 轉主簿, 安南記室參軍, 邵陵王友, 王名友, 不廢此官. 遷安南長史"; 『南史』 卷44 「齊 竟陵文宣王子良傳」, 1101면, "仕宋爲邵陵王友. 時宋道衰謝, 諸王微弱, 故不廢此官."

333) 『南齊書』 卷40 「蕭昭胄傳」, 702~703면, "及陳顯達起事, 王侯復入宮. 昭胄懲往時之懼, 與弟永新侯昭穎逃奔江西, 變形爲道人. 崔慧景擧兵, 昭胄兄弟出投之. 慧景事敗, 昭胄兄弟首出投臺軍主胡松, 各以王侯還第. 不自安, 謀爲身計. 子良故防閤桑偃爲梅蟲兒軍副, 結前巴西太守蕭寅, 謀立昭胄. 昭胄許事克用寅爲尙書左僕射、護軍將軍. 以寅有部曲, 大事皆委之. 時胡松領軍在新亭, 寅遣人說之, 云 '須昏人出, 寅等便率兵奉昭胄入臺, 閉城號令. 昏人必還就將軍, 將軍但閉壘不應, 則三公不足得也.' 松又許諾. 會東昏新起芳樂苑, 月許日不復出遊, 偃等議募健兒百餘人從萬春門入突取之, 昭胄以爲不可. 偃同黨王山沙慮事久無成, 以事告御刀徐僧重."

334) 蔣王 : 蔣子文을 지칭하며, 도교의 신이다. 蔣子文은 後漢末 秣陵尉였는데, 盜賊을 추적하다 죽었다. 그 후 鍾山(지금의 江蘇省 南京 교외)의 토지신이 되었다. 吳의 孫權이 蔣子文의 廟를 세우고 제사지냈으며, 蔣侯로 봉했다. 劉宋 때 鍾山王 등의 封號가 가해지고, 南齊시대 靈帝로 봉해졌다.

335) 『南史』 卷44 「齊蕭昭胄傳」, 1106면, "蕭寅左右華永達知其謀, 以告御刀朱光尙. 光尙挾左道以惑東昏, 因謂東昏曰 : '昨見蔣王, 云巴陵王在外結黨欲反, 須官出行, 仍從萬春門入, 事不可量.' 時東昏日游走, 聞此說大懼, 不復出四十餘日. 偃等議募健兒百餘人, 從萬春門入, 突取之. 昭胄以爲不可. 偃同黨王山沙慮事久無成, 以事告御刀徐僧重, 寅遣人殺山沙於路. …… 昭胄兄弟與同黨皆伏誅."

336) 『南齊書』 卷30 「尹略傳」, 559면, "淮南人尹略, 少伏事太祖, 晩習騎射, 以便捷見使爲將."

하여 군사를 이끌고 가게 했는데, (소)자향의 부하들이 달아나 흩어져 버려 (소)자향은 곧 항복하였으니 사사되었다고 했다.[337] 『남사』에서는 (소)순지가 배를 출발시키려고 할 때, 문혜태자(文惠太子)가 평소 (소)자향을 꺼려했으므로, (소)순지에게 부탁하여 속히 그 곳으로 가서 (소자향이) 살아 돌아오지 못하도록 부탁하니, (소)순지는 이에 (소)자향을 목 졸라 죽였다고 했다.[338] 이는 (소)자향의 죽음이 문혜(태자)의 뜻에서 나왔다는 것으로 자연히 이것이 진실인데, 『(남)제서』에서는 아마 문혜(태자)를 위해 쓰기를 꺼렸을 것이며, 게다가 (소)순지는 곧 양(梁) 무제의 부친이므로 아울러 (소)순지를 위해서도 꺼렸던 것이다.

146. 『남사』에서 『양서』에 보태거나 삭제한 내용南史增刪梁書處

『남사(南史)』에는 『양서(梁書)』에 보탠 사적이 가장 많다. 이연수(李延壽)는 전문적으로 널리 자료를 캐내는 데에서 장점을 보였는데, 정사에 있는 글은 반드시 깎아서 정리하고 사적은 반드시 잘못을 바로잡아 간결하고 깔끔하게 했다. 그러나 정사에 없는 여러 자잘한 말이나 사실, 신기하고 사람들이 좋아할 만한 사적은 보충하여 싣지 않은 것이 없었다.

그런데 『양서』는 본래 옛 『국사』의 기록을 바탕으로 하여 관계가 있는(중요한) 내용이면 쓰고 관계가 없으면(중요하지 않으면) 쓰지 않았는데, 중요한 것도 그 가운데에는 꺼리는 바가 없지 않았으며, 또한 감추어 쓰지 않았으므로 문장을 쓴 것이 가장 간략하게 되었으니, 결국 『남사』에서 보

---

337) 『南齊書』 卷40 「魚復侯子響傳」, 705~706면, "明日, 凶黨與臺軍戰, 子響於堤上放弩, 亡命王充天等蒙楯陵城, 臺軍大敗, 尹略死之, 官軍引退. 上又遣丹陽尹蕭順之領兵繼至, 子響部下恐懼, 各逃散, 子響乃白服降, 賜死. 時年二十二."

338) 『南史』 卷44 「齊魚復侯子響傳」, 1109면, "初, 順之將發, 文惠太子素忌子響, 密遣不許還, 令便爲之所. 子響及見順之, 欲自申明, 順之不許, 於射堂縊之."

탠 것이 많다고 느끼게 되는 것이다. 이제 대략 그 보태고 깎아버린 내용을 들어 두 가지를 서로 비교해 보면, 두 책의 대강을 볼 수 있을 것이다.

147. 『남사』에서 『양서』를 삭제한 부분南史刪梁書處

「양(梁) 무제(武帝)본기」를 보면, 제(齊) 동혼(후)(東昏侯)이 무도하자 (무)제[339]가 옹주(雍州)에 있으면서 장홍책(張弘策)[340]을 시켜 (자신의) 큰 형인 행영주사(行郢州事) (소)의(蕭懿)[341]에게 계획을 아뢰도록 해서, 함께 기병하여 어지러움을 평정할 것을 모의했다고 한다.[342] 『양서(梁書)』에서는 그 말을 매우 상세하게 싣고 있는데, 『남사(南史)』에서는 다만 (장)홍책을 시켜 (소)의에게 계획을 아뢰도록 했고 그 말은 「소의전(蕭懿傳)」에 있다고만 기록했다.[343] 아마도 『양서』는 「(소)의전」을 따로 만들지 않았기에 이것

339) 梁武帝(464~549, 재위 502~549) : 南蘭陵郡(지금의 江蘇省 武進縣 서북) 사람으로 字는 叔達, 小字는 練兒이다. 南齊 高帝의 族姪이다. 南齊 巴陵王南中郎法曹行參軍으로 起家하였고, 竟陵王 蕭子良의 八友 중의 한 사람이었다. 明帝 建武 연간 雍州刺史가 되어 襄陽에 주둔하였다. 東昏侯 永元 3년(501) 起兵하여 南康王 蕭寶融을 皇帝로 옹립하고 建康을 점령하였다. 다음 해 자립하여 帝位에 올랐으며, 國號를 梁, 年號를 天監이라 했다. 國學을 세우고 五館을 두었으며, 佛教에 독실하여 세 차례 同泰寺로 捨身하였다. 太淸 2년(548) 東魏의 降將 侯景이 반란을 일으켜 다음 해 3월 臺城이 함락되었으며, 울분으로 죽었다. 諡號는 武帝이며, 廟號는 高祖이다.

340) 『南史』 卷56 「張弘策傳」, 1381면, "張弘策字眞簡, 范陽方城人, 梁文獻皇后之從父弟也. 父安之, 靑州主簿、南蠻行參軍."

341) 蕭懿(?~500) 南齊 南蘭陵郡 蘭陵縣 사람으로 字는 元達이며, 梁武帝의 큰형이다. 齊 安南將軍 邵陵王의 行參軍으로 起家하였고, 永明末 梁南秦二州刺史가 되어 北魏軍을 南鄭에서 격파하였고 歷城 등 6戍를 취하였다. 永元 2년(500) 豫州刺史 裴叔業이 반란을 일으키자 護軍將軍 崔慧景과 함께 토벌하였다. 또 崔慧景이 廣陵에서 반란을 일으키자 豫州에서 이를 구원하였다. 崔慧景의 난이 평정된 후 尙書令 都督征討水陸諸軍事가 되었다. 東昏侯가 꺼려하여 살해하였다. 후에 長沙王으로 追封되었다.

342) 『梁書』 卷1 「武帝紀上」, 3~4면, "時高祖長兄懿罷益州還, 仍行郢州事, 乃使弘策詣郢, 陳計於懿曰 : …… 懿聞之變色, 心弗之許. 弘策還, 高祖乃啓迎弟偉及憺, 是歲至襄陽."

을 본기에 서술했고, 『남사』는 따로 「(소)의전」을 만들어[344] 이 내용을 「(소)의전」 가운데에 상세히 석었으므로 본기에서 생략했을 것이다.

무제가 서울[京邑, 곧 建康]을 평정하고 나서 죄인을 사면하는 명령 하나,[345] 혼미한 정치를 없앤다는 명령 하나,[346] 전쟁에서 사망한 장병들을 추모하는 명령 하나,[347] 지나친 경비를 줄인다는 명령 하나[348]가 있었고, (또한) (남)제 황제가 (무)제의 작위를 양공(梁公)으로 높이는 구석문(九錫文) 한 편,[349] 백료들의 권진문(勸進文) 두 편,[350] (남)제 황제가 (무)제의 작위를 높여 양왕(梁王)으로 삼는 조서 하나,[351] (남)제 황제가 선위하는 조서 하나,[352] 새서(璽書) 한 편[353] 등이 있었는데, 『남사』에서는 모두 삭제해 버리고 다만 구석문 한 편과 권진문 한 편만을 남겨 놓았을 뿐이다[趙注 : 이는 진수(陳壽)의 예를 모방한 것으로, 설명이 이미 『양서』 안에 보인다].

「간문(제)기(簡文帝紀)」를 보면, 『양서』에는 즉위 조서 하나,[354] 대사면

343) 『南史』 卷6 「梁武帝紀上」, 171면, “時上長兄懿罷益州還, 仍行郢州事, 乃使弘策詣郢, 陳計於懿, 語在懿傳.”

344) 『南史』 卷51 「梁長沙宣武王懿傳」, 1265~1266면.

345) 『梁書』 卷1 「武帝紀上」, 13면, “己卯, 高祖入屯閱武堂. 下令日 : ‘皇家不造, …… 可大赦天下; 唯王喧之等四十一人不在赦例’.”

346) 『梁書』 卷1 「武帝紀上」, 13~14면, “又令曰 : ‘夫樹以司牧, 非役物以養生; 視民如傷, 豈肆上以縱虐. 廢主棄常, 自絶宗廟. …… 凡昏制、謬賦、淫刑、濫役, 外可詳檢前源, 悉皆除蕩. 其主守散失, 諸所損耗, 精立科條, 咸從原例.”

347) 『梁書』 卷1 「武帝紀上」, 14면, “又令曰 : ‘朱爵之捷, 逆徒送死者, 特許家人殯葬; 若無親屬, 或有貧苦, 二縣長尉卽爲埋掩. 建康城內, 不達天命, 自取淪滅, 亦同此科’.”

348) 『梁書』 卷1 「武帝紀上」, 15면, “高祖下令曰 : ‘夫在上化下, 草偃風從, …… 外可詳爲條格’.”

349) 『梁書』 卷1 「武帝紀上」, 17~21면, “封十郡爲梁公, 備九錫之禮, 加璽紱遠遊冠, 位在諸王上, 加相國綠綟綬. 其驃騎大將軍如故. 依舊置梁百司. 策曰 : …….”

350) 『梁書』 卷1 「武帝紀上」, 21~22면, “府僚勸進曰 : ‘伏承嘉命, 顯至佇策. 明公逡巡盛禮, 斯實謙尊之旨, 未窮遠大之致. …….’ 公不許. 二月辛酉, 府僚重請曰, …… 於是始受相國梁公之命.”

351) 『梁書』 卷1 「武帝紀上」, 23~24면.

352) 『梁書』 卷1 「武帝紀上」, 25~26면, “丙辰, 齊帝禪位于梁王. 詔曰 : …….”

353) 『梁書』 卷1 「武帝紀上」, 28~29면, “又璽書曰 : …….”

354) 『梁書』 卷4 「簡文帝紀」, 104면, “太淸三年五月丙辰, 高祖崩. 辛巳, 卽皇帝位. 詔曰 : ‘朕以不造, 夙丁閔凶. …… 謹遵先旨, 顧命遺澤, 宜加億兆. 可大赦天下’.”

조서 하나,[355] 대보(大寶) 원년(550)에 개원하는 조서 하나[356]가 있는데, 『남사』는 이를 모두 삭제하였다. 대보 2년(551)에 『양서』에서는 상동왕(湘東王) (소)역(蕭繹)이 왕승변(王僧辯)을 보내어 후경(侯景)을 토벌하고 그 장수 임약(任約), 송자선(宋子仙) 등을 사로잡았다고 썼지만,[357] 『남사』는 역시 이를 삭제하였는데, 이 사건을 「원제기(元帝紀)」에 적어 넣었으므로 「간문(제)기」에는 적지 않은 것이다[趙注 : 『양서』는 「간문제기」와 「원제기」에 나란히 서술했으니, 번거롭게 거듭함을 면치 못한다].

「원제기」를 보면, 『양서』에는 대보 2년(551)에 간문(제)[358]이 죽은 뒤 왕승변 등이 올린 권진표 하나와 답서 하나,[359] 또 (다른) 권진표 하나가 있고,[360] 대보 3년(552)에는 원제[361]가 후경을 토벌하는 격문 하나,[362] (왕)승

---

355)『梁書』卷4「簡文帝紀」, 104면, "壬午, 詔曰:'育物惟寬, 馭民惟惠, 道著興王, 本非隷役. 或開奉國, 便致擒虜; 或在邊疆, 濫被抄劫. …… 諸州見在北人爲奴婢者, 並及妻兒, 悉可原放'."

356)『梁書』卷4「簡文帝紀」, 105~106면, "大寶元年春正月辛亥朔, 以國哀不朝會. 詔曰:'蓋天下者, 至公之神器, 在昔三五, 不獲已而臨莅之. …… 可大赦天下, 改太淸四年爲大寶元年'."

357)『梁書』卷5「元帝紀」, 116~117면, "四月丙午, 景遣其將宋子仙、任約襲郢州, 執刺史蕭方諸. …… 庚戌, 領軍將軍王僧辯帥衆屯巴陵. …… 五月癸未, 世祖遣游擊將軍胡僧祐、信州刺史陸法和帥衆下援巴陵. 任約敗, 景遂遁走. 以王僧辯爲征東將軍、開府儀同三司、尙書令, 胡僧祐爲領軍將軍, 陸法和爲護軍將軍. 仍令僧辯率衆軍追景, 所至皆捷."

358) 簡文帝(503~551, 재위 549~551) : 이름은 蕭綱, 字는 世纘, 小字는 六通이다. 武帝의 셋째 아들이다. 天監 5년(506) 晉安王에 봉해지고, 中大通 3년(531) 昭明太子가 죽은 후 皇太子가 되었다. 太淸 3년(549) 侯景이 臺城을 함락하고 武帝가 죽자 帝位에 올랐다. 大寶 2년(551) 폐위되었다가 살해되었다. 후에 元帝가 謚號를 簡文帝, 廟號를 太宗이라 추존하였다. 저서에는 『昭明太子傳』 5卷, 『諸王傳』 30卷이 있으며, 원래 文集이 있었는데 亡佚되었고, 明代사람들이 『梁簡文帝集』으로 輯補하였다.

359)『梁書』卷5「元帝紀」, 117~119면, "是月, 太宗崩. 侍中、征東將軍、開府儀同三司、江州刺史、尙書令、長寧縣侯王僧辯等奉表曰:…… 世祖奉諱, 大臨三日, 百官縞素. 乃答曰:'孤以不德, 天降之災, …… 其諭孤之志, 無忽!' …… 世祖固讓."

360)『梁書』卷5「元帝紀」, 119~121면, "十一月乙亥, 王僧辯又奉表曰:……."

361) 元帝(508~554, 재위 553~554) : 이름은 蕭繹, 字는 世誠, 小字는 七符이며, 武帝의 일곱째 아들이다. 天監 13년(514) 湘東王에 봉해지고 江陵에 주둔하였으며, 太淸 元年(547) 荊州刺史가 되었다. 侯景이 난을 일으키자 王僧辯을 보내 大寶 3년(552) 난을 평정하였고, 江陵에서 즉위하였다 다음 해 武陵王을 제거하였다. 承聖 3년(554) 雍州

변이 (후)경을 평정한 뒤 또 다시 올린 권진표 하나,363) 서릉(徐陵)이 (서)위(西魏)에서 사신을 보내 올린 권진표 하나,364) (원)제의 즉위 조서 하나365)가 있는데, 『남사』에서는 모두 삭제하고 다만 (왕)승변 등이 올린 권진표 하나만을 남겨 놓았을 뿐이다.

또 「(왕)승변전(王僧辨傳)」을 보면, (북)제(北齊) 문선제(文宣帝)가 양 정양후(貞陽侯) 소연명(蕭淵明)366)을 보내어 양나라 임금으로 삼았는데, 『양서』는 문선(제)이 (왕)승변에게 주는 편지 하나,367) (왕)승변이 (정양후에게) 올리는 상주문 하나, 정양(후)이 (왕)승변에게 답하는 편지 하나, 또 다른 상주문 하나, 정양(후)의 또 다른 답서 하나368)를 싣고 있지만, 『남

刺史 蕭詧이 西魏軍을 이끌고 공격하여 江陵을 포위하자 소장 도서 10여 만 卷을 불태웠으며, 城이 함락된 뒤 피살되었다. 諡號는 元帝, 廟號는 世祖이다. 서예와 그림, 문장에 능하였다. 저서에는 『孝德傳』『懷舊志』『金樓子』 등 400여 卷이 있다. 원래의 文集이 亡佚되어 『梁元帝集』으로 輯補되었다.

362) 『梁書』 卷5 「元帝紀」, 122~125면, "二月, 王僧辯衆軍發自尋陽. 世祖馳檄告四方曰 : '…… 檄布遠近, 咸使知聞'."

363) 『梁書』 卷5 「元帝紀」, 125~127면, "三月, 王僧辯等平侯景, 傳其首於江陵. 戊子, 以賊平告明堂、太社. 己丑, 王僧辯等又奉表曰 : ……."

364) 『梁書』 卷5 「元帝紀」, 128~131면, "兼通直散騎常侍、聘魏使徐陵於鄴奉表曰 : ……."

365) 『梁書』 卷5 「元帝紀」, 131면, "承聖元年冬十一月丙子, 世祖卽皇帝位於江陵. 詔曰 : '夫樹之以君, 司牧黔首. …… 禁錮奪勞, 一皆曠蕩'."

366) 蕭淵明(?~556, 재위 555) : 字는 靖通, 梁武帝의 형 長沙王 蕭懿의 아들이다. 太淸 연간 豫州刺史가 되었고, 侯景이 梁에 항복한 후 명을 받들어 東魏를 공격했으나 패하여 포로가 되었다. 西魏가 江陵을 함락하고 元帝가 피살되자 承聖 4년(555) 北齊 文宣帝가 上黨王 高渙을 보내 그에게 梁의 帝位를 계승하게 하였다. 陳霸先이 王僧辯을 습격하여 살해한 후 蕭方智를 皇帝로 삼으니, 다음 해 北齊로 가던 도중 사망하였다.

367) 『梁書』 卷45 「王僧辯傳」, 632~633면, "時齊主高洋又欲納貞陽侯淵明以爲梁嗣, 因與僧辯書曰 : '梁國不造, 禍難相仍. 侯景傾蕩建業, 武陵彎弓巴、漢. …… 西羌烏合, 本非勍寇, 直是湘東怯弱, 致此淪胥. 今者之師, 何往不剋, 善建良圖, 副朕所望也'."

368) 『梁書』 卷45 「王僧辯傳」, 633~635면, "貞陽前後頻與僧辯書, 論還國繼統之意, 僧辯不納. …… 啓曰 : '自秦兵寇陝, 臣便營赴援, …… 伏遲拜奉在促.' 貞陽答曰 : '姜暠至, 枉示具公忠義之懷. 家國喪亂, 于今積年. 三后蒙塵, 四海騰沸. …… 汜水之陽, 預有號懼.' 僧辯又重啓曰 : '員外常侍姜暠還, 奉敕伏具動止. …… 今遣吏部尙書王通奉啓以聞.' 僧辯因求以敬帝爲皇太子. 貞陽又答曰 : '王尙書通至, 復枉示, 知欲遣賢弟世珍以表誠質, 具悉憂國之懷. …… 鄕國非遙, 觸目號咽'."

사』는 역시 이를 모두 삭제했다.

『양서』를 보면, 원제가 포천(鮑泉)[369]에게 하동왕(河東王) (소)예(蕭譽)[370]를 포위하게 했는데, 오래도록 이기지 못하자 왕승변에게 대신하게 했다고 한다. (왕)승변이 이르자 (포)천은 갑자기 놀라 “왕경릉(王竟陵)[371]이 와서 나를 돕게 되었으니, 적은 평정할 것도 없다”라고 말했다. (왕)승변은 들어온 뒤 (포)천을 등지고 앉아서 “포랑(鮑郎)이 죄가 있어 어명으로 내게 그대를 잡아 가두도록 했으니, 그대는 옛정을 나에게 기대하지 마시오”라고 말했다. 이 일은 이미 「포천전(鮑泉傳)」에 실려 있으므로[372] 다시 「(왕)승변전」에 싣는 것[373]은 특히 번거로움을 거듭한 것에 속하는데, 『남사』는 그 일을 「(포)천전」에서 상세히 적고 「(왕)승변전」에서는 생략해 버렸다.

또 「심약전(沈約傳)」을 보면, 『양서』는 그의 「교거부(郊居賦)」 삼천여 자 한 편[374]을 싣고 있는데, 그의 고요하게 마음대로 즐기는 바를 보이려 한

---

369) 『梁書』 卷30 「鮑泉傳」, 448면, “鮑泉字潤岳, 東海人也. 父機, 湘東王諮議參軍.”

370) 蕭譽(?~550) : 梁宗室로 字는 重孫이며, 昭明太子의 둘째 아들이다. 中大通 3년(531) 河東王에 봉해졌다. 侯景의 난 때 湘州刺史로써 군대를 파견했으나 臺城이 함락하자 돌아왔다. 雍州刺史 張纘이 湘東王 蕭繹에게 그가 蕭詧과 함께 湘東王을 공격한다고 보고하자 군대를 보내 長沙를 포위하였고, 城이 함락되자 피살되었다.

371) ‘王竟陵’은 王僧辯을 이르는데, 그가 竟陵太守를 지냈기 때문이다. 『梁書』 卷45 「王僧辯傳」, 623면, “王除荊州, 爲貞毅將軍府諮議參軍事, 賜食千人, 代柳仲禮爲竟陵太守, 改號雄信將軍.”

372) 『梁書』 卷30 「鮑泉傳」, 448~449면, “太淸三年, 元帝命泉征河東王譽於湘州, 泉至長沙, 作連城以逼之, 譽率衆攻泉, 泉據柵堅守, 譽不能克. 泉因其弊出擊之, 譽大敗, 盡俘其衆, 遂圍其城, 久未能拔. 世祖乃數泉罪, 遣平南將軍王僧辯代泉爲都督. 僧辯至, 泉愕然, 顧左右曰 : ‘得王竟陵助我經略, 賊不足平矣.’ 僧辯旣入, 乃背泉而坐, 曰 : ‘鮑郎有罪, 令旨使我鎖卿, 卿勿以故意見期.’ 因出令示泉, 鎖之牀下.”

373) 『梁書』 卷45 「王僧辯傳」, 624~625면, “俄而岳陽奔退, 而鮑泉力不能剋長沙, 世祖乃命僧辯代之. 數泉以十罪, 遣舍人羅重歡領齋仗三百人, 與僧辯俱發. 旣至, 遣通泉云 : ‘羅舍人被令, 送王竟陵來.’ 泉甚愕然, 顧左右曰 : ‘得王竟陵助我經略, 賊不足平.’ 俄而重歡齎令書先入, 僧辯從齋仗繼進, 泉方拂席, 坐而待之. 僧辯旣入, 背泉而坐, 曰 : ‘鮑郎, 卿有罪, 令旨使我鏁卿, 勿以故意見待.’ 因語重歡出令, 泉卽下地, 鏁于牀側. 僧辯仍部分將帥, 并力攻圍, 遂平湘土.”

374) 『梁書』 卷13 「沈約傳」, 236~242면, “嘗爲郊居賦, 其辭曰 : …….”

것이라기에는 (심)약은 본래 조급하게 다투는 성격이었고, 그가 문장에 능했다고 하기에는 (심)약의 훌륭한 문장이 또한 이 부에만 그치는 것이 아니었으므로, 『남사』는 역시 이를 삭제해 버렸다. 이는 모두 『남사』에서 생략한 것으로 타당한 것이다.

또한 삭제해서는 안 되는데도 삭제한 경우도 있다. 본기를 보면, 무제가 기병할 때에 격문 하나가 있는데,[375] 바로 죄인과 난폭한 자를 토벌하여 제거하는 것을 늦출 수 없었음을 보인 것이나, 『남사』는 (이를) 싣지 않고 다만 건업(建業)에 격문을 돌렸다고만 기록했다.[376] (무)제가 면수(沔水)로 나섰을 때 왕무(王茂) 등에게 명하여 영성(郢城)을 포위하도록 했는데, 오래도록 함락시키지 못하자 서대(西臺)[377]에서 석천문(席闡文)을 보내와 의논하여 위(魏)와 연합하자고 했지만, (무)제는 바른 계책이 아니라고 답했다.[378] 이 단락은 문장이 가장 길지만 (무)제의 영단을 보여주는 것인데, 『남사』는 역시 싣지 않았다.

「소욱전(蕭昱傳)」을 보면, 『양서』에서는 그가 변방 지역에 시험적으로 등용해 보기를 청하는 표 하나와 무제가 물리치며 꾸짖는 조서 하나[379]를 싣고 있는데, 『남사』는 이를 모두 삭제했다.

---

375) 『梁書』 卷1 「武帝紀上」, 6~9면, “移檄京邑曰 : …….”

376) 『南史』 卷6 「梁 武帝紀」, 173면, “遂移檄建鄴, 闡揚威武.”

377) 여기서는 齊 南康王, 즉 和帝를 지칭한다. 나라 서편인 江陵에서 즉위했으므로 西臺라고 하였다.

378) 『梁書』 卷1 「武帝紀上」, 10면, “四月, 高祖出沔, 命王茂、蕭穎達等進軍逼郢城. …… 六月, 西臺遣衛尉席闡文勞軍, 齎蕭穎冑等議, 謂高祖曰 : ‘今頓兵兩岸, …… 莫若請救於魏, 與北連和, 猶爲上策.’ 高祖謂闡文曰 : ‘漢口路通荊、雍, 控引秦、梁, 糧運資儲, 聽此氣息, 所以兵壓漢口, 連絡數州. …… 前途攻取, 但以見付, 事在目中, 無患不捷, 恃鎭軍靖鎭之耳’.”

379) 『梁書』 卷24 「蕭昱傳」, 371~372면, “昱字子眞. 景第四弟也. …… 志願邊州, 高祖以其輕脫無威望, 抑而不許. 遷給事黃門侍郎. 上表曰 : ‘夏初陳啓, 未垂採照, 追懷慚懼, 實戰胸心. 臣聞暑雨祁寒, 小人猶怨; 榮枯寵辱, 誰能忘懷! …… 伏願天照, 特垂允許. 臣雖叨榮兩宮, 報效無地, 方違省闥, 伏深戀悚.’ 高祖手詔答曰 : ‘昱表如此. 古者用人, 必前明試, 皆須績用旣立, 乃可自退之高. …… 孰謂朝廷無有憲章, 特是未欲致之于理. 旣表解職. 可聽如啓.’ 坐免官.”

「허무전(許懋傳)」을 보면, 『양서』에서는 국산(國山)에 봉선(封禪)하는 것에 대해 간언하는 표 하나를 싣고 있는데,[380] 바로 그가 증거를 세워 인용함이 넓고, 의론이 옳았음을 보인 것이지만, 『남사』는 이 또한 모두 삭제하고, 다만 황제가 그 의론을 보고 좋다고 칭했다고만 했다.[381] 이것 외에는 또한 기록할 만한 사적도 없는데, 그렇다면 굳이 이 열전을 만들 필요가 있었겠는가? 『양서』「하침전(賀琛傳)」에는 대공(大功)[382]의 끝 무렵에는 아들의 관례나 딸의 혼사를 할 수 없다는 그의 의론 하나를 실은 것이 매우 상세한데,[383] 『남사』 역시 그 문장을 모두 싣고 있으니,[384] 그것이 예제에 관련이 있기 때문이다. (허)무의 봉선에 관한 표문은 관계되는 바가 더욱 큰데도 오히려 유독 삭제하였으니, 무슨 까닭인가?

『양서』「왕승변전」을 보면, 그 동생 (왕)승지(王僧智)가 (북)제로 도망간 것을 붙여 기록했고, 아울러 서사휘(徐嗣徽)의 간단한 열전도 덧붙였는데,[385] 이는 모두 (왕)승변으로 인하여 곤란을 겪고 피해를 입은 자들이니, 자연히 응당 부기해 보여야 하는 것이었다. 그러나 『남사』에서는 모두 삭제해 버렸으니, 이 또한 삭제해서는 안 되는 것을 삭제한 것이다.[386]

---

380) 『梁書』 卷40 「許懋傳」, 575~577면, "時有請封會稽禪國山者, 高祖雅好禮, 因集儒學之士, 草封禪儀, 將欲行焉. 懋以爲不可, 因建議曰 : …… 高祖嘉納之, 因推演懋議, 稱制旨以答, 請者由是遂停."

381) 『南史』 卷60 「許懋傳」, 1487면, "時有請會稽封禪者, 武帝因集儒學士草封禪儀, 將行焉, 懋建議獨以爲不可. 帝見其議, 嘉納之, 由是遂停."

382) 大功 : 상복의 하나로, 복을 입는 기간은 아홉 달이다.

383) 『梁書』 卷38 「賀琛傳」, 541~542면, "時皇太子議, 大功之末, 可以冠子嫁女. 琛駁之曰 : '令旨以'大功之末可得冠子嫁女, 不得自冠自嫁.' 推以記文, 竊猶致惑. …… 恐非文意. 此又琛之所疑也'."

384) 『南史』 卷62 「賀琛傳」, 1510~1511면, "時皇太子議大功之末, 可以冠子嫁女. 琛駁議曰 : '令旨以'大功之末, 可得冠子嫁女, 不得自冠自嫁'. 推以記文, 竊猶致惑. …… 恐非文意, 此又琛之所疑也'."

385) 『梁書』 卷45 「僧辯傳」에 徐嗣徽가 등장하는 것은 한 구절뿐이며, 『南史』에 부기되어 있다. 『南史』 卷63 「徐嗣徽傳」, 1543면, "徐嗣徽, 高平人, 父雲伯自青部南歸, 位終新蔡太守. 侯景之亂, 嗣徽歸荊州, 元帝以爲羅州刺史, 及弟嗣宗、嗣產並有武用."

386) 【王注】「王僧辯傳」에서 덧붙여 실은 일들은 『梁書』에 보이지 않고, 『南史』에서 보충한 바이니, 이 문장에서 서술한 것과 실제 상황이 완전히 상반된다. 또한, 北齊로 도

「강엄전(江淹傳)」 같은 경우, 그가 건평왕(建平王) (소)경소(蕭景素)에게 올린 편지 하나[387]를 싣고 있는데, 대개 이는 『한서(漢書)』에 있는 추양(鄒陽)의 옥중상서 예[388]를 모방한 것이다.

「진백지전(陳伯之傳)」을 보면, (진)백지가 (북)위로 달아난 뒤 임천왕(臨川王) (소)굉(蕭宏)이 북벌을 하면서 구지(丘遲)를 시켜 편지를 써 (진)백지에게 보내자, (진)백지가 드디어 무리 팔천을 이끌고 돌아왔다고 했다.[389] 『남사』에서도 또한 그 전문을 싣고 있으니,[390] 그 문장이 훌륭하기 때문이다.

「임방전(任昉傳)」을 보면, (임)방이 죽은 뒤 여러 아들이 떠돌아다니자, 유효표(劉孝標)[391]가 그들을 가엾게 여겨 이에 주공숙(朱公叔)[392]의 「절교론(絶交論)」을 넓혀 썼는데,[393] 『남사』에도 역시 그 전문을 싣고 있으니,[394] 또한 한 번 죽고 한 번 사는 과정에서 사귐의 실정을 보임으로써

망간 이는 곧 王僧辯의 동생 僧愔이며, 僧智는 곧 任約에 의지하였다가 任約이 실패한 뒤에 해를 당했다. 『南史』 卷63 「王僧愔傳」, 1542면, "僧辯旣亡, 弟僧智得就任約. 敗走, 僧智肥不能行, 又遇害."

387) 『梁書』 卷14 「江淹傳」, 247~249면, "廣陵令郭彦文得罪, 辭連淹, 繫州獄, 淹獄中上書曰: '昔者, 賤臣叩心, 飛霜擊於燕地; …… 此心旣照, 死且不朽.' 景素覽書, 卽日出之."

388) 『漢書』 卷51 「鄒陽傳」, 2338면, "鄒陽, 齊人也. 漢興, 諸侯王皆自治民聘賢. 吳王濞招致四方游士, 陽與吳嚴忌、枚乘等俱仕吳, 皆以文辯著名"; 『漢書』 卷51 「鄒陽傳」, 2343~2353면, "孝王怒, 下陽吏, 將殺之. 陽客游以讒見禽, 恐死而負絫, 乃從獄中上書曰: '臣聞忠無不報, 信不見疑, 臣常以爲然, 徒虛語耳. …….' 書奏孝王, 孝王立出之, 卒爲上客."

389) 『梁書』 卷20 「陳伯之傳」, 314~315면, "天監四年, 詔太尉、臨川王宏率衆軍北討, 宏命記室丘遲私與伯之書曰: '陳將軍足下無恙, 幸甚. 將軍勇冠三軍, 才爲世出. …… 所以廉公之思趙將, 吳子之泣西河, 人之情也. 將軍獨無情哉! 想早勵良圖, 自求多福.' 伯之乃於壽陽擁衆八千歸. 虎牙爲魏人所殺."

390) 『南史』 卷61 「陳伯之傳」, 1495~1497면.

391) 劉峻을 가리킨다. 孝標는 그의 字이다. 『南史』 卷49 「劉峻傳」, 1218면, "峻字孝標, 本名法武, 懷珍從父弟也."

392) 朱穆을 이른다. 公叔은 그의 字이다. 『後漢書』 卷43 「朱穆傳」, 1461면, "穆字公叔. 年五歲, 便有孝稱"; 『後漢書』 卷43 「朱穆傳」, 1467면, "穆又著絶交論, 亦矯時之作."

393) 「廣絶交論」이라 한다. 『梁書』 卷14 「任昉傳」, 254~258면, "初, 昉立於士大夫間, 多所汲引, 有善己者則厚其聲名. 及卒, 諸子皆幼, 人罕贍卹之. 平原劉孝標爲著論曰: ……"

천고에 함께 개탄하는 바가 되었기 때문이다. 이런 것들은 또한 (이)연수(李延壽)의 뜻에 남의 뜻을 헤아리는 것[斟酌]이 있어서, 모두 삭제하는 것을 능사로 삼지는 않았음을 보여준다.

148. 『남사』에서 『양서』를 증보한 것 가운데 중요한 부분 南史增梁書有關係處

「무제기(武帝紀)」

[趙注 : 더하기를] 황고(皇考)[395]가 죽은 것은 뜻을 얻지 못했기 때문이다[趙注 : 무제의 아버지 (소)순지(蕭順之)는 (남)제 무제 때 어복후(魚復侯) (소)자향(蕭子響)을 토벌하여 목 졸라 죽였다. (남)제 무(제)가 마음속으로 그를 미워하니 (소)순지는 근심하고 두려워하다가 죽었다. 『(남)제서(齊書)』 「(소)자향전(蕭子響傳)」에 보인다].[396] 울림(왕)(鬱林王)이 덕을 잃고 (남)제 명제(明帝)가 보정을 하게 되자, (양) (무)제는 명제를 도와 (남제) 무제의 후사(後嗣)를 해치고자 하여 곧 명제와 폐립 등의 일을 도모했다.[397)]

[趙注 : 또 더하기를] (남)제 명제는 남을 잘 시기하는 성품이었는데, (양) (무)

---

394) 『南史』 卷59 「任昉傳」, 1455～1459명.

395) 皇考 : 임금의 아버지를 뜻한다. 여기서는 무제(武帝)의 아버지.

396) 『南齊書』 「蕭子響傳」에는 목 졸라 죽였다는 말은 나오지 않는다. 『南齊書』 卷40 「魚復侯子響傳」, 706면, "上又遣丹陽尹蕭順之領兵繼至, 子響部下恐懼, 各逃散, 子響乃白服降, 賜死. 時年二十二."

397) 『南史』 卷6 「梁武帝紀上」, 169면, "初, 皇考之薨 不得志, 事見齊魚復侯傳. 至是, 鬱林失德, 齊明帝作輔, 將爲廢立計, 帝欲助齊明, 傾齊武之嗣, 以雪心恥, 齊明亦知之, 每與帝謀. 時齊明將追隨王, 恐不從, 又以王敬則在會稽, 恐爲變, 以問帝. 帝曰 : '隨王雖有美名, 其實庸劣, 旣無智謀之士, 爪牙惟仗司馬垣歷生·武陵太守卞白龍耳. 此並惟利是與, 若啗以顯職, 無不載馳. 隨王止須折簡耳. 敬則志安江東, 窮其富貴, 宜選美女以娛其心.' 齊明曰 : '亦吾意也.' 卽徵歷生爲太子左衛率, 白龍游擊將軍, 並至. 續召隨王至都, 賜自盡."

제는 당시 미움 받는 것을 피하기 위해 항상 뿔이 부러진 작은 소가 끄는 수레를 타고 자기의 재능을 감추었다.[398] 만년에는 후경(侯景)에게 통제를 받았는데, 죽음에 이르러서 입이 써서 꿀을 찾았으나 얻지 못하자 재차 원망하는 말[荷荷[399]]을 하다가 죽었다.[400]

「원제기(元帝紀)」

[趙注 : 더하기를] (원)제는 성품이 겉으로 꾸미기를 좋아하고 시기가 많아 이름난 사람에 대해 사정을 봐 주는 바가 없었고, 자기보다 나은 사람이 있으면, 반드시 헐뜯고 해를 가했다. 왕전(王銓) 형제는 굉장한 명성이 있었는데, (원)제가 그것을 시기하여 이내 총애하는 후궁 왕(王)씨 아버지의 이름[401]을 왕림(王琳)으로 바꾸어 그들(왕전 형제)의 아버지의 이름과 같게 했다. 유지린(劉之遴)의 재능을 시기하여 사람을 시켜 그를 독살했다. 비록 골육이라도 그 화에 걸려들었다. 처음 어머니의 상을 당해서는 정란(丁蘭)의 고사[402]에 따라 나무를 깎아 상을 만들었으나, 무제의 죽음에 이르러서는 상(喪)을 숨겼다가 해를 넘기고서야 돌아가셨다는 소식을 알리고, 바야흐로 단향목을 조각해 상을 만들어서 아침저녁으로 그것을 섬겼으니, 그의 헛되고 교만함이 이와 같았다.[403]

---

398) 『南史』 卷6 「梁武帝紀上」, 170면, “齊明性猜忌, 帝避時嫌, 解遣部曲, 常乘折角小牛車.”

399) 荷荷 : 이는 원망하며 성내는 말을 형용한 것이다.

400) 『南史』 卷7 「梁武帝紀下」, 224면, “疾久口苦, 索蜜不得, 再曰 : ‘荷, 荷!’ 遂崩.”

401) [王注] 『南史』 卷8 「元帝紀」에는 改名시킨 이가 寵妃 王氏의 兄 王珩으로 되어 있다.

402) 「丁蘭刻木」은 『蒙求』의 標題이다. 後漢 河內人 丁蘭은 어머니가 돌아가신 뒤 그 像을 나무에 새겨서 그것을 섬기기를 살아 있는 것처럼 했었다는 故事이다. 곧 지극한 孝誠을 나타내는 이야기로서, 孫盛의 『逸士傳』과 『風俗通』 「愆禮」 등에 기록되어 있다.

403) 『南史』 卷8 「梁元帝紀」, 243면, “性好矯飾, 多猜忌, 於名無所假人. 微有勝己者, 必加毁害. 帝姑義興昭長公主子王銓兄弟八九人有盛名. 帝妬害其美, 遂改寵姬王氏兄王珩名琳以同其父名. 忌劉之遴學, 使人鴆之. 如此者甚衆, 雖骨肉亦偏被其禍. 始

무릉(왕)(武陵)[404]을 평정하자 논하는 사람들은 그 뱃길을 따라 건업(建業)으로 천도하고자 했으나, 종름(宗懍), 황나한(黃羅漢) 등은 모두가 초(楚) 지방 사람이라 이주를 원하지 않았고, (원)제 역시 움직이려 하지 않아 결국 그만두었다.[405]

서위(西魏)가 와서 공격하여 성이 무너지려고 하자 곧 책 10만 권을 모아서 불태웠고, 유폐되어 욕을 당하는 중에도 오히려 4절구를 지었다.[406]

「서비전(徐妃傳)」

[趙注 : 더하기를] (서)비는 원제에게 예우를 받지 못해, 두세 해만에 비로소 (원제가) 한번 그녀 방에 들었다. (서)비는 (원)제가 한쪽 눈이 애꾸라 하여, (원)제가 올 것을 알고는 먼저 얼굴 반쪽에만 화장을 하고 그를 맞이했는데, (원)제가 크게 노했다. (서)비는 투기가 많은 성품이었는데, 총애를 받지 못하는 첩을 보고 곧 서로 술잔을 나누며 마주 대하여 앉았으나, 임신했다는 것을 알고는 곧 직접 칼날을 가했다. 앞서 요광사(瑤光寺)의 (승려) 지원도인(智遠道人)과 사통했고, 또 (원)제의 측근 기계강(暨季江)과도 음란하게 정을 통했다. (기)계강은 매번 감탄하며 "백직(柏直)[407]의 개는 비록 늙었어도 오히려 사냥을 잘 했고, 소율양(蕭溧陽)[408]의 말은 비록

居文宣太后憂, 依丁蘭作木母. 及武帝崩, 祕喪逾年, 乃發凶問, 方刻檀爲像, 置于百福殿內, 事之甚謹. 朝夕進蔬食, 動靜必啓聞, 迹其虛矯如此."

404) 武陵王 蕭紀를 뜻한다. 『梁書』 卷5 「元帝紀」, 127면, "四月乙巳, 益州刺史、新除假黃鉞、太尉武陵王紀竊位於蜀, 改號天正元年. 世祖遣兼司空蕭泰、祠部尚書樂子雲拜謁塋陵, 脩復社廟"; 『梁書』 卷55 「武陵王紀傳」, 825면, "武陵王紀字世詢, 高祖第八子也."

405) 『南史』 卷8 「梁元帝紀」, 244면, "武陵之平, 議者欲因其舟艦遷都建鄴, 宗懍、黃羅漢皆楚人, 不願移, 帝及胡僧祐亦俱未欲動."

406) 『南史』 卷8 「梁元帝紀」, 244~245면, "及魏人燒柵, 買臣、謝答仁勸帝乘暗潰圍出就任約. …… 乃聚圖書十餘萬卷盡燒之. …… 在幽逼, 求酒飮之, 製詩四絶."

407) 柏直 : 漢 高祖 劉邦이 韓信에게 魏를 공격하게 했을 때, 魏의 대장이었다.

늙었어도 오히려 빨랐는데, 서낭(徐娘)은 비록 늙어도 오히려 정이 많다"라고 말했다. 또 하휘(賀徽)라는 사람이 용모가 아름다웠는데, (서)비는 보현니사(普賢尼寺)에서 그를 기다려 백각침(白角枕)에다 시를 써서 그에게 주었다. 나중에 (원)제에게 핍박을 받아 죽었는데, (원)제는 일찍이 『금루자(金樓子)』를 지어 그 추행을 기록했다.[409]

「소명태자전(昭明太子傳)」

[趙注 : 더하기를] (어머니인) 정귀빈(丁貴嬪)이 죽자 (소명)태자[410]는 좋은 묘지를 얻고자 구했다. 팔 땅을 가진 어떤 사람이 자기 땅을 팔고 싶어 이내 환관 유삼부(俞三副)에게 뇌물을 주어 (무)제에게 말하길, '태자가 얻은 땅이 자기 땅만 못하고, 자기 땅이 (무)제에게 가장 길하다'고 하자, (무)제는 곧 그 땅을 사도록 명했다. 장례를 치른 뒤 묘를 잘 보는 어떤 도사가 '이 땅은 큰아들에게 불리하다'고 말하면서, 밀랍으로 만든 거위와 여러 가지 기물을 이용해 그 기운을 누르도록 가르쳐 주었다. 어떤 궁감(宮監)이 이를 은밀하게 (무)제에게 알리자 (무)제는 사람을 보내 조사하게 했는데, 과연

---

408) 蕭씨 성을 지닌 溧陽令 혹은 溧陽縣侯를 가리키는 말이나, 그가 누구인지는 명확치 않다.

409) 『南史』 卷12 「武帝」「徐妃傳」, 341~342면, "元帝徐妃諱昭佩, 東海郯人也. …… 妃無容質, 不見禮, 帝三二年一入房. 妃以帝眇一目, 每知帝將至, 必爲半面粧以俟, 帝見則大怒而出. 妃性嗜酒, 多洪醉, 帝還房, 必吐衣中. 與荊州後堂瑤光寺智遠道人私通. 酷妬忌, 見無寵之妾, 便交杯接坐. 纔覺有娠者, 卽手加刀刃. 帝左右暨季江有姿容, 又與淫通. 季江每歎曰 : '栢直狗雖老猶能獵, 蕭溧陽馬雖老猶駿, 徐娘雖老猶尙多情.' 時有賀徽者美色, 妃要之於普賢尼寺, 書白角枕爲詩相贈答. …… 妃知不免, 乃透井死. 帝以屍還徐氏, 謂之出妻. 葬江陵瓦官寺. 帝制金樓子述其淫行."

410) 昭明太子(501~531) : 梁武帝의 맏아들로 字는 德施, 小字는 維摩이다. 天監 元年(502) 太子가 되었다. 山水와 文學을 좋아하였고, 당시 東宮의 장서는 3萬卷에 달했으며, 名士들을 모아 文學이 南朝시대 가운데 가장 성하였다. 諡號는 昭明이다. 『文選』 30卷, 『正序』 10卷, 『文章英華』 20卷을 편찬하였다.

그러했으므로 그 일을 추궁하려고 했으나 서면(徐勉)[411]이 굳이 간언하여 그만두었다. 이로 말미암아 (소명)태자는 결국 이를 부끄러워하고 두려워하다가 죽음에 이르게 되었고, 그 자식들 역시 제위에 오르지 못했다.[412]

「남강왕(南康王) (소)회리전(蕭會理傳)」

【趙注 : 더하기를】 (소)회리는 건업에서 후경이 출정한 틈을 엿보아 유경례(柳敬禮) 등과 거사하여 (후)경을 제거하고자 했으나, 건안후(建安侯) (소)분(蕭賁)이 왕위(王偉)에게 모의를 고하여 결국 주살되었다.[413]

「무릉왕(武陵王) (소)기전(蕭紀傳)」

【趙注 : 더하기를】 (소)기는 촉(蜀)에서 17년 동안 있으면서 쌓은 재물이 셀 수 없었고, 마구간의 말이 8천 필에 이르렀다. 군사를 이끌고 동쪽으로 내려가면서 황금 한 근으로 병(餠)[414]을 만들고 100병으로는 추(篋)[415]를 만들

---

411) 徐勉(466~535) : 梁 東海郡 郯縣 사람으로 字는 修仁이다. 齊 國子生으로 起家하였으며, 射策으로 高第로 천거되어 西陽王國侍郎에 보임되었다. 梁 天監 7년(508) 吏部尙書가 되어 百官 九品을 十八班으로 만들었다. 후에 昭明太子의 東宮을 관할하였으며, 尙書僕射가 되었고, 이어 中書令이 되었다. 현달하였지만 産業을 경영하지 않았다. 저서에는 『流別起居注』『會林』『婦人集』 등이 있다.

412) 『南史』 卷53 「梁昭明太子傳」, 1312~1313면, "初, 丁貴嬪薨, 太子遣人求得善墓地, 將斬草, 有賣地者因閹人兪三副求市, 若得三百萬, 許以百萬與之. 三副密啓武帝, 言太子所得地不如今所得地於帝吉, 帝末年多忌, 便命市之. 葬畢, 有道士善圖墓, 云'地不利長子, 若厭伏或可申延'. 乃爲蠟鵝及諸物埋墓側長子位. 有宮監鮑邈之、魏雅者, …… 密啓武帝云 : '雅爲太子厭禱.' 帝密遣檢掘, 果得鵝等物. 大驚, 將窮其事. 徐勉固諫得止, 於是唯誅道士, 由是太子迄終以此慚慨, 故其嗣不立."

413) 『南史』 卷53 「南康王會理傳」, 1320면, "是冬, 景往晉熙, 都下虛弱, 會理復與柳敬禮及北兗州司馬成欽謀之. …… 建安侯賁以謀告王偉, 偉遂收會理及其弟通理."

414) 餠 : 원래 떡이란 뜻이지만, 떡처럼 엷고 편편한 것을 뜻하기도 한다. 餠金이라 하면,

어 100추에 이르렀고, 은은 그 다섯 배였는데, 매번 전투를 할 때마다 (금은을) 내걸어 상으로 보였으나, 결국 지급하지는 않았다.416)

「임하왕(臨賀王) (소)정덕전(蕭正德傳)」

[趙注 : 더하기를] (소)정덕은 (북)위로 달아났다가 또 도망쳐 돌아와서는 본래 받았던 서풍후(西豐侯) 봉작을 다시 회복했으며, 더욱 제멋대로 행동하였다. 동생 악산후(樂山侯) (소)정칙(蕭正則) 및 조구(潮溝) 사람 동당문(董當門)의 아들 (동)섬(董暹), 남안(南岸) 사람 하후기(夏侯夔)의 아들과 함께 '사흉(四凶)'이 되었는데, 일찍이 한길에서 살인을 했다. 그들의 옷차림과 행차는 서풍(西豐)의 낙마(駱馬), 악산(樂山)의 검은 소[烏牛]로 일컬어졌으며, 동섬은 금을 붙인 아름다운 비단으로 전투복을 만들었다.417) 무제가 조서를 내려 그들을 꾸짖으며 "멋대로 죄를 짓고 도망 다니는 무리의 우두머리가 되어 사람들이 다니는 길에서 재물을 약탈해서 서울 사람들이 대문을 일찍 닫고 늦게 열게끔 했다. (다른 사람들의 처첩과 딸을 빼앗아) 서오(徐敖)는 부인을 잃었는데 (그녀의) 시신이 길에 마구 버려져 있었고, 왕백오(王伯敖)는 경(卿)의 대열에 드는 사람인데418) (그의) 딸을 빼앗아 첩으

떡같이 둥글넓적하게 만든 금괴를 뜻하며, 餠銀은 그런 모양의 은덩이이다.

415) 簉 : 副車, 즉 예비로 따르는 수레를 뜻한다.

416) 『南史』 卷53 「武陵王紀傳」, 1332면, "內修耕桑鹽鐵之功, 外通商賈遠方之利, 故能殖其財用, 器甲殷積. 馬八千匹, 上足者置之內廐, 開寢殿以通之, 日落, 輒出步馬. …… 旣東下, 黃金一斤爲餠, 百餠爲簉, 至有百簉; 銀五倍之, …… 每戰則懸金帛以示將士, 終不賞賜."

417) 『南史』 卷51 「臨賀王正德傳」, 1280면, "正德志行無悛, 常公行剝掠. 時東府有正德及樂山侯正則; 潮溝有董當門子暹, 世謂之董世子者也; 南岸有夏侯夔世子洪. 此四凶者, 爲百姓巨蠹, 多聚亡命, 黃昏多殺人於道, 謂之'打稽'. 時勳豪子弟多縱恣, 以淫盜屠殺爲業, 父祖不能制, 尉邏莫能禦. 車服牛馬, 號西豐駱馬, 樂山烏牛. 董暹金帖織成戰襖, 直七百萬. 後正則爲劫, 殺沙門, 徙嶺南死. 洪爲其父夔奏繫東冶, 死於徒. 暹坐與永陽王妃王氏亂, 誅. 三人旣除, 百姓少安. 正德淫虐不革, 尋除給事黃門侍郞."

418) 王伯敖는 梁에서 徐州刺史를 지냈다. 『北史』 卷4 「魏世宗宣武帝紀」, 136~137면,

로 삼았다"라고 말했다.[419)]

또 (소)정덕의 여동생 장락공주(長樂公主)는 사희(謝禧)에게 시집갔는데, (소)정덕은 그녀와 간통하고는 공주 집에 불을 지르고 여종 하나를 묶어서 그 손에다 금팔찌를 채워[420)] 공주가 불타 죽었다고 소리쳤으며, 집에다 (공주를) 숨겨 두고 '유부인(柳夫人)'이라 부르며 아들 둘을 낳았다. 그 일이 점점 드러나게 되었는데, 나중에 (소정덕이) 장준(張準)의 치매(雉媒)[421)]를 빼앗자, (장)준이 여러 사람들이 모인 가운데서 그를 욕하며 "치매는 장락공주도 아닌데, 어찌 빼앗아 갈 수 있는가"라고 말했다. 황태자는 (무)제가 그 말을 들을까 두려워하여 급히 화해하도록 하고 곧 치매를 돌려보냈다.[422)]

「소의전(蕭懿傳)」

[趙注 : 더하기를] (소)의는 (남)제에서 공이 높았으나 억울하게 죽었으므로, 무제는 즉위한 그 날 (그를) 바로 장사군왕(長沙郡王)에 추봉했고,[423)] (즉위

"戊子, 中山王英大破梁徐州刺史王伯敖於陰陵."

419) 『南史』 卷51 「臨賀王正德傳」, 1280～1281면, "帝復詔曰 : '汝以猶子, 情兼常愛, 故越先汝兄, 剖符連郡. …… 及還京師, 專爲逋逃, 乃至江乘要道, 湖頭斷路, 遂使京邑士女, 早閉晏開. 又奪人妻妾, 略人子女, 徐敖非直失其配匹, 乃橫屍道路; 王伯敖列卿之女, 誘爲妾媵. …… 王新婦、見理等當停太尉間, 汝餘房累悉許同行'."

420) **[王注]** 여기에는 '加金釧於其手'라고만 했으나, 『南史』 卷51 「正德傳」에는 "加玉釧於手, 以金寶附身"이라 했다.

421) 雉媒 : 꿩을 잡을 때 쓰는 미끼.

422) 『南史』 卷51 「臨賀王正德傳」, 1282면, "先是, 正德妹長樂主適陳郡謝禧, 正德姦之, 燒主第, 縛一婢, 加玉釧於手, 以金寶附身, 聲云主被燒死, 檢取婢屍幷金玉葬之. 仍與主通, 呼爲柳夫人, 生二子焉. 日月稍久, 風聲漸露. 後黃門郎張準有一雉媒, 正德見而奪之. 尋會重雲殿爲淨供, 皇儲以下莫不畢集. 準於衆中吒罵曰 : '張準雉媒非長樂主, 何可略奪!' 皇太子恐帝聞之, 令武陵王和止之乃休, 及出, 送雉媒還之."

423) 『南史』 卷51 「梁長沙宣武王懿傳」, 1266～1267면, "天監元年, 追崇丞相, 封長沙郡王, 諡曰宣武."

한 지) 사흘에는 형 (소)부(蕭敷) 및 동생 (소)창(蕭暢), (소)융(蕭融)을 추봉했으며, 달을 넘긴 뒤에야 비로소 아버지와 어머니를 추존했다.[424] 비속을 우선하고, 존속을 나중에 한 것이라 식자들의 비난을 받았다.

「소조전(蕭藻傳)」

[趙注 : 더하기를] (소)조가 익주자사(益州刺史)로 나가게 되었다. 앞서 등원기(鄧元起)가 촉에 있었는데, 스스로 유계련(劉季連)을 이긴 공이 있다 여기며[425] 노련한 장수라고 자부하며, (소)조가 어리다고 가볍게 보자, (소)조가 노하여 이에 그를 죽였다. (등)원기가 촉에 있을 때 거두어 쌓아 둔 재물이 산과 같았는데, 금과 옥이 한 방 가득 차니 '내장(內藏)'이라 이름짓고, 비단과 곡식이 한 방 가득 차니 '외부(外府)'라 불렀다. (소)조는 외부의 재물을 장수와 병사들에게 나누어주고, 내장의 재물은 서울로 보내어 스스로 사사로움이 없었다.[426]

---

424) 『南史』 卷51 「梁長沙宣武王懿傳」, 1267면, "戊辰, 乃始贈第二兄敷、第四弟暢、第五弟融. 至五月, 有司方奏追皇考皇妣尊號, 遷神主于太廟. 帝不親奉, 命臨川王宏侍從."

425) 『梁書』 卷20 「劉季連傳」, 310면, "天監元年六月, 元起至巴西, 季連遣其將李奉伯等拒戰. 兵交, 互有得失, 久之, 奉伯乃敗退還成都. ……. 蜀中喪亂已二年矣, 城中食盡, 升米三千, 亦無所糴, 餓死者相枕. 其無親黨者, 又殺而食之. 季連食粥累月, 飢窘無計. 二年正月, 高祖遣主書趙景悅宣詔降季連, 季連肉袒請罪."

426) 『南史』 卷51 「梁蕭藻傳」, 1268면, "藻字靖藝, 仕齊位著作佐郎. 天監元年, 封西昌縣侯, 爲益州刺史. 時鄧元起在蜀, 自以有剋劉季連功, 恃宿將, 輕少藻, 藻怒乃殺之. …… 初, 鄧元起之在蜀也, 崇於聚斂, 財貨山積. 金玉珍帛爲一室, 名爲內藏; 綺縠錦罽爲一室, 號曰外府. 藻以外府賜將帥, 內藏歸王府, 不有私焉."

「임천왕(臨川王) (소)굉전(蕭宏傳)」

[趙注 : 더하기를], (소)굉이 군사를 이끌고 북벌을 할 때 군대의 위용이 매우 성대했다. 양성(梁城)을 점령하고 나자 여러 장수들은 승세를 타서 더 깊이 들어가고자 했으나, (소)굉은 (북)위(北魏) 원병이 도착할 것이라는 소식을 듣고 끝내 감히 나아가지 않았고 여승진(呂僧珍) 또한 그에 동조했다. 배수(裴邃)가 "이번에 나선 것은 본디 적과 싸우고자 한 것인데, 무엇이 어렵다고 적을 피합니까"라고 말했고, 마선병(馬仙琕)이 "한 자 앞으로 나아가 죽을지언정, 어찌 한 치라도 물러나 살 수 있습니까"라고 말했으며, 창의지(昌義之)가 "여승진은 목을 베야 합니다! 어찌 백만의 군대를 가지고 물러남이 가하다고 경솔히 말할 수 있습니까"라고 말했다. 주승용(朱僧勇),[427] 호신생(胡辛生)은 검을 빼들고 일어나 "물러나고자 한다면 혼자 물러나십시오. 저는 응당 앞으로 나아가 죽음을 택하겠습니다"라고 말했다. 의논이 끝났으나, (소)굉은 끝내 감히 나가지 않았다. (북)위 사람들은 건괵(巾幗)[428]을 보내 "소(蕭)씨 아가씨와 여(呂)씨 할머니는 두렵지 않고, 다만 합비(合肥)에 위무(韋武)[趙注 : 위예(韋叡)를 뜻한다]가 있음을 두려워한다"라고 노래했지만, (소)굉은 그래도 나아가지 않았다. 이에 군정이 화합하지 못하여 끝내 대패하고 돌아가니, 갑옷을 버리고 무기를 던져 놓은 것이 산골짜기를 가득 메웠고, 병사 중 죽은 자가 열에 여덟, 아홉이었다.[429]

---

427) 【王注】 朱僧勇의 '勇'字는 원래 刻本에 빠져 있었으나, 西畲本에는 이미 교정하여 보충하였다.

428) 巾幗 : 부인들의 머리장식.

429) 『南史』 卷51 「梁臨川靖惠王宏傳」, 1275~1276면, "軍次洛口, 前軍剋梁城. 宏部分乖方, 多違朝制, 諸將欲乘勝深入, 宏聞魏援近, 畏懦不敢進, 召諸將欲議旋師. 呂僧珍曰 : '知難而退, 不亦善乎.' 宏曰 : '我亦以爲然.' 柳惔曰 : '自我大衆所臨, 何城不服, 何謂難乎?' 裴邃曰 : '是行也, 固敵是求, 何難之避?' 馬仙琕曰 : '王安得亡國之言. 天子掃境內以屬王, 有前死一尺, 無却生一寸.' 昌義之怒鬚盡磔, 曰 : '呂僧珍可斬也. 豈有百萬之師, 輕言可退, 何面目得見聖主乎!' 朱僧勇、胡辛生拔劍而起曰 : '欲退自

【趙注 : 또 더하기를】 (소)굉은 패하고 난 뒤 늘 부끄러움과 분함을 품고 있었다. 어떤 자가 주작항(朱雀航)[430]에 엎드려 있다가 (무)제를 엿보며 몰래 활을 쏘았으나 사로잡히자 (소)굉이 시킨 일이라고 말했다.[431] (소)굉이 그런 일이 없음을 스스로 변명하자 (무)제는 이에 그를 용서하였다.[432]

(소)굉은 멋대로 세금을 거두어 들여 곳간이 백 칸이나 되었다. (무)제는 그가 무기를 감추어 두고 있다고 의심하여 음식을 갖추어 그의 집에서 연회를 열고 반쯤 취해서는 "나는 네 뒷방에 몸소 가보고 싶다"라고 말했으며, 그가 돈을 백만 전 쌓아 둔 것에는 누런 방(榜) 하나를 붙여 표시하고, 천만에는 자주색 표(標) 하나를 걸어 둔 곳이 무릇 삼십여 칸이나 되는 것을 보았다. (무)제는 의심이 비로소 풀려 크게 기뻐하며 "여섯째야, 네 생활은 무척 넉넉하구나"라고 말했다.[433] 예장왕(豫章王) (소)종(蕭綜)은 일찍이 「전우론(錢愚論)」을 지어 그것을 비난했는데, (무)제는 특히 (소)굉을 자극했다고 여기고 (소)종에게 칙명을 내려 "세상 문장에 어디 제한이 있겠는가만, 어째서 갑자기 이런 글을 지었는가"라고 말했고, (소)굉은 부끄러워할 줄을 몰랐다.[434]

退, 下官當前向取死!' 議者已罷, …… 宏不敢便違羣議, 停軍不前. 魏人知其不武, 遺以巾幗. 北軍歌曰 : '不畏蕭娘與呂姥, 但畏合肥有韋武.' 武謂韋叡也. …… 自是軍政不和, 人懷憤怒. …… 九月, 洛口軍潰, 宏棄衆走. 其夜暴風雨, 軍驚, 宏與數騎逃亡. 諸將求宏不得, 衆散而歸. 棄甲投戈, 塡滿水陸, 捐棄病者, 强壯僅得脫身."

430) 보통 航은 부교, 즉 배로 연결된 교량을 말한다.

431) 【王注】『南史』 卷51 「梁臨川靖惠王宏傳」, 1277면에는 "帝將幸光宅寺, 有士伏於驃騎航, 待帝夜出. 帝將行, 心動, 乃於朱雀航過. 事發, 稱爲宏所使"라고 되어 있어 趙翼의 기술과 내용이 약간 다르다.

432) 『南史』 卷51 「梁臨川靖惠王宏傳」, 1277면, "宏自洛口之敗, 常懷愧憤, 都下每有竊發, 輒以宏爲名, 屢爲有司所奏, 帝每貰之. 十七年, 帝將幸光宅寺, 有士伏於驃騎航待帝夜出. 帝將行心動, 乃於朱雀航過. 事發, 稱爲宏所使. 帝泣謂宏曰 : '我人才勝汝百倍, 當此猶恐顚墜, 汝何爲者. 我非不能爲周公、漢文, 念汝愚故.' 宏頓首曰, '無是, 無是.' 於是以罪免."

433) 『南史』 卷51 「梁臨川靖惠王宏傳」, 1278면, "上意彌信是仗, 屋屋檢視. 宏性愛錢, 百萬一聚, 黃牓標之, 千萬一庫, 懸一紫標, 如此三十餘間. 帝與佗卿屈指計見錢三億餘萬, 餘屋貯布絹絲綿漆蜜紵蠟朱沙黃屑雜貨, 但見滿庫, 不知多少. 帝始知非仗, 大悅, 謂曰 : '阿六, 汝生活大可.' 方更劇飮, 至夜擧燭而還. 兄弟情方更敦睦."

(소)굉은 또 (무)제의 딸 영흥공주(永興公主)와 사통했으며, 끝내는 시역을 모의하였다. 불공을 드리는 때를 맞아 공주는 시동 둘을 시켜 (무)제를 엿보게 했는데, 정귀빈(丁貴嬪)이 이를 의심하여 궁궐 군사에게 명하여 사로잡게 했더니, (소)굉이 시킨 일이라고 했다. (무)제는 두 시동을 죽이고 그 일을 비밀로 한 뒤 검게 칠한 수레에 공주를 태워 내보내 버렸다. 공주는 분해하며 죽었다.[435]

「남평왕(南平王) (소)위전(蕭偉傳)」

[趙注 : 더하기를] 그 세자 (소)각(蕭恪)이 영주자사(郢州刺史)로 있었는데, 후경의 반란 때 소릉왕(邵陵王) (소)윤(蕭綸)[436]이 이르자, (소)각이 주(州)를 양보했으나 (소)윤은 받지 않았다.[437]

「파양왕(鄱陽王) (소)회전(蕭恢傳)」

[趙注 : 더하기를] 그 아들 (소)수(蕭修)가 한중(漢中)을 지키며 (서)위 군사에

---

434) **[王注]** 살펴보건대, 『南史』 卷51 「梁臨川靖惠王宏傳」, 1278면, "豫章王綜以宏貪吝, 遂爲錢愚論, 其文甚切. 帝知以激宏, 宣旨與綜, '天下文章何限, 那忽作此?' 雖令急毁, 而流布已遠, 宏深病之, 聚斂稍改"라 되어 있으니, 이곳에서 (趙翼의) 인용은 원뜻을 잃은 듯하다.

435) 『南史』 卷51 「梁臨川靖惠王宏傳」, 1278면, "宏又與帝女永興主私通, 因是遂謀弑逆, 許事捷以爲皇后. 帝嘗爲三日齋, 諸主並豫, 永興乃使二僮衣以婢服. 僮踰閾失屨, 閤帥疑之, 密言於丁貴嬪, 欲上言懼或不信, 乃使宮帥圖之. …… 帝祕之, 殺二僮於內, 以漆車載主出. 主恚死, 帝竟不臨之."

436) 『南史』 卷53 「梁邵陵携王綸傳」, 1322면, "邵陵携王綸字世調, 小字六眞, 武帝第六子也."

437) 『南史』 卷52 「梁南平元襄王偉傳」, 1292면, "太淸中, 爲郢州刺史. 及亂, 邵陵王至郢, 恪郊迎之, 讓位焉, 邵陵不受."

저항하다 힘이 다해 항복하고 말았다. 우문태(宇文泰)는 그를 예우하여 금릉(金陵)으로 돌려보냈다. 원제(元帝)가 바야흐로 그를 의심하고 시기하자, (소)수는 병장기와 말을 보내고 나중에 들어가기를 청했다. 강릉(江陵)에 이르러 등에 병이 나 죽었다.[438)]

[趙注 : 또 더하기를] 그 아들 (소)자(蕭諮)는 간문(제)(簡文帝)이 후경에게 잡혀, 외부인들이 아무도 (간문제를) 만날 수 없었을 때에도, 오직 (소)자는 문약하다는 이유로 침소에 출입할 수 있었다. (후)경은 그를 싫어하여 사람을 보내어 찔러 죽였다.[439)]

「심약전(沈約傳)」

[趙注 : 더하기를] (심)약의 선조인 (심)전자(沈田子), (심)림자(沈林子)는 송(宋)나라 초기 개국공신이었다. 생각건대 이 두 사람은 공적이 가장 두드러지니 본디 응당 『송(서)』의 「공신전(功臣傳)」에 들어갔어야 하나, (심)약은 스스로 그 선조를 과시하고자 하여 열전에 넣지 않고 「자서(自序)」 안에 실었으니,[440)] 이는 사사로운 견해이다. 『양서(梁書)』 「(심)약전」에서는 이 두 사람을 빼버렸으니 절로 올바른 체제를 얻은 것이다. (이)연수(李延壽)는 다만 두 사람의 공적을 빠뜨릴까 염려하여 이에 역시 「자서」의 옛 문

---

438) 『南史』 卷52 「梁鄱陽忠烈王恢傳」, 1300면, “魏相安定公宇文泰遣書喻之, 力屈乃降. 安定公禮之甚厚, 未幾令還江陵, 厚遣之, 以文武千家爲綱紀之僕. 元帝慮其爲變, 中使覘伺, 不絶於道. 至之夕, 命劫竊之. 及旦, 脩表輸馬仗而後帝安. 脩入覲, 望閣悲不自勝, 元帝亦慟, 盡朝皆泣. …… 時王室浸微, 脩雖圖義擧, 力弱不能自振, 遂發背歐血而薨, 年五十二.”

439) 『南史』 卷52 「梁鄱陽忠烈王恢傳」, 1298면, “範弟諮字世恭, 位衛尉卿, 封武林侯. 簡文卽位之後, 景周衛轉嚴, 外人莫得見, 唯諮及王克、殷不害並以文弱得出入臥內, 晨昏左右, 天子與之講論六藝, 不輟於時. 及南康王會理事敗, 克、不害懼禍乃自踈, 諮不忍離帝, 朝覲無絶. 賊惡之, 令其仇人刁戌刺殺諮於廣莫門外.”

440) 『宋書』 卷100 「自序」, 2447~2459면.

장을 그대로 실었다.[441] (이)연수는 이미 『남사(南史)』를 지었으니 송나라 역사 또한 그가 쓴 바인데, 어찌 이 두 사람을 송나라 역사 안에 보충해 넣지 않고 그대로 「(심)약전」에다 쓴 것인가?

「범운전(范雲傳)」

[趙注 : 더하기를], (범)운은 (남)제 때에 있으면서, 예장왕 (소)억이 늘 사저에만 있으면서 동부(東府)에 거처하지 않고, 또한 경릉왕(竟陵王) (소)자량(蕭子良) 또한 놀러 다니기를 좋아하여 늘 석두(石頭)에 거처하지는 않자, (범)운은 그 잘못됨을 말했으며, 이에 그들이 각각 한 성에 주둔하게 되었다.[442)]

[趙注 : 또 더하기를] 양 무(제)가 구석(九錫)을 더하려고 할 때 (범)운이 마침 병이 들었는데, 의사 서문백(徐文伯)이 '모름지기 한 달을 기다리면 낫지만, 만약 빨리 나으려고 하면, 아마 2년 뒤에는 다시 (목숨을) 구할 수 없을 것입니다'라고 말했다. (범)운은 급히 병을 고쳐서 무제를 돕는 일을 준비하고자 했다. (서)문백이 이에 불을 아래에 피우고 그 위에 침상을 놓고는 이불을 두텁게 해서[443] 그를 덮어 주자 과연 땀이 나오더니 결국 병은 나았으나 2년 뒤 죽었다.[444]

---

441) 이들의 사적이 『南史』 卷57 「沈約傳」, 1405~1409면에 부기되어 있다.

442) 『南史』 卷57 「范雲傳」, 1416~1417면, "而豫章王嶷鎭東府, 多還私邸, 動移旬日. 子良築第西郊, 游戲而已. 而梁武帝時爲南郡王文學, 與雲俱爲子良所禮. 梁武勸子良還石頭, 幷言大司馬宜還東府, 子良不納. 梁武以告雲. 時廷尉平王植爲齊武帝所狎, 雲謂植曰 : '西夏不靜, 人情甚惡, 大司馬詎得久還私第? 司徒亦宜鎭石頭. 卿入旣數, 言之差易.' 植因求雲作啓自呈之. 俄而二王各鎭一城."

443) 趙翼은 '重衾'으로 보아 이불로 번역했으나, 『南史』의 원문은 '重衣'라고 하였다.

444) 『南史』 卷57 「范雲傳」, 1420면, "武帝九錫之出, 雲忽中疾, 居二日半, 召醫徐文伯視之. 文伯曰 : '緩之一月乃復, 欲速卽時愈, 政恐二年不復可救.' 雲曰 : '朝聞夕死, 而況二年.' 文伯乃下火而壯焉, 重衣以覆之. 有頃, 汗流於背卽起. 二年果卒."

「임방전(任昉傳)」

『양서』에서는 (임)방이 죽은 뒤 여러 아들들이 모두 어렸으나 사람들이 불쌍히 여겨 도와주는 일이 드물었으므로, 유효표(劉孝標)가 「광절교론(廣絶交論)」을 지었다고 했다.[445] 【趙注 : 『남사』에서 더하기를】 여러 아들들이 모두 이렇다 할 재주나 학업이 없어 그 집안의 명성을 떨어뜨렸고, 형제가 흩어져 스스로 보살필 수도 없었으며, 생전의 옛 친구들 가운데 그들을 거두어 구휼하는 자도 없었다.[446]

「서면전(徐勉傳)」

【趙注 : 더하기를】 (서)면이 선거를 맡고 있을 때, 구품(九品)을 십팔반(十八班)으로 바꿀 것을 주청했는데, 이로부터 탐욕스러운 자는 재화로 등용을 얻었고, 도리를 지키는 자는 가난하다 하여 묻혔던 것이다.[447]

「주이전(朱异傳)」

【趙注 : 더하기를】 (주)이는 재물을 탐내어 보고 듣는 것을 속였으며, 사방에서 보내오는 것을 일찍이 물리치거나 거절한 적이 없었다. 세운 집이 극

---

445) 『梁書』 卷14 「任昉傳」, 254~258면, "初, 昉立於士大夫間, 多所汲引, 有善己者則厚其聲名. 及卒, 諸子皆幼, 人罕贍卹之. 平原劉孝標爲著論曰 : ……"; 『南史』 卷59 「任昉傳」, 1455~1459면, "乃著廣絶交論以譏其舊交曰 : ……."

446) 『南史』 卷59 「任昉傳」, 1455면, "有子東里、西華、南容、北叟, 並無術業, 墜其家聲. 兄弟流離不能自振, 生平舊交莫有收卹."

447) 『南史』 卷60 「徐勉傳」, 1478면, "勉居選官, 彝倫有序. …… 天監初, 官名互有省置, 勉撰立選簿奏之, 有詔施用. 其制開九品爲十八班, 自是貪冒苟進者以財貨取通, 守道淪退者以貧寒見沒矣."

히 미려하여 숙직에서 물러나면 바로 그 안에서 술을 마시며 즐겼는데, 날이 저물어 궁궐 문이 닫힐 것이 걱정되자 먼저 노부(鹵簿)[448]에게 명하여 집에서부터 성문에 이르도록 늘어서게 하니, 감히 성문을 닫지 못했다. 권세가 치달린 바가 안팎에서 대단했다.[449]

이상은 모두 『양서』를 증보한 것인데, 사람의 선악이나 일의 성패에 관한 것이 많다. 또 가령 「소조전」 같은 데에서는 그 동생 (소)유(蕭猷),[450] (소)유의 동생 (소)랑(蕭朗),[451] (소)랑의 동생 (소)명(蕭明)[452] 및 (소)유의 아들 (소)소(蕭韶),[453] (소)소의 동생 (소)준(蕭駿)[454]을 증보했다. 「임천왕 (소)굉전」에서는 그 아들 (소)정인(蕭正仁), (소)정문(蕭正文), (소)정덕, (소)정칙, (소)정립(蕭正立), (소)정표(蕭正表), (소)정신(蕭正信), 그리고 (소)정덕의 아들 (소)견리(蕭見理), (소)정립의 아들 (소)분(蕭賁)을 증보했다.[455] 「남평왕 (소)위전」에서는 그 아들 (소)각(蕭恪)을 증보했다.[456] 「파양왕 (소)회전」에서는 그 아들 (소)범(蕭範), (소)범의 동생 (소)자, (소)자의 동생 (소)수, (소)수

---

448) 鹵簿 : 보통 天子가 거둥할 때의 행렬을 이른다. '鹵'는 경호에 쓰는 큰 방패이고, '簿'는 행렬의 순서를 적는 장부이다.

449) 『南史』 卷62 「朱异傳」, 1516면, "大同八年, 改加侍中. 异博解多藝, 圍碁上品, 而貪財冒賄, 欺罔視聽, 以伺候人主意, 不肯進賢黜惡. 四方餉饋, 曾無推拒, 故遠近莫不忿疾. 起宅東陂, 窮乎美麗, 晚日來下, 酣飲其中. 每迫曛黃, 慮臺門將闔, 乃引其鹵簿自宅至城, 使捉城門停留管籥. 既而聲勢所驅, 薰灼內外, 產與羊侃相埒"; 본문의 '薰灼'이란 표현은 권세가 대단하다는 뜻이다.

450) 『南史』 卷51 「梁蕭猷傳」, 1269면, "藻弟猷, 封臨汝侯, 爲吳興郡守."

451) 『南史』 卷51 「梁蕭朗傳」, 1271면, "猷弟朗字靖徹, 天監五年, 例以王子封侯."

452) 『南史』 卷51 「梁蕭明傳」, 1271면, "朗弟明字靖通, 少被武帝親愛, 封貞陽侯."

453) 『南史』 卷51 「梁蕭韶傳」, 1270면, "猷子韶字德茂, 初封上甲縣都鄉侯."

454) 『南史』 卷51 「梁蕭駿傳」, 1270면, "韶弟駿字德款, 善草隸, 工文章, 晚更習武, 膂力絕人, 與永安侯確相類."

455) 『南史』 卷51 「梁臨川靖惠王宏傳」에 바로 그 아들 蕭正仁이 부가되어 있고, 그 뒤로 순서대로 「蕭正義傳」, 1279면; 「蕭正德傳」, 1279면; 「蕭見理傳」, 1282면; 「蕭正則傳」, 1283면; 「蕭正立傳」, 1283면; 「蕭賁傳」, 1283면; 「蕭正表傳」, 1284면; 「蕭正信傳」, 1284면이 부기되어 있다. 본문에서는 '蕭正文'을 언급했으나, 아마도 '蕭正義'를 잘못 본 것인 듯하다.

456) 『南史』 卷52 「梁南平元襄王偉傳」, 1292면, "世子恪字敬則, 弘雅有風則, 姿容端麗. 位雍州刺史."

의 동생 (소)태(蕭泰)를 증보했다.[457] 「시흥왕(始興王) (소)담전(蕭憺傳)」에서는 그 아들 (소)량(蕭亮), (소)영(蕭暎), (소)엽(蕭曄)을 증보했다.[458] 「임방전」에서는 그 아들 (임)동리(任東里), (임)서화(任西華), (임)남용(任南容), (임)북수(任北叟)를 증보했다.[459] 이는 모두 『양서』에다 보충한 것이다.

---

457) 『南史』 卷52 「梁鄱陽忠烈王恢傳」, 1294면 이하의 열전은 모두 부기된 것이다. 「蕭範傳」, 1296면; 「蕭嗣傳」, 1298면; 「蕭諮傳」, 1298면; 「蕭脩傳」, 1298면; 「蕭泰傳」, 1300면.

458) 『南史』 卷52 「梁始興忠武王憺傳」, 1301면, "始興忠武王憺字僧達, 文帝第十一子也." 부기된 子孫의 열전은 『南史』 卷52 「梁始興忠武王憺傳」, 1302~1304면에 보인다.

459) 『南史』 卷59 「任昉傳」, 1455면, "有子東里、西華、南容、北叟, 並無術業, 墜其家聲."

권11

149. 『남사』에서 『양서』에 보탠 잡다한 내용南史增梁書瑣言碎事

「무제기(武帝紀)」

[趙注 : 더하기를] (무)제(武帝)의 군대가 영주(郢州)를 포위하여 성이 장차 함락되려 하니 온 몸에 털이 난 사람[1] 수백 명이 울며 황곡기(黃鵠磯)[2]로 투신

1) 원문은 '毛人'이다. 이밖에 正史에 毛人에 대해 언급한 기사로는 日本國과 관련해 등장하는 것뿐이다(『舊唐書』 卷199上 「東夷傳」, 5340면, "日本國者, 倭國之別種也. …… 又云 : 其國界東西南北各數千里, 西界、南界咸至大海, 東界、北界有大山爲限, 山外卽毛人之國").

2) 黃鵠磯 : 夏口城에 연접한 물가의 이름이다. 『南齊書』 卷15 「州郡志下」, 276면, "郢州, 鎭夏口, 舊要害也. …… 夏口城據黃鵠磯, 世傳仙人子安乘黃鵠過此上也."

했는데, 대저 성의 정령(精靈)이었다.[3] (무)제가 동쪽으로 내려가는데, 타고 가는 배는 항상 두 마리의 용이 인도하고 있어 좌우 사람들이 모두 그것을 보았다.[4] 군대가 건업(建業)에 이르러 여섯 군데 성문을 포위하자 동혼후(東昏侯)의 장수 환화(桓和)는 동혼(후)을 속이고서 출전에 나섰다가 그대로 와서 항복하고 말았다. 당시 민간에서는 몰래 상대를 속이는 것을 '화기(和欺)'라고 칭했는데, 매충아(梅蟲兒) 등[5]이 "오늘 환화에게 패한 것은 소위 '(환)화가 속인 것'이라고 할 수 있습니다"라고 말했다.[6]

[趙注 : 또 더하기를] (무)제가 어릴 때에 상서로운 징조가 있었고, 재위하고 있을 때에는 불교를 신봉하니 중운전(重雲殿)에 그려놓은 노니는 신선[游仙]이 살아나 모두 움직였으며,[7] 또한 바다 가운데에 있는 부곡산(浮鵠山)의 여자들이 붉은 자리[紅席]를 바치는 일 등이 있었다.[8]

「간문(제)기(簡文帝紀)」

[趙注 : 더하기를] 소명태자(昭明太子)가 꿈에 자신의 반검(班劍)[9]을 간문제(簡

---

3) 『南史』 卷6 「梁武帝紀上」, 174면, "戊午, 魯山城主孫樂祖降. 己未夜, 郢城有數百毛人踰堞且泣, 因投黃鵠磯, 蓋城之精也."

4) 『南史』 卷6 「梁武帝紀上」, 175면, "自發雍州, 帝所乘艦恒有兩龍導引, 左右莫不見者."

5) 『南史』 卷77 「茹法珍・梅蟲兒傳」, 1933면, "茹法珍, 會稽人, 梅蟲兒, 吳興人, 齊東昏時並爲制局監, 俱見愛幸."

6) **[王注]** 桓和의 '桓'字는 원래 刻本에는 '檀'이었으나, 西畬本에서 이미 개정하였다. 『南史』 卷6 「梁武帝紀上」, 176면, "壬午, 帝鎮石頭, 命衆軍圍六門. 東昏悉焚門內, 驅逼營署官府並入城, 有衆二十萬. 青州刺史桓和紿東昏出戰, 因降. 先是, 俗語謂密相欺變者爲'和欺'. 於是蟲兒、法珍等曰 : '今日敗於桓和, 可謂和欺矣.' 帝命諸軍築長圍."

7) 『南史』 卷7 「梁武帝紀下」, 225면, "及太清元年, 帝捨身光嚴、重雲殿, 游仙化生皆震動, 三日乃止. 當時謂之祥瑞. 識者以非動而動, 在鴻範爲祆. 以比石季龍之敗, 殿壁畫人頸皆縮入頭之類."

8) 『南史』 卷7 「梁武帝紀下」, 225면, "時海中浮鵠山, 去餘姚岸可千餘里, 上有女人年三百歲, 有女官道士四五百人, 年並出百, 但在山學道. 遣使獻紅席. 帝方捨身時, 其使適至, 云此草常有紅鳥居下, 故以爲名. 觀其圖狀, 則鸞鳥也."

文帝)에게 주었는데, 얼마 후 소명태자가 죽은 뒤 간문제가 과연 황태자가 되었다.[10)]

「원제기(元帝紀)」

[趙注 : 더하기를] (원제가) 태어날 때 상서로운 징조가 있었으니, 무제는 애꾸눈 승려가 향로를 잡고서 궁중에서 태어날 것을 부탁하는 꿈을 꾸었다. 마침 완(阮)씨 성을 가진 채녀(采女)가 옆에서 모시고 있다가 휘장을 걷었는데, 바람이 불어 (그녀의) 옷자락을 뒤집었다. 무제가 마침내 그녀를 총애하려는 감정이 일어나 결국 원제를 낳았다.[11)]

[趙注 : 또 더하기를] (원)제는 서예에 능하고 그림도 잘 그렸는데, 선니(宣尼)[12)]의 상을 직접 그리고 거기에 찬(贊)을 지으니 사람들이 삼절(三絶[13)])이라고 칭했다.[14)] 승성(承聖)[15)] 3년(554)부터 주의고(主衣[16)]庫)에는 한 길 남짓 되

---

9) 班劍 : 虎皮로 장식한 劍.

10) 『南史』 卷8 「梁簡文帝紀」, 229면, "太宗簡文皇帝諱綱, 字世讚, 小字六通, 武帝第三子, 昭明太子母弟也. ……(天監)五年, 封晉安王. …… 中大通三年, 被徵入朝, 未至, 而昭明太子謂左右曰 : '我夢與晉安王對奕擾道, 我以班劍授之, 王還, 當有此加乎.' 四月, 昭明太子薨. 五月丙申, 立晉安王爲皇太子."

11) 『南史』 卷8 「梁元帝紀」, 234면, "世祖孝元皇帝諱繹, 字世誠, 小字七符, 武帝第七子也. 初, 武帝夢眇目僧執香鑪, 稱託生王宮. 旣而帝母在采女次侍, 始褰戶幔, 有風回裾, 武帝意感幸之. 采女夢月墮懷中, 遂孕. 天監七年八月丁巳生帝, 擧室中非常香, 有紫胞之異. 武帝奇之, 因賜采女姓阮, 進爲修容. 十三年, 封湘東王."

12) 宣尼 : 漢 平帝 때 孔子를 추서하여 이렇게 이르게 되었다. 『漢書』 卷12 「平帝紀」, 351면, "封周公後公孫相如爲褒魯侯, 孔子後孔均爲褒成侯, 奉其祀. 追謚孔子曰褒成宣尼公."

13) 三絶 : 세 가지 뛰어난 사물. 또는 세 가지의 뛰어난 재주를 가진 사람.

14) 여기서 '三絶'이라 칭한 것은 그림을 그린 것, 贊을 지은 것, 贊을 쓴 서법이 모두 뛰어났기 때문일 것이다. 『南史』 卷8 「梁元帝紀」, 243면, "帝工書善畫, 自圖宣尼像, 爲之贊而書之, 時人謂之三絶."

15) 承聖 : 南朝 梁 元帝의 연호. 552~555년.

16) 主衣 : 관직명. 황제의 의복과 완구를 담당하는 일을 맡았다.

는 검은 뱀이 있었는데, 수십 마리의 작은 뱀들이 그것을 따르고 있었다. (원)제는 그것을 싫어했는데 좌우 사람들이 "전룡(錢龍)입니다"라 하자, 이에 수천만 전(錢)을 가져다 그 땅을 진정시켜 그것을 (주술로) 눌렀다. 또 어떤 뱀은 (원)제의 모자 위에 떨어지기도 했고, 타고 다니는 가마 안에는 작은 뱀이 꿈틀거리기도 했다. 또 (성의 해자에 있던) 용이 공중으로 뛰어올라 가 버리자, 예닐곱 마리의 작은 용들이 그것을 좇았다. 여러 물고기들이 뛰어오르다가 땅에 떨어져 죽었다.[17] 얼마 되지 않아 강릉이 함락되어 서위(西魏)에게 멸망당했다.

「치황후전(郗皇后傳)」

【趙注 : 더하기를】 황후는 독하고 투기심이 많았다. 죽게 되자 용으로 변하여 궁에 들어와 (무)제에게 꿈으로 나타나거나 혹은 형체를 드러내었다. (무)제의 몸이 편안하지 않으려고 하면 (그때마다) 용이 물을 부딪쳐 튕기며 지붕이 없는 우물 위로 솟아올랐다. 항상 은 도르래와 금 두레박을 설치하고서 온갖 음식을 부어 넣으며 그녀에게 제사를 지냈다. 그러므로 (무)제는 죽을 때까지 다시는 황후를 들이지 않았다.[18]

---

17)『南史』卷8「梁元帝紀」, 241면, "三月, 主衣庫見黑蛇長丈許, 數十小蛇隨之, 擧頭高丈餘南望, 俄失所在. 帝又與宮人幸玄洲苑, 復見大蛇盤屈於前, 衆小蛇遶之, 並黑色. 帝惡之, 宮人曰 : '此非怪也, 恐是錢龍.' 帝敕所司卽日取數千萬錢鎭於蛇處以厭之. 因設法會, 赦囚徒, 振窮乏, 退居栖心省. 又有蛇從屋墮落帝帽上, 忽然便失. 又龍光殿上所御肩輿復見小蛇縈屈輿中, 以頭駕夾膝前金龍頭上, 見人走去, 逐之不及. 城濠中龍騰出, 煥爛五色, 竦躍入雲, 六七小龍相隨飛去. 羣魚騰躍, 墜死於陸道. 龍處爲窟若數百斛圌. 舊大城上常有紫氣, 至是稍復消歇"; 후에 元帝는 西魏의 長孫儉에 의해 主衣庫에 갇혔다가 나중에 살해되었다.『南史』卷8「梁元帝紀」, 242면, "(長孫)儉乃留帝於主衣庫."

18)『南史』卷12「郗皇后傳」, 339면, "后酷妬忌, 及終, 化爲龍入于後宮井, 通夢於帝. 或見形, 光彩照灼. 帝體將不安, 龍輒激水騰涌. 於露井上爲殿, 衣服委積, 常置銀鹿盧金瓶灌百味以祀之. 故帝卒不置后."

「정귀빈전(丁貴嬪傳)」

[趙注 : 더하기를] 치황후(郗皇后)는 그녀를 무도하게 대우하여 항상 날마다 쌀 다섯 곡(斛)을 찧게 했는데, 매번 분량을 맞추니 신령이 도와주는 것 같았다.19)

「소명태자전(昭明太子傳)」

[趙注 : 더하기를] 무제가 양양(襄陽)에서 군사를 일으켰을 때 아직 아들이 없었으나 태자가 태어났음을 길에서 들었으며, 또한 서원유(徐元瑜)가 항복하고20) 소영주(蕭穎胄)가 죽으니21) 사람들은 동시에 세 가지 경사(同時三慶)가 일어났다고 여겼다.22) 또한 (소명)태자가 열두 살 때 옥관(獄官)이 관아의 문서[案牘]를 들고 있는 것을 보고 좌우 사람들에게 자신이 판결을 내릴 수 있는지 여부를 묻고는, 바로 가져와 모두 곤장 50대라 썼다. 담당 관리가 감히 행하지 못하다가 그 사실을 (무)제에게 갖추어 알리니 (무)제는 웃으면서 그것을 따랐다.23)

---

19) 『南史』 卷12 「武丁貴嬪傳」, 339면, "武丁貴嬪諱令光, 譙國人也. …… 德后酷忌, 遇貴嬪無道, 使日春五斛, 春每中程, 若有助者, 被遇雖嚴, 益小心祇敬. 嘗於供養經案側, 髣髴若見神人, 心獨異之."

20) 徐元瑜는 당시 建康의 東府城을 지키던 인물이다. 『梁書』 卷1 「武帝紀上」, 12면, "義軍追至宣陽門, 李居士以新亭壘、徐元瑜以東府城降, 石頭、白下諸軍並宵潰."

21) 蕭穎胄는 이 당시 東昏侯의 명을 받고 襄陽을 습격했던 인물이다. 『梁書』 卷1 「武帝紀上」, 4면, "先是, 東昏以劉山陽爲巴西太守, 配精兵三千, 使過荊州就行事蕭穎胄以襲襄陽. 高祖知其謀, 乃遣參軍王天虎、龐慶國詣江陵, 遍與州府書."

22) 『南史』 卷53 「梁昭明太子傳」, 1307면, "昭明太子統字德施, 小字維摩, 武帝長子也. 以齊中興元年九月生于襄陽. 武帝既年垂强仕, 方有冢嗣; 時徐元瑜降; 而續又荊州使至, 云: '蕭穎胄暴卒.' 時人謂之三慶."

23) 『南史』 卷53 「梁昭明太子傳」, 1308면, "年十二, 於內省見獄官將讞事. 問左右曰: '是皁衣何爲者?' 曰: '廷尉官屬.' 召視其書, 曰: '是皆可念, 我得判否?' 有司以統幼, 紿之曰: '得.' 其獄皆刑罪上, 統皆署杖五十. 有司抱具獄, 不知所爲, 具言於帝, 帝笑

「남강왕(南康王) (소)회리전(蕭會理傳)」

[趙注 : 더하기를] (소)회리가 상주(湘州)에 있을 때 행사(行事)[24] 유납(劉納)이 일찍이 그가 하려는 것을 금지시키자, (소)회리는 이내 뇌물을 받았다고 (유납을) 모함하여 잡아들여 건업으로 압송했다. (유)납이 "내가 일단 폐하를 뵙게 되면 마땅히 너희들에게 (내가 어떤 사람인지) 알게 해 줄 것이다"라고 말하자, (소)회리는 마침내 사람을 시켜 그를 길에서 죽였고 가속[百口]도 모두 없앴다.[25]

「여릉왕(廬陵王) (소)속전(蕭續傳)」

[趙注 : 더하기를] 원제의 어머니 완씨가 총애를 얻은 것은 정귀빈의 힘으로 말미암은 것이었으므로 원제는 간문제와 서로 마음이 맞았고, (소)속과도 역시 어릴 때는 서로 친했지만,[26] 커서는 서로 비방했다. 원제가 형주(荊州)에서 서울로 돌아올 때 총애하는 이도아(李桃兒)를 데리고 함께 돌아왔다. 때마침 궁궐의 문단속이 매우 엄격했는데, (소)속이 그 일을 상주하자 원제는 두려워서 마침내 먼저 (이)도아를 보내 형주로 돌아가게 했으니, 이른바 '안

而從之."

24) 行事 : 南北朝시대의 관직. 또 다른 官에 있으면서 어떤 官의 職權을 대행하는 경우에 쓰는데, 南朝에서는 낮은 품계에 있는 이가 높은 품계의 관직을 대행하는 경우, 예컨대 長史, 司馬, 太守가 刺史의 職權을 행사할 때 行事라고 한다. 당시 어린 황자가 將軍 혹은 刺史가 되어 諸州에 出鎭하는 경우 그 長史를 行事로 하여 실제 軍府나 州府의 軍政事務를 책임지게 했다(張政烺 主編, 『中國歷代官制大辭典』, 北京 : 北京出版社, 1994, 373면).

25) 『南史』 卷53 「梁蕭會理傳」, 1319면, "會理字長才, 少聰慧, 好文史. 年十一而孤, 特爲武帝所愛, 衣服禮秩與正王不殊. 十五爲湘州刺史, 多信左右. 行事劉納每禁之, 會理心不平, 證以贓貨, 收送建鄴. 納歎曰 : '我一見天子, 使汝等知.' 會理厚送資糧, 數遣慰喻. 令心腹於青草湖爲盜, 殺納百口俱盡."

26) 簡文帝와 廬陵王 蕭續은 모두 丁貴嬪의 친아들이다. 『梁書』 卷29 「高祖三王傳」, 427면, "高祖八男 : 丁貴嬪生昭明太子統, 太宗簡文皇帝, 廬陵威王續."

사람을 서쪽으로 돌려보낸 것[西歸內人]'이었다. 뒤에 (소)속이 죽자 원제는 강주(江州)[27]에서 그것을 듣고 기뻐 날뛰다가 나막신이 망가졌다.[28]

또한 (소)속은 재물을 거두어 모으는 것을 좋아했는데, 임종에 이르러 황제에게 상주하여 금은으로 만든 기물 천여 건을 바치니 (무)제가 이에 그가 재물이 많음을 알게 되었다. 사선융(謝宣融)이 "(여릉)왕의 잘못은 해와 달을 좀먹는 것과 같으나, 폐하께 그것을 알게 하고자 해서 마침내 숨기지 않았습니다"라고 말하자 (무)제의 마음이 곧 풀렸다.[29]

「무릉왕(武陵王) (소)기전(蕭紀傳)」

【趙注 : 더하기를】 (소)기[30]가 처음으로 양주(揚州)를 다스리는 벼슬을 받았을 때 (무)제는 조서에 몇 마디를 덧붙여 "지조 있고 결백하며 검소한 것, 이것이 그의 깨끗함이다. 재물을 만나 사양할 수 있는 것, 이것이 그의 청렴함이다. 법을 알고 범하지 않는 것, 이것이 그의 신중함이다. 여러 가지 일을 처리함에 남겨 두는 것이 없는 것 이것이 그의 근면함이다"라고 말

---

27) 【王注】 '江州'는 原刻本에는 '荊'이었으나, 西畲本에서 이미 개정하였다.

28) 『南史』 卷53 「梁廬陵威王傳」, 1321~1322면, "始元帝母阮修容得幸, 由丁貴嬪之力, 故元帝與簡文相得, 而與廬陵王少相狎, 長相謗. 元帝之臨荊州, 有宮人李桃兒者, 以才慧得進, 及還, 以李氏行. 時行宮戶禁重, 續具狀以聞. 元帝泣對使訴於簡文, 簡文和之得止. 元帝猶懼, 送李氏還荊州, 世所謂西歸內人者. 自是二王書問不通. 及續薨, 元帝時爲江州, 聞問, 入閤而躍, 屧爲之破. 尋自江州復爲荊州, 荊州人迎于我境, 帝數而遣之, 吏人失望."

29) 『南史』 卷53 「梁廬陵威王傳」, 1322면, "續多聚馬仗, 蓄養趫雄, 耽色愛財, 極意收斂, 倉儲庫藏盈溢. 臨終有啓, 遣中錄事參軍謝宣融送所上金銀器千餘件, 武帝始知其富. 以爲財多德寡, 因問宣融曰 : '王金盡於此乎?' 宣融曰 : '此之謂多, 安可加也. 夫王之過如日月之蝕, 欲令陛下知之, 故終而不隱.' 帝意乃解."

30) 蕭紀(508~553) : 字는 世詢이며, 武帝의 8子이다. 天監 13년(514) 武陵王에 봉해졌고 大同 3년(537) 益州刺史가 되었다. 太淸 3년(549) 侯景이 臺城을 함락하자 군대를 보내 侯景을 토벌하였다. 大寶 3년(552) 蜀에서 稱帝하여 天正이라 改元하였다. 군대를 이끌고 東進하였으나 侯景의 난이 평정되었다는 소식을 듣고 江陵을 평정하고자 하였으나 成都가 西魏軍에게 점령되고, 그는 湘東王 蕭繹에게 패하여 죽었다.

했다.[31] 그 뒤 익주(益州)를 도독(都督)하도록 시키자, (소)기는 멀다고 사양을 했다. (무)제가 "천하가 만약 어지러워지면 오직 익주만이 그 화를 면할 수 있으므로 너에게 맡겨 두려는 것이다. 네가 내가 늙었다는 것을 염려하지만 나는 오히려 마땅히 네가 익주로 돌아가는 것을 다시 보게 될 것이다"라고 말했다.[32]

「임가왕(臨賀王) (소)정덕전(蕭正德傳)」

[趙注 : 더하기를] (소)정덕[33]이 북위(北魏)로 달아날 때 시를 지어 화롱(火籠)[34] 안에 넣어 두었으니, 곧 화롱을 읊기를 "정간(楨幹)[35]은 굴곡이 다하였고, 난초와 사향은 왕성한 기운 스러졌네. 숯을 품는 날을 알고자 하나 바로 이제 얼음을 밟는[36] 아침이라네"라고 읊었다. (북)위에 이르러서는 폐위

31) 『南史』 卷53 「梁武陵王傳」, 1328면, "武陵王紀字世詢, 武帝第八子也. …… 天監十三年, 封武陵王. 尋授揚州刺史. 中書詔成, 武帝加四句曰 : '貞白儉素, 是其淸也; 臨財能讓, 是其廉也; 知法不犯, 是其愼也; 庶事無留, 是其勤也.' 紀特爲帝愛, 故先作牧揚州."

32) 『南史』 卷53 「梁武陵王傳」, 1328면, "大同三年, 爲都督、益州刺史. 以路遠固辭, 帝曰 : '天下方亂, 唯益州可免, 故以處汝, 汝其勉之.' 紀歔欷, 旣出復入. 帝曰 : '汝嘗言我老, 我猶再見汝還益州也.' 紀在蜀, 開建寧、越嶲, 貢獻方物, 十倍前人. 朝嘉其績, 加開府儀同三司."

33) 蕭正德(?~549) : 梁의 宗室로 字는 公和이다. 梁 武帝가 아들이 없을 때 그를 양자로 삼았는데, 帝位에 오른 후 蕭紹統을 太子로 삼자 武帝를 원망하였다. 普通 6년(525) 北魏로 달아났는데, 北魏에서는 그가 용렬하다고 하여 후히 대우하지 않았다. 다음 해 다시 梁으로 도망갔으나 武帝는 治罪하지 않았다. 中大通 4년(532) 臨賀王에 봉했다. 侯景이 난을 일으킬 때 그와 연합하여 天子가 되어 正平으로 改元하였으나 臺城이 함락된 후 大司馬로 강등되었다. 이를 원망하다 侯景에게 피살되었다.

34) 火籠 : 화로에 씌어 놓고 옷 같은 것을 말리는 기구. 焙籠.

35) 본문은 '楨幹'으로 되어 있으나, 『南史』의 원문은 '楨榦'이라 쓰고 있다. 담을 치는 데 담의 두 끝에 세우는 나무와 양쪽에 있는 기둥을 뜻한다. 바뀌어서, 근본 기초라는 뜻으로도 쓰이고, 인재를 비유하기도 한다.

36) 履冰 : '如履薄冰'의 준말. 『詩經』 「小雅」 「小旻」에 "戰戰兢兢, 如臨深淵, 如履薄冰"이라는 구절이 보인다. 이는 아주 위험함을 무릅씀을 이른다.

당한 태자라고 칭했다. 소보인(蕭寶夤)[37]이 (북)위에 있으면서 그를 죽여 줄 것을 청하였으나 이루어지지는 않았다.[38]

「소앙전(蕭昂傳)」

[趙注 : 더하기를] 어떤 한 여자가 나이는 20살 남짓하고 산발한 채 누런 색 옷을 입고는 무굴산(武窟山)의 석실에 있으면서 그렇게 먹지도 않고 간혹 약간의 술과 거위 알 한두 개를 먹으니, 사람들이 성고(聖姑)라고 불렀다. 아들을 낳고자 하는 사람들이 많이 효험을 보자 그를 찾아가는 사람이 산골짜기에 가득했다. (그런데) (소)앙이 소리쳐 물었으나 대답하는 바가 없자, 요사스럽다고 여겨 그녀에게 채찍질 20대를 가했는데, 상처가 곧 아물어버리더니, 어디 갔는지 행방을 잃게 되었다.[39]

---

37) 蕭寶夤은 南齊 明帝의 여섯째 아들로, 蕭衍이 建康을 점령하자 北魏로 달아났으니, 이 당시에 北魏에 있었던 것이다. 『南齊書』 卷50 「鄱陽王傳」, 864면, "鄱陽王寶夤字智亮, 明帝第六子也"; 『南史』 卷5 「齊和帝紀」, 159~160면, "壬申, 改封建安王寶寅爲鄱陽王. …… 三月辛丑, 鄱陽王寶寅奔魏."

38) 『南史』 卷51 「梁蕭正德傳」, 1279~1280면, "齊建武中, 武帝胤嗣未立, 養以爲子. 及平建康, 生昭明太子, 正德還本. …… 頃之奔魏. 初去之始, 爲詩一絶, 內火籠中, 卽詠竹火籠, 曰 : '楨幹屈曲盡, 蘭麝氛氳銷, 欲知懷炭日, 正是履冰朝.' 至魏稱是被廢太子. 時齊蕭寶寅先在魏, 乃上表魏帝曰 : '豈有伯爲天子, 父作揚州, 棄彼密親, 遠投佗國. 不若殺之.' 魏旣不禮之, 正德乃殺一小兒稱爲己子, 遠營葬地, 魏人不疑, 又自魏逃歸. 見於文德殿, 至庭叩頭. 武帝泣而誨之, 特復本封."

39) 『南史』 卷51 「梁蕭昂傳」, 1264면, "昂字子明, 位輕車將軍, 監南兗州. …… 時有女子年二十許, 散髮黃衣, 在武窟山石室中, 無所修行, 唯不甚食. 或出人間, 時飮少酒, 鵝卵一兩枚, 人呼爲聖姑. 就求子往往有效, 造者充滿山谷. 昂呼問無所對, 以爲祆惑, 鞭之二十. 創卽差, 失所在."

「소업전(蕭業傳)」

[趙注 : 더하기를] 그 아버지 (소)의(蕭懿)가 해를 당했을 때[40] (소)업은 두 동생 (소)조(蕭藻), (소)상(蕭象)과 함께 왕엄수(王嚴秀)의 집으로 도망가 숨었다. 동혼(후)이 (왕)엄수를 잡아 옥에 가두고서 (소업 형제들에 대해) 온갖 조사를 샅샅이 하면서 집게로 손톱을 뽑았으나 죽음에 이르러도 말을 하지 않아 이에 화를 면했다.[41]

[趙注 : 또 더하기를] (소)업이 자신의 쌀로 벽돌을 사서 성곽 수리공사를 도우니 무제는 그것을 가상히 여겨 상주자사(湘州刺史)로 내보냈다. 두 마리 호랑이가 까닭 없이 길에 넘어져 죽어 있었는데, 어떤 사람이 "이것은 자사(刺史)의 어진 정치가 이룬 바이다"라고 말하고는 말이 끝나자 모습을 감추었다.[42]

「소조전(蕭藻傳)」

[趙注 : 더하기를] 그 종손(從孫) (소)소(蕭韶)가 어렸을 때 유신(庾信)이 그를 사랑하여 총애가 깊었으며[斷袖之歡],[43] (소소는) 먹고 입는 것을 모두 (유)신

40) 『南史』 卷51 「梁長沙宣武王傳」, 1265~1266면, "長沙宣武王懿字元達, 文帝長子也. …… 時東昏肆虐, 茹法珍、王咺之等執政, 宿臣舊將, 並見誅夷. 懿旣勳高, 獨居朝右, 深爲法珍等所憚, 乃說東昏, 將加酷害. 徐曜甫知之, 密具舟江渚, 勸令西奔. 懿不從, 曰: '古皆有死, 豈有叛走尙書令邪?' 尋見留省賜藥, 與弟融俱殞."

41) 『南史』 卷51 「梁蕭業傳」, 1267면, "懿子業字靜曠, 幼而明敏, 仕齊爲太子舍人. 宣武之難, 與二弟藻、象俱逃匿於王嚴秀家. 東昏知之, 收嚴秀付建康獄, 考掠備極, 乃以鉗拔手爪, 至死不言, 竟以免禍."

42) 『南史』 卷51 「梁蕭業傳」, 1267면, "天監二年, 襲封長沙王, 歷位祕書監, 侍中, 都督南兗州刺史. 運私邸米, 僦人作甓以砌城, 武帝善之. 徙湘州, 尤著善政. 零陵舊有二猛獸爲暴, 無故相枕而死. 郡人唐睿見猛獸傍一人曰: '刺史德感神明, 所以兩猛獸自斃.' 言訖不見, 衆並異之."

43) 斷袖之歡: 斷袖는 총애가 깊다는 뜻이다. 漢의 哀帝가 董賢을 깊이 총애하였는데, 함께 낮잠을 잘 때 賢이 帝의 소매를 깔게 되었다. 帝는 일어나고자 했으나, 董賢의

에게 의지했다. 나중에 양(梁)나라 때가 되어 (소)소가 영주(郢州)를 다스리게 되었는데, (유)신이 그곳을 지나자 (소)소는 (유)신을 대접하는 것이 아주 가벼워서 청유막(青油幕) 안에 앉아서 (유)신을 불러 연회에 들게 하면서 (유)신을 다른 걸상에 앉게 하고는 스스로 뽐내는 빛이 있었다. (유)신은 견딜 수 없어 이에 곧바로 (소)소의 상에 올라 음식을 짓밟고 똑바로 쳐다보며 "나으리 오늘 모습이 (예전과) 아주 다르구려"라고 말하니, (소)소가 매우 부끄러워했다.44)

「영양왕(永陽王) (소)부전(蕭敷傳)」

【趙注 : 더하기를】 (소)부는 제(齊)나라에서 벼슬을 해서 수군내사(隨郡內史)가 되어 좋은 정치를 했다. 제나라 명제(明帝)가 서효사(徐孝嗣)45)에게 "학사는 관리 업무를 처리하는 것을 잘할 수 없는데, 들으니 소수주(蕭隨州)는 주연을 베풀고 청담을 하지만, 그러나 사람들이 (풍족한 나머지) 길에 떨어진 것을 줍지 않는다고 하오"라고 말했다.46)

잠이 깰까 봐 소매를 잘라버렸다는 고사가 있다(『漢書』 卷93 「佞幸」 「董賢傳」, 3733면, "董賢字聖卿, …… 賢寵愛日甚, 爲駙馬都尉侍中, 出則參乘, 入御左右, 旬月間賞賜累鉅萬, 貴震朝廷. 常與上臥起 …… 嘗晝寢, 偏藉上袖, 上欲起, 賢未覺, 不欲動賢, 乃斷袖而起. 其恩愛至此"). 바뀌어 男色을 이르기도 한다. 男色을 좋아하는 것을 '斷袖癖'이라 한다.

44) 『南史』 卷51 「梁蕭韶傳」, 1270면, "蕭韶爲幼童, 庾信愛之, 有斷袖之歡, 衣食所資, 皆信所給. 遇客, 韶亦爲信傳酒. 後爲郢州, 信西上江陵, 途經江夏, 韶接信甚薄, 坐青油幕下, 引信入宴, 坐信別榻, 有自矜色. 信稍不堪, 因酒酣, 乃徑上韶牀, 踐蹋肴饌, 直視韶面, 謂曰 : '官今日形容大異近日.' 時賓客滿坐, 韶甚慚恥."

45) 『南史』 卷15 「徐孝嗣傳」, 438면, "孝嗣字始昌. 父被害, 孝嗣在孕, 母年少, 欲更行, 不願有子, 自牀投地者無算, 又以擣衣杵舂其腰, 并服墮胎藥, 胎更堅. 及生, 故小字遺奴."

46) 『南史』 卷51 「梁永陽昭王傳」, 1273면, "永陽昭王敷字仲達, 文帝第二子也. 少有學業, 仕齊爲隨郡內史. 招懷遠近, 士庶安之, 以爲前後之政莫及. 明帝謂徐孝嗣曰 : '學士舊聞例不解理官, 聞蕭隨郡唯置酒清言, 而路不拾遺, 行何風化以至於此?' 答曰 : '古者修文德以來遠人, 況止郡境而已.' 帝稱善."

「남평왕(南平王) (소)위전(蕭偉傳)」

[趙注 : 더하기를] 그 세자 (소)각(蕭恪)이 옹주자사(雍州刺史)가 되어 그 식객인 강중거(江仲擧), 채원(蔡薳), 왕대경(王臺卿), 유중옹(庾仲雍)을 임용했는데, 백성들은 소송하는 것이 있을 때마다 반드시 여러 곳에 뇌물을 줘야 했으니, 민간에서 노래하여 "강(江)은 십만, 채(蔡)는 오백, 왕(王)은 새 수레, 유(庾)는 큰 저택"이라고 했다.[47] 무제가 그것을 듣고 그 구절을 이어 "주인이 어리석어 식객만 못하다"라고 말했다.[48]

「범운전(范雲傳)」

[趙注 : 더하기를] (범)운이 제나라 시절에 명제(明帝)에게 태재(太宰) 문선왕(文宣王)[49]의 꿈속의 일을 말하니,[50] 명제는 슬퍼하며 그 아들 (소)소주(蕭昭冑) 등을 대하는 것이 조금 풀어졌다.[51] 강석(江祏)이 일찍이 (범)운의 딸과 결혼할 것을 구하며 가위를 예물로 주었는데, (강)석이 귀하게 되자 (범)운

---

47) **[王注]** 趙翼이 의거한 것은 汲古閣本이며, 다른 本에는 '庾仲雍'을 '庾仲容'이라 하거나, '江十萬'을 혹 '江千萬'이라고도 했다.

48) 『南史』 卷52 「梁南平元襄王傳」, 1292면, "世子恪字敬則, 弘雅有風則, 姿容端麗. 位雍州刺史. 年少未閑庶務, 委之羣下, 百姓每通一辭, 數處輸錢, 方得聞徹. 賓客有江仲擧、蔡薳、王臺卿、庾仲容四人, 俱被接遇, 並有蓄積. 故人間歌曰 : '江千萬, 蔡五百, 王新車, 庾大宅.' 遂達武帝. 帝接之曰 : '主人憒憒不如客.' 尋以廬陵王代爲刺史."

49) 蕭子良을 가리킨다. 『南史』 卷44 「齊竟陵文宣王傳」, 1101면, "竟陵文宣王子良字雲英, 武帝第二子也"; 『南史』 卷44 「齊竟陵文宣王傳」, 1105면, "建武中, 故吏范雲上表爲子良立碑, 事不行. 子昭冑嗣."

50) **[王注]** 살펴보면, 原刻本에는 '與明帝說夢見太宰文宣王之事'라 했고, 『南史』에는 范雲이 文宣王에게 그 꿈속의 일을 말했다고 했는데, 原刻本은 곧 잘못하여 范雲이 꿈속에서 文宣王을 보았다고 하였는데, 西畲本에서 이미 개정하였다.

51) 『南史』 卷57 「范雲傳」, 1417면, "時高・武王侯並懼大禍, 雲因帝召次曰 : '昔太宰文宣王語臣, 言嘗夢在一高山上, 上有一深阬, 見文惠太子先墜, 次武帝, 次文宣. 望見僕射在室坐御牀, 備王者羽儀, 不知此是何夢, 卿愼勿向人道.' 明帝流涕曰 : '文宣此惠亦難負.' 於是處昭冑兄弟異於餘宗室."

이 "가시나무 비녀와 베치마[52]로 맞은 아내는 호화롭고 성대한(고귀하게 된) 사람과는 이치가 거리가 있다"라고 말했다. 이에 그 가위를 돌려보내니, (강)석은 따로 결혼하게 되었다.[53]

양 무제가 젊어서 (범)운과 서로 뜻이 맞았는데 (범)운은 이에 (가까운 곳에) 집을 지어 서로 의지했다. (무)제가 매번 그 집에 이를 때마다 (범)운의 아내는 ("물렀거라"라 하며) 길을 치우는 소리[54]를 들었다. 또 일찍이 (범)운과 고고지(顧暠之)의 집에 묵었는데, (고)고지의 아내가 마침 아이를 낳으려고 할 때[55] 어떤 귀신이 밖에 나타나 "이 안에 왕이 있고, 재상이 있다"라고 말했다. (범)운이 (무)제에게 "왕은 마땅히 당신 것이고, 재상(자리)은 나한테 돌아올 것입니다"라고 말했다. 나중에 과연 그대로 되었다.[56]

「강엄전(江淹傳)」

[趙注 : 더하기를] 만년에 재치 있는 생각들이 조금씩 줄었는데, 꿈에 장경양(張景陽)이 그에게 비단을 찾으니 (강)엄은 품속에서 몇 자[尺]를 찾아 그에게 주었다. (장)경양이 "그것은 곧 찢어져서 다 떨어진 것입니다"라고 말하고, 구지(邱遲)[57]를 돌아보며 "남은 이 몇 자는 부족하나마 그대에게 남

---

52) 荊布 : '荊釵布裙'에서 나온 말로 後漢 梁鴻의 妻 孟光에게서 유래한 고사. 가시나무 비녀와 베치마라는 뜻으로 부인의 검소한 차림을 이른다.

53) 『南史』 卷57 「范雲傳」, 1417~1418면, "雲之幸於子良, 江祏求雲女婚姻, 酒酣, 巾箱中取翦刀與雲, 曰 : '且以爲娉.' 雲笑受之. 至是祏貴, 雲又因酣曰 : '昔與將軍俱爲黃鵠, 今將軍化爲鳳皇, 荊布之室, 理隔華盛.' 因出翦刀還之, 祏亦更姻他族."

54) 蹕聲 : '물렀거라'라고 辟除하는 소리를 이른다.

55) **[王注]** 原刻本에는 顧暠之의 '之'가 빠져 있고, '顧'자 뒤에는 '僧'자가 더 들어가 있는데, 西畲本에서는 모두 이미 고쳤다.

56) 『南史』 卷57 「范雲傳」, 1418면, "初, 梁武爲司徒祭酒, 與雲俱在竟陵王西邸, 情好歡甚. 永明末, 梁武與兄懿卜居東郊之外, 雲亦築室相依. 梁武每至雲所, 其妻常聞蹕聲. 又嘗與梁武同宿顧暠之舍, 暠之妻方産, 有鬼在外曰 : '此中有王有相.' 雲起曰 : '王當仰屬, 相以見歸'."

57) 『南史』 卷72 「丘遲傳」, 1763면, "遲字希範, 八歲便屬文. 靈鞠常謂 '氣骨似我'. 黃

깁니다”라고 말했다. 또 꿈에 곽박(郭璞)이 그한테서 붓을 찾으니 (강)엄은 곧 오색 붓을 그에게 주었다. 이후로 시를 지어도 결코 새로운 구절이 없게 되었다.[58]

「임방전(任昉傳)」

[趙注 : 더하기를] (임)방[59]은 제 동혼후 시절에 매충아(梅蟲兒)에게 뜻을 굽힌 나머지 황제의 뜻을 얻어 중서령(中書令)으로 등용되었다. 상서령(尙書令) 왕량(王亮)에게 가서 감사하니, (왕)량이 “경은 마땅히 매(충아)에게 감사해야 하는데, 어찌 갑자기 나한테 고마워하는가”라고 말했다.[60]

[趙注 : 또 더하기를] 당시 사람들이 ‘임(방)의 문장과 심(沈 : 沈約)의 시’가 (당대의 최고)라고 지칭하자 (임)방은 그것을 좋지 않게 여겼다. 만년에 더욱 시 짓는 것을 좋아하며 심(약)을 이기고자 했으나, (고위직 올랐기 때문에) 해야 할 일이 너무 많아 지은 글이 유려하지를 못했다. 서울 일대의 선비들이 그를 사모하며, 도리어 그것(그의 문장)을 천착하게 되니, 이에 재주가 다한 것을 탄식함이 있었다.[61]

門郎謝超宗、徵士何點並見而異之. 在齊, 以秀才累遷殿中郎. 梁武帝平建鄴, 引爲驃騎主簿, 甚被禮遇.”

58) 『南史』 卷59 「江淹傳」, 1451면, “淹少以文章顯, 晩節才思微退, 云爲宣城太守時罷歸, 始泊禪靈寺渚, 夜夢一人自稱張景陽, 謂曰 : ‘前以一匹錦相寄, 今可見還.’ 淹探懷中得數尺與之, 此人大恚曰 : ‘那得割截都盡.’ 顧見丘遲謂曰 : ‘餘此數尺旣無所用, 以遺君.’ 自爾淹文章躓矣. 又嘗宿於冶亭, 夢一丈夫自稱郭璞, 謂淹曰 : ‘吾有筆在卿處多年, 可以見還.’ 淹乃探懷中得五色筆一以授之. 爾後爲詩絶無美句, 時人謂之才盡.”

59) 任昉(460~508) : 梁 樂安郡 博昌縣(山東省 壽光縣) 사람으로 字는 彦昇이다. 宋 丹陽尹主簿로 起家하였고, 齊에 들어와 竟陵王 蕭子良의 記室參軍이 되어 ‘竟陵八友’의 한 사람이 되었다. 司徒右長史 · 驃騎記室參軍 등을 역임하였다. 梁武帝 즉위 후 吏部郞 · 御史中丞 · 秘書監 · 新安太守를 역임하였다. 祕書閣 圖籍을 讎校하였다. 현재 『任彦昇集』의 輯本이 남아 있다.

60) 『南史』 卷59 「任昉傳」, 1453면, “永元中, 紆意於梅蟲兒, 東昏中旨用爲中書郞. 謝尙書令王亮, 亮曰 : ‘卿宜謝梅, 那忽謝我.’ 昉慚而退.”

「왕승유전(王僧孺傳)」

[趙注 : 더하기를] (왕)승유가 『(황제)소문(黃帝素問)』 중 돌침을 사용한 일을 논하면서 "옛 사람들은 돌로 침을 만들었으니, 허신(許愼)의 『설문(說文)』에 이른바 돌로 병을 찌른다는 것이다"라고 적었다.[62] 또 진・송(晉・宋) 이래 보학(譜學)이 어지러워진 일을 실었다.[63] 또 같은 때 문인인 우희(虞羲), 구국빈(邱國賓), 소문염(蕭文琰), 구령해(邱令楷), 강홍(江洪), 유효손(劉孝孫), 서인(徐夤) 등을 덧붙이고, 이어서 (소)문염 등이 사발을 쳐서 운을 띄우고, 소리울림이 끝나자 시가 완성된 일 등을[64] 서술했다.[65]

---

61) 『南史』 卷59 「任昉傳」, 1455면, "旣以文才見知, 時人云 '任筆沈詩'. 昉聞甚以爲病. 晩節轉好著詩, 欲以傾沈, 用事過多, 屬辭不得流便, 自爾都下士子慕之, 轉爲穿鑿, 於是有才盡之談矣."

62) 『南史』 卷59 「王僧孺傳」, 1461면, "僧孺工屬文, 善楷隸, 多識古事. 侍郎全元起欲注素問, 訪以砭石. 僧孺答曰 : '古人當以石爲鍼, 必不用鐵.' 說文有此砭字, 許愼云 : '以石刺病也.' 東山經 : '高氏之山多鍼石.' 郭璞云 : '可以爲砭鍼.' 春秋 : '美疢不如惡石.' 服子愼注云 : '石, 砭石也.' 季世無復佳石, 故以鐵代之爾."

63) 『南史』 卷59 「王僧孺傳」, 1461~1462면, "轉北中郎諮議參軍, 入直西省, 知撰譜事. 先是, 尙書令沈約以爲 '晉咸和初, 蘇峻作亂, 文籍無遺. 後起咸和二年以至于宋, 所書並皆詳實, 並在下省左戶曹前廂, 謂之晉籍, 有東西二庫. 此籍旣並精詳, 實可寶惜, 位宦高卑, 皆可依案. 宋元嘉二十七年, 始以七條徵發, 旣立此科, 人姦互起, 僞狀巧籍, 歲月滋廣. 以至于齊, 患其不實, 於是東堂校籍, 置郎令史以掌之. 競行姦貨, 以新換故, 昨日卑細, 今日便成士流. 凡此姦巧, 並出愚下, 不辨年號, 不識官階. 或注隆安在元興之後, 或以義熙在寧康之前. 此時無此府, 此時無此國. 元興唯有三年, 而猥稱四、五, 詔書甲子, 不與長曆相應. 校籍諸郎亦所不覺, 不才令史固自忘言. 臣謂宋、齊二代, 士庶不分, 雜役減闕, 職由於此. 竊以晉籍所餘, 宜加寶愛'. 武帝以是留意譜籍, 州郡多離其罪, 因詔僧孺改定百家譜."

64) 擊鉢 : '擊鉢催詩'의 줄임. 南朝 齊 竟陵王 蕭子良이 항상 야간에 才人 學士들을 모아 술을 마시며 詩를 짓는데, 초가 한 마디 탈 때까지 詩를 짓게 하였다. 蕭文琰이 이것은 어려운 것이 아니라고 여겨 이에 丘令楷, 江洪 두 사람과 함께 銅鉢을 울려 詩를 재촉하도록 바꾸었는데, 鉢聲이 그치자 시가 곧 완성되었다. 후에 이는 한정된 시간 내에 시를 짓는 것을 가리키게 되고 또한 詩才가 민첩함을 이르게 되었다.

65) 『南史』 卷59 「王僧孺傳」, 1463면, "虞羲字士光, 會稽餘姚人, 盛有才藻, 卒於晉安王侍郎. 丘國賓, 吳興人, 以才志不遇, 著書以譏揚雄. 蕭文琰, 蘭陵人. 丘令楷, 吳興人. 江洪, 濟陽人. 竟陵王子良嘗夜集學士, 刻燭爲詩, 四韻者則刻一寸, 以此爲率. 文琰曰 : '頓燒一寸燭, 而成四韻詩, 何難之有.' 乃與令楷、江洪等共打銅鉢立韻, 響滅

「호승우전(胡僧祐傳)」

[趙注 : 더하기를] (호)승우는 하사 받은 의장용 악대를 집안에 두고 스스로 즐겼는데, 어떤 사람이 "이것은 공의 의장용 물건[66]인데, 공은 명성과 지위가 이미 무거우니 이와 같이 해서는 안 됩니다"라고 말하자, "내 본성이 그것을 사랑하니 항상 보아야 할 뿐이오"라고 대답했다. 행차를 나갈 때에도 또한 악대가 자신을 따르도록 했다.[67]

「음자춘전(陰子春傳)」

[趙注 : 더하기를] 청주(青州)에 어떤 신을 모시는 사당이 있었는데 자사(刺史) 왕신념(王神念)[68]이 그것을 헐자, 용마루 위에 있던 길이가 한 장(丈)이 넘는 큰 뱀 한 마리가 마침내 바다로 들어갔다. (음)자춘이 밤에 꿈을 꾸는데 어떤 사람이 편안하게 자리할 땅을 청하므로, 이에 희생과 예주(牲醴)를 베풀고는 청하고 불러 한 곳에 안치했다. 밤에 꿈을 꾸는데 앞서의 그 사람이 와서 감사하며 "마땅히 한 주(州)로써 보답하겠습니다"라고 말했다. 나중에 과연 (북)위 군사를 격파하고 남청주자사(南青州刺史) 벼슬을 받았다.[69]

則詩成, 皆可觀覽. 劉孝孫, 彭城人, 博學通敏, 而仕多不遂, 常歎曰 : '古人或開一說而致卿相, 立談間而降白璧, 書籍妄耳.' 徐勇, 高平人, 有學行."

66) 원문은 '羽儀'로서 의식에 장식으로 쓰는 새깃을 이르며, 바뀌어 일세의 의표가 됨을 뜻하기도 한다.

67) 『南史』 卷64 「胡僧祐傳」, 1553면, "後拜領軍將軍, 厚自封殖. 以所加鼓吹恒置齋中, 對之自娛. 人曰 : '此是羽儀, 公名望隆重, 不宜若此.' 答曰 : '我性愛之, 恒須見耳.' 或出游亦以自隨, 人士笑之."

68) 『南史』 卷63 「王神念傳」, 1535면, "王神念, 太原祁人也. 少好儒術, 尤明內典."

69) 『南史』 卷64 「陰子春傳」, 1555면, "子春仕歷位朐山戍主、東莞太守. 時青州石鹿山臨海, 先有神廟, 刺史王神念以百姓祈禱糜費, 毁神影, 壞屋舍. 當坐棟上有一大蛇長丈餘, 役夫打撲不禽, 得入海水. 爾夜, 子春夢見人通名詣子春云 : '有人見苦, 破壞

「두안전(杜岸傳)」

【趙注 : 더하기를】 (두)안이 소찰(蕭詧)[70]에게 사로잡혔는데, (소)찰의 어머니가 (두)안의 죄를 하나하나 세며 말하니 (두)안이 그녀를 가리켜 늙은 노비년이라고 했다. (소)찰은 그 혀를 뽑고 살점을 저미고 삶도록 명하고 모든 두(杜)씨들을 다 죽이고 그 무덤을 파헤쳤다. 건업이 평정된 뒤 두즉(杜崱) 형제[71] 역시 안녕릉(安寧陵)[72]을 파내어 보복했다.[73]

이상 덧붙인 바는 모두 잡다한 이야기들로 (열전의 당사자와) 깊은 관계는 없는 것들이다. 이연수(李延壽)는 사서를 편찬하면서 오로지 널리 기

宅舍. 旣無所託, 欽君厚德, 欲憩此境.' 子春心密記之. 經二日而知之, 甚驚, 以爲前所夢神. 因辦牲醑請召, 安置一處. 數日, 復夢一朱衣人相聞, 辭謝云: '得君厚惠, 當以一州相報.' 子春心喜, 供事彌勤. 經月餘, 魏欲襲朐山, 間諜前知, 子春設伏摧破之, 詔授南青州刺史, 鎭朐山. 又遷都督、梁秦二州刺史."

70) 蕭詧(519~562, 재위 555~562) : 字는 理孫이며, 昭明太子의 셋째 아들이다. 中大通 3년 岳陽王에 봉해지고 中大通 元年(546) 雍州刺史가 되었다. 太清 3년(549) 형인 湘州刺史 河東王 蕭譽가 荊州刺史 湘東王 蕭繹에게 공격을 당하자 군대를 이끌고 江陵을 공격했으나 패하여 돌아와 드디어 西魏에 稱藩하였다. 承聖 3년(554) 西魏가 江陵을 정벌할 때 이를 도와 江陵이 평정된 후 梁主로 옹립되어 年號를 大定이라 하였다. 西魏는 그에게 江陵 一州의 땅을 주었고 上疏할 때 稱臣케 하였으며, 西魏의 正朔을 받들도록 하였다. 永定 2년(558) 王操를 보내 湘州의 長沙·武陵·南平 등 郡을 취하게 하였다. 諡號는 宣皇帝, 廟號는 中宗이다. 文集 15卷이 있고, 『華嚴』『般若』등 佛經義疏 46卷을 편찬하였다.

71) 杜崱은 杜岸의 동생이며 9형제였다. 『南史』卷64 「杜崱傳」, 1557면, "崱兄弟九人, 兄嵩、岑、巍、岌、巘、岸及弟巖、幼安並知名."

72) 梁 昭明太子의 陵을 가리킨다. 昭明太子가 蕭詧의 아버지이다. 『梁書』卷8 「昭明太子傳」, 169면, "四月乙巳薨, 時年三十一. 高祖幸東宮, 臨哭盡哀. 詔斂以袞冕. 謚曰昭明. 五月庚寅, 葬安寧陵"; 『南史』卷53 「梁昭明太子傳」, 1312면, "薨後, 長子東中郎將南徐州刺史華容公歡封豫章郡王, 次子枝江公譽封河東郡王, 曲江公詧封岳陽郡王 ……."

73) 『南史』卷64 「杜岸傳」, 1557~1558면, "岸字公衡, 太淸中, 與崱隨岳陽王詧攻荊州, 同歸元帝. …… 詧遣將尹正、薛暉等攻拔之, 獲巘、岸等幷其母妻子女, 幷斬於襄陽北門. 詧母龔保林數岸於衆, 岸曰: '老婢敎汝兒殺汝叔, 乃枉殺忠良.' 詧命拔其舌, 臠殺而烹之. 盡誅諸杜宗族親者, 幼弱下蠶室, 又發其墳墓, 燒其骸骨, 灰而揚之, 幷以爲漆椀. 及建鄴平, 崱兄弟發安寧陵焚之, 以報漆椀之酷, 元帝亦不責也."

이한 견문을 모아 사람들의 이야기 거리를 제공하는 것을 능사로 삼았으므로 무릇 조금이라도 신기한 것과 관련이 있는 것들은 반드시 나열하여 버리지 않았으니, 곧 기재한 바가 서로 같은 것도 역시 반드시 그 글을 조금씩 달리하여 사람들의 눈과 귀를 놀라게 했다. 가령 「양간전(羊侃傳)」에는 무제가 새로 칼 두 자루를 만들었는데, 길이가 1장 4척으로, 양간(羊侃)에게 그것을 시험해 보게 했다고 기록했지만,[74] 『남사(南史)』에서는 곧 길이가 2장 4척이라고 적었다.[75] 『양서(梁書)』에서는 (양)간이 활을 당기면 십여 석(石)[76]에 이른다고 했으나,[77] 『남사』에서는 20석이라고 했다.[78] 모두 신기함으로써 사람들을 놀라게 하려고 한 것이다.

그러나 어떤 때에는 주워 모은 것이 너무 많아 도리어 글을 지음에 있어 거칠고 장황한 것을 느끼게 된다. 가령 「예장왕(豫章王) (소)종전(蕭綜傳)」에서는 (소)종이 (북)위로 달아난 뒤 양나라 군사가 크게 궤멸되어 돌아왔고 (북)위 군사에게 약탈을 당했다고 정확히 서술했다. 이어 임환(任煥)이 추마(騅馬)를 타고 달아나다가 약탈당하여 발을 다쳐 다리 밑에 숨었는데, 약탈자들이 다시 왔을 때 (임)환은 발을 다쳐 말에 오를 수가 없었지만, 말이 그 앞발굽을 꿇으니 (임)환이 마침내 말을 타고 달아날 수 있었다고 언급했다.[79]

---

74) 『梁書』 卷39 「羊侃傳」, 559면, "時少府奏新造兩刃矟成, 長二丈四尺, 圍一尺三寸, 高祖因賜侃馬, 令試之. 侃執矟上馬, 左右擊刺, 特盡其妙, 高祖善之"; 『梁書』 卷39 「羊侃傳」 注, 565면, "'二'字各本脫, 據南史及冊府元龜八四五補."

75) 『南史』 卷63 「羊侃傳」, 1544면, "時少府奏新造兩刃矟成, 長二丈四尺, 圍一尺三寸. 帝因賜侃河南國紫騮令試之. 侃執矟上馬, 左右擊刺, 特盡其妙."

76) 石 : 弓弩의 强度를 계산하는 단위.

77) 『梁書』 卷39 「羊侃傳」, 561면, "侃少而雄勇, 膂力絶人, 所用弓至十餘石."

78) 『南史』 卷63 「羊侃傳」, 1547면, "侃少雄勇, 膂力絶人, 所用弓至二十石, 馬上用六石弓."

79) 『南史』 卷53 「梁豫章王綜傳」, 1317면, "六年, 魏將元法僧以彭城降, 帝使綜都督衆軍, 權鎭彭城, 幷攝徐州府事. …… 及旦, 齋內諸閤猶閉不開, 衆莫知所以, 唯見城外魏軍叫曰 : '汝豫章王昨夜已來在我軍中.' 城中旣失王所在, 衆軍乃退, 不得還者甚衆. 湘州益陽人任煥常有騅馬, 乘之退走. 煥脚爲抄所傷, 人馬俱弊, 煥於橋下歇, 抄復至. 煥脚痛不復得上馬, 於是向馬泣曰 : '騅子, 我於此死矣.' 馬因跪其前脚, 煥乃

또 「왕승변전(王僧辯傳)」에서는 곧 그가 영주(郢州)를 공격하여 나성(羅城)에 들어갔음을 정확하게 서술했는데, 갑자기 또 차바퀴 같은 큰 별이 적의 진영에 떨어졌는데, 땅에서 10여 장(丈) 떨어져 있었으며, 또 오색으로 빛나는 용이 있었는데 앵무주(鸚鵡洲) 물속으로 들어간 일 등을 서술했다.[80] 영주를 평정한 뒤에는 그가 심양(尋陽)으로 진군한 것을 정확하게 서술했다가, 갑자기 또 군사들 가운서 많은 사람들이 꿈을 꾸었는데 주(周), 하(何) 두 사당의 신이 '내 이미 천자가 적을 토벌하는 것을 도왔다'라고 말하고, 붉은 배를 타고 돌아와서 '이미 후경(侯景)을 죽였다'라고 말했는데, 같은 꿈을 꾼 자가 수십 백 명이었다는 등의 일을 서술했다.[81] 군사가 작두(鵲頭)에 이르자 풍랑이 크게 일어났는데, (왕)승변이 하늘을 우러러 맹세를 고하자 바람이 드디어 그쳤다고 언급하고는, 갑자기 또 물고기 떼가 물을 차고 공중을 날았으며 관군(官軍) 위로 오색의 구름이 떠있고 쌍룡이 배를 끼고 있는[82] 등의 일을 서술했다.[83] 서울을 수복한 뒤에는 또 명을 받들어 육납(陸納)을 정벌했다. 마침 (육)납이 장사(長沙)를 근거지로 하여 막아 지켰다고 쓰다가, 갑자기 또 하늘이 맑다가 갑자기 큰 비가 내려 당시 사람들이 군사들을 위해 우는 것이라 말하며 모두 (육)납이 반드시 패할 것을 알았다고 썼다. 또한 용 두 마리가 성 서쪽 강 속에서 뛰어올라 하늘로 올라가며 멀리 강물을 비추니 부로(父老)들이 모두 슬퍼하며 "지룡(地龍)이 이미 떠났으니 나라가

得上馬, 遂免難."

80) 『南史』 卷63 「王僧辯傳」, 1537면, "元帝以僧辯爲征東將軍、開府儀同三司、江州刺史, 封長寧縣公, 命卽率巴陵諸軍沿流討景. 攻拔魯山, 仍攻郢, 卽入羅城. 又有大星如車輪墜賊營, 去地十丈變成火, 一時碎散. 有龍自城出, 五色光耀, 入城前鸚鵡洲水中."

81) 『南史』 卷63 「王僧辯傳」, 1538면, "郢州旣平, 僧辯進師尋陽. 軍人多夢周何二廟神云 : '吾已助天子討賊.' 自稱征討大將軍, 並乘朱航. 俄而反曰 : '已殺景.' 同夢者數十百焉."

82) 본문은 '夾檻'으로 되어 있지만, 『南史』의 原文은 '挾艦'이다.

83) 『南史』 卷63 「王僧辯傳」, 1538면, "及發鵲頭, 中江而風浪, 師人咸懼. 僧辯再拜告天曰 : '僧辯忠臣, 奉辭伐罪, 社稷中興, 當使風息; 若鼎命中淪, 請從此逝.' 言訖風止, 自此遂泛安流. 有羣魚躍水飛空引導, 賊望官軍上有五色雲, 雙龍挾艦, 行甚迅疾."

망할 것이로다"라고 말했다고 썼다.[84]

이와 같은 여러 가지 것들을 반드시 하나하나 꾸며 넣었던 것이니, 문장을 쓰는 것이 도리어 껄끄러움이 많아 『양서』의 시원하고 예리함만 못한 것도 이상할 것이 없다.

150. 『양서』와 『남사』 두 사서가 서로 다른 부분 梁南二史岐互處

「장사사왕(長沙嗣王) (소)업전(蕭業傳)」을 보면, 『양서(梁書)』에서는 그 아버지 (소)의(蕭懿)에 대해 서술하길, 동혼후(東昏侯)가 무도하자 최혜경(崔慧景)이 강하왕(江夏王) (소)보원(蕭寶元[85])을 받들고 대성(臺城)을 포위하니, 동혼후는 (소)의를 불러들여 와서 도우라고 했다. (소)의는 당시 역양(歷陽)에 있었는데, 바로 젓가락을 던지고는 일어나 군사를 이끌고 나아가 (최)혜경을 패배시켰으며, 이에 (소)의에게 시중·상서령(侍中尙書令)을 더했다. 그러나 (동혼후의) 총애하는 신하인 여법진(茹法珍) 등이 (소)의가 공이 높고 지위가 무거운 것을 시기하여, 바로 동혼후를 꾀어 (소)의를 사사하게 했다.[86]

---

84) 『南史』 卷63 「王僧辯傳」, 1539면, "及湘州賊陸納等攻破衡州刺史丁道貴, 而李洪雅又自零陵稱助討納. 旣而朝廷未達其心, 詔徵僧辯就宜豐侯循南征, 爲都督東上諸軍事. …… 時納等據車輪, 夾岸爲城, …… 時天日淸明, 初無雲霧, 軍發之際, 忽然風雨, 時人謂爲泣軍, 百姓竊言知其敗也. 三月庚寅, 有兩龍自城西江中騰躍升天, 五色分明, 遙映江水. 百姓咸仰面目之, 父老或聚而悲, 竊相謂曰 : '地龍已去, 國其亡乎'."

85) 『梁書』에서는 '寶玄'이라고 되어 있다.

86) 『梁書』 卷23 「長沙嗣王業傳」, 359~360면, "長沙嗣王業字靜曠, 高祖長兄懿之子也. 懿字元達, 少有令譽. …… 旣而平西將軍崔慧景入寇京邑, 奉江夏王寶玄圍臺城, 齊室大亂, 詔徵懿. 懿時方食, 投箸而起, 率銳卒三千人援城. 慧景遣其子覺來拒, 懿奔擊大破之, 覺單騎走. 乘勝而進, 慧景衆潰, 追斬之. 授侍中、尙書右僕射, 未拜, 仍遷尙書令、都督征討水陸諸軍事、持節、將軍如故, 增邑二千五百戶. 時東昏肆虐, 茹法珍、王咺之等執政, 宿臣舊將, 並見誅夷, 懿旣立元勳, 獨居朝右, 深爲法珍等所

그런데 『남사(南史)』「(소)의전(蕭懿傳)」을 보면, (소)의가 군사를 이끌고 구원하러 갈 때에 무제(武帝)가 우안복(虞安福)을 보내어 (소)의에게 역적을 주살한 후 병사를 정돈하여 궁에 들어가 이・곽(伊・霍)의 고사[87]대로 행해야 할 것이며, (그렇지 않고) 만약 군사를 해산하고 후한 작록만을 받는다면 반드시 후회가 생길 것이라고 권했다. (소)의가 이를 따르지 않아 마침내 어려움에 이르렀다고 서술하였다.[88]

생각건대, (소)의가 역양에 있으면서 조칙을 듣고 바로 갔으면 하루 이틀 만에 이미 서울에 이르러 (최)혜경을 패배시켰을 것이다. 그때에 무제는 마침 양양(襄陽)에 있었으므로 서울에서 거리가 2천 리나 되니, 어찌 그 일을 미리 알아 아직 (최)혜경을 패배시키기 전에 사자를 보낼 수 있었겠는가. 이는 분명 틀린 것이다. 『양서』 열전을 보면, 무제가 (소)의에게 폐립을 권한 내용이 없고, 『남사』에서는 (최)혜경이 아직 반란을 일으키기 전에 무제가 조조열(趙祖悅[89])을 보내 (소)의에게 진양(晉陽)의 군사를 일으킬 것을 권했다고 했는데,[90] 곧 이 한 가지 일을 가지고 두 군데에 연결시켰을 뿐이다.

「소릉왕(邵陵王) (소)륜전(蕭綸傳)」을 보면, 『양서』에서는 그가 젊어서 단양윤(丹陽尹)이었을 때에 가난한 어민들의 생업을 침범하여 소부승(少

懼, 乃說東昏曰:'懿將行隆昌故事, 陛下命在晷刻.' 東昏信之, 將加酷害, 而懿所親知之, 密具舟江渚, 勸令西奔. 懿曰:'古皆有死, 豈有叛走尙書令耶?' 遂遇禍."

87) 伊는 伊尹을 이르며, 霍은 霍光을 뜻한다. 이들의 고사는, 곧 伊尹이 太甲을, 霍光이 昌邑王을 폐한 것을 이른다.

88) 『南史』 卷51 「梁長沙宣武王懿傳」, 1266면, "旣而平西將軍崔慧景入寇, 奉江夏王寶玄圍臺城, 齊室大亂, 馳信召懿. 懿時方食, 投箸而起, 率銳卒三千人入援. 武帝馳遣虞安福下都說懿曰:'誅賊之後, 則有不賞之功, 當明君賢主, 尙或難立; 況於亂朝, 何以自免. 若賊滅之後, 仍勒兵入宮, 行伊、霍故事, 此萬世一時. 若不欲爾, 便放表還歷陽, 託以外拒爲事, 則威振內外, 誰敢不從. 一朝放兵, 受其厚爵, 高而無人, 必生後悔.' 長史徐曜甫亦苦勸, 並不從. 慧景遣其子覺來拒, 懿擊大破之, 乘勝而進, 慧景衆潰, 追斬之."

89) 『南史』의 원문에는 '趙景悅'이라고 되어 있다.

90) 『南史』 卷51 「梁長沙宣武王懿傳」, 1266면, "武帝時在雍州, 遣典籤趙景悅說懿興晉陽之甲, 誅君側之罪. 懿不答."

府丞)[91] 하지통(何智通)이 이 일로 상주하게 되니, (소)륜이 대자고(戴子高)를 시켜 (하)지통을 찔러 죽이게 했다고 썼다. (하)지통의 아들이 이를 대궐 아래에서 호소하니, (무)제가 명령을 내려 (소)륜의 집을 포위하고 (대)자고를 체포하게 했으나, (소)륜은 그를 숨기고 끝내 내놓지 않아 이 일로 파직 당했다가 나중에 다시 관작을 회복했다.[92] (『양서』에서) (소)륜의 좋지 않은 점을 쓴 것은 이와 같은 정도뿐이다.

그러나 『남사』에서는, 더 보태어 (소)륜이 (무)제의 칙명으로 책임추궁을 당하자, 이에 용모가 (무)제와 비슷한 한 노인을 데려다가 곤룡포와 면류관을 입혀 놓고, 그가 임금인 것처럼 입조했으며, 스스로 죄가 없다고 진술하고 나서, 돌아서서는 그 노인의 옷을 벗기고 뜰에서 매질을 했다고 했다.[93] 또한, 소명태자(昭明太子)가 죽고 나서 (무)제가 간문제(簡文帝)를 태자로 세우자, (소)륜은 이것이 잘못된 일이라고 여겨 이에 군사를 풀숲에 숨겨 두고 항상 어가의 거동을 엿보고 있었는데, 장승윤(張僧胤)[94]이란 사람이 이를 알게 되어 음모가 누설되었다. 또 곡아주(曲阿酒)[95] 백 그릇을 헌상했는데, (무)제가 이를 시인(寺人)[96]에게 하사하니 그것을 마시고 나서 죽고 말았다.[97] 무제는 이로부터 비로소 안심할 수가 없어 매번 호

---

91) 少府丞 : 山海池澤의 산물을 거두어 바치는 일을 담당하는 직책.

92) 『梁書』 卷29 「邵陵攜王綸傳」, 431~432면, "邵陵攜王綸字世調, 高祖第六子也. …… 中大通元年, 爲丹陽尹. 四年, 爲侍中、宣惠將軍、揚州刺史. 以侵漁細民, 少府丞何智通以事啓聞, 綸知之, 令客戴子高於都巷刺殺之. 智通子訴于闕下, 高祖令圍綸第, 捕子高, 綸匿之, 竟不出. 坐免爲庶人. 頃之, 復封爵."

93) 『南史』 卷53 「梁邵陵攜王綸傳」, 1322~1323면, "帝始嚴責, 綸不能改, 於是遣代. 綸悖慢逾甚, 乃取一老公短瘦類帝者, 加以衮冕, 置之高坐, 朝以爲君, 自陳無罪. 使就坐剝褫, 捶之於庭. 忽作新棺木, 貯司馬崔會意, 以轜車挽歌爲送葬之法, 使嫗乘車悲號. 會意不堪, 輕騎還都以聞. 帝恐其奔逸, 以禁兵取之, 將於獄賜盡. 昭明太子流涕固諫, 得免, 免官削爵土還第. 大通元年, 復封爵."

94) [王注] 張僧胤의 '胤'은 原刻本에는 '倖'이라고 되어 있으나, 西畬本에서 이미 개정하였다.

95) 曲阿酒 : 현재 江蘇省 丹陽縣에 해당하는 曲阿에서 생산되었던 좋은 술.

96) 寺人 : 임금을 곁에서 모시는 신하. 後宮의 사무를 맡은 벼슬. 宦官 등을 이른다.

97) 본문에는 '薨'이라고 하였으나, 『南史』의 원문에는 '斃'로 표현하고 있다.

위병을 더하여 궁궐을 경호하게 했다고 한다.[98]

생각건대, (소)륜은 후경(侯景)이 변고를 일으켰을 때에 군사를 이끌고 구원을 와서 종산(鍾山)의 전투에서 가장 힘을 쓴 이였으며,[99] 나중에 군사가 패하여 도망쳤다. 상동왕(湘東王) (소)역(蕭繹)이 하동왕(河東王) (소)예(蕭譽)를 군사로 포위했다는 소식을 듣고 상동왕에게 편지를 써서 집안 문제로 생긴 분풀이를 그만두고 임금인 아버지의 어려움을 구하러 갈 것을 권했다. 그러나 상동(왕)은 이 말을 듣지 않고 도리어 군사로 (소)륜을 핍박하니, (소)륜은 결국 제창(齊昌)으로 도망쳐 들어갔지만, 오히려 일을 바로잡아 회복시킬 것을 생각하다가 서위(西魏) 군사의 공격을 받아 피살되었던 것이다.[100] 이렇게 보면 (소)륜은 반역한 것이 아니다. 또한 (무)제가 먼저 그(소륜)가 반란을 일으킬 것을 막고자 호위병을 더하여 방비했다면, 후경이 모반했을 때에 어찌 또 정토대도독(征討大都督)의 권한을 기꺼이 맡겨 그에게 모든 군사를 통솔하여 적을 토벌하도록 했겠는가?[101] 이는 역시 분명 『남사』가 특이한 소문을 채집하는 것을 좋아하여 그 일의 진위를 제대로 궁구하지 않은 것이다.

「무릉왕(武陵王) (소)기전(蕭紀傳)」을 보면, 『양서』에서는 후경이 반란을

98) 『南史』 卷53 「梁邵陵攜王綸傳」, 1326면, “初, 昭明之薨, 簡文入居監撫, 綸不謂德舉, 而云 ‘時無豫章, 故以次立’. 及廬陵之沒, 綸觖望滋甚, 於是伏兵于莽, 用伺車駕. 而臺舍人張僧胤知之, 其謀頗洩. 又綸獻曲阿酒百器, 上以賜寺人, 飲之而斃. 上乃不自安, 頗加衛士, 以警宮內.”

99) 『南史』 卷53 「梁邵陵攜王綸傳」, 1323~1324면, “侯景構逆, 加征討大都督, 率衆討景. …… 遂率西豐公大春、新淦公大成等步騎三萬發京口, 將軍趙伯超請從徑路直指鍾山, 出其不意, 綸從之. 衆軍奄至, 賊徒大駭, 分爲三道攻綸, 綸大破之. 翌日, 賊又來攻, 日晩賊稍退. 南安侯駿以數十騎馳之, 賊回拒駿, 駿部亂, 賊因逼大軍, 大軍潰. 綸至鍾山戰敗, 奔還京口.”

100) 『梁書』 卷29 「邵陵攜王綸傳」, 433~436면, “時元帝圍河東王譽於長沙既久, 內外斷絕, 綸聞其急, 欲往救之, 爲軍糧不繼, 遂止. 乃與世祖書曰 : …… 時綸長史韋質、司馬姜律先在于外, 聞綸敗, 馳往迎之, 於是復收散卒, 屯于齊昌郡, 將引魏軍共攻南陽. …… 西魏遣大將軍楊忠、儀同侯幾通率衆赴焉. …… 忠等執綸, 綸不爲屈, 遂害之, 投于江岸, 經日顏色不變, 鳥獸莫敢近焉. 時年三十三.”

101) 『梁書』 卷29 「邵陵攜王綸傳」, 432면, “侯景構逆, 加征討大都督, 率衆討景.”

일으켰을 때 (소)기가 구원하러 가지 않았다고 했다.[102] (그러나) 『남사』에서는 (소)기가 먼저 세자 (소)원조(蕭圓照)[103]를 시켜 군사 삼만을 거느리고 상동왕 (소)역의 지시를 받게 했는데, (소)역이 일단 백제(白帝)에 머무르라고 하며 동쪽으로 내려가는 것을 허락하지 않았다고 했다. 무제가 죽었다는 소식이 이르자 (소)기는 군사를 거느리고 나서려고 했는데, (소)역은 또 호지감(胡智監)을 촉(蜀)으로 보내 그것을 그만두게 했다.[104] 이는 (소)기가 일찍이 군사를 일으키지 않았던 것은 아니라는 것이다. 그런데 『양서』에서 군사를 일으키지 않았다고 한 것은 아마 원제(元帝) 때 쓰인 국사(國史)에 바탕을 두었기 때문일 것이나. 원제가 (소)기를 살해하고 나서 대역의 흔적을 드러내고자 하여 이런 말이 있게 된 것이니, 이른바 '죄를 덮어씌우려 하는 데에 그 증거가 되는 말이 어디 없겠는가[欲加之罪, 其無辭乎]'[105]라는 것이다. 이 일은 마땅히 『남사』가 올바르다 해야 할 것이다.

「왕승유전(王僧孺傳)」을 보면, 『양서』에서는 그가 남강왕(南康王)의 장사(長史)였을 때 전첨(典籤)의 중상모략을 당해 자리에서 물러나게 되자, 왕부(王府)를 떠나며 쓴 편지[箋][106] 천여 자를 싣고 있다.[107] 그 편지를 살펴

102) 『梁書』 卷55 「武陵王紀傳」, 826면, "及太淸中, 侯景亂, 紀不赴援."

103) 『南史』 卷53 「梁武陵王紀傳」, 1331면, "圓照字明周, 中大同初, 爲益州東齋郎、宋寧宋興二郡太守. 遠鎭諸王世子皆在建鄴質守, 帝特愛紀, 故遣以副紀. 紀之搆釁, 悉其謀也."

104) 『南史』 卷53 「梁武陵王紀傳」, 1328~1329면, "大寶元年六月辛酉, 紀乃移告諸州征鎭, 遣世子圓照領二蜀精兵三萬, 受湘東王繹節度. 繹命圓照且頓白帝, 未許東下. 七月甲辰, 湘東王繹遣鮑檢報紀以武帝崩問. 十一月壬寅, 紀總戎將發益鎭, 繹使胡智監至蜀, 以書止之曰: '蜀中斗絶, 易動難安, 弟可鎭之, 吾自當滅賊.'"

105) 『春秋左氏傳』에 이와 같은 말이 보인다. 『春秋左氏傳』 「僖公 10年」條, "夏四月 …… 將殺里克, 公使謂之曰: '微子, 則不及此. 雖然子弑二君與一大夫, 爲子君者不亦難乎?' 對曰: '不有廢也, 君何以興? 欲加之罪, 其無辭乎?' 臣聞命矣."

106) 箋: 형식을 갖추어 윗사람에게 올리는 글을 이르기도 하고, 단순히 편지를 이르기도 한다. 『梁書』의 본문은 '牋'으로 되어 있다.

107) 『梁書』 卷33 「王僧孺傳」, 471면, "王典籤湯道愍暱於王, 用事府內, 僧孺每裁抑之, 道愍遂謗訟僧孺, 逮詣南司. 奉牋辭府曰: '下官不能避溺山隅, 而正冠李下, …… 顧步高軒, 悲如霰委; 踟躕下席, 淚若綆縻'."

보면 “하생(何生)을 떠나고 보니, 높은 나무에는 향기가 짙다(去矣何生, 高樹芳烈)”라는 말이 있는데, 이미 왕부를 떠나면서 어찌 유독 하생을 칭하는지,[108] 특히 이해할 수 없다. 『남사』에서는 비록 이 문장을 삭제했으나, (왕)승유가 떠나려 할 때 친구 하형(何烱)[109]이란 사람이 왕부에 여전히 있어, (왕)승유가 (하)형에게 편지를 보내 그 뜻을 보였다고 하니,[110] 그런 후에 ‘하생’이라는 구절이 비로소 그 뜻이 분명해지는데, 이는 아마도 하형과 이별하는 편지이지, 왕부를 떠나며 쓴 편지는 아닐 것이다. 이것 또한 『남사』가 상세한 곳을 볼 수 있다.

또 「임방전(任昉傳)」을 보면, 『양서』와 『남사』가 모두 (임)방이 신안태수(新安太守)로 나갔다가 관직에 있으면서 죽었다고 했다.[111] 유효표(劉孝標)의 「광절교론(廣絶交論)」에는 “동월(東粵)에서 눈을 감으니, 아득히 외로운 여러 고아들은 큰 바다의 남쪽에서 떠돌아다니며 독한 기운이 서려 있는 땅에서 목숨을 붙이고 있다”[112]라고 했으니, 이는 곧 (임)방이 월(粵) 땅에서 죽은 것이지 신안(新安)에서 죽은 것이 아니며, (이 부분은) 두 책이 모두 잘못되었다.

---

108) 이 구절은 王僧孺가 쓴 箋에 나오는 것이 아니라, 그 바로 뒤에 보이는 왕승유가 벗인 하형에게 보낸 편지에 나온다. 또한, 趙翼이 편지가 천여 자라고 했으니, 응당 뒤에 나오는 편지를 지칭하는 것이다. 이 부분은 趙翼이 箋과 書 두 글을 구분하지 않았던 착오로 인한 것이다. 『梁書』 卷33 「王僧孺傳」, 471~474면, “僧孺坐免官, 久之不調. 友人廬江何炯猶爲王府記室, 乃致書於炯, 以見其意. 曰 : ‘近別之後, …… 去矣何生, 高樹芳烈. 裁書代面, 筆淚俱下’.”

109) 『南史』 원문에는 ‘何炯’이라고 표기했다. 『南史』 卷30 「何炯傳」, 794면, “何炯字士光, 胤從弟也. 父撙, 太中大夫.”

110) 『南史』 卷59 「王僧孺傳」, 1461면, “爲王典籤湯道愍所糾, 逮詣南司, 坐免官, 久之不調. 友人廬江何炯猶爲王府記室, 僧孺乃與炯書以見其意.”

111) 『梁書』 卷14 「任昉傳」, 254면, “六年春, 出爲寧朔將軍、新安太守. …… 視事朞歲, 卒於官舍, 時年四十九”; 『南史』 卷59 「任昉傳」, 1454면, “出爲新安太守, 在郡不事邊幅, 率然曳杖, 徒行邑郭. …… 卒於官, 唯有桃花米二十石, 無以爲斂.”

112) 『南史』 卷59 「任昉傳」, 1455~1459면, “乃著廣絶交論以譏其舊交曰 : ‘…… 及瞑目東粵, 歸骸洛浦, 繐帳猶懸, 門罕漬酒之彦, 墳未宿草, 野絶動輪之賓. 藐爾諸孤, 朝不謀夕, 流離大海之南, 寄命瘴癘之地. ……’.”

151. 『남사』는 『진서』에 대해 심하게 더하거나 삭제한 것이 없다 南史於陳書無甚增刪

『남사(南史)』는 다른 사서에 대해서는 더하고 삭제한 바가 많으나, 유독 『진서(陳書)』의 경우는 (더하거나 삭제한 바가) 매우 적다. 지금 두 책을 비교해 보면, 예컨대 「두승명(杜僧明)(전)」[113] 「주문육(周文育)(전)」[114] 「후안도(侯安都)(전)」[115] 「후진(侯瑱)(전)」[116] 「구양위(歐陽頠)(전)」[117] 「오명철(吳明徹)(전)」[118] 「황법구(黃法𣰋)(전)」[119] 「순우량(淳于量)(전)」[120] 「장소달(章昭達)(전)」[121] 「정령세(程靈洗)(전)」[122] 등의 열전은 대개 서로 같되 다만 그 자구(字句)를 약간 조절했을 뿐이다.

『진서』에는 있는데 『남사』에서는 삭제한 것으로는, 「주철호전(周鐵虎傳)」에서 마명(馬明)이 전사한 일을 없앴고,[123] 「임충전(任忠傳)」에서 후주(後主)가 총애하는 신하인 심객경(沈客卿), 시문경(施文慶)이 권력을 농단하고 나라를 망친 일을 뺐으며,[124] 「화교전(華皎傳)」에서 대승삭(戴僧朔), 조경(曹慶), 전명(錢明),[125] 반지건(潘智虔), 노한(魯閑), 석혜략(席慧略) 등을 덧

---

113) 『陳書』 卷8 「杜僧明傳」, 135~137면; 『南史』 卷66 「杜僧明傳」, 1599~1601면.
114) 『陳書』 卷8 「周文育傳」, 137~141면; 『南史』 卷66 「周文育傳」, 1601~1605면.
115) 『陳書』 卷8 「侯安都傳」, 143~149면; 『南史』 卷66 「侯安都傳」, 1608~1613면.
116) 『陳書』 卷9 「侯瑱傳」, 153~156면; 『南史』 卷66 「侯瑱傳」, 1606~1608면.
117) 『陳書』 卷9 「歐陽頠傳」, 157~159면; 『南史』 卷66 「歐陽頠傳」, 1613~1615면.
118) 『陳書』 卷9 「吳明徹傳」, 160~164면; 『南史』 卷66 「吳明徹傳」, 1621~1623면.
119) 『陳書』 卷11 「黃法𣰋傳」, 177~179면; 『南史』 卷66 「黃法𣰋傳」, 1616~1617면.
120) 『陳書』 卷11 「淳于量傳」, 179~181면; 『南史』 卷66 「淳于量傳」, 1617~1618면.
121) 『陳書』 卷11 「章昭達傳」, 181~184면; 『南史』 卷66 「章昭達傳」, 1618~1620면.
122) 『陳書』 卷10 「程靈洗傳」, 171~173면; 『南史』 卷67 「程靈洗傳」, 1632~1633면.
123) 『陳書』 卷10 「周鐵虎傳」, 171면, "時有盱眙馬明, 字世朗, 梁世事鄱陽嗣王蕭範. …… 亦隨文育西征王琳, 於沌口軍敗, 明力戰死之, 贈使持節、征西將軍、郢州刺史."
124) 『陳書』 卷31 「任忠傳」, 414~415면, "時有沈客卿者, 吳興武康人, 性便佞忍酷, 爲中書舍人, 每立異端, 唯以刻削百姓爲事, 由是自進. 有施文慶者, 吳興烏程人, 起自微賤, 有吏用, 後主拔爲主書, 遷中書舍人, 俄擢爲湘州刺史. …… 文慶、客卿俱掌機密, 外有表啓, 皆由其呈奏. 文慶心悅湘州重鎭, 冀欲早行, 遂與客卿共爲表裏, 抑而不言, 後主弗之知也, 遂以無備, 至乎敗國, 寔二人之罪. 隋軍旣入, 竝戮之於前闕."

붙인 것을 없앴고,[126] 「부재전(傅縡傳)」에서 그의 「명도론(明道論)」 한 편[127]을 삭제했으며, 또 「심형전(沈炯傳)」에서 그가 부모님을 돌아가실 때까지 봉양하겠다고 청한 상소 한 편[128]을 삭제하고 답하는 조서 한 편만을 기록했으며,[129] 「강총전(江總傳)」에서 그의 「수심부(修心賦)」 한 편[130]을 삭제했을 뿐이다.

『진서』에 없는 것을 더한 것 및 『진서』에서 간략한 것을 상세히 서술한 것으로는, 예컨대 「소마가전(蕭摩訶傳)」을 보면, 수(隋)나라 장수 하약필(賀若弼)[131]의 군사가 건업(建業)에 이르자 노광달(魯廣達)[132]이 힘써 싸웠

---

125) 【王注】 原刻本에는 '明' 밑에 '本'字가 있었는데 衍文이었고, 그 밑에는 '潘智虔' 세 글자가 빠져 있었는데, 西畬本에서는 衍文은 빼으나 빠진 글자를 보충하지는 않았다.

126) 『陳書』 卷20 「華皎傳」, 273~274면, "戴僧朔, 吳郡錢塘人也. 有膂力, 勇健善戰, 族兄右將軍僧錫甚愛之. …… 曹慶本王琳將, 蕭莊僞署左衛將軍、吳州刺史, 部領亞於潘純陁. 琳敗, 文帝以配皎, 官至長沙太守. 錢明, 本高祖主帥, 後歷湘州諸郡守. 潘智虔, 純陁之子, 少有志氣, 年二十爲巴陵內史. 魯閑, 吳郡錢塘人. 席慧略, 安定人. 閑本張彪主帥, 慧略王琳部下, 文帝皆配于皎, 官至郡守."

127) 『陳書』 卷30 「傅縡傳」, 401~406면, "時有大心暠法師著无諍論以詆之, 縡乃爲明道論, 用釋其難. 其略曰 : ……."

128) 본문은 '沈烱'으로 표기했으나, 『陳書』와 『南史』는 모두 '沈炯'으로 썼다. 『陳書』 卷19 「沈炯傳」, 254~255면, "文帝嗣位, 又表曰 : '臣嬰生不幸, 弱冠而孤, 母子零丁, 兄弟相長. …… 特乞霈然申其私禮, 則王者之德, 覃及無方, 矧彼翔沈, 孰非涵養'. 詔答曰 : '省表具懷. …… 尋敕所由, 相迎尊累, 使卿公私得所, 並無廢也.'"

129) 『南史』 卷69 「沈炯傳」, 1678면, "陳武帝受禪, 加通直散騎常侍. 表求歸養, 詔不許. 文帝嗣位, 又表求去, 詔答曰 : '當敕所由, 相迎尊累, 使卿公私無廢也'."

130) 『陳書』 卷27 「江總傳」, 344~345면, "臺城陷, 總避難崎嶇, 累年至會稽郡, 憩於龍華寺, 乃製修心賦, 略序時事. 其辭曰 : ……."

131) 賀若弼(544~607) : 隋 河南 洛陽 사람으로 字는 輔伯이다. 널리 책을 읽었으며, 용맹하고 활쏘기에 능했다. 北周 齊王 宇文憲의 記室이 되었고, 韋孝寬을 따라 자주 전공을 세워 壽州刺史가 되었다. 隋初 吳州總管이 되어 晉王 楊廣의 節度를 받아 陳을 공격하였다. 長江을 건너 京口를 점령하고 建康을 공격하여 蔣山에서 陳軍의 주력을 대파하고 陳將 蕭摩訶 등을 사로잡았다. 陳이 망한 후 韓擒虎와 함께 功을 다투었으며 上柱國 右武候大將軍 宋國公에 봉해졌다. 가문이 좋고 공적이 뛰어난데도 재상이 되지 못하자 楊素・高熲에 불복하는 등 文帝의 노여움을 사서 庶民이 되었다. 후에 爵位를 회복했으나 벼슬하지 못하였다. 大業 3년(607) 楊濟를 따라 榆林으로 北巡할 때 高熲 등과 함께 朝政을 비방했다는 죄목으로 피살되었다.

132) 『南史』 卷67 「魯廣達傳」, 1644면, "廣達字偏覽, 少慷慨, 志立功名, 虛心愛士, 賓客自遠而至."

는데, 하약필은 일곱 총관(總管)에게 병사 8천 명을 주고 각각 군진을 정돈하여 그를 기다리도록 했다. (하약)필이 몸소 (노)광달과 맞섰는데 휘하에서 죽은 자가 270여 명이나 되었으며, (하약)필은 불을 질러 연기를 피움으로써 스스로를 숨기고는 움츠렸다가 다시 떨쳐 일어났다. 진(陳)나라 사람들은 사람의 머리를 얻으면 그때마다 달려가 후주에게 바치고 상을 받았다. (하약)필이 다시 공범(孔範)[133]의 군을 쫓아가자 (공)범은 패배해 달아났고 진나라 군사는 드디어 궤멸되었다. 수나라 장수가 소마가를 사로잡아 (하약)필에게 보냈는데, (하약)필이 칼을 목에 댔는데도 (소마가가) 말과 얼굴빛이 굽힘이 없자 곧 그를 풀어주고 예로써 대했다.[134]

또 「진혜기전(陳慧紀傳)」을 보면, (진)혜기[135]는 수나라 군사가 건업을 공격했다는 말을 듣고는 먼저 여숙(呂肅)[136]을 보내 무협(巫峽)을 차지하게 하고 쇠사슬로 강을 가로질러 40여 번 전투하였으며, 수나라 군사는 죽은 사람이 5천여 명이었는데, 진나라 군사들은 모두 그 코를 가져가서 상을 받으려 했다. 수나라 군사들은 진나라 병졸을 잡아도 곧 그들을 석방해 보냈다. 별수(別帥) 요세총(廖世寵)이 수나라에 거짓으로 항복해서 수나라 함대를 불태우려고 했으나, 풍랑이 크게 일어 불이 도리어 진나라 배를

133) 『南史』 卷77 「孔範傳」, 1941면, "孔範字法言, 會稽山陰人也. 曾祖景偉, 齊散騎常侍. 祖滔, 梁海鹽令. 父岱, 歷職清顯."

134) 『南史』 卷67 「蕭摩訶傳」, 1649면, "後主通於摩訶之妻, 故摩訶雖領勁兵八千, 初無戰意, 唯魯廣達、田端以其徒力戰. 賀若弼及所部行軍七總管楊牙、韓洪、員明、黃昕、張默言、達奚隆、張辯等甲士凡八千人, 各勒陣以待之. 弼躬當魯廣達, 麾下戰死者二百七十三人, 弼縱煙以自隱, 窘而復振. 陳兵得人頭, 皆走獻後主, 求賞金銀. 弼更趣孔範, 範兵暫交便敗走. 陳軍盡潰, 死者五千人. 諸門衛皆走, 黃昕馳燒北掖門而入. 員明禽摩訶以送弼, 弼以刀臨頸, 詞色不撓, 乃釋而禮之."

135) 『陳書』 卷15 「陳慧紀傳」, 219면, "陳慧紀字元方, 高祖之從孫也. 涉獵書史, 負才任氣. 高祖平侯景, 慧紀從焉."

136) 『陳書』에서는 呂忠肅이라고 하였다. 『陳書』 卷15 「陳慧紀傳」, 220면, "及隋師濟江, 元帥清河公楊素下自巴硤, 慧紀遣其將呂忠肅、陸倫等拒之, 戰敗, 素進據馬頭"; 『陳書』 卷15 「陳慧紀傳」 注, 221면, "慧紀遣其將呂忠肅陸倫等拒之殿本考證云: '南史無'忠'字, 亦不載陸倫'. 今按 …… 南史無'忠'字, 蓋改複名爲單名. 隋書楊素傳'忠'作'仲', 則避隋文帝父楊忠諱改."

불태우는 바람에 진나라 군사가 대패하자, (진)혜기는 여전히 병사를 거느리고 동쪽으로 내려갔다. 수나라 진왕(晉王) (양)광(楊廣)이 사신을 보내 (진)혜기의 아들이 왔다고 하며 항복할 것을 권유하고, 또 항복한 장수 번의(樊毅)[137] 등을 시켜 상류에 있는 성의 수비대가 모두 흩어졌다고 말하게 하자, (진)혜기는 부득이하게 항복했다.[138] 이는 『진서』에서는 간략한 바를 상세히 한 것이다.

「임충전(任忠傳)」을 보면, (임)충은 수나라에 항복하고 몇 년이 지나 죽었는데,[139] 수 문제(文帝)가 여러 신하들에게 "진나라를 막 평정했을 당시 나는 임만노(任蠻奴)[140]를 죽이지 않은 것을 후회하고 있다. 다른 사람이 주는 영화와 봉록을 받고, 아울러 중책을 맡긴 일을 담당했으면서도 진시(陳屍)하지는 못할지언정 '힘을 쓸 수가 없었다'라고만 말하니, 홍연(弘演)이 주군의 간을 자기 몸 안에 넣은 것[141]과 얼마나 다른가"라고 말했다.[142]

---

137) 『陳書』 卷31 「樊毅傳」, 415면, "樊毅字智烈, 南陽湖陽人也."

138) 『南史』 卷65 「陳宜黃侯慧紀傳」, 1573면, "禎明三年, 隋師濟江, 慧紀率將士三萬人, 船艦千餘乘, 沿江而下, 欲趣臺城. 遣南康太守呂肅將兵據巫峽, 以五條鐵鎖橫江, 肅竭其私財以充軍用. 隋將楊素奮兵擊之, 四十餘戰, 爭馬鞍山及磨刀澗守險. 隋軍死者五千餘人, 陳人盡取其鼻, 以求功賞. 旣而隋軍屢捷, 獲陳之士, 三縱之. 肅乃遁保延洲. 別帥廖世寵領大舫詐降, 欲燒隋艦, 更決一死戰. 於是有五黃龍備衆色, 各長十餘丈, 驤首連接, 順流而東, 風浪大起, 雲霧晦冥, 陳人震駭, 不覺火自焚. 隋軍乘高艦, 張大弩以射之, 陳軍大敗, 風浪應時頓息.. 肅收餘衆東走. 慧紀時至漢口, 爲隋秦王俊拒, 不得進. 聞肅敗, 盡燒公安之儲, 僞引兵東下, 因推湘州刺史晉熙王叔文爲盟主. 水軍都督周羅睺與郢州刺史荀法尙守江夏. 及建鄴平, 隋晉王廣遣一使以慧紀子正業來喩, 又使樊毅喩羅睺, 其上流城戍悉解甲. 於是慧紀及巴州刺史畢寶並慟哭俱降. 慧紀入隋, 依例授儀同三司, 卒."

139) 『陳書』 卷31 「任忠傳」, 414면, "隋將韓擒虎自新林進軍, 忠乃率數騎往石子崗降之, 仍引擒虎軍共入南掖門. 臺城陷, 其年入長安, 隋授開府儀同三司. 卒, 時年七十七."

140) 任忠을 가리킨다. 蠻奴는 그의 小名이다. 『南史』 卷67 「任忠傳」, 1650면, "任忠字奉誠, 小名蠻奴, 汝陰人也."

141) 春秋時代 衛나라가 狄人의 공격을 받아 나라가 망하고 제후가 사망하는 지경에 이르렀다. 懿公의 시신은 狄人에게 먹히고 오직 肝만 남았는데, 懿公의 신하 弘演이라는 자가 자신의 배를 갈라 그 간을 몸속에 넣고 죽었다고 한다. 이 일은 劉向의 『新序』에 보인다.

142) 『南史』 卷67 「任忠傳」, 1652면, "隋文帝後以散騎常侍袁元友能直言於後主, 嘉之, 擢拜主爵侍郎, 謂羣臣曰 : '平陳之初, 我悔不殺任蠻奴. 受人榮祿, 兼當重寄, 不能橫屍, 云'無所用力', 與弘演納肝, 何其遠也'."

「부재전(傅縡傳)」을 보면, (부)재는 올바르게 간쟁하다가 죽었는데,[143] 죽은 뒤에 꼬리가 굽은 뱀이 와서 영좌(靈座) 위에 올랐으며, 돌아갔다가는 다시 오기를 백여 일 동안 했는데, 때때로 손가락을 튕기는 소리가 있었다.[144]

「오명철전(吳明徹傳)」을 보면, (오)명철은 (북)주(北周)에 사로잡혀서 회덕군공(懷德郡公)에 봉해졌다.[145] 「의양왕(義陽王) (진)숙달전(陳叔達傳)」을 보면, 『진서』에서는 단지 그가 수나라에서 강군통수(絳郡通守)가 되었다고만 기록되어 있으나,[146] 『남사』에서는 아울러 그가 당(唐)나라에서 예부상서(禮部尙書)가 되었음도 기록했다.[147] 이는 모두 『진서』에는 없는 바를 『남사』에서 더한 것이다.

그 나머지는 다만 문장 쓰는 것만 줄이고, 사적을 첨가해 늘어놓은 것이 전혀 없다. 아마도 이연수(李延壽)가 『남사』 『북사(北史)』 두 사서를 짓는데 17년이 걸렸으므로 『진서』 부분을 지을 차례가 되어서는 이미 정력이 점차 다한 까닭에 많이 수집할 수 없었을 따름인 듯하다.

143) 『南史』 卷69 「傅縡傳」, 1686~1687면, "縡素剛, 因憤恚, 於獄中上書曰 : '夫人君者, 恭事上帝, 子愛黔黎, 省嗜慾, 遠諂佞, 未明求衣, 日旰忘食, 是以澤被區宇, 慶流子孫. …… 恐東南王氣, 自斯而盡.' 書奏, 後主大怒. 頃之稍解, 使謂曰 : '我欲赦卿, 卿能改過不?' 縡對曰 : '臣心如面, 臣面可改, 則臣心可改.' 後主於是益怒, 令宦者李善度窮其事, 賜死獄中."

144) 『南史』 卷69 「傅縡傳」, 1687면, "縡雖强直有才, 而毒惡傲慢, 爲當世所疾. 及死, 有惡蛇屈尾來上靈牀, 當前受祭酹, 去而復來者百餘日. 時時有彈指聲."

145) 『南史』 卷66 「吳明徹傳」, 1623면, "明徹窮蹙, 乃就執. 周封懷德郡公, 位大將軍."

146) 『陳書』 卷28 「義陽王叔達傳」, 372면, "義陽王叔達字子聰, 高宗第十七子也. 太建十四年, 立爲義陽王, 尋拜仁武將軍, 置佐史. 禎明元年, 除丹陽尹. 三年入關. 隋大業中爲內史, 至絳郡通守."

147) 『南史』 卷65 「陳 義陽王肅達傳」, 1589면, "義陽王叔達字子聰, 宣帝第十七子也. 太建十四年立. 位丹陽尹. 入隋, 大業中, 爲內史舍人, 絳郡通守. 武德中, 位侍中, 封江國公, 歷禮部尙書, 卒."

152. 『남사』와 『진서』가 서로 다른 내용南史與陳書歧互處

『남사(南史)』는 『진서(陳書)』에서 비록 심하게 보태거나 삭제한 것은 없지만, 그러나 가령 「형양왕전(衡陽王傳)」에서는 그가 문제(文帝)에게 해를 당한 것을 직서(直書)했고,[148] 「시흥왕(始興王) (진)백무전(陳伯茂傳)」에는 그가 선제(宣帝)에게 해를 당한 것을 직서했으며,[149] 「유사지전(劉師知傳)」에서 그가 양(梁)나라 경제(敬帝)를 해친 일을 직서해서[150] 간악함이 감추거나 숨겨질 수 없도록 했으니, 이는 『진서』에 비해 가장 공이 있다[趙注 : 이 내용은 모두 「진서피휘(陳書避諱)」[151] 부분 안에 보인다].

그밖에 『진서』와 서로 다른 부분을 보면, 「장사왕(長沙王) (진)숙견전(陳叔堅傳)」의 경우 『진서』에서는 후주(後主)가 (진)숙견[152]을 대우하는 것이 점차 소홀해지자 (진)숙견이 스스로 편치 못해 이에 사특한 방법[左道]으로 복을 빌며 나무를 깎아 인형을 만들어 도사의 옷을 입히고 밤낮으로 제사를 지내게 했다고 했다.[153] 어떤 사람이 글을 올려 그 일을 고하여 후주

---

148) 『南史』 卷65 「陳衡陽獻王昌傳」, 1574면, "三月甲戌入境, 詔令主書舍人緣道迎接. 丙子濟江, 於中流殞之, 使以溺告. 四月庚寅, 喪柩至都, 上親臨哭. 乃下詔贈假黃鉞、都督中外諸軍事、太宰、揚州牧, 葬送之儀, 一依漢東平憲王、齊豫章文獻王故事, 諡曰獻. 無子, 文帝以第七皇子伯信嗣."

149) 『南史』 卷65 「陳始興王傳」, 1578면, "光大二年, 皇太后令黜廢帝爲臨海王, 其日又下令降伯茂爲溫麻侯. 時六門之外有別館, 以爲諸王冠昏之所, 名爲昏第, 至是命伯茂出居之, 宣帝遣盜殞之於車中, 年十八."

150) 『南史』 卷68 「劉師知傳」, 1667면, "梁敬帝在內殿, 師知常侍左右. 及將加害, 師知詐帝令出, 帝覺, 遶牀走曰 : '師知賣我, 陳霸先反. 我本不須作天子, 何意見殺.' 師知執帝衣, 行事者加刃焉. 既而報陳武帝曰 : '事已了.' 武帝曰 : '卿乃忠於我, 後莫復爾.' 師知不對."

151) 본서 권9 「136. 『진서』에는 피휘한 것이 많다(陳書多避諱)」條를 참조하라.

152) 長沙王叔堅을 본문에는 줄여서 '堅'으로만 표기했다. 이는 곧 陳叔堅이므로, 姓을 생략한다 해도 '叔堅'으로 표시해야 하며, 이를 '堅'으로 줄여 쓰는 것은 적당치 않다. 『陳書』 卷28 「長沙王叔堅傳」, 366면, "長沙王叔堅字子成, 高宗第四子也."

153) 본문은 "刻木作偶人, 衣以道士服, 晝夜醮之."로 되어 있으나 『陳書』와 『南史』의 해당 원문은 "刻木爲偶人, 衣以道士之服(道士服), 施機關, 能拜跪, 晝夜於日月(星月)下醮之, 祝詛於上."(괄호 안이 『南史』의 표현)이라고 되어 있는 것을 보면, '醮'의 동

가 조칙을 내려 그를 문책하게 하자, (진)숙견이 "다른 까닭이 있는 것이 아니라 단지 가까이 사랑 받기를 구하고자 했을 따름입니다"라고 말했다.[154] 이는 사특한 방법에 따라 주술로 홀리는 것을 (진)숙견이 실제로 그러한 일을 했음이다. 『남사』에서는 후주가 몰래 사람을 시켜 주술로 홀리는 도구를 만들게 하고 또 사람을 시켜 그것을 고발하게 해서 조사를 실시해 사실인 것처럼 했다고 했다.[155] 이는 (진)숙견에게 본래 이러한 일이 없었으나 후주가 그를 무고하여 모함했을 뿐이라는 것이다.

또 강총(江總)[156]의 「자서(自序)」를 보면, 태건(太建)[157] 말년에 권세가 여러 소인배들에 옮겨가서 (그가) 여러 차례 억압받고 내침을 당했다. 평생 오로지 불교를 받들어 고(苦)와 공(空)을 깊이 깨우쳤다고 했다. 『진서』의 그의 열전에서는 이 「자서」에 대해 당시 사람들이 사실적인 기록이라 했다고 적었지만,[158] 『남사』에서는 이 「자서」에 대해 식자들이 그 말과 행적이 어긋난 것으로 비난했다고 기록했다.[159] 오직 이 두 열전만

작 주체는 '偶人'이라고 보는 편이 타당하다.

154) 『陳書』 卷28 「長沙王叔堅傳」, 367면, "叔堅因肆驕縱, 事多不法, 後主由是疎而忌之. …… 叔堅不自安, 稍怨望, 乃爲左道厭魅以求福助, 刻木爲偶人, 衣以道士之服, 施機關, 能拜跪, 晝夜於日月下醮之, 祝詛於上. 其年冬, 有人上書告其事, 案驗竝實, 後主召叔堅囚于西省, 將殺之. 其夜, 令近侍宣敕, 數之以罪, 叔堅對曰 : '臣之本心, 非有他故, 但欲求親媚耳. 臣旣犯天憲, 罪當萬死, 臣死之日, 必見叔陵, 願宣明詔, 責於九泉之下.' 後主感其前功, 乃赦之, 特免所居官, 以王還第."

155) 『南史』 卷65 「陳 長沙王叔堅傳」, 1586면, "時後主患創, 不能視事, 政無大小, 悉決于叔堅, 權傾朝廷, 後主由是疎忌之. …… 又陰令人造其厭魅, 刻木爲偶人, 衣以道士服, 施機關, 能拜跪, 晝夜於星月下醮之, 祝詛於上. 又令人上書告其事, 案驗令實."

156) 江聰(519~594) : 陳 濟陽郡 考城縣 사람으로 字는 總持이다. 18세에 梁 武陵王府 法曹參軍으로 起家한 후 侯景이 臺城을 함락하자 會稽 龍華寺로 피난했으며 후에 嶺南에 流寓하였다. 陳 天嘉 4년(563) 文帝가 中書侍郎으로 삼았으며, 후에 벼슬이 尙書令에 이르렀다. 학문을 좋아하고 문장에 능했으며, 五言詩와 七言詩에 능하였다. 陳이 망한 후 隋에 들어가 上開府가 되었고, 江都에서 죽었다. 文集 30권이 있는데 이미 亡佚되었고, 명대 사람들이 『江令君集』을 輯補하였다.

157) 太建 : 陳 宣帝의 연호. 569~582년.

158) 『陳書』 卷27 「江總傳」, 346~347면, "總嘗自敍其略曰 : '歷升淸顯, 備位朝列, 不邀世利, 不涉權幸. …… 暮齒官陳, 與攝山布上人遊款, 深悟苦空, 更復練戒, 運善於心, 行慈於物, 頗知自勵, 而不能蔬菲, 尙染塵勞, 以此負愧平生耳.' 總之自敍, 時人謂之實錄."

이 두 책에서 서로 다르다. 강총이 후주를 아첨으로 섬긴 것을 보면 「자서」와 같지 않으니, 역시 마땅히 『남사』를 정론으로 해야 할 것이다.

153. 송나라와 제나라에는 방탕한 군주가 많았다宋齊多荒主

고래로 방탕하고 어지러운 임금이 어느 왕조인들 없었겠는가만, 강좌(江左)160)의 송(宋), 제(齊) 두 왕조처럼 많았던 적은 없었다. 송 무제(武帝)는 뛰어난 호걸로 천하를 얻었으나 겨우 3년 뒤에 (유)의부(劉義符)161)(란 황제)가 있었다. 문제(文帝)의 원가(元嘉)162) 연간 30년은 평온하게 잘 다스려졌다고 일컬어졌으나 말년에 원흉(元凶) (유)소(劉劭)163)의 패역이 있었다. 효무제(孝武帝)의 재위 겨우 8년 뒤에 (유)자업(劉子業)164)이 있었다. 명제(明帝) 또한 8년 뒤에 (유)욱(劉昱)165)이 있었다. 제 고제(高帝), 무제 부자는 겨우 15년 뒤에 (소)소업(蕭昭業)166)이란 황제가 있었다. 명제(明帝)는 5년

159) 『南史』 卷36 「江總傳」, 946면, "其爲自序云 : '太建之時, 權移羣小, 諂嫉作威, 屢被摧黜, 奈何命也.' 識者譏其言跡之乖."

160) 江左 : 남조(南朝)를 이른다.

161) 南朝 宋 少帝를 이른다. 『宋書』 卷4 「少帝紀」, 63면, "少帝諱義符, 小字車兵, 武帝長子也. 母曰張夫人. 晉義熙二年, 生於京口. 武帝晩無男, 及帝生, 甚悅. 年十歲, 拜豫章公世子. 帝有旅力, 善騎射, 解音律. 宋臺建, 拜宋世子. 元熙元年, 進爲宋太子. 武帝受禪, 立爲皇太子."

162) 元嘉 : 南朝 宋 文帝의 연호. 424~453년.

163) 宋 文帝의 황태자로서, 자신이 빨리 天子가 되고자 아버지를 죽게 하는 저주를 행하였다. 일이 누설되자, 태자 쪽에서 기선을 제압해 文帝를 죽이고 스스로 제위에 올랐다. 『宋書』 卷99 「元凶劭傳」, 2423면, "元凶劭字休遠, 文帝長子也."

164) 전폐제를 이른다. 『宋書』 卷7 「前廢帝紀」, 141면, "前廢帝諱子業, 小字法師, 孝武帝長子也."

165) 후폐제를 가리킨다. 『宋書』 卷9 「後廢帝紀」, 177면, "廢帝諱昱, 字德融, 小字慧震, 明帝長子也."

166) 울림왕을 이른다. 『南齊書』 卷4 「鬱林王紀」, 69면, "鬱林王昭業字元尙, 文惠太子

만에 (소)보권(蕭寶卷)[167]이 있었다. 모두 헤아려 80~90년 동안 어리석고 어두워 미친 듯 포악한 지들이 연이어 나왔으니, 아마도 흉흉한 기운 속에 하늘이 마침 오래 어지러워, 창업한 사람은 오래 살지 못하고, 뒤를 이은 사람은 반드시 덕을 어그러뜨리니, 이런 까닭으로 한 왕조가 크게 흥하였다가 돌아볼 새도 없이 갑자기 뒤집혀 망했나. 이는 진실로 기운이 그렇게 한 것이다. 이제 아래에 추려 보겠다.

송 소제(少帝) (유)의부는 무제의 큰아들이었다. 말 타기와 활쏘기에 뛰어났고 음악을 잘 이해했다. 즉위한 뒤에는 하는 짓이 사리에 어그러져 온당치 않은 경우가 많았다. 화림원(華林園)[168]에 가게를 열고 직접 술을 팔았다. 또 도랑을 파고 흙을 쌓아 파강태(破岡埭)[169]처럼 만들어 놓고 측근들과 더불어 배를 끌고 소리를 지르며 즐거워했다. 서선지(徐羡之)[170] 등이 (그를) 폐위한 밤에 소제는 마침 천연지(天淵池)[171]에 놀러가서 용주(龍舟)에 올라 잠자리에 들었으며, 이튿날 아침, 아직 일어나지 않았다. 병사들이 나아가 시종 두 사람을 죽이고 아울러 소제의 손가락을 다치게 한

長子也. 小名法身."

167) 동혼후를 이른다. 『南齊書』 卷7 「東昏侯紀」, 97면, "東昏侯寶卷字智藏, 高宗第二子也. 本名明賢, 高宗輔政後改焉. 建武元年, 立爲皇太子."

168) 원래 洛陽에 있던 후원으로 曹魏 때 처음으로 그 이름이 생겼으며, 이후 궁중 후원의 대명사로 사용되었다. 東晉이 남쪽으로 내려온 뒤 建康의 후원에도 같은 이름을 붙였다.

169) 吳 大帝 赤烏 8년(245)에 처음으로 개착된 인공수로로, 江蘇省 句容縣 일대의 산등성이를 깎아 만들었으므로 그러한 이름을 얻었다.

170) 徐羡之(364~426) : 劉宋 東海郡 郯縣 사람으로 字는 宗文이다. 晉 太子少傅主簿를 역임하고 安帝 때 劉裕와 함께 撫軍將軍 桓脩의 中兵參軍이 되어 서로 친해졌다. 元興 3년(404) 劉裕가 桓玄을 토벌하자 鎭軍參軍이 되었고, 義熙 12년(416) 劉裕가 關中을 정벌할 때 劉穆之를 보좌하였고, 劉穆之가 죽은 후 吏部尙書 丹陽尹이 되어 留府를 지켰다. 宋初 佐命功臣으로 南昌縣公에 봉해졌고 司空 錄尙書事 散騎常侍 揚州刺史가 되었다. 武帝의 遺命을 받아 中書令 傅亮과 함께 少帝를 보필하였다. 景平 2년(424) 傅亮 등과 함께 少帝를 폐위하여 죽이고 文帝를 세워 司徒가 되었다. 文帝가 弑逆의 죄로 죽였다.

171) 원래 본문은 '天泉池'로 되어 있다. 『宋書』 원문은 '天淵池'로 되어 있는데, 이는 본래 華林園 안에 있던 연못 이름으로, 화림원과 마찬가지로 원래 洛陽에 있던 것을 모방해 만든 것이다.

뒤 그를 부축해서 동각(東閤)을 나왔으며, 인장과 인끈을 거두니 여러 신하들이 절하며 물러나니, 황태후의 명령에 의해 폐위되어 영양왕(營陽王)이 되고 마침내 오군(吳郡)으로 보내졌다. 얼마 지나지 않아 (서)선지 등은 중서사인(中書舍人) 형안태(邢安泰)를 시켜 금창정(金昌亭)에서 (소)제를 시해하도록 했다. (소)제는 용맹함과 힘이 있어 제압을 받지 않고 갑자기 창문(昌門)으로 달아났으나, 쫓아가 문의 빗장으로 그를 넘어뜨려 죽였다.[172)]

전폐제(前廢帝) (유)자업은 효무제의 큰아들이다. 어려서 마음이 좁고 성질이 급했으므로 동궁이었을 때 매번 효무제에게 꾸지람을 들었다. 효무제가 서쪽으로 순수할 때 효무제를 모시며 기거(起居)를 기록하는 일을 맡았는데, 글 자취가 삼가는 바가 없어 효무제가 그것을 꾸짖어 "글이 길게 나아가질 않으니 이는 한 줄일 뿐이다"라고 말했다. 처음 즉위하여 옥새와 인끈을 받을 때 거만하여 슬퍼하는 모습이 없었다. 처음에는 여러 대신과 대법흥(戴法興) 등을 어려워하는 듯하였으나, (대)법흥을 죽인 뒤에는 이어 또 여러 신하들을 주살하였다. 태후가 병이 위독하여 (전폐)제를 부르자, (전폐)제는 "병든 사람 사이에는 귀신이 있으니, 어찌 갈 수 있겠는가"라고 말했다. 태후가 노하여 시중드는 이에게 일러 말하기를 "칼을 가지고 내 배를 갈라라. 어디서 이런 놈[寧馨兒[173)]]을 낳았는가!"라고 했다. 산음공주(山陰公主)는 전폐제의 누나[174)]로 음란하고 방자함이 지나쳤는데, (전폐)제는 용모가 뛰어난 남자 측근 삼십 명을 두게 했다. 매번 나갈 때에는 (산음)공주와 조정 신하들에게 함께 수레를 따르게 했다.[175)] (전폐제

---

172) 『宋書』 卷4 「少帝紀」, 66면, "時帝於華林園爲列肆, 親自酤賣. 又開瀆聚土, 以象破岡埭, 與左右引船唱呼, 以爲歡樂. 夕游天淵池, 卽龍舟而寢. 其朝未興, 兵士進. 殺二侍者於帝側, 傷帝指. 夫出東閤, 就收璽紱, 羣臣拜辭, 送於東宮, 遂幽於吳郡. 是日, 赦死罪以下. 太后令奉還璽紱. 檀道濟入守朝堂. 六月癸丑, 徐羨之等使中書舍人邢安泰弑帝於金昌亭. 帝有勇力, 不卽受制, 突走出昌門, 追以門關踣之, 致殞."

173) '寧馨'은 '如此'와 같은 뜻으로 이 시기에 쓰이던 어조사이다. '寧馨兒'는 '이러한 아이'라는 뜻. 원래는 善惡 모두 사용되었으나 후세에는 오직 좋은 쪽으로만 쓰였다.

174) 【王注】 '누나[姊]'는 原刻本에는 '여동생[妹]'으로 되어 있었으나, 西畲本에서 이미 개정하였다.

는) 동궁에 있을 때 효무제에게 사랑받지 못했다고 스스로 생각하여 그 경닝릉(景寧陵)[176]을 파려고 하다가 태사(太史)가 황제에게 불리하다고 하여 그만두었으나, 능에 똥을 뿌리고 효무제를 '코주부'라고 욕했다. 또한 은귀비(殷貴妃)의 묘를 팠는데, 그녀가 효무제 때 홀로 총애 받은 것을 분하게 여겼기 때문이다.[177] 문제의 열째 딸 신채공주(新蔡公主)는 (진폐제의) 고모인데, 그녀를 궁중에 들여 귀빈(貴嬪)으로 삼아 성을 사(謝)씨로 바꾸고, 여종 하나를 죽여 거짓으로 공주가 죽었다고 칭하고는 천자가 쓰는 수레와 깃발을 갖추어 그 집으로 돌려보냈다.[178]

또 여러 숙부 건안왕(建安王) (유)휴인(劉休仁),[179] 상동왕(湘東王) (유)욱(劉彧)[趙注 : 곧 명제],[180] 산양왕(山陽王) (유)휴우(劉休祐)[181]를 꺼려, 그들을 전

175) 『宋書』 卷7 「前廢帝紀」, 147~148면, "帝幼而狷急, 在東宮每爲世祖所責. 世祖西巡, 子業啓參承起居, 書迹不謹, 上詰讓之. 子業啓事陳謝, 上又答曰 : '書不長進, 此是一條耳. 聞汝素都懈怠, 狷戾日甚, 何以頑固乃爾邪!' 初踐阼, 受璽紱, 悖然無哀容. 始猶難諸大臣及戴法興等, 旣殺法興, 諸大臣莫不震懾. 於是又誅羣公. 元凱以下, 皆被毆捶牽曳. 內外危懼, 殿省騷然. 初太后疾篤, 遣呼帝. 帝曰 : '病人間多鬼, 可畏, 那可往.' 太后怒, 語侍者 : '將刀來, 破我腹, 那得生如此寧馨兒!' …… 山陰公主淫恣過度, 謂帝曰 : '妾與陛下, 雖男女有殊, 俱託體先帝. 陛下六宮萬數, 而妾唯駙馬一人. 事不均平, 一何至此!' 帝乃爲主置面首左右三十人; 進爵會稽郡長公主, 秩同郡王, 食湯沐邑二千戶, 給鼓吹一部, 加班劍二十人. 帝每出, 與朝臣常共陪輦."

176) 孝武帝의 陵. 『宋書』 卷6 「孝武帝紀」, 135면, "庚申, 帝崩於玉燭殿, 時年三十五. 秋七月丙午, 葬丹陽秣陵縣巖山景寧陵."

177) 『南史』 卷2 「宋前廢帝紀」, 69면, "帝自以爲昔在東宮, 不爲孝武所愛, 及卽位, 將掘景寧陵, 太史言於帝不利而止. 乃縱糞於陵, 肆罵孝武帝爲'齇奴', 又遣發殷貴嬪墓, 忿其爲孝武所寵."

178) 『南史』 卷2 「宋前廢帝紀」, 69~70면, "以文帝第十女新蔡公主爲貴嬪夫人, 改姓謝氏. 加武賁鈒戟, 鸞輅龍旂, 出警入蹕. 矯言公主薨, 空設喪事焉."

179) 『宋書』 卷72 「始安王休仁傳」, 1871면, "始安王休仁, 文帝第十二子也"; 『宋書』 卷5 「文帝紀」, 101면, "戊午, 立第十二皇子休仁爲建安王."

180) 明帝(439~472, 466~472) : 이름은 彧, 字는 休炳, 小字는 榮期, 文帝의 11子이다. 처음에 淮陽王으로 봉해졌다가 湘東王으로 改封되었다. 景和 元年(465) 前廢帝가 피살된 후 帝位에 올라 연호를 泰始라 하였다. 즉위 초 사방에서 반란이 일어났는데, 江州刺史 晉安王 子勳의 난을 평정한 후 孝武帝의 28子를 모두 죽였다. 泰始 5년(469) 北魏가 青州 東陽에서 이기고 淮北 四州와 豫州의 淮北지역을 점령하였다. 재위기간 총신 阮佃夫 등이 전권을 행사했고, 재정이 파탄 났으며, 사치가 심하였다. 太子가 어리고 약함을 걱정하여 아우들을 거의 모두 죽였다. 謚號는 明帝, 廟號는 太宗이다. 저

각 안에 모아 두고는 때리고 채찍질하며 밀고 끄는 등 하지 못하는 것이 없었다. 세 왕이 모두 비대하고 건장했는데, (전폐)제는 조롱에 그들을 넣고 (유)욱이 특히 뚱뚱하여 '저왕(猪王)'이라 부르고, (유)휴인을 '살왕(殺王)'이라 부르고, (유)휴우를 '적왕(賊王)'이라 불렀다. 일찍이 나무 구유에 밥을 담고 여러 잡다한 음식을 넣어 그것을 뒤섞고는 (유)욱을 발가벗긴 후 땅구덩이 가운데 파묻고는 입을 구유에 대고 그것을 먹도록 시키고 그것으로 즐거운 웃음거리로 삼았다. 좌우에 명해서 (유)휴인의 생모 양태비(楊太妃)에게 음란한 짓을 하게 하되 여러 가지 추악한 모양을 다 갖추어 하게 했다.[182] 또 남평왕(南平王) (유)경유(劉敬猷)의 어머니에게도 음란한 짓을 하게 했는데, 따르지 않자 곧 (유)경유와 그 동생 (유)경선(劉敬先), (유)경연(劉敬淵)을 죽였다.[183]

이때 정위(廷尉) 유몽(劉蒙)[184]의 첩이 잉태를 했는데, (전폐)제는 궁으로 맞아들여 아들을 낳아 태자로 세우기를 바랐다. 마침 (유)욱이 일찍이 황제의 뜻을 거스른 적이 있었는데, (전폐)제는 그를 발가벗겨 손발

서에는 『江左以來文章志』『論語注』2卷이 있다.

181) 『宋書』卷72 「晉平剌王休祐傳」, 1879면, "晉平剌王休祐, 文帝第十三子也"; 『宋書』卷6 「孝武帝紀」, 117면, "秋七月癸巳, 立第十三皇弟休祐爲山陽王"

182) 『宋書』卷72 「始安王休仁傳」, 1871~1872면, "時廢帝狂悖無道, 誅害羣公, 忌憚諸父, 並囚之殿內, 毆捶淩曳, 無復人理. 休仁及太宗、山陽王休祐, 形體並肥壯, 帝乃以竹籠盛而稱之, 以太宗尤肥, 號爲'猪王', 號休仁爲'殺王', 休祐爲'賊王'. 以三王年長, 尤所畏憚, 故常錄以自近, 不離左右. 東海王褘凡劣, 號爲'驢王', 桂陽王休範、巴陵王休若年少, 故並得從容. 嘗以木槽盛飯, 內諸雜食, 攪令和合, 掘地爲坑穽, 實之以泥水, 裸太宗內坑中, 和槽食置前, 令太宗以口就槽中食, 用之爲歡笑. 欲害太宗及休仁、休祐前後以十數, 休仁多計數, 每以笑調佞諛悅之, 故得推遷. 常於休仁前使左右淫逼休仁所生楊太妃, 左右並不得已順命, 以至右衛將軍劉道隆, 道隆歡以奉旨, 盡諸醜狀."

183) 『宋書』卷72 「南平穆王傳」, 1858면, "前廢帝景和末, 召鑠妃江氏入宮, 使左右於前逼迫之, 江氏不受命. 謂曰 : '若不從, 當殺汝三子.' 江氏猶不肯. 於是遣使於第殺敬猷、敬淵、敬先, 鞭江氏一百."

184) **[王注]** '劉蒙'이라 함은 『南史』卷14 「劉休仁傳」에 근거한 것인데, 그러나 『南史』卷2 「前廢帝紀」와 『宋書』卷72 「劉休仁傳」에는 모두 '劉矇'이라고 하였으며, 『宋書』卷7 「前廢帝紀」에는 또한 '劉勝'이라고 하였고, 『通鑑考異』에는 『宋略』을 인용하여 역시 '劉矇'이라 하면서 아울러 '지금 그 많은 것을 따른다'고 말했다(『通鑑』「宋紀」卷12).

을 묶고 지팡이로 그것을 꿰어 메다가 태관(太官)[185]에 주고는 그 날로 돼지를 잡으라고 했다. (유)휴인이 웃으며 "아직 죽여서는 안 됩니다"라고 간언하니, 전폐제가 그 까닭을 묻자, (유)휴인이 "황자가 나기를 기다렸다가 돼지를 잡아 탕병[湯餠][186]을 만들어야지요"라고 대답했다. (전폐)제는 마음이 풀려 이에 하룻밤 만에 그(유욱)를 내보냈다.[187] 남쪽으로 형(荊), 상(湘) 지역을 둘러보려고 하면서, 아침에 (유)욱, (유)휴인 등을 죽인 뒤에 출발하기로 정했다. 그 날 밤에 (유)욱은 총애하는 신하인 완전부(阮佃夫), 왕도륭(王道隆), 이도아(李道兒)[188]와 함께 몰래 (전폐)제의 측근 수적지(壽寂之),[189] 강산지(姜産之)[190] 등 열한 명과 결탁하여 같이 황제를 죽일 것을 모의했다.

앞서 (전폐)제는 죽림당(竹林堂)에서 놀면서 부인들을 알몸으로 서로 좇게 했는데, 한 부인이 따르지 않자 그의 목을 베라고 명했다. 밤에 꿈을 꾸는데 한 여자가 나타나 그의 도리에 어긋나게 잔학하고 무도함을 욕하자, (전폐)제는 노하여 궁중에서 용모가 꿈에 나타난 사람과 비슷한 자를 찾아서 죽였다. 이 날 밤 또 꿈에 죽였던 여자가 나타나 "네가 누명을 씌워 나를 죽였으므로 내가 상제에게 호소했다!"라고 꾸짖었다. 이에 이르러 무당이 이 방에 귀신이 있다고 말하자, (전폐)제는 산음공주 및 육궁(六宮) 궁녀 수백 명과 더불어 귀신을 사로잡아 직접 활을 쏘았다. 일이 끝나

---

185) 황제의 음식을 담당하는 관직. 『宋書』 卷40 「百官志下」, 1244면, "太官令, 一人. 丞一人. 周官爲膳夫, 秦爲太官令, 至漢屬少府."

186) 湯餠 : 밀가루로 만들어 삶은 것. 국수.

187) 『南史』 卷14 「建安王休仁傳」, 405면, "時廷尉劉蒙妾孕臨月, 帝迎入後宮, 冀其生男, 欲立爲太子. 明帝嘗忤旨, 帝怒, 乃裸之, 縛其手脚, 以杖貫手脚內, 使擔付太官, 卽日屠猪. 休仁笑謂帝曰 : '未應死.' 帝問其故, 休仁曰 : '待皇太子生, 殺猪取肝肺.' 帝意解, 曰 : '且付廷尉.' 一宿出之."

188) 『宋書』 卷94 「李道兒傳」, 2316면, "李道兒, 臨淮人. 本爲湘東王師, 稍至湘東國學官令."

189) 『宋書』 卷94 「壽寂之傳」, 2316면, "壽寂之, 泰始初, 以軍功增邑二百戶. 爲羽林監, 遷太子屯騎校尉, 尋加寧朔將軍、南泰山太守."

190) 『宋書』 卷94 「姜産之傳」, 2316면, "姜産之, 泰始初, 以軍功增邑二百戶. 爲晉平王休祐驃騎中兵參軍, 龍驤將軍、南濟陰太守."

고 음악을 연주하려고 하는데, 수적지가 칼을 품고 들어오고, 강산지도 그를 도우니, 여러 궁녀가 모두 달아나고 (전폐)제도 역시 도망쳤으나, (수적지 등이) 그를 쫓아와서 이르니, '적적(寂寂)'[191]이라고 세 번 외치다가 손도 들지 못하고 이에 시해되었다.[192]

후폐제(後廢帝) (유)욱은 명제의 큰아들이다. 대여섯 살 때 곧 옻칠한 장대에 오를 수 있었는데, 장대 높이가 한 장(丈)을 넘었고, 밥 먹는 시간에 되어야만 비로소 내려왔다. 점차 자라면서 기뻐하고 화내는 것이 절도에 어그러졌고, 좌우에서 자기 뜻에 맞지 않는 자가 있으면 직접 치고 때렸다. 즉위하게 되자 안으로는 태후를 두려워하고 밖으로는 대신들을 꺼려 뜻을 마음대로 할 수 없었다. 3년이 지나자 나다니기를 좋아하여 홀로 측근을 거느리고 십 리 또는 이십 리를 돌아다녔고, 간혹 시장에 들어갔다가 속이거나 욕을 하거나 하면 즐거워하며 받았다. 4년 뒤엔 나가지 않는 날이 없어 해승지(解僧智), 장오아(張五兒)와 함께 항상 밤에 승명문(承明門)을 나갔는데, 저녁에 나가면 새벽에 돌아오고 새벽에 나가면 저물어야 돌아왔으며, 종자들은 모두 쇠창을 가지고 있어 길가에 남녀 및 개, 말, 소, 나귀들은 황제 일행을 만나면 화를 면할 수가 없었다. 민간에서는 대낮에도 문을 열지 않았고, 길에는 행인이 없었다. 항상 짧은 바지를 입고 의관을 갖추지 않았다. 흰 몽둥이 수십 개를 지녔고 칼, 끌, 톱이 좌우에서 떠나지 않았으며, 머릿골 때리기, 음부 치기, 가슴 가르기 등으로 사람을 죽이는 것이 하루에도 수십 차례였고, 시체가 널브러져 피가

---

191) 寂寂 : 외롭고 쓸쓸한 모양을 가리킴.

192) 『南史』 卷2 「宋 前廢帝紀」, 70면, "先是, 訛言湘中出天子, 帝將南巡荊、湘以厭之, 期旦誅除四叔, 然後發引. 是夜湘東王彧與左右阮佃夫、王道隆、李道兒密結帝左右壽寂之、姜產之等十一人, 謀共廢帝. 先是, 帝好遊華林園竹林堂, 使婦人倮身相逐, 有一婦人不從命, 斬之. 經少時, 夜夢游後堂. 有一女子罵曰 : '帝悖虐不道, 明年不及熟矣.' 帝怒, 於宮中求得似所夢者一人戮之. 其夕復夢所戮女罵曰 : '汝枉殺我, 已訴上帝.' 至是, 巫覡云 '此堂有鬼'. 帝與山陰公主及六宮綵女數百人隨羣巫捕鬼, 屛除侍衛, 帝親自射之. 事畢, 將奏靡靡之聲, 壽寂之懷刀直入, 姜產之爲副, 諸姬迸逸, 廢帝亦走. 追及之, 大呼 : '寂! 寂!' 如此者三, 手不能擧, 乃崩於華光殿, 時年十七."

흐른 뒤에야 즐거워했다. 좌우 사람들 중에 그것을 보고 이맛살을 찌푸리는 자가 있으면 (후폐)제는 곧 그를 비로 세워 놓고 창으로 찔렀다. 요령전(曜靈殿)에서 나귀 수십 마리를 길렀고 스스로 타는 말은 어좌 옆에서 길렀다. 우위영(右衛營) 여자와 사통하여 매번 그녀를 따라 놀면서 수천 전(錢)을 가지고 가서 술과 안주 값으로 썼다. 나다니다가 혼인이나 장례 행렬을 만나면 곧 수레 끄는 이들의 무리와 어울려 술을 마시고 즐거워했다. 완전부를 죽인 뒤 (완)전부의 심복 장양(張羊)이 도망쳐 숨었는데, 나중에 체포하자 스스로 수레를 몰아 그를 깔아 죽였다. 두연재(杜延載), 두유문(杜幼文)을 죽이면서[193] 모두 손수 난도질했다. 손초(孫超)에게 마늘 냄새가 나는 것을 보고는 배를 갈라 확인해 보았다. 방패를 잡고 말을 달려 스스로 가서 두숙문(杜叔文)[194]을 현무호(玄武湖) 북쪽에서 찔러 죽였다. 심발(沈勃)[195]이 보화가 많다는 것을 듣고는 가서 그를 위협하면서 칼을 휘두르며 홀로 나아갔다. (심)발은 면할 수 없음을 알고 손으로 후폐제의 귀를 치고 그를 욕하며 "너의 죄는 걸(桀), 주(紂)를 넘는다!"라 말하였는데, 결국 해를 당했다.[196]

---

193)『宋書』卷65「杜幼文傳」, 1722면, "第五子幼文, 薄於行. 太宗初, 以軍功爲驍騎將軍, 封邵陽縣男, 食邑三百戶. 尋坐巧佞奪爵. …… 又並與阮佃夫厚善. 佃夫死, 廢帝深疾之. 帝微行夜出, 輒在幼文門牆之間, 聽其弦管, 積久轉不能平, 於是自率宿衛兵誅幼文、勃、超之等."

194) 杜幼文의 형이다.『宋書』卷65「杜幼文傳」, 1722~1723면, "幼文兄叔文爲長水校尉, 及諸子姪在京邑方鎭者並誅."

195)『宋書』卷63「沈勃傳」, 1686면, "勃好爲文章, 善彈琴, 能圍棊, 而輕薄逐利."

196)『南史』卷3「宋後廢帝紀」, 88~89면, "及在東宮, 五六歲能緣漆帳竿, 去地丈餘, 如此者半食久乃下. 漸長, 喜怒乖節, 左右失旨者手加撲打, 徒跣蹲踞. 及嗣位, 內畏太后, 外憚大臣, 猶未得肆志. 自加元服, 三年, 好出入, 單將左右, 或十里、二十里, 或入市里, 遇慢罵則悅而受焉. 四年, 無日不出, 與左右解僧智、張五兒恒夜出開承明門, 夕去晨反, 晨出暮歸, 從者並執鋋矛, 行人男女及犬馬牛驢逢無免者. 人間擾懼, 晝日不開門, 道無行人. 嘗著小袴, 不服衣冠. 有白棓數十, 各有名號, 鉗鑿錐鋸, 不離左右, 爲擊腦、椓陰、剖心之誅, 日有數十. 常見臥屍流血, 然後爲樂. 左右人見有嚬眉者, 帝令其正立, 以矛刺洞之. 曜靈殿上養驢數十頭, 所自乘馬, 養於御牀側. 與右衛翼輦營女子私通, 每從之遊, 持數千錢爲酒肉之費. 出逢婚姻葬送, 輒與挽車小兒羣聚飲酒, 以爲歡適. 阮佃夫腹心人張羊爲佃夫委信, 佃夫敗, 叛走, 復捕得, 自於承

(후폐)제는 항상 덮개가 없는 수레 한 대를 만들어 출입했으며 따르는 이가 수십 명이었는데, 우의(羽儀)[197]를 든 사람들이 그를 좇아도 항상 미치지 못했고, 또 각각 화를 염려하여 역시 감히 따를 수도 없었으므로 단지 대열을 가지런히 하고, 따로 한 곳에 있으면서 쳐다볼 뿐이었다. 여러 가지 비루한 일은 보기만 하면 곧 잘 할 수 있었다.[198] 은 단련하기, 옷 재단하기, 모자 만들기 등 지극히 정밀하지 않은 것이 없었다. 아직 지(篪)[199]를 불어보지 못했으나 피리를 잡으니 곧잘 소리를 맞추었다. 천성이 죽이는 것을 좋아하여 하루라도 일이 없으면 곧 비통하게 즐거워하지 않았다. 안팎이 근심하고 두려워하여 저녁이면 아침이 오지 않을까 걱정했다. 소도성(蕭道成)은 직각장군(直閣將軍) 왕경칙(王敬則)과 그를 죽일 것을 도모했다. 7월 7일에 (후폐)제가 평복 차림을 하고 북호(北湖)로 나갔는데, 장오아의 말이 호수에 떨어지자 (후폐)제는 스스로 말을 달려 그 말을 찔러 죽여서 갈랐다. 좌우와 더불어 강호(羌胡)의 음악을 연주하며 즐거움으로 삼았으며, 또한 산봉우리에서 뛰는 내기를 했고, 나중에는 청원니사(靑園尼寺), 신안사(新安寺)에 가서 개를 훔쳐 담도도인(曇度道人)한테 가서 개를 삶게 하고는 술을 마셨다. 양옥부(楊玉夫)는 일찍이 총애를 받다가 갑자기 미움을 받자, (후폐제가 그를) 볼 때마다 곧 이를 갈면서 "내일은 응당 저 놈을 죽이겠다"라고 말했다. 그 날 밤 (양)옥부에게 직녀성(織女星)이 은하수(銀河水)를 건너는 것을 보고 와서 보고하게 하고는 궁녀들과 바늘 꿰기를 하다가 크게 취하여 인수전(仁壽殿) 동쪽 구석 털로 짠 장막 안에 누워서 잤다. 왕경칙은 미리 (양)옥부 및 진봉백(陳奉伯), 양만년(楊萬年) 등

明門以車轢殺之. 殺杜延載、杜幼文, 躬運矛鋋, 手自臠割. 察孫超有蒜氣, 剖腹視之. 執楯馳馬, 自往刺杜叔文於玄武北湖. 孝武帝二十八子, 明帝殺其十六, 餘皆帝殺之. 吳興沈勃多寶貨, 往劫之, 揮刀獨前, 左右未至, 勃時居喪在廬, 帝望見之, 便投鋋, 不中; 勃知不免, 手搏帝耳, 唾罵之曰: '汝罪踰桀、紂, 屠戮無日!' 遂見害, 帝自臠割."

197) 羽儀: 깃털로 장식한 깃발 등의 의장구, 또는 그러한 의장구를 갖춘 의장대.

198) [王注] '過目卽能'의 '過'는 원래 '遇'로 되어 있었는데, 西畲本에서 이미 개정하였다.

199) 篪: 가로로 부는 관악기의 일종.

스물다섯 명과 결탁했으며, 이 날 저녁 (양)옥부는 후폐제가 깊이 잠든 것을 보고 (양)만년과 더불어 징막으로 들어가 천우도(千牛刀)[200]를 가지고 그를 죽였다.[201]

(남)제 폐제(廢帝) 울림왕(鬱林王)은 무제의 손자이고 문혜태자(文惠太子)[202]의 아들이다. 문혜(태자)가 일찍 죽자 무제는 그를 황태손으로 책립하였다. (그는) 성격이 분별 있고 사리에 밝았으나, 속으로는 속되고 사특한 면도 가지고 있었다. 측근 무뢰배 이십여 명과 입고 먹고 자고 일어나는 등 생활을 함께 하니, 비(妃)인 하(何)씨는 그 무뢰배 가운데 잘생긴 자를 골라 서로 사귀기도 했다. 몰래 부유한 사람에게 가서 돈을 요구하면 감히 주지 않을 수가 없었다. 여러 소인배들에게 모두 미리 작위를 주었다가, 임금이 될 날을 기다려 바로 시행했다. 스승 사인조(史仁祖)와 시서(侍書) 호천익(胡天翼)은 화를 입을까 두려워하여 모두 자살하고 말았다. 문혜태자는 언제나 그 씀씀이를 아꼈는데, (폐)제는 예장왕비(豫章王妃)[203]에게 "할머니, 불법에서는 복이 있으면 제왕의 집안에 태어난다고 했는데, 이제 보니 반대로 이것은 큰 죄네요. 시장 구석 천한 장사꾼만도 못해요"라고 말했다.[204]

---

200) 千牛刀 : 칼 이름. 어원은 본래 『莊子』 「養生主」의 "所解數千牛矣, 而刀刃若新發於硎"에서 나왔으나, 후에는 날카로운 칼 또는 御刀의 대칭으로 사용되었다.

201) 『南史』 卷3 「宋後廢帝紀」, 89~90면, "制露車一乘, 施篷, 乘以出入, 從數十人, 羽儀追之, 恒不相及; 又各慮禍, 亦不敢追, 但整部伍, 別在一處瞻望而已. 凡諸鄙事, 過目則能, 鍛銀、裁衣、作帽, 莫不精絶. 未嘗吹篪, 執管便韻. 天性好殺, 一日無事, 輒慘慘不樂. 內外憂惶, 夕不及旦. 領軍將軍蕭道成與直閤將軍王敬則謀之. 七月戊子, 帝微行出北湖, 單馬先走, 羽儀不及, 左右張五兒馬墜湖, 帝怒, 自馳騎刺馬, 屠割之. 與左右作羌胡伎爲樂. 又於蠻岡賭跳, 因乘露車, 無復鹵簿, 往青園尼寺. 晚至新安寺偸狗, 就曇度道人煮之飮酒. 楊玉夫常得意, 忽然見憎, 遇輒切齒, 曰 : '明日當殺小子, 取肝肺.' 是夜七夕, 令玉夫伺織女度, 報己, 因與內人穿針訖, 大醉, 臥於仁壽殿東阿氈幄中. 帝出入無禁, 王敬則先結玉夫、陳奉伯、楊萬年等合二十五人, 其夕玉夫候帝眠熟, 至乙夜, 與萬年同入氈幄內, 取千牛刀殺之."

202) 『南齊書』 卷21 「文惠太子長懋傳」, 397면, "文惠太子長懋字雲喬, 世祖長子也."

203) 齊 高帝의 아들이자 武帝의 동생인 豫章王 蕭嶷의 부인이니, 鬱林王의 작은 할머니가 된다.

문혜태자가 병이 들어 급기야 죽게 되자, 폐제는 옆에서 병간호를 하다 상례에 임했는데, 슬퍼하는 모습이 울부짖으며 수척하여 보는 이들이 모두 오열했다. 그러나 내실로 돌아가서는 바로 웃고 즐거워하면서 먹고 마셨는데, 차려 놓은 것이 전부 달고 맛있는 것이었다. 장례가 끝나고 황태손으로 책립되었다. 무제가 동궁으로 행차하면 (폐)제가 나와 맞으며 절을 했는데, 서럽게 우는 것이 숨이 끊어지는 듯했다. 무제는 몸소 수레에서 내려와 그를 끌어안으며, 반드시 (나라를) 책임질 수 있을 것이라고 생각했다. (폐)제는 여자 무당 양(楊)씨에게 명하여 속히 제위를 구할 수 있게 빌도록 했다. 문혜(태자)가 죽은 것이 양씨의 힘 때문이라고 말하고, 또 무제가 죽도록 빌게 하였다. 무제의 병이 심해지자 (폐)제는 비(妃)인 하씨에게 편지를 보냈는데, 종이 가운데에 큰 '희(喜)'자를 쓰고 작은 '희'자 서른여섯 개를 써서 그 주위를 둘렀다. 무제는 죽음에 임하여 (그에게) "5년 동안은 일단 재상에게 맡기고, 5년 이후에는 다시 다른 사람에게 맡기지 말라"라고 일렀으며, (폐)제의 손을 잡고서 "이놈아, 할애비를 생각한다면 잘 해야 해!"라고 말하길 거듭했다. 무제의 장례[大斂][205]가 끝나자마자, (폐제는) 바로 무제가 부리던 여러 광대들을 불러 풍악을 울렸다.[206] 또한, 개와 말을 좋아하여, 즉위한 지 열흘도 되지 않

---

204) 『南史』 卷5 「齊廢帝鬱林王紀」, 135~136면, "性甚辯慧, 哀樂過人. 接對賓客, 皆款曲周至. 矯情飾詐, 陰懷鄙慝. 與左右無賴羣小二十許人共衣食, 同臥起. 妃何氏擇其中美貌者, 皆與交歡. 密就富市人求錢, 無敢不與. 及竟陵王移西邸, 帝獨住西州, 每夜輒開後堂閤, 與諸不逞小人, 至諸營署中淫宴. 凡諸小人, 並逆加爵位, 皆疏官名號於黃紙, 使各囊盛以帶之, 許南面之日, 卽便施行. …… 師史仁祖、侍書胡天翼聞之, 相與謀曰 : …… 數日中, 二人相係自殺, 二宮不知也. 武帝以暨陽縣寒人給事中綦毋珍之代仁祖, 剡縣寒人馬澄代天翼. 文惠太子每禁其起居, 節其用度. 帝謂豫章王妃庾氏曰 : '阿婆, 佛法言有福生帝王家, 今見作天王, 便是大罪, 左右主帥, 動見拘執, 不如市邊屠酤富兒百倍'."

205) 大斂 : 소렴을 행한 다음 날 시체에 옷을 거듭 입히고 이불로 싸서 베로 묶는 일.

206) 『南史』 卷5 「齊廢帝鬱林王紀」, 136면, "文惠太子自疾及薨, 帝侍疾及居喪, 哀容號毁, 旁人見者, 莫不嗚咽. 裁還私室, 卽歡笑酣飮, 備食甘滋. 葬畢, 立爲皇太孫. …… 武帝往東宮, 帝迎拜號慟, 絶而復蘇, 武帝自下輿抱持之, 寵愛日隆. 又在西州令女巫楊氏禱祀, 速求天位. 及文惠薨, 謂由楊氏之力, 倍加敬信, 呼楊婆. …… 武帝有疾, 又

아 바로 무제의 초완전(招婉殿)을 헐어 마구간을 만들었다. 말을 타고 달리다 떨어져서 얼굴과 이마에 모두 상처가 났는데, 병을 핑계로 (조정에) 나오지 않는 것이 여러 날이었다. 이름난 매와 빠른 개를 많이 모아서 좋은 쌀과 고기를 먹여 기르기도 했다. 무제의 관이 (장지로 가기 위해) 강가로 갈 때에, (폐)제는 단문(端門) 안에서만 이별하는 글을 올리고는 바로 병을 핑계로 대고 안으로 돌아가 버렸는데, 오랑캐 음악을 연주하니 북과 방울 소리가 안팎으로 울려 퍼졌다. 왕경칙이 소탄지(蕭坦之)[207]에게 묻기를, "너무 빠르지 않은가?"라고 하니, (소)탄지가 "이는 나인[內人]의 곡하는 소리가 전달된 것일 뿐이오"라고 대답했다. 능을 만드는 일이 끝난 뒤에는 평민의 복장으로 시장거리를 돌아다녔는데, 자주 문제 능 무덤길에 가서 여러 소인배들과 갖가지 더러운 짓을 했으니, 진흙을 던지고 뜀뛰기 내기를 하며 매를 날리고 개를 달리게 하기도 했다. 마음에 차면 상을 내렸는데 곧잘 수십만에 이르렀다.[208]

매번 돈을 볼 때마다 "내 예전에는 너를 그리워하면서도 한 개도 얻지 못 했는데, 오늘은 너를 쓸 수 있는가 없는가"라고 말했다. 무제가 돈을 모아 놓은 것이 상고(上庫)에 5억만, 재고(齋庫)에 3억만이고, 금은 포백은 이루 헤아릴 수가 없었는데, 1년도 채 되지 않아 써 버린 것이

令楊氏日夜禱祈, 令宮車早晏駕. 時何妃在西州, 武帝未崩數日, 疾稍危, 與何氏書, 紙中央作一大'喜'字, 而作三十六小'喜'字繞之. 侍武帝疾, 憂容慘慼, 言發淚下. 武帝每言及存亡, 帝輒哽咽不自勝. 武帝以此謂爲必能負荷大業, 謂曰: '五年中一委宰相, 汝勿厝意. 五年以後, 勿復委人. 若自作無成, 無所多恨.' 臨崩, 執帝手曰: '阿奴, 若憶翁, 當好作.' 如此再而崩. 大斂始畢, 乃悉呼武帝諸伎, 備奏衆樂, 諸伎雖畏威從事, 莫不哽咽流涕."

207) 『南齊書』 卷42 「蕭坦之傳」, 748면, "蕭坦之, 南蘭陵蘭陵人也. 祖道濟, 太中大夫. 父欣祖, 有勳於世祖, 至武進令."

208) 『南史』 卷5 「齊廢帝鬱林王紀」, 136~137면, "素好狗馬, 旣位未逾旬, 便毀武帝所起招婉殿, 以材賜閹人徐龍駒, 於其處爲馬埒. …… 多聚名鷹快犬, 以粱肉奉之. 及武帝梓宮下渚, 帝於端門內奉辭, 轀輬車未出端門, 便稱疾還內. ……時司空王敬則問新除射聲校尉蕭坦之曰: '便如此, 不當忽忽邪?' 坦之曰: '此政是內人哭響徹耳.' 自山陵之後, 便於閤內乘內人車問訊, 往皇后所生母宋氏間, 因微服游走市里. 又多往文帝崇安陵隧中, 與羣小共作諸鄙褻擲塗賭跳、放鷹走狗雜狡獪."

이미 반을 넘었다. 여러 보배로운 기물을 서로 부딪쳐 쪼개는 것을 웃고 즐기는 거리로 삼았다.[209] 닭싸움을 좋아하여 닭을 사는데 쓴 돈이 수천에 이르렀다. 서용구(徐龍駒)는 후궁의 사인(舍人)이었는데, 낮밤을 가리지 않고 궁 안에 있었다. (폐)제는 문제가 총애하던 후궁 곽(霍)씨와 사통하여 그 성을 서(徐)씨로 고쳤는데, (서)용구가 (곽씨를) 궁중에 오래 두기를 권하면서 곽씨를 출가시켜 비구니가 되게 했다는 소문을 퍼뜨리고는 다른 사람으로 그를 대신하도록 했다. 황후 역시 음란하여 거처하는 건물을 밤새 훤히 열어두고 내외의 분별이 없었다.[210]

서창후(西昌侯) (소)란(蕭鸞)【趙注 : 즉, 명제】이 소심(蕭諶) 등을 시켜 (폐제가) 총애하는 신하 조도강(曹道剛), 주륭지(朱隆之) 등을 주살케 하고, 병사를 이끌고 상서성(尙書省)으로부터 들어오고, 왕안(王晏),[211] 서효사(徐孝嗣)[212] 등이 이어 들어왔다. 그때 (폐)제는 수창전(壽昌殿)에서 막 벌거벗은 채 곽씨와 어울리고 있었다. (소)심의 병사들이 궁으로 들어오자, (폐)제는 서희(徐姬)의 방 안으로 달아나 칼을 뽑아 스스로를 찔렀으나 들어가지 않았으며, 다시 비단으로 머리와 목을 싸고 수레를 타고 서쪽 길가로 나가다 시해당했다.[213]

---

209)『南史』卷5「齊廢帝鬱林王紀」, 137면, “每見錢曰 : ‘我昔思汝一箇不得, 今日得用汝未?’ 武帝聚錢上庫五億萬, 齋庫亦出三億萬, 金銀布帛不可稱計. 卽位未朞歲, 所用已過半, 皆賜與諸不逞羣小. 取諸寶器以相擊剖破碎之, 以爲笑樂.”

210)『南史』卷5「齊廢帝鬱林王紀」, 137면, “徐龍駒爲後閤舍人, 日夜在六宮房內. 帝與文帝幸姬霍氏淫通, 改姓徐氏, 龍駒勸長留宮內, 聲云度霍氏爲尼, 以餘人代之. 皇后亦淫亂, 齋閤通夜洞開, 內外淆雜, 無復分別.”

211)『南齊書』卷42「王晏傳」, 741면, “王晏字士彦, 琅邪臨沂人也. 祖弘之, 通直常侍. 父普曜, 祕書監.”

212)『南史』卷15「徐孝嗣傳」, 438면, “孝嗣字始昌. 父被害, 孝嗣在孕, 母年少, 欲更行, 不願有子, 自牀投地者無算, 又以擣衣杵舂其腰, 幷服墮胎藥, 胎更堅. 及生, 故小字遺奴.”

213)『南史』卷5「齊廢帝鬱林王紀」, 137~138면, “西昌侯鸞屢諫不納; …… 鸞慮變, 先使蕭諶、坦之等於省誅曹道剛、朱隆之等, 率兵自尙書省入雲龍門, 戎服加朱衣於上. 比入門, 三失履, 王晏、徐孝嗣、蕭坦之、陳顯達、王廣之、沈文季係進. 帝在壽昌殿, 裸身與霍氏相對, …… 須臾, 蕭諶領兵先入宮, 帝走向愛姬徐氏房, 拔劍自刺不入, 以

(남)제 폐제 동혼후(東昏侯) (소)보권은 명제의 둘째 아들이다. 모후 때문에 황태자로 세워졌다. 동궁이었을 때 놀기를 좋아하고 책과 학문을 즐기지 않았다. 일찍이 밤에 쥐를 잡으면서 아침에 이를 때까지 즐거움으로 삼았다. 명제가 붕어하기에 이르러 후사를 부탁하며 "일을 하는 데는 다른 사람 뒤에 있어서는 안 된다"라 말하였다. 그에 따라 일을 여러 소인배들에게 위임하고 대신들을 주살했다. 타고나기를 어눌한 데에다 말수가 적어 조정 신료들과 접하지 않았다. 명제의 영구가 태극전(太極殿)에 있는 것을 싫어하여 빨리 장사지내고자 했는데, 서효사가 힘써 간쟁하여 달을 넘길 수 있었다. 곡을 해야 할 때마다 번번이 목이 아프다고 말했다. 양천(羊闡)이 들어와 조문을 하는데, 머리털이 없어 슬퍼하며 통곡한 후 고개를 숙이고 쳐들다가 머리싸개가 결국 땅에 떨어지니, (폐)제가 크게 웃으며 "이것이 대머리 물수리[214]가 와서 우는 것이로구나"라고 말했다. 강석(江祏) 등이 주살된 뒤부터는 꺼리는 바가 없어, 밤낮으로 말 타는 놀이를 하고 북을 치고 뿔피리를 불고 좌우의 수백 명이 소리를 지르고 강호(羌胡) 오랑캐의 음악과 온갖 놀이를 섞어 했다. 언제나 5경[五鼓][215]에 잠자리에 들어서 밥 먹을 때에 이르러서야 비로소 일어났다. 왕후(王侯)들이 아침에 알현할 때에는 밥 먹을 때에 이르러서야 그 앞에 나아갈 수 있었고, 혹은 어두워져서야 나갈 수 있게 했다. 대각(臺閣)에서 상주한 안건도 소재를 알지 못했는데, 환관이 종이로 어육을 싸서 집으로 돌아가니 그것이 모두 오성(五省)[216]의 황안(黃案)[217]이었다. 정월 초하루 조회에서

帛纏頸, 輿接出延德殿. …… 及帝出, 各欲自奮, 帝竟無一言. 出西弄, 遇弑, 年二十二."

214) 본문은 '禿秋'라 하였으나, 『南史』의 원문은 '禿鶖'로 되어 있다. 황새과에 속하는 물새를 가리킨다.

215) 五鼓 : 五更에 치는 북을 이른다. 五更은 하룻밤을 다섯으로 나누었을 때, 제일 마지막 밤으로 새벽 3시에서 5시를 가리킨다.

216) 五省 : 일반적으로 尙書省, 中書省, 門下省, 祕書省, 集賢省을 이른다. 그러나 여기서는 吏部·祠部·五兵·左民·度支尙書를 가리킨다(『資治通鑑』 卷142 「齊紀8」 「東昏侯」 「永元 元年(499) 8月」條, 4448면, "胡注曰 : 魏晉以來 有六曹尙書, 江左有吏部·祠部·五兵·左民·度支五尙書 各爲一省 謂之尙書五省").

는 밥을 먹은 뒤에야 비로소 나가서는 예식이 끝나자마자 바로 서서(西序)로 돌아와 잠자리에 들었는데, 자리에 배석한 여러 신하들은 사(巳)시부터 신(申)시까지[218] 모두 굶주린 채 엎드려 있었다.[219]

반비(潘妃)를 귀빈(貴賓)으로 삼아 누워서 타는 가마를 타게 하고, (폐)제는 말을 타고 뒤를 따랐는데, 아름다운 비단으로 만든 기마복에 금박 모자를 쓰고 칠보로 장식한 창을 들었으며, 금은으로 만든 형구 등에는 각각 이름이 있었다. 군복을 급히 차려 입고 춥고 더운 것을 피하지 않았으며, 눈비를 무릅쓰며 웅덩이를 피하지 않고 달렸고, 갈증이 나면 곧 말에서 내려 허리춤의 표주박을 들고 물을 따라 마셨다. 말 타는 데 쓰는 기구가 비에 젖어 습해지는 것을 두려워하여 잡채[220]주(雜采珠)를 짜서 덮개를 만들었다. 깃대를 들어 올리는 것을 좋아했는데, 처음 배울 때에는 당(幢)이 매번 기울어 넘어졌지만, 나중에는 백호당(白虎幢) 7장 5척을 치아 위에 놓고 들어 올리며, 이가 부러져도 (그것을) 게을리 하지 않았다. 환관 5십~6십 명을 기객(騎客)으로 삼았고, 또 무뢰배 가운데 달리기를 잘하는 자를 뽑아 (기객의) 말을 좇게 했다. 꿩 사냥터 296

---

217) 黃案 : 일반적으로 尙書의 文案을 일컫는다. 尙書는 黃札을 사용하기 때문이다(『資治通鑑』 卷142 「齊紀8」 「東昏侯」 「永元 元年(499) 8月」條, 4448면, "胡注曰 : 案, 文案也. 藏之以爲案據. 尙書用黃札, 故曰黃案"). 한편 白案과 구분되었다(『文獻通考』 「職官考」 「左右丞」條, "齊左右丞 …… 白案則右丞上署 左丞次署 黃案則左丞上署 右丞次署").

218) 巳時는 오전 9시~11시, 申時는 오후 3시~5시를 가리킨다.

219) 『南史』 卷5 「齊廢帝東昏侯紀」, 150~151면, "帝在東宮, 便好弄, 不喜書學, 明帝亦不以爲非, 但勗以家人之行, 令太子求一日再入朝, 發詔不許, 使三日一朝. 在宮嘗夜捕鼠達旦, 以爲笑樂. 明帝臨崩, 屬後事, 以隆昌爲戒, 曰 : '作事不可在人後.' 故委任羣小, 誅諸宰臣, 無不如意. 性訥澀少言, 不與朝士接. 欲速葬, 惡靈在太極殿, 徐孝嗣固爭, 得踰月. 每當哭, 輒云喉痛. 太中大夫羊闡入臨, 無髮, 號慟俯仰, 幘遂脫地, 帝輟哭大笑, 謂宦者王寶孫曰 : '此謂禿鶖啼來乎.' 自江祏、始安王遙光等誅後, 無所忌憚, 日夜於後堂戲馬, 鼓譟爲樂. 合夕, 便擊金鼓吹角, 令左右數百人叫, 雜以羌胡橫吹諸伎. 常以五更就臥, 至晡乃起, 王侯以下節朔朝見, 晡後方前, 或際暗遣出. 臺閣案奏, 月數十日乃報, 或不知所在. 閹豎以紙包裹魚肉還家, 並是五省黃案. 二年元會, 食後方出, 朝賀裁竟, 便還殿西序寢, 自巳至申, 百僚陪位, 皆僵仆菜色."

220) 雜采 : 雜草를 이른다.

곳[221]을 설치하고, 그늘막의 장막은 모두 홍색과 녹색 비단으로 만들었으며, 금은으로 쇠뇌 시위에 무늬를 새기고, 대모거북[瑇玳][222] 껍데기로는 과녁과 화살을 만들었다. 매번 나갈 때마다 응견대주(鷹犬隊主)인 서령손(徐令孫), 매예대주(媒翳隊主)[223]인 유령운(兪靈韻)과 함께 말을 나란히 하고 달렸는데, 또 사람들이 그것을 보는 것을 바라지 않아 백성들을 몰아내고 오로지 집을 비우게 했다.[224] 한 달에 대략 20여 번을 나갔는데, 나선 뒤에는 정한 곳이 없어 위사(尉司)는 항상 죄를 얻을까 근심하며 (폐제가) 동으로 가면 서쪽을 쫓아내고 남으로 가면 북쪽을 쫓아냈으며, (폐제가) 아침에 나갈 것이면 밤에 바로 쫓아냈는데, 북을 치며 와서 둘러쌓아 버리므로 북소리가 들리면 곧 달아나 피해야 했고, 미처 피하지 못한 사람은 때려죽임을 당했다. 만춘문(萬春門)으로부터 동쪽으로 교외 수십 리에 이르기까지 모두 장막을 걸어 높은 칸막이를 만들어 곳곳에 (출입을) 금하고 단속했다. 질병에 걸린 자는 모두 마주 들어다 옮기게 했고, 마주 들어 줄 사람이 없는 자는 길옆으로 기어갔는데, 관리들이 또 그들을 때려서 절명하는 자가 계속 이어졌다. 청계(青溪) 주변에 병자를 버린 자가 있었는데, 관리들은 (폐)제가 그것을 볼까 두려워서 병자를 물속으로 밀어 넣었는데 잠깐 사이에 죽어버렸다. 위흥태수(魏興

221) [王注] 原刻本에는 '二百六十處'라 하였으나, 西畬本에서 이미 개정했다.

222) 瑇玳 : 거북과에 속하는 열대 지방의 바다거북. 등껍데기는 누른 바탕에 검은 점이 있는데, 별갑대라고 하여 각종 장식용품의 재료로 쓰인다.

223) [王注] 原刻本에는 '媒'字가 빠져 있었으나, 西畬本에서 이미 개정하였다.

224) 『南史』 卷5 「齊廢帝東昏侯紀」, 151~152면, "太子所生母黃貴嬪早亡, 令潘妃母養之. 拜潘氏爲貴妃, 乘臥輿, 帝騎馬從後, 著織成袴褶, 金薄帽, 執七寶縛矟. 又有金銀校具, 錦繡諸帽數十種, 各有名字. 戎服急裝縛矟, 上著絳衫, 以爲常服, 不變寒暑. 陵冒雨雪, 不避阬穽. 馳騁渴乏, 輒下馬解取腰邊蠡器, 酌水飮之, 復上馳去. …… 教黃門五六十人爲騎客, 又選營署無賴小人善走者爲逐馬鷹犬, 左右數百人, 常以自隨, 奔走往來, 略不暇息. 置射雉場二百九十六處, 翳中帷帳及步障, 皆袷以綠紅錦, 金銀鏤弩牙, 瑇瑁帖箭. 每出, 輒與鷹犬隊主徐令孫、媒翳隊主兪靈韻齊馬而走, 左右爭逐之. 又甚有筋力, 牽弓至三斛五斗. 能擔幢, 初學擔幢, 每傾倒在幢杪 者, 必致踠傷. 其後, 白虎幢七丈五尺, 齒上擔之, 折齒不倦."

太守) 왕경빈(王敬賓)은 죽은 지 얼마 되지 않아 아직 염을 하지 못 했는데, 온 집이 쫓겨나 머물러 염을 할 수가 없었으며, (후에) 돌아와 보니 두 눈은 이미 쥐가 먹어 모두 없어져 버렸다. 어떤 부인이 출산을 하게 되어 집을 떠날 수 없었는데, (폐)제는 곧 그 배를 갈라 아이가 남자인지 여자인지를 보았다. 장추경(長秋卿) 왕현(王儇)은 병이 위독했으나 집에 머물 수 없어 이내 길가에서 죽어야 했다. 단양윤(丹陽尹) 왕지(王志)는 쫓겨나 허겁지겁 어쩔 줄 몰라 하며 도주하다가 주막 주변에 숨었는데, 한밤중에 이르러서야 겨우 돌아올 수 있었다. 장산(蔣山) 정림사(定林寺)의 한 승려는 병으로 절을 떠날 수 없었는데, 바로 그를 죽여 버렸다. 측근 한휘광(韓暉光)이 "늙은 도인은 감안해야 했습니다"라고 말하자, (폐)제가 "너는 노루나 사슴을 보면 역시 활을 쏘지 않느냐"라고 말했다.[225)]

선의(전)(璿儀殿) 등의 전각과 화림(華林), 비각(秘閣) 3천여 칸이 모두 불에 타 버리자, 측근 조귀(趙鬼)라는 자가 「서경부(西京賦)」[226)]를 암송할 수 있어 "백량(柏梁)[227)]이 이미 불에 탔으니, 건장(建章)이 이에 지어졌도다"라고 읊었다. 이에 방락(전)(芳樂殿), 방덕(전)(芳德殿) 등의 전각을 크게 건조했다. 또한 반비를 위해 신선(전)(神仙殿), 영수(전)(永壽殿), 옥수(전)(玉壽殿) 세 전각을 세워 모두 금과 옥으로 장식했다. 장엄사(莊嚴寺)에는 옥으로 된 구자령(九子鈴)이 있었고, 외국사(外國寺)의 불상 얼굴에는 빛이 나는

225) 『南史』 卷5 「齊廢帝東昏侯紀」, 152면, "陳顯達平, 漸出游走, 不欲令人見之, 驅斥百姓, 唯置空宅而已. 是時率一月二十餘出, …… 應旦出, 夜便驅逐, 吏司奔驅, 叫呼盈路. …… 百姓無復作業, 終日路隅. 從萬春門由東宮以東至郊外, 數十里, 皆空家盡室. …… 有棄病人於青溪邊者, 吏懼爲監司所問, 推置水中, 泥覆其面, 須臾便死, 遂失骸骨. 前魏興太守王敬賓新死未斂, 家人被驅, 不得留視, 及家人還, 鼠食兩眼都盡. 如此非一. 又嘗至沈公城, 有一婦人當產不去, 帝入其家, 問:'何獨在?' 答曰:'臨產不得去.' 因剖腹看男女. 又長秋卿王儇病篤, 不聽停家, 死於路邊. 丹陽尹王志被驅急, 狼狽步走, 惟將二門生自隨, 藏朱雀航南酒壚中, 夜方得羽儀而歸. 喜游獵, 不避危險. 至蔣山定林寺, 一沙門病不能去, 藏於草間, 爲軍人所得, 應時殺之. 左右韓暉光曰:'老道人可念.' 帝曰:'汝見麞鹿亦不射邪?' 仍百箭俱發."

226) 「西京賦」: 後漢 張衡이 長安의 경관을 묘사해서 쓴 賦.

227) 漢 武帝가 元鼎 2년에 香柏을 써서 세운 누대.

모습이 있었으며, 선령사(禪靈寺) 탑에는 여러 보석 걸이가 있었는데, 모두 벗겨 가져다가 궁진 장식으로 썼다. 또한 금을 뚫어 연꽃을 만들고는 반비에게 그 위를 걷게 하며 "걸음걸음마다 연꽃이 생기는구나"라고 읊었다. 반씨의 의복이나 거마는 극진하게 가리면서, 창고에 있는 물건을 고루 쓰지 않고 민간이 가진 금은보화를 비싸게 사들이니, 그 가격이 모두 몇 배나 되었고, 호박으로 된 팔찌 한 쌍은 값이 170만 전이었다. 또한 수꿩의 머리털, 학 깃털로 만든 옷, 백로 깃으로 만든 옷 등을 징발해 내니 백가지 천가지 품목으로 다시 (그 징발이) 다하고 끝남이 없었다. 가까이 총애하는 소인배들이 연줄에 의지해 간악하게 굴어 하나를 부과하면 열을 가져오니, 백성들은 곤궁에 빠져 울부짖는 소리가 길을 가득 메웠다. 무릇 시장에서 물건을 살 때마다 그들과 만났다 하면 바로 약탈해 버리니 상인들은 호소할 곳도 없었다.[228)]

또 열무당(閱武堂)을 방락원(芳樂苑)으로 삼아 여름에 나무를 심었는데, 아침에 심으면 저녁에 죽어 버렸다. (이는) 백성들의 집에서 징발하였는데, 나무를 보기만 하면 바로 가져가느라 담을 훼손하고 지붕을 철거하면서 그것을 뽑아냈으며, 한 아름이나 되는 큰 나무 또한 모두 이식하고는 잠시 즐기다 보면 뜨거운 해가 중천에 떠 나무가 곧 말라 버렸는데, 죽으

---

228) 『南史』 卷5 「齊廢帝東昏侯紀」, 153면, "三年, 殿內火, 合夕便發, 其時帝猶未還, 宮內諸房閤已閉, 內人不得出, 外人又不敢輒開, 比及開, 死者相枕. …… 其後出游, 火又燒璿儀、曜靈等十餘殿及柏寢, 北至華林, 西至秘閣, 三千餘間皆盡. 左右趙鬼能讀西京賦, 云 '栢梁旣災, 建章是營'. 於是大起諸殿, 芳樂、芳德、仙華、大興、含德、淸曜、安壽等殿, 又別爲潘妃起神仙、永壽、玉壽三殿, 皆帀飾以金璧. 其玉壽中作飛仙帳, 四面繡綺, 窗間盡畫神仙. 又作七賢, 皆以美女侍側. 鑿金銀爲書字, 靈獸、神禽、風雲、華炬, 爲之玩飾. …… 莊嚴寺有玉九子鈴, 外國寺佛面有光相, 禪靈寺塔諸寶珥, 皆剝取以施潘妃殿飾. …… 又 鑿金爲蓮華以帖地, 令潘妃行其上, 曰: '此步步生蓮華也.' …… 潘氏服御, 極選珍寶, 主衣庫舊物, 不復周用, 貴市人間金銀寶物, 價皆數倍, 虎珀釧一隻, 直百七十萬. 都下酒租, 皆折輸金, 以供雜用. …… 親倖小人, 因緣爲姦, 科一輸十. 又各就州縣求爲人輸, 準取見直, 不爲輸送. 守宰懼威, 口不得道, 須物之處, 以復重求. 如此相仍, 前後不息, 百姓困盡, 號泣道路. 少府太官, 凡諸市買, 事皆急 速, 催求相係. 吏司奔馳, 遇便虜奪, 市廛離散, 商旅靡依."

면 다시 심는 일을 또한 끝없이 했다. 여러 누각의 벽 위에는 남녀의 외설스런 형상을 그렸다. 명제 때 거두어들인 금은보화를 모두 가루로 만들어 쓰니 오히려 부족하여, 부호들에게 금을 팔라고 하면서 동전 값으로 한정했고, 또한 그 값마저도 돌려주지 않았다.[229]

반비의 위세가 안팎으로 떨치자 그 아버지 (반)보경(潘寶慶)은 위세를 끼고서 악독한 짓을 마음대로 했는데, 부유한 사람들은 모두 죄가 있다고 모함하여 그 재산을 몰수했다. 반비가 딸을 낳았으나 백 일 만에 죽자, (폐)제는 그를 위해 상복을 만들었고 여러 소인배들이 조문 왔으며, (폐)제는 수십 일 동안 채소 음식만 먹고 음악을 듣지 않았는데, 환관 왕보손(王寶孫) 등이 함께 안주와 음식을 마련하여 황제를 위해 채식을 그치게 했다.[230] 또한 후원 가운데 상점을 만들어 놓고 (폐)제는 궁녀들과 같이 구멍가게 장수가 되었으며, 반비를 시령(市令)으로 삼고 자신은 시리녹사(市吏錄事)가 되었다. (폐)제가 조금이라도 잘못이 있으면 (반)비는 또한 곤장을 치는 벌을 내렸는데, 호분(虎賁)[231]에 명령을 내려 큰 곤장은 내놓을 수 없도록 했다. (폐제는) 비록 반씨를 두려워했지만 몰래 그의 여러 자매와 음란하게 간통했다. 또한 운하를 개착하고 제방을 만들어 몸소 배를 끌었고, 제방 위에는 가게를 설치하고 앉아서 고기를 잡았다. 이때 백성들이 "열무당에 버드나무 심고서, 황제는 고기 잡고 반비는 술을 파네"라고 노래했다.[232]

---

229)『南史』卷5「齊廢帝東昏侯紀」, 154~155면, "又以閱武堂爲芳樂苑, 窮奇極麗. 當暑種樹, 朝種夕死, 死而復種, 率無一生. 於是徵求人家, 望樹便取, 毁徹牆屋, 以移置之. …… 烈日之日, 至便焦燥. 紛紜往還, 無復已極. 山石皆塗以采色, 跨池水立紫閣諸樓, 壁上畫男女私褻之像. 明帝時多聚金寶, 至是金以爲泥, 不足周用, 令富室賣金, 不問多少, 限以賤價, 又不還直."

230)『南史』卷5「齊廢帝東昏侯紀」, 155면, "潘妃放恣, 威行遠近. 父寶慶與諸小共逞姦毒, 富人悉誣爲罪, 田宅貲財, 莫不啓乞. 或云寄附隱藏, 復加收沒, 計一家見陷, 禍及親隣. 又慮後患, 男口必殺. 明帝之崩, 竟不一日蔬食, 居處衣服, 無改平常. 潘妃生女, 百日而亡, 制斬衰絰杖, 衣悉粗布. 羣小來弔, 盤旋地坐, 擧手受執蔬膳, 積旬不聽音伎. 左右直長閹豎王寶孫諸人, 共營肴羞, 云爲天子解菜."

231) 虎賁 : 맹수처럼 용맹하고 날랜 용사들로 구성된 황제의 친위대.

주광상(朱光尙)이 귀신을 섬기는 술법에 의탁하여 (폐)제에게 "일찍이 선제께서 성내고 계신 것을 보았습니다"라고 말하자, (폐)제는 이에 줄풀을 묶어서 명제(明帝)의 형상을 만들고 북쪽으로 향해 그것을 베고서는 후원의 문 위에 머리를 내걸었다.[233] 마침 (북)위(北魏) 군대가 공격해 오자 양주(揚州)와 남서주(南徐州) 누 수 백성들에게 명령을 내려 징징 세 명을 가진 집에는 그 가운데 두 명을 끌어내고, 먼 군에는 모두 쌀을 바치라고 명하여 한 사람마다 50곡(斛)을 기준으로 했는데, 쌀 운반이 끝난 뒤에도 요역에 나가는 것이 예전과 다름이 없었다.[234] 소연(蕭衍 : 梁 武帝)의 군사가 닥치자, (폐)제는 기미복을 입고 남액문(南掖門)으로 올라갔으며, 또한 기마부대와 군사 천 명이 활시위를 팽팽하게 하고 칼날을 빼 들고 있는 것처럼 거짓으로 배치해놓고, 동액문(東掖門)으로 나가 장왕(蔣王)[235]이 나와 쓸어버릴 것이라고 했다.[236] 밖에 포위망이 이미 쳐 있고 여러 번 싸워도 이기지 못했지만, (폐)제는 오히려 금전을 아까워하며 기꺼이 상을 내리려 하지 않았다. 여법진(茹法珍)이 머리를 조아리며 그것(상 주기)을 청하자, (폐)제는 "적이 와서 오로지 나만 잡겠느냐? 어찌 나한테서 재물

---

232) 『南史』 卷5 「齊廢帝東昏侯紀」, 155면, "又於苑中立店肆, 模大市, 日游市中, 雜所貨物, 與宮人閹豎共爲裨販. 以潘妃爲市令, 自爲市吏錄事, 將鬪者就潘妃罰之. 帝小有得失, 潘則與杖, 乃敕虎賁威儀不得進大荊子, 閤內不得進實中荻. 雖畏潘氏, 而竊與諸姊妹淫通. …… 又開渠立埭, 躬自引船, 埭上設店, 坐而屠肉. 于時百姓歌云 : '閱武堂, 種楊柳, 至尊屠肉, 潘妃酤酒'."

233) 『南史』 卷5 「齊廢帝東昏侯紀」, 156면, "左右朱光尙詐云見神, …… 後東入樂游, 人馬忽驚, 以問光尙, 光尙曰 : '向見先帝大瞋, 不許數出.' 帝大怒, 拔刀與光向等尋覓, 旣不見處, 乃縛菰爲明帝形, 北向斬之, 縣首苑門."

234) 『南史』 卷5 「齊廢帝東昏侯紀」, 156면, "上自永元以後, 魏每來伐, 繼以內難, 揚、南徐二州人丁, 三人取兩, 以此爲率. 遠郡悉令上米準行, 一人五十斛, 輸米旣畢, 就役如故."

235) 蔣王 : 後漢 때 사람으로, 도적을 쫓다가 죽은 秣陵尉 蔣子文을 이른다. 孫權이 建業에 도읍을 정한 뒤 장자문의 혼령이 나타나 영험을 보였으므로 都中侯로 봉했고, 이후 민간에서 영험한 신으로 받들어져 蔣王, 蔣帝로까지 모셔졌다.

236) 『南史』 卷5 「齊廢帝東昏侯紀」, 157면, "帝著烏帽袴褶, 備羽儀, 登南掖門臨望. 又虛設鎧馬齋仗千人, 皆張弓拔白, 出東掖門, 稱蔣王出盪."

을 구하느냐"라고 말했다. 장군 왕진국(王珍國),[237] 장직(張稷)[238] 등은 화를 두려워하여 곧 후각사인(後閣舍人) 전강(錢强)과 결탁했고, 유탕[239]주(遊盪主) 최숙지(崔叔智)가 밤에 운룡문(雲龍門)을 열었다. (장)직과 (왕)진국이 군사를 이끌고 궁전에 들어가니, (폐)제는 마침 생황[笙]을 불며 「여아자(女兒子)」라는 노래를 지어 부르고 있었으며, 누워서 아직 깊이 잠이 들지 않았으므로 군사들이 들어오는 것을 듣고는 급히 달아났다. 환관 황태평(黃泰平)이 칼로 그 무릎에 상처를 입혔고, 직후 장제(張齊)[240]가 참수하여 소연에게 보냈다. 선덕태후(宣德太后)[241]는 명령을 내려 그를 폐하고 동혼후(東昏侯)라 하게했다.[242]

진(陳) 후주(後主) (진)숙보(陳淑寶)는 선제(宣帝)의 적장자이다.[243] 즉위한 뒤 주색에 빠져 정사를 돌보지 않았다. 좌우에 있으면서 아첨으로 총애를 받으며 담비 꼬리 귀걸이[244]를 한 관리들이 오십 명이었고, 아름다운 여인으로 수행하는 사람이 천여 명이었다. 항상 장귀비(張貴妃),[245] 공귀인

237)『南史』卷46「王珍國傳」, 1160면, "子珍國字德重, 仕齊爲南譙太守, 有能名."

238)『南史』卷31「張稷傳」, 817면, "稷字公喬, 裕弟也."

239) 遊盪 : 流蕩이라고도 한다. 방탕하여 구속됨이 없음, 유랑함 또는 시문이 산만하여 格律에 맞지 않음을 이른다.

240)『南史』卷46「張齊傳」, 1162면, "張齊字子嚮, 馮翊郡人. 少有膽氣. 初事荊州司馬垣歷生, 歷生酗酒, 遇下嚴酷, 不禮之. 及吳郡張稷爲荊府司馬, 齊復從之, 甚見重, 以爲腹心."

241) 文惠太子의 妃로서 鬱林王이 卽位한 뒤, 皇太后가 되어 宣德宮으로 칭해지던 王氏이다.『南齊書』卷20「文安王皇后」, 392면, "文安王皇后諱寶明, 琅邪臨沂人也. 祖韶之, 吳興太守. 父曄之, 太宰祭酒. 宋世, 太祖爲文惠太子納后, …… 建元元年, 爲南郡王妃. 四年, 爲皇太子妃, 無寵. …… 鬱林卽位, 尊爲皇太后, 稱宣德宮. …… 永元三年, 梁王定京邑, 迎后入宮稱制, 至禪位. 天監十一年, 薨, 年五十八."

242)『南史』卷5「齊廢帝東昏侯紀」, 157~158면, "帝尤惜金錢, 不肯賞賜, 茹法珍叩頭請之, 帝曰 : '賊來獨取我邪, 何爲就我求物?' …… 珍國、張稷懼禍, 乃謀應蕭衍, 以計告後閤舍人錢强. 强許之, 密令游盪主崔叔智夜開雲龍門, 稷及珍國勒兵入殿, 分軍又從西上閤入後宮, 御刀豊勇之爲內應. 是夜, 帝在含德殿. 吹笙歌作女兒子, 臥未熟, 聞兵入, 趨出北戶, 欲還後宮. 淸曜閤已閉, 閹人禁防黃泰平刀傷其膝, 仆地, 顧曰 : '奴反邪!' 直後張齊斬首, 送蕭衍. 宣德太后令依漢海昏侯故事, 追封東昏侯."

243)『陳書』卷6「後主本紀」, 105면, "後主諱叔寶, 字元秀, 小字黃奴, 高宗嫡長子也."

244) 珥貂 : 황제를 가까이에서 모시는 시종관들이 하는 장식.

(孔貴人) 등 여덟 명을 가까이 앉게 하고 강총(江總), 공범(孔範)[246] 등 10명을 연회에 참석하게 하니 이들을 '허물없이 지내는 손님[狎客]'이라고 불렀다. 먼저 여덟 부인에게 무늬 있는 쪽지를 찢어 오언시를 짓게 하고, 10명의 손님에게는 일시에 이어서 화답하게 했는데, 늦으면 벌주를 주어 임금과 신하가 함께 술을 즐김이 저녁부터 새벽까지 이어졌는데, 이것을 일상으로 생각했다. 궁실(宮室)을 성대하게 고치니 일이 그칠 때가 없었다. 강가(나루터)와 시장에 세금을 매겨 온갖 꼬투리로 거두어 들였으며, 형벌이 가혹하게 남용되어 감옥은 항상 만원이었다.[247] 수(隋)나라 군사가 닥치자 우물에 들어가 피신했다. 군인들이 그를 불러도 대답이 없어 돌을 아래로 내던지려고 하니, 이에 부르는 소리가 들려와서 밧줄로 그를 끌어올리면서 너무나 무거운 것에 놀랐는데, 나와 보니 바로 장귀비, 공귀인 두 명과 함께 타고 올라오는 것이었다.[248] 고경(高熲)[249]이 궁중에 들어갔을 때 신하들이 상주한 군비에 관한 사안들이 그대로 상 아래에 있는 것을 보았는데, 아직 개봉하지도 않은 것이었다.[250] 수나라에 가서는 편히 삶을 마쳤다[趙注 : 이상은 모두 본기에 있는 것이다].

---

245)『陳書』卷7「張貴妃傳」, 131면, "後主張貴妃名麗華, 兵家女也. 家貧, 父兄以織席爲事. 後主爲太子, 以選入宮."

246) 孔貴人과는 결의 남매를 맺은 사이였다.『南史』卷77「孔範傳」, 1941면, "孔範字法言, 會稽山陰人也. 曾祖景偉, 齊散騎常侍. 祖滔, 梁海鹽令. 父岱, 歷職清顯. ……時孔貴人絶愛幸, 範與孔氏結爲兄妹, 寵遇優渥, 言聽計從."

247)『南史』卷10「陳後主紀」, 306면, "後主愈驕, 不虞外難, 荒于酒色, 不恤政事, 左右嬖佞珥貂者五十人, 婦人美貌麗服巧態以從者千餘人. 常使張貴妃、孔貴人等八人夾坐, 江總、孔範等十人預宴, 號曰'狎客'. 先令八婦人襞采箋, 製五言詩, 十客一時繼和, 遲則罰酒. 君臣酣飮, 從夕達旦, 以此爲常. 而盛修宮室, 無時休止. 稅江稅市, 徵取百端. 刑罰酷濫, 牢獄常滿."

248)『南史』卷10「陳後主紀」, 309면, "後主曰 : '鋒刃之下, 未可及當, 吾自有計.' 乃逃於井. 二人苦諫不從, 以身蔽井, 後主與爭久之方得入. 沈后居處如常. 太子深年十五, 閉閤而坐, 舍人孔伯魚侍焉. 戍士叩閤而入, 深安坐勞之曰 : '戎旅在塗, 不至勞也.' 旣而軍人窺井而呼之, 後主不應. 欲下石, 乃聞叫聲. 以繩引之, 驚其太重, 及出, 乃與張貴妃、孔貴人三人同乘而上."

249)『隋書』卷41「高熲傳」, 1179면, "高熲字昭玄, 一名敏, 自云渤海蓨人也."

250)『南史』卷10「陳後主紀」, 311면, "高熲至日, 猶見啓在牀下, 未開封."

위징(魏徵)[251]의 사론(史論)[252]을 보면, 후주는 광희전(光熙殿) 앞에 임춘(臨春), 결기(結綺), 망선(望仙) 등 세 누각을 세웠는데, 누각의 높이는 여러 장(丈)이었으며 모두 수십 칸이었다. 그 창문과 벽에 두른 장식, 드리운 처마와 난간 같은 것들은 모두 물속에 담가 둔 단향목(檀香木)으로 만들었으며, 또한 금과 옥으로 장식하고 진주와 비취를 사이마다 넣었으며, 밖에는 주렴을 드리우고 안에는 보석으로 꾸민 침상과 휘장이 있었다. 그 복장과 장신구 같은 것은 진귀하고 아름다운 바가 근래에 없는 바였다. 미풍이 잠시 불어 올 때마다 향기가 몇 리에까지 퍼지고, 아침 해가 막 비치면 빛이 뒤뜰까지 덮었다. 그 아래에 돌을 쌓아 산을 만들고 물을 끌어들여 연못을 만들어 기이한 나무를 심고 꽃과 약초를 섞어 심었다. 후주 자신은 임춘각(臨春閣)에 거처하고, 장귀비(張貴妃)는 결기각(結綺閣)에 거처했으며, 공(龔), 공(孔) 두 귀빈(貴嬪)은 망선각(望仙閣)에 거처했는데, 모두 복도(複道)를 두어 서로 왕래를 했다. 또 왕(王), 이(李) 두 미인(美人)과 장(張), 설(薛) 두 숙원(淑媛), 원소의(袁昭儀), 하첩여(何婕妤), 강수용(江脩容) 등 일곱 명이 모두 총애를 받아 서로 번갈아 그(누각) 위에서 노닐었다. 궁녀 가운데 글재주와 학식이 있는 원대사(袁大捨) 등은 여학사(女學士)로 삼았다. 후주는 매번 빈객을 불러들여 귀비 등을 상대하며 연회를 베풀고 놀 때마다, 곧 여러 귀인 및 여학사들에게 압객들과 함께 새로운 시를 지어 서로 주고받도록 했다. 그 가운데 더욱 아름답고 고운 것을 가려 노랫말로 만들고 새로운 가락을 입혀서, 궁녀 가운데 아름다운 용모가 있는 사람 수천 수백 명을 뽑아 그것을 익혀 노래하도록 했다. 여러 부로 나누어 교대로 나오도록 해 계속해서 서로 즐기게 하였는데, 그러한 곡조에는 「옥수후정화(玉樹後庭花)」「임춘악(臨春樂)」 등이 있었으며, 대체적인 내용이 귀결되는 것은 모두 장귀비, 공귀빈의 아름다움을 미화하는 것이었다. 대략

251) 『舊唐書』 卷71 「魏徵傳」, 2545면, "魏徵字玄成, 鉅鹿曲城人也"; 『新唐書』 卷97 「魏徵傳」, 3867면, "魏徵字玄成, 魏州曲城人."

252) 여기서 말하는 魏徵의 史論이란 『陳書』 卷7 「皇后傳」의 서술을 의미한다.

"옥 같은 달은 밤마다 둥글고, 구슬 같은 나무[253] 아침마다 새롭네"라고 묘사했다.[254]

그런데 장귀비는 머리카락 길이가 7척이고 검고 아름다운 것이 옻과 같아 그 광채에 거울처럼 비추어 볼 수 있을 정도였으며, 특히 총명하고 지혜로워 신선 같은 기색이 있었고, 동작이 얌전하고 우아하며 낯빛이 단정하고 엄정했으며, 곁눈질할 때마다 광채가 눈에 넘쳐 좌우를 비추었다. 항상 누각 위에서 화장을 하고 난간에 나아가 있으면, 궁중에서 멀리 바라볼 때 신선처럼 나부끼는 듯했다. 말솜씨에 재주가 있고 기억도 잘 하여 임금의 안색을 잘 살폈다. 이때 후주는 정사에 태만하여, 모든 관리가 상주문을 아뢸 때에는 전부 환관 채탈아(蔡脫兒),[255] 이선도(李善度)를 통해 청을 올렸는데, 후주는 장귀비를 무릎 위에 앉히고 함께 그러한 안건을 결재했다. 이(선도)나 채(탈아)가 기억하지 못하는 것도 (장)귀비는 모두 조목조목 적어 올려 빠뜨리는 것이 없었다. 이로 말미암아 더욱 남다른 총애를 더하여 후궁에서 가장 뛰어났다. 그리고 후궁들 집안에서 법도를 지키지 않고 재판에 걸려든 사람이 있을 경우, 단지 (장)귀비에게 애처로움을 구하면, 귀비는 곧 이(선도), 채(탈아)에게 먼저 그 일에 대해 아뢰게 하고 난 뒤 조용하게 그에 관해 말했다. 대신 가운데 따르지 않는 사람이 있으면 또한 그로 해서 그들을 참소하니, 말하는 바를 들어주지 않는 이가 없었다. 이에 장(귀비), 공(귀빈)의 위세가 사방에 진동하여 대신으로 정권을 담당하는 사람들도 또한 그 풍조에 따라 쏠리듯 했고, 환관이나 아첨하는 무리들은 안팎에서 결탁하여 더욱 서로 끌고 밀어 주었으며, 뇌

---

253) 瓊樹 : 옥과 같이 아름다운 나무. 고상하고 결백한 인품을 비유하는 말로도 쓰인다.

254) 『陳書』 卷7 「皇后傳」, 131~132면, "史臣侍中鄭國公魏徵考覽記書, 參詳故老, 云後主初卽位, …… 至德二年, 乃於光照殿前起臨春、結綺、望仙三閣. …… 後主自居臨春閣, 張貴妃居結綺閣, 龔、孔二貴嬪居望仙閣, 竝複道交相往來. 又有王、李二美人、張、薛二淑媛、袁昭儀、何婕妤、江脩容等七人, 竝有寵, 遞代以遊其上. 以宮人有文學者袁大捨等爲女學士. …… 其曲有玉樹後庭花、臨春樂等, 大指所歸, 皆美張貴妃、孔貴嬪之容色也. 其略曰 : '璧月夜夜滿, 瓊樹朝朝新'."

255) 『陳書』에서는 '蔡脫兒'라고 하였으나, 『南史』에서는 '蔡臨兒'라고 하였다.

물이 공공연히 행해지고 상벌에 일정함이 없으니 기강이 어지러워지고 말았던 것이다.[256]

『송서(宋書)』『(남)제서(南齊書)』『진서(陳書)』 및 『남사(南史)』에서 이와 같이 기록한 바를 살펴보건대, 그 무도함이 가장 심한 자는 화를 입는 것도 역시 가장 혹독했다. 만약 겨우 주색에 빠져 정사를 돌보지 않은 경우라면 비록 나라를 망하게 하더라도 몸은 오히려 온전할 수 있었다. 또한 흉흉한 기운이 어지럽게 바삐 돌아가는 가운데에도 여전히 보답하여 베푸는 것에 어그러지지 않음이 있음을 볼 수 있으니, 하늘이 가까이 있음을 볼 수 있는 것이다.

154. 송나라 궁중 여인들의 무례함宋世閨門無禮[257]

송(宋) 무제(武帝)는 향리의 호족에서 일어나 속임수와 힘으로 천하를 얻었으므로 그 가정교육에 대해서는 진실로 생각할 겨를이 없었으니, 이에 궁중이 어지러워 윤리가 회복될 수 없었다.

조천(趙倩)은 문제(文帝)의 딸 해염공주(海鹽公主)한테 장가들었는데, 시흥왕(始興王) (유)준(劉濬)[258]이 궁중을 출입하면서 공주와 사통하니, (조)천

256) 『陳書』 卷7 「皇后傳」, 132~133면, “而張貴妃髮長七尺, 鬒黑如漆, 其光可鑒. 特聰惠, 有神采, 進止閑暇, 容色端麗. 每瞻視盼睞, 光采溢目, 照暎左右. …… 是時, 後主怠於政事, 百司啓奏, 竝因宦者蔡脫兒、李善度進請, 後主置張貴妃於膝上共決之. 李、蔡所不能記者, 貴妃竝爲條疏, 無所遺脫. 由是益加寵異, 冠絶後庭. 而後宮之家, 不遵法度, 有挂於理者, 但求哀於貴妃, 貴妃則令李、蔡先啓其事, 而後從容爲言之. 大臣有不從者, 亦因而譖之, 所言無不聽. 於是張、孔之勢, 薰灼四方, 大臣執政, 亦從風而靡. 閹宦便佞之徒, 內外交結, 轉相引進, 賄賂公行, 賞罰無常, 綱紀瞀亂矣.”

257) 閨門 : 침실의 입구. 여인들의 생활공간인 안방 안을 이른다.

258) 『宋書』 卷99 「始興王濬傳」, 2435면, “濬字休明, 將產之夕, 有鵩鳥鳴於屋上. 元嘉十三年, 年八歲, 封始興王.”

이 그것을 알고는 공주에게 함부로 욕을 하고 때리고는 휘장 띠를 잡아당겨 끊어버리기에 이르렀다. 일이 위에 알려지자 문제는 조칙을 내려 이혼하도록 하고 공주의 생모 장미인(蔣美人)을 죽였다[趙注 : 『송서(宋書)』 「조륜지전(趙倫之傳)」은 이와 같다.[259] 『남사(南史)』에서는 (조)천이 공주와 평소 서로 사랑했는데 우연히 농담을 하다가 손으로 공주를 쳤고, 일이 위에 알려지는 바람에 문제가 노하여 마침내 이혼했다고 했다].[260]

효무제(孝武帝) 당시 궁중에도 예가 없었는데, 총애하는 사람이 있어 일찍이 어머니 노태후(路太后)의 방안에 머물기도 했으므로 사람들 사이에 모두 추한 소문이 있었다. 궁중 일이 비밀스러워서 누구도 판별하지를 못했다[趙注 : 「노태후전(路太后傳)」].[261] (효무)제는 또한 남군왕(南郡王) (유)의선(劉義宣)[262]의 여러 딸들과 음란하게 굴었는데, (유)의선은 이 때문에 분노하여 마침내 군사를 동원하여 반란을 일으켰다[趙注 : 「유의선전」].[263] (유)의선이 패한 뒤 (효무)제는 또 몰래 그의 딸을 취하여 궁중에 들여 은(殷)씨라는 가짜 성을 주어 숙의(淑儀)로 삼았는데, 좌우에서 그 일을 퍼뜨려 누설한 자들은 대부분 죽었다. 은씨가 죽자 (효무)제는 사장(謝莊)[264]에게 명해서 애책문(哀冊文)을 짓도록 했다[趙注 : 「은숙의전(殷淑儀傳)」].[265]

전폐제(前廢帝) (유)자업(劉子業)은 문제의 딸 신채공주(新蔡公主)를 귀빈

---

259) 『宋書』 卷46 「趙倫之傳」, 1390면, "子倩尙文帝第四女海鹽公主. 初, 始興王濬以潘妃之寵, 故得出入後宮, 遂與公主私通. 及適倩, 倩入宮而怒, 肆詈搏擊, 引絶帳帶. 事上聞, 有詔離婚, 殺主所生蔣美人, 伯符慚懼發病卒."

260) 『南史』 卷18 「趙伯符傳」, 494면, "子倩尙文帝第四女海鹽公主, 甚愛重. 倩嘗因言戲, 以手擊主, 事上聞, 文帝怒, 離婚."

261) 『宋書』 卷41 「后妃傳」, 1287면, "上於閨房之內, 禮敬甚寡, 有所御幸, 或留止太后房內, 故民間諠然, 咸有醜聲. 宮掖事秘, 莫能辨也."

262) 『宋書』 卷68 「南郡王義宣傳」, 1799면, "世祖卽位, 以義宣爲中書監, 都督揚豫二州、丞相, 錄尙書六條事, 揚州刺史, 加羽葆、鼓吹, 給班劍四十人, 持節、侍中如故. 改封南郡王, 食邑萬戶."

263) 『宋書』 卷68 「南郡王義宣傳」, 1800면, "而世祖閨庭無禮, 與義宣諸女淫亂, 義宣因此發怒, 密治舟甲, 克孝建元年秋冬擧兵."

264) 『宋書』 卷85 「謝莊傳」, 2167면, "謝莊字希逸, 陳郡陽夏人, 太常弘微子也."

265) 『南史』 卷11 「孝武宣貴妃傳」, 323~324면, "殷淑儀, 南郡王義宣女也. 麗色巧笑. 義宣敗後, 帝密取之, 寵冠後宮. 假姓殷氏, 左右宣泄者多死, 故當時莫知所出……. 謝莊作哀策文奏之."

(貴嬪)으로 삼아 성을 사(謝)씨로 고치고 궁중의 한 여종을 살해해서 그를 대신하게 하고는 공주가 죽었다고 속여 말하고 의례에 쓰이는 무사, 무기와 난(鸞)새 무늬 수레, 용무늬 깃발을 갖추어 그녀의 집으로 돌려보내 장사지냈다[趙注 : 「폐제기(廢帝紀)」와 아울러 「하매전(何邁傳)」에 보인다].[266] (전폐)제의 누나인 산음공주(山陰公主)는 음탕하고 방자함이 도를 지나쳐 (전폐)제에게 "저는 폐하와 비록 남녀를 달리함이 있지만, 함께 선제께 몸을 의지해 태어났습니다. 폐하는 후궁이 수백 명인데 저는 오직 부마 한 사람뿐이니, 일이 공평하지 않는 것이 어찌 이에 이르렀습니까"라고 말했다. (전폐)제는 그녀를 위해 용모가 아름다운 측근 삼십 명을 두게 했다. (산음)공주는 또한 이부랑(吏部郎) 저연(褚淵)의 용모가 아름답다 하여 (전폐)제에게 가서 자기를 시중들게 해 달라고 청했고, (저연은) 온갖 압력을 받기를 열흘 남짓 했지만, (저)연이 죽음을 맹세하며 마음을 돌리지 않아 결국 면할 수 있었다[趙注 : 「폐제기」].[267] (전폐)제는 또한 주위 사람들에게 건안왕(建安王) (유)휴인(劉休仁)의 어머니인 양태비(楊太妃)를 범하도록 했는데, 유도륭(劉道隆)은 전폐제의 환심을 얻으려고 온갖 추악한 짓을 다 저질렀다. (유)휴인의 비 은(殷)씨가 병이 있자 조번(祖翻)을 불러 진찰해 보도록 했는데, 조번은 용모가 아름다웠으므로 은씨가 그를 좋아하여 결국 그와 간통했으며, 일이 누설되자 집으로 돌려보내고 죽음을 내렸다[趙注 : 모두 「유휴인전(劉休仁傳)」].[268]

---

266) 『宋書』 卷7 「前廢帝紀」, 145면, "以宮人謝貴嬪爲夫人, 加虎賁鞁戟, 鸞輅龍旂, 出警入蹕, 實新蔡公主"; 『宋書』 卷41 「前廢帝何皇后傳」, 1293~1294면, "廢帝納公主於後宮, 僞言薨殞, 殺一婢送出邁第殯葬行喪禮"; 【王注】 살펴보면, 何邁는 新蔡公主에게 장가들었는데, 『宋書』와 『南史』에는 모두 傳이 없고, 이 일은 두 책의 「前廢帝何皇后傳」에 부기되어 보인다.

267) 『宋書』 卷7 「前廢帝紀」, 147~148면, "山陰公主淫恣過度, 謂帝曰 : '妾與陛下, 雖男女有殊, 俱託體先帝. 陛下六宮萬數, 而妾唯駙馬一人. 事不均平, 一何至此!' 帝乃爲主置面首左右三十人 …… 主以吏部郎褚淵貌美, 就帝請以自侍, 帝許之. 淵侍主十日, 備見逼迫, 誓死不回, 遂得免."

268) 『宋書』 卷72 「始安王休仁傳」, 1872면, "常於休仁前使左右淫逼休仁所生楊太妃, 左右並不得已順命, 以至右衛將軍劉道隆, 道隆歡以奉旨, 盡諸醜狀"; 『宋書』 卷72 「始安王休仁傳」, 1878면, "殷氏, 吳興太守沖女也. 范陽祖翻有醫術, 姿貌又美, 殷氏有疾,

명제(明帝)는 궁 안에서 잔치를 하면서 부인네들을 벗겨서 그것을 보며 즐기면서 웃었다. 왕(王)황후가 홀로 부채로 얼굴을 가리자 명제는 노하여 말하길 "네 친정 집안도 보잘 것 없으면서. 이제 함께 즐기자는데 어찌 보지 않는단 말인가?"라고 했다. (왕)황후가 "즐기는 방법은 매우 많습니다. 어찌 고모와 자매가 서로 모여 있는데 아낙의 몸을 벗겨서 이로써 즐거움을 삼으십니까. 실로 친정에는 없는 바입니다"라고 말하니 (명)제가 크게 노하였다[趙注 : 「왕황후전(王皇后傳)」].[269] (명)제는 또한 비 진(陳)씨를 이도아(李道兒)에게 주었다가 곧 이어 다시 맞아들여 후폐제(後廢帝)를 낳았다. 그러므로 사람들 사이에서는 모두 (후)폐제를 이(李)씨의 아들이라고 했고, (후)폐제도 역시 스스로 이장군(李將軍)이라고 칭하거나, 스스로 이씨의 혈통이라고 했다[趙注 : 「진태비전(陳太妃傳)」].[270] (명)제는 또 평소 뚱뚱하고 만년에 병이 있어 성 관계를 할 수 없었는데, 여러 동생의 후궁들 가운데 임신한 자가 있으면 그때마다 궁으로 들이고는 아들을 낳으면 그 어미를 살해하여 육궁(六宮) 가운데 사랑하는 자에게 주어서 그 아이를 키우게 했다. 순제(順帝)는 본래 계양왕(桂陽王) (유)휴범(劉休範[271])의 자식인데, 진소화(陳昭華)를 어머니로 삼았다[趙注 : 「진소화전(陳昭華傳)」].[272]

이는 본기와 열전에 보이는 것이다. 궁정 안의 풍습이 이와 같았으니,

翻入視脉, 說之, 遂通好. 事泄, 遣還家賜死."

269) 『宋書』 卷41 「明恭王皇后傳」, 1295면, "諱貞風, 琅邪臨沂人也 …… 上嘗宮內大集, 而贏婦人觀之, 以爲歡笑. 后以扇障面, 獨無所言. 帝怒曰 : '外舍家寒乞, 今共爲笑樂, 何獨不視?' 后曰 : '爲樂之事, 其方自多. 豈有姑姊妹集聚, 而贏婦人形體. 以此爲樂, 外舍之爲歡適, 實與此不同.' 帝大怒, 遣后令起."

270) 『宋書』 卷41 「明帝陳貴妃傳」, 1296면, "明帝陳貴妃諱妙登, 丹陽建康人, 屠家女也. …… 始有寵, 一年許衰歇, 以乞李道兒. 尋又迎還, 生廢帝, 故民中皆呼廢帝爲李氏子. 廢帝後每自稱李將軍, 或自謂李統." 교감본에서는 '李統'을 사람이름으로 표시했으나 이씨의 핏줄로 해석하는 것이 옳을 듯하다.

271) 『宋書』 卷79 「桂陽王休範傳」, 2045면, "桂陽王休範, 文帝第十八子也."

272) 『宋書』 卷41 「明帝陳昭華傳」, 1297면, "明帝陳昭華諱法容, 丹陽建康人也. 太宗晚年, 痿疾不能內御, 諸弟姬人有懷孕者, 輒取以入宮, 及生男, 皆殺其母, 而以與六宮所愛者養之. 順帝, 桂陽王休範子也, 以昭華爲母焉."

사대부들이 황실과의 혼인을 두려운 일로 여긴 것도 당연하다. 게다가 무릇 공주 된 자들은 모두 음란하고 투기를 하였으며, 군주 역시 스스로 그것을 알고 있었으므로, 강효(江斅)가 공주에게 장가들게 되자 명제는 사람을 시켜 (강)효를 대신해 혼인을 사양하는 표문을 짓게 하여 두루 여러 공주들에게 두루 보이고 그들을 부끄럽고 무안하게 했다[趙注 : 「문목황후전(文穆皇后傳)」].[273] 또한 한 시대의 옳고 그름이 다 모인 것이다.

제(齊) 울림(왕)(鬱林王)은 그 어머니 왕태후(王太后)를 높여서 선덕궁(宣德宮)이라 칭하고 (궁에다) 남자 측근 삼십 명을 두었으니 전대에 없었던 일이었다[趙注 : 『남사』 「왕황후전(王皇后傳)」].[274]

양(梁) 무제(武帝)는 은예(殷叡)와 평소 친분이 있어 이에 딸 영흥공주(永興公主)를 그의 아들 (은)균(殷鈞[275])의 아내로 삼게 했다. (은)균은 체구가 작아 공주가 싫어했는데, 매번 불려 들어갈 때마다 먼저 온 벽에 '은예'라는 글자[276]를 써 놓으니 (은)균은 번번이 눈물을 흘리면서 나갔고, 공주는 또 그를 묶어서 돌려보내도록 명했다. (은)균이 분노를 참지 못해 (무)제에게 말하자, (무)제는 무소뿔로 만든 여의(如意)[277]로 공주를 쳐서 그녀 등에다 부수어 버렸다[趙注 : 이는 양나라 때 공주 역시 그러했음이다].[278]

---

273) 『宋書』 卷41 「孝武文穆王皇后傳」, 1290~1292면, "宋世諸主, 莫不嚴妬, 太宗每疾之. 湖熟令袁慆妻以妬忌賜死, 使近臣虞通之撰妒婦記. 左光錄大夫江湛孫斅當尙世祖女, 上乃使人爲斅作表讓婚, 曰 …… 太宗以此表徧視諸主."

274) 『南史』 卷11 「文安王皇后傳」, 330~331면, "文安王皇后諱寶明, 琅邪臨沂人也. …… 鬱林卽位, 尊爲皇太后, 稱宣德宮, 置男左右三十人, 前代所未有也."

275) 『南史』 卷60 「殷鈞傳」, 1488면, "殷鈞字季和, 陳郡長平人, 晉荊州刺史仲堪五世孫也."

276) 문장으로 보아 이 구절은 '殷叡의 字'를 써놓은 것으로 읽을 수도 있으나, 殷叡의 아들인 鈞이 눈물을 흘리며 나갔다는 뒷 구절로 보아 아버지의 이름인 '殷叡라는 글자'를 쓴 것으로 해석하는 편이 좋을 듯하다.

277) 如意 : 道士가 주로 사용하는 기물. 나무, 옥, 뿔, 쇠붙이 따위로 만들었다.

278) 『南史』 卷60 「殷鈞傳」, 1489면, "梁武與叡少故舊, 以女永興公主妻鈞, 拜駙馬校尉 …… 自宋齊以來, 公主多驕淫無行, 永興主加以險虐. 鈞形貌短小, 爲主所憎, 每被召入, 先滿壁爲殷叡字, 鈞輒流涕以出, 主命婢束以反之. 鈞不勝怒而言於帝, 帝以犀如意擊主碎於背, 然猶恨鈞."

155. 송나라 황실 자손들이 도륙된 참혹함宋子孫屠戮之慘

송(宋) 무제(武帝)의 일곱 아들 가운데 큰아들 (유)의부(劉義符)[279]는 즉위한 뒤 덕을 잃어 서선지(徐羡之) 등에 의해 폐위되고 금창정(金昌亭)에서 살해당했다.[280] 다음 여릉왕(廬陵王) (유)의진(劉義眞) 역시 폐위되어 신안군(新安郡)에서 살해당했다.[281] 다음 문제(文帝) (유)의륭(劉義隆)은 그 아들 (유)소(劉劭)에게 시해되었다. 다음 팽성왕(彭城王) (유)의강(劉義康)은 문제에게 사사(賜死)되었다[282][趙注 : 그 아들 (유)윤(劉允)은, 또 (유)소에게 살해되었다].[283] 다음 강하왕(江夏王) (유)의공(劉義恭)은 전폐제(前廢帝)에게 살해되었다[284][趙注 : 앞서 열두 아들이 있었는데 모두 (유)소에게 살해되었다.[285] 나중에 또 네 아들이 있었는데 전폐제에게 살해되었다].[286] 다음 남군왕(南郡王) (유)의선(劉義宣)은 반란을 꾀하다가 주수지(朱脩之)[287]에게 살해되었다[趙注 : 그 큰아들 (유)회(劉恢)는 자살했고,[288] (유)개(劉愷)는 도망가 민간에 숨어 있다가 역시 체포되어 살해됐으며,[289] 나머지 강릉(江陵)에 있던 아들들은 모두 (주)수지에게 살해되었다].[290]

---

279) 少帝이다. 『宋書』 卷4 「少帝本紀」, 63면, "少帝諱義符, 小字車兵, 武帝長子也."

280) 『宋書』 卷4 「少帝本紀」, 66면, "六月癸丑, 徐羡之等使中書舍人邢安泰弑帝於金昌亭."

281) 『宋書』 卷61 「廬陵孝獻王義眞傳」, 1637~1638면, "乃廢義眞爲庶人, 徙新安郡. …… 書奏, 以約之爲梁州府參軍, 尋又見殺."

282) 『宋書』 卷68 「彭城王義康傳」, 1795면, "表奏, 卽收付建康獄, 賜死."

283) [王注] '其子允, 文爲劭所殺'의 '文'字는 衍文이어서 西畲本에는 '又'字로 바꾸었는데 역시 통한다.

284) 『宋書』 卷61 「江夏文獻王義恭傳」, 1651면, "前廢帝狂悖無道, 義恭、元景等謀欲廢立. 永光元年八月, 廢帝率羽林兵於第害之, 幷其四子, 時年五十三. 斷析義恭支體, 分裂腸胃, 挑取眼精, 以蜜漬之, 以爲鬼目粽."

285) 『宋書』 卷61 「江夏文獻王義恭傳」, 1645면, "劭大怒, 遣始興王濬就西省殺義恭十二子."

286) 『宋書』 卷61 「江夏文獻王義恭傳」, 1653면, "元胤弟伯禽, …… 又爲前廢帝所殺. …… 伯禽弟仲容 …… 仲容弟叔子 …… 叔子弟叔寶, 仲容、叔子, 並爲前廢帝所殺."

287) 『宋書』 卷76 「朱脩之傳」, 1969면, "朱脩之字恭祖, 義陽平氏人也. 曾祖燾, 晉平西將軍. 祖序, 豫州刺史. 父諶, 益州刺史."

288) 『宋書』 卷68 「南郡王義宣傳」, 1807~1808면, "恢字景度, 旣嫡長, 少而辯慧, 義宣甚愛重之. …… 義宣擧兵反, 恢與兄弟姊妹一時逃亡. 恢藏江寧民陳銑家, 有告之者, 錄付廷尉. 恢子善藏, 與恢俱死."

다음 형양왕(衡陽王) (유)의계(劉義季)는 술을 마시다 죽고 말았는데,[291] 봉국을 손자한테까지 전했으나 제(齊)나라가 선양을 받은 뒤 봉국이 없어지게 되었다.[292] 이렇게 무제의 일곱 아들은 오직 (유)의계만이 제 명에 죽고 후손이 있었을 뿐, 나머지는 모두 비명에 죽고 게다가 후손도 없었다.

문제의 아들 열아홉 명 가운데 장자인 원흉 (유)소와 둘째 시흥왕(始興王) (유)준(劉濬)[293]은 모두 (문제를 시해한) 시역죄로 주살되었다[趙注 : (유)소의 네 아들과 (유)준의 세 아들도 모두 효수되었다].[294] 다음은 효무제(孝武帝)이다. 다음이 남평왕(南平王) (유)삭(劉鑠)인데, 효무(제)에게 독살되었다[295][趙注 : 그 아들 (유)경유(劉敬猷), (유)경연(劉敬淵), (유)경선(劉敬先)은 모두 전폐제에게 살해되었다].[296] 다음 여릉왕 (유)소(劉紹)는 양자로 (유)의진의 뒤를 이었고 제 명에 죽었다[297][趙注 : (유)소가 또 아들이 없어 (유)경선으로 후사를 이었는데, 바로 전폐제에게 살해당한 사람이다].[298] 다음 경릉왕(竟陵王) (유)탄(劉誕)은 효무(제)가 꺼려하여 심경지(沈慶之)를 시켜 공격

---

289)『宋書』卷68「南郡王義宣傳」, 1808면, "愷字景穆, 生而養於宮內, 寵均皇子. …… 義宣反問至, 愷於尙書寺內, 著婦人衣, 乘問訊車, 投臨汝公孟詡. 詡於妻室內爲地窟藏之, 事覺, 收付廷尉, 幷詡伏誅."

290)『宋書』卷68「南郡王義宣傳」, 1807면, "義宣子 …… 餘並與義宣俱爲朱脩之所殺."

291)『宋書』卷61「衡陽文王義季傳」, 1654~1655면, "義季素嗜酒, 自彭城王義康廢後, 遂爲長夜之飮, 略少醒日. 太祖累加詰責, 義季引愆陳謝. …… 義季雖奉此旨, 酣縱如初, 遂以成疾. …… 二十四年, 義季病篤, 上遣中書令徐湛之省疾, 召還京師. 未及發, 薨於彭城, 時年三十三."

292)『宋書』卷61「衡陽文王義季傳」, 1656면, "其年, 齊受禪, 國除."

293) 이 둘의 열전은『宋書』卷99에「二凶」이라는 이름으로 실려 있다.

294)『宋書』卷99「始興王濬傳」, 2439면, "劭、濬及劭四子偉之、迪之、彬之、其一未有名, 濬三子長文、長仁、長道, 並梟首大航, 暴尸於市."

295)『宋書』卷72「南平穆王鑠傳」, 1858면, "鑠素不推事世祖, 又爲元凶所任, 上乃以藥內食中毒殺之, 時年二十三, 追贈侍中、司徒."

296)『宋書』卷72「南平穆王傳」, 1858면, "前廢帝景和末, 召鑠妃江氏入宮, 使左右於前逼迫之, 江氏不受命. 謂曰 : '若不從, 當殺汝三子.' 江氏猶不肯. 於是遣使於第殺敬猷、敬淵、敬先, 鞭江氏一百."

297)『宋書』卷61「廬陵孝獻王義眞傳」, 1639면, "義眞無子, 太祖以第五子紹字休胤爲嗣. …… 二十九年, 疾患解職. 其年薨, 時年二十一."

298)『宋書』卷61「廬陵孝獻王義眞傳」, 1639면, "無子, 南平王鑠第三子敬先爲嗣. 本名敬秀, 旣出繼而紹妃褚秀之孫女, 故改焉. 景和二年, 爲前廢帝所害."

해 죽이게 했다[趙注 : (유탄은) 아들이 없었다].[299] 다음 건평왕(建平王) (유)굉(劉宏)은 제 명에 죽었다[300][趙注 : 그 아들 (유)경소(劉景素)는 후폐제(後廢帝) 때에 살해되었고, 아울러 그 아들 (유)연령(劉延齡)과 다른 두 어린 아들도 함께 살해되었다].[301] 다음 여강왕(廬江王) (유)위(劉褘)는 명제(明帝)가 핍박하여 자살하게 했다[趙注 : 아들 (유)극명(劉克明)은 제 명에 죽었으나 아들이 없었다].[302] 다음 진희왕(晉熙王) (유)창(劉昶)은 전폐제가 그를 토벌하려고 하자 (북)위(北魏)로 달아나 버렸다[趙注 : 첩이 둘 있었는데 도성으로 돌아와 각각 아들 하나씩을 낳았지만 바로 다 죽고 말았다.[303] 명제는 아들 (유)섭(劉燮)으로 (유창의) 후사를 잇도록 했는데, 제나라가 선양을 받은 뒤 사사되었다.[304] 오직 (유)창만은 (북)위로 달아난 뒤 부마도위(駙馬都尉)가 되었고, 아들 (유)승서(劉承緒)와 손자 (유)문원(劉文遠) 등을 두었다].[305] 다음 무창왕(武昌王) (유)혼(劉渾)은 효무제가 핍박하여 자살하게 했다[趙注 : (유혼은) 아들이 없었다].[306] 다음은 명제이다. 다음이 시안왕(始安王) (유)휴인(劉休仁)인데, 명제의 시기를 받아 사사되었다[趙注 : 그 아들 (유)백융(劉伯融), (유)백유(劉伯猷)는 후폐제 때에 양운장(楊運

---

299) 『宋書』 卷79 「竟陵王誕傳」, 2025면, "竟陵王誕字休文, 文帝第六子也"; 『宋書』 卷79 「竟陵王誕傳」, 2031~2032면, "上乃遣車騎大將軍沈慶之率大衆討誕. …… 世祖忿誕, 左右腹心同籍朞親並誅之, 死者以千數. 或有家人已死, 方自城內叛出者."

300) 『宋書』 卷72 「建平宣簡王宏傳」, 1860면, "宏少而多病, 大明二年疾動, …… 未拜, 其年薨, 時年二十五."

301) 『宋書』 卷72 「建平宣簡王宏傳」, 1863면, "右衛殿中將軍張倪奴、前軍將軍周盤龍攻陷京城, 倪奴禽景素斬之, 時年二十五, 卽葬京口. …… 景素子延齡及二少子, 並從誅."

302) 『宋書』 卷79 「廬江王褘傳」, 2038면, "廬江王褘字休秀, 文帝第八子也"; 『宋書』 卷79 「廬江王褘傳」, 2042면, "乃遣大鴻臚持節, 兼宗正爲副奉詔責褘, 逼令自殺, 時年三十五, 卽葬宣城."

303) 『宋書』 卷72 「晉熙王昶傳」, 1868~1869면, "晉熙王昶字休道, 文帝第九子也. …… 昶知其不捷, 乃夜與數十騎開門北奔索虜, 棄母妻, 唯携愛妾一人, 作丈夫服, 亦騎馬自隨. 昶家還都, 二妾各生一子. 時太宗已卽位, 名長者曰思遠, 小者曰懷遠, 尋並卒."

304) 『宋書』 卷72 「晉熙王昶傳」, 1869면, "泰始六年, 以第六皇子燮字仲綏繼昶, 改昶封爲晉熙王. 燮襲爵, 食邑三千戶"; 『宋書』 卷72 「晉熙王昶傳」, 1871면, "齊受禪, 解司徒, 降封陰安縣侯, 食邑千五百戶. 謀反, 賜死."

305) 『魏書』 卷59 「劉昶傳」, 1307면, "劉昶, 字休道, 義隆第九子也. …… 朝廷嘉重之, 尙武邑公主, 拜侍中、征南將軍、駙馬都尉, 封丹陽王. 歲餘而公主薨, 更尙建興長公主"; 『魏書』 卷59 「劉昶傳」, 1311면, "昶適子承緒, 主所生也. …… 長子文遠, 次輝, 字重昌, …… 昶深慮不能守其爵封."

306) 『宋書』 卷79 「武昌王渾傳」, 2042~2043면, "武昌王渾字休淵, 文帝第十子也. …… 逼令自殺, 卽葬襄陽, 時年十七."

長)[307] 등에게 살해되었다].[308] 다음 진평왕(晉平王) (유)휴우(劉休祐)는 명제가 사람을 시켜 부딪치게 해 말에서 떨어져 죽었다[309)][趙注 : 아들 열셋이 있었다. 순제(順帝) 때 소도성(蕭道成)이 조정의 명령이라 하여 모두 사사했다].[310] 다음 해릉왕(海陵王) (유)휴무(劉休茂)는 반란을 일으켜 피살되었다.[311] 다음 파양왕(鄱陽王) (유)휴업(劉休業), 임경왕(臨慶王) (유)휴천(劉休倩), 신야왕(新野王) (유)이부(劉夷父)는 모두 일찍 죽었다.[312] 다음 계양왕(桂陽王) (유)휴범(劉休範)은 군사를 일으켜 소도성을 토벌하려다 장경아(張敬兒)에게 살해되었다[趙注 : 아들 (유)덕선(劉德宣), (유)덕사(劉德嗣), (유)청우(劉青牛), (유)지장(劉智藏)도 모두 피살되었다].[313] 다음 파릉왕(巴

307)『宋書』卷94「楊運長傳」, 2317~2318면, "楊運長, 宣城懷安人. 初爲宣城郡吏, 太守范曄解吏名. 素善射, 太宗初爲皇子, 出運長爲射師."

308)『宋書』卷72「始安王休仁傳」, 1878~1879면, "子伯融, 妃殷氏所生. 殷氏, 吳興太守沖女也. …… 弟伯猷, 初出繼江夏愍王伯禽, 封江夏王, 邑二千戶. 休仁死後還本, 與伯融俱徙丹楊縣. …… 建平王景素爲逆, 楊運長等畏忌宗室, 稱詔賜伯融等死. 伯融時年十九, 伯猷年十一."

309)『宋書』卷72「晉平剌王休祐傳」, 1880면, "且慮休祐將來難制, 欲方便除之. 七年二月, 車駕於巖山射雉, 有一雉不肯入場, 日暮將反, 令休祐射之. 語云 : '不得雉, 勿歸.' 休祐時從在黃麾內, 左右從者並在部伍後, 休祐便馳去, 上遣左右數人隨之. 上旣還, 前驅淸道, 休祐人從悉分散, 不復相得, 上因遣壽寂之等諸將追之. 日已欲闇, 與休祐相及, 逼令墜馬. 休祐素勇壯有氣力, 奮拳左右排擊, 莫得近. 有一人後引陰, 因頓地, 卽共毆拉殺之. 乃遣人馳白上, 行唱 : '驃騎落馬.' 上曰 : '驃騎體大, 落馬殊不易.' 卽遣御醫絡驛相係. 頃之, 休祐左右人至, 久已絶."

310)『宋書』卷72「晉平剌王休祐傳」, 1881면, "凡十三子, …… 順帝昇明三年, 謀反, 並賜死."

311)『宋書』卷79「海陵王休茂傳」, 2043~2044면, "海陵王休茂, 文帝第十四子也. …… 尋事泄, 伏誅."

312)『宋書』卷72「鄱陽哀王休業傳」, 1881면, "鄱陽哀王休業, 文帝第十五子也. 孝建二年, 年十一, 封鄱陽王, 食邑二千戶. 三年, 薨, 追贈太常";『宋書』卷72「臨慶沖王休倩傳」, 1881면, "臨慶沖王休倩, 文帝第十六子也. 孝建元年, 年九歲, 疾篤, 封東平王, 食邑二千戶, 未拜, 薨";『宋書』卷72「新野懷王夷父傳」, 1882면, "新野懷王夷父, 文帝第十七子也. 元嘉二十九年, 薨, 時年六歲."

313)『宋書』卷79「桂陽王休範傳」, 2045면, "桂陽王休範, 文帝第十八子也";『宋書』卷79「桂陽王休範傳」, 2051면, "休範於新林步上, 及新亭壘, 自臨城南, 於臨滄觀上, …… 以二子德宣、德嗣付回與爲質, 至卽斬之. 回與越騎校尉張敬兒直前斬休範首, 持還, 左右並奔散";『宋書』卷79「桂陽王休範傳」, 2051면, "晉熙王燮自夏口遣軍平尋陽, 德嗣弟青牛、智藏並伏誅."

陵王) (유)휴약(劉休若)은 명제에게 사사되었다[314][趙注 : 아들 (유)충(劉沖)[315]도 곧이어 죽었다]. 이들은 문제의 열아홉 명의 아들인데, (그 가운데) 효무제와 명제는 제위를 잇고, (유)소와 (유)굉은 제 명에 죽고, (유)창은 북위로 도망가고, (유)휴업과 (유)휴천, (유)이부는 일찍 죽었지만, 그 나머지는 모두 제 명에 죽지 못했고 후손도 없었다.

효무제의 아들 스물여덟 명 가운데에는 어려서 죽은 이가 열이고, 전폐제에게 살해된 이가 둘, 명제에게 살해된 이가 열여섯이다[趙注 : 「『남사(南史)』에서 틀린 부분」[316] 내용 중에 보인다]. 명제 때가 되면 효무제의 자손이 이미 모두 주살되어 버렸으므로, 도리어 자신의 아들 무릉왕(武陵王) (유)찬(劉贊)으로 효무제의 후사를 삼았으니,[317] 효무제 자손이 이미 하나도 살아남은 자가 없었음을 바로 알 수 있다.

「유휴전(劉休傳)」을 보면,[318] 명제는 평소 뚱뚱하고 양기가 시들하여 성관계를 잘 하지 못했다고 하는데, 여러 왕들의 첩 가운데 임신한 이가 있으면 몰래 궁으로 들여, 아들을 낳으면 바로 그 어미는 뒷방에 가두어 버렸다고 한다. 순제는 본래 계양왕 (유)휴범의 아들이고,[319] 창오(왕)(蒼梧王) 또한 (명)제의 아들이 아니었으니, 진태비(陳太妃)가 앞서 이도아(李道兒)의 첩이었으므로 창오(왕)는 스스로 이(李)씨의 핏줄이라고 칭했다 한

---

314) 『宋書』 卷72 「巴陵哀王休若傳」, 1882면, "巴陵哀王休若, 文帝第十九子也"; 『宋書』 卷72 「巴陵哀王休若傳」, 1884면, "徵還召拜, 手書殷勤, 使赴七月七日, 卽於第賜死, 時年二十四."

315) 『宋書』에서는 이름이 '沖始'라고 되어 있다. 『宋書』 卷72 「巴陵哀王休若傳」, 1885면, "休若子沖始襲封. 順帝昇明三年薨, 會齊受禪, 國除."

316) 본서 권10, 「143. 『남사』에서 틀린 부분(南史誤處)」條를 이른다.

317) 『宋書』 卷80 「武陵王贊傳」, 2070면, "武陵王贊字仲敷, 明帝第九子也. 泰始六年生. 其年詔曰 : '世祖孝武皇帝 …… 今以第九子智隨奉世祖爲子, 武陵郡大明之世, 事均代邦, 可封智隨武陵王, 食邑五千戶. …… 朕應天在位, 恩深九族, 庶此足申追睦之懷, 敷愛之旨'."

318) [王注] 「劉休傳」은 『南齊書』 卷34에 있는데, 기록한 바는 宋 明帝의 일이다.

319) 『宋書』 卷41 「明帝陳昭華傳」, 1297면, "明帝陳昭華諱法容, 丹陽建康人也. 太宗晚年, 痿疾不能內御, 諸弟姬人有懷孕者, 輒取以入宮, 及生男, 皆殺其母, 而以與六宮所愛者養之. 順帝, 桂陽王休範子也, 以昭華爲母焉."

다.[320] 따라서, 명제가 비록 아들 열둘이 있었지만 모두 친자식이 아니었는데, 어찌 그 거짓 자식들은 스스로 보호하면서 선조의 자손들은 모두 죽이고 말았는가? 결국 그 열두 아들 가운데 후폐제와 순제는 모두 소도성에게 살해되었고, 수양왕(隨陽王) (유)홰(劉翽),[321] 신흥왕(新興王) (유)숭(劉嵩),[322] 시건왕(始建王) (유)희(劉禧)[323] 역시 (소)도성에게 살해되었으며, (유)지정(劉智井), (유)섭(劉燮), (유)제(劉躋)는 모두 다른 집안으로 나가 후사를 이었는데,[324] 그러나 (유)섭 역시 (소)도성에게 살해되었다.[325] (유)지정과 (유)섭은 생졸을 밝힐 수가 없다.[326] 오직 (유)법량(劉法良)과 소릉왕(邵陵王) (유)우(劉友) 및 이름을 짓지 못한 넷째 아들만이 일찍 죽어 죽임을 면했다.[327] 그러므로 명제의 열두 아들은 본래 누가 친자이고 아닌지를

---

320) 『南齊書』 卷34 「劉休傳」, 612면, "帝素肥, 痿不能御內, 諸王妓妾懷孕, 使密獻入宮, 生子之後, 閉其母於幽房, 前後十數. 從帝, 桂陽王休範子也. 蒼梧王亦非帝子, 陳太妃先爲李道兒妾, 故蒼梧微行, 嘗自稱爲李郎焉."

321) 『宋書』 卷90 「隋陽王翽傳」, 2238면, "隨陽王翽字仲儀, 明帝第十子也. …… 齊受禪, 降封舞陰縣公, 食邑千五百戶. 謀反, 賜死."

322) 『宋書』 卷90 「新興王嵩傳」, 2238~2239면, "新興王嵩字仲岳, 明帝第十一子. …… 齊受禪, 降封定襄縣公, 食邑千五百戶. 謀反, 賜死."

323) 『宋書』 卷90 「始建王禧傳」, 2239면, "始建王禧字仲安, 明帝第十二子也. …… 齊受禪, 降封荔浦縣公, 食邑千五百戶. 謀反, 賜死."

324) 『宋書』 卷72 「臨慶沖王休倩傳」, 1882면, "太宗泰始二年還本, 國絶. 六年, 以第五皇子智井爲東平王, 繼休倩, 未拜薨"; 『宋書』 卷72 「晉熙王昶傳」, 1869면, "泰始六年, 以第六皇子燮字仲綏繼昶, 改昶封爲晉熙王. 燮襲爵, 食邑三千戶"; 『宋書』 卷61 「江夏文獻王義恭傳」, 1652~1653면, "七年, 太宗以第八子躋字仲升, 繼義恭爲孫, 封江夏王, 食邑五千戶. …… 齊受禪, 降爲沙陽縣公, 食邑一千五百戶. 謀反, 賜死."

325) 『宋書』 卷72 「晉熙王昶傳」, 1871면, "齊受禪, 解司徒, 降封陰安縣侯, 食邑千五百戶. 謀反, 賜死."

326) **[王注]** 살펴보면, 劉燮은 나아가 晉熙王 劉昶(의 뒤)을 이었는데, 『宋書』 卷72와 『南史』 卷14 「劉昶傳」에는 모두 그를 칭하여 第6皇子라고 하고, 아울러 그가 元徽 元年(473)에 4세였다 하였으니, 곧 泰始 6년(470)에 태어난 것이고, 齊가 禪讓을 받은 후에 賜死(479)되었는데, 10세 때였다. 또한 『宋書』 卷8과 『南史』 卷3 「明帝紀」에는 모두 智井이 泰始 6년(470) 七月 丙戌에 사망하였다고 기록하였는데, 「臨慶王劉休倩傳」(두 책에 모두 劉昶과 같은 卷에 있다)에는 智井을 第5皇子라고 칭하였다. 智井이 사망한 해가 곧 燮이 태어난 해이니, 두 사람의 차이는 응당 몇 살에 불과할 것이며, 두 사람이 모두 成年이 되지 못한 어린 아이였음을 알 수 있다. 또한 『宋書』 「休倩傳」에는 '智丹'이라 했는데, '丹'과 '井' 두 글자의 형태가 유사하니 응당 하나는 잘못이 있음이다.

알 수 없는데, 스스로 친자라고 부른 이라고 해도 어려서 죽은 경우는 몇 사람에 지나지 않으며, 나머지는 모두 세 명에 죽지 못한 네에나가 젊은 탓에 아들도 없었다.

『남사』「순제기(順帝紀)」를 보면, (순)제가 제위를 물려주고 해를 당한 뒤, 송의 왕과 후는 노소를 막론하고 모두 제거되었다고 한다.[328] 그러한 즉, 송 무제의 아홉 아들, 사십여 손자와 육칠십에 이르는 증손자 가운데 제 명에 죽지 못한 자가 열에 일곱 여덟이나 되었으며, 게다가 세상에 후손을 남긴 이가 하나도 없었다.

갑자기 흥성할 때에는 자손이 번성해 황제가 되고 왕이 되며 부귀영화를 누리며 한 세상 복을 더없이 누렸으나, 그 몰락에 이르러서는 바람이 풀을 말아 올리는 것처럼 일소되어 남은 것이 없었고, 시체가 널브러지고 피가 밟히도록 목이 잘려 남은 사람이 없었으니, 필부처럼 그저 가문을 전하고 후세를 보전하려고 해도 할 수가 없었다. 이는 실로 남북 분열기의 흉흉한 기운이 작용한 것이거나, 아니면 역시 송 무제가 시기심 많고 잔인하게 집안을 일으켜 진(晉)나라 일족을 함부로 잔학하게 대한 탓에 사나운 기운이 맺혀 후손들한테 화가 미친 것이다. 효무제와 명제 또한 이어서 흉악하고 잔인하며 참혹하고 독하여 골육을 죽이면서도 오직 다 없애지 못할까를 걱정했다. 형제와 자손들을 모두 풀 베듯 잡아 가두고 죽였는데, 모두 다 여러 황제들이 스스로 도륙한 것이지 다른 일족한테서 손을 빌린 것이 아니었다. 끝내 종족이 사라지고 자신의 자손은 도리어 다른 일족한테 도륙되기에 이르고 말았으니, 어찌 하늘의 도란 되돌려주

---

327) 『宋書』 卷90 「明四王傳」, 2237면, "明帝十二子 : 陳貴妃生後廢帝. 謝修儀生皇子法良. 陳昭華生順帝. 徐婕妤生第四皇子. 鄭修容生皇子智井. 次晉熙王燮, 與皇子法良同生. 泉美人生邵陵殤王友 …… 智井、燮、躋、贊並出繼. 法良未封, 第四皇子未有名, 早夭"; 『宋書』 卷90 「邵陵殤王友傳」, 2238면, "邵陵殤王友字仲賢, 明帝第七子也. ……(昇明)三年, 薨, 無子, 國除."

328) 『南史』 卷3 「宋順帝紀」, 93면, "六月乙酉, 葬于遂寧陵, 謚曰順帝. 宋之王侯無少長皆幽死矣."

기를 좋아한다는 분명한 증거가 아니겠는가.

전폐제가 한번은 꿈을 꾸었는데, 그 어머니 왕태후(王太后)가 그에게 "너는 효성스럽지도 않고 어질지 못해 본시 임금이 될 상이 없었다. 자상(子尙)[329]도 어리석고 도리에 어긋나 역시 천자의 운이 미칠 바가 아니다. 효무(제)가 험악하고 잔학하게 도를 없애버리니 원한이 사람과 신령한테 맺혀, 자식이 비록 많아도 다들 천명이 없다"라고 말했다.[330] 이는 (황천의) 어두움 가운데서도 실로 어긋나지 않게 살핌이 있는 것이다. 효무제가 이미 문제의 아들을 많이 죽여 후사를 끊어 놓았고, 명제가 또한 효무제의 아들을 많이 죽였는데, 그 아들은 나라와 몸이 모두 망하여 다시 하나도 남은 것이 없게 되었으니, 진실로 이른바 '스스로 만든 재앙'이라 할 것이다.

---

329) 前廢帝와 어머니가 같은 동생 豫章王 劉子尙을 이른다. 『宋書』 卷80 「豫章王子尙傳」, 2058면, "豫章王子尙字孝師, 孝武帝第二子也"; 『宋書』 卷41 「孝武文穆王皇后傳」, 1289면, "孝武文穆王皇后諱憲嫄, 琅邪臨沂人. …… 生廢帝、豫章王子尙、山陰公主楚玉、臨淮康哀公主楚佩、皇女楚琇、康樂公主脩明."

330) 『宋書』 卷7 「前廢帝紀」, 147면, "及太后崩後數日, 帝夢太后謂之曰 : '汝不孝不仁, 本無人君之相. 子尙愚悖如此, 亦非運祚所及. 孝武險虐滅道, 怨結人神, 兒子雖多, 並無天命'."

권12

156. 군주는 즉위하면서 하얀 비단 모자를 썼다人君卽位冠白紗帽

송(宋) 전폐제(前廢帝) (유)자업(劉子業)이 상동왕(湘東王) (유)욱(劉彧)을 죽이려고 하자, (유)욱은 측근인 수적지(壽寂之) 등과 결탁하여 후당(後堂)에서 전폐제를 시해했으며, 건안왕(建安王) (유)휴인(劉休仁)[1]은 곧 신하라 칭하면서, (유)욱을 끌어 서당(西堂)에 올라 어좌에 앉게 했다. 일이 갑자기 발생하는 바람에 (유욱이) 아직 검은 비단 모자를 쓰고 있었는데, (유)휴

1) 劉休仁(443~471) : 劉宋 文帝의 열두 번째 아들로 元嘉 29년(452)년 10세 때 建安王이 되었고, 후에 始安王에 봉해졌다. 大明 元年(457) 侍中, 景和 元年(465) 散騎常侍, 光祿大夫가 되었다. 廢帝가 그를 꺼려하여 10여 차례나 죽이려 했으나 웃으며 아첨하여 살아났다. 壽寂之 등과 廢帝를 살해하고 湘東王을 황제로 옹립했다. 晉安王 劉子勳의 난을 평정하고 孝武帝의 아들들을 살해할 것을 청하였다. 泰始 6년(470) 太尉, 領司徒가 되었다. 衆望이 모여 明帝가 꺼려하게 되었으며, 결국 사사하였다.

인이 주의(主衣)를 불러 하얀 비단모자[白紗帽]로 바꾸도록 했다. 이에 바로 즉위하니, 이가 명제(明帝)이다[趙注 : 「명제기(明帝紀)」].[2)]

후폐제(後廢帝) (유)욱(劉昱)이 무도하자 소도성(蕭道成)은 왕경칙(王敬則)을 시켜 후폐제의 측근인 진봉백(陳奉伯) 등과 결탁하여 그를 시해했다.[3)] 다음날 아침 대신 회의를 소집했는데, (왕)경칙이 바로 호분(虎賁), 삽극(鈒戟),[4)] 우의(羽儀)를 부르고는 스스로 직접 하얀 비단 모자를 가져다 (소)도성의 머리에 씌워 주고 (소)도성에게 "일은 모름지기 여건이 무르익었을 때에 해야 합니다"라고 말하며 즉위를 권했는데, (소)도성이 질책하자 이에 그만두었다[趙注 : 제(齊) 「고제기(高帝紀)」].[5)]

또 『(남)제서(齊書)』「유세륭전(柳世隆傳)」을 보면, 심유지(沈攸之)가 군사를 일으켜 여러 장수들에게 "나는 태후의 명령을 받아 의로움을 세워 도성으로 가니, 대사가 만약 이루어진다면 하얀 비단 모자를 의당 함께 쓸 것이다"라고 말했다.[6)]

이는 고래로 군주가 즉위하면서 하얀 비단 모자를 쓰는 것을 관례로 했던 것이다. 아마도 본래 태자가 상례(喪禮)로 즉위를 미루면서 생긴 제도일 것인데, 고사가 서로 이어져 결국 하얀 비단 모자를 등극할 때 쓰는 차림으로 생각하게 되었다.

---

2) 『宋書』 卷8 「明帝紀」, 152면, "佃夫、道兒因結壽寂之等殞廢帝於後堂. 十一月二十九日夜也. 事定, 上未知所爲. 建安王休仁便稱臣奉引升西堂, 登御坐, 召見諸大臣. 于時事起倉卒, 上失履, 跣至西堂, 猶著烏帽. 坐定, 休仁呼主衣以白帽代之, 令備羽儀."

3) 『宋書』 卷9 「後廢帝紀」, 190면, "王敬則先結昱左右楊玉夫、楊萬年、呂欣之、湯成之、陳奉伯 …… 兪孫等二十五人, 謀共取昱."

4) 『南史』 卷4 「齊高帝紀」, 102면에는 '劍戟'이라 되어 있다.

5) 『南史』 卷4 「齊高帝紀」, 101~102면, "五年七月戊子, 楊玉夫等與直閤將軍王敬則通謀弑蒼梧 …… 明旦, 召袁粲、褚彦回、劉彦節入會西鍾槐樹下計議. 帝以事讓彦節, 彦節未答. 帝鬚髯盡張, 眼光如電. 次讓袁粲, 又不受. 敬則乃拔刀, 在牀側躍麾衆曰 : '天下之事, 皆應關蕭公, 敢有開一言者, 血染敬則刀!' 仍呼虎賁劍戟羽儀, 手自取白紗帽加帝首, 令帝卽位, 曰 : '今日誰敢復動, 事須及熱.' 帝正色呵之曰 : '卿都不自解.' 粲欲有言, 敬則又叱之, 乃止."

6) 『南齊書』 卷24 「柳世隆傳」, 450면, "攸之大怒, 召諸軍主曰 : '我被太后令, 建義下都, 大事若剋, 白紗帽共著耳; 如其不振, 朝廷自誅我百口, 不關餘人. ……'."

157. 제나라와 양나라 군주들은 재주와 학식이 많았다 齊梁之君多才學

창업 군주 가운데 재주와 학식을 아울러 가지기로는 조위(曹魏)의 부자가 실로 백대에 으뜸이었고, 그 다음은 즉 (남)제(齊), 양(梁) 두 왕조이니 이 역시 쉽게 미칠 수 없는 것이었다.

제 고제(高帝, 蕭道成)는 비록 재주와 학식으로 이름을 얻지는 못했으나, 어려서 제생(諸生)이 되어[趙注 : 「유환전(劉瓛傳論)」][7] 뇌차종(雷次宗[8])으로부터 수업을 받고 『예기(禮記)』 및 『좌씨춘추(左氏春秋)』를 전공했다[趙注 : 본기].[9] 영군(장군)(領軍將軍)이 되었을 때에는 사초종(謝超宗)[10]과 함께 글을 짓고 (사)초종의 글재주를 아꼈다[趙注 : 「사초종전」].[11] 즉위한 뒤에는 무릉왕(武陵王) (소)엽(蕭曄)[12]이 사강락(謝康樂)[13]의 시체(詩體)를 모방하는 것을 보고 그를

7) 『南齊書』 卷39 「劉瓛傳」, 687면, "建元肇運, 戎警未夷, 天子少爲諸生, 端拱以思儒業, 載戢干戈, 遽詔庠序."

8) 雷次宗(386~448) : 劉宋 豫章郡 南昌縣 사람으로 字는 仲倫이다. 젊어서 廬山에 들어가 승려 慧遠을 섬겼으며 학문을 좋아했으며 『三禮』 『毛詩』에 밝았다. 元嘉 15년(438) 建康에 불려가 鷄籠山에 學館을 열어 학생들을 모아 가르쳤다. 文帝가 여러 차례 學館에 가서 물자를 후히 주었다. 廬山으로 돌아갔으나, 후에 다시 建康에 불려가 鍾山에 招隱館을 쌓고 거하였으며, 皇太子와 諸王들에게 『喪服經』을 강의하였다. 저서에는 『豫章記』 『毛詩序義』, 文集 등이 있으나, 모두 亡佚되었다.

9) 『南齊書』 卷1 「高帝紀」, 3면, "儒士雷次宗立學於鷄籠山, 太祖年十三, 受業, 治禮及左氏春秋."

10) 謝靈運의 손자로서 글재주가 있던 인물이다. 『南齊書』 卷36 「謝超宗傳」, 635면, "謝超宗, 陳郡陽夏人也. 祖靈運, 宋臨川內史. 父鳳, 元嘉中坐靈運事, 同徙嶺南, 早卒. 超宗元嘉末得還. 與慧休道人來往, 好學, 有文辭, 盛得名譽. 解褐奉朝請."

11) 『南齊書』 卷36 「謝超宗傳」, 636면, "太祖爲領軍, 數與超宗共屬文, 愛其才翰."

12) 본문은 '武陵王曄'으로 되어 있으나, 中華書局本 『南齊書』에서는 '武陵王蕭奕'의 열전에 이 내용이 실려 있다. 뒤의 趙翼의 注에서도 '「소엽전」'으로 표기하고 있으나, '「소혁전」'이라 해야 옳을 것이다. 다만, 『南齊書』의 다른 부분에서는 같은 인물을 '武陵王曄'으로 표기하고 있어 혼란이 나타난다.

13) 謝靈運을 이른다. 본래 東晉의 謝玄이 처음 康樂公으로 봉해졌는데, 손자인 謝靈運이 康樂公의 작위를 이어받고 있었다. 『晉書』 卷9 「孝武帝紀」, 235면, "冬十月丁亥, 論淮肥之功, 追封謝安廬陵郡公, 封謝石南康公, 謝玄康樂公, 謝琰望蔡公, 桓伊

훈계하며 "강락(康樂)은 방탕해서 문체를 짓되 수미(首尾)를 분별할 수 없다. 안인(安仁),[14] 사형(士衡)[15]은 깊이가 있어 존경할 만하며, 안연지(顔延之)[16]는 또 그에 버금간다"라고 말했다. 이는 고제가 시문에 조예가 깊었다는 것이다[趙注 : 「소엽전」].[17] 또 일찍이 왕승건(王僧虔)과 함께 글씨 내기를 했는데, 다 끝난 뒤 (왕)승건에게 "누가 제일인가?"라고 묻자 (왕)승건이 "제 글씨가 제일이고, 폐하 역시 제일입니다"라고 말했다. (이에 고)제가 "그대는 스스로 계책을 잘 만든다고 할 만하다"라고 웃으며 말했다[趙注 : 「왕승건전」].[18] 이는 고제가 서법에 정통했다는 것이다.

그 자손들 또한 재주로 이름난 사람이 많았다. 임천왕(臨川王) (소)영(蕭映)은 왼손, 오른손 양쪽으로 글씨를 쓰는 데에 능통했고[趙注 : 「소영전」],[19] 파양왕(鄱陽王) (소)장(蕭鏘)은 문장을 좋아하고, 계양왕(桂陽王) (소)삭(蕭鑠)은 명리(名理)를 좋아해서 사람들은 그들을 '파계(鄱桂)'로 칭했다[趙注 : 「소장전」].[20] 강하왕(江夏王) (소)봉(蕭鋒)[21]은 다섯 살에 봉미락(鳳尾諾)을 배웠는

永脩公, 自餘封拜各有差";『宋書』卷67「謝靈運傳 」, 1743면, "靈運少好學, 博覽羣書, 文章之美, 江左莫逮. 從叔混特知愛之. 襲封康樂公, 食邑二千戶. …… 性奢豪, 車服鮮麗, 衣裳器物, 多改舊制, 世共宗之, 咸稱謝康樂也."

14) 安仁 : 西晉시대 문인 潘岳의 字이다.『晉書』卷55「潘岳傳」, 1500면, "潘岳字安仁, 滎陽中牟人也."

15) 士衡 : 西晉시대 문인 陸機의 字이다.『晉書』卷54「陸機傳」, 1467면, "陸機字士衡, 吳郡人也. 祖遜, 吳丞相. 父抗, 吳大司馬. 機身長七尺, 其聲如鐘. 少有異才, 文章冠世, 伏膺儒術, 非禮不動."

16)『宋書』卷73「顔延之傳」, 1891면, "顔延之字延年, 琅邪臨沂人也. 曾祖含, 右光祿大夫. 祖約, 零陵太守. 父顯, 護軍司馬."

17)『南齊書』卷35「武陵昭王奕傳」, 624~625면, "武陵昭王奕字宣照, 太祖第五子也. …… 與諸王共作短句, 詩學謝靈運體, 以呈上, 報曰 : '見汝二十字, 諸兒作中最爲優者. 但康樂放蕩, 作體不辨有首尾, 安仁、士衡深可宗尙, 顔延之抑其次也'."

18)『南齊書』卷33「王僧虔傳」, 596면, "與僧虔賭書畢, 謂僧虔曰 : '誰爲第一?' 僧虔曰 : '臣書第一, 陛下亦第一.' 上笑曰 : '卿可謂善自爲謀矣'."

19)『南齊書』卷35「臨川獻王映傳」, 621~622면, "臨川獻王映字宣光, 太祖第三子也. …… 映善騎射, 解聲律, 工左右書左右射, 應接賓客, 風韻韶美, 朝野莫不惋惜焉."

20) [王注]「蕭鏘傳」이 아니라 마땅히「蕭鑠傳」이라 해야 하며, 그의 열전은『南齊書』卷35와『南史』卷43에 있다.『南齊書』卷35「桂陽王鑠傳」, 628면, "時鄱陽王鏘好文章, 鑠好名理, 時人稱爲'鄱桂'";『南史』卷43「桂陽王鑠傳」, 1085면, "桂陽王鑠字宣

데 한 번 배우면 곧 능숙해졌고, 열 살에는 글짓기에 능했으며 무제(武帝)가 그 글씨를 제일이라고 했다. 명제(明帝)가 보정을 하면서 고제와 무제의 자손들을 제거했는데 (소)봉은 「수백부(修柏賦)」를 지어 자신의 뜻을 기탁했다[趙注 : 「소봉전」].[22] 이는 그 아들들에게 재주와 학식이 많았다는 것이다.

문혜태자(文惠太子)는 국학(國學)에 나아가 왕검(王儉)과 함께 『예기』에 나오는 '공경스럽지 않으면 안 된다. (毋不敬)',[23] 『주역(周易)』 건괘(乾卦)에 나오는 진(震)[24]의 뜻을 강의했다[趙注 : 「문혜태자전」].[25] 경릉왕(竟陵王) (소)자량(蕭子良)[26]은 학사들을 불러 오경(五經), 백가(百家)를 초록하게 해서 『사부요략(四部要略)』 천 권을 만들었나[趙注 : 「소자량전」].[27] 진안왕(晉安王) (소)자무(蕭子懋)는 『춘추예원(春秋例苑)』 30권을 편찬했다[趙注 : 「소자무전」].[28] 수군왕(隨郡王) (소)자륭(蕭子隆)은 문장에 능해서, 무제가 "이는 우리 집안의 동아(東阿)[29]이다"라고 말했다[趙注 : 「소자륭전」].[30] 이는 그 손자들에게 재주와 학

朗, 高帝第八子也. …… 時鄱陽王鏘好文章, 鑠好名理, 人稱爲鄱桂."

21) 『南齊書』 卷35 「江夏王鋒傳」, 630면, "江夏王鋒字宣穎, 太祖第十二子."

22) 『南史』 卷43 「江夏王鋒傳」, 1088~1089면, "五歲, 高帝使學鳳尾諾, 一學卽工. 高帝大悅, 以玉騏驎賜之, 曰 : '騏驎賞鳳尾矣.' 至十歲, 便能屬文 …… 工書, 爲當時蕃王所推. 南郡王昭業亦稱工, 謂武帝曰 : '臣書固應勝江夏王.' 武帝答 : '闍梨第一, 法身第二.' 法身昭業小名, 闍梨鋒小名也. …… 及明帝知權, 蕃邸危懼 …… 常忽忽不樂, 著修栢賦以見志."

23) 윗사람이 아랫사람을 대할 때에도 공경스럽지 않으면 안 되는가 하는 문제에 관한 것이다.

24) 乾은 하늘이고 震은 하늘이 아닌데, 乾에 대해 설명하는 說卦에 震이 나오는 문제에 관한 것이다.

25) 『南齊書』 卷21 「文惠太子傳」, 399~400면, "五年冬, 太子臨國學, 親臨策試諸生, 於坐問少傅王儉曰 : '曲禮云'無不敬'. 尋下之奉上, 可以盡禮, 上之接下, 慈而非敬. 今總同敬名, 將不爲昧?' …… 太子問王儉曰 : '周易乾卦本施天位, 而說卦云'帝出乎震'. 震本非天, 義豈相主?'"

26) 『南齊書』 卷40 「竟陵文宣王子良傳」, 692면, "竟陵文宣王子良字雲英, 世祖第二子也."

27) 『南齊書』 卷40 「竟陵文宣王子良傳」, 698면, "移居雞籠山邸, 集學士抄五經、百家, 依皇覽例爲四部要略千卷."

28) 『南齊書』 卷40 「晉安王子懋傳」, 708면, "晉安王子懋字雲昌, 世祖第七子也. …… 撰春秋例苑三十卷奏之, 世祖嘉之, 敕付秘閣."

29) 曹操의 아들이자, '七步詩'로 잘 알려진 曹植을 가리킨다. 曹植은 일찍이 東阿王에

식이 많았다는 것인데, 여러 손자들 가운데 특히 예장왕(豫章王) (소)억(蕭嶷)의 아들들이 가장 뛰어났다.

(소)자범(蕭子範[31])은 양나라 조정에 들어가 남평왕(南平王[32])의 종사(從事)가 되어 『천자문(千字文)』을 지었는데, 채원(蔡薳)에게 주석을 달도록 했고, 왕부(王府)에서 짓는 문장은 모두 (소)자범이 초안을 지었다. 간문제(簡文帝)가 후경(侯景)의 핍박을 받고 있을 때 황후를 장례지내면서 (소)자범에게 애책문(哀冊文)을 짓게 했는데, 문장이 지극히 훌륭하니 (간문)제가 "여기 이 장릉(莊陵[33])에서 모든 것이 영락해도 오직 애책문만은 오히려 전형이 될 것이다"라고 말했다.[34] (소)자현(蕭子顯[35])은 「홍서부(鴻序賦)」를 지었는데, 심약(沈約)이 그것을 보고는 몹시 감복했다. 또 여러 사람들의 『후한서(後漢書)』를 모아 차이점을 고증해서 『후한서』 100권을 지었고, 또한 『제서(齊書)』 60권, 『보통북벌기(普通北伐記)』 5권, 『귀검전(貴儉傳)』 3권, 문집 30권을 지었다. 그 아들 (소)개(蕭愷) 역시 시에 능통했는데, 선유당(宣猷堂)에서 여러 명사들과 함께 사하(謝嘏)가 태수(太守)로 나가는 것을 전송하면서 열다섯 극운(劇韻[36])을 사용해 시를 짓는데 유독 먼저 완성했고 또한 지극히 정교했다[趙注 : 「소자현전」].[37] (소)자현의 동생 (소)자운(蕭子

봉해진 적이 있다. 『三國志』 「魏書」 卷19 「陳思王植傳」, 569면, "三年, 徙封東阿."

30) 『南齊書』 卷40 「隨郡王子隆傳」, 710면, "隨郡王子隆字雲興, 世祖第八子也. 有文才. …… 上以子隆能屬文, 謂儉曰 : '我家東阿也'. 儉曰 : '東阿重出, 實爲皇家蕃屛.'"

31) 『梁書』 卷35 「蕭子範傳」, 510면, "子範字景則, 子恪第六弟也."

32) 『梁書』 卷22 「南平王偉傳」, 346면, "南平元襄王偉字文達, 太祖第八子也."

33) 簡文帝와 王皇后의 陵이다. 『梁書』 卷4 「簡文帝紀」, 108면, "於是太宗崩於永福省, …… 世祖追崇爲簡文皇帝, 廟曰太宗. 四月乙丑, 葬莊陵"; 『梁書』 卷7 「太宗王皇后傳」, 158면, "中大通三年十月, 拜皇太子妃. 太淸三年三月, 薨于永福省, 時年四十五. 其年, 太宗卽位, 追崇爲皇后, 謚曰簡. 大寶元年九月, 葬莊陵."

34) 『南史』 卷42 「蕭子範傳」, 1071면, "服闋, 累遷大司馬南平王從事中郎. 王愛文學士, 子範偏被恩遇, 常曰 : '此宗室奇才也.' 使製千字文, 其辭甚美. 王命記室蔡薳注釋之. 自是府中文筆皆使具草 …… 其年葬簡皇后, 使製哀策, 文理哀切. 帝謂武林侯蕭諮曰 : '此段莊陵萬事零落, 唯哀冊尙有典刑'."

35) 『梁書』 卷35 「蕭子顯傳」, 511면, "子顯字景陽, 子恪第八弟也. 幼聰慧, 文獻王異之, 愛過諸子."

36) 劇韻 : 곧 險韻이라고도 하는데, 시를 짓는데 그다지 쓰이지 않는 韻을 뜻한다.

雲)[38]은 문장에 조예가 있어 약관(弱冠)의 나이에 『진서(晉書)』를 편찬했는데, 스물여섯 살 때 책이 100여 권으로 이루어졌다. 또한 서예에 능통했는데, 백제국(百濟國) 사신이 그 글씨를 구하려고 하는데 (소)자운이 마침 서울을 떠나려고 하자, 사신들이 그 배를 바라보며 한 걸음마다 절을 한 번씩 했다. (소)자운이 사람을 보내 그 까닭을 물으니 사신이 "시중(侍中)께서 쓴 글월의 아름다움은 그 명성이 바다 밖에까지 알려졌으니, 오늘 구하는 것은 오직 명적(名迹)입니다"라고 말했다. 이에 배를 멈추게 하고 종이 30장에다 글을 써서 그들에게 주었다. 그 아들 (소)특(蕭特) 역시 글씨에 뛰어나서 양 무(제)가 그에게 "자경(子敬)[39]의 글 자취는 우군(右軍)[40]에 미치지 못한다. 소특의 글씨는 드디어 아버지보다 낫게 되었다"라고 말했다[趙注 : 「소자운전」].[41] 이는 또한 소씨 제나라[蕭齊]의 후손들이 한 시대 문학의 명망을 짊어졌다는 것이다.

소씨 양나라[蕭梁] 때 부자간의 경우는 더욱 유독 천고(千古)에 명성을 누리고 있다. 무제는 어려서부터 학문에 돈독하여 유학과 현학(玄學)에 통달했고, 비록 나라를 다스리는 온갖 업무가 많아도 여전히 책을 손에서 놓지

---

37) 『梁書』 卷35 「蕭子顯傳」, 511~513면, "嘗著鴻序賦, 尙書令沈約見而稱曰 : '可謂得明道之高致, 蓋幽通之流也.' 又採衆家後漢, 考正同異, 爲一家之書 …… 子顯所著後漢書一百卷, 齊書六十卷, 普通北伐記五卷, 貴儉傳三十卷, 文集二十卷 ……. 愷才學譽望, 時論以方其父, 太宗在東宮, 早引接之. 時中庶子謝嘏出守建安, 於宣猷堂宴餞, 並召時才賦詩, 同用十五劇韻, 愷詩先就, 其辭又美."

38) 蕭子雲(487~549) : 字는 景喬, 南齊 豫章王 蕭嶷의 아홉째 아들이다. 30세에 秘書郞으로 起家하였고, 梁末 벼슬이 侍中 · 國子祭酒가 되었다. 隸書에 능해 세상의 모범이 되었다. 侯景의 난 때 晉陵으로 도망갔다가 굶어죽었다. 저서에는 『晉書』 110卷과 『東宮新記』 20卷, 文集 19卷이 있다.

39) 子敬 : 王羲之의 아들 王獻之의 字이다.

40) 右軍 : 王羲之를 뜻한다. 그는 右軍將軍, 會稽內史를 지낸 바 있다. 『南史』 본문에는 '右軍'이라 하지 않고, 王羲之의 字인 '逸少'로 기술하였다.

41) 『南史』 卷42 「蕭子雲傳」, 1074~1076면, "及長, 勤學有文藻, 弱冠撰晉書, 至年二十六, 書成百餘卷, 表奏之, 詔付祕閣 …… 百濟國使人至建鄴求書, 逢子雲爲郡, 維舟將發. 使人於渚次候之, 望船三十許步, 行拜行前. 子雲遣問之, 答曰 : '侍中尺牘之美, 遠流海外, 今日所求, 唯在名迹.' 子雲乃爲停船三日, 書三十紙與之, 獲金貨數百萬 …… 武帝嘗使特書, 及奏, 帝曰 : '子敬之迹不及逸少, 蕭特之書遂逼於父'."

않았다. 『제지효경의(制旨孝經義)』『주역강소(周易講疏)』 및 『64괘』『이계(二繫)』『문언(文言)』『서괘(序卦)』 등에 관한 해설[義], 『악사의(樂社義)』『모시답문(毛詩答問)』『춘추답문(春秋答問)』『상서대의(尙書大義)』『중용강소(中庸講疏)』『공자정언(孔子正言)』『노자강소(老子講疏)』 등을 지었는데, 모두 2백여 권이었다. 또 명산빈(明山賓)[42] 등에게 제지(制旨)를 서술하도록 하고 아울러 길(吉)·흉(凶)·군(軍)·빈(賓)·가(嘉) 등 다섯 가지 예에 관해 1천여 권을 편찬하게 했다. 또 『통사(通史)』를 만들게 해서 직접 찬(讚)과 서(序)를 지었는데, 모두 600권이었다. 천성이 총명해서 붓을 대면 바로 문장이 되었고, 온갖 부(賦)와 시를 바로 써서 완성하니 여러 문집이 또 120권이었다. 아울러 『금책(金策)』 30권[43]을 편찬했다. 또한 불교 교리에도 뛰어나 『열반(涅槃)』『대품(大品)』『정명(淨名)』『삼혜(三慧)』 등 여러 경전의 해설을 지은 것이 또 수백 권을 채웠다. 옛날 제왕들을 두루 보건대, 기예에 능통하고 학문이 넓은 사람이 드물게나마 간혹은 있었던 것이다[趙注 : 「무제본기」].[44]

소명태자(昭明太子)는 세 살 때 『효경(孝經)』과 『논어(論語)』를 배웠고, 다섯 살에는 오경을 두루 읽었다. 자라서는 책을 읽을 때 여러 줄을 한꺼번에 읽어 내려갔고 눈으로 본 것은 모두 기억했다. 연회나 송별회[遊宴祖餞[45]]를 할 때마다 시를 지으면 번번이 열 개가 넘는 운(韻)이었고 혹은 극운을 쓰기도 했는데, 모두 생각하자마자 곧 완성했고 고칠 곳이 없었다.

---

42) 『梁書』 卷27 「明山賓傳」, 405면, "明山賓字孝若, 平原鬲人也. 父僧紹, 隱居不仕, 宋末國子博士徵, 不就."

43) **[王注]** 살펴보면, '金策'이라 한 것은 『梁書』 卷3 「武帝本紀」와 『冊府元龜』 卷192에 보이는 바이며, 『南史』 卷7 「武帝紀」에는 '金海'라고 하였다.

44) 『梁書』 卷3 「武帝紀下」, 96~97면, "加以文思欽明, 能事畢究, 少而篤學, 洞達儒玄. 雖萬機多務, 猶卷不輟手, 燃燭側光, 常至戊夜. 造制旨孝經義, 周易講疏, 及六十四卦、二繫、文言、序卦等義, 樂社義, 毛詩答問, 春秋答問, 尙書大義, 中庸講疏, 孔子正言, 老子講疏, 凡二百餘卷, 並正先儒之迷, 開古聖之旨. …… 兼篤信正法, 尤長釋典, 製涅槃、大品、淨名、三慧諸經義記, 復數百卷. …… 又撰金策三十卷. …… 歷觀古昔帝王人君, 恭儉莊敬, 藝能博學, 罕或有焉."

45) 祖餞 : 먼 길 떠나는 사람을 전별하는 것을 이른다. 『梁書』와 『南史』의 「昭明太子傳」에서는 '祖道'로 표현하였다.

문집 20권을 지었으며, 고금의 전고(典誥)와 문언(文言)을 모은 『정서(正序)』 10권을 만들었고, 오언시 가운데 잘된 것으로 『문장영화(文章英華)』 20권, 『문선(文選)』 30권을 만들었다[趙注 : 본전].[46]

간문제는 여섯 살 때 곧 능히 글을 잘 지을 수 있었으며, 장성한 뒤에는 수많은 학파[九流], 여러 학자[百氏](의 글)를 한번 훑어보면 반드시 기억했고 문장과 사부(詞賦)는 붓을 들면 바로 완성했으며, 유학의 책을 널리 종합했고, 현학의 이치를 잘 말했다. 그의 시에 「자서(自序)」를 써서 "나는 일곱 살 때 시를 병적으로 좋아했는데, 자라서도 물리지가 않았다"라고 말했다. 사론(史論)에서는 그가 가볍고 고운 문제에 빠졌는데 당시 그런 것을 '궁체(宮體)'라 불렀다고 기록했다. 지은 것으로는 『소명태자전(昭明太子傳)』 5권, 『제왕전(諸王傳)』 30권, 『예대의(禮大義)』 20권, 『노자의(老子義)』 20권, 『장자의(莊子義)』 20권, 『장춘의기(長春義記)』 100권, 『법보연벽(法寶連璧)』 300권이 있다[趙注 : 본기].[47]

원제(元帝)는 학문을 좋아하고, 널리 다양한 서적에 통달했으며 기민하게 재치 있는 말을 잘하여 한 시대의 최고가 되었다. 『효덕전(孝德傳)』 30권, 『충신전(忠臣傳)』 30권, 『단양윤전(丹陽尹傳)』 10권, 『한서(漢書)』의 주석 115권, 『주역강소(周易講疏)』 10권, 『내전박요(內典博要)』 100권, 『연산(連山)』 30권, 『동림(洞林)』 3권, 『옥도(玉韜)』 10권,[48] 『노자강소(老子講疏)』 4권,

---

46) 『南史』 卷53 「昭明太子傳」, 1308~1312면, "太子美姿容, 善擧止, 讀書數行並下, 過目皆憶. 每游宴祖道, 賦詩至十數韻, 或作劇韻, 皆屬思便成, 無所點易 …… 所著文集二十卷, 又撰古今典誥文言爲正序十卷, 五言詩之善者爲英華集二十卷, 文選三十卷."

47) 『梁書』 卷4 「簡文帝紀」, 109면, "太宗幼而敏睿, 識悟過人, 六歲便屬文 …… 九流百氏, 經目必記; 篇章辭賦, 操筆立成. 博綜儒書, 善言玄理 …… 雅好題詩, 其序云: '余七歲有詩癖, 長而不倦.' 然傷於輕豔, 當時號曰'宮體'. 所著昭明太子傳五卷, 諸王傳三十卷, 禮大義二十卷, 老子義二十卷, 莊子義二十卷, 長春義記一百卷, 法寶連璧三百卷, 並行於世焉."

48) **[王注]** 살펴보면, 『梁書』 卷5 「元帝紀」에는 '『玉韜』 十卷' 아래에 '『補闕子』 十卷'이라는 다섯 글자가 있으며, 『南史』 卷8 「元帝紀」에는 '『玉韜』 『金樓子』 『補闕子』 各十卷'이라고 하였다. 本篇에서 梁朝 각 황제의 저작은 모두 『梁書』를 근거로 삼았고, 『南史』에 실려 있는 것은 조금 같거나 다른 것이 있는데 일일이 모두 열거하지는

『전덕지(全德志)』『회구지(懷舊志)』『형남지(荊南志)』『강주기(江州記)』『공직도(貢職圖)』『고인동성명록(古人同姓名錄)』 1권, 『서경(筮經)』 12권, 『식찬(式贊)』 3권, 문집 50권을 저술했다[趙注 : 본기].[49]

남강왕(南康王) (소)적(蕭績)은 일곱 살 때 관문서를 위조해 온 자가 있었는데 능히 위조임을 찾아낼 수 있었다[趙注 : 본전].[50] 소릉왕(邵陵王) (소)륜(蕭綸)[51]은 형주자사(衡州刺史) 원경화(元慶和)의 송별회에 참석해서 그 자리에서 시 열두 운을 지었는데, 마지막 구절에서 "나라는 광천국(廣川國)과 같은데 적막하여 오랫동안 들리는 소리가 없구나"라고 했다. 무제가 크게 칭찬하며 "너의 재주가 이와 같은데, 어찌 들리는 소리가 없음을 염려하겠느냐"라고 말했다.[52] 그 뒤 상동왕(湘東王) (소)역(蕭繹 : 元帝)과 하동왕(河東王) (소)예(蕭譽)가 서로 싸우자 (소)륜은 편지를 써서 집안의 다툼을 그치고 군주인 아버지의 위급을 구하러 달려가자고 권했는데, 그 문장이 매우 잘 지어져 사람들의 마음을 움직였다[趙注 : 본전].[53] 무릉왕 (소)기(蕭紀)는

않았다.

49) 『梁書』 卷5 「元帝紀」, 135~136면, "旣長好學, 博總羣書, 下筆成章, 出言爲論, 才辯敏速, 冠絶一時 …… 所著孝德傳三十卷, 忠臣傳三十卷, 丹陽尹傳十卷. 注漢書一百一十五卷, 周易講疏十卷, 內典博要一百卷, 連山三十卷, 洞林三卷, 玉韜十卷, 補闕子十卷, 老子講疏四卷, 全德志、懷舊志、荊南志、江州記、貢職圖、古今同姓名錄一卷, 筮經十二卷, 式贊三卷, 文集五十卷."

50) 『梁書』 卷29 「南康王績傳」, 427면, "南康簡王績字世謹, 高祖第四子. 天監八年, 封南康郡王, 邑二千戶. …… 績時年七歲, 主者有受貨, 洗改解書, 長史王僧孺弗之覺, 績見而輒詰之, 使卽時首服, 衆咸嘆其聰警."

51) 蕭綸(519~551) : 字는 世調이며 梁武帝의 여섯째 아들이다. 邵陵王에 봉해졌다. 侯景의 난 때 中衛將軍 征討大都督이 되어 建康으로 갔으나 패하여 京口로 돌아갔다. 臺城이 함락된 후 郢州로 갔다. 湘東王 蕭繹에게 湘州刺史 蕭譽 대신 제위에 오르지 말라고 편지를 보냈으나 소용없었다. 侯景을 토벌하려고 器甲을 수리하였으나 侯景軍의 습격으로 定州로 달아났다가 汝南으로 들어갔다. 西魏 楊忠의 공격으로 城이 함락되어 죽었다.

52) 『南史』 卷53 「邵陵攜王綸傳」, 1323면, "後預餞衡州刺史元慶和, 於座賦詩十二韻, 末云'方同廣川國, 寂寞久無聲'. 大爲武帝賞, 曰 : '汝人才如此, 何慮無聲'. 旬日間, 拜郢州刺史."

53) 『梁書』 卷29 「邵陵攜王綸傳」, 433~435면, "時元帝圍河東王譽於長沙旣久, 內外斷絶, 綸聞其急, 欲往救之, 爲軍糧不繼, 遂止. 乃與世祖書曰 : …… 世祖復書, 陳河東

어려서 배움에 힘썼고 글재주가 있었는데, 문장을 짓는 데에 있어 가볍고 회려함을 좋아하지 않았으며 강건한 기운[骨氣]이 짙게 있었다[趙注 · 본전].[54] 이는 양 무제 부자 사이의 재주와 학식이다.

(양 무)제의 아우 남평왕 (소)위(蕭偉)는 현학에 정통해서 『이지의(二旨義)』를 지었는데, 따로 새롭게 통하는 뜻을 만들었으며, 또 「성정론(性情論)」「기신론(幾神論)」 등을 지었는데 주사(周捨)[55]와 은균(殷鈞)[56]이 모두 그 논지를 꺾을 수 없었다[趙注 : 본전].[57] 파양왕 (소)회(蕭恢)는 역사서를 섭렵했다[趙注 : 본전].[58] 안성왕(安成王) (소)수(蕭秀)는 학술에 뜻을 두어 각종 기록을 수집했으며, 유효표(劉孝標)를 초빙해 『유원(類苑)』을 짓게 했는데,[59] 그 일이 다 끝나지 않았지만 이미 세상에 유통되었다[趙注 : 본전].[60] 이는 또한 (양 무)제의 여러 아우들이 재주와 학식이 있었다는 것이다.

소명태자의 아들들의 경우 문장에 능하다고 사서에 기록되지는 않았다. (그렇지만) 간문제의 아들 (소)대심(蕭大心)은 어려서 총명했으며 글을 잘 지었다.[61] (소)대림(蕭大臨)은 명경(明經), 사책(射策)[62]에서 갑과(甲科)로

有罪, 不可解圍之狀. 綸省書流涕曰 : '天下之事, 一至於斯!' 左右聞之, 莫不掩泣."

54) 『梁書』 卷55 「武陵王紀傳」, 825면, "少勤學, 有文才, 屬辭不好輕華, 甚有骨氣."

55) 『梁書』 卷25 「周捨傳」, 375면, "周捨字昇逸, 汝南安成人, 晉左光祿大夫顗之八世孫也."

56) 『梁書』 卷27 「殷鈞傳」, 407면, "殷鈞字季和, 陳郡長平人也. 晉太常融八世孫."

57) **[王注]** 살펴보면, 『梁書』 卷22 「蕭偉傳」, 348면에 이르기를, "晩年崇信佛理, 尤精玄學, 著二旨義, 別爲新通. 又製性情、幾神等論, 其義, 僧寵及周捨、殷鈞、陸倕並名精解, 而不能屈"이라 하였다. 二旨는 곧 佛理와 玄學을 이야기하는데, 이 문장에서는 그 하나를 없애버렸으므로 마침내 문장의 뜻이 통하기 어렵게 되었다. 또한, '幾'는 原刻本에서는 '機'라고 하였고, '鈞'은 원래 '芸'으로 되어 있었는데, 西畬本에서 이미 개정하였다.

58) 『梁書』 卷44 「鄱陽王恢傳」, 350면, "鄱陽忠烈王恢字弘達, 太祖第九子也. 幼聰頴, 年七歲, 能通孝經, 論語義, 發擿無所遺. 及長, 美風表, 涉獵史籍."

59) 『隋書』 卷34 「經籍志」, 1009면, "類苑一百二十卷(梁征虜刑獄參軍劉孝標撰. 梁七錄八十二卷)."

60) 『梁書』 卷22 「安成王秀傳」, 342~345면, "安成康王秀字彦達, 太祖第七子也. ……精意術學, 搜集經記, 初學士平原劉孝標, 使撰類苑, 書未及畢, 而已行於世."

61) 『梁書』 卷44 「尋陽王大心傳」, 613면, "尋陽王大心字仁恕. 幼而聰明, 善屬文."

62) 梁 武帝는 학교교육을 강화하기 위해 學館과 國學을 세우고 考試를 엄격하게 하여

뽑혔다.[63] (소)대련(蕭大連)은 젊어서 재주가 뛰어나고 명석하며 문장에 능했을 뿐만 아니라 아울러 역사에 밝았으며[兼善丹靑],[64] 무제가 말을 하사하자 (소대련은) 바로 감사의 글을 지었는데, 그 문장이 매우 아름다웠다.[65] (소)대균(蕭大鈞)은 일곱 살에 『시경(詩經)』을 배웠는데 무제는 왕희지(王羲之)의 글씨 한 권을 그에게 하사했다.[66] 원제의 아들 (소)방등(蕭方等)은 일찍이 논(論)을 지어 물고기와 새에 스스로를 비유했는데, 아버지에게 마음을 얻지 못했기 때문이었다. 일찍이 범엽의 『후한서』에 주석을 단 것은 완성하지 못했지만, 그가 편찬한 『삼십국춘추(三十國春秋)』와 『정주자(靜住子)』는 세상에 널리 전해졌다.[67] 셋째 아들 (소)방제(蕭方諸)는 박학하고 『노자(老子)』와 『주역』에 밝았으며 현학과 담론을 잘했는데, 그의 글과 말에서는 날카로운 바람이 일었다.[68] 남강왕 (소)적의 아들 (소)회리(蕭

우수자는 寒人이라도 관리에 등용하는 정책을 폈다. 따라서 明經과 射策은 入仕에서 통과해야 할 중요한 경로가 되었다.

63) 『梁書』 卷44 「南海王大臨傳」, 615면, "南海王大臨字仁宣. …… 後入國學, 明經射策甲科."

64) 원문의 표현 중 '丹靑'이란 丹書와 靑史로 볼 수 있다. '丹書'는 바위나 돌에 새긴 글 혹은 詔書를 뜻하며, '靑史'는 곧 역사서를 뜻하는데, 푸른 대의 껍질을 불에 구워 푸른빛과 기름기를 없애고 史實을 기록한 데에서 유래한 말이다.

65) 『梁書』 卷44 「南郡王大連傳」, 615~616면, "南郡王大連字仁靖. 少俊爽, 能屬文, 擧止風流, 雅有巧思, 妙達音樂, 兼善丹靑. …… 高祖大悅, 卽賜所乘馬. 及爲啓謝, 詞又甚美."

66) 『梁書』 卷44 「西陽王大鈞傳」, 620면, "西陽王大鈞字仁輔. 性厚重, 不妄戲弄. 年七歲, 高祖嘗問讀何書, 對曰'學詩'. 因命諷誦, 音韻淸雅, 高祖因賜王羲之書一卷."

67) 『梁書』 卷44 「忠壯世子方等傳」, 619~620면, "嘗著論曰: '人生處世, 如白駒過隙耳. 一壺之酒, 足以養性; 一簞之食, 足以怡形. 生在蓬蒿, 死葬溝壑, 瓦棺石槨, 何以異茲? 吾嘗夢爲魚, 因化爲鳥. 當其夢也, 何樂如之, 及其覺也, 何憂斯類, 良由吾之不及魚鳥者遠矣. 故魚鳥飛浮, 任其志性, 吾之進退, 恒存掌握, 擧手懼觸, 搖足恐墮. 若使吾終得與魚鳥同遊, 則去人間如脫屣耳.' 初, 徐妃以嫉妬失寵, 方等意不自安, 世祖聞之, 又惡方等, 方等益懼, 故述論以申其志焉 …… 方等注范曄後漢書, 未就. 所撰三十國春秋及靜住子, 行於世."

68) 『梁書』 卷44 「貞惠世子方諸傳」, 620면, "貞惠世子方諸字智相, 世祖第二子. 母王夫人. 幼聰警博學. 明老、易, 善談玄. 風采淸越, 辭辯鋒生, 特爲世祖所愛, 母王氏又有寵." 본문에서는 '風采淸越, 辭辯鋒生'를 '詞辯風生'으로만 서술하였는데, 의론이 격렬함을 뜻하는 것으로 볼 수 있을 것이다.

會理)는 어려서 총명하고 지혜로웠으며, 문학과 역사를 좋아했다.[69] 그 아우 (소)통리(蕭通理)는 박학하고 글재주가 있어 일찍이 공문거(孔文擧[70])의 묘에 제사를 지내면서 그를 위해 비석을 세웠는데, 그 문장이 매우 아름다웠다.[71] 소릉왕 (소)륜의 아들 (소)견(蕭堅)은 초서와 예서에 능했다.[72] 그 아우 (소)확(蕭確)은 해서 서법에 더욱 능해서, 사족 집안의 비석과 묘지는 모두 그가 쓰도록 했다. 비서승(祕書丞)에 제수하면서 무제가 "네가 문장에 능하기 때문에 이 직책을 제수한다"라고 말했다.[73] 무릉왕 (소)기의 아들 (소)원정(蕭圓正)은 원제에 의해 형주(荊州)에 구금되었는데, 일찍이 구(句)를 이어 시를 지어 "물은 길어 두 강의 흐름은 급하고, 구름은 일어 삼협(三峽)이 어둡구나. 회남(淮南)의 죄를 용서하길 원하며, 부릉(阜陵)의 은혜에 보답하길 생각노라"[74]라고 말했다. 원제는 그 시를 보고 눈물을 흘렸다.[75] 이는 모두 각 열전에 보이는 것으로 (양) 무제의 여러 손자들이 재주와 학식이 있었다는 것이다.

(양 무)제의 형 (소)의(蕭懿)의 아들 (소)연조(蕭淵藻)는 글을 잘 지었는데 옛 문체를 더욱 좋아했으며, 공적인 연회가 아니면 함부로 글을 짓지 않았고, 비록 간단한 문장이라도 완성을 하고 나면 그 초고본을 버렸다.[76]

---

69) 『梁書』 卷29 「南康王績傳」, 428면, "子會理嗣, 字長才. 少聰慧, 好文史."

70) 孔文擧 : 後漢末의 名士 孔融을 가리킨다. 文擧는 그의 字.

71) 이 일은 蕭通理가 아니라, 蕭乂理의 아우 蕭乂理의 사적으로 보아야 한다. 『梁書』 卷29 「南康王績傳」, 429~430면, "通理弟乂理字季英, 會理第六弟也. …… 博覽多識, 有文才, 嘗祭孔文擧墓, 幷爲立碑, 製文甚美."

72) 『梁書』 卷29 「邵陵王綸傳」, 436면, "長子堅, 字長白. …… 亦善草隸, 性頗庸短."

73) 『南史』 卷53 「邵陵王綸傳」, 1327면, "確字仲正, 少驍勇, 有文才, 尤工諧隸, 公家碑碣皆使書之. 除祕書丞, 武帝謂曰 : '爲汝能文, 所以特有此受'."

74) 前漢 文帝 때 文帝의 아우인 淮南王 劉長이 참람된 행동을 일삼다가 결국 죽게 되었는데, 文帝는 동생을 가엽게 여겼으며 또한 淮南王의 아들인 劉安에게는 책임을 묻지 않고 阜陵侯로 봉했다가 다시 淮南王으로 삼았다. 蕭圓正은 자기 아버지인 蕭紀가 元帝와 맞선 일로 곤경에 처했으므로 위의 고사에 빗대어 시를 지은 것이다.

75) 『南史』 卷53 「武陵王紀傳」, 1331면, "帝又爲詩曰 : '回首望荊門, 驚浪且雷奔, 四鳥嗟長別, 三聲悲夜猿.' 圓正在獄中連句曰 : '水長二江急, 雲生三峽昏, 願貰淮南罪, 思報阜陵恩.' 帝看詩而泣."

76) 이 사적은 『梁書』에는 '蕭藻'로 기록되어 있는데, 이는 唐代 '淵'字에 대한 피휘 때

(소)의의 손자 (소)효엄(蕭孝儼)은 황제를 따라 화림원(華林苑)에 갔는데 그 자리에서 「상풍조(相風鳥)」 「화광전(華光殿)」 「경양산(景陽山)」 등의 송(頌)을 바쳤다.[77] 남평왕 (소)위의 손자 (소)정(蕭靜)은 종실의 뒷 세대로, 글재주가 있었으며 뜻을 독실하게 하고 배움을 좋아하여, 자리 가득 책을 흩어 놓고 몸소 교정을 하기도 했다.[78] 파양왕 (소)회의 아들 (소)범(蕭範)은 비록 학문적인 재능은 없었으나 문장을 짓는 데에 뜻을 다하여 모두 기이한 풍취가 있었다. 일찍이 오래된 비파를 얻었는데 (남)제 경릉왕 (소)자량의 물건이었다. 바로 붓을 쥐고 읊어서 상동왕에게 보여주자 (상동)왕은 「비파부(琵琶賦)」를 지어 화답했다.[79] 시흥왕(始興王) (소)담(蕭憺)의 아들 (소)영(蕭暎)은 들에 곡식이 자라는 것을 보고 「가곡송(嘉穀頌)」을 지었다.[80] 그 아우 (소)엽(蕭曄)은 간문제가 태자 자리에 들어와 있게 되자 「저덕송(儲德頌)」을 지어 바쳤다.[81] 안성왕 (소)수의 아들 (소)기(蕭機)는 많은 글을 읽고 기억을 잘했으며 시, 부 수천 언(言)이 있어 원제가 그 서문을 지어 세상에 전했다.[82] (소)기의 아우 (소)추(蕭推) 역시 글을 잘 지어 간문

문이다. 이는 본서 卷8 「119. 당나라 사람들이 피휘한 방법」에 보인다. 『梁書』 卷23 「長沙嗣王業傳」, 362면, "藻性謙退, 不求聞達. 善屬文辭, 尤好古體, 自非公讌, 未嘗妄有所爲, 縱有小文, 成輒棄本."

77) 『梁書』 卷23 「長沙嗣王業傳」, 361면, "孝儼字希莊, 聰慧有文才. 射策甲科, 除祕書郎、太子舍人. 從行華林苑, 於座獻相鳥, 華光殿, 景陽山等頌, 其文甚美, 高祖深賞異之."

78) 『梁書』 卷22 「南平王偉傳」, 350면, "世子靜, 字安仁, 有美名, 號爲宗室後進. 有文才, 而篤志好學. 旣內足於財, 多聚經史, 散書滿席, 手自讎校."

79) 『南史』 卷52 「鄱陽忠烈王恢傳」, 1296면, "範雖無學術, 而以籌略自命. 愛奇翫古, 招集文才, 率意題章, 亦時有奇致. 嘗得舊琵琶, 題云'齊竟陵世子'. 範嗟人往物存, 攬筆爲詠, 以示湘東王, 王吟詠其辭, 作琵琶賦和之."

80) 『南史』 卷52 「始興忠武王憺傳」, 1303면, "中大通三年, 野穀生武康, 凡二十二處, 自此豐穰. 暎製嘉穀頌以聞, 中詔稱美."

81) 『南史』 卷52 「始興忠武王憺傳」, 1304면, "簡文入居監撫, 曄獻儲德頌, 遷給事黃門侍郎."

82) 『梁書』 卷22 「安成王秀傳」, 345면, "機字智通, 天監二年, 除安成國世子. …… 機美姿容, 善吐納. 家旣多書, 博學强記; 然而好弄, 尙力, 遠士子, 近小人. …… 所著詩賦數千言, 世祖集而序之."

(제)의 칭찬을 받았다.[83] 이것도 역시 모두 열전에 보이는 것으로 또한 (양무)제의 조카와 증손자들이 재주와 학식이 있었다는 것이다.

158. 제 명제는 고제와 무제의 자손들을 죽였다齊明帝殺高武子孫

송(宋)나라 자손들이 그 죽음을 제대로 하지 못한 경우가 많기는 하지만, 그래도 그것은 오히려 문제(文帝), 효무제(孝武帝), 폐제(廢帝), 명제(明帝) 등 여러 군주가 저지른 것이었다. (남)제(齊) 고제(高帝), 무제(武帝) 자손들의 경우는 모두 명제 한 사람이 살해한 것이니, 그 참혹하고 악독함은 자고로 없던 것이었다.

명제는 본래 고제의 형의 아들로, 어려서 혼자가 되자 고제가 그를 돌보아 주어 은혜가 여러 자식들보다도 더했다. 고(제), 무(제) 두 임금을 거치면서 작위는 통후(通侯)[84]였고 관직은 복야(僕射)였으며, 울림왕(鬱林王) 때에 이르러서는 보정(輔政)했는데, 울림(왕)이 무도했기 때문에 그를 살해하고 해릉왕(海陵王)을 세웠다가 몇 달도 안 되어 또한 그를 폐위하고 시해한 뒤 그 자리를 찬탈했다. 스스로도 올바르지 못한 방법으로 제위를 얻었다고 여겼고, 친자식들은 모두 어리지만 고제, 무제의 자손은 날로 점차 커 갔으므로, 드디어 그들을 모두 없애 버려 남은 씨가 없게 했다[趙注 : 「소자악전(蕭子岳傳)」].[85]

지금 고제의 아들 열아홉 명을 살펴보면, 맏아들 무제, 다음 예장왕(豫

---

83) 『梁書』 卷22 「安成王秀傳」, 346면, "南浦侯推, 字智進, 機次弟也. 少淸敏, 好屬文, 深爲太宗所賞."

84) 通侯 : 그 공덕이 왕실에 통한다는 뜻으로 모든 제후, 列侯.

85) 『南齊書』 卷40 「臨夏王子岳傳」, 713면, "朔望入朝, 上還後宮, 輒嘆息曰 : '我及司徒諸兒子皆不長, 高、武子孫日長大.' 永泰元年, 上疾甚, 絶而復蘇. 於是誅子岳等."

章王) (소)억(蕭嶷), 임천왕(臨川王) (소)영(蕭映), 장사왕(長沙王) (소)황(蕭晃), 무릉왕(武陵王) (소)엽(蕭曄), 안성왕(安成王) (소)호(蕭暠), 시흥왕(始興王) (소)감(蕭鑑)은 모두 명제보다 먼저 죽었기에 해를 입지 않았고, 또한 일찍 죽은 자가 네 명이었다. (그러나) 그 나머지 파양왕(鄱陽王) (소)장(蕭鏘),[86] 계양왕(桂陽王) (소)삭(蕭鑠),[87] 강하왕(江夏王) (소)봉(蕭鋒),[88] 남평왕(南平王) (소)예(蕭銳),[89] 의도왕(宜都王) (소)갱(蕭鏗),[90] 진희왕(晉熙王) (소)구(蕭銶),[91] 하동왕(河東王) (소)현(蕭鉉),[92] 형양왕(衡陽王) (소)균(蕭鈞)[93] 등은 모두 명제가 살해하였다.

무제의 아들 스물세 명 가운데 맏아들 문혜태자(文惠太子)는 일찍 죽었고, 다음 경릉왕(竟陵王) (소)자량(蕭子良)은 제 명대로 죽었으며,[94] 어복후(魚復侯) (소)자향(蕭子響)은 무제 때 장사(長史)를 마음대로 죽이고 조정 군사[臺兵]에 항거하다가 살해되었으며,[95] 또한 일찍 죽은 자가 네 사람이 있었다.[96]

---

86) 『南齊書』 卷35 「鄱陽王鏘傳」, 628면, "數日, 高宗遣二千人圍鏘宅害鏘, 謝粲等皆見殺. 鏘時年二十六."

87) 『南齊書』 卷35 「桂陽王鑠傳」, 629면, "鄱陽王見害, 鑠遷中軍將軍, 開府儀同三司. 鑠不自安, 至東府詣高宗還, …… 三更中, 兵至見害. 時年二十五."

88) 『南齊書』 卷35 「江夏王鋒傳」, 630면, "高宗殺諸王, 鋒遺書誚責, 左右不爲通, 高宗深憚之. 不敢於第收鋒, 使兼祠官於太廟, 夜遣兵廟中收之. 鋒出登車, …… 於是敢近者遂逼害之. 時年二十."

89) 『南齊書』 卷35 「南平王銳傳」, 630면, "銳防閤周伯玉勸銳拒叔業, 而府州力弱不敢動, 銳見害, 年十九."

90) 『南齊書』 卷35 「宜都王鏗傳」, 631면, "宜都王鏗字宣嚴, 太祖第十六子也. …… 延興元年, 見害, 年十八."

91) 『南齊書』 卷35 「晉熙王銶傳」, 631면, "晉熙王銶字宣攸, 太祖第十八子也. …… 延興元年, 進號征虜將軍. 尋見害, 年十六."

92) 『南齊書』 卷35 「河東王鉉傳」, 631면, "永泰元年, 上疾暴甚, 遂害鉉, 時年十九. 二子在孩抱, 亦見殺."

93) 『南齊書』 卷45 「衡陽元王道度傳」, 787~788면, "鈞字宣禮. …… 海陵立, 轉撫軍將軍, 侍中如故. 尋遇害, 年二十二."

94) 『南齊書』 卷40 「竟陵文宣王子良傳」, 701면, "其年疾篤, 謂左右曰 : '門外應有異.' 遣人視, 見淮中魚萬數, 皆浮出水上向城門. 尋薨, 時年三十五. 帝常慮子良有異志, 及薨, 甚悅."

95) 『南齊書』 卷40 「魚復侯子響傳」, 704~706면. 齊 武帝 永明 7년(489) 魚復侯 蕭子響이 都督荊湘雍梁寧南北秦七州軍事 · 鎭軍將軍 · 荊州刺史일 때 향락적인 생활을

그 나머지 여릉왕(廬陵王) (소)자경(蕭子卿),[97] 안륙왕(安陸王) (소)자경(蕭子敬),[98] 진안왕(晉安王) (소)자무(蕭子懋),[99] 수군왕(隨郡王) (소)자룽(蕭子隆),[100] 건안왕(建安王) (소)자진(蕭子眞),[101] 서양왕(西陽王) (소)자명(蕭子明),[102] 남해왕(南海王) (소)자한(蕭子罕),[103] 파릉왕(巴陵王) (소)자륜(蕭子倫),[104] 소릉왕(邵陵王) (소)자정(蕭子貞),[105] 임하왕(臨賀王) (소)자악(蕭子岳),[106] 서양왕 (소)자문(蕭子文),[107] 형양왕 (소)자준(蕭子峻),[108] 남강왕(南康王) (소)자림(蕭子琳),[109] 상동왕(湘東王) (소)자건(蕭子建),[110] 형양왕 (소)자민(蕭子珉),[111] 남군

하며 蠻에 식량을 제공하고 무기를 교역하려고 했다. 이에 長史 劉寅이 武帝에게 이 상황을 밀고했다. 武帝가 칙명을 내려 주의를 주자 화가 난 蕭子響은 劉寅을 죽였다. 이를 계기로 관군과 전투를 벌여 蕭子響은 22살의 나이로 죽고 말았다.

96)『南齊書』卷40「武十七王傳」, 691면, "第六、十二、十五、二十二皇子早亡."

97)『南齊書』卷40「廬陵王子卿傳」, 704면, "鄱陽王鏘見害, 以子卿代爲司徒, 領兵置佐. 尋復見殺, 時年二十七."

98)『南齊書』卷40「安陸王子敬傳」, 707면, "安陸王子敬字雲端, 世祖第五子也. …… 高宗除諸蕃王, 遣中護軍王玄邈、江州刺史王廣之襲殺子敬, 時年二十三."

99)『南齊書』卷40「晉安王子懋傳」, 709면, "琳之以袖鄣面, 使人害之. 時年二十三."

100)『南齊書』卷40「隨郡王子隆傳」, 710면, "高宗輔政, 謀害諸王, 世祖諸子中, 子隆最以才見憚, 故與鄱陽王鏘同夜先見殺."

101)『南齊書』卷40「建安王子眞傳」, 711면, "建安王子眞字雲仙, 世祖第九子也. …… 延興元年, 轉鎭軍將軍, 領兵置佐, 常侍如故. 其年見殺, 年十九."

102)『南齊書』卷40「西陽王子明傳」, 711~712면, "西陽王子明字雲光, 世祖第十子也. ……(建武)二年, 誅蕭諶, 誣子明及弟子罕子貞與諶同謀, 見害. 年十七."

103)『南齊書』卷40「南海王子罕傳」, 712면, "南海王子罕字雲華, 世祖第十一子也. …… (建武)二年, 見殺. 年十七."

104)『南齊書』卷40「巴陵王子倫傳」, 712면, "巴陵王子倫字雲宗, 世祖第十三子也. …… 延興元年, 遣中書舍人茹法亮殺子倫, 子倫正衣冠出受詔, 曰: …… 法亮不敢荅而退. 年十六."

105)『南齊書』卷40「邵陵王子貞傳」, 713면, "邵陵王子貞字雲松, 世祖第十四子也. …… 建武二年, 見誅. 年十五."

106)『南齊書』卷40「臨賀王子岳傳」, 713면, "臨賀王子岳字雲嶠, 世祖第十六子也. …… 永泰元年, 上疾甚, 絶而復蘇. 於是誅子岳等. …… 子岳死時, 年十四."

107)『南齊書』卷40「西陽王子文傳」, 713면, 「西陽王子文字雲儒, 世祖第十七子也. 永明七年, 封蜀郡王. 建武中, 改封西陽王. 永泰元年, 見殺. 年十四. "

108)『南齊書』卷40「衡陽王子峻傳」, 714면, "衡陽王子峻字雲嵩, 世祖第十八子也. 永明七年, 封廣漢郡王. 建武中, 改封. 永泰元年, 見殺. 年十四."

109)『南齊書』卷40「南康王子琳傳」, 714면, "南康王子琳字雲璋, 世祖第十九子也. ……

왕(南郡王) (소)자하(蕭子夏)[112] 등은 모두 명제가 살해한 사람들이다.

문혜태자의 아들 울림왕 (소)소업(蕭昭業), 해릉왕 (소)소문(蕭昭文)은 이미 명제에 의해 살해당했고, 파릉왕 (소)소수(蕭昭秀),[113] 계양왕 (소)소찬(蕭昭粲)[114] 역시 명제가 살해했으며, 심지어 경릉왕 (소)자량의 아들 (소)소주(蕭昭胄), (소)소영(蕭昭穎) 또한 명제가 살해한 사람들이다.[115]

고제의 후손을 모두 계산해 보면 오직 예장왕 (소)억만이 아들이 있어서 (소)자렴(蕭子廉),[116] (소)자각(蕭子恪),[117] (소)자조(蕭子操), (소)자범(蕭子範), (소)자현(蕭子顯), (소)자운(蕭子雲) 등[118]이 양대(梁代)에 후손이 있었으며 그 나머지 아들 및 무제, 문혜(태자)의 자손은 태반이 모두 명제에게 화를 입었고, 또한 모두 후손이 없었다.

생각건대 (남)제 고제가 일찍이 무제에게 경계하며 "송(宋)나라가 만약 골육상잔을 하지 않았다면 다른 일족이 어찌 그 쇠락한 틈을 탈 수 있었

永泰元年, 見殺. 年十四."

110) 『南齊書』 卷40 「湘東王子建傳」, 714면, "湘東王子建字雲立, 世祖第二十一子也. …… 子建永泰元年見殺, 年十三."

111) 竟陵王 蕭子良부터 南郡王 蕭子夏까지의 열전이 모두 『南齊書』 卷40 「武十七王傳」에 포함되었으나, '衡陽王 蕭子珉'의 열전은 보이지 않는다. 다만, 『南齊書』 卷40 「武十七王」, 691면을 보면, 武帝의 23男 속에 "顏婕妤生永陽王子珉"이라 하였다. 즉, 衡陽王이 아니라 永陽王이라 해야 옳을 텐데, 그가 衡陽元王 蕭道度의 뒤를 잇게 되었기 때문에 이와 같은 오류가 생겼던 것 같다. 『南齊書』 卷45 「衡陽元王道度傳」, 788면, "明帝卽位, 以永陽王子珉仍本國, 繼元王爲孫. 子珉字雲璵, 世祖第二十子也. 永明七年, 封義安王, 後改永陽. 永泰元年見害, 年十四."

112) 『南齊書』 卷40 「南郡王子夏傳」, 714~715면, "南郡王子夏字雲廣, 世祖第二十三子也. …… 永泰元年, 子夏誅. 年七歲."

113) 『南齊書』 卷50 「巴陵王昭秀傳」, 862면, "永泰元年見殺, 年十六."

114) 『南齊書』 卷50 「桂陽王昭粲傳」, 862면, "桂陽王昭粲, 太子第四子也. …… 永泰元年見殺, 年八歲."

115) 『南齊書』 卷40 「竟陵文宣王子良傳」, 703면, "昭胄兄弟與同黨皆伏誅."

116) 『南齊書』 卷22 「豫章文獻王嶷傳」, 419면, "子廉字景藹. 初, 嶷養魚復侯子響爲世子, 子廉封永新侯, 千戶. 子響還本, 子廉爲世子."

117) 『梁書』 卷35 「蕭子恪傳」, 507면, "蕭子恪字景沖, 蘭陵人, 齊豫章文獻王嶷第二子也"; 『梁書』 卷35 「蕭子恪傳」, 509면, "子恪兄弟十六人, 並仕梁. 有文學者, 子恪、子質、子顯、子雲、子暉五人."

118) 蕭子範, 蕭子顯, 蕭子雲 등의 열전은 모두 『梁書』 卷35 「蕭子恪傳」에 부기되어 있다.

겠느냐"라고 했다. 그래서 무제의 치세를 마칠 동안 여러 형제가 오히려 몸을 보전할 수 있었다. 그러나 제 고제는 단지 송나라가 스스로 서로를 도륙한 것만을 알았지 자신이 유(劉)씨의 자손을 죽인 참혹함을 알지는 못했던 것이다. 파릉왕 (소)자륜이 해를 당할 때에 여법량(茹法亮)[119]에게 "선대에서 유씨를 죽여 없앴으니, 오늘 이 일은 이치상 당연히 그럴 수밖에 없다"라고 말했다.[120] 이는 하늘의 이치가 즉 사람의 마음인 것으로, 남의 자손을 살해한 자는 남 또한 그 자손을 살해한다는 것이다. 금시(조)(金翅鳥)[121]가 궁전에 내려와 작은 용을 쳐서 먹어치운 것이 무수했으니[趙注 : 「소자하전(蕭子夏傳)」.[122] 명제의 이름이 란(鸞)이니 곧 금시조이다], 이는 진실로 제 고제가 스스로 불러들인 일이었지만, 그러나 (남)제 명제가 잔인한 마음으로 도리를 해친 것 또한 이미 극에 달한 것이었다. 연흥(延興),[123] 건무(建武)[124] 연간에 모두 세 번에 걸쳐 여러 왕들을 죽였는데, 한 번씩 일을 치를 때마다 (명)제는 번번이 먼저 향불을 태우고 흐느끼며 눈물을 흘렸으며, 사람들은 이것으로 그 날 밤에 살육이 있을 것임을 알았다[趙注 : 「소자악전」].[125] 매번 여러 왕들을 살해할 때면 모두 밤에 군사를 보내어 저택을 포위하고 혹은 도끼로 문빗장을 부수고 담을 밀치며 들어갔다[趙注 : 「소장전(蕭鏘傳)」].[126]

---

119) 『南齊書』 卷56 「茹法亮傳」, 976면, "茹法亮, 吳興武康人也. 宋大明世, 出身爲小史, 歷齋幹扶."

120) 『南齊書』 卷40 「巴陵王子倫傳」, 712면, "延興元年, 遣中書舍人茹法亮殺子倫, 子倫正衣冠出受詔, 曰 : '鳥之將死, 其鳴也哀; 人之將死, 其言也善. 先朝昔滅劉氏, 今日之事, 理數固然. 君是身家舊人, 今銜此使, 當由事不獲已'."

121) 金翅鳥 : 迦樓羅. 불경에 나오는 상상의 새. 머리는 새, 몸은 사람을 닮고 날개는 금빛인데 부리로는 불꽃을 내뿜으며, 용을 잡아먹고 산다고 한다.

122) 『南齊書』 卷40 「南郡王子夏傳」, 714면, "初, 世祖夢金翅鳥下殿庭, 搏食小龍無數, 乃飛上天."

123) 延興 : 南齊 恭王 蕭昭文의 연호. 494년.

124) 建武 : 南齊 明帝 蕭鸞의 연호. 494~498년.

125) 『南齊書』 卷40 「臨夏王子岳傳」, 713면, "延興建武中, 凡三誅諸王, 每一行事, 高宗輒先燒香火, 嗚咽涕泣, 衆以此輒知其夜當相殺戮也."

126) 『南齊書』 卷35 「鄱陽王鏘傳」, 628면, "凡諸王被害, 皆以夜遣兵圍宅, 或斧關排牆叫噪而入, 家財皆見封籍焉."

당시 고(제), 무(제)의 자손은 아침에 저녁을 보장하지 못했고 조회에서 알현할 때마다 몸을 굽혀 구부리면서 감히 바로 걸으며 똑바로 쳐다보지 못했다[趙注 : 「소현전(蕭鉉傳)」].127) 계양왕 (소)삭은 (명)제를 본 뒤 나와서 다른 사람에게 "내가 일전에 주상께서 눈물을 흘리며 흐느끼는 것을 보았는데 파양(왕), 수군(왕)이 주살되었다. 오늘도 또 눈물을 흘리며 부끄러워하는 빛이 있었으니 (차례가) 나한테 있을 것인가"라고 말했는데, 과연 그 날 저녁에 살해당했다[趙注 : 「소삭전(蕭鑠傳)」].128) 의도왕 (소)갱은 육기(陸機)의 「조위무(弔魏武)」를 읊조리며 "예전에는 온 세상을 자신의 책임이라 여겼지만, 죽을 때에는 사랑하는 아들을 남에게 맡기게 되었네"라고 했는데, 좌우에서 모두 울었고 얼마 되지 않아 사사되었다[趙注 : 「소갱전(蕭鏗傳)」].129)

왕경칙(王敬則)이 군사를 일으켜 대궐로 향하면서 남강왕 (소)자각을 받드는 것을 명분으로 삼았는데, (소)자각이 도주하여 그 소재를 알지 못했다. 명제는 고(제), 무(제)의 자손을 모두 살해하고자 하여 이에 모두 상서성(尙書省)으로 불러들이면서 사람마다 각자 측근 두 명씩이 수행하도록 하고 어린 아이는 유모가 따라 들어오라는 명령을 내렸다. 그 날 밤에 태의(太醫)130)는 약을 끓이고 도수(都水)131)는 관에 쓸 재목 등 수십 개를 준비해 삼경(三更)을 기다렸다가 그들을 모두 죽이려고 했다. 마침 (소)자각은 오(吳)에서 급히 돌아와 이경(二更)의 시각에 자계(刺啓)132)를 들여보냈

---

127) 『南齊書』 卷35 「河東王鉉傳」, 631면, "建武之世, 高、武子孫憂危, 鉉每朝見, 常鞠躬俯僂, 不敢平行直視."

128) 『南史』 卷43 「桂陽王鑠傳」, 1085면, "不自安, 至東府見明帝, 及出, 處分存亡之計. 謂侍讀山悰曰 : '吾前日觀王, 王流涕嗚咽, 而鄱陽、隨郡見誅. 今日見王, 王又流涕而有愧色, 其在吾邪?' 其夜三更中兵至, 見害."

129) 『南史』 卷43 「宜都王鏗傳」, 1091면, "及延興元年, 明帝誅高、武、文惠諸子, 鏗聞之, 馮左右從容雅步, 詠陸機弔魏武云 : '昔以四海爲己任, 死則以愛子託人.' 如此者三, 左右皆泣. 後果遣呂文顯賷藥往, 夜進聽事, 正逢八關齋. 鏗上高坐, 謂文顯曰 : '高皇昔寵任君, 何事乃有今日之行?' 答云 : '出不獲已.' 於是仰藥."

130) 太醫 : 의약을 맡은 벼슬.

131) 都水 : 將作大匠의 속관. 將作大匠은 秦나라 때 처음 설치되어 궁실・종묘・능묘 등의 건축과 경영을 담당했다.

다. (사람들을 죽이기로 한) 시각이 이미 이르렀으나 (명)제가 잠이 들어 깨어나지 않지, 심휘부(沈徽孚), 단경준(單景儁)[133]은 잠시 그 일을 보류하였다. (명)제가 깨어나자 (소)자각이 이미 당도했다고 아뢰니, (명)제가 놀라 "아직 여러 왕들의 목숨을 끊지 않았느냐?"라고 물었으며, (단)경준이 일의 세세한 내용을 갖추어 대답하자 다음날 여러 왕과 후들을 모두 집으로 돌려보냈다[趙注 : 「소소주전(蕭昭胄傳)」].[134] 대개 타고난 양심은 가려지기가 어려우므로 (명)제 또한 마음이 불안한 바에 동요되었던 것이지만, 그러나 그 뒤에 또한 결국 모두 죽이고 말았다. 그런 즉 (남)제 명제의 잔인함과 참혹함은 인간의 도리를 회복하지 못한 것으로 진정 짐승도 그와 같지는 않았을 것이다.

결국 고(제), 무(제)의 자손은 이미 다 없어졌지만, (명제) 자신의 아들 동혼후(東婚侯) (소)보권(蕭寶卷), 화제(和帝) (소)보융(蕭寶融)은 모두 폐위되어 살해되는 화를 입었다. 강하왕(江夏王) (소)보현(蕭寶玄)은 먼저 동혼(후)에게 살해당했고[135] 파양왕 (소)보인(蕭寶寅)은 (북)위(北魏)로 도망갔다가 뒤에 역시 모반으로 주살되었으며,[136] 소릉왕(邵陵王) (소)보유(蕭寶攸),[137] 진희왕(晉熙王) (소)보숭(蕭寶嵩),[138] 계양왕 (소)보정(蕭寶貞)[139] 등은 모두

---

132) 刺啓 : 상주문 위에 자신의 이름을 쓰고서 일을 알리는 것.

133) 『南齊書』 원문은 '單景雋'이라 하였다.

134) 『南齊書』 卷40 「竟陵文宣王子良子昭胄傳」, 702면, "先是王敬則事起, 南康侯子恪在吳郡, 高宗慮有同異, 召諸王侯入宮. 晉安王寶義及江陵公寶覽等住中書省, 高、武諸孫住西省, 勑人各兩左右自隨, 過此依軍法, 孩抱者乳母隨入. 其夜太醫煮藥, 都水辦數十具棺材, 須三更當悉殺之. 子恪奔歸, 二更達建陽門刺啓. 時刻已至, 而帝眠不起, 中書舍人沈徽孚與帝所親左右單景雋共謀少留其事, 須臾帝覺, 景雋啓子恪已至, 驚問曰 : '未邪?' 景雋具以事荅. 明日悉遣王侯還第."

135) 『南齊書』 卷50 「江夏王寶玄傳」, 864면, "帝召入後堂 …… 遣人謂寶玄曰 : '汝近圍我亦如此.' 少日乃殺之."

136) 『南齊書』 卷50 「鄱陽王寶夤傳」, 865면, "中興二年, 謀反誅."

137) 『南齊書』 卷50 「邵陵王寶攸傳」, 865~866면, "邵陵王寶攸字智宣, 明帝第九子也. …… 中興二年, 謀反, 宣德太后令賜死."

138) 『南齊書』 卷50 「晉熙王寶嵩傳」, 866면, "晉熙王寶嵩字智靖, 明帝第十子也. …… 中興元年, 和帝以爲中書令. 明年, 謀反伏誅."

139) 『南齊書』 卷50 「桂陽王寶貞傳」, 866면, "桂陽王寶貞, 明帝第十一子也. …… 中興

중흥(中興) 원년・2년(501, 502년)에 사사되었다. 오직 광릉왕(廣陵王) (소)보원(蕭寶源)이 먼저 죽어 화를 입지 않았고[140] 파릉왕 (소)보의(蕭寶義)가 불구인 탓에 제 명대로 죽을 수 있었을 뿐[141] 나머지는 모두 요절하고 말았다.[142] 이는 명제의 아들 또한 하나도 화를 면할 수 있었던 자가 없었던 것이다. 시안왕(始安王) (소)요광(蕭遙光)은 명제 친형의 아들이었는데, 명제가 여러 왕들을 해치려고 꾀할 때 모두 (소)요광이 그에 대해 찬성을 했으나, 나중에 (소)요광 또한 모반으로 주살되었다.[143] 진실로 소위 하늘의 이치가 밝게 드러나 갚아 주는 것이 어그러지지 않았음이니, 무릇 남을 죽여 자신을 이롭게 하려는 자는 이것에서 (뭔가를) 볼 수가 있을 것이다.

二年, 謀反伏誅."

140) 『南齊書』 卷50 「廬陵王寶源傳」, 864면, "廬陵王寶源字智淵, 明帝第五子也. …… 未拜, 中興二年薨."

141) 『南齊書』 卷50 「巴陵隱王寶義傳」, 863면, "巴陵隱王寶義字智勇, 明帝長子也. 本名明基. …… 寶義少有廢疾, 不堪出人間, 故止加除授, 仍以始安王遙光代之. …… 梁受禪, 封謝沐縣公, 尋封巴陵郡王, 奉齊後. 天監中薨."

142) 『南齊書』 卷50 「明七王傳」, 862면, "明帝十一男 : 敬皇后生東昏侯寶卷, 江夏王寶玄, 鄱陽王寶寅, 和帝; 殷貴嬪生巴陵隱王寶義, 晉熙王寶嵩; 袁貴妃生廬陵王寶源; 管淑妃生邵陵王寶攸; 許淑媛生桂陽王寶貞. 餘皆早夭."

143) 『南齊書』 卷45 「蕭遙光傳」, 789면, "上以親近單少, 憎忌高、武子孫, 欲並誅之, 遙光計劃參議, 當以此施行"; 『南齊書』 卷45 「蕭遙光傳」, 791면, "軍人排閤入, 於暗中牽出斬首, 時年三十二."

159. 제나라 제도에서는 전첨의 권한이 매우 중요했다齊制典籤之權太重

제(齊)나라 제도에 여러 왕들이 방진(方鎭)으로 나가도록 되어 있어, 나이가 어린 자는 행사(行事) 및 전첨(典籤)[144]을 두어 그를 보좌하도록 했는데, 한 주(州)의 정사(政事)와 여러 왕들의 기거(起居), 음식에 이르기까지 모든 것을 이들에게서 명령을 들었으며, 전첨은 특히 가까이에서 다그쳤다.

『(남)제서(南齊書)』「효무제자전(孝武諸子傳)」논(論)에서 "황제의 아들이 주(州)에 나가는 경우 나이가 모두 어렸으므로 상좌(上佐)[145]에게 보좌하도록 했는데, 그 선발은 황제의 마음에서부터 나왔다. 주국(州國)과 부제(府第)에서는 먼저 그 명령이 있고 나서야 일을 행할 수 있었고, (왕의) 음식과 기거에 관한 것도 걸핏하면 문서로 (조정에) 알렸다. 행사는 그(왕)의 권한을 잡고, 전첨은 그의 팔꿈치를 잡아끄니, (왕이) 처한 지위가 비록 중요하였지만 자기 마음대로 행동할 수가 없었다. 이는 송(宋)나라의 유풍인데 (남)제 때에 더욱 심하게 되었다"라고 했다.[146]

이제 열전에서 보이는 것을 들자면, 무릉왕(武陵王) (소)엽(蕭曄)이 단양윤(丹陽尹)이 되면서 비로소 행사를 두지 않고 스스로 정치를 직접 할 수

---

144) 典籤 : 典籤帥, 籤帥라고도 한다. 원래 府州에서 문서를 처리하는 吏였으나, 劉宋初 士職으로 바꾸었다. 어린 皇子가 刺史로 出鎭하면 皇帝가 친근한 좌우신하를 典籤으로 임명하여 監護하게 하면서 권력이 강해졌다. 후에는 나이 많은 아들들의 出鎭에도 典籤을 두었다. 官品은 낮으나 권력이 컸으며, 1년에 수차례 朝廷에 가서 상주하여 州郡에서 위엄을 행사하였다. 明帝가 輔政하며 긴급한 일에 典籤을 수도로 파견하여 보고하지 못하게 하면서 典籤의 권력이 약해졌다.

145) 上佐 : 魏晉南北朝시대 일반 州에는 別駕가 있었고, 將軍을 겸임한 刺史는 府를 열고 長史・司馬를 설치하였는데, 모두 上佐라 칭한다. 대개 중앙에서 除授하며 실제로 州郡과 軍府의 대권을 장악하였다.

146) 『南齊書』 卷40 「武十七王傳」, 715면, "史臣曰 : …… 朝出閨闈, 暮司方岳, 帝子臨州, 親民尚小, …… 故輔以上佐, 簡自帝心, 勞舊左右, 用爲主帥, 州國府第, 先令後行, 飮食遊居, 動應聞啓, 端拱守祿, 遵承法度, 張弛之要, 莫敢厝言, 行事執其權, 典籤掣其肘, 苟利之義未申, 專違之咎已及. 處地雖重, 行己莫由, 威不在身, 恩未接下, 倉卒一朝, 艱難總集, 望其釋位扶危, 不可得矣. …… 斯宋氏之餘風, 在齊而彌弊也."

있었다[趙注 : 「소엽전」].[147] 수군왕(隨郡王) (소)자륭(蕭子隆)은 익주(益州)를 다스리면서 비로소 왕부(王府)와 주의 일을 직접 처리하게 되었다[趙注 : 「소자륭전」].[148] 처음에는 모두 행사가 있어 스스로 마음대로 할 수 없었음을 볼 수 있다.

채약(蔡約)은 의도왕(宜都王)[149]의 (관군)장사(冠軍長史), 행부주사(行府州事)가 되었는데, 당시 여러 왕들과 (대신 주의 행정을 대행했던) 행사들은 서로 마음대로 처리하는 경우가 많았지만 (채)약이 자리에 있으면서부터는 주군과 보좌하는 이들 사이가 화목했다[趙注 : 「채약전」].[150] 행사 중에 (채)약과 같은 사람이 적었음을 볼 수 있다.

유훤(劉暄)은 강하왕(江夏王) (소)보현(蕭寶玄)의 영주행사(郢州行事)가 되었는데, 일을 처리하는 것이 지나치게 각박했다. 어떤 사람이 말을 바치자 (소)보현은 그것을 보기를 원했지만, (유)훤이 "말을 어찌 볼 필요가 있겠습니까"라고 했다. (소보현의) 왕비가 구운 육포를 찾았지만, (유)훤이 "이미 거위를 구웠으니 다시 이것을 번거롭게 해서는 안 됩니다"라고 말했다. (소)보현이 "외숙[151]께서는 유달리 위양(渭陽)[152]으로서의 정이 없습

147) 『南齊書』에는 「蕭奕傳」으로 되어 있다. 『南齊書』 卷35 「武陵昭王奕傳」, 626면, "尋爲丹陽尹, 常侍、將軍如故. 始不復置行事, 得自親政."

148) 『南齊書』 卷40 「隨郡王子隆傳」, 710면, "其年, 始興王鑑罷益州, 進號督益州. 九年, 親府州事."

149) 蕭鏗을 가리킨다. 『南齊書』 卷35 「宜都王鏗傳」, 631면, "宜都王鏗字宣嚴, 太祖第十六子也."

150) 『南齊書』 卷46 「蔡約傳」, 804면, "出爲宜都王冠軍長史、淮南太守, 行府州事. 世祖謂約曰 : '今用卿爲近蕃上佐, 想副我所期.' 約曰 : '南豫密邇京師, 不治自理. 臣亦何人, 爝火不息.' 時諸王行事多相裁割, 約在任, 主佐之間穆如也."

151) 江夏王 蕭寶玄은 明帝와 敬皇后의 아들이고, 劉暄은 敬皇后의 동생이므로 蕭寶玄의 외삼촌이 된다. 『南齊書』 卷50 「明七王傳」, 862면, "明帝十一男 : 敬皇后生東昏侯寶卷, 江夏王寶玄, 鄱陽王寶寅, 和帝"; 『南齊書』 卷42 「江祏傳」, 751면, "敬皇后弟劉暄爲衛尉."

152) 渭陽 : 본래 渭水의 북쪽이라는 뜻이나, 外叔을 이르기도 한다. 『詩經』 「秦風」 「渭陽」篇의 "我送舅氏 日至渭陽(내가 외숙을 배웅하여 위수의 북쪽기슭에 왔네)"에서 나온 말. 이 노래는 秦 康公이 秦으로 망명 와 있던 외숙 晉 文公을 전송하여 지은 노래라 한다.

니다"라고 말했다[趙注 : 「강석전(江祏傳)」].[153] 행사가 속박하는 위세를 볼 수 있으니, 이것이 행사의 폐해이다.

그 첨수(籤帥)의 권세를 보면, 예컨대 무릉왕 (소)엽은 강주(江州)에 있을 때 전첨인 조악지(趙渥之)의 뜻을 거슬렀는데, 조악지[154]가 그 득실을 상주하자 곧장 불려가 서울로 돌아갔다[趙注 : 「소엽전」].[155] 의도왕 (소)갱(蕭鏗)은 무슨 행동을 할 때마다 매번 첨수의 제약을 받아 뜻을 세웠으나 행할 수 없는 경우가 많았다[趙注 : 「소갱전」].[156] 남해왕(南海王) (소)자한(蕭子罕)은 잠시 동당(東堂)[157]에서 놀려고 했으나 전첨인 강수(姜秀)가 허락하지 않자 돌아와 울면서 어머니에게 "제가 다섯 발자국만 옮기려고 해도 할 수가 없으니 죄수와 무엇이 다르겠습니까"라고 말했다. 소릉왕(邵陵王) (소)자정(蕭子貞)이 웅백(熊白)[158]을 구했는데, 요리사는 전첨의 명령이 없으면 감히 줄 수가 없다고 대답했다. 서양왕(西陽王) (소)자명(蕭子明)은 시독(侍讀)인 포선(鮑僎)에게 책을 보내려고 했으나, 전첨 오수지(吳修之)가 허락하지 않아서 그만두었다[趙注 : 모두 「소자륜전(蕭子倫傳)」에 보인다].[159]

왕들 가운데 전첨의 제약을 기꺼이 받아들이지 않고 전첨을 마음대로 죽이는 자가 있으면 반드시 독단적으로 일을 처리한 죄로 다스렸다. 예컨

153) 『南齊書』 卷42 「江祏傳」, 751면, "劉暄初爲寶玄郢州行事, 執事過刻. 有人獻馬, 寶玄欲看之, 暄曰 : '馬何用看.' 妃索煮肫, 帳下諮暄, 暄曰 : '旦已煮鵞, 不煩復此.' 寶玄恚曰 : '舅殊無渭陽之情'. 暄聞之亦不悅."

154) [王注] 原刻本에는 '趙渥之'에서 두 개의 '之'字가 빠져 있었으나, 西畲本에서 이미 補正하였다.

155) 『南齊書』 卷35 「武陵昭王曄傳」, 625면, "至鎭百餘日, 典籤趙渥之啓曄得失, 於是徵還爲左民尙書."

156) 『南史』 卷43 「宜都王鏗傳」, 1090면, "擧動每爲籤帥所制, 立意多不得行."

157) 東堂 : : 正寢의 동쪽의 堂室.

158) 熊白 : 곰의 가슴 부위에 있는 하얀 기름.

159) 『南史』 卷44 「巴陵王子倫傳」, 1115면, "南海王子罕戍琅邪, 欲暫游東堂, 典籤姜秀不許而止. 還泣謂母曰 : '兒欲移五步亦不得, 與囚何異.' 秀後輒取子罕屐織飲器等供其兒昏, 武帝知之, 鞭二百, 繫尙方, 然而擅命不改. 邵陵王子貞嘗求熊白, 廚人答典籤不在, 不敢與. 西陽王子明欲送書參侍讀鮑僎病, 典籤吳脩之不許, 曰 : '應諮行事' 乃止."

대 장사왕(長沙王) (소)황(蕭晃)은 전첨에게 제재를 받자, (소)황이 그를 죽여 버렸는데, 고제(高帝)는 크게 노하여 손수 조서를 내려 곤장을 치는 벌을 내렸다[趙注 : 「소황전」].[160] 어복후(魚復侯) (소)자향(蕭子響)은 행사 유인(劉寅)과 전첨 오수지 등이 그 잘못을 상주하여 무제(武帝)가 대사(臺使)를 파견해 조사하도록 하자, (소)자향이 분노하여 (유)인과 (오)수지 등을 살해했고, 나중에 조정 군사에 항거한 죄로 주살되었다[趙注 : 「소자향전」].[161] 이러한 까닭에 그 위세는 주군(州郡)에 떨치고 권한은 제후왕[藩君]보다 무겁게 되어, 그러한 형세가 무겁게 쌓여 되돌리기 힘들게 되었다. (소)자향이 (유)인 등을 살해했을 때 무제는 그것을 듣고는 "자향이 마침내 모반했구나"라고 말했다. 대승정(戴僧靜)[162]이 큰 소리로 "여러 왕들이 모두 모반할 것입니다"라고 말했다. 무제가 그 이유를 묻자 "여러 왕들은 죄가 없는데도 일시에 갇혔으며, 연뿌리 한 개, 음료 한 잔을 먹는 것도 첨수가 (옆에) 있지 않으면 하루 종일 갈증을 참아야 합니다. 여러 주에서는 단지 첨수가 있다는 말만 들릴 뿐 자사(刺史)가 있다는 것은 들리지 않습니다"라고 대답했다[趙注 : 「소자륜전」에 보인다.[163] 그러나 「(대)승정전」을 보면, 무제가 (대)승정을 시켜 가서 토벌

160) 『南齊書』 卷35 「長沙威王晃傳」, 623면, "太祖踐祚, 晃欲用政事, 輒爲典籤所裁, 晃執殺之, 上大怒, 手詔賜杖."

161) 『南齊書』 卷40 「魚復侯子響傳」, 705~706면, "至鎭, 數在內齋殺牛置酒, 與之聚樂. 令內人私作錦袍絳襖, 欲餉蠻交易器仗. 長史劉寅等連名密啓, 上勑精檢. 寅等懼, 欲秘之. 子響聞臺使至, 不見勑, 召寅及司馬席恭穆、諮議參軍江愈、殷曇粲、中兵參軍周彦、典籤吳脩之、王賢宗、魏景淵於琴臺下詰問之. 寅等無言. …… 子響大怒, 執寅等於後堂殺之. 以啓無江愈名, 欲釋之, 而用命者已加戮. 上聞之怒, 遣衛尉胡諧之、游擊將軍尹略、中書舍人茹法亮領齋仗數百人, 檢捕羣小 …… 子響部下恐懼, 各逃散, 子響乃白服降, 賜死. 時年二十二."

162) 戴僧靜(?~491) : 南齊 會稽郡 永興縣(지금의 浙江省 紹興) 사람이다. 젊어서 담력이 있어 蕭道成의 측근이 되었으며, 후에 帳內軍主·羽林監을 역임하였다. 昇明 元年(477) 蕭道成이 袁粲을 공격할 때 공을 세워 寧朔將軍에 제수되었고, 南齊初 輔國將軍, 永明初 北徐州刺史가 되었다. 永明 5년 護軍 陳顯達을 따라 比陽에서 桓天生을 토벌하였으나 이기자 못하고 돌아왔다. 征虜將軍, 淮南太守, 廬陵王中軍司馬, 高平太守를 역임하였다.

163) 『南史』 卷44 「巴陵王子倫傳」, 1115~1116면, "永明中, 巴東王子響殺行事劉寅等, 武帝聞之, 謂羣臣曰 : '子響遂反.' 戴僧靜大言曰 : '諸王都自應反, 豈唯巴東.' 武帝問

하도록 하니 (대)승정이 "왕이 나이가 어린데 장사가 그를 붙잡는 것이 너무 급하게 하니 분한 마음에 어려움을 생각지 않았기[164] 때문일 뿐입니다. 천자의 아들이 실수로 사람을 죽였다고 해서 무슨 큰 죄가 있다고 갑자기 군대를 보내 서쪽으로 가도록 하십니까? 저는 감히 조서를 받들 수 없습니다"라고 말했다[165]고 한다].

경릉왕(竟陵王) (소)자량(蕭子良)이 일찍이 범운(范雲)에게 "사대부들은 무슨 까닭으로 첨수에게 가는가?"라고 묻자, (범)운이 "장사 이하에게 가면 모두 이익이 없지만 첨수에게 가면 곧 열 배의 이익이 있으니, 가지 않고 어쩌겠습니까!"라고 말했다[趙注 : 「소자륜전」].[166] 그러므로 명제(明帝)가 여러 왕을 살해할 때마다 전첨을 보내 죽이지 않은 경우가 한 번도 없었다. 그가 처음 보정할 때에는 여러 왕들을 막아 다스리려고 먼저 밀지를 상좌에게 보냈다[趙注 : 「공수지전(孔琇之傳)」].[167] 또 소심(蕭諶)에게 명하여 여러 왕들의 전첨을 불러들이고는 여러 왕들이 외부 인물과 접촉하는 것을 허락하지 말도록 단속하게 했다[趙注 : 「소심전」].[168] 그가 파릉왕(巴陵王) (소)자륜(蕭子倫)을 살해하려고 할 때 그가 명령에 항거할 수 있는 군사를 가지고 있는 것을 염려하여 전첨 화백무(華伯茂)[169]에게 물었는데, (화)백무가 "만약 군사를 파견하면 아마 바로 일을 이룰 수 없을 것이지만, 저한테 맡겨 주시면 작은 관리 하나의 힘이 들 뿐입니다"라고 말했다. 과연 독주로 (소자륜을) 핍박해 죽였다[趙注 : 「소자륜전」].[170] 또 배숙업(裴叔業)[171]을 보내 남평왕

其故, 答曰 : '天王無罪, 而一時被囚, 取一挺藕, 一杯漿, 皆諮籤帥, 不在則竟日忍渴. 諸州唯聞有籤帥, 不聞有刺史'."

164) 원문은 '分不思難故耳'로 되어 있다. 본래 이 구절의 원출전은 『論語』「季氏」篇, "言思忠, 事思敬, 疑思問, 忿思難, 見得思義; 集註曰 思難則忿必懲"이다.

165) 『南齊書』 卷30 「戴僧靜傳」, 556~557면, "八年, 巴東王子響殺僚佐, 世祖召僧靜使領軍向江陵, 僧靜面啓上曰 : '巴東王年少, 長史捉之太急, 忿不思難故耳. 天子兒過誤殺人, 有何大罪. 官忽遣軍西上, 人情惶懼, 無所不至, 僧靜不敢奉敕.' 上不荅而心善之."

166) 『南史』 卷44 「巴陵王子倫傳」, 1116면, "竟陵王子良嘗問衆曰 : '士大夫何意詣籤帥?' 參軍范雲答曰 : '詣長史以下皆無益, 詣籤帥便有倍本之價, 不詣謂何!' 子良有愧色."

167) 『南齊書』 卷53 「孔琇之傳」, 922면, "高宗輔政, 防制諸蕃, 致密旨於上佐."

168) 『南齊書』 卷42 「蕭諶傳」, 745면, "諶回附高宗, 勸行廢立, 密召諸王典籤約語之, 不許諸王外接人物."

169) [王注] '華'는 원래 '裴'로 되어 있는데, 西畲本에서 이미 개정하였다.

(南平王) (소)예(蕭銳)를 해치려고 하자, 방합(防閤)[172] 주백옥(周伯玉)이 (배)숙업의 목을 베고 군사를 일으켜 사직을 바로잡으려고 했으나, 전첨이 좌우를 꾸짖어 그의 목을 베라 하니 (소)예는 마침내 해를 당했다[趙注 : 「소예전(蕭銳傳)」].[173] 점차 위세가 쌓인 것이 죽 이어져 이에 이르렀던 것이다.

『남사(南史)』「여문현전(呂文顯傳)」을 살펴보면, 관례상 왕부나 주의 부서 안에서 일을 논할 때에는 모두 제비쪽지[籤]를 썼는데, 앞쪽에는 논하는 일을 쓰고 뒤쪽에는 어떤 관료의 어떤 제비쪽지라고 썼다. 그러므로 왕부나 주에서는 전첨을 두어 그것을 관장하도록 했으니, 본래 5품의 관리일 뿐이었다. 송나라 말엽에 어린 왕자들이 나가서 방진을 맡게 되는 경우가 많아지자, 황제는 모두 친근한 측근을 전첨으로 삼았으며, 일 년 동안 서울로 돌아오는 것이 네 차례였는데, 황제는 그때마다 자사가 어진가 아닌가를 물었고, (그 내용은) 왕왕 그(전첨)의 입에서 나왔으며, 이에 위세가 주군에서 떨치고 권한이 제후왕보다 무거워지게 되었다. (남)제 명제가 그것을 알고는 비로소 제도를 정하여 여러 주에서 일을 논하는 데에 전첨을 보내지 못하게 하자 그 책임이 조금 가벼워졌으나,[174] 그 뒤에

---

170)『南史』卷44「巴陵王子倫傳」, 1115면, "延興元年, 明帝遣中書舍人茹法亮殺子倫, 子倫時鎭琅邪城, 有守兵, 子倫英果, 明帝恐不卽罪, 以問典籤華伯茂, 伯茂曰 : '公若遣兵取之, 恐不卽可辦, 若委伯茂, 一小吏力耳.' 旣而伯茂手自執鴆逼之, 左右莫敢動者."

171) 裴叔業(438~500) : 南齊 河東郡 聞喜縣 사람이다. 처음에 南齊 屯騎校尉였으며 右軍將軍・寧朔將軍을 역임하였다. 建武 2년(495) 右衛將軍 蕭坦之를 鍾離(지금의 安徽省 鳳陽縣 동북)에서 구원한 공으로 徐州刺史에 제수되었고, 후에 豫州刺史가 되었다. 永泰 元年(498) 군대를 이끌고 北魏軍을 대파하여 義陽의 포위를 풀었다. 東昏侯가 수차례 대신들을 죽였다는 소식을 듣고 마음이 불안하여 아들 芬之를 北魏에 보내 귀부하였다. 景明 元年(500) 宣武帝는 使持節 征南將軍으로 삼고 彭城王 元勰 등을 보내 맞아들이도록 했다. 군대가 淮水를 건너기 전에 병으로 죽었다.

172) 본문은 '防閤'으로 되어 있으나 '防閣'으로 쓰기도 한다. 防閣은 南朝 宋代 諸王府에 두어진 官職名으로 용략지사를 선발, 충임하여 방위를 맡겼던 것이다. 防閣將軍이라고도 칭해진다. 南齊와 梁代에도 계속 두어졌다.

173)『南史』卷43「南平王銳傳」, 1090면, "延興元年, 明帝作輔, 害諸王, 遣裴叔業平尋陽, 仍進湘州. 銳防閤周伯玉大言於衆曰 : '此非天子意, 今斬叔業, 擧兵匡社稷, 誰敢不同!' 銳典籤叱左右斬之, 銳見害, 伯玉下獄誅."

174)『南史』卷77「呂文顯傳」, 1932~1933면, "故事, 府州部內論事, 皆籤前直敍所論之

도 여전히 다시 권세가 무겁게 쌓였다. 『양서(梁書)』를 보면, 강혁(江革)[175]이 여릉왕(廬陵王)의 장사가 되었는데, 당시 어린 왕이 일을 행함에 있어 첨수에게 마음을 기울이는 경우가 많았지만, (강)혁은 바르고 곧다고 자처하며 첨수와 자리를 함께하지 않았다.[176] 아마도 전첨이 본래 미천한 식책이었기 때문일 것이나, 벼슬은 낮아도 권한은 무거웠으니, (강)혁이 이렇게 행동했다고 해도 어찌 양나라에 이르러 첨수가 이미 가벼워져 다시는 제나라 때와 같은 위력이 그 손 안에 있지 않았다 하겠는가?

160. 남조에서는 꿩을 쏘는 것으로 사냥을 했다南朝以射雉爲獵

남조(南朝)에서는 금릉(金陵)에 도읍을 두어 사냥을 할 수 있는 땅이 없었으므로, 일찍부터 꿩을 쏘는 것을 사냥으로 했다.

송(宋) 명제(明帝)가 꿩 사냥을 하는데, 해가 중천에 뜨도록 소득이 없자 매우 부끄러워하며 "내가 아침부터 여고(如皐)에 왔는데, 결국 빈손으로 가니 웃음거리로구나"라고 말했다. 이에 저현(褚炫)이 "지금 절기는 비록

事, 後云謹籤, 日月下又云某官某籤, 故府州置典籤以典之. 本五品吏, 宋初改爲七職. 宋氏晩運, 多以幼少皇子爲方鎭, 時主皆以親近左右領典籤, 典籤之權稍重 …… 自此以後, 權寄彌隆, 典籤遞互還都, 一歲數反, 時主輒與閒言, 訪以方事. 刺史行事之美惡, 係於典籤之口, 莫不折節推奉, 恒慮不及. 於是威行州郡, 權重蕃君. 劉道濟、柯孟孫等姦慝發露, 雖卽顯戮, 而權任之重不異. 明帝輔政, 深知之, 始制諸州急事宜密有所論, 不得遣典籤還都, 而典籤之任輕矣."

175) 江革(?~535) : 梁 濟陽郡 考城縣 사람으로 字는 休映이다. 齊 國子生이 되어 高第의 성적을 올려 奉朝請이 되었다. 梁初 建康令・中書舍人을 역임하였다. 豫章王 蕭綜을 따라 彭城을 방어하다가 北魏에 포로로 잡혔으나 후에 풀려났다. 武帝가 佛敎를 좋아하자 菩薩誡를 청하기도 했다. 八府長史, 四王行事를 거쳐 세 차례 二千石 벼슬을 지냈다. 문집 20卷이 세상에 전한다.

176) 『梁書』 卷36 「江革傳」, 523면, "徙仁威廬陵王長史, 太守、行事如故, 以淸嚴爲百城所憚. 時少王行事多傾意於籤帥, 革以正直自居, 不與籤帥等同坐."

적당하나 구름과 안개가 오히려 엉겨 있으므로, 이 꿩이란 새가 교만한 마음에 아직 겁을 내지 않고 있습니다"라고 말했다. 이 말을 듣고 (명)제가 마음이 풀려 곧 꿩 사냥터에 술판을 벌였다[趙注 : 『송서(宋書)』 「저현전(褚炫傳)」].[177] (명)제가 암산(巖山)에 가서 꿩 사냥을 하는데, 꿩 한 마리가 사냥터에 들어오려고 하지를 않았다. 날이 저물어 돌아갈 때가 되자, 진평왕(晉平王) (유)휴우(劉休祐)를 남겨 그 놈을 기다리게 하고는, 꿩을 잡지 못하면 돌아오지 말라고 명령했는데, (유)휴우가 곧 말을 달려 가버렸다. 황제는 수적지(壽寂之) 등에게 그를 추격하도록 해서 발로 차 말에서 떨어뜨려 죽였다[趙注 : 「유휴우전」].[178]

제(齊) 무제(武帝) 영명(永明) 6년(488)에 한단초(邯鄲超)가 꿩 사냥 하는 것에 대해 간언하자, 황제가 이로 해서 그만두었으며 시간이 많이 지나고 나서 (한단)초는 결국 주살되었다. 그런 뒤 다시 꿩 사냥을 하려고 했지만, 경릉왕(竟陵王) (소)자량(蕭子良)이 또한 그만두도록 간언하였다[趙注 : 「소자량전」].[179]

동혼(후)(東昏侯)는 꿩 사냥터를 이백아흔여섯 군데나 두었는데, 그늘 중에 친 장막은 모두 울긋불긋한 비단으로 했으며, 응견대주(鷹犬隊主)나 매예대주(媒翳隊主)[180] 등과 같은 벼슬이 있었다[趙注 : 「제기(齊紀)」].[181]

---

177) 趙翼의 注에는 이 일의 출전을 『宋書』 「褚炫傳」이라 부기했지만, 『宋書』에는 「褚炫傳」이 없으며 이 일은 『南齊書』에 보인다. 아마도 宋 明帝의 일이라, 『南齊書』를 착각해 『宋書』로 쓴 듯하다. 『南齊書』 卷32 「褚炫傳」, 582면, "從宋明帝射雉, 至日中, 無所得. 帝甚猜羞, 召問侍臣曰 : '吾旦來如皐, 遂空行, 可笑.' 座者莫答. 炫獨曰 : '今節候雖適, 而雲露尙凝, 故斯翬之禽, 驕心未警, 但得神駕游豫, 羣情便爲載懽.' 帝意解, 乃於雉場置酒."

178) 『宋書』 卷72 「晉平剌王休祐傳」, 1880면, "七年二月, 車駕於巖山射雉, 有一雉不肯入場, 日暮將反, 令休祐射之. 語云 : '不得雉, 勿歸.' 休祐時從在黃麾內, 左右從者並在部伍後, 休祐便馳去, 上遣左右數人隨之. 上旣還, 前驅淸道, 休祐人從悉分散, 不復相得, 上因遣壽寂之等諸將追之. 日已欲闇, 與休祐相及, 逼令墜馬. 休祐素勇壯有氣力, 奮拳左右排擊, 莫得近. 有一人後引陰, 因頓地, 卽共毆拉殺之."

179) 『南齊書』 卷40 「竟陵文宣王子良傳」, 699~700면, "先是六年, 左衛、殿中將軍邯鄲超上書諫射雉, 世祖爲止. 久之, 超竟被誅. 永明末, 上將射雉. 子良諫曰, '……'. 雖不盡納, 而深見寵愛."

180) [王注] '媒翳隊主等官' 중 원래 '媒'字가 빠져 있었는데, 西畬本에서 이미 보충하였다.

161. 강좌의 권세 있는 가문에는 공신이 없었다江左世族無功臣

육조(六朝)시대에 세족(世族)을 가장 중시했음은 이미 『해여총고(陔餘叢考)』[182] 전편(前編)에서 보였다. 그 당시 소위 구문(舊門), 차문(次門), 훈문(勳門), 역문(役門) 같은 종류가 있어 사서(士庶)의 구별로 귀천을 나누었는데, 쌓인 습속이 서로 이어져서 마침내 정해진 제도를 이루게 되었다.

도간(陶侃)이 미천했을 때에 낭중령(郎中令) 양탁(楊晫)이 그와 더불어 수레를 같이 탔는데, 온아(溫雅)가 (양)탁에게 "어찌하여 소인과 더불어 같이 타게 되었는가"라고 말했다.[183] 치감(郗鑒)이 진오(陳午) 적중에 사로잡혔는데, 같은 읍 사람인 장실(張實)[184]이라는 자가 먼저 적에게 귀부해 있어, 와서 보며 마침내 (치)감을 '경(卿)'[185]이라 불렀다. (치)감이 "서로 같은 지역에서 더불어 살았다고 해도 의리가 통하지 않는데, 어찌 난리를 믿고 이런 지경에 이를 수 있는가"라고 말하니, (장)실은 부끄러워하며 물러났다.[186] 양방(楊方)[187]이 서울에 있을 때 진신(縉紳 : 士人)들이 모두 그를 후

---

181) 『南史』 卷5 「齊東昏侯紀」, 151면, "置射雉場二百九十六處, 翳中帷帳及步障, 皆袷以綠紅錦, 金銀鏤弩牙, 瑇瑁帖箭. 每出, 輒與鷹犬隊主徐令孫、媒翳隊主俞靈韻齊馬而走, 左右爭逐之."

182) 『陔餘叢考』: 본 책의 저자인 趙翼이 지은 책. 書體는 顧炎武의 『日知錄』과 비슷하나 역사에 관한 고증이 많다. 43권.

183) 당시 楊晫이 豫章國 郎中令이었고, 溫雅는 吏部郎이었다. 『晉書』 卷66 「陶侃傳」, 1768~1769면, "伏波將軍孫秀以亡國支庶, 府望不顯, 中華人士恥爲掾屬, 以侃寒宦, 召爲舍人. 時豫章國郎中令楊晫, 侃州里也, 爲鄕論所歸. 侃詣之, …… 與同乘見中書郎顧榮, 榮甚奇之. 吏部郎溫雅謂晫曰 : '奈何與小人共載?' 晫曰 : '此人非凡器也'."

184) 『晉書』 卷67 「郗鑒傳」 원문에는 '張寔'이라고 하였다.

185) 卿 : '그대'의 의미로서, 六朝 당시 상대방이 동등하거나, 혹은 아랫사람을 부를 때 '경'이라 하였다.

186) 『晉書』 卷67 「郗鑒傳」, 1796~1797면, "及京師不守, 寇難鋒起, 鑒遂陷於陳午賊中. 邑人張寔先求交於鑒, 鑒不許. 至是, 寔於午營來省鑒疾, 既而卿鑒. 鑒謂寔曰 : '相與邦壤, 義不及通, 何可怙亂至此邪!' 寔大慚而退."

187) 『晉書』 卷68 「楊方傳」, 1831면, "楊方字公回. 少好學, 有異才. 初爲郡鈴下威儀, 公事之暇, 輒讀五經, 鄕邑未之知."

하게 대우했으나, (양)방은 스스로 지위가 한미하다고 여겨 서울에 머물기를 원하지 않고 먼 군(郡)에 보임되기를 구했으며, 이에 나가서 고량태수(高梁太守)가 되었다.[188]

왕승건(王僧虔)은 오흥군수(吳興郡守)가 되어 백성 하계선(何係先) 등 110집이 구문(舊門)이 되는 것을 들어 주었다가, 마침내 완전부(阮佃夫)에게 탄핵을 받았다.[189]

장경아(張敬兒)는 계양왕(桂陽王) 유휴범(劉休範)[190]의 목을 베었는데, 공이 높으니 당연히 양양(襄陽)에 주둔할 것을 청할 수 있다고 여겼으나, 제(齊) 고제(高帝)는 보정을 하면서 (장)경아라는 인물의 지위가 본래 가볍다고 여겨 양양과 같은 중요한 요충지에 있게 하는 것을 바라지 않았다.[191]

후경(侯景)[192]이 왕(王), 사(謝)씨와 혼인하기를 청하자 양(梁) 무제(武帝)

188) 高梁은 廣州에 속한 郡이었다(『晉書』 卷15 「地理志」下, 466면, "至吳黃武五年, 分交州之南海、蒼梧、鬱林、高梁四郡立爲廣州, 俄復舊"). 『晉書』 卷68 「楊方傳」, 1831면, "方在都邑, 搢紳之士咸厚遇之, 自以地寒, 不願久留京華, 求補遠郡, 欲閑居著述. 導從之, 上補高梁太守."

189) 『南齊書』 卷33 「王僧虔傳」, 592면, "佃夫言於宋明帝, 使御史中丞孫夐奏: '僧虔前莅吳興, 多有謬命, 檢到郡至遷, 凡用功曹五官主簿至二禮吏署三傳及度與弟子, 合四百四十八人. 又聽民何係先等一百十家爲舊門. 委州檢削.' 坐免官."

190) 劉休範(448~474): 劉宋 文帝의 열셋째 아들이다. 처음에 順陽王으로 봉해졌다가 후에 桂陽王으로 봉해졌다. 江州刺史·南徐州刺史·江州刺史를 역임하였다. 明帝 사후 遺詔로 司空으로 승진하였다. 평범하고 말이 어눌하여 형제 가운데 유일하게 주살을 면했다. 蒼梧王 劉昱이 즉위하자 宰輔가 되지 못한 점에 불만을 가지고 典籤 許公輿의 계책대로 모반을 준비하였다. 元徽 2년(474) 尋陽에서 반란을 일으켰으나 右衛將軍 蕭道成 등에게 패해 살해되었다.

191) 『南齊書』 卷25 「張敬兒傳」, 465면, "回目敬兒, 敬兒奪取休範防身刀, 斬休範首, 休範左右數百人皆驚散, 敬兒馳馬持首歸新亭. 除驍騎將軍, 加輔國將軍. 太祖以敬兒人位既輕, 不欲便使爲襄陽重鎮."

192) 侯景(503~552): 南北朝시대 懷朔鎭(지금의 내몽고 固陽 서남), 혹은 雁門郡 사람이라고 하며, 字는 萬景이다. 尒朱榮을 좇아 葛榮을 토벌하였고, 高歡을 따라 尒朱氏를 주살하였다. 東魏 시기 벼슬이 司徒 南道行臺에 이르렀으며, 무리 10만을 거느리고 河南을 통치하였다. 高歡이 죽은 후 高澄에게 등용되지 못할 것을 두려워하여 河南을 바치고 梁나라로 귀순하였다. 太淸 2년(548) 東魏 慕容紹宗에게 패하여 壽春으로 물러났다가 梁의 臨賀王 蕭正德과 난을 일으켜 建康을 함락하고 蕭綱·蕭棟을 황제로 세웠다. 후에 자립하여 국호를 漢, 年號를 太始라 하였다. 荊州刺史 湘東王 蕭繹

가 "왕씨와 사씨는 가문이 높으니[193] 주(朱), 장(張)씨 이하에서 구하는 것이 옳다"라고 말했다.[194]

한 때의 풍조가 이와 같았다. 곧, 한미한 출신으로 분투하여 공업을 세워 관직이 높아지고 작위가 무거워지는 경우가 있더라도, 그 스스로를 보면 여전히 감히 세족과 더불어 비교할 수가 없었다.

진현달(陳顯達)[195]이 이미 귀하게 되었으나 스스로 사람이 한미한데 지위는 무겁다고 생각하여 벼슬을 옮길 때마다 항상 부끄러워하는 기색이 있었다. 여러 아들에게 "내 본래의 뜻은 여기까지 미치지 않았으니, 너희들은 부귀하다고 해서 사람들에게 교만하게 굴지 말라"라고 훈계했다. 또 여러 아들에게 "주미(麈尾)는 왕, 사씨 집안의 물건이니 너희들은 그런 것을 들 필요가 없다"라고 말했다.[196] 왕경칙(王敬則)이 왕검(王儉)과 함께 개부(開府)에 제수되자, 저연(褚淵)은 (왕)검을 희롱하여 한 쌍의 둥근 옥[連璧]이 되었다고 했고, (왕)검은 "노자(老子)가 마침내 한비(韓非)와 더불어 같은 열전에 오르게 되었습니다"[197]라고 말했다. 어떤 사람이 이 말을 (왕)경칙에게 알렸으나, (왕)경칙은 기뻐하며 "나는 본래 남사(南沙)의 하급관리였는데, 이제 왕위군(王衛軍)과 더불어 삼공(三公)에 같이 제수될 수 있게

이 王僧辯과 陳霸先을 보내 토벌하게 하였다.

193) 琅邪 王氏와 陳郡 謝氏는 東晉南朝 최고의 문벌가문이었다.

194)『南史』卷80「侯景傳」, 1996면, "又請娶於王、謝, 帝曰 : '王、謝門高非偶, 可於朱、張以下訪之'."

195) 陳顯達(427~500) : 南齊 南彭城(지금의 江蘇省 鎭江) 사람이다. 宋 孝武帝 때 右衛將軍 張永의 前軍幢主가 되었다. 劉宋末 桂陽王 劉休範을 격파한 공으로 游擊將軍이 되었다가 후에 廣州刺史로 전임되었다. 南齊初 南兗州·益州·雍州를 평정하였으며 僚蠻을 평정하였다. 明帝 永元 元年(499) 侍中 太尉가 되어 北魏를 공격하여 襄陽을 점령하였지만, 후에 南鄕에서 대패하여 군대의 손실이 많았다. 東昏侯가 대신들을 주실하자 湓城에서 반란을 일으켰으나 丹陽 西州에서 敗死하였다.

196)『南齊書』卷26「陳顯達」, 490면, "顯達謙厚有智計, 自以人微位重, 每遷官, 常有愧懼之色. 有子十餘人, 誡之曰 : '我本志不及此, 汝等勿以富貴陵人!' 家既豪富, 諸子與王敬則諸兒, 竝精車牛, 麗服飾. 當世快牛稱陳世子青, 王三郎烏, 呂文顯折角, 江瞿曇白鼻. 顯達謂其子曰 : '麈尾扇是王謝家物, 汝不須捉此自逐'."

197)『史記』卷63에「老子韓非列傳」이 있다.

되었으니 다시 무슨 한이 있겠는가"라고 말했다[趙注 : 「왕경칙전」].198)

왕림(王琳)199)은 양 원제(元帝)의 시기를 받아 나가서 광주자사(廣州刺史)가 되었는데, (왕)림이 사사로이 이응(李膺)에게 "그 분[官]은 나를 의심하고 있을 뿐이나, 내가 분수에 맞게 바라는 바에는 한계가 있으니, 어찌 그 분과 황제가 되기를 다투겠는가. 어찌 나를 옹주(雍州)에 (자사로서) 주둔하게 하지 않는 것인지, 나는 알아서 군사를 풀어 밭을 일구고 나라를 위해 외적의 위협을 막을 것인데"라고 말했다[趙注 : 「왕림전」].200)

또 단지 이것만이 아니었으니, (남)제 고제는 송(宋)나라 때에 계양(桂陽, 곧 桂陽王 劉休範)을 평정한 공으로서 중령군(中領軍)을 제수받자, 여전히 군이 사양하고 원찬(袁粲), 저연에게 편지를 보내 스스로 "저는 평범한 사람이라 뜻이 먼 데까지 미치지 않습니다"라고 말했다[趙注 : 「저연전」].201) 즉위한 뒤 죽음에 임해 남긴 조서에서도 역시 "나는 본래 아무 벼슬도 없는 소족(素族)202)으로 생각이 여기에까지 미치지는 않았다"라고 말했으니[趙注

198) 『南史』 卷45 「王敬則傳」, 1130면, "後與王儉俱卽本號開府儀同三司. 時徐孝嗣於崇禮門候儉, 因嘲之曰 : '今日可謂連璧.' 儉曰 : '不意老子遂與韓非同傳.' 人以告敬則, 敬則欣然曰 : '我南沙縣吏, 徼倖得細鎧左右, 逮風雲以至於此. 遂與王衛軍同日拜三公, 王敬則復何恨.' 了無恨色."

199) 王琳(526~573) : 南朝 會稽郡 山陰縣 사람으로 字는 子珩이다. 본래 兵家였으나 姉妹가 梁元帝의 후궁에 들어가면서 元帝의 좌우에 있게 되었다. 젊어서 무예를 좋아하여 드디어 장수가 되어 江州刺史 王僧辯을 따라 侯景을 격파하고 湘州刺史가 되었다. 元帝가 그의 강성함을 꺼려하여 承聖 3년(554) 廣州刺史로 전출시켰다. 西魏가 江陵을 공격하자 元帝가 그를 湘州刺史로 소환하였다. 군대가 長沙에 이르러 江陵이 함락되고 元帝가 피살되었다는 소식을 들었다. 太平 元年(556) 西魏 宇文泰와 통하여 西魏로부터 大將軍 長沙郡公을 제수받았다. 宇文泰가 北周를 세우자 司空이 되었다. 梁이 망한 후 荊州에 永嘉王 蕭莊을 세워 받들다가 北齊에 항복하였다. 皇建 2년(561) 北齊가 驃騎大將軍 揚州刺史로 삼아 壽陽에 주둔하게 되었다. 武平 4년(573) 陳將 吳明徹에게 패하여 城이 함락된 후 피살되었다.

200) 『北齊書』 卷32 「王琳傳」, 432~433면, "梁元性多忌, 以琳所部甚衆, 又得衆心, 故出之嶺外, 又受都督、廣州刺史. 其友主書李膺, 帝所任遇, 琳告之曰 : '琳蒙拔擢, 常欲畢命以報國恩. 今天下未平, 遷琳嶺外, 如有萬一不虞, 安得琳力. 忖官正疑琳耳. 琳分望有限, 可得與官爭爲帝乎? 何不以琳爲雍州刺史, 使鎭武寧, 琳自放兵作田, 爲國禦捍'."

201) 『南齊書』 卷23 「褚淵傳」, 427면, "太祖旣平桂陽, 遷中領軍, 領南兗州, 增戶邑. 太祖固讓, 與淵及衛軍袁粲書曰 : '下官常人, 志不及遠'."

: 본기」,[203] 당시 문벌의 등급에 대한 생각이 익숙해져서 본디 당연한 것으로 되어 버렸기 때문에 비록 세왕이라도 바꿀 수 없었음을 볼 수 있다.

그러나 강좌(江左)의 여러 제왕들은 모두 소족에서 나왔다. 송 무제(武帝)는 본래 단도(丹徒) 경구리(京口里) 사람으로 어렸을 때 신주(新洲)에서 억새를 베었고, 또 일찍이 조규(刁逵)의 사전(社錢)[204]을 빚져서 잡혀가기도 했으니,[205] 그 미천함을 알 수 있다. (남)제 고제는 스스로 소족이라 칭했으니 곧 고문(高門)이 아님을 알 수 있다. 양 무제는 (남)제 고제와 같은 일족이니 역시 고문이 아니다. 진(陳) 무제는 당초 의흥(義興)의 허(許)씨 집안에 얹혀살다가 비로소 벼슬을 하여 이사(里司)가 되었고, 재차 벼슬을 얻어 유고리(油庫吏)가 되었으니,[206] 그 한미함을 역시 알 수 있다.

그밖에 공을 세우고 일을 일으켜 나라를 위해 힘을 떨친 사람들도 모두 한인(寒人)에서 나왔다. 예컨대, 고영(顧榮),[207] 변호(卞壺), 모보(毛寶),[208]

---

202) 素族 : 관직이 없는 집안, 또는 그 사람. 平民.

203) 『南齊書』 卷2 「高帝紀下」, 38면, "三月庚申, 召司徒褚淵、左僕射王儉詔曰 : '吾本布衣素族, 念不到此'."

204) 社錢 : 講中 또는 組合의 積立金.

205) 『南史』 卷1 「宋武帝紀」, 1~2면, "帝嘗負刁逵社錢三萬, 經時無以還, 被逵執, 謐密以己錢代償, 由是得釋. 後伐荻新洲, 見大蛇長數丈, 射之, 傷."

206) 『南史』 卷9 「陳武帝紀」, 257면, "嘗游義興, 館於許氏, 夢天開數丈, 有四人朱衣, 捧日而至, 納之帝口, 及覺, 腹內猶熱, 帝心獨喜. 初仕鄉爲里司, 後至建鄴爲油庫吏."

207) 顧榮(?~312) : 西晉 吳郡 吳縣(지금의 江蘇省 蘇州) 사람으로 字는 彦先이다. 吳에서 黃門侍郎・太子輔義都尉를 역임하였으며, 吳가 망한 후 陸機 형제와 함께 洛陽으로 갔다. 郎中・尙書郎・廷尉正을 역임하였다. 八王의 난 때 諸王들이 벽소하였으나 난을 피하여 吳로 돌아왔고 東海王 司馬越의 軍諮祭酒가 되었다. 永興 2년(305) 廣陵相 陳敏이 난을 일으키자 甘卓・紀瞻 등과 모의하여 陳敏을 토벌하였다. 琅邪王 司馬睿가 江東에 주둔하였으나 吳人들이 귀부하지 않자, 王導가 지역 민심을 얻고자 그를 軍司馬 散騎常侍에 임명하였고 당시 모든 일을 그와 상의하였다. 司馬睿를 지지한 江南士族의 領袖가 되었다.

208) 毛寶(?~339) : 東晉 滎陽郡 陽武縣(지금의 河南省 原陽縣 서북) 사람으로 字는 碩眞이다. 대대로 장수가문이며, 처음에 臨湘令이 되었고 溫嶠에게 발탁되어 參軍이 되었다. 蘇峻・祖約의 난 때 溫嶠가 근왕병을 일으키자 선봉이 되었고, 蘇峻의 군량을 탈취하고 만여 명을 잡거나 죽인 공으로 廬江太守로 승진하였다. 蘇峻의 난이 평정된 후 州陵縣開國侯에 봉해졌다. 庾亮이 荊州에 주둔할 때 輔國將軍 江夏相, 督隨義陽二郡이 되어 上明(지금의 湖北省 松滋縣 서북 長江 南岸)에 주둔하였다. 庾亮이 북

주사(朱伺),[209] 주서(朱序),[210] 유뢰지(劉牢之),[211] 유의(劉毅) 등은 (동)진(東晉)에서, 단도제(檀道濟), 주령석(朱齡石), 심전자(沈田子), 모수지(毛脩之),[212] 주수지(朱脩之), 유강조(劉康祖),[213] 도언지(到彦之),[214] 심경지(沈慶之) 등은

벌계획을 세우자 監揚州之江西諸軍事 豫州刺史가 되어 邾城에 주둔하였다. 후에 後趙의 夔安이 張貉을 파견해 공격하여 城이 함락되었으며, 그는 포위를 뚫고 나와 무리 6천 명과 함께 長江에 빠져 죽었다.

209) 朱伺(?~317) : 西晉 江夏郡 安陸縣(지금의 湖北省 安陸 북쪽) 사람으로 字는 仲文이다. 젊어서 吳 牙門將給使가 되었고 西晉에 귀의한 후 郡將이 되었으며 張昌의 난을 진압한 후 騎部曲督, 綏夷都尉가 되었다. 永嘉中 石勒이 江夏를 攻破하자 夏口로 달아나 陶侃에 귀부하여 杜弢의 난을 평정하는데 공을 세웠다. 建興中 廣威將軍, 竟陵內史에 제수되었다. 建武 元年(317) 杜曾에게 포위되어 부상당해 甑山으로 후퇴했다가 죽었다.

210) 朱序(?~393) : 東晉 義陽郡 平氏縣(지금의 河南省 桐柏縣 서쪽) 사람으로 字는 次倫이다. 鷹揚將軍 江夏相을 역임했으며, 司馬勳의 난을 평정하여 征虜將軍에 제수되고 襄平子에 봉해졌다. 寧康 2년(374) 吳興太守로 錢弘의 난을 평정하였으며, 兗州刺史가 되었고, 太元 2년(377) 梁州刺史가 되어 襄陽에 주둔하였다. 前秦의 공격을 잘 견뎌냈으나 李伯護의 반란으로 城이 함락되고 포로가 되었다. 前秦에서 度支尙書를 역임하였으며, 淝水의 전쟁 때 東晉에 사신으로 파견되어 謝石에게 속히 前秦軍을 공격하라고 건의하였다. 東晉軍이 강을 건너고 前秦軍이 조금 물러날 때 前秦軍이 패했다는 유언비어를 퍼뜨려 前秦軍이 붕괴하는데 공을 세웠다. 이후 東晉으로 돌아와 龍驤將軍, 琅邪內史가 되었고, 다시 豫州刺史가 되어 洛陽에 주둔하였다. 石燕과 싸워 전공을 세워 監兗青二州諸軍事, 二州刺史가 되어 彭城, 淮陰에 주둔하였다.

211) 劉牢之(?~402) : 東晉 彭城郡 사람으로 字는 道堅이다. 太元初 兗州刺史 謝玄의 召募에 응하여 參軍이 되었고, 정예군을 이끌고 선봉이 되어 百戰百勝하자 '北府兵'이라 불리게 되었고 적들이 그를 두려워했다. 淝水之戰에서 精兵 5천 명을 거느리고 前秦軍의 선봉을 격파하여 龍驤將軍, 彭城內史에 제수되었다. 隆安 元年(397) 兗州刺史 王恭의 司馬가 되었고, 다음 해 王恭을 배신하고 司馬元顯에게 투항하여 王恭 대신 都督七州及晉陵諸軍事가 되어 京口에 주둔하였다. 隆安 3년(399) 孫恩의 반란을 격퇴하였다. 元興初 司馬元顯이 桓玄을 토벌할 때 前鋒都督 征西將軍이 되었으나, 桓玄에게 항복하여 司馬元顯을 격파하였다. 그 후 桓玄은 征東將軍 會稽太守로 삼았는데, 다시 桓玄을 배반하려고 계획했으나 佐吏들이 다 흩어져 달아나 자살하였다.

212) 『宋書』 卷48 「毛脩之傳」, 1426면, "毛脩之字敬文, 滎陽陽武人也. 祖虎生, 伯父璩, 並益州刺史. 父瑾, 梁、秦二州刺史."

213) 『宋書』 卷50 「劉康祖傳」, 1446면, "劉康祖, 彭城呂人. 世居京口."

214) 到彦之(?~433) : 劉宋 彭城郡 武原縣(지금의 江蘇省 邳州 서북) 사람으로 字는 道豫이다. 東晉末 鄕里에서 劉裕를 따라 孫恩을 토벌하여 鎭軍行參軍이 되었으나, 義熙 6년(410) 檀道濟와 함께 盧循의 部將 荀林을 공격하였지만 패하여 免官되었다. 후에 軍功을 세워 南郡太守 寧蠻校尉가 되었으며, 이후 20년 동안 荊楚의 방어에 공을 세웠다. 文帝가 불러 中領軍으로 삼았으며, 元嘉 3년(426) 檀道濟와 함께 荊州刺史

송에서, 왕경칙, 장경아, 진현달, 최혜경(崔慧景)[215] 등은 (남)제에서, 진백지(陳伯之),[216] 진경지(陳慶之),[217] 난흠(蘭欽), 조경종(曹景宗),[218] 장혜소(張惠紹),[219] 창의지(昌義之),[220] 왕림(王琳), 두감(杜龕)[221] 등은 양에서, 주문육(周文育),[222] 후안도(侯安都), 황법구(黃法氍),[223] 오명철(吳明徹) 등은 진에서

謝晦를 평정하여 南豫州刺史가 되었다. 元嘉 7년(430) 北伐하여 東平郡 須昌縣에 이르렀고 滑臺·虎牢·洛陽을 점령했으나 마침내 北魏軍에게 패하여 下獄되어 免官되었다. 후에 護軍將軍으로 복직되었다가 죽었다.

215) 『南齊書』 卷51 「崔慧景傳」, 872면, "崔慧景字君山, 淸河東武城人也. 祖構, 奉朝請. 父系之, 州別駕."

216) 陳伯之 : 梁 濟陰郡 睢陵縣 사람이다. 南齊 明帝 때 車騎將軍 王廣之를 따라 安陸王 蕭子敬을 공격하여 참한 공으로 冠軍將軍이 되었다. 雍州刺史 蕭衍이 반란을 일으키자 蕭衍에게 귀부하였고, 建康을 점령한 후 江州로 돌아왔다. 天監 元年(502) 南齊 建安王 蕭寶夤의 명을 사칭하여 擧兵하여 반란을 일으켰으나 패하자 北魏로 달아났다. 天監 4년(505) 臨川王 蕭宏이 북벌할 때 그에게 편지를 보내 梁으로 귀부할 뜻을 밝히고 壽陽에서 무리 8천을 이끌고 梁으로 투항하였다. 太中大夫로 재직 중 사망하였다.

217) 陳慶之(383~539) 梁 義興郡 國山縣 사람으로 字는 子雲이다. 어려서 雍州刺史 蕭衍을 쫓아 建康을 점령하여 奉朝請이 되었다. 大通初 渦陽에 북벌하여 北魏 征南將軍 常山王 元昭 등 15만 명을 격파하고 渦陽과 城父를 점령하였다. 北魏 北海王 元顥를 호송하여 북으로 데리고 가서 洛陽을 점령하였다. 그 후 구원병이 적어 점령지를 모두 빼앗기고 建康으로 돌아왔다. 兗州刺史·南北司州刺史 등을 역임하였고 北魏軍을 격파하였다. 大同 2년(536) 侯景이 7만을 이끌고 淮上을 공격하자 격파하였다.

218) 『梁書』 卷9 「曹景宗傳」, 178면, "曹景宗字子震, 新野人也. 父欣之, 爲宋將, 位至征虜將軍、徐州刺史."

219) 『梁書』 卷18 「張惠紹傳」, 285면, "張惠紹字德繼, 義陽人也. 少有武幹."

220) 昌義之(?~523) : 梁 歷陽郡 烏江縣(지금의 安徽省 和縣 동북) 사람이다. 南齊末 雍州 馮翊戍主가 되어 雍州刺史 蕭衍을 따라 기병하였다. 梁初 直閤將軍이 되었고, 天監 2년(503) 北徐州刺史가 되어 鍾離에 주둔하였다. 天監 5년(506) 北魏軍 수십만이 공격하자 城을 수비하며 北魏軍 수만 명을 殺傷하였고, 다음 해 구원병이 오자 北魏軍을 대파하였다. 이후 南兗州刺史·湘州刺史·北徐州刺史를 역임하였고 護軍將軍으로 재직 중 사망하였다.

221) 『梁書』 卷46 「杜龕傳」, 644면, "龕, 崱第二兄岑之子. 少驍勇, 善用兵, 亦太淸中與諸父同歸世祖, 世祖以爲持節、忠武將軍、郢州刺史, 中廬縣侯, 邑一千戶."

222) 周文育(509~559) : 陳 義興郡 陽羨縣(지금의 江蘇省 宜興縣) 사람으로 字는 景德이다. 본래 新安郡 壽昌縣(지금의 浙江省 建德 서남)에서 살았고 姓은 項, 이름은 猛奴이다. 어려서 고아가 되어 가난하여 義興 사람 周薈가 자기의 아들로 길렀다. 梁 太子詹事 周讓이 書計와 騎射를 가르치게 했다. 후에 南康督護 盧安興을 따라 俚·僚 등을 토벌했으며 그 공으로 南海令이 되었다. 侯景의 난 이후 陳霸先을 따라 종군하여 벼슬이 散騎常侍에 이르렀다. 陳霸先이 王僧辯을 살해한 후 전란이 교대로 일어

모두 군비를 갖추고 난을 평정하여 나라가 의지하는 바가 되었다.

그러나 이른바 고문대족(高門大族)이라는 자들은 온아한 용모로 상서령(尙書令)과 복야(僕射) 벼슬을 하면서도 치마나 나막신 맵시를 서로 높이는 것에 불과하였으니, 왕도(王導), 사안(謝安)과 같이 나라의 기둥이 되고 주춧돌이 된 자를 찾자면 한두 명을 헤아릴 수도 없다. 그 다음으로 왕홍(王弘), 왕담수(王曇首), 저연, 왕검 등과 같은 이는 시대의 흐름과 더불어 옮겨 움직이면서 조정을 일으키고 좌명공신(佐命功臣)[224]이 되어 스스로 그 집안을 보전했으니, 비록 조정이 바뀐다 해도 자기 가문의 지위는 예전과 같아 이로써 세가대족(世家大族)이 되었으므로, 일반 서민 백성들과는 한참 달랐던 것이다. 이것이 강좌에 있었던 풍조와 관습이 극히 피폐했던 모습이다.

162. 양 무제는 제나라 황실의 자손을 남겨두었다梁武存齊室子孫

송(宋)은 동진(東晉)에 대해, 그리고 (남)제(齊)는 송에 대해, 매번 혁명이 이루어질 때면 그때마다 이전 왕조의 자손들을 잡아다가 모두 죽였다. 양(梁) 무제(武帝)의 아버지 (소)순지(蕭順之)는 제나라 때에 어복후(魚復侯) (소)

나자 군대를 이끌고 震州刺史 杜龕 등을 격파하였다. 陳 永定 2년(558) 鎭南大將軍이 되어 余孝勱를 토벌하였으나 후에 豫章內史 熊曇朗에게 살해되었다.

223) 黃法氍(518~576) : 陳 巴山郡 新建縣(지금의 江西省 崇仁縣 서남) 사람으로 字는 仲昭이다. 梁末 侯景의 난 때 鄕里에서 徒衆을 모아 侯景의 군대를 격파하였고, 元帝는 그에게 超猛將軍 領新淦縣令을 제수하였다. 太平 元年(556) 高州刺史가 되어 廣州刺史 蕭勃之의 공격을 막아냈다. 陳初 王琳을 격파하고 周迪을 격파하여 江州刺史가 되었고, 太建 4년(572) 南豫州刺史가 되었다. 다음 해 吳明徹과 北伐하여 歷陽을 공격하여 北齊軍의 항복을 받았으며 淮南을 점령하였다. 그 공으로 侍中, 征西大將軍, 合州刺史가 되었다. 太建 7년(575) 豫州刺史가 되어 壽陽에 주둔하였다.

224) 佐命功臣 : 天命을 받아 임금이 될 사람을 돕거나 건국의 대업에 조력한 공신을 말한다.

자향(蕭子響)을 목 졸라 죽인 일로[225] 효무제(孝武帝)의 미움을 받아 실의한 가운데 죽었다. 그러므로 양 무(제)는 (남)제 명제(明帝)를 도와 효무(제)의 자손들을 제거하여 개인적인 원수를 갚았는데, 그러나 이는 또한 본래 명제의 뜻이었으므로 양 무제가 마음대로 주관할 수 있었던 것은 아니었다. 그 뒤 그(양 무제)의 형 (소)의(蕭懿)가 또 명제의 아들 동혼후(東昏侯)에게 살해되었으므로,[226] 왕조교체 때에 역시 명제의 아들을 모두 죽여 원수를 갚았으니, 이른바 가문의 치욕을 스스로 씻은 것이다.

(하지만) (남)제 고제(高帝)의 자손 같은 경우는 오히려 살아남은 자가 있었으니[趙注 : 고제와 무제의 자손은 이미 명제에게 다 살해당하고 오직 예장왕(豫章王)의 후손 한 줄기만이 남아있었다], 모두 그들을 온전히 살려 두고 관리로 등용했다. 예컨대, 소자각(蕭子恪)은 벼슬이 오군태수(吳郡太守)에 이르렀고,[227] (소)자범(蕭子範)은 비서감(秘書監),[228] (소)자현(蕭子顯)은 시중(侍中)·이부상서(吏部尚書),[229] (소)자운(蕭子雲)은 국자좨주(國子祭酒),[230] (소)자휘(蕭子暉)는 중기장사(中騎長史)[231]를 지냈다. 양 무제는 일찍이 (소)자각 등에게 "내가 처음 건강(建康)을 평정했을 때, 사람들이 모두 나에게 권하며 시대가 바뀌었으니 마땅히 그에 따른 처분이 있어야 한다고 말했다. 내가 그에 따라 행했다면 안 될

---

225) 『南齊書』에는 '賜死'로만 기록하였으나, 『南史』에는 '縊'으로 기록되었다. 『南齊書』 卷40 「魚復侯子響傳」, 706면, "上又遣丹陽尹蕭順之領兵繼至, 子響部下恐懼, 各逃散, 子響乃白服降, 賜死. 時年二十二"; 『南史』 卷44 「齊魚復侯子響傳」, 1109면, "上又遣丹陽尹蕭順之領兵繼之, …… 子響及見順之, 欲自申明, 順之不許, 於射堂縊之."

226) 『南齊書』 卷7 「東昏侯紀」, 100면, "冬十月己卯, 害尚書令蕭懿."

227) 『梁書』 卷35 「蕭子恪傳」, 507면, "初爲寧朔將軍、淮陵太守, 建武中, 遷輔國將軍、吳郡太守."

228) 『梁書』 卷35 「蕭子範傳」, 510면, "還除太中大夫, 遷祕書監."

229) 『梁書』 卷35 「蕭子顯傳」, 511~512면, "中大通二年, 遷長兼侍中. …… 五年, 選吏部尚書, 侍中如故."

230) 『梁書』 卷35 「蕭子雲傳」, 514면, "大同二年, 遷員外散騎常侍、國子祭酒, 領南徐州大中正."

231) 驃騎長史로 해야 할 것이다. 『梁書』 卷35 「蕭子暉傳」, 516면, "遷安西武陵王諮議, 帶新繁令, 隨府轉儀同從事、驃騎長史, 卒"; 『梁書』 卷35 「蕭子暉傳」, 517면, 注9, "隨府轉儀同從事驃騎長史 '驃'各本譌'中', 今據南史改."

것이 뭐 있었겠는가. (다만) 강좌(江左)에 자리 잡은 이래로 왕조가 바뀔 때마다 반드시 주륙을 행하니, 온화한 기운을 해치는 바가 있어 왕조의 운명이 길지 못하게 되었다. 옛날 조지(曹志)[232]는 위(魏) 무제(武帝)의 손자이고 진사왕(陳思王)[233]의 아들이었는데, 진(晉) 무제를 섬겨 충신이 될 수 있었다. 이것이 바로 그대들의 전례이니, 그대들은 다시는 스스로 남이라는 생각을 하지 말라. 세월이 지나면 응당 내 마음을 알 것이다"라고 말했다.[234]

요찰(姚察)의 논에서[235] "위·진(魏晉)이 바뀔 때에 모두 이전 왕조의 일족들을 억눌러 백성들의 명망을 얻을 만한 사람을 끊어 버렸지만, 유엽(劉曄)[236]과 조지는 오히려 새 왕조에서도 현달했다. 송나라에 이르러서는 사마(司馬)씨들의 성씨가 없어지게끔 했고, 제나라가 송나라를 대신해서는 그 외척과 처족까지 모두 죽여 버렸으니, 그 왕조가 오래가지 못한 것은 또한 이 때문일 것이다. 양나라가 천명을 받고는 (소)자각 형제와 여러 친족들이 다들 재주에 따라 직임을 받고 모두 출세하여 조정에 가득했으니, 군자는 이로써 고조(高祖 : 梁 武帝)의 도량이 이전 왕조보다 뛰어남을 알 수 있었다"라고 말했다.[237]

---

232)『晉書』卷50「曹志傳」, 1389면, "曹志字允恭, 譙國譙人, 魏陳思王植之孽子也. 少好學, 以才行稱, 夷簡有大度, 兼善騎射."

233) 曹植을 이른다.『魏書』卷19「陳思王植傳」, 557면, "陳思王植字子建. 年十歲餘, 誦讀詩、論及辭賦數十萬言, 善屬文."

234)『梁書』卷35「蕭子恪傳」, 508~509면, "我初平建康城, 朝廷內外皆勸我云 : '時代革異, 物心須一, 宜行處分.' 我于時依此而行, 誰謂不可! 我政言江左以來, 代謝必相誅戮, 此是傷於和氣, 所以國祚例不靈長 …… 曹志親是魏武帝孫, 陳思之子, 事晉武能爲晉室忠臣, 此卽卿事例. 卿是宗室, 情義異佗, 方坦然相期, 卿無復懷自外之意. 小待, 自當知我寸心."

235) [王注] 이하에서 논한 바는『梁書』卷35「蕭子恪傳」의 論에 보이는 것이나, 대의를 취하였을 뿐 원문 그대로는 아니다.

236) 後漢 光武帝의 아들인 阜陵王 劉延의 후손으로 魏 武帝, 文帝, 明帝를 섬겼던 인물이다.『三國志』「魏書」卷14「劉曄傳」, 442면, "劉曄字子揚, 淮南成悳人, 漢光武子阜陵王延後也."

237)『梁書』卷35「蕭子恪傳」, 516면, "陳吏部尙書姚察曰 : '昔魏藉兵威而革漢運, 晉因宰輔乃移魏曆, 異乎古之禪授, 以德相傳, 故抑前代宗枝, 用絶民望. 然劉曄、曹志, 猶顯於朝; 及宋遂爲廢姓. 而齊代, 宋之戚屬, 一皆殲焉. 其祚不長, 抑亦由此. 有梁革

163. 진 무제는 적장을 많이 등용했다陳武帝多用敵將

진(陳) 무제(武帝)는 한미한 신분에서 일어나 몇 년 만에 천하를 차지했는데, 그 장수들을 보면, 후안도(侯安都), 황법구(黃法氍), 호영(胡穎),[238] 서탁(徐度),[239] 두릉(杜稜),[240] 오명철(吳明徹) 등 몇몇 사람 외에, 그 나머지 공신은 모두 적장 가운데에서 나왔다. 두승명(杜僧明)[241]과 주문육(周文育)은 군사를 일으켜 광주(廣州)를 포위했다가 무제에게 사로잡힌 경우이다.[242] 구양위(歐陽頠)[243] 역시 소발(蕭勃)을 섬기다가 주문육에게 사로잡

命, 弗取前規, 故子恪兄弟及羣從, 並隨才任職, 通貴滿朝, 不失於舊, 豈惟魏幽晉顯而已哉. 君子以是知高祖之弘量, 度越前代矣'."

238) 『陳書』 卷12 「胡穎傳」, 187면, "胡穎字方秀, 吳興東遷人也. 其先寓居吳興, 土斷爲民. 穎偉姿容, 性寬厚. 梁世仕至武陵國侍郎, 東宮直前. 出番禺, 征討俚洞, 廣州西江督護高祖在廣州, 穎仍自結高祖, 高祖與其同郡, 接遇甚隆."

239) 『陳書』 卷12 「徐度傳」, 188~189면, "徐度字孝節, 安陸人也. 世居京師. …… 梁始興內史蕭介之郡, 度從之, 將領士卒, 征諸山洞, 以驍勇聞. 高祖征交趾, 厚禮招之, 度乃委質."

240) 『陳書』 卷12 「杜稜傳」, 191면, "杜稜字雄盛, 吳郡錢塘人也. 世爲縣大姓. 稜頗涉書傳, 少落泊, 不爲當世所知. 遂遊嶺南, 事梁廣州刺史新渝侯蕭暎. 暎卒, 從高祖, 恆典書記."

241) 杜僧明(510~555) : 梁 廣陵郡 臨澤縣(지금의 江蘇省 揚州) 사람으로 字는 弘照이다. 梁 大同中 廣州南康督護 盧安興을 따라 俚·僚 정벌에 공을 세워 新州助防이 되었다. 太淸 3년(549) 豫州刺史 陳霸先을 따라 侯景을 토벌하였고, 梁元帝 承聖中 벼슬이 通直散騎常侍 平北將軍 南兗州刺史 領晉陵太守 臨江縣侯에 이르렀다. 西魏가 江陵을 함락할 때 구원하였으나 도중에 江州에서 병으로 죽었다.

242) 『陳書』 卷8 「杜僧明傳」, 136면, "乃與周文育等率衆結盟, 奉子雄弟子略爲主, 以攻刺史蕭映. …… 高祖時在高要, 聞事起, 率衆來討, 大破之, 殺天合, 生擒僧明及文育等, 高祖竝釋之, 引爲主帥"; 『陳書』 卷8 「周文育傳」, 137~138면, "周文育字景德, 義興陽羨人也. 少孤貧, 本居新安壽昌縣, 姓項氏, 名猛奴. …… 安興死後, 文育與杜僧明攻廣州, 爲高祖所敗, 高祖赦之, 語在僧明傳."

243) 歐陽頠(498~563) : 陳 長沙郡 臨湘縣 사람으로 字는 靖世이다. 長沙郡의 豪族으로 經史에 널리 통하였다. 梁 信武府中兵參軍으로 起家하였고, 후에 衡州刺史 蘭欽을 따라 夷僚를 정벌하였고, 또 交州를 공격하였다. 蘭欽이 죽은 후 衡州刺史 韋粲을 따라 湘州와 衡州지역 50여 洞을 평정하였다. 侯景의 난 때 韋粲이 군대를 이끌고 가면서 衡州를 감독케 하였다. 후에 始興內史·東衡州刺史를 역임하였다. 侯景의 난 이후 陳霸先이 그의 명망을 고려하여 衡州刺史로 삼았으며, 嶺南을 평정하게 하여 군

혀 무제에게 보내진 경우이다.[244] 후진(侯瑱),[245] 주철호(周鐵虎),[246] 정령세(程靈洗)[247]는 왕승변(王僧辯)의 옛 장수였다. 노실달(魯悉達),[248] 손창(孫瑒),[249] 주경(周炅),[250] 번의(樊毅),[251] 번맹(樊猛)[252]은 왕림(王琳)의 옛 장수였다. 혹은 전투에서 사로잡히고 혹은 힘이 꺾여 항복해 왔지만, (무)제는 모두 풀어 주고 등용하여 심복으로 일을 맡기니, 마침내 그 힘을 얻어 좁

대를 이끌고 廣州를 공격하여 점령하였다. 이후 廣州刺史가 되었다.

244) 『陳書』 卷9 「歐陽頠傳」, 158면, "時蕭勃在廣州, 兵彊位重, 元帝深患之, 遣王琳代爲刺史. …… 及勃度嶺出南康, 以頠爲前軍都督, 頓豫章之苦竹灘, 周文育擊破之, 擒送于高祖, 高祖釋之, 深加接待."

245) 侯瑱(510~561) : 陳 巴西郡 西充國縣(지금의 四川省 南充) 사람으로 字는 伯玉이다. 梁 益州刺史 蕭範을 따라 전쟁에 참가하여 戰功을 세워 輕車府中兵參軍 晉康太守에 제수되었다. 侯景의 난 때 侯景의 장수 于慶에게 항복했다가 侯景이 巴陵에서 패한 후 侯景의 일당을 죽이고 梁元帝에 호응하여 王僧辯을 따라 侯景을 토벌하였다. 후에 陳覇先이 王僧辯을 살해하자 陳覇先에 귀부하였다. 陳文帝 天嘉 元年(560) 梁 宗室 蕭莊을 받든 王琳을 패배시켰고 北齊의 援軍을 博望山에서 격파하였다. 또 北周의 장수 獨孤盛을 西江口에서 격파하였다. 使持節 都督湘桂等六州諸軍事 湘州刺史가 되었으며, 다음 해 조정으로 돌아오다가 길에서 죽었다.

246) 『陳書』 卷10 「周鐵虎傳」, 169면, "周鐵虎, 不知何許人也, 梁世南渡. 語音傖重, 膂力過人, …… 及王僧辯討譽, 於陣獲鐵虎, 僧辯命烹之, 鐵虎呼曰 : '侯景未滅, 柰何殺壯士.' 僧辯奇其言, 乃宥之, 還其麾下."

247) 程靈洗(514~568) : 陳 新安郡 海寧縣 사람으로 字는 玄滌이다. 侯景의 난 때 무리를 모아 侯景에 항거했으며, 元帝의 명으로 군대를 이끌고 揚州로 가서 王僧辯을 도왔다. 王僧辯이 죽은 후 陳覇先에게 귀의하였고 徐嗣徽·王琳·周迪 등을 격파하는데 공을 세웠다. 天嘉 5년(564) 郢州刺史가 되었다. 廢帝 즉위 후 湘州刺史 華皎가 北周, 後梁과 연합하여 陳에 반기를 들자 華皎와 北周의 援軍을 격파하고 沔州(지금의 湖北省 漢川 동남)를 점령하여 安西將軍이 되었다. 軍에서 號令이 엄하고 명확했으며 士卒과 동고동락하였다.

248) 『陳書』 卷13 「魯悉達傳」, 198면, "魯悉達字志通, 扶風郿人也. 祖斐, 齊通直散騎常侍、安遠將軍、衡州刺史, 陽塘侯. 父益之, 梁雲麾將軍、新蔡義陽二郡太守."

249) 『陳書』 卷25 「孫瑒傳」, 319면, "孫瑒字德璉, 吳郡吳人也. 祖文惠, 齊越騎校尉、淸遠太守. 父循道, 梁中散大夫, 以雅素知名."

250) 『陳書』 卷13 「周炅傳」, 203면, "周炅字文昭, 汝南安成人也. 祖彊, 齊太子舍人、梁州刺史. 父靈起, 梁通直散騎常侍、廬桂二州刺史, 保城縣侯."

251) 『陳書』 卷31 「樊毅傳」, 415면, "樊毅字智烈, 南陽湖陽人也."

252) 『陳書』 卷31 「樊猛傳」, 416면, "猛字智武, 毅之弟也. 幼倜儻, 有幹略. 旣壯, 便弓馬, 膽氣過人"; 『陳書』 卷2 「高祖紀下」, 37면, "己亥, 江州刺史周迪擒王琳將李孝欽、樊猛、余孝頃于工塘."

게나마 안정된 제업을 이룰 수 있었다. 그 도량이 넓어서 사람을 알아보고 일을 잘 맡겼으니, 본디 스스로 남보다 뛰어난 바가 있었다. 예컨대, 후진은 예장(豫章)을 근거지로 삼고, 스스로 본래 (왕)승변을 섬겼다고 하여 입조(入朝)하려 하지 않았는데, 무리가 반란으로 흩어지고 난 뒤 어떤 이가 북제(北齊)에 투항할 것을 권하자, (후)진은 (무)제가 큰 도량이 있어 반드시 사람을 포용할 수 있을 것이라 여겨, 궁궐에 이르러 자수하고 죄를 청했다.[253] 노실달은 진희(晉熙)에 근거하고 있었는데, 왕림이 진북장군(鎭北將軍)을 제수하고 (무)제 역시 정서장군(征西將軍)을 제수하자, (노)실달은 둘 다 받기는 하였으되 모두 취임하지는 않았다. (무)제는 심태(沈泰)를 시켜 몰래 군사를 이끌고 그를 습격하도록 했지만 역시 이기지 못했고, 나중에 (노실달이) 북제 군사에게 패하여 귀순하러 왔다. 무제가 "오는 것이 어찌 이리 늦었는가?"라고 물었다. (노실달은) "폐하께서는 신에게 벼슬을 주셨으니 은혜가 참으로 후합니다. 또, 심태를 시켜 공격하게 했으니 위협도 또한 깊었습니다. 신이 스스로 귀순한 까닭은 폐하의 넓고 큰 도량이 한(漢) 고조(高祖)와 똑같기 때문입니다"라고 답했다. 이에 (무)제는 "그대의 말이 옳도다"라고 말했다.[254] (무)제의 도량이 당시 일찍부터 사람들에게 신뢰받는 바가 있어, 고로 군웅을 부려 그에 힘입어 일을 이룰 수 있었음을 볼 수 있다.

---

253) 『陳書』 卷9 「侯瑱傳」, 155면, "是時, 瑱據中流, 兵甚彊盛, 又以本事王僧辯, 雖外示臣節, 未有入朝意. 初, 余孝頃爲豫章太守, 及瑱鎭豫章, 乃於新吳縣別立城柵, 與瑱相拒. 瑱留軍人妻子於豫章, 令從弟奫知後事, 悉衆以攻孝頃. 自夏及冬, 弗能克, 乃長圍守之, 盡收其禾稼. 奫與其部下侯方兒不協, 方兒怒, 率所部攻奫, 虜掠瑱軍府妓妾金玉, 歸于高祖. 瑱旣失根本, 兵衆皆潰, 輕歸豫章, 豫章人拒之, 乃趨湓城, 投其將焦僧度. 僧度勸瑱投齊, 瑱以高祖有大量, 必能容己, 乃詣闕請罪, 高祖復其爵位."

254) 『陳書』 卷13 「魯悉達傳」, 199면, "琳授悉達鎭北將軍, 高祖亦遣趙知禮授征西將軍、江州刺史, 各送鼓吹女樂, 悉達兩受之, 遷延顧望, 皆不就. 高祖遣安西將軍沈泰潛師襲之, 不能克 …… 相持歲餘, 會裨將梅天養等懼罪, 乃引齊軍入城, 悉達勒麾下數千人, 濟江而歸高祖. 高祖見之, 甚喜, 曰 : '來何遲也?' 悉達對曰 : '臣鎭撫上流, 願爲蕃屛, 陛下授臣以官, 恩至厚矣, 沈泰襲臣, 威亦深矣, 然臣所以自歸於陛下者, 誠以陛下豁達大度, 同符漢祖故也.' 高祖嘆曰 : '卿言得之矣'."

위정공(魏鄭公, 곧 魏徵) 사론(史論)에서는 무제를 일러 "그 뜻과 도량이 크고 품은 정이 넓었다. 혹 원수 가운데서 사인을 취하고, 떠도는 망명자 중에서도 인재를 발탁했는데, 금을 받은 허물[受金之過][255]을 덮어 주고 요임금을 보고 짖은 죄[吠堯][256]를 용서하여 심복 부하로서 일을 맡기니 모두가 죽을힘을 다할 수 있었으며, 바야흐로 당시 여러 군웅들과 정치(鼎峙)할 수 있었으니 족히 (손)권(孫權)이나 (유)비(劉備)에게 부끄러울 것이 없었다"라고 했다.[257] 따라서 비록 강남의 좁은 땅에 안거하였지만 실로 역시 제왕의 역량이 있었던 것이다.

164. 제, 양나라 때 대사臺使의 폐해齊梁臺使之害

『제서(齊書)』「경릉왕(竟陵王) (소)자량전(蕭子良傳)」을 보면, 송(宋) 원가(元嘉) 연간[258]에 문서와 조세에 관한 업무는 모두 군현에서 완수하도록 책임을 맡겼는데, 효무제(孝武帝)는 빨리 처리하고자 하여 이에 대사(臺使)[259]를

---

255) 前漢의 陳平이 여러 장수들에게 뇌물을 받은 것 때문에 모함을 받았으나, 漢 高祖가 그의 재주를 높이 사 덮어두었다는 고사가 있다. 『史記』 卷56 「陳丞相世家」, 2054면, "絳侯、灌嬰等咸讒陳平曰 : '…… 今日大王尊官之, 令護軍. 臣聞平受諸將金, 金多者得善處, 金少者得惡處. 平, 反覆亂臣也, 願王察之.' 漢王疑之, …… 平曰 : '…… 聞漢王之能用人, 故歸大王. 臣躶身來, 不受金無以爲資. 誠臣計畫有可采者, 願大王用之; 使無可用者, 金具在, 請封輸官, 得請骸骨.' 漢王乃謝, 厚賜, 拜爲護軍中尉, 盡護諸將. 諸將乃不敢復言."

256) 吠堯 : 盜跖의 개는 堯임금을 보고도 짖는다는 뜻으로, 직접 섬기는 주인에게만 충성을 다하는 것을 이른다.

257) 『陳書』 卷6 「後主紀」, 118면, "然志度弘遠, 懷抱豁如, 或取士於仇讎, 或擢才於亡命, 掩其受金之過, 宥其吠堯之罪, 委以心腹爪牙, 咸能得其死力, 故乃決機百勝, 成此三分, 方諸鼎峙之雄, 足以無慙權、備矣."

258) 元嘉 : 劉宋 文帝 劉義隆의 연호. 424~453년.

259) 臺使 : 東晉・南朝시대 朝廷에서 파견한 사자를 지칭한다. 이 당시 朝廷禁省을 '臺'로 칭했기 때문에 중앙에서 지방으로 파견한 사자를 臺使라 칭하였다.

파견했으며, 이로부터 공사(公私)[260]가 모두 힘들고 어지러워졌다.[261)]

제(齊)나라 초기에 (소)자량이 상소를 올려 "이러한 사신들은 이미 자세히 살펴서 일을 신중하게 처리하는 이들이 아니고 혹은 탐욕스럽고 험악한 것이 가지가지인데, 이 역할을 힘써 얻으려고 합니다. 아침에 대궐 문에 하식인사를 하고 나면 모습이 바로 달라지고, 저녁에 지방 고을에 묵으면 위세가 곧 떨칩니다. 나루터 관리를 위협하고 역참에 공갈을 칩니다. 성곽을 바라보게 되면 바로 엄한 신표를 날려 보내지만, 단지 행대(行臺)라 칭하기만 할 뿐 감독할 것이 무엇인지를 알지 못하니, 먼저 관리를 염탐하려고 도리어 (하급부서인) 여러 조(曹)를 끌어들입니다. 붉은 표시를 한 촌지(寸紙)는 하루에도 몇 차례씩 이르고, 사방 고을에서 불러들인 것이 바른 것인가 그른 것인가를 분별하지 못합니다. 모든 백성들이 놀라고 급박해서 다투어 선물을 가져오니, 오늘 술이 맛있고 고기가 배부르면 가까이 와서 아뢰는 것을 허락하고, 다음날 예우가 가볍고 재물이 적으면 다시 벌금과 세금 징수를 추징합니다. 돼지와 마늘이 도리어 쌓이고 거위와 밤이 점차 넘치게 되면, 멀게는 다른 지역에 나누어 팔고 가까이는 관리와 백성들에게 저당을 맡깁니다. (그러면서도) 도리어 군읍(郡邑)에게는 백성을 도와 (조세징발 등의) 일을 늦추어 주기를 청합니다"라고 말했다.[262)] 이것이 제나라 황실에서 파견한 대사의 화이다.

---

260)『南齊書』 원문에는 '公私'가 아니라 '公役'이라 하였다.

261)『南齊書』 卷40「竟陵文宣王子良傳」, 692면, "宋世元嘉中, 皆責成郡縣; 孝武徵求急速, 以郡縣遲緩, 始遣臺使, 自此公役勞擾."

262)『南齊書』 卷40「竟陵文宣王子良傳」, 692~693면, "太祖踐阼, 子良陳之曰 : '前臺使督逋切調, 恒聞相望於道. 及臣至郡, 亦殊不疎. 凡此輩使人, 既非祥慎勲順, 或貪險崎嶇, 要求此役. 朝辭禁門, 情態卽異; 暮宿村縣, 威福便行. 但令朱鼓裁完, 鈹槊微具, 顧眄左右, 叱咤自傳. 擿宗斷族, 排輕斥重, 脅遏津埭, 恐喝郵傳. …… 呵蹙行民, 固其常理. 侮折守宰, 出變無窮. 既瞻郭望境, 便飛下嚴符, 但稱行臺, 未顯所督. 先訶彊守, 却攝羣曹 …… 其次絳標寸紙, 一日數至; 徵村切里, 俄刻十催. …… 値今夕酒諧肉飫, 卽許附申赦格; 明日禮輕貨薄, 便復不入恩科. …… 及其豘蒜轉積, 鵝栗漸盈, 遠則分鬻他境, 近則託貿吏民. 反請郡邑, 助民申緩, 回刺言臺, 推信在所. 如聞頃者令長守牧, 離此每實, 非復近歲. …… 雖復臺使盈湊, 會取正屬所辦, 徒相疑偵, 反更淹懈. …….'"

『양서(梁書)』「하침전(賀琛傳)」에도 역시 상소가 있는데, "지금 동쪽 지방에 호구가 텅 비게 된 것은 모두 파견한 사신의 명령이 번잡하고 잦은 데에서 비롯합니다. 큰 고을, 큰 현에는 (고기잡이를 하라는) 명을 받들기 위해 (소환된) 선박이 단지 열 정도를 헤아릴 뿐만 아니며, 궁벽한 고을이나 아주 먼 읍도 역시 모두 반드시 소환되어 이르게 됩니다. 피곤하여 지친 지방 수령은 그저 팔짱을 낀 채 그들의 고기잡이와 사냥을 허락해주고, 교활한 하급 수령들은 또한 그에 따라 탐욕스럽고 잔학한 짓을 하니, 그러므로 가난한 백성들은 생업을 버리고 떠돌아다니는 자가 많습니다"라고 언급했다.[263] 이것이 양(梁)나라 황실에서 파견한 대사의 화이다.

전조(田租)와 정부(丁賦)를 걸핏하면 대사를 보내 나누어 재촉하는 것은 본래 올바른 정치의 요체가 아닌데, 이런 무리들은 공무를 가장해서 사사로운 이익을 꾀하므로, 근심이 닭이나 개한테까지 미치는 것은 실로 그러한 일에 반드시 나타날 수밖에 없는 것이었다. 그러나 (소)자량이 말한 바와 같은 돼지, 마늘, 거위, 밤 같은 따위는 요구하는 것이 오히려 작은 것에 속한다.

후대에는 본디 문서나 세금 때문에 걸핏하면 사신을 보내 요구하는 데에 이르지는 않았지만, 그러나 때로 중요한 사안이 있으면 특별히 높은 관리에게 명하여 가서 조사하도록 하고 그 이름을 '흠차(欽差)'[264]라 했다. 그(흠차) 가운데 공정한 사람으로서 청렴하고 정결하게 자신을 지키며 반란을 평정하고 옥사를 바로잡는 경우가 일찍이 없지는 않았으나, (그러한 사람이) 많이 나타날 수는 없었다. 어리석은 자는 곧 그런 기회로 이익을 취하고 권세를 빙자해서 뇌물을 찾으니, 걸핏하면 그 액수가 수만금에 이

---

263) 『梁書』 卷38 「賀琛傳」, 543~544면, "東境戶口空虛, 皆由使命繁數. 夫犬不夜吠, 故民得安居. 今大邦大縣, 舟舸銜命者, 非惟十數; 復窮幽之鄉, 極遠之邑, 亦皆必至. 每有一使, 屬所搔擾; 況復煩擾積理, 深爲民害. 駑困邑宰, 則拱手聽其漁獵; 桀黠長吏, 又因之而爲貪殘. 縱有廉平, 郡猶掣肘. 故邑宰懷印, 類無考績, 細民棄業, 流冗者多, 雖年降復業之詔, 屢下蠲賦之恩, 而終不得反其居也."

264) 欽差 : 勅命을 띠고 사신으로 감. 또는 그 사람. 勅使.

르렀으니, 백성들이 부담을 받는 것은 오히려 적으나 관부(官府)에서 화를 입는 것은 이미 깊었다. 이전 왕조인 명(明)나라에서 유근(劉瑾)[265]이 권력을 탈취하였을 때에는 과도관(科道官)[266]이 사신으로 갔다 돌아오면 관례에 따라 천 금을 선물했어도 오히려 그것이 너무 적다고 느꼈는데, 하물며 제나라, 양나라 때 대사는 겨우 닭이나 돼지, 과일, 곡식 따위를 구하기만 했으니, 실로 그 액수를 셀 것까지도 없는 것이다. 무릇 지방 관리가 믿을 만하지 못해 조정 관리를 파견하고, 낮은 관리가 믿을 만하지 못해 높은 관료를 파견하는 것이니, 관리들을 독려하고 백성들의 고생을 해소하는 것은 마땅하지만, 불어나는 것이 더욱 심하게 되니, (사신을) 파견하지 않아 근심이 되는 것만 못하다.

후한(後漢) 환제(桓帝)는 자주 황문상시(黃門常侍) 및 중사(中使) 백영(伯榮)을 파견해서 감릉(甘陵)[267]을 왕래하게 했다. 백영은 특히 교만해서 거치는 군국(郡國)마다 맞고 전송하면서 예로써 알현하지 않는 곳이 없었다. 진충(陳忠)이 진언하여 "사신이 거치는 곳에는 위엄과 권세가 모이고 빛나니 군현(郡縣)을 진동시킵니다. 왕후(王侯)와 이천석(二千石)은 백영을 위해 홀로 수레 아래에서 절을 하고, (백영의) 행렬은 분수에 넘쳐 군주와 같이 되었습니다. 지방장관들은 책임을 두려워하여 사람들을 징발해 도로를 수리하고 정(亭)과 역참을 정비하니, 노역에 징발하는 것이 한도가 없어 늙은이와 어린이가 서로 따르고 걸핏하면 만을 헤아릴 정도입니다. (백영

265) 劉瑾 : 明나라 때 宦官. 武宗 때에 鐘鼓司를 장악하여 鷹犬, 歌舞, 角觝 같은 놀이로 황제와 친해져 신임을 얻어서 司禮監이 되었다 나중에 반역을 도모하다 주살되었다. 『明史』 卷304 「劉瑾傳」, 7786면, "劉瑾, 興平人. 本談氏子, 依中官劉姓者以進, 冒其姓. 孝宗時, 坐法當死, 得免."

266) 科道官 : 吏·戶·禮·兵·刑·工 六科의 給事中 및 各道의 監察御史.

267) 甘陵 : 後漢 安帝의 母 孝德皇后의 陵. 縣名으로 後漢시대에 두어졌다. 山東 淸平縣 南, 一說에는 河北省 淸河縣 동남이라고도 한다. 『讀史方輿紀要』 「直隸」 「廣平府 淸河縣」條, "甘陵城, 在縣西北, 周甘泉之地. 秦置厝縣, 屬鉅鹿郡, 漢屬淸河郡, 後漢章帝子河孝王慶, 初立爲太子, 被廢, 其子祜, 是爲安帝, 王薨, 葬于厝縣之廣邱, 安帝因尊陵曰, 甘陵, 縣亦取名焉."

을) 따르는 하인들에게도 뇌물을 보내니, 사람마다 수백 필입니다. 쓰러지고 한탄하며 가슴을 두드리지 않는 사람이 없습니다"라고 말했다.[268] 후대에 흠차의 폐해가 왕왕 이와 비슷하다.

165. 육조시대에는 반어로 참언을 만드는 경우가 많았다六朝多以反語作讖

반절(反切)[269]에 관한 학문이 일어난 이래로 반어(反語)[270]로 참언(讖言)을 만드는 경우가 있게 되었다. 『삼국지(三國志)』를 보면, 제갈각(諸葛恪)[271]이 아직 해를 당하지 않았을 때 민간에서 "제갈각은 갈대 홑옷에 대껍질로 만든 장식혁대인데, 어찌 성자각(成子閣)에서 만나겠는가"라고 노래를 불렀는데, '성자각'은 '석자강(石子岡)'의 반어였으며, 나중에 (제갈)각은 손준(孫峻)에게 살해되어 시체가 석자강에 던져졌다.[272]

『진서(晉書)』「효무제기(孝武帝紀)」를 보면, (효무)제가 청서전(淸暑殿)을 만들 때 식자(識者)가 말하길 "'청서(淸暑)'의 반어는 '초성(楚聲)'이 되니 몹시 서러워할 징조입니다"라고 했다.[273] 『제서(齊書)』를 보면, 익주(益州)에

---

268) 『後漢書』 卷46 「陳忠傳」, 1562~1563면, "時帝數遣黃門常侍及中使伯榮往來甘陵, 而伯榮負寵驕蹇, 所經郡國莫不迎爲禮謁. 又霖雨積時, 河水涌溢, 百姓騷動. 忠上疏曰 : '臣聞位非其人, 則庶事不敍; 庶事不敍, 則政有得失; 政有得失, 則感動陰陽, 妖變爲應. …… 陛下以不得親奉孝德皇園廟, 比遣中使致敬甘陵, 朱軒軿馬, 相望道路, 可謂孝至矣. 然臣竊聞使者所過, 威權翕赫, 震動郡縣, 王侯二千石至爲伯榮獨拜車下, 儀體上僭, 侔於人主. 長吏惶怖譴責, 或邪諂自媚, 發人修道, 繕理亭傳, 多設儲跱, 徵役無度, 老弱相隨, 動有萬計, 賂遺僕從, 人數百匹, 頓踣呼嗟, 莫不叩心. ……'."

269) 反切 : 한문 글자 두 자의 음을 반씩 취하여 한 음을 만들어 읽는 법.

270) 反語 : 한 자의 음과 한 자의 운을 합쳐 한 음을 나타내는 것.

271) 『三國志』 「吳書」 卷64 「諸葛恪傳」, 1429면, "諸葛恪字元遜, 瑾長子也."

272) 『三國志』 「吳書」 卷64 「諸葛恪傳」, 1441면, "先是, 童謠曰 : '諸葛恪, 蘆葦單衣蔑鉤落, 於何相求成子閤.' 成子閤者, 反語石子岡也. 建業南有長陵, 名曰石子岡, 葬者依焉. 鉤落者, 校飾革帶, 世謂鉤落帶. 恪果以葦席裹其身而蔑束其腰, 投之於此岡."

는 예전에 제후왕들이 방진을 설치한 적이 없었는데 송대(宋代)에 소석(邵碩)이 "나중에 왕승희(王勝憙)라는 자가 와서 이 주에 방진을 설치할 것이다"라고 말했다. 제(齊) 무제(武帝) 때에 이르러 시흥왕(始興王) (소)감(蕭鑑)을 익주자사(益州刺史)로 삼았는데, '승희'의 반어가 '시흥(始興)'이니, (소)석의 말이 과연 이루어졌다.[274] 또 문혜태자(文惠太子)가 무제에게 아뢰어 동전(東田)에 작은 정원을 지을 것을 청했는데, '동전'의 반어는 '전동(顚童)'[275]으로,[276] 나중에 그 아들 울림왕(鬱林王)이 즉위하자 과연 아직 어려 사리를 분간하지 못해 폐위되었다.

『양서(梁書)』를 보면, 무제가 동태사(同泰寺)를 짓고 나중에 또 대통문(大通門)을 세워 절의 남쪽에서 마주보게 했는데, 반어를 취해서 '동태(同泰)'에 맞춘 것이었으며, 결국은 연호를 대통(大通)으로 바꿈으로써 절과 문의 이름에 맞추었다.[277] 소명태자(昭明太子) 때에 어떤 노래에서 "사슴 새끼가 성문을 열고, 성문이 사슴 새끼를 여네"라고 말했다. '사슴 새끼가 연다[鹿子開]'는 것은 반어로 '아들을 와서 곡하게 한다[來子哭]'는 것을 이르

---

273) 『晉書』 卷9 「孝武帝紀」, 241면, "初, 簡文帝見讖云 : '晉祚盡昌明.' 及帝之在孕也, 李太后夢神人謂之曰 : '汝生南, 以昌明爲字.' 及産, 東方始明, 因以爲名焉. 簡文帝後悟, 乃流涕. 及爲淸暑殿, 有識者以爲淸暑反爲楚聲, 哀楚之徵也. 俄而帝崩, 晉祚自此傾矣."

274) 『南齊書』 卷35 「始興簡王鑑傳」에는 이 내용이 보이지 않고, 이는 『南史』에 수록되어 있다. 『南史』 卷42 「始興簡王鑑傳」, 1086면, "自晉以來, 益州刺史皆以良將爲之. 宋泰始中, 益州市橋忽生小洲, 道士邵碩見之, 曰 : '當有貴王臨州.' 劉亮爲刺史, 齋前石榴樹陵冬生華, 亮以問碩, 碩曰 : '此謂狂華, 宋諸劉滅亡之象. 後二年君當終, 後九載宋當滅. 滅後有王勝憙來作此州, 冀爾時蜀土平.' 碩始康人, 元徽二年, 忽告人云 : '吾命終.' 因臥而死. 後人見碩在荊州上明, 以一隻故履縛左脚, 而行甚疾, 遂不知所之. 永明二年, 武帝不復用諸將爲益州, 始以鑑爲益州刺史、督益寧二州軍事, 加鼓吹一部. '勝憙'反語爲'始興', 碩言於此乃驗."

275) 顚 : 당황하다, 미혹하다, 정신이상 등의 뜻을 가지고 있다.

276) 『南史』 卷5 「廢帝鬱林王紀」, 138면, "先是文惠太子立樓館於鍾山下, 號曰'東田', 太子屢游幸之, '東田'反語爲'顚童'也."

277) 『南史』 卷7 「梁武帝紀下」, 205면, "帝創同泰寺, 至是開大通門以對寺之南門, 取反語以協同泰. 自是晨夕講義, 多由此門. 三月辛未, 幸寺捨身. 甲戌還宮, 大赦, 改元大通, 以符寺及門名."

니, 당시 (소명)태자의 맏아들 (소)환(蕭歡)이 남서주자사(南徐州刺史)가 되었는데, (소명)태자가 죽자 바로 사람을 보내 (소)환을 쫓아가 돌아와서 상례에 임하도록 했으므로[278] '아들을 와서 곡하게 한다'고 한 것이다.

166. 애책문哀策文

주(周)나라 제도에 임종을 꾸미는 전례에서는 시뢰(諡誄)[279]를 중시했고, 한(漢) 경제(景帝) 때에 비로소 애책(哀策)을 더했다. 『한서(漢書)』 본기를 보면, 중(中)[280] 2년(B.C. 148)에 명을 내려 제후왕이 죽으면 대홍려(大鴻臚)에서 시(諡), 뢰(誄), 책(策)을 상주하게 했다. (또) 열후(列侯)가 죽으면, 대행(大行)에서 시, 뢰, 책을 상주하도록 했다.[281] 응소(應劭)의 주에서는 시호 및 뇌문(誄文), 애책을 사여한다고 했다.[282]

진(晉), 송(宋)에 이르면 오히려 시뢰를 더욱 중시하게 되었다. (『삼국지(三國志)』) 「위지(魏志)」 「곽후전(郭后傳)」 배송지(裴松之) 주에서는 (곽)후(郭后)가 죽자 애책문(哀策文)이 있었다고 했다.[283] 『진서(晉書)』 「문명왕황후전(文明王皇后傳)」을 보면, 무제(武帝) 때 (왕)황후가 황태후가 되었는데, (왕황후가) 죽은 뒤 (무)제는 손수 (황태)후의 덕행을 써서 사관(史官)에게

---

278) 『南史』 卷53 「梁昭明太子傳」, 1313면, "先是人間謠曰 : '鹿子開城門, 城門鹿子開, 當開復未開, 使我心徘徊. 城中諸少年, 逐歡歸去來.' 鹿子開者, 反語爲來子哭, 云帝哭也. 歡前爲南徐州, 太子果薨, 遣中書舍人臧厥追歡於崇正殿解髮臨哭."

279) 諡誄 : 죽은 사람의 생전의 공덕을 칭송하는 말. 조문.

280) 漢 景帝 때의 연호. B.C. 149~B.C. 144년. 中元으로 보기도 한다.

281) 『漢書』 卷5 「景帝紀」, 145면, "二年春二月, 令諸侯王薨、列侯初封及之國, 大鴻臚奏諡、誄、策. 列侯薨及諸侯太傅初除之官, 大行奏諡、誄、策."

282) 『漢書』 卷5 「景帝紀」, 145면, 注1, "應劭曰 : '皇帝延諸侯王, 賓王諸侯, 皆屬大鴻臚. 故其薨, 奏其行迹, 賜與諡及哀策誄文也'."

283) 『三國志』 「魏書」 卷5 「文德郭皇后傳」, 167면, 注1, "魏書載哀策曰 : '維青龍三年三月壬申, 皇太后梓宮啓殯, 將葬于首陽之西陵. 哀子皇帝叡親奉冊祖載, …… 嗚呼哀哉!'"

명하여 애책문을 짓게 했다.[284] (무)제의 양후(楊后)가 죽었을 때에도 역시 사관에게 명하여 애책문을 짓게 했다. 그 문장이 모두 열전에 기재되어 있다.[285] 민회태자(愍懷太子)[286]는 가후(賈后)에게 해를 당했는데, 나중에 죽은 뒤 다시 황태자로 복위되자 특별히 애책문을 짓게 했으며, 또한 강통(江統),[287] 육기(陸機) 등이 아울러 뇌송(誄頌)을 지었다.[288] 이윤(李胤)이 죽자 황태자는 왕찬(王贊)에게 명하여 그를 위한 뇌문을 짓게 했는데, 그 문장이 상당히 아름다웠다.[289] 「왕순전(王珣傳)」을 보면 효무제(孝武帝)가 죽었을 때 애책, 시의(諡議)는 모두 (왕)순(王珣)이 지은 것이었다.[290]

송 문제(文帝)는 원황후(袁皇后)가 죽자 안연지(顔延之)에게 조서를 내려 애책문을 짓게 하여 그 문장이 매우 아름다웠으나, 황제가 스스로 "살았을 제 어루만지고 죽어서 애도하니, 지금 이 감정을 느끼며 옛날을

---

284) 『晉書』 卷31 「文明王皇后傳」, 951면, "將遷祔, 帝手疏后德行, 命史官爲哀策曰 : ……."

285) 『晉書』 卷31 「武元楊皇后傳」, 954면, "于是有司卜吉, 窀穸有期, 乃命史臣作哀策敍懷. 其詞曰 : '天地配序, 成化兩儀. 王假有家, 道在伉儷. …… 沒而不朽, 世德作謨. 嗚呼哀哉!'"

286) 愍懷太子(278~300) : 이름은 司馬遹, 字는 熙祖, 晉惠帝의 맏아들이다. 어려서 총명하여 武帝의 총애를 받았다. 廣陵王으로 봉해졌다가 惠帝 즉위 후 太子가 되었다. 賈后가 그를 꺼려하여 庶人으로 폐하였다. 후에 許昌으로 옮겼다가 賈后가 조서를 위조해 독살하였다.

287) 江統(?~310) : 西晉 陳留郡 圉縣 사람으로 字는 應元이다. 山陰令·中郎·太子洗馬를 역임하였다. 元康 9년(299) 「徙戎論」을 지어 氐·羌 등을 關中 이외의 지역으로 옮겨야 한다고 주장했으나, 惠帝가 듣지 않았다. 일찍이 參大司馬 齊王司馬冏軍事가 되어 司馬冏에게 간언하였다. 후에 廷尉正이 되어 州郡의 刑獄을 가벼운 형벌로 처리하였다. 成都王과 東海王의 王國屬官을 지냈으며, 黃門侍郎·散騎常侍·國子博士 등을 역임하였다. 永嘉中 成皐(지금의 河南省 滎陽 서북)로 피난 갔으나 병으로 죽었다.

288) 『晉書』 卷53 「愍懷太子傳」, 1463면, "又爲哀策曰 : '皇帝臨軒, 使洗馬劉務告于皇太子之殯曰 …… 同悲等痛, 孰不酸辛! 庶光來葉, 永世不泯.' 諡曰愍懷. 六月己卯, 葬于顯平陵. 帝感閻纘之言, 立思子臺, 故臣江統、陸機並作誄頌焉."

289) 『晉書』 卷44 「李胤傳」, 1253~1254면, "李胤字宣伯, 遼東襄平人也. …… 皇太子命舍人王贊誄之, 文義甚美."

290) 『晉書』 卷65 「王珣傳」, 1756~1757면, "珣字元琳. 弱冠與陳郡謝玄爲桓溫掾, 俱爲溫所敬重, …… 珣夢人以大筆如椽與之, 旣覺, 語人云 : '此當有大手筆事.' 俄而帝崩, 哀冊諡議, 皆珣所草."

회상한다[撫存悼亡, 感今懷昔]”라는 여덟 글자를 직접 더했다.[291] 효무(제)는 은귀빈(殷貴嬪)이 죽자 사장(謝莊)에게 명하여 뇌문(誄文)을 짓게 했는데, 서울 일대에서 그것을 베껴 쓰느라 (종이의 소비가 많아져서) 종이가 비싸졌다.[292]

제(齊)나라에 이르러서는 오로지 애책문을 중요하게 여기게 되었으니, (남)제 무제의 배후(裴后)가 죽자 여러 신하들이 석지(石誌)를 만드는 것을 논의했으나, 왕검(王儉)이 “석지는 예경(禮經)에 나오지 않고, 지금은 이미 애책이 있으니 석지로 번거롭게 할 필요가 없습니다”라고 간하자 (논의를) 그만두었다.[293] 제나라 이후 오로지 애책을 중요하게 여겼음을 볼 수 있다.

지금 『제서(齊書)』 『양서(梁書)』 각 열전에서 보이는 것을 보면, 양(梁) 무제의 정귀빈(丁貴嬪)이 죽자 장찬(張纘)이 애책문을 지은 것,[294] 소명태자(昭明太子)가 죽자 왕균(王筠)[295]이 애책문을 지은 것,[296] 간문제(簡文帝)가 후경(侯景)에게 억압당하고 있을 때 그 황후가 죽자 소자범(蕭子範)이 애책문을 지었는데, 간문(제)이 그것을 읽고 “지금 장례 절차는 비록 부족하지만, 이 문장은 오히려 예전보다 못하지 않다”라고 말한 것[297] 등이다.

당(唐) 대종(代宗)의 독고후(獨孤后)가 죽자 재상 상곤(常袞)에게 명하여 애책(문)을 짓게 했으니,[298] 여전히 이러한 제도를 따른 것이다.

---

291) 『宋書』 卷41 「文元袁皇后傳」, 1284~1285면, “崩于顯陽殿, 時年三十六. 上甚相悼痛, 詔前永嘉太守顏延之爲哀策, 文甚麗. 其辭曰 : ‘……’ 策旣奏, 上自益 ‘撫存悼亡, 感今懷昔’八字, 以致其意焉. 有司奏謚宣皇后, 上特詔曰 ‘元’.”

292) 『南史』 卷11 「孝武宣貴妃傳」, 324면, “謝莊作哀策文奏之, 帝臥覽讀, 起坐流涕曰 : ‘不謂當今復有此才.’ 都下傳寫, 紙墨爲之貴.”

293) 『南史』 卷11 「武穆裴皇后傳」, 330면, “時議欲立石誌, 王儉曰 : ‘石誌不出禮典, 起宋元嘉中顏延之爲王球石誌. 素族無銘策, 故以紀行. 自爾以來, 共相祖習. 儲妃之重, 禮絶恒例, 旣有哀策, 不煩石誌.’ 從之.”

294) 『梁書』 卷7 「高祖丁貴嬪傳」, 161면, “詔吏部郎張纘爲哀策文.”

295) 『梁書』 卷33 「王筠傳」, 484면, “王筠字元禮, 一字德柔, 琅邪臨沂人. 祖僧虔, 齊司空簡穆公. 父楫, 太中大夫.”

296) 『梁書』 卷8 「昭明太子傳」, 169면, “詔司徒左長史王筠爲哀冊, 文曰 : …….”

297) 『梁書』 卷35 「蕭子範傳」, 510면, “其年葬簡皇后, 使與張纘俱製哀策文, 太宗覽讀之, 曰 : ‘今葬禮雖闕,, 此文猶不減於舊’.”

167. 남조에서는 진나라의 땅이 가장 작았다南朝陳地最小

진(晉)나라가 남쪽으로 건너간 뒤 남북이 분열되었는데, 남조(南朝)의 영역은 오직 진말(晉末), 송초(宋初)에 가장 컸고, 진(陳)나라에 이르러서는 가장 작았다.

유유(劉裕)는 진(晉)의 재상이 된 뒤 모용초(慕容超)(의 남연(南燕)[299]))을 멸망시켜 청주(青州), 제주(齊州)[300]의 땅을 회복했고,[301] 요광(姚洸)의 항복을 받아 낙양(洛陽)을 회복했으며,[302] 요홍(姚泓)을 멸망시켜 관중(關中)을 회복했다.[303] 그 뒤 관중은 비록 혁련발발(赫連勃勃)에게 빼앗겼지만, 황하(黃河)를 거슬러 서쪽으로 올라갈 때 왕중덕(王仲德)을 파견하여 (황하) 북안에서 육로로 나아가게 하니, (북)위(北魏) 장수 위건(尉建)은 활대(滑臺)[304]를 버리고 달아났고 (왕)중덕이 들어가 그 근거지로 삼았다.[305] 그 뒤 (북)

---

298) 『舊唐書』 卷52 「代宗貞懿皇后獨孤氏傳」, 2191면, "大曆十年五月貴妃薨, 追諡曰貞懿皇后, 殯於內殿, 累年不忍出宮. 十三年十月方葬, 命宰臣常袞爲哀冊曰 : ……."

299) 南燕 : 五胡十六國의 하나. 鮮卑 慕容德이 後燕 永康 3년(398) 滑臺(지금의 河南省 滑縣 동쪽)에서 燕王으로 자립하고 燕元年으로 개칭했는데, 이를 南燕이라 한다. 燕 2년(399) 廣固(지금의 山東省 青州市 서북)에 定都하고 다음 해 稱帝하였다. 지금의 山東省과 河南省의 일부를 통치하였다. 慕容超 太上 6년(410) 東晉 劉裕에게 멸망되었다. 모두 2主 13년간 존속하였다.

300) 南朝의 행정구역에는 齊州가 없었으나 北魏는 齊州를 설치했다. 문맥상 山東 일대를 뜻한다.

301) 東晉 安帝 義熙 6년(410)의 일이다.

302) 東晉 安帝 義熙 12년(416)의 일이다.

303) 東晉 安帝 義熙 13년(417)의 일이다.

304) 滑臺 : 옛 城名. 春秋 衛靈公 시기 만들었으며 후세 사람들이 증축하였다고 전해진다. 滑氏를 壘로 삼고 黃河를 임하는 곳에 臺가 있어 滑臺라 하였다. 故址는 지금의 河南省 滑縣 동쪽 舊滑縣에 있다. 河津이 면하고 험하여 대대로 군사요충지였다. 秦은 白馬縣으로 삼았다. 後漢 建安 5년(200) 袁紹軍이 白馬를 공격할 때 關羽가 顔良을 참하여 白馬의 포위를 풀었던 곳이다. 일찍이 翟魏와 南燕이 도읍으로 정했다. 劉宋 永初 연간 兗州와 東郡의 治所였으며, 河南의 4鎭 가운데 하나였다. 永初 3년(422) 北魏에 함락되었다. 太和 19년(495) 滑臺에 西兗州를 설치하였다. 東魏가 州를 없애 東郡의 치소가 되었다.

305) 『魏書』 卷3 「太宗明元帝紀」, 56면, "司馬德宗相劉裕, 泝河伐姚泓, 遣其部將王仲

위는 누차 공격하여 (활대를) 얻었으나 다시 잃었다. (북)위 명원제(明元帝)가 남쪽을 정벌하려고 하자 최호(崔浩)[306]가 "마땅히 그 땅을 공략하여 회수(淮水)를 경계로 삼으면, 활대와 호뢰(虎牢)[307]는 도리어 우리 군대의 북쪽에 있습니다"라고 말했으니,[308] 이렇게 보면 활대와 호뢰는 아직 송나라 영토였다.

송나라 장수 도언지(到彦之), 왕중덕이 하남(河南)을 공격하자 명원제는 장손도생(長孫道生)[309] 등을 보내 추격케 하여 역성(歷城)에 이르렀다 돌아왔으니,[310] 이렇게 보면 역성 역시 송나라 영토였다. 송 원가(元嘉) 19년(442)에 조서에서 이르길 "궐리(闕里)[311]가 지난 날 도적의 난리를 겪었으

德爲前鋒, 從陸道至梁城. 兗州刺史尉建畏懦, 棄州北逃, 王仲德遂入滑臺. 詔將軍叔孫建等渡河, 耀威滑臺, 斬尉建於城下."

306) 崔浩(381~450) : 北魏 淸河郡 東武城縣 사람으로 字는 伯淵이다. 經史에 정통했으며, 直郞·著作郞·博士祭酒를 역임했으며, 明元帝 시기 軍國大謀에 參議하였다. 太武帝 始光 연간 東郡公으로 봉해지고 太常卿에 제수되었다. 赫連夏·北涼·柔然 정벌에 관한 계책을 내놓았는데, 결과가 모두 그가 예측한 대로였다. 神䴥 4년(431) 司徒로 승진하였고 朝廷의 禮儀와 軍國書詔를 모두 관장하였다. 天師道의 도사 寇謙之를 太武帝에게 천거하여 太武帝가 道教를 믿었다. 太武帝의 명령으로 曆家를 모아 『魏曆』을 편찬하였다. 太平眞君 7년(446) 太武帝가 蓋吳의 난을 평정하는데 종군하여 長安의 佛寺에 兵器가 다수 숨겨져 있는 것을 보고 沙門들이 蓋吳와 통모하였다고 말하여 天下의 沙門들을 죽일 것을 청하였다. 이에 太武帝가 滅佛의 詔書를 내렸다. 眞君 11년(450) 『國記』를 편찬하여 돌에 새겨 郊에 두었다. 鮮卑貴族들이 기록 내용에 불만을 품고 太武帝에게 고하여 주살되었다.

307) 虎牢 : 春秋時代 鄭의 邑으로 지금의 河南省 滎陽縣 서북 汜水鎭 서쪽이다. 大伾山 위에 성을 쌓았는데 形勢가 험요하여 군사의 요지였다.

308) 『魏書』 卷35 「崔浩傳」, 813~814면, "會聞劉裕死, 太宗欲取洛陽、虎牢、滑臺. 浩曰 : '…… 不如分軍略志, 至淮爲限, 列置守宰, 收斂租穀. 滑臺、虎牢反在軍北, 絶望南救, 必沿河東走. 若或不然, 即是囿中之物'."

309) 『魏書』 卷25 「長孫道生傳」, 645면, "長孫道生, 嵩從子也. 忠厚廉謹, 太祖愛其愼重, 使掌幾密, 與賀毗等四人內侍左右, 出入詔命."

310) 【王注】 살펴보면, 이 일은 宋 元嘉 7년(430), 곧 魏 神䴥 3년에 있었으니, 『魏書』 卷4 「太武帝紀」에 보이며, '明元帝'는 응당 '太武帝'라 해야 한다. 『魏書』 卷25 「長孫道生傳」, 646면, "劉義隆遣將到彦之、王仲德寇河南以救定. 詔道生與丹陽王太之屯河上以禦之. 遂誘義隆將檀道濟, 邀其前後, 追至歷城而還."

311) 闕里 : 孔子의 舊里로, 山東 曲阜縣城. 『漢書』 卷67 「梅福傳」, 2925면, "今仲尼之廟不出闕里, 孔氏子孫不免編戶, 以聖人而歆匹夫之祀, 非皇天之意也"; 『漢書』 卷67

니 마땅히 노군(魯郡)을 손에 넣어 학사(學舍)를 손질해 복원해야 한다"라고 했으니,[312] 이렇게 보면 노군 또한 송나라 땅이다.

(북)위 태무제(太武帝)에 이르러서야 안힐(安頡)을 파견해 낙양을 공격하여 함락시키고 호뢰를 빼앗고, 활대도 빼앗았으며, (태무)제는 장강(長江)까지 나아가 과보(산)(瓜步)에 행궁을 지었는데, 송나라에서 백뢰(百牢)(의 희생과 음식)를 보내자 이에 군대를 철수하였고,[313] 이때 하남 땅이 대부분 (북)위에 속하게 되었다. (북)위 효문제(孝文帝) 때 송의 설안도(薛安都)가 팽성(彭城)을, 필중경(畢衆敬)[314]이 연주(兗州)를, 상진기(常珍奇)[315]가 현호(懸瓠)를 가지고 항복하니[316] 모두 (북)위에 속하게 되었다. 장영(張永), 심유지(沈攸之)는 북위와 싸웠지만 또 대패하고 말았으니, 이에 송나라는 결국 회북(淮北) 네 개의 주[317]와 예주(豫州)의 회남(淮南) 지역을 잃고 말았다. 그 뒤 (남)제(南齊) 장수 배숙업(裴叔業)[318]이 또 수춘(壽春)을 바치고 (북)위에 항복하니,[319] 이에 회북의 땅은 역시 모두 (북)위에 넘어갔다. 따라서 소씨 제나라[蕭齊]의 북쪽 경계는 이미 송나라보다 작았다.

양(梁) 무제(武帝) 때에 이르러 장혜소(張惠紹)[320]에게 숙예(宿豫)[321]를,

「梅福傳」, 2926면, 注9 "師古曰 : '闕里, 孔子舊里也. ……'";『後漢書』卷2「顯宗孝明帝紀」, 119면, 注3, "孔子宅在今袞州曲阜縣故魯城中歸德門內闕里之中, 背洙面泗, 嬰相圃之東北也."

312)『宋書』卷5「文帝紀」, 89면, "闕里往經寇亂, 黌校殘毁, 幷下魯郡修復學舍, 採召生徒."

313)『魏書』卷4下「世祖太武帝紀」, 105면, "癸未, 車駕臨江, 起行宮於瓜步山. …… 甲申, 義隆使獻百牢, 貢其方物, 又請進女於皇孫以求和好. 帝以師婚非禮, 許和而不許婚, 使散騎侍郎夏侯野報之."

314)『魏書』卷61「畢衆敬傳」, 1359면, "畢衆敬, 小名捺, 東平須昌人. 少好弓馬射獵, 交結輕果, 常於疆境盜掠爲業."

315)『魏書』卷61「常珍奇傳」, 1365면, "常珍奇者, 汝南人也. 爲劉駿司州刺史, 亦與薛安都等推立劉子勛."

316) 劉彧이 前廢帝를 죽이고 황제가 되자 前廢帝의 아우 晉安王 子勛이 맹주가 되어 군대를 일으켰는데, 薛安道·沈文秀·崔道固·常珍奇 등이 이에 응해 군사를 일으켰다가 항복한 것이다.

317) 冀州, 青州, 兗州, 徐州를 이른다.

318)『魏書』卷71「裴叔業傳」, 1565면, "裴叔業, 河東聞喜人也. 魏冀州刺史徽之後也."

319)『魏書』卷71「裴叔業傳」, 1568면, "叔業以壽春入國, 彥先景明二年逃遁歸魏."

소굉(蕭宏)[322]에게 양성(梁城)을, 위예(韋叡[323])에게 합비(合肥)[324]를 취하게 했는데, 의양(宜陽), 소양(邵陽) 전투와 부산언(浮山堰)을 쌓기에 이르러 두 나라의 교전은 회수 연안 지역을 다툰 것이 십여 년이었고 서로 이기기도 하고 지기도 했다. (북)위 효명제(孝明帝) 때 원법승(元法僧)[325]이 서주(徐州)를 바치고 양나라에 항복했는데, 양 무제는 소종(蕭綜)을 파견해 (서주를) 지키게 했으나, (소)종은 그대로 서주를 북위에 바치고 항복했다.[326] (북)위 말엽에 이주영(爾朱榮)의 난이 일어나자 북해왕(北海王) (원)호(元顥)는 양나라로 달아났고, 양나라는 그를 위주(魏主)로 삼고 진경지(陳慶之)에게 호송케 하여 귀국시켰는데, 깊이 천리를 들어가자 효장제(孝莊帝)가 북으로 달아났으며, (원)호는 드디어 낙양으로 들어갔고 양나라 군대의 기세가 진작되었다. 그 뒤 (원)호가 패하여 사로잡히자 (북)위는 곧 잃어버린 땅을 회복했지만,[327] 그러나 양나라 땅에는 오히려 걱정할 바가 없었다.

---

320)『梁書』卷18「張惠紹傳」, 285면, "張惠紹字德繼, 義陽人也. 少有武幹. 齊明帝時爲直閤, 後出補竟陵橫桑戍主."

321) 宿豫 : '宿預'의 誤記인 듯하다. 宿預縣은 東晉 義熙 연간 설치되었는데, 東晉의 元帝가 軍糧 운반을 감독하며 邸閣을 만들었기 때문에 宿預라는 명칭이 생겼다고 한다. 治所는 오늘날 江蘇省 宿遷市 동남이며, 淮陽郡에 속한다. 城이 泗州에 臨하고 남으로 淮水에 가까워 南北朝時代의 重鎭이 되었다. 北魏의 南徐州, 梁의 東徐州, 東魏의 東楚州, 陳의 北徐州와 安州의 治所였다. 北周부터 唐 開元 연간까지 泗州와 下邳郡의 치소였다.

322) **[王注]** 蕭宏의 '宏'은 原刻本에는 '容'이라 하였는데, 西畲本에서 이미 개정하였다.

323)『梁書』卷12「韋叡傳」, 220면, "韋叡字懷文, 京兆杜陵人也. 自漢丞相賢以後, 世爲三輔著姓."

324) 合肥 : 지금의 安徽省 合肥市이며, 前漢時代 縣이 설치되었다. 東晉시대 汝陰縣으로 改名되었고, 隋 開皇初 다시 合肥縣으로 改稱하였다. 後漢末 揚州의 治所가 되었고, 隋唐 이래 대대로 廬江郡·廬州·廬州路·廬州府의 治所였다. 江淮의 요충지에 위치하여 군사방어의 重鎭이 되었다.

325)『梁書』卷39「元法僧傳」, 553면, "元法僧, 魏氏之支屬也. 其始祖道武帝."

326)『梁書』卷55「豫章王綜傳」, 824면, "六年, 魏將元法僧以彭城降, 高祖乃令綜都督衆軍, 鎭于彭城, 與魏將安豐王元延明相持. …… 綜懼南歸則無因復與寶寅相見, 乃與數騎夜奔于延明, 魏以爲侍中、太尉、高平公、丹陽王, 邑七千戶, 錢三百萬, 布絹三千匹, 雜彩千匹, 馬五十匹, 羊五百口, 奴婢一百人. 綜乃改名纘, 字德文, 追爲齊東昏服斬衰."

327)『魏書』卷21上「北海王傳」, 564~565면, "子顥, 字子明, 襲. …… 顥以事意不諧, 遂與子冠受率左右奔於蕭衍. 顥見衍, 泣涕自陳, 言辭壯烈, 衍奇之. 遂以顥爲魏主, 假

후경(侯景)의 난이 일어나자 서위(西魏)는 안륙(安陸)[328]에 침입하여 사주자사(司州刺史) 유중례(柳仲禮)를 사로잡고 한수(漢水) 동쪽 땅을 모두 차지했다. 그 회양(淮陽), 산양(山陽), 회음(淮陰) 등의 지역은 모두 동위(東魏)에 항복했으며, 파양왕(鄱陽王) (소)범(蕭範)도 또한 합주(合州)[329]를 바치고 동위에 항복하니[330] 동위가 드디어 회남 땅을 다 차지하게 되었다. (후)경은 또 광릉(廣陵)[331]을 공격하여 함락시키고 곽원건(郭元建)에게 지키게 했는데,[332] (후)경이 패하자 (곽)원건은 광릉을 북제(北齊)에 바치고 항복했으며 [趙注 : 이때 동위 효정제(孝靜帝)는 이미 (북)제 문선제(文宣帝)에게 제위를 넘겨주었다], 이에 강북이 또한 북제 소유가 되었다.

이때 소역(蕭繹)은 강릉(江陵)에 있었는데, 서위에 군대를 청하고는 소순(蕭循)[333]에게 명하여 남정(南鄭)[334]을 서위에 주도록 하니, 서위는 드디어

之兵將, 令其北入. 永安二年四月, 於梁國城南登壇燔燎, 號孝基元年. …… 尒朱世隆自虎牢走退, 莊帝北幸. 顥遂入洛, 改稱建武元年. …… 莊帝與尒朱榮還師討顥. 自於河梁拒戰, 王師渡於馬渚, 冠受戰敗被擒, 因相繼而敗. 顥率帳下數百騎及南兵勇健者, 自轘轅而出. 至臨潁, 顥部騎分散, 爲臨潁縣卒所斬."

328) 安陸 : 秦에서 縣으로 설치했으며, 治所는 지금의 湖北省 雲夢縣이다. 南郡에 속했다가 後漢 元狩 2년(B.C. 121) 江夏郡에 속하였다. 西晉시대 江夏郡의 治所였으며, 東晉末 지금의 安陸市로 治所를 옮겼다. 劉宋부터 元代까지 安陸郡·南司州·安州·德安府의 治所였다.

329) 合州 : 南朝 梁 太淸 元年(547) 南豫州를 改置하였다. 治所는 汝陰縣으로 지금의 安徽省 合肥市와 肥東, 肥西 2縣에 해당한다.

330) 『梁書』 卷22 「鄱陽王傳」, 352면, "侯景敗於渦陽, 退保壽陽, 乃改範爲合州刺史, 鎭合肥. …… 及景圍京邑, 範遣世子嗣與裴之高等入援, 遷開府儀同三司, 進號征北將軍. 京城不守, 範乃棄合肥, 出東關, 請兵于魏, 遣二子爲質."

331) 廣陵 : 秦이 설치한 縣으로 지금의 江蘇省 揚州市 서북 蜀岡이다. 隋 開皇 18년(598) 邗江縣, 大業初 江陽縣으로 改稱했다가 후에 江都縣으로 병합되었다. 唐 貞觀 18년(644) 다시 江陽縣으로 분리되었다가 五代 南唐시대 廣陵縣으로 개칭되는 등 병합과 독립을 되풀이하였다. 前漢時代 荊國·吳國·江都國·廣陵國 등의 治所였으며, 後漢·東晉·南朝시대 廣陵郡의 治所였다. 남북 교통의 요지로 東晉南朝의 重鎭이 되었다. 이 시기 다수의 僑州郡縣이 廣陵에 설치되었다.

332) 『梁書』 卷56 「侯景傳」, 860면, "郭元建、侯子鑒俄聞王師旣近, 燒合肥百姓邑居, 引軍退, 子鑒保姑孰, 元建還廣陵."

333) [王注] 살펴보면, 이 이름은 『梁書』와 『南史』 「元帝紀」 「敬帝紀」, 『周書』 「文帝紀」 「達奚武傳」 「劉璠傳」 등에 보이지만, 『南史』 「鄱陽王傳」, 『北史』 「周文帝紀」 「達奚

한중(漢中)을 취하게 되었다. (소)역이 강릉에서 황제를 칭하자 무릉왕(武陵王) (소)기(蕭紀)는 성도(成都)에서 군사를 일으켜 그(소역)를 공격했는데, 서위는 울지형(尉遲逈)에게 성도를 공격하게 하여 (소)역을 구원했다.[335] (무릉왕 소)기가 (소)역에게 살해당하자 (위지)형은 또한 성도를 취하였으니, 이에 촉(蜀) 지역이 모두 서위에 넘어갔던 것이다.

이때 양나라의 강역은 파릉(巴陵)[336]에서 건강(建康)에 이르고 겨우 장강을 경계로 삼았을 뿐이며, 형주(荊州) 경계의 북쪽은 무녕(武寧)이었으며 서쪽으로는 협구(峽口)에서 방어했다. 그런데 악양왕(岳陽王) 소찰(蕭察)은 (소)역이 그의 형 소예(蕭譽)를 죽이자 결국 양양(襄陽)을 바치고 서위에 항복했다.[337] 서위는 우근(于謹)[338] 등을 보내 강릉을 공격해 함락시키고 원제(元帝)[趙注 : 즉 (소)역]를 살해했다. 그리고 강릉을 양양과 바꿔 (소)찰을 양나라 군주로 삼으니,[339] 양양 역시 서위에 넘어갔다.

武傳」에는 모두 '蕭脩'라고 하였다.

334) 南鄭 : 戰國秦縣으로 治所는 지금의 陝西省 漢中市에 있다. 楚漢之際 項羽가 劉邦을 漢王에 봉하여 南鄭에 도읍하였다. 西魏 廢帝 3년(554) 光義縣으로 개칭했다가 隋 開皇初 옛 지명을 회복하였다. 대대로 漢中郡 · 漢川郡 · 梁州 · 興元府 · 興元路 · 漢中府의 治所였다.

335) 이 당시에는 武陵王 蕭紀는 益州刺史였다. 『梁書』 卷55 「武陵王紀傳」, 825~826면, "武陵王紀字世詢, 高祖第八子也. 少勤學, 有文才, 屬辭不好輕華, 甚有骨氣. …… 太淸五年夏四月, 紀帥軍東下至巴郡, 以討侯景爲名, 將圖荊陝. 聞西魏侵蜀, 遣其將南梁州刺史譙淹迴軍赴援. 五月日, 西魏將尉遲逈帥衆逼涪水, 潼州刺史楊乾運以城降之, 逈分軍據守, 卽趨成都."

336) 巴陵 : ① 巴陵縣 : 西晉 太康 元年(280) 下雋縣 巴丘城에 설치하였다. 治所는 지금의 湖南省 岳陽市이다. 東晉 咸和 4년(329) 都督荊雍益梁交廣寧七州諸軍事 荊州刺史 陶侃이 江陵이 멀다 하여 巴陵으로 옮겼다. 劉宋 이후 巴陵郡 · 岳州 · 岳州路 · 岳州府의 治所였다. ② 巴陵郡 : 劉宋 元嘉 16년(439) 長沙 · 江夏 2郡을 분리하여 설치했으며, 治所는 巴陵이며 湘州에 속한다. 관할지역은 지금의 湖南省 岳陽市, 臨湘등 市와 湖北省 嘉魚縣과 陸水유역에 해당한다. 孝建 元年(454) 郢州에 속하였다. 梁과 陳 시기 巴州의 治所가 되어 영역이 축소되었다.

337) 蕭察은 당시 雍州刺史였다.

338) 『周書』 卷15 「于謹傳」, 243면, "于謹字思敬, 河南洛陽人也. 小名巨彌."

339) 『周書』 卷15 「于謹傳」, 247~248면, "初, 梁元帝平侯景之後, 於江陵嗣位, 密與齊氏通使, 將謀侵軼. 其兄子岳陽王察時爲雍州刺史, 以梁元帝殺其兄譽, 遂結讐隙. 據襄陽來附, 仍請王師. 乃令謹率衆出討. …… 謹乃令中山公護及大將軍楊忠等, 率精

원제가 죽은 뒤 왕승변(王僧辯), 진패선(陳霸先)은 그(원제) 아들 (소)방지(蕭方智)를 건업(建業)에서 황제로 세웠고,[340] 북제 문선제가 소연명(蕭淵明)을 받아들여 양나라 군주로 삼았는데, 진패선은 그를 폐위한 뒤 살해하고 계속 (소)방지를 받들었다.[341] 그때 서사휘(徐嗣徽), 임약(任約)이 북제에 항복하고 마침 석두성(石頭城)에 자리잡고 있었는데, 문선제는 또 소궤(蕭軌), 유달마(柳達摩), 동방로(東方老) 등을 보내 석두성에 주둔하게 했으나 (진)패선에게 사로잡혀 살해되었으며,[342] 금릉(金陵) 지역은 함락되지 않을 수 있었다.

정리해 보면, 이때 장강 이북은 모두 북제에게 들어가고, 서쪽 영토에서는 촉중(蜀中)과 양양이 모두 서위에게 넘어갔으며 강릉은 또 소찰의 소유였으니, 양나라 땅은 원제 때보다 더욱 작아졌던 것이다.

진패선이 제위를 찬탈한 뒤[趙注 : 이가 곧 진(陳) 무제이다] 그 땅을 이어받아 나라를 세웠는데, 북주(北周)[趙注 : 서위 공제(恭帝)는 (북)주에 제위를 넘겨주었다]에 넘어간 땅 가운데 오직 상주(湘州)[343]가 장강 남쪽에 있었으나, (북)주 장수 하약

騎先據江津, 斷其走路. 梁人竪木柵於外城, 廣輪六十里. 尋而謹至, 悉衆圍之. 梁主屢遣兵於城南出戰, 輒爲謹所破. 旬有六日, 外城遂陷. 梁主退保子城. 翌日, 率其太子以下, 面縛出降, 尋殺之. …… 立蕭察爲梁主, 振旅而旋."

340)『梁書』卷6「敬帝紀」, 143면, "敬皇帝諱方智, 字慧相, 小字法眞, 世祖第九子也. ……(太淸)三年十一月, 江陵陷, 太尉揚州刺史王僧辯、司空南徐州刺史陳霸先定議, 以帝爲太宰、承制, 奉迎還京師."

341)『梁書』卷6「敬帝紀」, 143~144면, "三月, 齊遣其上黨王高渙送貞陽侯蕭淵明來主梁嗣, 至東關, 遣吳興太守裴之橫與戰, 敗績, 之橫死. …… 七月辛丑, 王僧辯納貞陽侯蕭淵明, 自采石濟江. 甲辰, 入于京師, 以帝爲皇太子. 九月甲辰, 司空陳霸先擧義, 襲殺王僧辯, 黜蕭淵明. 丙午, 帝卽皇帝位."

342)『陳書』卷1「高祖紀下」, 8~9면, "秦州刺史徐嗣徽據其城以入齊, 又要南豫州刺史任約共擧兵應龕、載, 齊人資其兵食. 嗣徽等以京師空虛, 率精兵五千奄至闕下, 侯安都領驍勇五百人出戰, 嗣徽等退據石頭. …… 齊又遣安州刺史翟子崇、楚州刺史劉仕榮、淮州刺史柳達摩領兵萬人, 於胡墅渡米粟三萬石馬千匹, 入于石頭. …… 甲辰, 嗣徽等攻冶城柵, 高祖領鐵騎精甲, 出自西明門襲擊之, 賊衆大潰. 嗣徽留柳達摩等守城, 自率親屬腹心, 往南州採石, 以迎齊援. …… 柳達摩等渡淮置陣, 高祖督兵疾戰, 縱火燒柵, 煙塵張天, 賊潰, …… 時百姓夾淮觀戰, 呼聲震天地."

343) 湘州 : 西晉 永嘉 元年(307) 荊州와 廣州를 나누어 설치하였으며, 治所의 서쪽이 湘水에 臨하였다. 治所는 臨湘縣(지금의 湖南省 長沙市)이다. 지금의 湖南省 湘水와

돈(賀若敦),[344] 독고성(獨孤盛)이 지키지 못하고 군대를 보존하여 북으로 귀환하자 그 땅은 진(陳)나라로 귀속되었다.[345] 그 뒤 (북)주와 진이 우호 관계를 맺게 되자 진나라는 또 (북)주에 검중(黔中) 지역과 노산군(魯山郡)[346]을 뇌물로 주었다.[347] 북제 후주(後主)가 어리석어 정사를 어지럽히자 진(陳) 선제(宣帝)는 그 나라가 어지러움을 틈타 오명철(吳明徹)에게 강북을 취하게 하여 여량(呂梁)에서 (북)제 군대를 대패시켰고, 또 수양(壽陽)에서 왕림(王琳)을 공격하여 죽이니, 이에 회·사(淮泗) 지역이 모두 수복되었다.[348] 그리고 이때 (북)주가 이미 (북)제를 멸망시켰으므로 선제는 그 혼란을 틈타 서주(徐州), 연주(兗州)를 쟁취하고자 하여 또 (오)명철에게 북벌하게 하여 팽성에 이르렀으나, 도리어 (북)주 군사에 패하고 (오)명철은 사로잡혔으며,[349] 이에 (북)주 위효관(韋孝寬)[350]이 다시 수양을 취하고 양사언(梁士彦)[351]이 다시 광릉을 점령하니,[352] 진나라는 그대로 장강을 경계

資水 유역과 湖北省 陸水 유역에 해당한다. 東晉 이후 영역에 증감과 廢置 등 변동이 있었다. 劉宋과 南齊 시기 陸水유역은 郢州에 속하였다. 梁·陳 시기 남부에 衡州·東衡州·桂州 등이 설치되어 강역이 작아졌으며, 隋 開皇 9년(589) 潭州로 改稱되었다. 東晉南朝 長江 상류의 重鎭이었다.

344) 『周書』 卷28 「賀若敦傳」, 473면, "賀若敦, 代人也. 父統, 爲東魏潁州長史."

345) 『周書』 卷28 「賀若敦傳」, 475면, "自江陵平後, 巴、湘之地並內屬, 每遣梁人守之. 至是陳將侯瑱、侯安都等圍逼湘州, 遏絶糧援. 乃令敦率步騎六千, 度江赴救. 瑱等以敦孤軍深入, 規欲取之. 敦每設奇伏, 連戰破瑱, 乘勝徑進, 遂次湘州. 因此輕敵, 不以爲虞. 俄而霖雨不已, 秋水汎溢, 陳人濟師, 江路遂斷. …… 乃據守要險, 欲曠日以老敦師. 敦又增修營壘, 造廬舍, 示以持久. 湘、羅之間, 遂廢農業."

346) 魯山: 지금의 湖北省 武漢市 漢陽 동북에 있다.

347) 『周書』 卷39 「杜杲傳」, 702면, "初, 陳文帝弟安成王頊爲質於梁, 及江陵平, 頊隨例遷長安. 陳人請之, 太祖許而未遣. 至是, 帝欲歸之, 命杲使焉. 陳文帝大悅, 卽遣使報聘, 幷賂黔中數州之地. 仍請畫野分疆, 永敦隣好. 以杲奉使稱旨, 進授都督, 治小御伯, 更往分界焉. 陳人於是以魯山歸我. 帝乃拜頊柱國大將軍, 詔杲送之還國."

348) 『陳書』 卷5 「宣帝紀」, 85~89면, "乙巳, 吳明徹克壽陽城, 斬王琳 …… 閏九月壬辰, 都督吳明徹大破齊軍於呂梁."

349) 『陳書』 卷5 「宣帝紀」, 91면, "二月甲子, 北討衆軍敗績於呂梁, 司空吳明徹及將卒已下, 並爲周軍所獲."

350) 『周書』 卷31 「韋孝寬傳」, 535면, "韋叔裕字孝寬, 京兆杜陵人也, 少以字行. 世爲三輔著姓."

351) 『周書』 卷31 「梁士彦傳」, 547면, "梁士彦字相如, 安定烏氏人也. 少任俠, 好讀兵

로 획정했고 강북 지역은 모두 (북)주로 넘어갔다.

따라서 수(隋)나라가 (북)주의 영역을 계승하지 진왕(晉王) (양)광(楊廣)은 강도(江都)에서 육합(六合)에 이르렀고, 한금호(韓擒虎)[353]는 여주(廬州)에서 곧바로 채석(采石)을 건넜으며, 하약필(賀若弼)은 양주(揚州)에서 곧장 경구(京口)에 이르러, 드디어 진나라를 멸망시켰다.[354]

생각건대, 삼국(三國)시대 손오(孫吳)의 영역은 당초 단지 강동(江東) 여섯 군이었으나 점차 민(閩, 곧 福建), 월(粵, 곧 廣東)에 이르렀고, 나중에 형주(荊州)를 취하여 비로소 강릉(江陵), 장사(長沙), 무릉(武陵), 계양(桂陽) 등의 지역을 차지하게 되었다. 그러나 기부(夔府)[355] 서쪽은 오히려 촉에 속해 있었고, 강북 지역에서도 또한 유수오(濡須塢)【趙注 : 현재의 무위주(無爲州)】만 차지하고 있었을 뿐,[356] 그 나머지는 곧 위(魏)에 속했다. 진나라의 영역은 대략 그(손오)의 영역과 비슷하지만, 그러나 형주 옛 통할 지역 안에 있는 강릉을 또 후량(後梁)이 점유하고 있었으니, 그 땅은 또 손오 때보다도 작았다.

書, 頗涉經史."

352) 『周書』 卷31 「韋孝寬傳」, 542면, "郕公梁士彦攻廣陵, 孝寬率衆攻壽陽, 竝拔之. …… 陳刺史吳文育果遣決堰, 已無及. 於是陳人退走, 江北悉平."

353) 『隋書』 卷52 「韓擒虎傳」, 1339면, "韓擒字子通, 河南東垣人也, 後家新安."

354) 『隋書』 卷2 「高祖紀下」, 32면, "辛未, 賀若弼拔陳京口, 韓擒虎拔陳南豫州. 癸酉, 以尙書右僕射虞慶則爲右衛大將軍. 丙子, 賀若弼敗陳師於蔣山, 獲其將蕭摩訶. 韓擒虎進師入建鄴, 獲其將任蠻奴, 獲陳主叔寶. 陳國平, 合州三十, 郡一百, 縣四百."

355) 夔府 : 淸의 夔州府으로 吳의 建平郡.

356) 『三國志』 「吳書」 卷47 「孫權傳」, 1118면, "聞曹公將來侵, 作濡須塢."